대학생의 학생성공 인식 국제비교와 학생성공형 대학생태계 구축

고요한 지음

본 저서는 2021년 대한민국 교육부와 한국연구재단(KRF)의 지원을 받아 수행된 연구임
(NRF-2021S1A5A2A01065367)

박영story

머리말

역사가 진행되는 것과 마찬가지로 교육도 진화한다. 학교교육은 비록 더딘 속도일지라도 변모해 왔으며 특히, 고등교육의 변화는 속도와 강도를 동시에 수반하고 있다. 즉, 고등교육은 **정부의 도전과 대학의 응전**이라는 정형적인 패턴을 유지하고, 긴장과 이완을 수없이 반복하면서 마치 생물처럼 진화해 왔다. 어느 나라건 고등교육은 경제학 탐구의 주요 테마이면서 동시에 경제적 이익의 핵심 주제로 기능해 왔으며 우리나라도 예외는 아니었다. **압축성장**을 통한 국가 경쟁력 확보는 항상 고등교육의 몫이었으며 이에 따라 대한민국은 대학(大學)민국이 되는 것이 이상하지 않을 정도가 되었다. 국가성장에 기여하는 공교육 제도는 경제발전의 디딤돌이면서 동시에 인간교육의 걸림돌이 될 수 있기 때문이다.

21세기에 들어서면서 우리나라의 글로벌 경쟁력은 세계 최고 수준에 올랐다. 이와 동시에 국가의 어젠다로 고등교육의 전회(轉回)에 대하여 진지하게 고민할 과제도 주어졌다. 경제개발에 기여하는 기관계 및 산업계 관점의 교육생태계는 학생의 창의와 인성을 상대적으로 소홀히 하는 경향이 강했다. 압축성장을 통한 경제적 풍요는 교육의 목적과 내용에 대한 새로운 관점과 실천의 문제를 강하게 제기하였다. 특히, 고등교육은 언제나 석세스 브릿지(success bridge)의 역할을 했다.

전통적으로 성공은 사회적 의미에 초점을 두었다. 이때, 개인의 의지와 소망은 철저히 소외와 배제의 길을 걸었다. 그러나 교육을 사회적 성공의 사다리로 여기던 전통적인 패러다임은 서서히 무너지고 있다. 이제 성공의 의미는 개인의 수월성과 온전한 자아실현에서 찾게 되었다. 좋은 직업을 얻기 위해 하던 공부, 자아실현을 도외시한 채 극한 경제의 노예가 되어버린 인성, 직업경쟁에서 양질의 취업을 추구하는 진로 등이 퇴색하고, 자신이 하고 싶은 공부를 통한 성취감,

경쟁보다 공동체 의식을 내재화한 자기성장, 하고 싶은 일과 직업을 연결시키는 진로성과 등이 성공의 원리로 자리잡고 있다. 즉, 고등교육 수준에서 대학생이 인식하는 성공적인 삶의 모습이란 자신의 잠재능력과 연결된 학업성취, 자기이해와 자기몰입을 통한 자아성숙, 자본주의 논리에 종속되지 않는 커리어 개발을 통한 진로성과가 균형을 갖춘 것이다.

이제 단위대학이나 개별교수, 지역사회가 성공하는 것이 아니라 대학생 모두가 소외없이 균형있는 경험을 통하여 성공적인 삶을 준비하도록 교육생태계를 갖추는 노력이 다양한 수준에서 이루어질 필요가 있다. 구체적으로 가정에서는 자녀의 독립된 인격적 존엄을 인정하고, 학교에서는 차별과 배제 없이 학생의 보이지 않는 잠재능력 계발을 체계적으로 지원하고, 지역사회는 공생과 사회적 안전을 보장하는 지속 가능 가치체계가 작동하는 다차원적인 공동체적 교육생태계가 만들어져야 한다.

대학생들이 인식하는 성공요인에는 문화적, 인종적, 지역적, 역사적 차원의 다양성, 개별성, 통일성 등이 내포되어 있기 마련이다. 저자는 다양성과 개별성을 전제로 하되, 지속가능한 고등교육의 가치, 목적, 내용, 방법 등에 대한 일종의 레시피 발견을 학술연구 과제로 삼아, 현상학적 연구를 통해 거대담론을 제시하고자 한다. 미리 결론을 말하자면 지속가능한 대학생의 학생성공 인식요인은 학업성취, 자아성장, 진로성과 등으로 확인되었다. 이에 따라 저자는 기관이나 기업체, 대학교수, 지역사회의 성공이 아니라 학생의 성공을 지원하는 대학교육 생태계 전환의 필요성, 가능성, 한계성 등을 탐색하였다.

대학 내외의 요인에 의해 고등교육생태계가 급변하고 있다. 학령인구 급감의 인구학적 변인, 고도과학기술기반의 4차 산업혁명 사회생태계 구축, 중등학교 교육과정의 변화, 생성형 AI와 페다고지의 결합 등에 영향을 받은 고등교육 변화는 불가피하다. 기존 기관계·산업계 관점 고등교육시스템은 사회 전반에 걸친 변화에 능동적으로 대응하거나 변화된 대학생들의 특성에 부응하는 데 한계가 있다. 학교, 교수, 기업체 등이 성공하는 것이 아니라 대학교육의 주체인 학생들이 성공적인 학교생활 및 진로정치(定置)가 이루어질 수 있는 방안을 적극적으로 모색해야 한다. 그렇다면, 학생계 관점으로의 고등교육생태계 전환을 가능하게 만드는 구체적인 방안은 무엇인가? 그것은 학생들의 요구, 흥미, 역량, 경험 등을 조사, 분석하여 학사제도 전반 및 학생지원시스템 개선에 반영하는 것이다.

고도과학기술 기반의 4차 산업혁명 사회생태계 및 학령인구 급감에 대비하기 위한 인구학적 구조조정과 더불어, 문·이과 교육 통합, 인간과 AI 협업 등을 통한 융합형 인재 양성 등 우리나라 교육계 전반에 걸친 교육혁신이 광범위하게 진행되고 있다. 특히, 고등교육 분야 혁신에 정부가 거세게 개입하고 있다. 이러한 상황에서 각 대학은 생존을 위해 고유의 특성 기반 혁신방안들을 발굴, 적용하고 있다.

대개의 경우 대학혁신은 내적 요인과 외적 압박에 의하여 이루어진다. 특히, 정부의 구조개혁 및 정원조정 등 정책적인 차원에서 이루어지는 공적 개입에 대한 대응을 통해 대학혁신이 이루어지는 경우가 많다. 그러나 진정한 대학혁신은 수동적 반응의 수준이 아니라 인간교육의 정합성을 극대화하기 위한 능동적이고 실험적인 혁신 DNA를 통하여 이루어질 때 비로소 그 의미와 가능성이 크게 제고된다. 각 대학마다 추진되는 혁신의 정당성은 다양한 주장과 근거에 바탕을 둔다.

첫째, 기관 중심의 교육생태계를 반드시 전환시켜야 한다. 그동안 기관계 관점의 교육(정부, 대학교, 단과대학, 교수중심의), 산업계 관점의 교육(NCS기반, 맞춤형, 산학협력중심의)은 학생들의 학습주권을 크게 제한해 왔다. 이는 4차 산업혁명 사회생태계에 능동적으로 적응하는 인재양성에 가장 큰 걸림돌로 작용하고 있다. 이를 해결하기 위한 학생의 흥미, 요구, 경험기반 교육생태계 구축이 절실하다.

둘째, 교수의 연구역량을 대학의 역량으로 간주하던 프레임을 개선해야 한다. 수업과 학생을 외면한 채 노벨상을 받기 위해 연구하는 교수역량보다 제자들이 노벨상을 받도록 자극하고 안내하는 교육을 통해 대학의 경쟁력을 제고해야 한다.

셋째, 기관계 혹은 산업계 관점의 융합교육에 대한 이해를 불식해야 한다. 융합교육은 대학이 정한 간학제적 혹은 학문간 융합을 통한 교과목이나 교육과정으로 이루어지는 것이 아니다. 대학에서 다양한 전공이나 학문분야를 열어 놓으면 학생들이 주도적으로 융합교육을 설계하여 경험하는 방식으로 이루어져야 한다. 이는 마치 부모가 양질의 비빔밥을 만들어 자녀에게 먹이는 방식이 아니라 비빔밥 재료를 만들어 놓고 자녀 스스로가 직접 만들어 먹는 방식으로 건강을 챙기는 이치와 같다.

이상과 같은 비판적 성찰에 의하여 자연스럽게 도출된 핵심적인 아이디어는 기관계·산업계 관점의 교육생태계를 학생계 관점으로 전환시키는 방향에 대한 방법론적 모색이다. 학생계 관점 대학교육 생태계의 특징은 다음과 같다.

첫째, 모든 학생의 요구, 흥미, 경험 기반의 교육시스템을 갖추는 것이다. 이를 위하여 대학 전체 및 각 단과대학의 학사와 교육관련 시스템, 콘텐츠 디자인/개발의 데이터 소스(data sources)는 반드시 학생 자체가 되어야 한다. 학생들의 다양한 요구나 흥미에 대한 부단한 조사 수행, 체계적인 분석을 통하여 근거기반의 혁신(evidence-based innovation)이 이루어져야 한다. 둘째, 이를 위하여 가장 우선적으로 시행해야 할 과제 및 작업은 대학생들이 생각하는 **학생성공 인식 요인들을 체계적인 연구방법과 분석 툴을 활용하여 효과적으로 추출, 범주화**하는 것이다. 셋째, 이를 기반으로 표준화된 검사도구를 개발, 활용하여 대학이 제공하는 교육프로그램의 약점과 강점을 파악한 후, 학생계 관점의 교육생태계를 지속적으로 고도화시켜 나가야 한다.

우리는 교수의 역량으로 노벨상과 같은 영광을 얻고, 대학기관이 THE나 QS 평가에서 탁월한 성과를 거두는 것에 환호하지만 학생이 소외되고 성공하지 않는 한 무의미한 성과일 뿐이다. 이제부터 학생성공이 대학교육의 소명이 되는 생태계 혁신이 이루어지기 기대하며 이 책이 디딤돌이 되기를 바란다.

2025년 12월 **연구실에서**

차례

대학생의 학생성공 인식 국제비교와 학생성공형 대학생태계 구축

고요한 지음

PART 01

학생성공 인식 비교

CHAPTER 01

대학교육과 학생성공의 현상학적 해석학

1 대학교육의 현상학

1.1. 학교생태계의 전회(轉回)

위기는 곧 기회라는 통설이 지금 시대에 가장 적확(的確)한 듯하다. COVID-19로 인한 팬데믹(pandemic) 상황은 우리사회 생태계 전반에 걸쳐 엄청난 교란(攪亂)을 유발하였고, 뉴 노멀(new normal)이라는 메가트렌드를 만들었는데, 교육 분야도 예외는 아니었다. 특히, 교수학 분야에서 그동안 마이너리티 영역이었던 사이버, 원격, 인터넷 강의, 방송통신교육, 생성형 AI주도 학습 등이 학교교육의 메인스트림으로 급격하게 대체되었다. 이러한 환경 속에서 초등은 물론 고등교육에 이르기까지 학교는 교실 기반+교수자 주도형 수업방식에서 온라인 기반+학습자 중심의 방식(학생들의 학습선택권(학습시간 및 공간의 유연성 확대))으로 패러다임 전환(paradigm shift)이 이루어졌고, 향후 온라인·비대면과 오프라인이라는 두 가지 방식이 서로 독립적이지만 혼용되면서 공존할 가능성이 매우 높아졌다. 이것이 바로 바이택트(bitact) 교육생태계다.

이로 인해 넓게는 교육생태계 혁명, 좁게는 교수방식의 변화가 불가피하게 되었다. 이러한 변혁의 시대에 교육생태계에 참여하는 모든 교육주체들은 혼란과 혼동의 도가니에 빠져 심리적으로 이중속박(double bind)의 굴레에서 갈팡질팡하고 있다. 첫째, 변혁의 가치에 정합하도록 온라인·비대면 방식의 교학(教學) 시스템을 운용할 경우 예기치 못한 다양한 마찰과 불협화음이 발생한다. 둘째, 기존방식을 버리지 못하고 온라인·비대면 방식의 도입에 대하여 수동적인 입장을 취하는 경우 사회적 요구에 뒤처지게 된다. 결국 학교는 이러지도 저러지도 못하는 갈등의 주체가 되었다. 동시에 학교의 의도와 무관하게 사회현상으로 벌어지는 온라인 & 오프라인의 혼용과 공존은 교수학적 명암(明暗), 장점과 단점, 긍정과 부정의 두 얼굴을 보여주고 있다.

이러한 양면성의 팬데믹 위기는 미래형 교육시스템 및 수업방식의 뉴 노멀을 자극하고 있다. 경제성장에 기여하는 인력양성을 목적으로 기관 주도의 교육생태계가 학습자중심(학생의 학습선택권 및 자기주도학습기회 확대 등)으로 전환될 것이다. 나아가 학교시스템은 4차 산업혁명사회 환경에 정합하는 인재를 양성하기 위하여, 각기 독립적인 온라인과 오프라인을 혼용한 바이택트(bitact) 교육방식 확대 등으로 이어질 것이다.

그림 1 | **관점별 교육의 전회**

기관계 관점	학생계 관점	콘텐츠 관점	뉴노멀
KBS (Knowledge based study) 학교 및 지식기반, 교사주도, 입시위주의 수험(受驗)교육, 성과중심 교육시스템이 지배	MBC (Multi intelligence based curriculum) 학교/교수자/학습자 특성에 따른 교육의 다양성 확대	CBS (Contents based study) 자기주도학습 역량이 요구되는 온라인/ 비대면 기반 학습장면에서 매력적인(well-made) 콘텐츠가 학습성과 주도	BBC (Bitact based curriculum)
	SBS (Society based study) 지역사회, 국제사회와의 상생과 공존에 필요한지역사회 연대 및 참여형 교육시스템 확대	TBS (Technology based study) 고도과학기술이 적용된 디바이스(생성형 AI) 기반 학습 장면에서 학습자 주도의 경험지능 + 실용지능 + 창의지능 계발, 인간지능+인공지능 협업능력 필요	Bitact방식을 통한 학습자의 학습선택권 확대가 이루어짐으로써 자기주도학습 역량 제고

표 1 | **뉴 노멀 교육으로서 MIDAS**

Meta connection	학교 간, 개인 간, 기계와 인간 간, 기구와 구성원 간 초연결성이 극대화됨
Internet	랜선 기반, 생성형 AI주도의 정보 스트리밍과 노마드(nomad) 학습 환경이 확대됨
Diversity	교수전략 및 학습 도구와 방법 등이 다양함
Attractiveness	학습콘텐츠의 매력도(well-made)가 학생들의 학습 유인가를 보장함
Sharing	클라우드(언제든 어디든 떠있는 구름처럼 인터넷에 있는 저장 공간)를 기반으로 지식과 정보의 공유가 무한 확대됨

뉴 노멀 현상의 핵심인 초연결, 노마드, 클라우드 등이 가능한 디지털, 인터넷 기반의 인공지능이 사회 전반에 파급되면서 학교장면에서는 인간지능과 인공지능이 공진화하는 방식으로의 학습생태계 변화가 불가피하게 되었다. 여기서 주목할 점은 바이택트(대면+비대면) 방식의 도입에 따라 교육적으로 긍정과 부정의 이미지가 동시에 만들어진 현상이 공진화(인간지능+인공지능)의 확산에서도 동일하게 나타나고 있다는 것이다. 인공지능과 학교교육의 연대를 바라보면서 전문가들은 학교혁명, 교실혁명, 에듀테크, 초개인화, 게임체인저, 패러다임 전환, 빅블러, AIDT 등의 선동적인 용어들을 구사하며 학교 및 학습생태계 변화의 당위성과 가능성을 주장하고 있다. 특히, 대학 생태계는 학령인구 감소에 대응하는 학사구조 개혁, 인공지능을 기반으로 하는 4차 산업혁명생태계의 고도화에 정합하는 교육과정 혁신, 비대면 + 온라인 기반 원격 및 블렌디드 수업방식 확산, 인간지능과 생성형 인공지능을 결합하는 학습혁신 등의 외부압력에 직면해 있다. 내외부 압력에 의하여 이루어지는 대학 생태계 변화는 대학생들이 인식하거나 체감하는 대학교육의 본질, 방법, 내용 등의 측면에서 전환을 자극하고 있다. 이러한 메가 트렌드(mega trend) 속에서 교과서나 매스미디어 기반의 학습방식은 1인 미디어를 활용한 스마트 학습환경으로 급격하게 전환되고 있으며, 학습양식의 해체와 변화로 인해 우리 사회는 대학에서의 학업성취나 대학생활 성공의 의미까지 다시 정의해야 할 상황에 직면해 있다.

1.2. 대학생의 경험서사

대학생들의 대학 생활에 대한 인식은 개인의 경험이자 우리 교육의 현주소를 보여주는 지표이다. 교육 생태제의 변화와 관련해 학생들의 요구와 인식을 다음의 내러티브를 통해 비교해 보고자 한다. 다음 글은 현재 우리나라 대학 재학생과의 개별상담 과정에서 발언한 대학 생활 경험이다.

"나는 4학년이다. 지금 내 주변 친구들은 취업, 졸업을 하거나 준비 중에 있다. 친구들과 대화를 나눌 때면 그들은 늘 근심 가득한 목소리로 "경쟁을 해야 하는 상대 학생들의 능력이 너무 뛰어나 나는 경쟁력이 없다"며 걱정한다. 컴활 자격증이나 토익만 하더라도 공부를 열심히 해야만 얻을 수 있는 능력이다. 우리나라 모든 대학생들이 이를 가장 기본적으로 갖추어야 할 능력으로 생각한다. 그러나 능력을 갖추고 있어도 인정받지 못하는 경우도 많다. 즉, 기본적으로 갖추어야 하는 능력이 너무나도 높아져서 내가 가진 능력임에도 불구하고 그 가치를 인정받지 못하는 게 우리사회의 슬픈 현실이다. 당연히 남들이 가진 것이 없으면 능력 없는 사람이 되어 버린다. 즉, 능력주의에서 말하는 능력이란 남보다 나아 보이기 위한 수단적인 도구 혹은 차별을 위한 도구인 것 같다. 결국, 능력주의에서 말하는 그 능력의 긍정적인 영향은 우리사회 혹은 대학에서 존재하지 않는 것이 분명하다."

한편, 다음 글은 캐나다 대학 재학생과의 개별상담 과정에서 확인된 대학 생활 경험이다.

"대학생활을 하는 동안, 매 학기 이수해야 하는 학점과 과목들을 꼼꼼히 챙기고, 수업엔 성실히 출석하였으며, 과제는 마감일에 맞춰 제출했다. 시험 때면 나름대로 열심히 공부도 했다. 성실하게 대학생활에 임했다고 자부한다. 다만 시험이나 과제 점수가 항상 좋은 것은 아니었다. 전공과목인 영화 관련한 이론과 실습 과목들은 관심 있는 분야이기도 하고, 시험이나 과제 방식도 자신의 생각들을 풀어내는 방식이라기보다 자유로웠지만, 경영대 쪽에서 선택한 교양선택 과목은 F학점을 받기도 했다. 교재에 나온 정답을 제시해야 하는 시험이었다. 나름 공부를 했지만, 공부 방식이 달랐던 건지 기말시험을 망쳤던 것 같다. 이런 종류의 시험엔 별 재능도, 요령도 없음을 새삼 느꼈다. 하지만 졸업엔 문제가 없다고 봤기에 학점 자체에는 그리 연연해하지 않았다. 학과 공부는 정해진 커리큘럼 안에서 나름 성실히 해가면서, 전공 외의 활동에도 열심히 임했다. 대학영화제에서 준비위원으로 활동도 하고, 몇몇 국제영화제에는 자원봉사로 참여하기도 했으며, 친구들과 단편영화 작업을 해보기도 했다. 개봉하는 영화들을 챙겨보고 개인 블로그에 끄적거리던 영화 리뷰를 지역 커뮤니티 웹사이트에 올리기도 했다. 당장 돈이 되는 일들은 아니었지만, 한 번 시작한 활동들을 꾸준히 해나가고, 그 안에서의 네트워킹으로 인맥을 넓혀갈 수 있었다. 대학생의 신분이기에 더 과감히 부딪혀볼 수 있었고, 다양한 활동들을 해볼 수 있었고, 그 안에서 뭔가 직접적인 것들을 깨닫고 배울 수 있었고, 그 분야의 선배이자 전문가들에게서 보다 현실적인 조언과 앞으로의 진로에 대한 롤모델도 그려볼 수 있었다. 자원봉사로 하던 영화제 참여는 인턴십으로 이어졌고, 커뮤니티 웹사이트에 무료로 올리던 영화 리뷰는 영화 리뷰 웹사이트에 원고료를 받고 올릴 수 있게 되었다. 어떤 종류의 어떤 직업으로 일하겠다는 분명한 진로 방향을 가지고 시작한 일들은 아니었지만, 하나하나의 활동들이 이어져 다음 기회를 만들어 내고, 그 활동에서 만난 사람들이 연결해 주는 또 다른 기회들이 있었다. 이런 기회들이 있을 때마다 주저하거나 망설이기보다는 일단 해보자는 마음으로 열심히 해내고자 했다. 이런 활동들이 쌓이고 쌓여 이력서를 채우는 스펙이 되었다.”

그에게 대학은 관심 분야에 대한 지식과 함께 사고력 통찰력 판단력을 키울 수 있는 배움의 터이자, 학생이라는 신분으로 사회를 접하고 배울 수 있는 안전한 울타리였으며, 다양한 경험과 이해를 토대로 사람들을 만나고 겪을 수 있는 보다 너그럽고 자유로운 기회가 보장되는 공간이자 시간이었다. 그는 대학을 졸업하면서 높은 학점을 받지 못했고, 또한 졸업 후 바로 취업이라는 성과를 이루지 못했지만, 자신이 해낸 대학생활에 대해서 충분한 자부심과 성취감을 가지고 있었다. 자신이 하고 싶은 일에 대한 보다 큰 호기심과 도전의식이 생겼고, 앞으로 살아가야 하는 인생 준비를 할 수 있었고, 그러기 위한 자신감과 태도를 배울 수 있었다. 또한 그 일에 대해 함께 이야기하고 나눌 수 있는 친구들과 선배와 멘토를 가지게 되어 만족하고 있다. 두 학생의 고백에는 국적의 차이 외에 대학생의 성공적인 삶에 대한 메타포에 극명한 차이가 있다. 그것은 한마디로 기계적인 삶과 인간적인 삶의 차이다.

압축성장의 그늘에서 기관계·산업계 관점의 고등교육생태계 논리에 따라 정작 배움의 즐거움을 만끽해야 할 우리나라의 학생들은 오랫동안 인간교육으로부터 지독한 소외의 길을 걸어왔다. 우리나라에서 말하는 '출세', 일본에서 말하는 '상승'이 바로 대학생들이 생각하는 성공 척도였다. 성취나 성과지향의 성공 패러다임과 성장과 성숙지향의 성공 패러다임에서 우리는 전자의 고등교육을 지극히 당연한 것으로 여겨왔다. 그 결과 우리나라는 세계 최고의 경제 수준에 올랐다. 그러나 압축 성장기의 추격자형 교육시스템으로는 미래 환경에 능동적으로 적응하는 인재 양성이 불가능하다. 선진국의 교육답게 우리 고등교육생태계도 선도자형 교육시스템으로 대전환(Educational Exchange)되어야 한다.

국가 규모 경제의 압축성장을 견인하는 가장 강력한 도구는 국가 주도 시스템이었다. 이러한 상황에서는 고등교육의 기여도가 상대적으로 높았다. 이는 역사적으로 대부분의 후진국 혹은 개도국의 교육제도에서 나타나는 일반적인 현상이다. 어느 경우든 압축성장에 기여하는 고등교육에는 일정한 패턴이 실재한다. 기관계 및 산업계 관점의 고등교육생태계가 지배적이라는 점이다. 기관계 관점의 고등교육생태계란 대학교육과 관련된 모든 정책 입안과 집행이 교육부, 대학본부, 교수집단 등에 의하여 이루어지는 것을 말한다. 이 경우 정작 배움을 통한 역량계발의 주체인 학생들은 철저히 소외되기 마련이다. 압축성장에 기여한 기관계 및 산업계 관점의 교육생태계를 벗어나 학생계 관점의 교육으로 전환되지 않는다면, 모든 대학은 존재론적 위기에 빠질 수밖에 없다.

고등교육 혁신의 방법론적 원리에는 선택적 대안이 없다. 단언컨대 그것은 학생계 관점의 고등교육생태계로 전환하는 것이다. 그것은 국내외에서 이루어지는 각종 대학평가나 정부의 재정지원 사업에서 단위대학이 성공하거나 대학교수들이 저마다 우수한 업적을 생산해서 사회적으로 유명세를 얻거나, 사회적으로 기여하는 것이 아니라 학생들이 자신의 요구, 호기심, 능력, 경험 등을 바탕으로 주체적인 학습경험을 하고 이를 기반으로 생애 전 과정에서 '성공과 행복감'을 느끼며 온전한 자아실현이 이루어지도록 만드는 교육생태계를 의미한다. 다시 말해 몇몇 학생들이 좋은 기업에 입사하는 것이 성공이 아니라, 모든 학생들이 어느 곳이든 고등교육을 통하여 자신의 성공을 만들어 가도록 안내하고 교육하는 것이 바로 학생계 관점의 교육생태계인 셈이다.

1.3. 석세스 브릿징으로서 대학

교육과 관련된 우리나라 국민들의 지배적인 정서는 **가족주의**다. 가족의 일원이 사회적으로 출세하거나 탁월한 업적을 거두면 온 가족 모두의 영광으로 귀속된다. 가장 대표적인 경우로 자녀가 소위 유명대학에 입학하면 부모들은 자신들의 소원을 다 이루게 되었고, '이젠 **성공**했다.'고 말하며 동네방네 자랑한다. 이로 말미암아 대학에서의 학업이나 취업 준비 등에 대한 부모의 관심은 대학 입학을 위하여 쏟아부은 에너지에 비하여 현저히 떨어진다. 그러나, 유명대학 입학이 곧 인생의 성공을 보장하는 시대는 지났다. 즉, 입학은 곧 성공이라는 마침표가 아니라, 입학 후 이루어지는 다양한 경험이 모든 학생들로 하여금 인생성공을 위해 필요한 역량들을 계발하고, 마침내 사회적 성공으로 이끄는 힘이 되어야 한다. 이제 우리대학의 기능은 모든 대학생들의 석세스 브릿지(success bridge)가 되어야 한다. 모든 대학은 대내외에서 가해지는 강력한 혁신 압력에 노출되어 있다. 한마디로 고등교육생태계 변화는 거스를 수 없는 메가트렌드가 되었다.

그림 2 | **대학혁신의 동력**

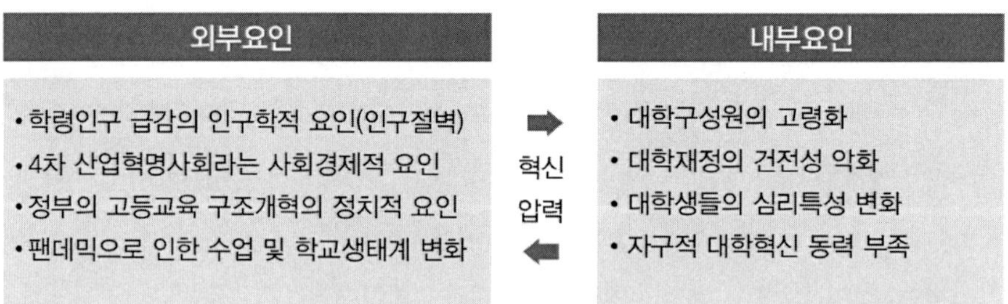

위와 같은 교육인간학적 인식관심은 고등교육 혁신의 이념, 방법, 내용 등에 대한 실용적이고 구체적인 방안 제시 혹은 연구의 **필요성**을 유발하였다. 물론 많은 대학들이 자의 반 타의 반으로 대학혁신을 위한 자구적이고 차별적인 노력을 끊임없이 경주하고 있다. 그럼에도 불구하고 핵심적인 이슈는 대학 범용(汎用)의 혁신 방안을 제시하는 것이다. 즉, 인간교육의 본연성 회복 방안을 모색함으로써 단위대학이나 개별교수의 성공이 아니라 학습주권(배움의 즐거움)을 회복하여 진정한 자아실현의 주체로 거듭나는 학생성공(student success) 교육으로 고등교육생태계를 혁신하는 근거 · 데이터 기반의 실증 연구가 이루어져야 한다는 사실이다.

그림 3 | **추격자와 선도자형 교육 생태계 비교**

As Is (추격자형 교육)		To Be (선도자형 교육)		So what?
기관계 관점 고등교육생 태계 • 학사, 교육과정, 수업 전반에 대한 의사결정과 집행이 교육부, 대학본부, 교수 등에 의하여 이루어져 학생들의 능동적이고 자기주도적인 대학생활 및 학습경험이 전혀 이루어지지 않고 있음 **산업계 관점 고등교육생 태계** • 산업체가 요구하는 인재상 및 산업실무역량을 학사, 교육과정, 수업 개발에 반영하여 학생의 창의적이고 능동적인 학습경험이 이루어지지 않고 있음	➡	**학생성공형/학생계 관점 고등교육 생태계** • 모든 대학에서 학생들의 요구, 호기심, 능력, 경험 등을 학사 시스템 및 교육과정, 수업방법 개발에 적극적으로 반영함 • 학생 입장의 교육적 관점을 대학생활 및 교육 과정 이수에 반영하여 배움의 즐거움을 회복시키고, 교육과정 전반에 걸쳐 자율성(자기주도성), 창의성을 향상시키는 학습경험이 이루어지도록 안내함 • 학생의 적성 및 잠재능력 계발을 기반으로 의미있는 학교생활이 이루어지도록 지원하여 성공적인 학교생활이 이루어지도록 지원함 • 모든 대학에서 모든 학생들로 하여금 졸업 후 지속 가능한 가치 기반의 생애개발 및 사회적 성공이 가능하도록 지도함	➡	국내외 주요대학 재학생 대상의 학생성공 인식요인 추출 및 비교 분석 ↓ 조사결과에 대한 국내 대학 간 및 국제비교 실시 ↓ 비교결과를 반영한 학생계 관점의 대학학사시스템 혁신방안 도출 ↓ 학생성공형/학생계 관점의 고등교육생태계 조성 분위기 확산

이상의 논의를 종합하면 다음과 같다. 우리나라 고등교육 혁신의 키워드는 기관계 및 산업계 관점을 학생계 관점으로 전회(轉回)시키는 것이다. 한마디로, 교육부, 대학, 교수, 기업체 등의 관점과 입장에서 이루어지던 대학학사 시스템과 교육과정 구성을 학생의 요구, 호기심, 능력, 경험 등을 반영한 것으로 대전환(EX)하는 것이다. 만약 이러한 전환이 성공한다면, 대학교육을 옥죄던 경제성이나 획일성이 아니라 고등교육 생태계에 윤리성(학습약자에 대한 포용적 관심과 지원)과 다양성(문화다양성의 가치 발견과 존중)이 꽃피고, 살벌한 학교성공이나 생존이 아니라 살가운 학생성공이나 존재가 그 의미를 찾게 될 것이다. 이러한 학생계 관점의 고등교육생태계 혁신은 다음의 두 가지 방식으로 이루어져야 할 것이다.

첫째, 학습주권 회복이다. 동양의 에토스(ethos)인 『논어』의 시작은 학습의 즐거움에서 출발한다. '배우고 때로 익히면 또한 즐겁지 아니한가?(學而時習之不亦說乎)'라는 언설은 학습주권(learning sovereignty)을 처음으로 선언한 것이며, 동시에 모든 교육생태계에서 갖추어야 할 학습주권의 원형을 제시한 것으로 볼 수 있다. 반면에 맹자가 주장한 천하 영재를 얻어 가르치는 즐거움(得天下英才敎育之三樂)은 일종의 교수주권(teaching sovereignty)에 대한 원형으로 간주할 수 있으며, 이로부터 오늘날까지 교수+학습 패러다임이 지속되고 있다.

그러나 근대 산업화와 경제 선진화 과정을 거치면서 학습주권의 원형은 크게 훼손되었고, 모든 대학에서는 교수의 효율성, 경제성, 수월성 등에 경도(傾倒)된 획일적인 교육생태계가 구축되었다. 이로 인해 학생들에게 자기주도적인 배움의 즐거움을 잔인하게 앗아버렸고, 모든 대학은 교수 수월성(teaching excellence) 신화에 매몰되어 극한의 성과 전쟁터에서 오늘도 기약 없는 생존 투쟁을 벌이고 있다. 이러한 신화는 대학생들의 학습피로도를 극대화시켰을 뿐, 아무 의미도 없고(not meaningful), 삶에 쓸모가 없는(not functional) 학습경험이 이루어지도록 학생들을 길들였다. '학습주권의 회복탄력성'은 모든 학습경험이 개별 학생들에게 의미 있고, 결코 자신의 삶과 유리되지 않은 성찰적 학습참여를 보장함으로써 학습어메니티(learning amenity)를 극대화하는 교육생태계를 만들기 위해 노력하는 대학들의 에너지와 비례한다.

둘째, 학생성공 지원 인프라와 시스템의 구축이다. 앞서 언급한 바와 같이 역사적으로 학교교육은 기관계 관점(공여자 중심)의 방식과 내용으로 이루어졌다. 그러나 급격한 근대화, 산업화시대를 거치면서 압축성장을 달성하는 동시에 산업계 관점의 교육(혹은 맞춤형 교육)이라는 생경한 용어가 등장하였다. 현재는 이러한 기관계·산업계 관점의 교육생태계가 학교교육을 지배하고 있는 실정이다. 4차 산업혁명 사회생태계를 주도하거나 이에 능동적이고 유연하게 적응하는 인재를 양성하기 위해서는 현존의 학교교육 생태계에서 벗어나야 한다. 정부의 정책이나 대학의 학사시스템, 교수의 입장이 아니라 학생의 요구, 흥미, 능력, 경험 등을 기반으로 하는 학습생태계 및 대학생활 환경이 갖추어질 필요가 있다. 그동안 우리 대학들은 너도나도 학생들의 학교생활 전반에 걸친 지원과 학력 신장에 노력을 기울였다고 자평한다. 그러나 정작 고도 과학기술 기반 사회생태계에 유연하고 능동적으로 적응하는 인재 양성을 위한 교육생태계로는(교육적 적합도 측면에서 볼 때) 최악의 수준임도 솔직히 고백해야 한다. 이러한 경향 속에서 등장한 것이 바로 **대학성공** 혹은 **학생성공**에 대한 인식과 체계적인 연구 동향이다.

2 학생성공의 해석학

2.1. 학생성공 담론의 발흥

미국에서는 오바마 집권 시절인 2001년에 모든 학생들의 학업성공 및 졸업을 지원하기 위한 NCLB ACT(No Child Left Back)를 제정한 바 있다. 이를 수정·보완하여 2013년에 Student Success Act가 만들어졌다. 이는 대부분 미국 내 초·중등교육의 교육환경 및 학업수준 개선에 초점을 맞추고 있다. 그럼에도 불구하고 **학생성공**이라는 말이 국가 단위에서 공적으로 사용된 사례가 된다. 우리나라에서 학생성공에 대한 관심이 대중적으로 확장된 것은 성균관대학교 배상훈 교수의 지속적인 관심 및 연구와 『학생성공센터』 건립 노력 덕분이었다. 동시에 연세대학교 민경찬 교수가 『대학신문』에 기고한 글도 한몫하였다. 이는 아래의 글을 통해 쉽게 확인이 가능하다.

"최근 주목받는 것이 학생성공이다. 대학총장들의 취임사에 등장하고 대학 비전과 중장기발전계획에 포함시킨 대학도 많다. 학생성공이 수사(修辭)에 그쳐서는 안 된다. 특히, 취업에 국한해서 협소하게 해석하는 것을 경계해야 한다. 성균관대 연구팀이 대학생 100명을 대상으로 조사한 결과에 따르면 학생들이 생각하는 성공요소에는 높은 학점과 취업 외에 다양한 캠퍼스 활동과 경험, 깊은 인간관계, 꿈과 진로설계, 세계를 바라보는 눈과 가치관의 성숙이 포함되었다. 학생들은 결과 못지않게 과정을 중시했고, 수업 외에 다양한 활동과 경험을 원했다. 지식함양은 물론 내면적 성숙도 필요하다고 했다. 4차 산업혁명 시대를 맞아 학생들은 성공의 길이 무언지 잘 알고 있다. 이제 남은 것은 대학이 이들을 어떻게 지원해야 하는 문제다. 학생성공은 대학이 존재하는 이유다. 지속가능한 발전을 위한 전제이기도 하다." (배상훈. "학생성공 시대가 열리다." 교수신문. 2019년 2월 19일 자)

"대학은 학생들에게 무엇을 의미할까? 교수에게 학생들은 어떤 의미일까? 교수는 대개 학기당 6학점 강의를 책임지고, 학생은 매학기 등록금을 내며 학위증을 얻기 위한 이수학점을 채워나간다. 대학들은 시대적, 사회적 요구에 부응하려고 새로운 역량을 찾아내고, 이를 담아갈 수 있는 다양한 프로그램을 도입하기도 한다. 문제는 교수가 학생들에게 무엇을 담아주고 있느냐?이다. 예를 들어 창의력과 학점은 어떤 관계가 있는가? 새롭게 개설된 교과목은 AI시대에 요구되는 데이터 및 기술 활용능력, 비판적 사고력, 시스템 사고력, 기업가 정신, 문화적 감수성 등을 실제로 키우는 것인가? 자신감을 제대로 심어주고 있는가? 학생 개인의 삶에 대한 목적과 가치를 세우도록 돕고 있는가? **모든 학생이 성공해야 한다. 학생성공이란**

학생마다 자신의 가치를 최대로 높이도록 성장시키는 일이다. 이는 결과적으로 우리 국가, 인류의 행복과 발전에 기여하도록 하는 일이어야 하며, 교수들도 여기서 보람을 찾아야 한다. **학생성공이 바로 교수성공인 것이다.** 이는 교수가 한 학생의 삶에 대한 진정어린 관심과 깊은 애정, 책임의식을 가질 때 이루어진다. 학생들은 자신의 잠재역량도 그 가치를 극대화시켜 나가는 방법을 잘 모른다. 대학은 바로 여기에 정책의 초점을 맞추어야 하며, 교수가 학생을 도울 수 있는 방법을 찾도록 여러 방식으로 적극 도와주어야 한다. 기존산업은 물론 벤처, 중견기업들과 소통하며, 학생들에게 요구되는 역량과 태도 등을 확인하고, 학습현장에 실질적으로 반영하도록 체크해 나가야 한다. 물론 대학별 인재상의 틀과 연계시켜 나가야 한다. 교수는 학생에게 어떤 역량과 태도를 담도록 훈련해야 할지 명확하게 일러주어야 한다. 그리고 교육과정에서 이러한 요소들이 잘 담겨지도록 섬세하게 수업을 설계하고 실행해 나가야 한다. 교수와 학생의 성공은 바로 여기서 출발한다. **대학은 이러한 교수들의 노력을 업적으로 인정해 주어야 한다.**" (민경찬. "교수성공, 학생성공...학생성공이 교수성공이다." 교수신문. 2019년 3월 5일 자)

고등교육 혁신을 위하여 우리가 주목하는 학생성공이란 무엇이며 대학성공과 어떤 의미차가 있는가? 우선 학생성공에 대한 교수의 인식 사례를 적시(摘示)하면 다음과 같다.

"학생 모두 저마다 꿈과 희망을 갖고 다양한 캠퍼스 활동을 하면서, 지적, 정서적으로 성장하여 우리사회의 발전과 번영에도 기여하는 인재가 되는 것이 바로 **학생성공**이다. 학생성공센터는 학생을 맞이하는 첫 번째 상담기관으로 교내 관련부서로의 연계를 위한 게이트웨이 기능을 담당하여 유관기관 간 유기적이고 전략적인 연계를 통해 효율성을 제고하는 허브 역할을 한다."(성균관대학교 학생성공센터 홈페이지 센터 소개 및 센터장 인사말 중에서, 2019)

| 학생성공이란?

학생성공은
- 교육 · 연구 · 산학협력 생태계가 유기적으로 연계된 새로운 학습생태계에서,
- 다양한 교과 · 비교과 프로그램을 경험하고 참여함으로써,
- 가치있는 학생성과를 달성하고,
- 미래사회가 바라는 글로벌 창의인재로 성장하는 것입니다.

| 학생성공 모델

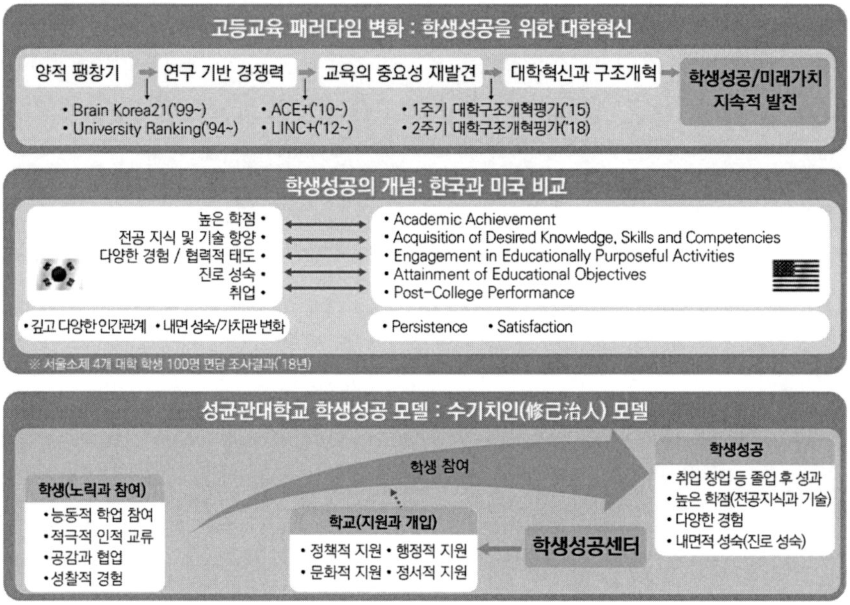

출처: 성균관대학교 학생성공센터 홈페이지

학생성공센터는 미국의 대학들에서 가장 활발하게 운용되고 있다. 아래는 대학신문(2019. 4. 22)에 수록된 내용을 요약한 것이다. 미국 USC(남가주대학)의 학생성공센터(Student Success Center)는 학생의 학습을 지원하고 학위를 취득하는 데 도움주는 것을 우선으로 한다. 이를 위하여 수업, 수업 외 재정 부문에 대한 다양한 지원 프로그램을 운영하고 있다. 이외에도 소수그룹인 교환학생과 군인학생을 비롯해 교직원과 학부모에 대한 지원도 담당하고 있다.

버지니아텍의 학생성공센터(Student Success Center)는 학생들이 자신의 목표와 성공을 위한 길을 스스로 개척해 자기주도적 평생학습자로 발전해 나가는 것을 추구한다. 여기에서 튜터링 프로그램, 학술성공 세미나 시리즈, 동료 학술코칭, 학술회복 프로그램 등을 통한 전체학습뿐만 아니라 소수학생에 대한 지원, 다른 문화체험활동 등 타인을 이해하고 수용할 수 있는 프로그램도 다수 운용하는 것이 특징이다.

존스홉킨스대의 학생성공센터(Student Success Center)는 단순한 대학생활 경험 이상을 제공한다. 구체적으로 학생들이 학업수행을 성공하면서 개인의 성장과 발전을 도모할 수 있도록 지적, 사회적 정서(감성)적 측면에서 적극적인 역할을 한다. 특히 학생의 잠재력과 역량을 극대화할 수 있는 환경을 제공하는 데 도움을 준다.

네바다주립대 학생성공센터(Center for Student Engagement)는 민주주의 사회의 시민으로서 시민윤리를 배우고 자발적으로 지역사회에 참여하는 학생이 되는 것을 학생성공으로 규정하고 있다. 센터의 기능도 이러한 점과 연결된다. 직접적인 학습지원보다 학생들이 지역사회와의 교류가 활발하도록 제반 행정지원이 이루어진다. 또한 affirmative action 차원에서 재정적으로 어려움이 있는 학생들을 위한 각종 지원체계가 운용되고 있다. 학생들이 준법정신을 함양할 수 있도록 지역사회 문제들을 활용해 법정사례 교육도 실시한다.

조지워싱턴대의 학생성공센터(Center for Student Engagement)는 학생들이 경험을 변화시키고, 활동적인 국제시민과 리더가 되도록 지원하는 중추적인 역할을 한다. 특히, 학생이 공동체에서 어떤 역할을 담당할지에 초점을 두고 프로그램과 각종 행사가 운용되고 있다. 주요프로그램은 지도성, 자문 및 조언, 시민의식 배양 등이 있다. 주요행사로 신입생 대상 프로그램, 가족참여 프로그램과 이벤트, 교직원의 학생들에 대한 정서적 교감 프로그램, 우수학생과 교원에 대한 포상 등이 있다.

미국의 가장 대표적인 멀티캠퍼스인 UT(테네시대학)의 학생성공센터(Center for Student Engagement)는 학생들이 캠퍼스생활을 담당하는 부서 중 하나로, 각 부서들은 학생들의 대학생활과 학습을 위해 매력적이고 성공적인 캠퍼스 분위기를 조성하기 위해 노력한다. 캠퍼스 공동체를 육성하여 학생들의 학습을 향상시키고 학생들이 글로벌 커뮤니티로서 성공할 수 있도록 지원한다. 주목할 점은 다양한 학생조직을 운영하면서 전폭적으로 교육하고 지원한다는 점이다. 학생성공센터 산하에는 500여 개가 넘는 학생단체가 등록되어 있고 센터에서는 동아리 리더들을 대상으로 리더십, 펀딩, 정책 기획 등 여러 형태의 워크샵을 개최한다. 또한 학생조직 활성화를 위하여 센터에서 운용하는 별도의 학생조직 간 커뮤니케이션 채널을 관리하기도 한다. 이 밖에도 예술, 문화, 정치, 엔터테인먼트 등 다채로운 주제로 캠퍼스 행사를 열어 학생들에게 의미있고 기억에 남는 경험들을 제공한다(대학신문. "학생중심 교육실천에 방점... 학생의 성공적인 대학생활 및 사회진출 돕는다." 2019. 4. 22일 자).

미국대학들에서 운용되는 학생성공센터의 역할을 요약하면 다음과 같다. 첫째, 대학생활에 잘 적응하고 학업성공을 이룰 수 있도록 입체적으로 지원하는 것이다. 학업지원은 미국대학들의 학생성공센터 기능 중 가장 중요한 비중을 차지한다. 둘째, 대학생활 지원의 경우 학사일정, 기숙사, 재정 지원 등 영역별 지원이 세분화되어 있다. 셋째, 신입생, 편입생, 외국인유학생, 스포츠 특기생, 대학원생 등 특정그룹 지원에도 세심한 관심을 기울인다. 넷째, 진로 및 취업 지원을 통해 적기에 졸업할 수 있도록 다양한 도움을 제공한다. 동시에 중도탈락을 방지하기 위한 노력도 이루어진다. 대학들마다 학생성공센터를 설립, 운용하는 근본적인 교육학적 의미는 학생들로 하여금 평생 성장할 수 있는 역량을 갖추도록 의미 있는 경험을 제공하는 것이다.

한편, 우리나라에서는 2019년 성균관대학교에서 대학 최초로 '**성균관학생성공센터**'를 개소하여 운용하고 있다. 초대 센터장 배상훈 교수는 '미국대학의 경우 입학하는 학생들의 유형이 매우 다양한데 이러한 학생들의 니즈에 대학이 대응해야 하며 이들을 케어(care)하는 행정적 유닛이 학생성공센터가 존재하는 이유.' 라고 하여 교육의 다양성 측면을 지적하고 있다. 그는 우리나라에서 학생성공센터를 도입·운용하기 위하여 '학업, 심화학습, 취업 및 창업, 글로벌, 건강, 심리, 인권 등과 관련된 대학 내 각종 부처와 센터들이 있는데 담당자들이 모여 유관

기관 간 유기적이고 전략적인 연계를 하는 것이 필요하며, 대학에 산재되어 있는 많은 학생지원 서비스를 필요한 학생과 연결시켜 주는 게이트웨이가 되어야 한다.'고 지적하고 있다. 이것이 바로 학생계 관점 대학교육 생태계의 핵심이다. 즉, 학생의 요구(니즈), 학생의 경험(흥미와 호기심), 학생의 진로나 취업 등에 대한 범교(汎校) 차원의 체계적인 조사와 시스템화를 통하여 성공적인 대학 교내외 생활을 지원하고 촉진하는 기능이 대학이 추구할 본질이다. 학생성공을 지원하는 학사시스템 개선은 다음을 고려하여 이루어져야 한다.

우리 사회에서 여러 가지 이유와 근거를 제시하면서 고등교육 혁신에 대한 감성적 주장과 논리적 제안이 난무하고 있다. 본 저서는 이러한 분위기에 편승하여 논리적 제안이라는 미명으로 이루어지는 또 하나의 감성적 주장이 되지 않기를 기대하며 근거기반의 구체성과 제안의 실용성을 지향한다. 핵심은 학생계 관점의 고등교육생태계 구축과 이를 구현하기 위한 학생성공 인식요인 추출 및 국제비교, 표준화된 검사도구 개발이다. 이러한 아이디어 생성의 구체적인 배경 스토리를 설명하면 다음과 같다. 우리나라는 오랫동안 최상위 대학 서열이 사회적으로 공인되어 왔다. 주지하듯 S대, K대, Y대, P대, K대 등이다. 그런데 몇 년 전부터 화석처럼 굳어있던 서열에 균열이 생기게 되었다. 균열의 단초는 바로 성균관대학교였다. 최근 3년 간 이 대학은 THE, QS 등을 통해 공시된 세계 대학순위에서 Y대를 제치고 세계 100위 안에 진입하는 성과를 보였다. 모든 대학에서 눈여겨 볼 대목이다. 어느 경우든 대학혁신의 이니셔티브와 리더십은 단위대학 CEO의 결연한 의지와 이에 상응하는 탁월한 실천가들의 몫이다.

성균관대학교는 학생성공을 학교혁신의 키워드로 삼고 구체적인 대응 작업들을 수행하였다. 물론 대학 CEO의 강력한 지지를 배경으로 이루어졌다. 기관계 관점이나 산업계 관점의 고등교육이 지닌 교육인간학적 한계에 대한 성찰과 이를 극복하기 위한 실용적인 대안으로 추진한 것이 바로 이 대학의 학생성공을 위한 교육인프라와 시스템 구축이다. 여기서 시스템 혁신의 진정성 여부에 대한 점은 논외로 한다. 다만 학생성공 이념의 교육학적 정합성에 대한 선도적 인지와 이에 상응하는 대학혁신의 노력이 학교성공으로 이어지게 된 사실은 분명하다.

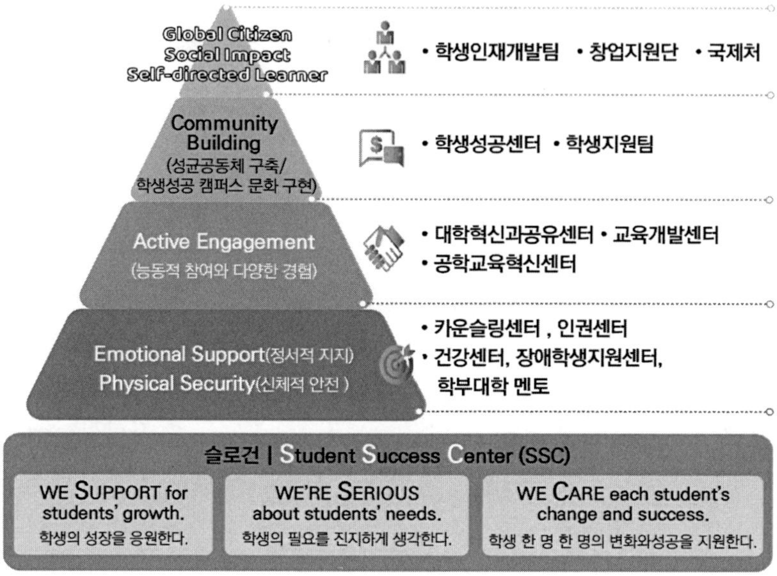

| 설립목적

- 교과, 비교과, 교외활동 등 다양한 학생 경험(Five Experiences) 지원
- 학생성공 프로그램 통합 및 운영
- 유관기관 간 전략적 연계를 통한 효율성 제고

| 주요기능

학생성공을 위한 Gateway

학생성공센터는 학생을 맞이하는 첫 번째 상담기관으로 교내 관련 부서로의 연계를 위한 Gateway 기능을 담당하며, 유관기관* 간 유기적이고 전략적인 연계를 통해 효율성을 제고하는 허브 역할을 합니다.

*교내 유관기관 : 건강센터, 공학교육혁신센터, 교육개발센터, 국제처, 대학원, 대학혁신과공유센터, 인권센터, 장애학생지원센터, 창업지원단, 카운슬링센터, 학생지원팀, 학술정보관 등

학생성공 롤 모델 구축

학생성공을 위한 롤 모델을 구축하기 위해 구체적인 직업군과 대학 생활방식에 대한 다양한 강연회와 세미나를 개최합니다.

학생지원 프로그램 재구조화

학생성공센터는 성균펜타곤(SKKU Pentagon)*을 기반으로 한 학생지원시스템을 재편하여 고도화시키며, 핵심역량과 프로그램을 연계한 로드맵을 바탕으로 학생상담을 진행합니다.

*성균펜타곤(SKKU Pentagon): 자기주도역량, 융합역량, 기업가역량, 시민의식역량, 글로벌역량

Big-Data 기반 학생관리

학생성공센터는 센터별 학생 상담 기록을 취합한 데이터베이스를 구축하고 그 이력을 통합적으로 관리하여 상담의 효율성을 제고합니다. 또한 데이터를 기반으로 한 학업 성과 관리체계를 운영하여 학생 유형에 따른 학업성과 향상 방안을 수립합니다.

출처: 성균관대학교 학생성공센터 홈페이지

이러한 점에서 성균관대학교는 대학 운영 방침을 학생성공을 위한 대학혁신으로 정하고, 학생성공을 대학 운영의 핵심 가치로 제시하고 있다(참고: 성균관대학교 홈페이지). 나아가 국내 대학 최초로 학생성공센터를 출범시킬 만큼 학생성공에 대해 높은 관심을 가지고 투자를 하고 있다. 성균관대에 따르면, 학생성공센터는 학생의 정서적 안정과 대학생활 적응을 돕고, 학업, 진로, 취업, 창업, 글로벌 활동에 이르기까지 학생성공 차원에서 대학이 제공하는 다양한 서비스를 필요한 학생에게 연결해주는 창구(gateway) 역할을 한다(한국대학신문, 2019.4.22.).

신라대학교도 '학생성공 신라 2030'이라는 대학 발전계획을 세워서 추진하고 있다. 여기서 학생성공은 학생 누구나 대학에서 목적한 바를 이루는 것을 의미한다. 구체적으로 신라대가 밝힌 학생성공이란 학생들이 대학에서 지식 습득은 물론 책임 의식과 자립성을 키우고, 대학 및 공동체(community)와 연계 활동을 함으로써 학생의 학문적, 개인적, 직업적 목표를 달성하도록 노력하는 것을 의미한다(참고: 신라대학교 홈페이지).

한성대학교는 'High−Success(HS)'라는 용어를 활용하면서 학생성공을 대학 중장기 발전계획의 핵심 목표로 삼고 있다. 이 계획에 따르면, 대학의 정체성으로 교육중심대학을 표방하면서 학생성공을 위한 학생지원 시스템을 중요한 대학 혁신 과제로 제시하고 있고, 이를 위해 학생성공센터를 신설하였다(참고: 한성 대학교 홈페이지).

국립순천대학교 총장은 학생 역량강화를 위해 대학 환경을 개선하고 학생성공을 위한 대학 환경을 구축하겠다는 계획을 직접 밝히고 있다(참고: 국립순천대학교 홈페이지). 이처럼 우리나라에서도 대학 운영 패러다임을 교육 수요자 중심으로 전환하고, 학생에게 필요한 것을 아낌없이 지원하는 것을 대학의 핵심 가치로 제시하는 사례가 늘어나고 있다.

그동안 우리나라 모든 대학들은 압축성장의 그늘에서 단위대학의 평가지표값 차원(대학순위)의 성공이나 각 교수의 성공(정치적 출세, 대규모 연구비 수혜, 이름난 수상)에 환호하면서 정작 학생들의 요구, 호기심, 경험, 인권, 자아실현, 성장능력 등은 외면해 왔다. 본 저서는 다음의 두 가지 점에서 의미 있는 **성과**를 기대할 수 있다.

첫째, 포괄적이며 이념적인 차원이다. 우리나라의 수많은 대학들로 하여금 고등교육의 본연성 회복 방안에 대한 경각심 유발과 정직한 길 안내를 할 것이다. 또한 '교육부'의 고등교육 정책 기조에 순치하는 사회조직으로서 대학이 존재하는 것이 아니라, 이를 극복하여 각 대학마다 독자적 자생력과 국제적 경쟁력을 스스로 발굴, 전개하는 방법적 원리를 제안할 것이다. 둘째, 구체적이며 실용적인 차원이다. 오랫동안 학습주권을 박탈한 채 학생을 인간교육으로부터 소외시켜 온 기관계 및 산업계 관점의 고등교육생태계를 고도과학기술 기반의 4차 산업혁명 사회환경이나 기성세대와 확연히 차별되는 대학생 심리 특성에 부합하는 방향으로 전환시켜 궁극적으로 학생계 관점의 고등교육생태계 구축 필요성을 제안할 것이다.

2.2. 하버드 석세스 스토리

학생성공(특히, 대학생의 성공에 관한)의 전형은 하버드 석세스 스토리일 것이다. 이는 입학에 따른 영광과 졸업에 의한 성과로 이루어진다. 즉, 전 세계 고등학교 졸업자(학력인정 포함)들이 하버드에 진학하면 상급학교 진학에서 가장 탁월한 성공으로 간주하며, 하버드를 졸업한 학생이 사회에 진출하여 탁월한 기술적 성과나 공헌을 하게 되면 하버드 수학(修學) 경험으로 귀인(attribution)시킨다. 따라서 하버드는 입학이든 졸업이든 대학생의 석세스 스토리 공장이 되는 셈이다. 우리 사회에서 하버드 석세스 담론은 어떻게 만들어지는가? 전 세계에서 하버드에서의 수학 경험이 있는 사람이 과연 얼마나 될까? 왜 자신은 경험이 없어서 잘 알지도 못하는 하버드교육에 환호하고 열광하는가? 그것은 사회적 평판에 대한 대중들의 무의식적 수용학습(reception learning)과 다양한 텍스트들에 매혹되는 심리적 습관에 기인한다. 특히 개발도상국의 경우처럼 '교육의 정치경제학'이 위력을 발휘하는 국가 상황일 경우 이러한 수용학습과 심리적 습관은 극대화되기 마련이다. 우리나라도 예외는 아니었고 어쩌면 지금도 진행중이다.

하버드의 수월성은 학생의 학업역량 못지않게 교수들의 연구 및 교육역량에 달려 있다. 그들은 대중을 향한 교육적 메시지들을 부단히 만들어 내고 공유하면서 학교 안과 밖에서 하버드 교육의 탁월성을 무한대로 확장시키고 있다. 이는 하버드 석세스 스토리의 지속성을 담보하게 만드는 원동력이 된다. 하버드교육의 수월성은 하버드 스피릿(Harvard spirit), 하버드 파워(Harvard power), 하버드 석세스 해빗(Harvard success habit) 등으로 확인된다. 언젠가 우리 내러티브연구 분야에서도 이에 대한 현상학적, 질적 연구가 수행되어야 할 필요성이 높아지고 있다. 즉, 내러티브연구의 지평을 확대하기 위한 노력의 일환으로 대학교에서의 학생성공 담론에 대하여 주목할 시점이 되었다. 하버드 정신, 하버드 파워, 하버드 성공습관이란 무엇인가? 『하버드대 인생학 명강의: 어떻게 인생을 살 것인가』의 '서문'에서 저자 쑤린은 하버드 정신의 의미에 대하여 다음과 같이 말하고 있다.

"우리는 흔히 자아실현을 통해 삶의 의미를 찾고, 또 이를 인생의 궁극적인 목적으로 삼는다. 자아실현이란 자신의 재능과 잠재력을 찾아내 이를 발휘함으로써 자신의 가치를 실현하고 그 속에서 만족감을 얻는 것을 말한다. 자아를 실현해 스스로 만족감을 느끼는 삶을 살기란 결코 쉽지 않다. 누구나 자아실현을 통하여 더 나은 나로 거듭나기를 갈망하지만 모두가 그런 삶을 살지 못하는 것이 바로 그 방증이다. 그러나 이렇게 어려운 자아실현을 척척 해내는 사람들이 있다. 이들이 바로 하버드출신자들이다. 성공을 거머쥔 채 흥미롭고 의미 있는 삶을 살아가는 그들을 바라보고 있노라면 '완벽한 인생'의 모습이 떠오른다. 그들을 성공의 길, 자아실현의 길로 인도한 하버드의 힘은 무엇인가? 이는 하버드에 진학하는 학생들의 지능이 월등히 높거나 운이 좋아서가 아니라 하버드 특유의 정신이 학생들을 무장시켜 졸업시켰기 때문이다. 즉, 하버드 재학생들은 하버드 정신의 영향을 받아 독립적인 사고로 내가 누구인지를 들여다보고, 자아를 개발한다. 또한 그들은 어려움에 쉽게 굴복하지 않고, 자기 자신을 통제해 온전한 나로 거듭날 수 있도록 온 마음을 다하여 노력함으로써 자아를 완성해 나가려 한다. 그렇다면 하버드 정신이란 무엇인가? '도전에 직면했을 때 주도적 위치에 서서 성공을 이끌어내는 방법은 무엇인가?', '역경에 처했을 때 어떻게 해야 상황을 반전시킬 수 있을까?', '인간관계에서 자신의 매력지수를 높여 좀 더 폭넓은 인맥을 쌓는 방법은 무엇인가?'. '학업과 업무에서 어떻게 하면 자신의 능력과 잠재력을 충분히 발휘해서 자랑스러운 성과를 거둘 수 있을까?' (뛰어난 인재를 만들기 위해서는 이러한 고민들에 스스로 답하는 힘을 길러주는 것이 필요하다.) 하버드 출신자들의 석세스 스토리가 반드시 정답은 아니다. 그들의 성공사례를 맹목적으로 따라서 하기보다 그들의 성공 속에 숨어 있는 하버드 정신을 깨달아 나만의 가치로 전환시켜야 한다." (원녕경(역). 2015: 4-6)

그가 관찰한 하버드 정신의 구체적인 내용을 보면 '자신의 성격 올바로 파악하기, 자신감 갖기, 실패에 대한 적응과 끈기 기르기, 긍정의 마인드로 감정을 다스리기, 잠재적 능력 이끌어내기, 호기심과 열정을 발휘하기, 개인의 브랜드와 신뢰의 힘 증진하기, 행동으로 실천하기, 자제력을 길러 자기주도성을 회복하기, 일을 통해 자아를 실현하기' 등이다. 한편, 스웨이(중국인으로 베이징대학교를 졸업하고 10년 간 하버드대학교의 교육학이론을 연구함)는 『인생은 지름길이 없다: 하버드대 인생학 명강의』 '서문'에서 하버드의 성공습관에 대하여 다음과 같이 설명하고 있다.

"전 세계 수많은 사람들이 동경하는 이른 바 수재들의 집합소 하버드대학교! 그곳의 학생들은 어떤 성공습관으로 미래를 준비하고 있을까? '평정심 유지하기, 가치관 수립하기, 초조함에서 벗어나기, 잠재력 개발하기, 현재의 행복 즐기기' 등 그들은 쉬워 보이지만 실천하기 어려운 것들을 일상에 부단히 적용하면서 성공하는 인생을 만들어가고 있다. 하버드생들은 지식을 쌓는 일에만 목매지 않는다. 언뜻 보기에 치열한 경쟁체제 속에서 주야장천 학문만 파며 공부벌레로 살아가는 듯하지만, 그들 또한 현실적 목표를 향해 부단히 노력하며 자신의 성공스토리를 만들어 나간다. 그들은 안다. 성공의 비결은 생각이 아니라 행동에 있음을. 누구나 성공을 바란다. 그러나 바란다고 성공을 쥐는 건 아니다. 성공을 얻기 위해서 그에 걸맞은 실천이 선행되어야 한다. 평범한 삶에서 벗어나고 싶다면, 무엇에도 흔들리지 않는 내면의 힘을 기르고 싶다면, 성공하는 인생을 살고 싶다면 공상에 머무는 생각을 뛰어 넘어 그 목표에 상응하는 행동을 해야 한다. 하버드학생들처럼 말이다. 전 세계에서 가장 많은 노벨상 수상자와 유명 기업인을 배출한 하버드에는 바로 이 순간에도 행동하는 지성인이 저마다 인생목표를 향해 열정을 불사르고 있다. 이제 우리는 하버드의 그들처럼 열정을 불살라야 한다." (김정자(역). 2019: 서문 중에서)

그가 관찰한 하버드 성공습관의 구성요소는 다음과 같다. 즉, '긍정적으로 생각하기, 신중하게 선택하기, 자신에게 충실하기, 잠재력 개발하기, 올바른 신념 지키기, 호기심과 상상을 이용하기, 부담이나 초조함에서 벗어나기, 긍정적 변화를 위한 자기암시하기, 감정 통제하기, 성격 조절하기, 고집 버리기, 용감해지기, 행복한 생각하기, 즐거운 마음 갖기, 현재 행복을 즐기기, 자신과 남을 사랑하기' 등이다.

이상에서 살펴본 바와 같이 하버드 정신과 하버드 성공습관을 구성하는 구체적인 요소나 전략들을 보면, 대부분 심리철학 탐구방식이나 구성주의 인식론의 경향이 매우 강하다. 앞으로 학자들은 교육연구의 보편성은 유지한 채, 고유성이나 정체성을 확보하기 위한 확장 전략으로 심리철학에 기반을 둔 인간 및 교육 이해방식에 좀 더 관심을 기울일 필요가 있다. 특히, 성공담론에 주목할 필요가 있다. 대학교에서 학생성공에 대한 담론은 하버드에만 있는 것이 아니다. 대학교육에 봉사하고 있는 구성원들은 대학의 성공담론에 대한 레거시를 꾸준히 발굴, 확산하여 우리나라 대학생들에게 성공적인 학교생활을 가능하게 만드는 물리적, 심리적 지지체계를 만들어 주어야 한다. 이는 기관계 · 산업계 관점의 교육에서 비롯된 대학생들의 학습주권 상실을 회복시키는 단초가 될 것이다.

CHAPTER 02

대학생의 학생성공 인식 국제비교

1 선행연구 분석

우리나라 학술담론 생태계에서 학생성공에 대한 인식관심과 연구성과는 상대적으로 적은 편이다. 성균관대학교의 '학생성공센터'는 대학에서의 학생성공에 대한 인식 환기와 학사개혁의 모델을 선도적으로 제시하고 있다. 특히, 조성범은 TNA기법을 활용하여 대학생의 성공인식 분석 및 글로벌 연구 동향을 집중적으로 탐구하고 있다. 본 절에서는 배상훈 외(2020)의 "성공적인 대학 생활에 대한 학생 인식: 학생성공(Student Success)의 실천적 개념과 관점" 연구와 정창성 외(2023)의 "대학 학생성공 해외 연구동향 분석: 상세 서지정보 분석"을 고찰하였다.

1.1. 학생성공 인식요인 조사연구: 배상훈 외(2020)

배상훈 외의 조사연구에서는 우리나라 대학생들의 시각에서 성공적인 대학 생활의 모습을 살펴봄으로써, 학생성공의 개념을 구체화하고 실천 방안을 모색했다는 점에서 의의가 있다. 연구내용과 핵심되는 결과를 요약하면 다음과 같다.

연구자들에 의하면 대학의 책무성이 중요해지면서 학생성공이 대학사회의 주요관심사가 되고 있다. 대학이 추구하는 비전이나 목표, 총장의 취임사와 각종 인사말, 주요 프로그램의 명칭에 이르기까지 학생성공이라는 말이 다양하게 쓰이고 있다. 한편, 이러한 움직임에 수반하는 것이 학생성공의 의미를 규명하려는 시도이다. 성공이라는 말의 뜻은 다분히 중의적이고, 다의적이며, 맥락에 따라 사용되는 취지나 의미가 다르므로 이를 단편적으로 정의하기 어렵다.

고등교육에 적용하면, 학생성공이란 대학과 학생이 바람직한 대학 경험을 계획해서 제공하고 이에 능동적으로 참여함으로써 기대했던 교육적 성취를 달성해가는 것을 의미한다(Kinzie & Kuh, 2017). 대학 효과(college effect)의 관점에서 보면, 학생성공은 대학이 어떠한 교육 경험을 제공했을 때 기대했던 성과가 발현되는지에 대한 논의로 귀결된다. 이를 다시 학생 관점에서 살펴보면, 학생이 구체적으로 어떠한 대학 생활을 경험했을 때, 어떠한 바람직한 성취를 거두는지 살펴보는 것이 중요해진다. 즉, 추상적 개념으로서 학생성공은 학생 차원에서 바람직한 교육 성과를 발현하게 하는 성공적인 대학 생활 또는 대학 경험이 무엇인지를 탐색함으로써 구체화할 수 있게 된다.

미국의 경우, 성공적인 대학 경험에 관한 관심은 중도 탈락(dropout) 문제가 심각해지면서 주목받기 시작하였다. 반면, 우리나라에서는 '잘 가르치기' 차원의 교육 혁신 또는 대학의 지속 가능한 발전 전략으로서 학생성공이 떠오르고 있다. 한편, 이와 관련해서 대학이 갖는 고민은 오늘날 대학에 진학하는 학생들의 배경과 특성이 예전과 달리 매우 다양해지고 있다는 것이다(Keller, 2001). 학생의 배경과 특성이 다양해진다는 것은 대학 차원에서 학생의 성공적인 학습과 대학 생활을 유도하기 위해서 하나의 전략(one best way)을 사용하는 것이 무의미해질 수도 있음을 의미하기 때문이다. 따라서 학생들의 성공적인 대학 생활, 즉 학생성공을 실현하기 위해서는 대학에 다양한 특성을 가진 하위집단(sub group)이 있음을 인식하고, 집단 특성에 부합하는 접근을 해야 한다(Kinzie & Kuh, 2017).

이를 학습 차원에서 발전시킨 것이 학생 배경, 특성, 맥락 등에 부합하는 경험을 제공해야 한다는 초개인 교육(hyper-personalized learning)이다. 학생성공을 논의하기 위해서는 학생 중심적이고, 과정 중심적이며, 맥락 중심의 접근을 할 필요가 있다. 다시 말해, 학생의 성공적인 대학 생활을 구현하기 위해서는 학생 개인의 요구와 필요에 귀를 기울여야 하고(학생 중심적), 결과만 바라보기보다 바람직한 대학 경험의 일환으로서 변화와 성장의 과정에 주목해야 하고(과정 중심적), 해당 학생과 대학이 처해있는 상황과 여건(맥락 중심적)을 고려해야 한다.

배상훈 외(2020)의 연구는 우리나라 대학 맥락에서 학생들이 인식하는 또는 스스로 경험한 성공적인 대학 생활의 모습과 구성요소를 탐색하고, 이를 학생성공의 맥락에서 논의하였다. 특히, 성공적인 대학 생활이 무엇인지에 관해 학생 중심적이고, 과정적이며, 맥락적인 접근을 시도하였다. 또한, 학생의 특성과 여건(성별, 학년, 전공계열)에 따라, 성공적인 대학 생활에 대한 인식이 다른지도 살펴보았다. 이는 학생들이 인식하거나 경험한 성공적인 대학 생활은 학생 각자의 특성과 처한 여건에 따라 다를 수 있기 때문이다. 연구 결과는 학생 관점에서 성공적인 대학 생활이 무엇인지를 규명함으로써 추상적인 학생성공 개념을 구체적으로 이해하는 데 도움을 주고, 대학이 학생성공을 구현하기 위한 정책 방안을 모색하는 데 시사점을 제공할 것으로 기대하였다. 주요 연구 문제는 다음으로 정리할 수 있다.

첫째, 대학 활동에 능동적으로 참여하는 학생들이 인식하는 성공적인 대학 생활의 특징과 모습은 무엇인가? 둘째, 학생의 특성(성별, 학년, 전공계열)에 따라 성공적인 대학 생활에 대한 인식에 차이가 있는가? 연구는 학생성공의 의미를 학생의 눈에서, 실천적 관점에서 규명해보고자 하는 시도에서 출발하였다. 또한 학생 개인 특성(성별, 전공계열, 학년)에 따라, 성공적인 대학 생활의 의미가 다르게 인식되고 있는지도 살펴보았다. 서울 지역 4개 대학에 재학하면서 능동적인 학습 참여(student engagement)의 모습을 보인 93명 학생을 대상으로 개방형 설문과 면담 조사를 실시하였다. 학생들이 제시한 질적 자료에서 성공적인 대학 생활의 특징과 구성 요소를 의미하는 키워드를 추출하고, 빈도 분석을 수행하였다. 아울러, 네트워크 텍스트 분석을 실시하여 키워드들의 구조적 관계를 탐색함으로써 성공적인 대학 생활의 모습을 보다 체계화하여 제시하였다.

첫째, 빈도 분석 결과는 다음과 같다. 대학 생활을 성공적으로 보냈다고 생각되는 학생들에게 나타나는 특징에 대한 학생들의 응답에서 도출된 키워드는 총 214개였다. 가장 많이 나타난 것은 '만족스러운 취업'이었다. 연구 대상의 28.0%(26명)가 성공적인 대학 생활을 보냈다고 여겨지는 학생에게 나타나는 특징이나 증거로 '자신이 목표했던 곳이나 사회적으로 인정받을 수 있는 곳에 취업하는 것'이라고 응답했다. 다음으로 '깊은 인간관계 경험(26.9%, 25개)'이 뒤를 이었다. 이는 인생의 멘토나 교수, 평생 함께 할 친구 등 자신의 삶 전체에 영향력을 주는 사람을 만나는 것을 의미한다. 연구에 참여한 학생들은 진로 성숙, 폭넓은 인적 교류, 다양한 교내외 활동 등 대학 경험(college experience)을 풍부하게 만드는 대학 생활을 학생성공의 중요한 요소로 보았다. 이외에도 학생들은 인지적 차원(전공 지식 함양, 높은 학점)뿐 아니라, 사회 정서적 변화(가치관 형성, 내면적 성숙, 도전적 태도)를 성공적인 대학 경험의 구성 요소로 제시하였다.

둘째, 연결중심성 분석 결과는 다음과 같다. '깊은 인간관계 경험'과 '만족스러운 취업'이 핵심 요소로 나타났다. 즉, 학생들이 인식한 성공적인 대학 생활의 특징에는 위의 두 가지 키워드를 중심으로 다른 요소들이 유기적으로 연결되어 있었다. 연결 중심성이 높다는 것은 해당 키워드가 다른 키워드들과 함께 사용되는 정도가 빈번함을 의미하기 때문이다(김준현, 2015). 연구결과가 제시하듯이 취업이나 높은 학업성취(높은 학점)를 성공적인 대학 생활의 결과로 보는 것은 일반적인 상식에 부합한다. 오늘날 학생들이 당면하고 있는 것은 취업 경쟁 심화, 근무 환경이 취약한 비정규직 확대, 청년 실업 등이다(이지훈, 양농렬, 최성환, 2015; 최일수, 신은종, 2016). 우리나라 대학 맥락에서 성공적인 학생의 핵심 특징으로 '취업'과 '(취업에 도움이 되는) 높은 학점'을 제시한 것은 이러한 사회적 맥락으로부터 이해할 수 있다.

한편 학생들이 생각하는 성공적인 대학 생활의 특징에 '깊은 인간관계 경험', '진로 성숙', '다양한 교내외 활동' 등 정의적이고 과정적인 차원의 키워드가 많이 포함되고 있다는 점에 주목할 필요가 있다. 대학생의 학습참여(student engagement)가 인지적, 정서적 성장과 발달에 중요한 역할을 하는 것으로 밝혀지면서 (Kuh et al., 2006; Perna & Thomas, 2008), 성공에 대한 관점도 자연스럽게 결과에서 과정으로 전환되고 있다. 따라서 학생 개인의 서사성이 담긴 종단적 관점에서 학생들이 성공적인 대학 생활에 대해 갖는 경험과 인식을 이해해야 한다. 연구결과에서도 학생들이 대학 생활에서의 성공에 관하여 결과적 성취뿐만 아니라 과정적 측면도 중요하게 여기고 있음을 보여준다.

셋째, 관계성 분석 결과는 다음과 같다. 동시출현 빈도를 근거로 관계성이 높은 것끼리 집단화한 결과는 크게 3개 집단으로 나타났다. 제1집단에는 '깊은 인간관계 경험'과 '만족스러운 취업'을 중심으로 '내면적 성숙', '가치관 형성', '사회적 인정', '만족감' 등이 서로 연결되어 있다. 이를 해석하면, 학생들은 대학에서 생활하는 동안 유의미한 인간관계를 통해 자신의 가치관을 형성하고 내면적으로 성숙할 뿐만 아니라, 만족스러운 취업으로 인해 사회적으로도 인정 받는 것을 대학에서의 성공으로 바라보고 있었다. 미국에서도 졸업 이후 취업을 성공의 중요한 요인으로 제시하고 있다(Kuh et al., 2006). 하지만 한국 대학생이 제시한 응답과 다소 차이가 있다. 미국의 경우, 학생들의 중도탈락(dropout)이 극심한 상황에서 학업을 지속(persistence)하고 궁극적으로 취업까지 하는 그 자체를 성공적인 대학 생활로 보고 있다. 다만, 우리나라 맥락에서 '취업'은 하나의 지위재(positional goods)적 성격을 가지고 있다. 즉, 사회적으로 인정받을 수 있는 증표가 취업의 질이 될 수 있다는 것이다. 따라서 연구의 맥락에서 성공적인 대학 생활을 보낸 학생의 특징으로서 취업이란 단순한 직업 획득이 아니라 질적으로 우수한 취업을 의미한다.

제2집단에서는 '폭넓은 인적 교류', '다양한 교내외 활동', '진로 성숙', '도전적 태도' 등의 키워드가 상호 관계하고 있었다. 즉, 학생들은 도전적 태도를 바탕으로 다양한 사람들을 만나고 수많은 교내외 활동을 하며 이러한 과정에서 자신의 진로와 적성을 찾아가는 학생을 성공 사례로 인식하고 있음을 알 수 있다. 여기서 주목할 점은 미국 대학생(Kuh et al., 2006)과는 다르게 한국의 경우 인간관계의 확장을 핵심적인 대학 생활에서의 성공으로 제시하고 있다는 점이다. 이에 대해서는 두 가지 해석이 가능하다. 첫째, 한국 학생들은 대학 입학 전까지 입시 준비에 몰두해야 하므로 깊고 다양한 인간관계를 만들기 어렵다. 따라서 대학에 들어온 후 학생들은 인간관계에 대한 욕구를 분출하게 되고, 양질의 인간관계가 성공의 핵심 요소로 제시되고 있는 것으로 보인다. 둘째, 한국 사회에서는 소위 인맥으로 표현되는 대인 관계가 사회적 성공을 좌우하는 중요한 요소로 여겨진다(이재열, 남은영, 2008). 이러한 맥락에서 한국 대학생들은 사회적 자본(social capital)이라 할 수 있는 양질의 인간관계 형성을 대학 생활 동안 축적해야 할 요건으로 생각하고 있는 것으로 추론할 수 있다.

제3집단은 '높은 학점', '전공 지식 함양', '협력적 태도', '적극적 태도'가 핵심 키워드이다. 이는 학생들이 적극적이고 협력적인 학습과 대학 생활을 통해 높은 학점과 전공 관련 지식을 함양한 학생에 대해 성공적인 대학 생활을 보냈다고 인식하고 있음을 보여준다. 고등교육의 인지적 측면에서의 성공은 지식의 습득을 의미하고, 이는 어느 정도 학점으로 대변될 수 있다. 특히, 기존의 대학 효과 측면에서 성과를 다룬 많은 연구들이 학점을 중요한 성과로 보고 있다는 점에서 높은 학점은 성공적인 대학 생활을 증명하는 중요한 특징이다(박영신, 김의철, 탁수연, 2002; Braxton, 2008; Kuh et al., 2006). 연구에 참여한 학생들은 적극적이고 협력적인 학습을 통해 전공지식을 함양하고 이것이 높은 학점으로 이어지는 것을 성공의 핵심으로 인식하고 있었다.

이 연구의 주요한 성과와 의미는 다음과 같다. 북미 지역을 중심으로 발전되어 온 대학생의 학생성공과 관련된 개념과 이론을 우리나라의 상황과 관점에서 재정립할 필요성을 강력하게 제안하고 있다는 점이다. 또한, 대학생의 학생성공은 이론이나 학제적 차원이 아니라 실천적 차원에서 의미를 가진다는 점을 강조하고, 후속 연구는 대학의 행정부서에서 학생성공 관련 제도와 프로그램을 적극 개발하고 개선하는 리더십과 이니셔티브의 필요성을 체계적으로 제기하였다는 점에서 의의가 있다.

1.2. 학생성공 관련 해외연구 동향 분석: 정창성 외(2023)

정창성 외(2023) 연구의 주요한 내용과 의의는 학생성공 관련 해외 연구동향과 주요 이슈를 분석함으로써 국내 고등교육 연구와 실천을 위한 유용한 시사점을 제시했다는 점이다. 연구자들에 의하면 학생성공이라는 용어는 미국에서 처음 등장하였다. 1960년대 초반 미국에서는 대학 입학률 증가에 따라 학생의 학업

유지(retention)에 대한 중요성이 대두되기 시작하였고, 자연스럽게 학생성공이라는 개념이 활발히 논의되었다(Voigt & Hundrieser, 2008). 이후, Spady (1971)와 Tinto(1975)의 중도이탈(student dropout) 모델이 학생성공의 개념을 발전시키는 주요한 이론으로 자리 잡았다. 이들에 따르면, 학생의 중도이탈을 방지하기 위해서는 학생과 학생을 둘러싼 대학 환경 간 학업적·사회적 상호작용이 중요하다. 이를 기반으로 학습참여(student engagement)가 학생성공을 위한 핵심 개념으로 제시되었다. 이후 학생성공 개념은 특수 집단에 대한 지원과 처방의 형태로 발전되었다.

예컨대, 비교적 최근에는 많은 대학이 신입생, 편입생들이 대학생활에 잘 적응할 수 있도록 지원하는 맞춤형 학업 설계와 경력개발에 초점을 두고 있다. 또한, 사회경제적, 인종적 차이로 인해 발생할 수 있는 소외계층 학생들의 성취 격차를 줄이고자 이들 집단의 사회문화적 특성을 고려한 교육적·행정적 지원을 아끼지 않고 있다(EAB, 2016). 즉, 미국 고등교육 환경에서 학생성공에 관한 연구와 실천은 학업 유지와 학습참여에 그 뿌리를 두고 있다고 할 수 있으며(홍은선 외, 2021), 대학 내외의 다양한 측면에서 대학성공을 다루는 이론적·실증적 연구가 활발히 수행되고 있다. 그럼에도 불구하고, 아직까지 학생성공에 대한 방대한 양의 학술문헌에 대한 체계적인 분석은 다소 제한적이었다.

정창성 외(2023)의 연구는 대학 맥락에서 수행된 학생성공 관련 해외 연구의 동향을 분석하였다. 이를 위해 학생성공 개념 및 이슈를 다룬 해외 학술지 발간 논문을 분석대상으로 하였으며 해당 논문의 상세 서지정보(예: 초록, 키워드, 저자 정보, 주제 및 개념적 구조, 인용 정보 및 네트워크 등)를 분석하였다(Aria & Cuccurullo, 2017). 관련 논문 검색 및 선정을 위해 Clarivate Analysis에서 제공하는 웹 데이터베이스 Web of Science(WoS)를 활용하였다. 이에 따라 615건의 논문이 최종 분석대상으로 선정되었다.

연구방법으로서 상세 서지정보 분석은 RStudio 소프트웨어의 bibliometrix 패키지(Aria & Cuccurullo, 2017)를 활용하였다. 기존의 국내 연구동향 분석 연구의 경우 NetMiner와 UCINet과 같은 프로그램을 활용하여 논문의 주제어나 초록을 대상으로 한 네트워크 분석이 활발하게 수행되어 왔으나, 이들은 연구의 핵심 주제 및 개념 추출, 또는 보다 전반적인 연구동향 파악에 있어 다소 한계가 있다(조헌국, 이봉우, 2019). 반면 bibliometrix 패키지를 통한 상세 서지정보 분석은 특정 개념 또는 주제와 관련하여 주요 연구성과와 흐름, 지식구조 및 발전양상을 도출할 수 있다는 장점이 있다(Dervis, 2019).

첫째, 가술 정보 분석결과는 다음과 같다. 기초 서지정보와 관련하여, 1974년부터 2023년 4월 사이 274개의 학술지에 출판된 615건의 논문이 포함되었다. 약 50년의 기간 동안 대학 학생성공 관련 연구는 5.53%의 평균 증가율을 보였으며, 평균 인용횟수는 11.84회로 나타났다. 저자 및 공동연구와 관련하여, 총 저자 수는 1,621명이었고, 평균 공동저자 수는 2.84명, 대학 학생성공 해외 연구동향 분석 33으로 나타났다. 전체 연구 중 국가 간 공동연구 비율은 11.22%로, 이는 학생성공 관련 해외연구가 국제 비교연구보다는 주로 단일국가 맥락에서 이루어져 왔음을 시사한다. 마지막으로 키워드 정보와 관련하여, 키워드 플러스 범주에는 884개, 저자 키워드 범주에는 1,531개가 각각 포함되어 있었다.

둘째, 서지정보 분석 결과는 다음과 같다. 연도별 논문 출판 빈도에 따른 발행 추이, 저자의 소속국가별 출판 빈도 및 국가 간 공동연구 시도, 인용, 저자 및 키워드 출현 빈도, 그리고 이들의 관계를 나타내는 3－영역 도표(three－field plot) 등 분석대상 논문의 서지정보 분석결과, 학생성공 관련 연구는 2000년대 후반 발행 추이가 증가하기 시작하였고, 특히 2010년대 중반 이후에는 매년 연 30편 이상의 논문이 출판되는 등 학생성공 관련 이슈는 최근 고등교육 분야의 학자들로부터 꾸준히 높은 관심을 받고 있음을 알 수 있다.

셋째, 키워드 네트워크 및 주제구조 분석 결과는 다음과 같다. 전체 분석대상 논문에서 6번 이상 등장한 상위 51개 노드를 활용한 키워드 공동출현 네트워크 및 서지결합(bibliocoupling)을 통한 주제구조(thematic map) 등을 분석한 결과, 중심성을 기반으로 대학 학생성공 관련 키워드 네트워크는 다음과 같이 크게 5개의 클러스터로 구분된다: 온라인 환경에서 교수·학습 및 평가(클러스터 1), 학생유지 관련 기관수준의 학생지원 및 실증적 접근(클러스터 2), 대학위기에 대응하는 처방으로써 학생 심리적·정서적 측면(클러스터 3), 학생 몰입 및 경험 기반 학생지향 관점(클러스터 4), community college 중심 경력개발 및 성인교육과의 연계(클러스터 5). 클러스터별로 상세화된 분석을 요약하면 다음과 같다.

클러스터 1은 학생성공 관련 비교적 최근의 연구경향을 반영하는데, online learning, online education 등 온라인 교수·학습 환경으로의 전환과 이에 따른 학습 성과 측정 및 평가방안을 논의하는 연구가 포함되어 있다. 특히 COVID-19 팬데믹 이후 대학생 문해력(literacy) 증진 및 학습결손 보완을 위한 기관수준의 대응, 즉 개방형 학습 허브로서 대학도서관(academic library)의 역할이 강조된다는 것도 주목할 만하다.

클러스터 2는 학생유지를 포함하여 가장 많은 노드를 포함하고 있으며, 전반적으로 이들의 높은 중심도 지수를 고려할 때, 전체 네트워크 내에서 중심 클러스터로 기능하고 있음을 알 수 있다. 이 클러스터는 학생성공 관련 연구의 전통적 관점을 반영한다. 다시 말해 학생이탈을 방지하고 등록률 및 충원율을 높이기 위한 방안으로써 인지적, 정서적, 사회적으로 위험에 처한 학생(at-risk student)에 대한 학생지원(student support) 체계의 구축을 논의하는 연구가 포함되어 있다. 흥미로운 점은, 이러한 전통적 접근 이외에도 learning analytics, educational data mining, machine learning 등 빅데이터 기반 최신 분석기법을 나타내는 키워드가 동시 출현하고 있음을 볼 수 있는데, 이는 학생성공 또는 학생유지 예측모델 개발·활용을 위한 데이터 기반(data-driven) 실증연구가 활발히 도입되고 있음을 시사한다.

클러스터 3은 sense of belonging, self-efficacy 등 학생의 정서적 측면과 연관된 키워드로 구성되어 있는데, 이들은 클러스터 4의 학생 몰입과 인접해 있는 것을 볼 수 있다. 또한 3 클러스터에는 persistence, attrition 등 클러스터 2의 학생유지와 연결되는 키워드 또한 포함되어 있다. 이들을 종합하여 해석하면, 학생감소 등 기관차원의 위기에 대응하기 위한 정책적 처방으로써 학생성공 이니셔티브의 도입이 소속감이나 만족감 등 학생의 심리적·정서적 측면을 포괄해야 한다는 학술적 담론을 반영한다고 할 수 있다. 몇몇 연구는 교수-학생 또는 동료 학생 간 상호작용 및 멘토링을 특히 신입생 또는 편입생의 대학적응을 위한 구체적인 실천방안으로 제시하고 있다.

클러스터 4는 학생 몰입 개념을 중심으로 student experience, first-year experience 등 학생경험을 강조하는 연구를 포함하며, 학생지향 관점에서 학생 성공을 조명한다. 유의미한 학생경험의 제공은 개별 대학의 참여확대(widening participation) 정책 어젠다 시행의 핵심요소로 간주되며, 다양한 학생집단에 대한 몰입과 경험의 개발 및 촉진은 이들의 학문적 성공(academic success)을 이끌 수 있다는 인식을 반영한다. 다수의 연구자들은 캡스톤 프로젝트, e-포트폴리오, 인턴십, 학습공동체 등 다양한 활동을 수반하는 고효과 프로그램(high-impact practices)의 실행이 학생경험 및 성과에 긍정적인 영향을 미친다고 보고하고 있다.

클러스터 5는 community college 노드를 중심으로 professional development, non-traditional student, postsecondary education과 같은 경력개발 및 성인교육과의 연계를 나타내는 키워드가 포함되어 있다.

이 연구의 주요한 성과와 의의는 다음과 같다. 키워드 간 네트워크 구조 기반 시각적 해석 및 군집분석을 통해 다섯 가지의 주제 영역을 제시하였고, 방대한 문헌 및 자료에 대한 토픽 모델링, 자연어 처리 등의 기법을 적용하여 광범위한 세부 영역을 도출할 수 있는 연구방법의 토대를 제공하였다. 근거 혹은 데이터 기반 조사연구는 교육현상에 대한 본질 이해 및 이를 통한 이론 실천전략 개발 및 확산에 기여할 수 있다. 연구자들이 제시한 것과 같이 연구 성과는 의미론적 주제 영역의 개념적 체계화, 발산적 사고 기반 새로운 연구영역 도출, 학문공동체 형성 등 대학 학생성공 관련 연구-이론-실제를 연결하는 학술 담론과 지식기반 생성을 위한 근거자료로 충분히 활용될 수 있을 것이다.

2 파일럿 연구

우리나라 대학생들은 자신들의 대학생활 전반을 어떻게 이해하고 있을까? 졸업을 앞둔 3,4학년 학생들은 자신들의 학창생활이 성공적이었다고 인식하는가? 성공적인 대학생활의 판단기준은 무엇인가? 이러한 문제들을 해결하기 위하여 질적 탐구방식인 근거이론 연구방법을 적용하여 대학생들의 학생성공에 대한 인식 양상을 이론화하는 파일럿 연구를 수행하였다. 데이터 수집 대상은 사립 Y대학교 3,4학년 210명이었다.

2.1. 데이터 수집용 설문 구성

A-1	'나는 성공적인 대학생활을 했다'는 졸업생 선배나 동료의 말을 들었을 때, 어떤 부분의 만족 혹은 성취가 연상됩니까? 5가지 이상을 생각나는 대로 기술하기 바랍니다.
A-2	대학성공 인식요인의 **상위준거**로 아래와 같이 임의로 설정하였습니다. 합리적인 구분이라고 생각합니까? 만약 아니라고 생각하는 경우 이유를 설명하기 바랍니다. • 재학 중 성취 변인: 적기(適期) 졸업, 우수한 학점 이수, 장학금 수혜 경험, 교양교육 이수경험, 전공교육 이수경험, 전공 관련 필수자격 및 특수자격 취득 등 • 졸업 후 성과 변인: (예정된) 취업경쟁력, 양질의 취업, 도전적 창업, 상급학교 진학, 유학 등 • 잠재적 성장 변인: 자기주도 학습능력, 정체성 확립, 좋은 대인관계, 인성 함양, 잠재역량 계발, 공동체적 가치 내면화, 사회적 적응능력 형성, 다양한 동아리활동 경험, 건전한 이성교제, 학교 밖 활동경험, 학교에 대한 자부심 등
B-1	만약 여러분이 졸업을 앞두거나 졸업한 후 '**나는 대학생활을 성공적으로 해냈다**'라고 자신 있게 말할 수 있다면, 이때 성공이란 구체적으로 무엇을 의미합니까?(예를 들어 학사경고 경험이 없었다, 정해진 학사일정에 따라 졸업을 했다, 내가 원하는 회사에 취업을 했다, 공동체적 가치를 배웠다, 좋은 인간관계를 맺었다, 의미 있는 국제봉사활동을 했다 등과 같이 구체적인 문장으로 작성해 주기 바랍니다)

B-2	성공적인 대학생활이 이루어지도록 대학교육에서 새롭게 도입해야 할 학생중심 프로그램 신설, 학사제도 개선, 학생지원 방안 등이 있으면 자유롭게 기술하기 바랍니다.

2.2. 중요용어 색인화

한국어	영 어
갈등해결 능력 계발	development of ability on conflict solving
강점 발견 및 강화	finding & reinforcement of strength
건전한 이성교제 경험	experience of sound dating
경제적 독립	economic independence
경험의 다양성(다양한 경험)	diverse experience
경험의 중요성을 느낌	feeling on importance of experience
공동체적 가치형성(더불어 삶)	formation on communal value
공모전 성과	outcome on contest exhibit
공정과 정의의 의미를 배움	learning on meaning of fairness & justice
교내인프라 적극 활용	practical use of school infrastructure
교수님에 의한 좋은 영향	good influencing by professor
교양과정 만족	satisfaction on liberal arts curriculum
교양교육을 통한 성장	growth by liberal arts curriculum
글로빌 역량 게빌	development on global competency
긍정적 가치관 형성	formation of positive view of value
기억과 추억	memory & remembrance on campus
기초소양 계발	development on basic refinement
꿈을 발견함	finding on dream
내면의 성장	growth of inner side(beauty)
다양한 동아리활동	various circle activity in campus
다양한 전공교육 경험	various experience on major education
도전의식	spirit of challenge
독립심과 책임감 향상	cultivation of independence & accountability
리더십 계발	development of leadership
만족감(재미있는 대학생활)	satisfactory campus life
멘토링과 튜터링	mentoring & tutoring
목표달성	goal attainment
문제해결능력	development of ability on problem solving
부정적인 성격이나 태도 개선	improvement on negative character and attitude
사고능력 향상	improvement on thinking ability
사회성 계발	development on sociality
사회적 기여 의식 형성	formation of consciousness on social contribution

한국어	영 어
사회적응능력 갖춤	formalization on social adaptability
산업실무역량 계발	development of ability on industrial practice
삶에 대한 지혜	wisdom on life
상급학교 진학	entrance on upper school
성장감	feeling of growing up
성장 계기나 동기 유발	motivation on growth
세계관 확충(견문확대)	expansion on a view of the world by travel
소극적인 성격이나 태도 개선	improvement of negative character and attitude
소속감 유지	maintenance on sense of belonging
수상경력	career on award-winning
신중한 태도 계발	development of careful attitude
실패나 실수로부터 배움	learning by failure and mistake
약점 발견 및 개선	finding on demerit and improvement
양질의 기관/기업취업	employment on good job
역량기반 진로계발	competency-based career development
연구윤리	formation on researcher ethics
외국어 어학능력 향상	improvement of foreign language
원만한 인간관계	well interpersonal relationship
위기대처 및 해결능력	ability on crisis management and solving
유연한 사고	flexible thinking/creative thinking
유학	experience on a study abroad
의미 있는 수업경험	meaningful classroom
의미 있는 여가생활	meaningful leisure
의미 있는 휴학경험	meaningful leave of absence
의사소통 역량	communication skill
이타심	altruism by volunteer or community activity
인간에 대한 이해	understanding on human being
인간존중 및 인권의식	respect for man's life and dignity
인격성숙	character maturity
인내심	learning to be patient(endurance)
인맥(인적 네트워크) 구축	personal networking building
인턴십	internship
자기계발	self development
자기관리	ability on self control
자기변화	self changing
자기성찰	reflection on my self
자기애	self-love
자기조절능력	personal initiative
자기주도성(생애개발능력)	confidence
자신감	self realization
자아실현	self-esteem

한국어	영 어
자존감	development latent ability
잠재역량 계발(적성 발견)	finding on new aptitude
장학금 수혜	get a scholarship
적기졸업	timely graduation by requirement
적절한 시간 활용	proper time utilization
전공 관련 직업진로	major related vocational career
전공과정 만족	satisfaction on major curriculum
전공분야 전문성 계발	development on expertise related one's major
전공지식 습득	learning on major(special study)
전문자격증 취득	acquisition of special certification
정체성 확립	establishment on good identity
좋은 가치관 형성/좋은 영향	establishment of good values
좋은 이성관계 경험	experience of good heterosexual relationship
좋은 취미	discovery and development on good habit
좋은 친구들을 사귐	good friendship
좋은 평판	good reputation
지역사회 특성 및 중요성 이해	understanding on character & importance of community
취미의 발견	discovery of my taste
취업경쟁력 향상	improvement on employment competitiveness
커리어 혹은 스펙 갖춤	being a man of ripe experience
풍부한 감성	rich emotion
풍부한 독서	rich reading and growth of character by it
학교에 대한 자부심	pride on one's college
학교환경에 대한 만족	satisfaction on school environment
학사경고 없음	no experience on academic probation
학생회 활동(공동체의식 함양)	activity on student council, activity
학업성적이 우수함	academic excellence by one's effort(high GPA)
해외봉사활동	global servant leadership activity
행복감 경험	experience on happiness
효율적인 학습방법	improvement on effective learning skill
후회 없는 대학생활	campus life without regret

2.3. 이론적 코딩을 통한 핵심범주 생성

핵심범주	중분류	하위 속성
학업 성취	학사 이수	적기졸업, 교양과 전공과정 균형 이수
	학업 탁월성	우수한 학점, 장학금 수혜 경험, 학사경고 경험

	학사 적응	교양교육과정 만족, 전공교육과정 만족, 학교생활 만족, 긍정적인 대학정체성(자부심)
진로 성과	커리어 개발	적성(강점재능) 발견, 전문지식 습득, 산업실무역량 개발, 역량기반 취업 및 진로개발
	진로 확정	전공 관련 진로 확정, 상급학교 진학 확정, 유학, 희망진로 성공, 창업 예정
	전문성 향상	전공 관련 자격 취득, 특수자격 취득
자기 성장	인성 함양	긍정정체성, 자부심(자긍심, 자존심), 이타심(봉사), 성공감, 행복감, 자기관리(조절) 능력
	사회성 함양	리더십 개발, 다양성 이해, 관계능력 향상
	자기계발	탁월한 성취, 의미 있는 경험, 유연한 사고, 창의적 사고

category	component	subfactor
academic outcome	finish course (graduation)	timely graduation, balanced studying on liberal arts and major curriculum
	academic excellence	academic excellence, get a scholarship, no academic probation
	academic adaptation	satisfaction on liberal arts and major curriculum, satisfaction on campus life, pride on college, positive identity on one's college
career achievement	career development	finding on strength, studying on special knowledge, development on industrial practice, competency-based employment and career development
	employment on good job	major connected career, entrance on upper school, studying aboard, successful employment as hoping, start up
	development on expertise (get a special certification)	acquisition of major connected certification, special certification
self growth	cultivation of character	positive identity, self-esteem, pride on self, altruism, experience of volunteer work, feeling for success, ability on self control
	cultivation of	leadership development, understanding on di-

	sociality	versity, equity, openness, improvement on inter-personal relationship
	self improvement	excellent achievement, meaningful experience, ability on flexible thinking and creative thinking

2.4. 검사도구 개발의 기초

가. 예비문항 개발

문 항		전혀 아니다 ①	아니다 ②	그저 그렇다 ③	그렇다 ④	매우 그렇다 ⑤
1	대학입학 때 스스로 설정한 목표를 달성하였다(할 것이다)					
2	학사일정에 맞추어 정상적으로 졸업할 것이다					
3	졸업유예나 초과학기 없이 졸업할 예정이다(선택)					
4	교양과목과 전공과목을 균형 있게 이수하였다					
5	의도적으로 휴학하거나 의미 있는 휴학을 경험하였다(선택)					
6	우수한 학점으로 성적관련 수상경험이 있다					
7	조기졸업을 할 것이다(선택)					
8	성적관련 장학금 수혜경험이 있다					
9	학사경고 경력이 없다					
10	논문표절 예방, 실험실 안전 등 연구윤리의식이 함양되었다					
11	우리대학이 자랑스럽다					
12	내가 선택한 전공에 대하여 만족한다					
13	교양교육과정 이수에 만족한다					
14	다양한 교양과목이수를 통해 기초소양 및 교양수준을 향상시켰다					

문 항		전혀 아니다 ①	아니다 ②	그저 그렇다 ③	그렇다 ④	매우 그렇다 ⑤
15	전공교육과정 이수에 만족한다					
16	학교환경이나 학생지원시스템에 전반적으로 만족한다					
17	대학생이 된 것이 자랑스럽다					
18	대학생활에 후회가 없다					
19	사는 동안 대학생활은 행복한 추억이 될 것이다					
20	우리대학 학생으로서 자부심을 갖고 생활하였다					
21	대학 및 학과 등에 대한 높은 소속감을 갖고 생활하였다					
22	교내의 각종 학생지원 기관이나 시설을 충분히 활용하였다					
23	교수님과 좋은 관계를 맺고 많은 도움을 얻었다					
24	적극적인 동아리활동을 통해 다양한 취미를 계발하였다					
25	수업경험을 통해 문제해결능력을 갖추었다					
26	나의 적성(강점재능)을 발견하였다					
27	대내외 공모전에 적극 참여하여 우수한 성과를 거두었다(선택)					
28	생애개발에 도움이 되는 전문적인 지식을 습득하였다					
29	취업할 경우 산업실무 수행을 위한 예비능력을 갖추었다					
30	역량기반 취업 및 진로개발 역량을 갖추었다					
31	인턴십 프로그램에 적극 참여하여 산업실무 역량을 갖추었다					
32	해외인턴십, 교환학생프로그램을 통해 글로벌역량이 향상되었다					

	문 항	전혀 아니다 ①	아니다 ②	그저 그렇다 ③	그렇다 ④	매우 그렇다 ⑤
33	해외여행 경험을 통해 세계관이 확충되었다(선택)					
34	졸업 후 전공과 관련된 진로가 확정적이다					
35	전문지식 계발을 위해 상급학교에 진학(혹은 유학)할 것이다(선택)					
36	내가 희망하는 진로계획이 이루어졌다					
37	양질의 기업체나 공공기관 취업을 준비하고 있다					
38	전공분야 전문지식을 활용하여 창업에 도전할 것이다					
39	외국어 구사능력이 향상되었다					
40	전공과 관련된 공적인 자격증을 취득하였다					
41	전공과 무관하지만 취업에 도움이 될 만한 자격을 취득하였다					
42	나를 사랑하고 존중하는 태도를 갖추었다					
43	긍정적인 정체성이 형성되었다					
44	사회적 불의에 저항하며 불굴의 인내심이 형성되었다					
45	부정적인 성격이나 생활태도가 개선되었다					
46	대학교육 경험이 나의 인격성장에 도움이 되리라 믿는다					
47	다양한 봉사활동 참여를 통해 공동체적 가치를 알게 되었다					
48	인생에서 성공에 대한 자신감을 갖게 되었다					
49	돈, 학습, 시간관리 등 자기관리 능력을 갖추었다					
50	행복한 삶을 준비하는 마음자세를 갖게 되었다					
51	인간에 대한 존중 및 인권에 대한 의식이 형성되었다					

	문 항	전혀 아니다 ①	아니다 ②	그저 그렇다 ③	그렇다 ④	매우 그렇다 ⑤
52	교내의 다양한 동아리활동에 적극 참여하였다					
53	학생회 활동 등을 통해 사회 적응에 필요한 리더십을 갖추었다					
54	인간, 문화, 사회, 역사의 다양성을 충분히 이해하고 실천하였다					
55	인격적이고 바람직한 이성교제를 경험하였다					
56	원만하고 효율적인 의사소통 능력을 갖추었다					
57	부모로부터 경제적 독립 및 성인으로서의 책임감을 갖추었다					
58	수업중 적극적인 발표를 통하여 사회성을 함양하였다					
59	교내의 다양한 멘토링 프로그램에 적극 참여하여 도움을 얻었다					
60	친구나 교수님들로부터 좋은 평판을 얻으며 학교생활을 하였다					
61	내게 선한 영향을 주는 좋은 학교친구들을 많이 사귀었다					
62	대학과 지역사회 간 상호 공존의 의미 및 필요성을 알게 되었다					
63	갈등을 효율적으로 해결하는 능력을 갖추었다					
64	졸업 후 사회생활을 원하는 대로 잘 할 것이라고 확신한다					
65	자기성장 및 동기유발의 계기가 많았다					
66	교내 비교과프로그램에 참여하여 탁월한 성취를 거두었다					
67	대학생활은 나의 성장을 위한 의미 있는 경험이었다					
68	유연하게 사고하고 행동하는 능력을 갖추었다					
69	독창적, 창의적으로 사고하는 능력을 갖추었다					
70	풍부한 독서를 통하여 인격성장이 이루어졌다					

나. 통계적 검증

카테고리	문항	성분	요인분석			신뢰도
			요인적재량	고유값	분산설명(%)	Cronbach α
자기개발 및 자아성장	a43	1	0.776	8.760	27.376	0.934
	a42		0.774			
	a50		0.743			
	a68		0.693			
	a56		0.690			
	a45		0.680			
	a65		0.676			
	a64		0.671			
	a48		0.668			
	a63		0.651			
	a51		0.625			
	a67		0.609			
	a46		0.607			
	a49		0.603			
	a44		0.596			
	a60		0.577			
	a61		0.573			
	a69		0.571			
	a58		0.432			
학사적응 및 학업성과	a21	2	0.778	4.528	14.150	0.845
	a20		0.775			
	a17		0.721			

카테고리	문항	성분	요인분석			신뢰도
			요인적재량	고유값	분산설명(%)	Cronbach α
	a11		0.706			
	a22		0.685			
	a24		0.579			
	a23		0.503			
진로설계 및 역량개발	a29	3	0.820	3.463	10.822	0.797
	a31		0.734			
	a30		0.727			
	a40		0.666			
	a36		0.544			
	a28		0.435			

* KMO= 0.901 　　** Bartlett's 구형성 검정 = 2781.367 (p=0.000)

표본적절성 KMO(Kaiser-Meyer-Olkin) 측도의 경우 0.901로 높게 나타났으며, Bartlett의 구형성 검증에서도 유의확률수준이 0.000으로 나타나 유의한 것으로 나타났다. 각 카테고리(요인)별 신뢰도 측정 결과에서도 높은 통계값(신뢰도가 높은)을 보여주고 있다. 본 파일럿 연구의 목적은 대학생들의 성공적인 캠퍼스 생활이 이루어지기 위해 필요한 자기인식 요인들을 조사, 추출하여 진단검사 도구를 제작하고, 모든 대학에서 매년 이를 활용한 결과를 성찰함으로써, 당해대학 학생들의 학생성공을 지원하기 위한 정책 방안 모색의 필요성을 제기하는 것이다. 근거이론 연구방법을 활용한 인식요인 추출을 통해서 성공적인 학사이수, 성공/행복감 형성, 성공적인 진로정치 등의 핵심범주가 발견되었고, 이를 바탕으로 줄코딩과 단어코딩으로 환원하여 문항을 개발한 후, 이론적 코딩 작업을 통하여 검사 도구를 생성하였다.

3 성공인식 요인 국제비교

문화인류학적 관점에서 탐구하거나 접근할 때, 우리가 미리 전제해야 할 것은 '인간의 사고, 사회문화나 제도, 습속과 관행 등에는 보편성과 특수성이 실재한다'는 사실이다. 따라서, 본 저서의 주제인 대학생의 학생성공에 대한 학생의 인식이나 행동에도 분명히 공통점과 차이점이 존재한다는 점을 고려해야 한다. 이에 따라 동양과 서양, 국립과 사립, 선진국과 개도국, 수도권과 지방 등 다양한 준거들에 의하여 보편성과 특수성이 규명되거나 설명되곤 한다. 또한, 성별, 학년별, 지역별, 학생특성별 등 다양한 변인들에 의하여 두 가지 특성을 분석하거나 해석할 수도 있을 것이다. 금번 조사는 우리나라와 외국 대학생들의 학생성공 인식 요인을 탐구하기 위하여 임의로 표집된 학교나 재학생들을 대상으로 하여 제한적으로 이루어졌기 때문에 포괄적으로 비교하는 수준에 머물고 있다. 따라서, 분석 결과를 일반화하여 적용하는 데는 분명 한계가 있을 수밖에 없다. 그럼에도 불구하고 대학생의 성공인식 요인에 대한 국제 비교 연구 성과는 대학 현장에서 혁신을 추구하기 위하여 범용(汎用)으로 활용하게 될 현상학적 탐구 기반의 데이터를 확보할 수 있었다는 점에서 큰 의의가 있다.

3.1. 조사대상 및 방법

구분		대학교	인원	방법
국내 대학	국립	서울 S대학	108	직접 설문
		부산·경남 P대학	119	직접 설문
		대구·경북 K대학	120	직접 설문
		광주·전남 J대학	111	직접 설문
		전북 J대학	101	직접 설문
	사립	서울 K대학	101	직접 설문
		서울 D대학	109	직접 설문
		강원 Y대학(파일럿)	342	직접 설문, 면담

구분		대학교	인원	방법
국외 대학	영어	미국 사립 B대학	103	직접 설문, 면담
		캐나다 사립 M대학	103	직접 설문
		호주 사립 M대학	102	직접 설문
		영국 사립 O대학	101	직접 설문
		싱가포르 국립 N공과대학, S대학	103	직접 설문, 면담
	독일어	독일 사립 F대학	51	구글 설문
	일본어	일본 사립 W대학	150	직접 설문
	대만어	대만 국립 D대학, D사범대학	105	직접 설문, 면담

3.2. 조사지 양식

조사지 양식은 한글 버전을 기본으로 생성하고, 이를 기반으로 해외 전문가를 활용하여 영어권 대학교(미국, 영국, 캐나다, 호주, 싱가포르)를 위하여 영어, 독일어(독일), 일본어(일본), 대만어(대만) 등의 버전으로 전환하였다.

한국어 조사지 양식

누군가 '나는 대학생활을 성공적으로 해냈다'는 말을 할 수 있다면 여기서 말하는 성공의 의미는 무엇일까요? 개인적인 가치관, 역량, 취향 등에 따라 그 의미는 다양할 것입니다. 이러한 다양성에도 불구하고 대학 졸업(예정) 학생이 인식하는 학교생활 성공의 의미를 기반으로 하는 표준화된 진단검사 도구 개발이 필요합니다. 이는 첫째, 고등교육의 책무성을 높이는 데 유용한 정보를 제공할 수 있기 때문입니다. 둘째, 각 대학마다 수집된 데이터를 기반으로 미래지향적이고 학생친화적인 교육을 위한 혁신사업을 추진할 수 있습니다. 이를 통해 대학마다 모든 학생들로 하여금 성공적인 대학생활이 이루어지도록 지원하는 고등교육 플랫폼이 만들어질 것입니다. 진단검사 도구 개발을 위하여 여러분의 진심어린 응답이 필요합니다.

A	'나는 성공적인 대학생활을 했다'는 졸업생 선배나 동료의 말을 들었을 때, 어떤 부분의 만족 혹은 성취가 연상됩니까? 생각나는 대로 기술하기 바랍니다.
1.	
2.	
3.	
4.	
5.	

B	만약 당신이 졸업을 앞두거나 졸업한 후 '나는 대학생활을 성공적으로 해냈다'라고 자신 있게 말할 수 있다면, 이때 **성공**이란 구체적으로 무엇을 의미합니까?

(B-1) 학사과정 전반(학점이수, 졸업, 자격, 교양 및 전공이수 등)과 관련된 사항

1	
2	
3	
4	
5	

(B-2) 졸업 후 성취(예정된 진학이나 취업 등 진로 상황)와 관련된 사항

1	
2	
3	
4	
5	

(B-3) 개인의 잠재적인 성장(인성, 역량, 대인관계 등)과 관련된 사항

1	
2	
3	
4	
5	

C	자신이 꿈꾸는 성공적인 대학생활이 이루어지기 위하여 학교 측이 추진해야 할 학사제도 및 학생지원 개선 방안이 있으면(제언하고 싶은 내용 포함) 자유롭게 기술하기 바랍니다.

영어 조사지 양식

The purpose of this survey is to investigate college students' perception on student success. When someone says "**My college life was successful**", what is the meaning of the "**success**"? The meaning will be various depending on personal values, competencies, and preferences. In spite of this diversity, it is crucial to develop a standardized diagnostic test **based on the meaning of campus life success** perceived by (prospective) college graduates. because (a) it can provide useful information to increase the accountability in higher education and (b) it makes it possible to drive innovative projects for future-oriented and student-centered education based on the data collected from each university. Hence, the results of this survey will be applied to create a higher education platform that can help all students achieve a successful college life. We would appreciate if you could sincerely respond to this survey. Thank you for your cooperation.

A	When your friend or colleague who graduated from university say "my college life was successful", what part of satisfaction or achievement do you think of? Please describe what comes to your mind.

1
2
3
4
5

B	If you can say with confidence "my college life was successful" ahead of or after graduation, what does the "success" mean specifically?

(B-1) Related to the overall academic program (e.g., completion of required credits, graduation, qualification, completion of major and/or elective courses, etc.)

(B-2) Related to the achievement after graduation (e.g., career options like getting a job or pursuing postgraduate study, etc.)

(B-3) Related to the personal potential growth (e.g., personality, competence, interpersonal relationship, etc.)

C	For the successful college life that you think, please feel free to describe any ideas for improvement and/or suggestions in relation to college system and/or student support system.

독일어 조사지 양식

Die Studie ist eine wissenschaftliche Studie, die unter dem oben formulierten Titel durchgeführt wird: Was ist der Sinn des Erfolgs, den jemand hier sagt: "Ich habe mein Uni. Leben erfolgreich gemacht"? Je nach persönlichen Werten, Kompetenzen, Geschmack usw. wird die Bedeutung variieren. Trotz dieser Vielfalt ist die Entwicklung eines standardisierten Diagnosetest-Tools erforderlich, das auf der Bedeutung des Studienerfolgs basiert, den die

Studenten des Studium Abschlusses (oder Vorhabens) erkennen. Dies liegt daran, dass wir zunächst nützliche Informationen zur Steigerung der Aufgaben der Hochschulbildung liefern können. Zweitens können Innovationsprojekte für futuristische und studentische Bildung auf der Grundlage von Daten gefördert werden, die von jeder Universität gesammelt werden. Dies würde eine Hochschulplattform schaffen, die alle Studenten an jeder Universität dazu veranlasst, ein erfolgreiches Uni. Leben zu ermöglichen. Wir brauchen Ihre ernsthafte Antwort auf die Entwicklung von Diagnosetest-Tools. Vielen Dank.

A	Wenn Sie von einem Absolventen oder einem Kollegen gehört haben, der sagte: "Ich habe ein erfolgreiches Uni. Leben", welche Teile der Zufriedenheit und Erfüllung sind in Erinnerung? Ich hoffe, Sie beschreiben es wie Sie denken.
1.	
2.	
3.	
4.	
5.	

B	Wenn Sie nach dem Abschluss oder Abschluss mit Sicherheit sagen können: "Ich habe mein Uni. Leben erfolgreich gemacht", was bedeutet Erfolg in diesem Moment besonders?
(B-1) Beziehungen auf Studiensprogrammen(Kreditabschlüsse, Abschlüsse, Qualifikationen, Fächerabschlüsse usw.)	
1	
2	
3	
4	
5	

(B-2) Betreffende Leistungen nach dem Abschluss(die Berufssituation, einschließ lich der geplanten Weiterausbildung oder der Beschäftigung)	
1	
2	
3	
4	
5	

(B-3) Individuen potentielles Wachstum (Persönlichkeit, Kompetenz, zwischenmenschliche Beziehungen usw.)	
1	
2	
3	
4	
5	

C	Wenn Sie ein gelehrtes System und eine Verbesserung der Unterstützung für Studenten haben, die von der Schule gefördert werden müssen, um ein erfolgreiches Uni. Leben zu erreichen, das Sie träumen(einschließ lich der Vorschläge), können Sie es Ihnen gerne erklären.

일본어 조사지 양식

本調査は、上記の題名で行われる学術研究のために実施するものです。誰か「私は大学生活を成功的に終えた」という言葉ができるとしたら、ここで言う成功の意味とは何でしょう? 個人的な価値観、力量、好みなどに応じて、その意味は様々だと思います。このような多様性にもかかわらず、大学卒業(予定)学生が認識する学校生活の成功の意味を基礎とする標準化された診断検査ツールの開発が必要です。第一に、高等教育の責務を高めるのに有用な情報を提供できるからです。第二に、各大学ごとに収集されたデータを基に、未来志向的で学生にやさしい教育のための革新事業を推進しています。これにより、大学ごとに学生の大学生活が成功できるよう支援する高等教育プラットフォームが構築されます。診断検査のツール開発のため、皆さんの心からの応答が必要です。ありがとうございます。

A	A.「私は成功的な大学生活を送った」という卒業生の先輩や同僚の言葉を聞いた時、どの部分の満足あるいは達成が思い浮かびますか？　思いつくままに記述してください。

1

2

3

4

5

B	B. もし、あなたが卒業を控えたり、卒業した後に「私は大学生活を成功に送った」と自信を持って言えるなら、この時の成功とは具体的に何を意味しますか？

(B–1) 学士課程全般(単位履修、卒業、資格、教養および専攻履修など)に関する事項.

(B–2) 卒業後の成就(予定されている進学や就職などの進路状況)に関する事項.

(B-3) 個人の潜在的な成長(人性、力量、対人関係等)に関する事項.

C	夢見る大学生活の成功のために、学校側が推進すべき学士制度及び学生支援改善方案があれば、ご自由に記述してください。

대만어 조사지 양식

本次调查是为了上述标题下进行的学术研究而进行的。如果有人可以说，“我成功地完成了我的大学生活”，那么成功在这里意味着什么?含义会根据个人价值观、能力、品味等而有所不同。尽管存在这种多样性，但仍需要根据大学毕业生（或未来大学毕业生）对学校生活成功的理解来开发标准化的诊断测试工具。首先，这是因为它可以提供有用的信息来增强高等教育的问责制。其次，每所大学都可以根据收集到的数据开展面向未来和学生友好型教育的创新项目。通过此，将创建一个高等教育平台，支持每所大学的所有学生实现成功的大学生活。我们需要您的真诚回应来开发诊断测试工具。谢谢.

A	当您听到毕业生或同事说 “我的大学生活很成功”时，您会想到什么样的满足感或成就? 我想到什么就写什么.

1.
2.
3.
4.
5.

B	如果你即将毕业或毕业后，你可以自信地说："我已经成功地完成了我的大学经历"此时成功具体意味着什么？

(B-1) 与本科课程相关的事宜，例如课程完成、学分、毕业和资格

1	
2	
3	
4	
5	

(B-2) 与毕业后职业道路相关的事宜，例如高等教育或就业

(B-3) 个人成长所必需的性格、能力、人际关系等相关事项

C	请随意描述学校需要采取哪些措施来改善学术体系和学生支持，以实现您梦想的成功大学生活.

3.3. 국내대학교 조사 결과

서울 국립 S대학교

S대학교는 연구 중심 국립대학으로, 세계적 경쟁력을 갖춘 교육과 연구를 수행하고 있으며, 학문 간 융합을 통해 복잡한 사회문제를 해결하는 혁신적 교육과정을 운영하고 있다. AI, 바이오, 지속가능성, 데이터사이언스 등 미래 핵심 분야에서 선도적 연구를 주도하며, 우수한 교수진과 첨단 연구시설은 학생들의 창의적 탐구와 글로벌 연구 역량을 강화하고 있다. 또한, 학생 맞춤형 교육 지원 프로그램을 통해 학문적 성장과 진로 탐색을 돕고, 세계 300여 개 대학과의 교류 협정을 통해 국제 공동연구 및 해외 학습 기회를 제공하고 있다. 공공성과 사회적 책임을 중시하여, 지역사회와 국가 발전에 기여하는 인재를 양성하며, 창업 지원 및 산학협력 시스템을 강화하여 연구성과의 사회적 확산을 촉진하고 있다. 스마트 캠퍼스 구축과 친환경 정책을 통해 지속가능한 대학 혁신 모델을 제시하고 있다. S대학은 전통과 혁신을 융합하여, 미래를 선도하는 세계 최상위 수준으로 도약하고 있다.

표 2 | **S대학교 학생반응**

구분	주요내용	범주
A	충분한 지식 학습, 대학이 아니면 배울 수 없는 지식 학습, 좋은 강의, 전문분야 지식, 관심있는 분야 공부 및 연구수행	학업
	원하는 것을 배우는 것, 많은 것을 배움	
	좋은 학점, 풍부한 학습경험. 의도한 대로의 학업성취	
	원만한 대인관계, 인간관계, 인맥형성, 교우관계, 즐거움, 네트워킹, 데이트와 연애 경험	자아

		활발한 대외활동, 사회생활, 도전활동, 사회성을 기름	
		행복한 대학생활, 정신적인 행복감, 즐거움, 삶의 태도, 다양한 동아리 활동, 취미생활	
		학교 내외에서의 다양한 비교과 프로그램 경험	
		교환학생, 인턴십 등 글로벌 역량 개발	
		내면의 성찰과 성장, 인격적 성장, 성공적인 삶을 위한 능력	
		양질의 취업 성공, 경제적 성공, 사회적 지위, 전문자격 취득, 국가직 시험 성공	진로
		연구성과 창출, 평생학습 로드맵 성취	
		커리어를 위한 발판, 진로 역량 개발 및 향상, 진로에 대한 방향성 설계, 진로탐색 및 선택	
구분		**주요내용**	**순위**
B	1	좋은 학점, 우수한 학점, 졸업 학점이수, 학문적 성취, 진로에 필요한 수준의 성적	1
		원하는 전공 교과목 수강, 원하는 지식 습득	2
		휴학없는 적기졸업	3
		커리어 개발을 위한 학습(교과이수)	4
		전공과 교양 지식 함양, 다양한 복수전공, 균형있는 전공과 교양교육	5
		향후 진로에 대한 역량 개발	6
		원하는 전공이나 학문 분야 발견	7
		의미있는 논문 작성 등 연구활동 참여	8
		학점과 지식을 동시에 획득	9
	2	희망과 적성에 부합하는 취업	1
		명확한 진로설정과 연관된 진로성취, 삶의 축을 발견하기, 진로 방향성 탐색	2
		명확한 진학과 진로 설정, 만족할 만한 진로 선택	3
		진로역량 개발, 전문자격증 취득	4
		안정적인 직장 취업, 높은 연봉의 직장 취업, 양질의 취업	5
		공공인재/전문직 분야 국가시험 합격	6
		창업 도전과 성공	7

		원하는 일을 찾아 내는 것	8
		하고 싶은 일이나 진로를 선택할 수 있는 주도능력	9
	3	원만한 대인관계, 건전한 대인관계, 좋은 인연, 풍부한 대인관계, 의사소통 기술, 다양성 수용	1
		인격적 성장, 올바른 인성을 갖춤, 개성 및 자기주도 성장, 스스로 공부하는 능력, 자기관점 정립	2
		다양한 분야의 역량 개발, 다면 역량 개발, 자기계발(외국어, 취미 등)	3
		다양한 경험	4
		사회적으로 자립할 수 있는 능력, 위기대처 능력	5
		비판적 사고 및 표현능력의 함양	6
		전문지식 기반 지적 성장	7
		균형있는 판단능력	8
		행복한 삶을 위한 준비	9
C		학생수요 기반의 전공/교양 강좌 개설	1
		학생 간 유대감 강화를 위한 프로그램 확대, 동아리 활동 확대	2
		진로탐색 기회 확충, 취업연계 인턴십 확대, 진로 멘토링, 맞춤형 진로교육 강화	3
		다양한 정보 제공 및 접근성 개선, 에브리타임을 대체하는 온전한 학생대화 공간 확보	4
		학사이수에서 학생의 선택권 강화	5
		성적평가제도 개선, 성적평가 공정성 강화	6
		다양한 분야의 네트워킹 확대, 네트워킹 확장	7
		교수와 학생 간 교류 확대	8
		연구(법) 관련 강의나 전문 프로그램 확대	9
		기숙사, RC제도 개선	10

이 대학은 우리나라 대학생들이 갖는 학생성공 인식의 전형을 잘 보여주고 있다. 대학정원에서 수요와 공급의 불균형은 심각한 입시경쟁의 원인이 되고, 취업현장에서 수요와 공급의 불균형은 심각한 성적 경쟁을 유발한다. 비록 국내 최고 수준의 교육서비스 제공과 성과를 거두고 있을지라도, 치열한 입시경쟁을 거쳐 입학한 학생들은 취업이라는 또 다른 직업지위 경쟁에 매몰되어 우수한 학점, 정상적인 졸업, 양질의 취업 등을 학생성공의 핵심으로 간주하고 있다. 비록 폭넓은 인간관계와 자아성장을 성공요인으로 반응하였지만, 소위 이상과 현실의 괴리가 내재되어 있음을 알 수 있다.

부산 · 경남 국립 P대학교

P대학교는 인문 · 사회 · 공학 · 의학 · 예술 등 다양한 분야를 아우르는 종합대학으로 학문 간 융합이 활발히 이루어지고 있다. 국내 최고 수준의 공학 · 의학 · 바이오 · 해양 분야 연구역량을 바탕으로 혁신산업 발전을 선도하고 있으며, AI, 빅데이터, 스마트시티 등 미래 핵심 산업 분야 중심의 융합교육을 강화하고 있다. '교육혁신원'을 중심으로 디지털 학습분석, 플립러닝, 맞춤형 비교과 프로그램을 운영하고 학생의 자기주도적 학습을 지원하는 캡스톤디자인, 산학협력 인턴십, 창업교육이 활발히 진행되고 있다. 또한, 지역 산업체 및 연구기관과 연계한 오픈이노베이션 플랫폼을 통해 실무형 인재를 양성하고 있다. 60여 개국 400여 개 해외 대학과의 교류로 글로벌 네트워크를 강화하고 국제화 교육을 실천하고 있으며, 지속가능한 발전과 사회적 책임을 실현하는 ESG · 글로벌 시민교육을 적극 추진하고 있다. P대학은 학문적 전통과 첨단 혁신이 공존하는 연구 · 교육의 중심으로 자리잡고 '지역과 함께, 세계로 향하는' 비전 아래 미래사회를 이끌 창의융합형 인재를 양성하고 있다.

표 3 | P대학교 학생반응

구분	주요내용	범주
A	화려한 스펙, 학업 스펙, 좋은 학점, 취업과 연계된 스펙, 성적,	학업

	좋은 학점, 취업관련 프로젝트 참여	
	다양한 교내활동 참여 및 경험, 대외 공모전 수상, 충분한 대내외활동	
	대학 고유의 교육적 경험, 대학의 정체성	
	즐거운 추억, 좋은 추억 만들기, 행복감을 느끼는 대학생활, 활발한 대학생활, 적극적인 축제활동 참여, 스스로 만족하는 대학생활, 객관적으로 만족할 만한 대학생활, 즐겁게 보낸 대학생활 추억, 후회하지 않는 생활	자아
	다양한 동아리활동, 다양한 학과활동	
	사회성 증진을 위한 다양한 경험, 봉사활동, 국내외 여행	
	지식과 지혜를 조화롭게 배움, 내면의 성장, 자아정체성 형성	
	입학 전 꿈을 달성함, 자아실현, 진로설계, 흥미와 관심사 발견, 자기이해	
	원만한 대인관계, 연애와 데이트, 유의미한 인간관계 형성, 친구와 어울리는 삶, 인맥	
	취업준비, 원하는 취업, 미래설계, 성공적인 취업, 양질의 취업, 졸업 후 바로 취업, 전공관련 취업, 전공과 무관한 삶의 비전 설정, 안정적인 직장 취업, 원하는 취업, 안정적인 수익이 보장되는 창업, 안정성을 보장하는 취업, 고연봉 직장 취업	진로
	전문자격(증) 취득, 유의미한 활동성과	
	미래에 도움이 될 만한 경험	

구분		주요내용	순위
B	1	졸업자격/요건 충족, 적기졸업, 졸업시기 상관 없음, 졸업 자체, 재수강 없이 졸업, 졸업유예 없음	1
		좋은 학점, 고학점, 우수한 학업성취, 전공스펙, 전문 자격증, 전공관련 자격(증) 취득, 전문직 진출, 높은 성취, 학점이수	2
		유익한 교양수업 수강, 교양교육을 통한 소양 함양, 성공적인 교양수업, 폭넓은 장르의 교양, 교양과 전공의 균형있는 이수	3
		의미있는 학습경험, 목표달성을 위한 학습활동, 성실한 출석	4
		다채로운 학과생활, 학사과정 전반에 대한 만족	5
		다양한 대외활동, 사회봉사활동	6
		적성과 취업의 연결, 공공기관 취업, 경제적인 안정	7

		자신에게 필요한 정보 탐색 및 확보, 자신에 대한 이해	8
		복수전공 이수	9
	2	희망진로 탐색, 취업준비, 전공분야/연계 취업, 취업 성공, 유명기업 취업, 원하던 직장 취업, 안정적인 취업, 예정된 취업, 명료한 진로 성취, 원하는 기관이나 단체에 취업	1
		전문자격(증) 취득. 취업대비 차별적인 스펙 확대	2
		미래비전 설정, 비전 실현, 역량기반 진로설정	3
		대학원 진학, 국가시험 합격	4
		다양한 외국어 능력 함양	5
		졸업생과의 만남을 통한 진로설계	6
	3	원만한 대인관계, 대인관계 역량, 좋은 대인관계, 인간관계 스킬업, 교수와의 만남, 좋은 인맥, 대인관계 문제해결	1
		인성 함양, 개인적인 성장, 자기주도 역량 성장, 내면의 성숙과 성장, 자기성찰, 개인 장점 발견 및 극대화, 개인 성향 파악, 문화 소양 함양	2
		인내심, 협상 기술, 자기주도적 실행능력, 끈기와 의지, 대화능력, 자존감, 자신감, 리더십, 협업능력, 원활한 의사소통능력, 만족감, 양심	3
		학과생활, 봉사 및 동아리활동, 학생회 활동	4
		교환학생, 어학연수, 인턴 경험, 외국어 능력	5
		타인을 배려하는 인성, 타인에 의한 인정	6
		도전정신, 호기심	7
		개인건강 프로그램 참여	8
		예비교사로서 전문능력 함양, 다양한 역량개발	9
C		학생맞춤형 1:1진로취업지원, 진로/취업 멘토링 프로그램 지원, 진로탐색 프로그램 강화, 학업성적과 취업의 연계, 기업연계 취업지원, 다양한 진로 및 취업 체험 제공, 초개인화된 진로지도, 미래직업 개념 교육, 고시준비생 지원, 취업박람회, 국가자격증 정보 홍보강화, 취업사관학교 이미지 탈피, 창업프로그램 확대	1
		취업위주 학사행정 개선, 학생중심형 학사(축제, 활동, 공모전, 유명인사 강연, 선후배 멘토링) 지원	2

	학생주도형 다양한 교내프로그램 개발, 학업중심 학교생활 환경 개선, 학생 휴게 공간 확대, 다양한 랩(Lab)실 참여	3
	상담프로그램 확충, 학습활동 및 진로설계로 인한 위기상담, 번아웃 상담프로그램 개발	4
	졸업요건/자격요건으로 인한 학습선택권 제한 해소, 명확한 전공졸업요건 제공, 졸업이수학점 축소, 과중한 학습량 경감, 학업성취에 대한 부담 해소, 협력학습 방법 개선, 평가방식 개선, 비교과프로그램 활동시간 보장, 불필요한 교양과목 폐지, 실용교과 확대, 교양영역 이수제 폐지, 교직이수 지원, 트렌디한 커리큘럼 혁신, 학점관리용 교양수업 관행 해소, 혁신 수업법 개발	5
	생활비 개념 장학금 지원, 경제적 약자 지원 확대, 기숙사 확충, 어학시험 및 자격증 취득 비용지원, 대외활동 지원, 졸업전시 비용 지원	6
	대학 고유 교육프로그램 제공, 대학교육의 의미 교육, 세계 수준 교육과정 제공, 개방형 평생학습 확대, 경험/현장/체험/활동기반형 학사(교육과정), 교양교육 프로그램 확대, 예·체능기반 교양과목 및 비교과프로그램 확대, 기초생활법률, 기초금융교육 교과/프로그램 확대	7
	학점기반 전공선택제도 개선, 공정한 학점경쟁 시스템 도입, 족보위주 평가시스템 개선, 초개인화된 학사지도	8
	새내기 대학적응 프로그램 제공, 재학생/선후배 멘토링, 취업박람회, 방학중 교육프로그램 제공	9
	교내프로그램 홍보 및 정보공유 시스템 개선, 해외연계 프로그램 홍보 강화, 학교 공지사항 고지 방법 개선, 대외활동 인프라	10

이 대학은 지방에 있는 국립 S대학이라 할 정도의 교육적 수월성, 성과의 경쟁력, 사회적 평판 등을 거두고 있다. 그럼에도 불구하고 수도권에 집중된 우리나라 직업시장 구조상 우수인재 유출로 인한 수월성의 지속적 성장 및 유지가 어려운 상황이다. 또한 대학의 전통과 정체성이 학생들의 성공인식 요인에 반영된 강도가 다른 '지거국'에 비하여 낮은 점이 대학혁신의 중요한 걸림돌로 작용하고 있다. 그럼에도 불구하고 반응 중에서 '대학 고유의 특성을 반영한 교육프로그램 제공'은 학생성공에 대한 지거국 재학생의 작은 소망이 반영된 것으로 해석할 수 있다.

대구 · 경북 국립 K대학교

K대학교는 2개 캠퍼스를 중심으로 인문 · 사회 · 자연 · 공학 · 의학 · 농업 등 전 학문 분야를 아우르는 종합대학이다. 탄탄한 연구 인프라와 우수한 교수진을 기반으로 국내 최고 수준의 연구중심대학으로 자리하고 있으며, AI · 스마트팩토리 · 바이오헬스 등 첨단 융합분야에서 산학협력과 창의혁신 연구가 활발히 이루어지고 있다. 학생 중심의 '교육혁신본부'를 통해 맞춤형 학습지원과 디지털 기반 교육혁신을 추진하고 있고 캡스톤디자인, 인턴십, 창업교육 등 실무 중심의 교육 프로그램으로 현장 적응력을 높이고 있다. 또한, 지역사회 및 산업체와 연계한 산학협력 클러스터를 통해 지역혁신의 핵심 거점 역할을 수행하고 있다. 해외 70여 개국 대학과의 교류를 통해 글로벌 인재 양성 및 국제공동연구를 활발히 추진하고 있으며, 지속가능성과 사회적 책임을 강화하는 ESG · 글로벌시민 교육을 실천하고 있다. K대학은 전통과 혁신이 공존하는 연구 · 교육의 중심으로, 지역과 세계를 잇는 미래형 국립대학으로 성장하며 세계 100대 대학 진입이라는 비전을 향해, 진리 탐구와 인류공헌의 중심대학으로 도약하고 있다.

표 4 | **K대학교 학생반응**

구분	주요내용	범주
A	실용적인 학습, 학습에 대한 만족감과 성취감, 폭넓은 독서	학업
	높은 학점, 고스펙 역량, 좋은 학점, 만족할 만한 학업성취, 학점관리	
	입학 전 목표달성, 미래의 고민에 대한 해결	자아
	원만한 인간관계, 연애와 데이트, 폭넓고 다양한 인맥, 좋은 인간관계	
	학생의 본분을 성실하게 지킴, 후회없는 학과활동	
	많은 경험과 학교생활의 즐거움, 다양한 경험, 즐거운 대학생활, 후회없는 대학생활, 행복한 대학생활	
	가치관에 부합하는 일, 자아실현 활동 참여, 자기이해, 자신의 성향 파악, 잠재능력 개발	

	안정적인 취업, 진로확립, 경제적 성공, 원하는 취업, 유명한 기업/대기업 취업, 전공 및 진로의 적합성, 취업 성과, 졸업 후 바로 취업, 조기졸업, 좋은 직장 취업, 체계적인 진로설계, 공기업이나 전문직 취업	진로
	공인된 성적이나 자격 획득, 커리어 개발	
	비용대비 성과창출	
	전공과 관련된 경험(공모전, 자격증 취득, 주식투자), 직업탐색, 타전공 이수	
	단기유학, 워킹 홀리데이, 단기연수, 교환학생, 문화적 교류, 교양인 면모 획득, 다양한 대외활동, 세계일주 여행, 재능기부활동	

구분		주요내용	순위
B	1	졸업요건 달성, 적기졸업, 졸업유예 없음, 학사경고 없음, 정상적인 졸업, 휴학없이 졸업, 조기졸업	1
		전공과목 이수, 다양한 교양수업, 전공역량의 기부활동, 전공(전문)지식, 다전공(복수/부전공) 이수, 전공실기 경험과 지식, 교직이수, (교원)자격증 취득, 졸업작품의 완성도, 타전공 이수, 전공적합성 및 전문성 배양, 학부연구생 경험	2
		좋은 학점, 상위권 성적 유지, 높은 성적, 우수한 성적, 성적상승	3
		전문자격(증) 취득, 토익성적, 한국사 능력	4
		교양교육을 통한 다양한 경험과 사고력, 관심있는 교양과목 수강, 글쓰기 및 말하기 능력 함양	5
		성적우수 장학금, 학생봉사활동 장학금 수혜	6
		사회인으로서 필수교양 함양	7
		자아실현 및 개인의 목표에 부합하는 수업 경험	8
		다양한 비교과프로그램	9
	2	목표했던 진로 성취, 취업, 전공관련 취업, 무난한 취업, 졸업 후 취업	1
		진로관련 전문자격 취득, 국가시험 합격	2
		취업관련 다양한 공모전 참여	3
		원하는 계열이나 지역으로 (전문)대학원 진학	4

		원하는 직무발견	5
		해외유학 준비, 교환학생프로그램 참여	6
		외국계 기업 취업준비	7
	3	대인관계 능력, 사회생활 능력, 사회적 자아 형성, 사회구조 및 행정에 대한 학습, 부당한 대우에 대처하는 법, 주변인으로부터 인정, 성공감, 멘토링을 통한 소통능력 개발, 긍정적인 마인드, 자신감, 유연한 사고, 인내심, 자기주도성, 자기결정능력, 자기관리능력, 건전한 이성관계	1
		인성함양, 인격성장, 부정적 성격 개선	2
		전공역량개발 포트폴리오 제작 및 전공연계 실무교육 강화	3
		학생회 등 다양한 교내활동, 국내/해외봉사활동	4
		예·체능계 전공의 다양한 공모전 및 전시활동 지원	5
		자신의 장단점 발견, 삶의 가치 발견	6
		교환, 교류활동 참여, 다양한 인간관계, 처세술, 아르바이트, 여행	7
		교양인으로서 소양 함양	8
		미래에 대한 계획, 비전	9
C		다양한 학사제도 정보의 조기 제공, 복수전공 제도 개선, 불필요한 학사제도 폐지, 학사이수 유연성 확대, 전공 무관 학점이수, 졸업요건 완화, 전공과목 세분화, 경직된 학사제도 개선, 해외진출 지원 확대, 필수교양 축소, 진로상담 필수화, 공결 처리 개선	1
		교수의 수업역량 강화, 수업방법 혁신, 강의평가제도 개선, 토론+발표 수업확대, 자율학습 환경 개선, 시험과 평가의 공정한 루브릭 제공	2
		실용적인 교육과정 혁신, 교양학점 제한 폐지, 교양수업 다양화 및 선택권 확대, 성적평가제도 개선, 수강신청제도 개선, 인문학적 소양 함양을 위한 교과/비교과프로그램 제공, 경험중심 교육과정 개편, 다양한 직무경험 교육과정, 교양영어 수업 개선, 공동체의식 함양을 위한 교육프로그램 개발, 토론수업 확대, 취업위주 교육과정 개선, 학점위주 학사이수 제도 개선	3
		다양한 진로 및 취업경험 프로그램 확대, 전공 및 진로관련 상담활동 지원 강화, 지역사회 연계 비교과프로그램 확대, 유명인	4

	사 특강	
	국가공인 자격증 관련 교육 및 비용 지원, 커리어 개발 지원	5
	학습선택권 개선(수요가 많은 과목 정원 확대 혹은 분반 개설)	6
	동아리활동 활성화 및 재정 지원 강화, 선후배 간, 전공과 전공 간 교류 확대	7
	학생의 다양한 심리불안 지원 강화	8
	실기/실습 수업에 대한 경제적 지원	9
	장학(금) 제도 개선, 학습활동 지원 확대	10
	대학의 정체성 확립	11
	타 전공 이수시 성적 불평등 문제 해결, 수강정원 조정, 다전공 이수에 흥미를 유발하는 학사제도 개선, 초개인화된 학사지도 체계	12

이 대학은 소위 '대경권 지거국'으로서 상당한 자부심이 전통적으로 유지되고 있다. 서울 소재 상위권대학 못지 않은 입결(입시성적)이나 졸업생의 사회적 성취를 보여주었으나, 최근 수도권 집중현상의 지속으로 인한 우수인재 유출문제, 학령인구 감소의 인구학적 문제 등의 위기상황에 직면하고 있다. 반응 결과의 특징은 교육과정의 실용성과 학생의 선택권 강화에 대한 수요가 상대적으로 높다는 사실이다. 이는 지역소재 대학의 교육수월성과 학생성공 지원의 혁신생태계 구축이 무채색의 변화가 아니라, 우수자원 집중확보와 특성화·차별화 교육과정 제공을 통한 지역우수 인재 확보, 양성, 안착 등의 선순환에 있음을 암시하고 있다.

광주 · 전남 국립 J대학교

J대학교는 두 캠퍼스 체제를 통해 인문·사회·공학·의생명 등 다양한 학문 분야의 융합을 실현하고 있다. 국내 최고 수준의 공공의료 및 의생명 연구 역량을 보유하여 지역 의료혁신의 중심 역할을 수행하고 있으며, AI융합대학, 스마트에너지시스템공학과 등 4차 산업혁명 시대에 부응하는 신산업 중심 학과를 운영하고 있다. 학생 주도형 비교과 프로그램과 캡스톤디자인, 현장실습을 통해 실무

형 인재를 양성하고 있으며, 지역사회 협력과 지속가능발전(ESG) 교육을 강화하여 사회적 책임을 실천하는 대학으로 평가받고 있다. 또한, '미래교육혁신센터'를 중심으로 AI 기반 학습분석과 맞춤형 학습지원 시스템을 구축하고, 글로벌 네트워크를 확대하여 해외 명문대학과 공동학위 및 교환학생 프로그램을 활발히 운영하고 있다. 학생 중심의 열린 캠퍼스 문화와 창의적 학습환경을 조성해 배움의 즐거움을 확산하고 '지역과 함께, 세계로 나아가는 대학'이라는 비전 아래 연구·교육·봉사의 균형 발전을 추구한다. J대학은 전통과 혁신이 조화를 이루는 학사개혁 모델과 미래사회 핵심인재 양성의 요람으로 자리하고 있다.

표 5 | **J대학교 학생반응**

구분	주요내용	범주
A	학업에 대한 성취감, 우수한 학업성취(성적), 좋은 학점, 학업목표 달성, 성적우수장학금 수혜, 우수논문, 최저이수학점	학업
	어울려 사는 방법 학습, 국외여행, 교환학생, 외국어 실력, 어학연수	
	원만한 인간관계, 원만한 학교생활, 폭넓은 인맥, 선후배 및 동료와의 좋은 인간관계, 이성교제(연애경험), 좋은 교수와의 만남	자아
	인생에 필요한 지식 습득, 호기심 충족	
	도전을 통한 자기성장, 자기이해, 목표의 유의미한 달성, 사고의 확장, 본인 약점 극복	
	대학내 프로그램, 다양한 교외활동, 아르바이트, 재테크 경험	
	즐거운 마음으로 대학생활, 충분하게 대학생활 즐기기, 자기만족감	
	건강한 생활, 의미있는 대학생활, 성공적인 대학생활로 인식하기, 즐겁고 행복한 기억, 좋은 추억(축제)	
	자기주도 생애 역량 개발, 진로설정	진로
	다양한 동아리, 서포터즈 활동, 공모전 수상, 학교제공 서비스 활용	

	취업에 필요한 자격(증) 취득, 취업에 유용한 지식 학습, 전문성 함양, 공모전 및 동아리활동으로 스펙업	
	취업성공(대도시), 만족스러운 취업, 졸업과 동시 취업, 원하는 취업, 취업을 위한 토대, 대학원 진학, 폭넓은 직업선택 기회, 편입학	

구분		주요내용	순위
B	1	필수이수학점 이수, 졸업요건(자격) 충족, 학점미달 없음, 졸업작품 완성, 적기졸업, 조기졸업, 휴학이나 자퇴가 없음, 졸업시험 통과	1
		우수한 성적, 학점 취득, 좋은 학점, 성적우수상 수상	2
		미래대비 수업 참여, 기본 소양 학습, 교양수업을 통한 진로안목 개발	3
		융합적 사고계발을 위한 다양한 전공(복수전공, 부전공) 이수	4
		다양한 교내외 활동, 공모전 수상, 포트폴리오	5
		흥미가 있거나 관심있는 교양수업 이수, 전공외 다양한 교양지식, 다양한 학문적 관점 배양, 전공지식 및 리포트/논문 등의 성과물, 리포트 작성하는 법 개발, 전공교과 연구방법론 이해, 의미있는 학습경험, 사고확장, 실생활/직업에 유용한 전공 및 교양지식 습득, 발표능력 향상, 전공이외 관심분야 발굴(교양수업)	6
		성적우수 장학금, 국가장학금 수혜	7
		전공관련 외국어 활용 능력, 전공관련 지식 함양, 전공에 대한 자부심	8
		대학행사(전문가초빙, 토론/토의) 참여	9
	2	국가자격시험 합격, 취업관련 자격(증) 취득, 전공관련 시험 합격, 공공기관이나 대기업 취업, 목표에 맞는 진학이나 취업, 교직 진출, 전공관련 취업, 원하는 직업진로, 전공 내 다양한 진로개척	1
		적성기반 진로 설정, 진로탐색 경험	2
		진로 스트레스 관리능력, 역경을 이겨내는 힘	3
		관심진로 직업종사자의 조언, 직업진로 관련 정보 활용 능력	4
		대외활동 수상, 다양한 경력 개발	5

		학위취득 후 전공이나 관심있는 분야 대학원 진학	6
		미래비전 설정	7
		경제적 자립 기반	8
		한국사 능력시험	9
	3	원만한 대인관계 역량, 인생선배, 좋은 교수와의 만남 및 상담	1
		자기주도적 의사결정 지식과 지혜, 자기주도학습 능력, 자기관리 능력, 스트레스 관리, 성실한 태도 유지, 능동적인 생활습관, 대화를 통한 문제해결, 편견 타파	2
		자신의 강점 발견, 자신의 소중함 발견, 자존심 고양, 자아실현의 구체적 방법 터득, 처세술 향상, 비판적 사고력, 책임감 개발	3
		다양한 비교과프로그램, 동아리 활동, 봉사활동 참여, 배려심	4
		다양한 도전활동 참여, 취미 및 여가활동 개발	5
		팀플레이, 적절한 방식의 협동학습	6
		긍정적인 성격 변화, 부정적인 성격 탈피, 인격 성장, 가치판단	7
		해외유학 등 학교지원 프로그램 참여, 개방적인 태도로 다양한 문화이해, 글로벌 친구	8
		프로그램의 능숙한 조작	9
C		학생주도형 수업혁신, 강의+체험학습의 균형, 지식이 아닌 실용교육, 학습/수업선택권 확대, 교양과목 수요 사전조사, 평가제도 개선, 강의품질 개선	1
		진로설계 및 창업활동 지원, 학과단위 취업연계 시스템, 다양한 동아리 프로그램 제공, 취업연계 수업, 진로특강 및 강연	2
		경험기반의 학습환경 조성, 프로젝트기반 학생활동 지원	3
		전공 및 학생맞춤형 취업지원 프로그램, 전공 간 벽허물기, 복수전공제도 개선, 직업체험 및 봉사활동 확대, 졸업생 멘토링, 성공스토리 공유, 진로박람회	4
		행복 관련 강좌(진로설계와 자기이해) 개설, 공동체의식 강좌, 스트레스관리 지원, 학생주도 자기개발 지원	5
		온라인 학사지원시스템 구축, 학생수요기반 프로그램 개발, 계절학기 확대, 프로그램 홍보 강화	6

	민주적인 면학 분위기 조성, 학생복지 및 편의시설 확충	7
	(특수)대학원 진학자에 대한 지원, 교환학생 확대, 외국대학원 연계제도 개설, 학부연구생 제도 개선	8
	중간고사 이후 공강일 지정을 통한 번아웃 해결, 갭이어 학점인정	9
	국가시험 합격 지원, 장학금제도 개선, 어학/자격증 시험료 지원	10
	경제이해교육 강화, 실용위주 교양과목 확대	11

이 대학은 소위 지역거점 국립대학으로 지역균형 발전의 핵심적인 기능을 수행하고 있다. 소위 '지거국'의 주요역할은 지역 내 우수인재가 유출되지 않도록 예방하는 동시에 적극적으로 유치하거나, 외부로부터 유입되도록 강력한 유인가를 보여주는 것이다. 따라서, 지역거점대학은 서울 소재 대학들과 다른 학생성공 인식요인이 드러날 필요가 있다. 그럼에도 불구하고 대부분의 반응은 학생성공 인식의 전형에서 벗어나지 않고 있음이 드러났다. 지역자족 경쟁력 향상이라는 미명이 허상에 불과하다는 점을 방증하고 있다.

전북 국립 J대학교

J대학교는 인문·사회·자연·공학·의학 등 전 학문 분야를 아우르는 종합대학으로서 균형 잡힌 학문 생태계를 구축하고 있다. 농생명·탄소소재·에너지 등 지역특화산업과 연계된 연구역량을 통해 국가 혁신성장의 거점 역할을 수행하고 있으며, AI·데이터사이언스 등 첨단 융합교육을 확대하여 4차 산업혁명 시대를 선도하는 교육체계를 운영하고 있다. 학생맞춤형 비교과 프로그램과 현장 중심의 캡스톤디자인, 창업지원이 활발히 이루어지고 있으며, '혁신교육원'을 중심으로 교수학습 혁신과 디지털 기반 학습분석 시스템을 강화하고 있다. 또한 지역사회와 산업체가 함께 참여하는 산학협력 클러스터를 통해 실무형 인재 양성을 선도하고 있으며, 글로벌 교류 확대를 위해 50여 개국의 해외 대학과 교환학생 및 복수학위 제도를 운영하고 있다. 학생 중심의 열린 캠퍼스 문화와 창의적 공간 조성을 통해 자율적 학습과 연구를 지원하고 지속가능한 미래를 위한 ESG·사

회공헌 교육을 실천하며, 지역과 세계를 잇는 혁신 허브로 성장하고 있다. J대학은 전통과 첨단이 조화를 이루는 명문 국립대로서 미래사회를 이끌 창의융합형 인재를 양성하고 있다.

표 6 | **J대학교 학생반응**

구분	주요내용	범주
A	높은 학점, 성적우수장학금 수혜, 우수한 학점, 적절한 중간/기말고사 대비	학업
	학교시스템 및 교내외 프로그램을 통한 글로벌 역량	
	졸업요건 충족, 학사일정에 따른 졸업, 학사경고 없음, 졸업유예 없음, 적기졸업, 초과학기 없이 졸업, 조기졸업, 정상적인 졸업, 복수전공	
	학교에 대한 자부심, 전공선택에 대한 자부심, 긍정적인 정체성	자아
	교양을 통한 인격성장, 배움과 성장	
	후회없는 대학생활, 적극적인 동아리 활동, 다양한 비교과프로그램, 행복한 추억, 좋은 기억, 스트레스없는 대학생활	
	다양하고 넓은 인간관계, 좋은 친구, 원만한 인간관계, 교수와의 교류, 좋은 평판, 대학교류 프로그램으로 다국적 친구사귐	
	자기관리능력, 재미있는 추억만들기, 즐거운 캠퍼스 생활, 다양한 경험, 프로젝트 성공, 주변으로부터 인정	
	역량기반 취업 및 진로개발역량, 전공관련 진로와 취업, 다양한 공공 자격(증) 취득, 졸업후 취업, 산업실무역량 개발, 안정적인 취업, 공무원 임용	진로
	입학 전 설정한 목표 달성	
	적성 및 강점의 발견, 커리어 개발, 전공과 진로의 일치, 취업에 유용한 스펙, 전문성 향상	
	학교가 제공하는 다양한 자원과 시설 활용	

구분		주요내용	순위
B	1	전공과목 만족도, 전공과 교양의 균형 이수, 만족할 만한 전공 및 교양이수, 다양한 교양과목 이수, 기초소양, 다양한 수업 참여, 교생실습, 다양한 봉사활동 참여, 한국사 자격 취득, 외국어 능력 함양	1
		졸업요건 충족, 적기졸업, 초과학기 없음, 휴학없이 졸업, 졸업유예 없음, 학사경고 없음	2
		높은 학점, 학업우수 수상, 성적우수 장학금 수혜	3
		전공분야 취업, 진로관련 전문자격(증) 취득, 임용고사 합격	4
		복수전공	5
		의미있는 휴학	6
		학교에 대한 자부심, 높은 소속감, 전공선택 만족, 대학생활 추억	7
		목표 달성, 성공에 대한 자신감, 비전인식 및 달성	8
		수업을 통한 문제해결 능력, 완벽한 과제수행, 계획적인 학업 수행	9
	2	역량기반 진로설정 및 취업, 희망진로 확정, 졸업전 진로 확정, 양질의 공공기관 임용, 전공관련 진로, 공백기 없는 취업, 대학원 진학, 창업에 도전, 진학실패시 대비계획 수립	1
		잠재능력 개발, 전공관련 적성 발견 및 확인, 전공지식 확충, 실무역량 개발, 전공선택 만족, 나의 강점 발견	2
		실습을 통한 역량 개발	3
		전공관련 자격(증) 취득, 전공관련 공적 자격 취득	4
		좋은 인간관계, 폭넓은 인간관계	5
		공모전 우수성과	6
		교내프로그램을 통한 외국어 능력 향상	7
		다양한 (교육)봉사활동	8
		전공관련 서적 읽기	9
	3	좋은 만남과 인연, 좋은 인간관계, 타인 존중의식, 사교능력, 멘토링	1

		인격성장 경험, 성격개조, 고난극복, 자기성장, 동기유발, 나를 사랑하고 존중하는 태도, 행복한 삶을 위한 준비, 긍정적인 사고 및 정체성, 자아존중감, 끈기와 인내심, 자기관리, 시간관리 능력, 자신감, 행복한 삶을 준비, 성품훈련, 좋은 습관, 자기객관화, 자아성찰, 긍정적인 마인드셋, 낙관적 사고, 예의있는 태도	2
		사회성 함양, 원만하고 효율적인 의사소통 능력, 대인관계능력, 갈등해결능력, 리더십 함양, 공동체 능력	3
		다양한 대외활동과 봉사활동, 문화 및 사회의 다양성 이해 및 존중	4
		유연하게 사고하고 행동하는 능력, 위기관리능력, 갈등중재 능력	5
		외국어 능력 향상, 의사소통능력	6
		진로관련 필수역량 개발	7
		경제적 독립, 자립심, 책임감 고취	8
		실패나 실수 극복 및 도전의식, 성공 자신감, 다양한 경험 도전	9
C		수업의 다양성 및 학습선택권 강화, 수강신청 제도 개선, 학습자위주의 수업시간 편성, 도서관 개방시간 확대 및 운용방법 개선, 수요가 많은 과목 수강인원 확대, 수업환경 개선, 어학연수/교환학생 프로그램 확대, 방과후 프로그램 확대, 직무능력 개발을 위한 실용적인 수업혁신, 강의평가 및 학생성적 평가방법 개선, 유연한 학사제도, 인턴십 프로그램, 원격학습 멘토제도 확대, 성공적인 대학생활 관련 강좌 개설, 타대학과의 교류 확대, 학과간 교류 확대, 교수의 교육권 강화	1
		전공관련 문제해결 프로젝트나 행사 확대, 다양한 전공접근 기회 제공, 흥미와 적성 탐색 프로그램 강화, 전문가 특강 확대, 공모전 확대, 선배멘토링	2
		진로멘토링 확대, 취업특강 및 모의면접 확대, 산업실무역량 개발, 전공관련 자격취득 지원, 진로프로그램의 다양화, 재취업 과정에 대한 이해도 및 유연성 교육, 전공과 진로의 미스매칭에 대한 교육, 기업현장 체험프로그램 확대	3
		경험중심 수업 및 진로개발 프로그램 확대, 자신을 성찰하는 교양프로그램 확대, 동아리활동 활성화	4
		학사제도나 행정에 대한 적절한 홍보와 접근성 개선, 교직원 역량강화	5

	진로관련 학사시스템 개선, 취업정보 접근성 개선	6
	전공 및 교양과목 최소학점 이수제, 복수전공 자율화, 자유로운 전공선택, 교양이수 학점 상향	7
	정부재정지원 사업, 교내외 행사 및 비교과프로그램에 대한 홍보 및 접근성 강화	8
	장학금제도 개편, 학생복지 및 지원 확대, 교내시설 이용 확대, 경제적으로 곤란한 학생에 대한 밀착형 지도, 기숙사 확대, 스트레스 관리와 진로지도를 위한 상담센터 확충, 심리검사와 학업계획 연계 지도, 동아리활동 확대, 개인상담 확대	9
	올바른 대학문화 정착을 위한 교내 캠페인, 교내 구성원 간 교류확대	10

이 대학도 역시 지역거점국립대학으로서 미래지향의 다양한 교육혁신을 추진하고 있다. 지역소재 대학의 경쟁력은 특성화된 교육과정, 우수한 인적 자원, 가시적인 탁월한 연구 성과 등을 기반으로 지역 내외의 우수인재를 확보 혹은 외부로부터 유치하여 지역기반 인재로 양성하는 것에 달려 있다. 소위 '지거국' 간에도 보이지 않는 서열이나 차등이 실재하고 있는 것도 사실이다. 이를 타파하기 위하여 학교 당국도 노력하고 있지만, 이와 동시에 학생들도 성장 및 취업경쟁력을 스스로 갖추며, 성공적인 학교생활을 누리기 위하여 학교 측에 다양한 교육혁신을 요구하고 있음이 반응을 통해 드러났다.

서울 사립 K대학교

K대학교는 세계 수준 연구중심대학으로, 인공지능·바이오·반도체 등 첨단 분야에서 선도적 성과를 내고 있다. 학생 중심의 교육철학을 바탕으로 '융합형 교육모델'을 도입해 창의적 인재를 양성하고 있으며, 국내 최초로 '미래융합대학', '데이터과학과' 등을 신설하여 4차 산업혁명에 대응하는 교육체계를 구축했다. 글로벌 리더십 함양을 위해 80여 개국 1,000여 개 해외 대학과 교류하며 국제화 캠퍼스를 실현하고 있다. 또한 산학협력단과 창업지원단을 중심으로 학생의 혁신 아이디어를 실현할 수 있는 창업 생태계를 지원하며, 인문·사회·자연·의학 등 다양한 학문 간 융합 연구를 통해 사회문제 해결형 교육을 강화하고 있다.

'스마트러닝'시스템을 통해 인공지능 기반 맞춤형 학습과 온라인·오프라인 융합 교육을 추진하고 지속가능한 미래를 위해 친환경 캠퍼스 구축과 ESG 가치 실천을 교육 전반에 통합하고 있다. 공동체 정신과 봉사정신을 중시하며, 지역사회와의 연계를 통한 사회공헌 프로그램을 운영하고 있다. K대학은 전통과 혁신을 조화시키며, 세계가 주목하는 창의적 글로벌 리더를 길러내는 대학으로 발전하고 있다.

표 7 | **K대학교 학생반응**

구분	주요내용	범주
A	우수한 학업성취, 성적 만족도, 상위권 학점, 성적장학금 수혜, 적절한 학점관리	학업
	조기졸업, 적기졸업, 정상적인 졸업	
	컴퓨터 활용 및 외국어 능력	
	전공과 교양과목의 균형있는 이수, 전공과 무관한 학습경험	
	덕망있는 교수와 학생 간, 학생과 학생 간 유대강화, 넓은 인맥, 좋은 추억만들기	자아
	학과 행사 및 다양한 동아리 활동	
	대학교육을 통한 자기성장, 공부외의 자기계발, 삶에 대한 만족감, 자기내면의 발전, 버킷리스트 수행	
	양질의 취업, 취업 관련 자격증 취득, 전공 분야 취업, 진로확정, 진로탐색	진로
	사회생활을 대비하는 다양한 경험, 사회성 함양, 사회 일원으로서 확실한 우위 확보	
	전공관련 아르바이트 및 인턴십 개발/참여	
	다양한 공모전/대회 참여 및 수상	
	스펙-업, 취업을 위한 스펙 달성, 완성도 높은 포트폴리오, 진로에 대한 고민	
	교환학생 등 글로벌 역량 강화, 외국어 능력	
	목표 달성에 대한 만족감, 구체적인 목표 설정, 비전 설정	

구분		주요내용	순위
B	1	평균 이상의 학점, 좋은 학점	1
		적기졸업, 졸업시험 통과, 학사경고 없음, 휴학 없음	2
		전공 관련 면허/자격증 취득	3
		다양한 학사이수(복수전공/교직과정/부전공/이중전공)	4
		취업을 위한 기초 소양 획득	5
		전공지식 확장·함양, 다양한 교양수업, 지식의 확장, 학습에 대한 흥미, 전공 및 교양과목 이수, 융합지식	6
		학생회 활동, 동아리 활동	7
		대학 고유의 교육적 경험	8
		장학금 수혜	9
	2	졸업 전 취업, 양질의 취업, 사회선호도가 높은 직업진로, 직장생활과 학업 병행, 임용고사 합격, 진로 확정, 성공적인 취업	1
		취업 관련 전문자격 및 면허 취득	2
		전공 분야 관련 취업, 목표 분야 취업, 경제적 자립	3
		커리어 개발(공모전, 여행, 어학연수), 자신의 진로성향 파악	4
		취업을 위한 외국어 능력, 해외유학	5
		진로관련 인간관계 및 플랫폼 활용	6
		다양한 인턴십	7
		대학원 진학을 위한 자격	8
		사회성 함양, 관계능력 개발, 인문학적 소양	9
	3	다양한 인간관계, 인맥 유지, 예비사회인으로 성장, 긍정적인 사람과의 교류	1
		학교 연계를 통한 비교과활동(리더십, 교환학생, 단체활동 등), 의미있는 경험	2
		진로관련 인맥 형성, 관계능력 개발, 동문 네트워크	3

		문제해결능력, 직무수행능력 향상	4
		리더십 개발, 협력 및 협업의 중요성 경험	5
		읽기와 쓰기 능력 향상, 발표능력 등 사회성 함양	6
		예비사회인으로서 실천역량, 다양한 공동체 활동	7
		삶의 목표 설정, 경제적 관념 형성	8
		지식의 퀄리티와 양의 증가	9
C		과학기술 발전에 부합하는 인프라 확충, 학습효율성을 제고하는 대면+비대면 수업방식 병행	1
		진로설계 및 코칭 프로그램 다양화, 역량개발 캠프 개설, 다양한 취업연계 프로그램 확대, 진로전문가 상담, 학생진로방향 디자인 세미나, 맞춤형 상담, 전문직 진로지도, 기업체와 파트너십을 통한 직무역량 강화	2
		이론과 실제학습의 괴리 해결, 융합지식을 위한 수업, 체험·실습수업의 확대(인턴십), 실용중심의 학습, 소그룹형태의 자율학습 모임 지원, 프로젝트 기반 학습, 자기계발 교과목 개설, 의사소통 및 리더십 개발 교과목 개설, 혁신적 교과목 개설	3
		취업중심 학사제도 개선, 학생수요기반 학사제도 개선, 실무역량·실용지식 중심 학사제도 개선, 타대학 수강학점 인정, 학교간 교류 확대, 전공제도 개선, 학습권 보장을 위한 수강신청제도 개선, 지도교수제 개선, 평가제도 개선	4
		실용적인 교양수업, 팀티칭 수업 개발	5
		다양한 학습권 보장, 전문자격 취득을 위한 특강	6
		스트레스 등 정신건강 관리 강화	7
		다양한 동아리 활동, 대외활동 확대	8
		자율적인 학습환경 조성, 협업·협동형 스터디/체험학습 지원	9
		선후배 간 친목도모, 전공간 교류 확대, 외국인 학생과 교류 확대	10
		전공과 취업의 미스매칭에 대한 문제점, 전공별 다양한 공모전 확대	11
		다양하고 폭넓은 장학금 지원제도, 적극적인 장학지원 제도	12

이 대학은 명실상부 국내 최고의 사립대학으로 학문과 연구의 수월성, 대내외 경쟁력 지표 등을 기반으로 우수인재 유치 및 양성 교육 프로그램과 교육 인프라를 갖추고 있다. 현상학적 관점에서 볼 때, 우리나라 대학의 특성은 국립과 사립의 정체성에서 큰 차이가 없다. 이는 입시전쟁에서 대학의 전통과 유산보다는 소위 성적이나 사회적 평판이 대학선택의 준거로 작용하기 때문이다. 이에 따라 사립대학 학생들의 성공인식 요인이 국립대학과 크게 다르지 않게 나타났다.

서울 사립 D대학교

D대학교는 지혜와 자비를 바탕으로 인성과 전문성을 겸비한 전인적 인재 양성을 목표로 하고 있다. 인문학적 전통 위에 AI, 바이오, 문화콘텐츠 등 첨단 융합학문을 선도하고 있으며 AI융합대학, 메타버스·게임학부 등 미래산업 중심의 학문체계를 구축하여 4차 산업혁명 시대를 이끌고 있다. 'DO Dream'창의·융합 인재 양성 프로그램을 통해 학생의 진로설계와 자기주도 학습을 적극 지원하고, 글로벌 네트워크를 기반으로 40여 개국 300여 개 대학과 교류하며 국제화 교육을 강화하고 있다. 산학협력과 창업교육을 연계한 'D-스타트업 밸리'를 조성하여 실무형 혁신 인재를 육성하고 있다. 불교학, 문화예술, 영화영상 등 인문·예술 분야에서 독보적인 연구역량과 전통을 갖추고 있다. '스마트 러닝 플랫폼'을 활용해 온라인·오프라인 융합교육과 맞춤형 학습환경을 제공하고 ESG 가치 실천을 중심으로 지속가능한 캠퍼스 조성과 지역사회 상생을 추구하고 있다. D대학은 전통의 깊이와 미래의 혁신을 결합하여, 세계가 주목하는 창의적 리더를 양성하는 대학으로 발전하고 있다.

표 8 | **D대학교 학생 반응**

구분	주요내용	범주
A	전공에 대한 이해, 만족할 만한 전공수업, 전공공부, 전공에 대한 만족	학업
	관심 분야에 대한 학습, 학업에 대한 만족, 전공이외 학습, 진	

		로 맞춤형 전공이수, 하고 싶은 공부를 함, 공부+즐거움의 균형있는 대학생활	
		적기졸업, 조기졸업, 후회없는 졸업	
		인문학적 성장, 정신적 성장, 다양한 경험	자아
		좋은 인맥, 원만한 교우관계, 선후배 관계, 교수와의 교류, 다국적 친구관계, 교환학생, 어학연수, 다양한 전공분야 친구와의 관계	
		가치관 정립, 인생에 대한 교훈, 돈으로 살 수 없는 경험	
		명확한 비전 수립, 대학에서 꿈을 이룸, 미래에 대한 확신, 꿈을 이루기 위한 초석 마련, 진로방향 확정, 후회없는 대학생활	
		관심 분야 활동, 재미있는 캠퍼스생활, 대학행사, 동아리 및 대학축제 참여, 다양한 교외활동(여행, 봉사활동), 취업에 도움이 되는 활동	
		생활경제 관념 수립	
		사회생활에 필요한 역량 개발, 자립심 함양, 진로에 관련된 대외활동, 사회활동의 기반으로서 대학생활, 자기계발	
		학교지원/시스템/사업에 참여, 다양한 대학서비스, 교내시설 활용, 다양한 수상 실적, 다양한 대학프로그램 참여	진로
		취업 등 직업적 성취, 졸업 후 준비, 취업준비, 취업성공, 졸업과 동시에 취업, 조기취업, 졸업유예 없음	
		객관적으로 좋은 성적, 뛰어난 학업성적, 높은 학점, 성취감을 느낄 만한 학점 취득, 스펙(외국어, 자격증 등) 학업성취, 좋은 학점, 취업시장에서 유리한 스펙, 성공적인 학점 취득, 충실한 학업, 우수한 학점으로 장학금 수혜	
구분		**주요내용**	**순위**
B	1	좋은 성적, 높은 학점, 졸업요건 달성, 학점이수	1
		학사경고 없이 졸업, 휴학 없이 졸업, 초과학기 없이 졸업, 적기졸업, 조기졸업	2
		전공관련 직업 준비, 취업관련 자격 취득, 전공관련 전문자격 취득	3

		전공과 교양의 균형있는 경험, 만족할 만한 교양교육, 다양한 교양과목 이수, 원하는 교양과목 이수, 교양교과에 대한 만족, 다양한 전공분야의 이론과 실습 참여, 소모임을 통해 전공관련 지식 탐구, 원하는 내용의 수업, 전공에 대한 깊이 있는 지식	4
		장학금 수혜	5
		교환학생프로그램 참여, 양질의 경험	6
		복수전공, 교직 이수, 연계전공을 통한 프로그래밍 능력 개발, 학부연구생 참여	7
		전공에 대한 높은 이해도, 전공 이수	8
	2	임용고시 합격 등 예정된 취업, 목표했던 취업진로, 안정적인 직장 취업, 사기업 취업, 진로에 대한 믿음, 전공관련 분야 취업, 졸업전 취업, 졸업과 동시에 취업, 기업스카웃 제의, 대기업 취업, 희망진로 성공, 정규직 취업, 명예와 연계된 취업, 사교육 시장 진출, 공무원시험 합격, 연구원	1
		취업에 유리한 전문자격(증) 취득 및 국가시험 합격	2
		대학의 경험과 취업의 연계	3
		대외활동을 통한 스펙, 대학생활을 통한 진로수립, 선배로부터 양실의 취업정보 공유	4
		학교제도를 이용한 진로결정	5
		전공관련 동아리 활동	6
		대학원 진학	7
	3	사회적 식견 확대, 대인관계 조절, 대인관계 확장, 교수와 선후배 관계 형성, 원만한 대인관계, 넓은 인맥, 사회적 유대와 협력 네트워크 확장, 협동심 배양, 팀프로젝트 역량 개발, 사교성과 자립심 향상, 사회화된 인간	1
		내면의 성장, 잠재능력 개발, 인성개발, 대학입학 전보다 성장, 도덕적인 삶	2
		과제수행 능력 개발, 발표 및 프레젠테이션 역량 개발, 수업중 팀플레이, 커뮤니케이션 능력 개발, 리더십 역량 개발, 논리적 글쓰기 능력, 수학지식 함양, 비판적 사고 및 창의성	3
		책임감, 끈기, 타인에 대한 배려심 등 인성함양	4

		건강한 육체와 정신, 심신건강 밸런스	5
		확고한 가치관 수립	6
		데이트와 연애	7
		다양한 독서활동	8
		재미있게 놀기	9
C		교양과목의 선택 확대, 필수교양 이수과정 축소, 졸업요건 개선, 수강정원 조정, 학습선택권 강화, 다양한 전공제도에 대한 정보제공	1
		효과적인 학습환경 조성, 수업의 질 향상, 교수와 학생 간 원활한 소통시스템 구축	2
		취업진로 관련 지도 프로그램 확대	3
		취업과 연계되는 교양수업 개발, 진로설계 수업 활성화	4
		학생진로상담 개선, 상담활동 개선	5
		대학 외부활동(공모전, 체험활동) 지원 개선	6
		다양한 외부교류, 교내행사 지원	7
		낙후된 교육환경 및 시설 개선, 수업시설 개선	8
		법학, 경영학과의 시험에서 높은 족보 의존도 해소, 평가제도 개선	9
		장학금을 위한 학점제 폐지, 장학수혜 확대 및 동기부여 시스템 개선	10

이 대학은 비교적 명료한 대학 고유의 정체성을 지니고 있다. 따라서 학생들의 성공인식 요인이 자유롭고 개방적인 반응에 투영되었을 것으로 예상되었지만 두드러진 사항은 발견되지 않았다. 앞서 언급한 바와 같이 우리나라 대학의 현상학적 특질인 일종의 '무채색(대학마다 고유의 특성이 없음)'이 보이지 않게 작용한 결과로 해석할 수 있다. 학업, 취업의 성과나 성취가 자아의 성장보다 우선되는 학생의 요구와 이에 부응하는 대학의 학사체제로 말미암아 대부분의 학생들은 자신들의 진로에 유리한 전공선택, 과목이수, 교내외활동 등에 대학생활의 초점을 맞추고 있다.

3.4. 외국대학교 조사 결과

미국 주립 B대학교

B대학교는 미국 오하이오주를 대표하는 공립 연구중심대학으로, 혁신적 교육과 학생 중심의 학습문화를 유지하고 있다. 'Education, Innovation, Impact'라는 비전 아래 실천적 지식과 사회적 책임을 갖춘 인재 양성을 목표로 한다. 교육학, 비즈니스, 예술, 미디어, 항공, 스포츠경영 등 실무 중심 전공에서 미국 내 높은 평가를 받고 있으며 AI, 데이터분석, 지속가능성 등 미래 핵심 분야를 반영한 융합전공과 맞춤형 커리큘럼을 운영하고, 'Center for Faculty Excellence'를 중심으로 교수법 혁신과 학습분석 기반 개인화 교육을 강화하고 있다. 학생 참여형 캡스톤 프로젝트, 인턴십, 창업지원 프로그램을 통해 현장 실무역량을 기른다. 글로벌 파트너십 확대를 통해 40여 개국 대학과 교류하며 국제공동연구 및 교환학생 프로그램을 활발히 운영하고, 지속가능한 캠퍼스 운영과 지역사회 봉사를 통해 ESG 가치 실현과 사회적 책임을 실천하고 있다. 또한, 첨단 디지털 학습환경(BG eCampus)을 구축하여 온라인·오프라인 혼합형 학습의 선도모델을 제시하고 있다. BGSU는 안전하고 포용적인 캠퍼스 문화로 미국 내 학생 만족도 상위권을 유지하고 있다. B대학은 전통과 혁신이 공존하는 글로벌 교육의 중심으로, 미래사회를 이끌 창의융합형 리더를 양성하고 있다.

표 9 | B대학교 학생반응

구분	주요내용	범주
A	조기졸업, 적기졸업	학업
	전공교과 성공적인 이수, 평균이상의 학점 취득, 전공변경 하지 않기	
	자신이 성취한 모든 것에 대한 신뢰(학업이외의 측면 포함)	자아
	좋은 인간관계, 친구와 좋은 추억, 재미있는 대학생활, 스포츠와 클럽활동 참여, 가치있는 추억 만들기	

<table>
<tr><td colspan="2" rowspan="3"></td><td>미래에 대한 준비, 자신과 세상에 대한 이해, 사회적 삶, 다양한 경험쌓기, 사회참여 활동, 실생활 준비와 안정감 형성</td><td rowspan="3">진로</td></tr>
<tr><td>학문·사회·재정적 측면의 성공, 재정관리 능력, 부채없기, 채무변제를 위한 아르바이트 하기</td></tr>
<tr><td>졸업 후 취업</td></tr>
<tr><th colspan="2">구분</th><th>주요내용</th><th>순위</th></tr>
<tr><td rowspan="13">B</td><td rowspan="7">1</td><td>졸업필수 요구 학점 이수, 졸업은 중요하지만 학점 무관, 필수학점 이상 이수</td><td>1</td></tr>
<tr><td>좋은 학점 취득, 높은 학점, 풀타임 잡을 위한 좋은 학점, 효율적인 학습활동, 원하는 학점 취득</td><td>2</td></tr>
<tr><td>적기졸업</td><td>3</td></tr>
<tr><td>캠퍼스 내 다양한 액티비티 & 커뮤니티 참여</td><td>4</td></tr>
<tr><td>취업과 연관되는 전공선택</td><td>5</td></tr>
<tr><td>장학금 수혜</td><td>6</td></tr>
<tr><td>대학원 진학</td><td>7</td></tr>
<tr><td rowspan="3">2</td><td>좋아하는 직업, 재미있는 직업, 좋은 보수의 직장 취업, 커리어 개발, 전공분야 취업, 졸업 후 바로 취업, 인턴십, 재정요구에 부합하는 커리어 선택</td><td>1</td></tr>
<tr><td>정상적인 졸업, 우등생 졸업</td><td>2</td></tr>
<tr><td>대학원 진학</td><td>3</td></tr>
<tr><td rowspan="3">3</td><td>새로운 인간관계, 지속가능한 친구만들기, 갈등조절, 확장된 연대와 관계맺기, 행복하고 건전한 관계, 교수와의 교류</td><td>1</td></tr>
<tr><td>일을 사랑하는 마음, 책임감, 시간관리기술, 자신에 대한 신뢰, 행복감, 잠재능력 개발, 독립심, 자신감</td><td>2</td></tr>
<tr><td>적성과 취미 기반 동아리활동</td><td>3</td></tr>
<tr><td colspan="2" rowspan="2">C</td><td>멘털 헬스케어 & 헬프 서비스 확대, 자신감 고양프로그램, 학업과 실생활의 밸런싱 지원, 좋은 성적과 좋은 사회생활의 밸런싱 지원, 원앤원 미팅과 가이던스, 학생의 웰빙에 대한 관심집중, 헬스케어를 위한 학생개인 비용 최소화</td><td>1</td></tr>
<tr><td>보다 재미있는 캠퍼스내 학습환경 조성, 학습부담 경감을 위한 시스템 구축, 아카데믹 어드바이저와의 미팅 어려움 해결</td><td>2</td></tr>
</table>

	및 조력 확대, 갈등조절 지원, 선택기회 확대, 포용적 환경 조성, 학내시설 사용편의성 개선, 기숙사 벌점제 개선, 다양한 교내 액티비티 제공	
	전문역량 개발을 위한 현장경험학습, 전공분야와 사회적 연결, 다양한 워크샵 개발	3
	장학금 확대, 학생재정 지원 시스템 구축 및 확대, 학교생활을 하는데 드는 고비용 문제 해결, 교내 물가 낮추기, 학비문제로 힘들어하는 학생에 대한 지원 확대	4
	상시수업을 위한 원격수업 시스템 확충, 학습약자에 대한 학습기회 확충, 다양한 멘토링(학사, 진로, 경험 등)	5
	개인의 정서적 성장 지원, 지나친 성적부담감 해소, 스테레오타입의 학습환경 개선, 학점우선주의 태도 수정하기, 시험에 대한 부담 경감	6
	진로탐색을 위한 새로운 도전학기	7
	신속한 피드백 시스템(학사), 학생수행에 대한 교수자의 명료한 가이드라인과 신속한 피드백, 신입생 지도 강화, 교수의 보다 유연하고 너그러운 태도	8

'미국의 대학에는 미국의 정체성과 레거시가 온전하게 내포되어 있다'고 주장하는 학자도 있다. 이는 미국의 대학이 미국의 문화, 경제, 사회, 국제관계의 이니셔티브와 리더십을 지닌 강력한 사회제도라는 점을 여실히 보여주고 있다. 그럼에도 불구하고 반응을 분석해 보면 동양의 경쟁적인 대학에서 나타나는 학점이수 및 정상졸업, 취업 등에 대한 심각한 압박감은 보편적인 현상으로 나타났다. 특히, 북미지역 소재 거의 모든 대학에서 발생하는 학생들의 학비조달(재정적인) 문제는 성공적인 대학생활을 위한 동양의 대학들과 전혀 다른 면모를 제공하고 있다.

캐나다 사립 M대학교

M대학교는 연구중심대학으로, 연구와 교육의 조화를 핵심 가치로 삼고 있다. 1821년 설립 이후 과학, 의학, 공학, 인문사회 등 전 학문 분야에서 글로벌 수준의 교육과 연구를 제공하고 있다. QS세계대학 평가 상위권을 유지하며, 국

제수준의 연구 성과와 학문적 명성을 갖춘 캐나다를 대표하는 대학으로, 의학, 생명과학, AI, 지속가능에너지 등 첨단분야에서 선도적 연구와 혁신을 수행하고 있다. 'Learning Hub'와 혁신적 교수법을 통해 학생 맞춤형 학습, 온라인·대면 혼합형 수업, 참여형 프로젝트 기반 학습을 강화하고 있다. 캡스톤 프로젝트, 인턴십, 연구 참여 기회를 통해 실무 역량과 창의적 문제 해결 능력을 높이고 있다. 전 세계 200여 개 대학과의 교류 및 국제공동연구를 통해 글로벌 역량과 네트워크를 확장하며, 지속가능성과 사회적 책임을 강조하는 ESG 교육과 커뮤니티 참여 프로그램을 활발히 운영하고 있다. 학생 중심의 다양한 비교과 활동과 창의적 학습환경을 제공하여 전인적 성장을 지원하고 있다. M대학은 전통과 혁신이 조화를 이루는 학문 공동체로, 미래사회를 선도할 창의융합형 인재를 양성하고 있다.

표 10 | **M대학교 학생반응**

구분	주요내용	범주
A	상위 10%. 만족할 만한 학업성적, 좋은 학점 취득, 학과공부 이외의 자기만족과 즐거움 추구, 학업우수상 수상, 학업목표 달성, 성과에 대한 인정받기, 챌린지 코스 완수, LSAT통과	학업
	학업우수 장학금 수혜	
	넓은 인간관계, 사회적 생활, 친구만들기, 지속 가능하고 공고한 인간관계, 교수와의 만남, 시간관리 기술, 직업윤리 강화, 정신건강, 중요한 사람 만나기, 의미있는 인간관계 형성, 교수로부터 인사이트 얻기, 사회적 만족감, 봉사활동, 고립이 아닌 어울려 살기, 활기 넘치는 사회생활, 좋은 음식과 음주, 서비스 프로젝트, 창의적 프로젝트를 통한 사회적 기여	자아
	자신감, 독립심, 개인적 성장에 대한 확신, 자신의 성취에 대한 만족, 도전과 장애극복, 자기탐구, 개인적 전환(리더십, 회복력, 자기인식, 리더십기술 등) 경험	
	다양한 학내활동(동아리, 행사, 경쟁프로그램) 참여를 통한 즐거운 대학생활, 행복한 경험, 학습 스트레스 해소, 균형있는 학교생활, 학업과 사회생활의 밸런싱, 행복한 방법으로 학점 이수, 비교과프로그램 참여, 리더 역할 수행, 후회없는 대학생활	
	미래설계, 직업진로 탐색, 전공분야 인턴십 참여, 직업준비 커리어	진로

	향상, 커리어 패스 만들기, 의미있는 인턴십/봉사활동/연구활동을 통한 실용기술과 경험 획득, 도전적 사고를 위한 새로운 아이디어나 견해에 노출, 미래직업과 삶의 목적에 대한 열정과 방향, 목적 탐구	
	수업, 인턴십, 다양한 자원을 통한 풍부한 경험 쌓기, 다양한 학내 비교과프로그램, 정신건강 유지, 운동하기, 새로운 기술 발견하기, 프로젝트 완수, 가치있는 경험, 새로운 재능 발견	
	전공의 유용성에 대한 만족, 전문성 신장, 학습경험에 대한 만족, 배운 지식을 실생활에 적용하기	
	전공관련 분야 취업, 졸업 전 취업 확정, 안정적인 직업정치, 전문자격 취득	

구분		주요내용	순위
B	1	적기졸업(4년), 5~6년 안에 졸업, 졸업자격 취득, 학위취득	1
		3.0 이상의 학점, 만족할 만한 성적, 1개 과목 과락은 문제없음, 취업에 유리한 좋은 성적, 실패없는 학점 이수, 재수강 없음, 과목과락 없음, 이수범위 충족	2
		원하는 전공선택, 적절한 전공과정 선택, 선택적이고 흥미로운 폭넓은 클래스 탐색, 다양한 전공/부전공과정 탐색, 미래사회에 적합한 전문분야 탐색, 교과수업을 통한 전문성 함양, 멘토교수와의 친화 유지	3
		성적우수 장학금 수혜, 명예학생, 1등급상 수상	4
		산-학연계 프로그램 참여, 다양한 교내외 비교과프로그램 참여, 해외연수, 인턴십	5
		연구프로젝트 기여 및 연구성과물 출간, 학술대회 참가	6
		CO-OP이수, 전공교육과정 과목이수, 부전공교육과정 과목이수	7
		분석적 사고, 비판적 사고, 문제해결 사고기술 배양	8
	2	전공관련 분야 취업 탐색, 고소득/연봉 직업 탐색, 재정이 안정적인 직장, 워라밸이 가능한 직업이나 직장 탐색, 안정적인 수입이 보장되는 직업 탐색, 파트타임 경험, 미래지향적인 직업진로	1
		좋아하거나 원하는 분야 취업, 대형회사 취업, 나의 삶과 어울리는 취업, CO-OP 커리어 관련 취업, STEM분야 취업, 인턴십	2

		과 멘토링 활용, 가족기업 승계, 졸업 후 바로 취업	
		동문을 활용한 직업진로 모색, 교수와의 협업으로 진로모색	3
		앙트러프러너십 벤처, 스타트업 도전, 소규모 비즈니스	4
		MBA입학, 대학원 진학(석사/박사)	5
		취업대비 전문자격(증) 취득, 커리어 개발에 적절한 전문자격 취득	6
	3	자기개조, 시간관리, 자부심, 건강한 자기이미지, 고양된 자부심, 감정조절, 인내심, 정신건강, 스트레스 관리, 자기인식, 일상의 루틴, 긍정마인드, 자기정체성, 자기효능감, 책임감, 도전과 실패 극복으로부터 배움, 적응력, 자기성찰, 좋은 습관, 밸런싱과 하모니, 분노조절, 독립성	1
		새로운 사람 만나기, 친구/파트너 관계 및 유지, 의사소통기술, 팀워크, 전문성 네트워크, 연애기술, 부모와 좋은 관계 유지, 발표능력, 공동체의식, 멘토나 친구와 의미있는 관계맺기, 협업기술, 매너, 다양성 존중, 동료나 교수로부터 피드백, 지역사회 봉사활동, 협상기술	2
		효과적인 문제해결능력, 연구활동, 학문적 자신감, 도전의식, 앙트러프러너 마인드셋, 실패로부터 배우기, 다양한 사고 수용, 비판적 사고, 현안(재정, 향수병, 학습과제, 개인적 문제, 가정문제) 해결 기술, 전문지식 확장, 도전을 위한 여행, 호기심, 회복력, 안전존에서 벗어나 새로운 도전	3
		육체적 건강, 워라밸, 요리나 청소기술, 전공과 무관한 취미활동, 금전관리 기술, 감정지능, 하드 & 소프트 스킬	4
		교내외 다양한 비교과프로그램 참여, 평생학습, 전공이외 지식이나 흥미 탐구	5
C		멘털 헬스케어 서비스 및 설비 개선 투자, 학생심리 지원 확대, 학습장애 지원, 신체질환에 대한 유연한 처치, 학생맞춤형 케어, 저렴하지만 양질의 급식 제공, 기숙사 환경개선, 학생고립 문제 고려, 다양한 동아리활동 지원, 초개인화된 학습지원, 학업과 사회적 경험의 밸런싱 지원	1
		연구, 커리어 페어(행사) 확충, 이력서 작성과 인터뷰 기술	2
		온라인 시험제도 도입, 원격수업, 하이브리드/블렌디드 수업, 자기주도수업방식 운용, 다양한 평가제도 도입	3

	학습환경, 실습교육 강화, 실패보다 성공 기회 확충, 실험실습 환경 개선, 에듀테크 및 인프라 확충, 커리어 서비스 확충, 교도소 같은 학교환경 개선, 학습약자 지원, 학습자원 확충, 현장실습 및 인턴십 강화, 산업계전문가 초청 강연, 토론식 수업 확대, 일방적인 교수중심 수업방식 혁신, 과도한 SNS제한, 튜터링과 멘토링 확대, CO-OP프로그램 확대, 학제간 연구 및 협력코스, 지역사회 기반 연구프로젝트, 서비스 러닝 확대, 러닝 패스(paths) 유연화, 1학년 클래스 사이즈 축소, 학생의 수업참여 확인 강화	4
	장학금 등 사교육비 지원 확충, 고비용의 학내생활 해소, 예술분야(미술, 음악, 연극) 무료이벤트 확충	5
	요리교실 개설, 멘털 헬스케어 교실, 금융문해교실 개설	6
	다양성과 포용성, 평등성 등을 구현하는 거버넌스	7
	교내주차 문제 해결, 비싼 기숙사비 인하, 도서관, 운동장 시설 개선, 기숙사에서 동물(애완)기르기 허용	8
	잦은 교수이동 문제 해결, 교수와 학생 간 연대 강화, 학생과 직원간 소통 강화, 등록시스템 개선	9

타 대학에 비하여 이 대학 학생들은 학생성공 인식요인 조사에서 다소 민감하게, 혹은 적극적으로 반응한 흔적이 위에 정리된 결과분석에 잘 드러나 있다. 학생들이 인식하는 대학생활 성공요인에서 '워라밸'과 '밸런싱'이라는 용어가 매우 이채롭다. 물론 캐나다의 대학생들도 우수한 학점, 정상적인 학위취득, 취업 등의 전형적 패턴에서 크게 벗어나지 않고 있다. 그럼에도 불구하고 학업, 취업이 대학생활의 전부가 되기보다 이들은 자신의 장기적인 인생에서 성공적인 삶을 위한 일종의 교두보로 인식하고 있어, 경쟁적인 학교생태계에 매몰된 대학생들보다 진보되거나 성숙한 모습을 드러냈다.

호주 사립 M대학교

M대학교는 연구중심대학으로, 혁신적 교육과 글로벌 영향력을 동시에 추구한다. 1958년 설립 이후 의학, 공학, 생명과학, 약학, 경영 등 다양한 학문 분야에서 선도적 교육과 연구를 제공하고 있으며, QS 및 THE 세계대학 평가에서 호주 상위권, 세계 100위권 내에 꾸준히 랭크되는 명문대학이다. AI, 데이터사이언

스, 지속가능에너지, 바이오헬스 등 첨단분야 중심 융합교육과 전문영역 연구를 강화하고 있다. 'Education Academy'를 통해 혁신적 교수법, 디지털 학습환경, 참여형 수업을 확대하고 있고 캡스톤 프로젝트, 인턴십, 창업지원 프로그램으로 학생의 실무역량과 창의적 문제해결 능력을 향상시킨다. 또한 전 세계 100여 개국 대학과의 국제교류, 공동연구, 글로벌 인턴십 기회를 활발히 제공하고 있으며, 지속가능성과 사회적 책임을 강조하는 ESG 교육 및 지역사회 연계 프로젝트를 운영한다. 학생 중심의 다양한 비교과 프로그램과 창의적 학습공간을 통해 전인적 성장과 리더십 개발을 지원한다. M대학은 전통과 혁신이 조화를 이루는 학문 공동체로, 미래사회를 선도할 글로벌 인재를 양성하고 있다.

표 11 | **M대학교 학생반응**

<table>
<tr><th colspan="2">구분</th><th>주요내용</th><th>범주</th></tr>
<tr><td colspan="2" rowspan="7">A</td><td>좋은 학점, 우수한 학점, 정상적인 학점 취득</td><td rowspan="4">학업</td></tr>
<tr><td>학비를 위한 경비마련(저축)</td></tr>
<tr><td>전공학습 집중, 전문적인 수업을 통한 실용적인 글쓰기, 방대한 양의 전문서적을 통한 연구 역량 개발, 인턴십과 노동 경험, 유용하거나 도전을 자극하는 지식 습득, 토픽과 주제중심 수업</td></tr>
<tr><td>학생회나 다양한 동아리 활동 적극 참여</td></tr>
<tr><td>좋은 인간관계, 좋은 친구 사귀기, 많은 친구 사귐, 만남을 통한 사회적 네트워크 구축, 교수자들과 좋은 관계유지, 행복한 대학생활</td><td rowspan="2">자아</td></tr>
<tr><td>자기계발, 공동체의식, 야망있는 학습자로서의 자세, 폭넓고 다양한 경험 탐색, 가치관 확립</td></tr>
<tr><td>졸업후 즉시 취업, 정상적인 취업, 전공관련 분야 취업</td><td>진로</td></tr>
<tr><th colspan="2">구분</th><th>주요내용</th><th>순위</th></tr>
<tr><td rowspan="2">B</td><td rowspan="2">1</td><td>졸업학점 이수, 모든 유닛과 코스 이수(특히, 메인 유닛), 모든 자격요건을 위한 기초지식, 졸업자격 취득, 의무코스와 흥미있는 선택코스 이수</td><td>1</td></tr>
<tr><td>학사규정에 집중, 학사에 대한 숙지, 높은 출석률, 부정행위 하지 않기(컨닝, 표절 등), 결석하지 않기, 선택한 코스 즐기기</td><td>2</td></tr>
</table>

		졸업 후 취업에 필요한 기술 습득, 취업 후 필요한 기초지식과 자격 취득, 졸업 후 즉시 취업	3
		친구나 교수들과의 긴밀한 유대, 커리어 개발에 도움이 되는 전문가들과의 네트워크	4
		성적우수 장학금 수혜	5
		학업수행을 위한 적절한 경비 마련	6
	2	학위취득을 위한 커리어 개발, 직업능력 개발, 직업선택, 적극적인 직업탐색, 흥미와 연관된 분야의 연구소에서의 커리어 개발, 다양한 분야의 전문성	1
		보수가 좋은 직장 취업, 고임금 직장, 전공이나 개인적인 관심과 연관된 분야 취업	2
		우수한 학점, 취업에 유리한 안정적인 학점 취득, 전공 및 선택 필수과정 이수, 졸업이수 학점 취득, 실용적인 기술, 외국어 능력	3
		취업과 상급학교 진학 간 의사결정	4
		대학원 진학	5
	3	자신에 대한 성찰, 책임감, 행복감, 자신감, 지속가능한 취미생활 유지, 경험으로부터 가치관 수립, 자기확신, 인내심, 친절함, 존경심, 통찰력, 학술적 글쓰기 기술, 외향인으로 성격개조, 종교적 신념	1
		외국유학생 친구들과의 교제, 국제사교, 미래 비즈니스를 위한 국제적 친교, 다양한 학내동아리 활동 참여	2
		대인관계, 학교생활을 위한 외적/주변요인들	3
		동료나 교수자들과 협력관계 구축, 긍정적인 동료관계	4
		전문성, 사회성, 경쟁력, 노력, 동기화, 대인관계 기술, 업스킬	5
C		양질의 커리큘럼 제공, 활동적인 수업으로 혁신, 전공선택권 확대, 학습선택권 강화, 실용적인 경험기반의 코스워크 제공, 학습과 생활의 밸런싱 고려, 유용성을 고려한 클래스 개설, 학생 잠재능력 계발을 위한 학생친화형 강좌/수업 개설, 인터랙티브 학습설계, 흥미기반 비교과프로그램, 재미있는 경험 기반 학습, 학습자원 및 시설 확충, 학생의 도전의식을 지지하는 강좌나 프로그램 개설, 다양한 세미나, 발표회, 공모전 개최	1
		학생의 심리적 문제 지원, 멘탈 헬스 케어, 잠재적 심리건강 문	2

	제나 압박해소를 위한 심리지원 팀과 시스템 구축, 삶을 위한 기초지식 학습기회 제공, 상담클리닉 수준의 심리지원, 적성검사 지원, 커리어 외 직업능력 개발을 위한 컨설팅 프로그램 확대, 신체건강 프로그램 지원 및 장애우 지원, 학생소외 문제 해결	
	자발적인 인턴십 지원, 탐구 혹은 창의적 경쟁 프로젝트 참여 기회 확대, 인턴십과 봉사활동 프로그램 참여 기회 확대, 글로벌 인턴십 및 교환학생프로그램 확충, 도전의식 함양, 4차산업 혁명과 관련된 수업 개설, 창의활동 지원	3
	동아리활동, 비교과프로그램, 학내 파티나 이벤트 확대 및 이를 지원하는 전담기관이나 조직 확대	4
	삶의 가치발견을 위한 교내활동 조직화, 공동체적 가치 개발에 집중, 사회개선, 미래개발 역량에 대한 학생수요 충족, 학교규정 완화	5
	교수들의 엄격한 태도 완화, 재미있는 학교만들기, 역량있거나 유명한 교수/튜터 영입 및 선발기준 강화, 교수 경쟁력 강화	6
	학교생활을 하는데 드는 고비용 문제 해결, 장학금 확대	7
	문화행사(콘서트, 박물관, 여행 등) 할인협약	8
	다양한 국가에서 온 유학생들의 교육적 경험, 문화나 견해 차이 고려	9
	학습성공을 위한 네트워크 플랫폼의 접근편의성 개선 및 유연화, 학습시설 및 환경 개선	10

위의 반응에는 우리 정서상 일반적이지 않은 특징 몇 가지가 발견되고 있다. 첫째, 학생성공을 위하여 역량있는 교수자원에 대한 학생들의 요구와 주장이 자유롭게 개진된다는 점이다. 둘째, 학생성공을 위하여 공부보다는 다양한 학내 이벤트, 축제, 활동 등의 확장에 대한 목소리다. 셋째, 학생성공을 위하여 부담되는 학비를 온전하게 학생 자신이 부담해야 한다는 점이다. 호주의 대학은 대개 3년제로 운용되기 때문에 우리의 통념상 전문적인 분야의 전문인재 양성에 상대적으로 적은 시간이다. 따라서 놀고 즐기려는 태도는 어쩌면 무모한 요구일지 모른다. 그러나 호주 대학생들의 성공인식은 '**잘 놀면 공부도 잘 할 수 있다**'는 호혜의식이 팽배해 있다는 점으로 확인할 수 있다.

영국 사립 O대학교

O대학교는 글로벌 최상위 수준의 명문 연구·교육기관으로, 12세기 설립 이래 전통과 혁신을 동시에 갖춘 대학이다. 인문·사회·자연과학·공학·의학 등 전 학문 분야에서 깊이 있는 연구와 교육을 제공하고, 튜토리얼 시스템을 통한 맞춤형 학습으로 학생 개개인의 사고력과 문제해결 능력을 극대화한다. 전 세계 150여 개국 대학과 연구기관과 협력하여 국제 공동연구 및 글로벌 학습 기회를 제공한다. 첨단 AI, 데이터과학, 생명공학, 기후변화 등 미래 핵심 분야에서 선도적 연구와 교육혁신을 수행하고 있다. e-Research Centre와 같은 디지털 학습 및 연구 플랫폼을 활용해 온라인과 대면 학습의 통합을 추진하고 있으며, 산학협력 및 창업 지원 프로그램을 통해 학생과 연구자의 실무역량과 창의적 문제 해결 능력을 강화한다. 지속가능성과 사회적 책임을 반영한 ESG교육과 지역사회 참여 프로젝트를 활발히 운영한다. 전통과 첨단이 조화를 이루는 캠퍼스 문화 속에서 학생 중심의 비교과 활동과 리더십 개발을 지원하고 있다. 대학은 세계 학문 공동체의 중심으로, 미래 글로벌 사회를 이끌 창의융합형 리더를 양성하고 있다.

표 12 | **O대학교 학생반응**

구분	주요내용	범주
A	우수한 학점, 우수한 학업성취, 탁월한 학업성취, 정상적인 코스이수, 학위취득	학업
	다양한 연구활동에 능동적으로 참여	
	성적우수 장학금 수혜, 재정적 독립, 경제적 자립	
	학교생활에 대한 즐거움, 실패로부터 배움, 다양한 형태의 경험학습, 성공적인 대학생활 스토리, 정신적 건강함, 개인적인 성장, 계획적인 생활, 비전 실현, 좋은 교수로부터의 배움, 재미있는 학교생활, 야망, 행복하고 생산적인 경험, 자기효능감	자아
	많은 사람들과의 교류, 좋은 인간관계, 동아리활동, 새로운 사람과 만남, 사회성 함양, 사회적 기술, 교내활동 참여, 봉사활동	

<table>
<tr><td rowspan="2"></td><td>직업진로 탐색, 직업정치, 적절한 직업 탐색, 양질의 취업, 학자/연구자보다는 의사와 같은 고임금 직업 취업, 전환기술 습득, 전공관련 분야 취업, 국민평균수입 이상의 급여가 보장되는 취업, 인턴십, 커리어 패스 실현, 전문직 취업, 고용주에게 매력적인 커리어 갖추기, 해외연수나 인턴십, 비즈니스 모굴(mogul)</td><td rowspan="2">진로</td></tr>
<tr><td>대학원 진학</td></tr>
<tr><th>구분</th><th>주요내용</th><th>순위</th></tr>
<tr><td>B</td><td colspan="2">
<table>
<tr><th></th><th>매우 중요함</th><th>중요함</th><th>보통임</th><th>중요도 낮음</th><th>중요도 매우낮음</th></tr>
<tr><td>정상적인 학위 취득, 학위과정 이수</td><td>76</td><td>22</td><td>5</td><td>0</td><td>0</td></tr>
<tr><td>교육과정의 품질(교수역량, 학사체계 등)</td><td>59</td><td>32</td><td>10</td><td>2</td><td>0</td></tr>
<tr><td>전문지식(통계학, IT, 외국어 기술 등) 습득</td><td>36</td><td>36</td><td>24</td><td>5</td><td>2</td></tr>
<tr><td>졸업 후 진로 탐색과 기회 제공</td><td>39</td><td>39</td><td>19</td><td>4</td><td>2</td></tr>
<tr><td>양질의 취업, 취업가능도</td><td>73</td><td>20</td><td>10</td><td>0</td><td>0</td></tr>
<tr><td>대학 학위(학력)의 잠재력 실현 가능성</td><td>55</td><td>31</td><td>14</td><td>3</td><td>0</td></tr>
<tr><td>친구관계, 다양한 교내외 비교과프로그램 참여</td><td>48</td><td>27</td><td>22</td><td>5</td><td>1</td></tr>
<tr><td>소프트 스킬(대인관계, 의사소통기술 등) 개발</td><td>54</td><td>33</td><td>13</td><td>3</td><td>0</td></tr>
<tr><td>개인적 성장(자기인식 등)</td><td>59</td><td>30</td><td>12</td><td>1</td><td>1</td></tr>
</table>
</td></tr>
<tr><td rowspan="5">C</td><td>학생의 멘털케어 중요성 인지 및 지원 프로그램 확대, 학생수요기반 맞춤형 학사 및 생활지도, 학생 웰빙에 대한 지원, 학생의 정체성 확립을 위한 지원방안</td><td>1</td></tr>
<tr><td>학사이수 코스 콘텐츠의 다양화, 이수코스 접근의 편의성 개선</td><td>2</td></tr>
<tr><td>학생과 교수/슈퍼바이저/직원의 강력한 행정적/심리적 유대감 형성</td><td>3</td></tr>
<tr><td>비판적 사고력 함양을 위한 창의적 프로그램 개설</td><td>4</td></tr>
<tr><td>산-학협력(직업적 연대) 개발, 유지, 확대</td><td>5</td></tr>
</table>

월드 클래스 수준의 대학들이 지닌 공통점은 대학혁신의 이니셔티브와 리더십을 갖고 있다는 점이다. 이 점에서 O대학은 대단한 영향력을 지닌 것은 분명하다. 그러나 학생반응의 특징을 보면 동양의 대학생의 인식과 크게 차이가 나지 않는다. 우수한 학점, 정상적인 졸업, 양질의 취업이 중요하다고 여겼다. 그럼에도 불구하고 분명한 차이점은 내재되어 있다. 학업성취는 취업과 분명한 인과관계를 맺는 것이 아니라 자아성장과 연결되어 있다는 점이다. 이는 다음과 같은 학생들의 반응에 잘 드러나 있다.

> "대학에서의 성공에 대해 많은 사람들이 큰 오해를 하고 있다고 생각합니다. 대학에 입학하기 전에는 대학에서의 성공이 다른 교육기관에서의 성공과 같다고 생각했습니다. 좋은 성적만 받으면 성공한 것이고, 주변 사람들은 좋은 성적이 곧 성공이라고 말했습니다. 그러나, 실제 졸업생들을 만나보니 그런 생각은 사실과 상당히 다르다는 것을 깨달았습니다. 성공적인 대학 생활이란, 대학 생활에 몰입하고, 학생으로서의 삶을 즐기며 실수를 통해 배우고, 다양한 경험을 쌓는 것입니다. 게다가 가장 중요한 것은 인맥을 쌓을 수 있는 기회일 것입니다. 대학 시절 좋은 인맥을 쌓았기 때문에 평균적인 성적으로 훌륭한 직장을 얻은 사람들을 많이 알고 있습니다. 학업적 성공도 어느 정도 중요하지만, 제가 이전에 들었던 성공적인 대학 생활 이야기의 주된 요소는 아닙니다. 대학 시절을 돌아볼 때, 우리는 공부에 쏟았던 시간과 받았던 성적을 굳이 떠올리지는 않을 것입니다. 친구들과 함께 보낸 시간, 다양한 활동에 참여하면서 얻은 인생의 교훈, 그리고 함께 쌓아온 인맥을 떠올릴 것입니다. 학위를 취득하는 것만으로도 충분히 큰 성취이므로, 항상 최고 성적을 받지 못한다고 너무 스트레스 받을 필요는 없습니다."

> "학생성공은 자신이 사랑하고 집중할 수 있는 경력을 가져야 한다는 것을 의미합니다. 누구에게나 경력이 없다면, 그것은 남을 위해 일하거나 하루 종일 아무것도 하지 않는 것과 마찬가지입니다. 시간은 쉽게 낭비되고, 자신만의 고유한 장점과 핵심 경쟁력을 형성하기 어렵습니다. 따라서 모든 것에 대해 조금은 알지만 어느

한 분야에 능숙하지 않다면, 경력 개발에 큰 금기시되는 것이며, 실제로는 경력 개발에 해로울 수 있습니다. 현재 경력에 매우 만족하고, 이를 위해 시간과 에너지를 기꺼이 투자하며, 사회에 대한 가치를 느끼고, 자신의 노동과 노력이 타인과 사회로부터 존중받고 인정받을 때, 당신은 성공한 사람입니다."

싱가포르

국립 S대학교

S대학교는 아시아 최고 수준 연구중심대학으로, 혁신과 글로벌 리더십 교육을 선도하고 있다. 1905년 설립 이후 의학, 공학, 경영, 법학, 자연과학 등 전 분야에서 세계적 수준의 교육과 연구를 제공하며, QS세계대학 랭킹에서 꾸준히 아시아 최상위, 세계 20위권 내에 랭크되는 명문이다. 최근, AI, 데이터사이언스, 스마트시티, 바이오헬스 등 미래 산업 중심의 융합교육과 선도 분야 연구를 강화하고 있다. 'Teaching Academy'를 중심으로 혁신적 교수법, 플립러닝, 개인 맞춤형 학습을 확대하고 캡스톤 프로젝트, 인턴십, 창업지원 프로그램을 통해 실무 역량과 창의적 문제 해결 능력을 배양한다. 또한, 100여 개국 500여 개 대학과 글로벌 네트워크를 구축하여 국제 공동연구와 교환학생 프로그램을 활발히 운영하며, 지속가능성과 사회적 책임을 반영한 ESG·커뮤니티 참여 교육을 강화하고 있다. 학생중심의 비교과활동과 창의적 학습 공간을 제공하여 전인적 성장과 리더십 개발을 지원한다. S대학은 전통과 혁신이 조화를 이루는 학문 공동체로, 아시아를 넘어 세계를 선도할 창의융합형 인재를 양성하고 있다.

표 13 | **S대학교 학생반응**

구분	주요내용	범주
A	높은 학점, 좋은 학점, 학업성취를 통한 사회적 웰빙, 매 학기마다 A+학점 취득	학업
	학내교육시설 온전하게 활용하기, 학교시설 및 환경 활용, 학교경험을 통한 가치 고양하기	

	전일적인 학사지원(행복감, 개인성장, 학업성취 등)	
	인간관계, 동료관계, 좋은 연대와 네트워크 구축, 평생친구 만들기, 가치있고 지속가능한 우정, 학생연대 활동, 학습과 재미의 균형감, 지적 성장에 도움을 주는 친구, 학업성취와 인간관계의 균형	자아
	의미있는 학내활동 참여, 새로운 경험(스포츠), 취미 발견	
	학문적 호기심 충족, 새로운 흥미나 취미 발견하기, 비교과프로그램	
	전일적인 경험쌓기, 새로운 세계 준비하기, 원하는 목표달성을 위한 학업열정, 높은 학점과 워라밸, 갈등해결 및 도전, 다양한 사회경험	
	즐겁고 재미있는 캠퍼스 생활, 의미있는 추억	
	비교과활동(ECA), 인턴십 경험, CCA 같은 비교과활동	진로
	고도의 커리어 플랜 구상, 커리어 개발 및 직업탐색, 소프트스킬, 새로운 학문 탐색, 직업진로를 위한 적절한 학위과정 이수, 포트폴리오, 지식과 직업 매칭	
	만족할 만한 취업, 양질의 취업, 의료지원과 복지수준+고연봉의 직장 취업	
	교환학생, 해외인턴십 등을 통한 해외경험과 기억	

구분		주요내용	순위
B	1	좋은 학점, 높은 GPA, 탁월한 학업성취, 우수한 학업을 통한 직업시장 준비, 학업최우등생, 즐겁게 공부하여 좋은 성적 취득하기, 멘털 웰리스 기반의 우수한 학업성취	1
		학업모듈 이수, 전공 이수, 주전공과 복수전공 이수, 학장 리스트 획득(자격이수), 정상적인 학위과정 이수	2
		학업+비학업의 균형있는 경험, 새로운 것 배우기, 실생활에 적용가능한 학습, 흥미있는 교과수강, 원하는 것 공부하기, 지식을 실생활과 연결하기	3
		학습 커리어 개발, 인턴십	4
		연구자로서의 자세 갖추기, 연구프로그램 참여	5
		학업모듈 달성을 위한 지식과 기술 갖추기	6
		우수페이퍼 작성	7
		학업우수 장학금 수혜	8

	2	국제은행 취업, 컨설팅 분야 취업, 고소득 직업 취업, 원하던 취업, 직업정치, 고소득/연봉 직업, 안정된 직업, 인턴 취업	1
		주전공 분야와 관련된 커리어 개발, 일반적인 커리어 개발, 구체적인 진로계획 세우지 않기, 직업선택 확장, 직업진로와 전망, 커리어 패스	2
		대학원 진학 준비	3
		취미 발견 및 즐기기	4
		직업전환(최초직업에서 새로운 직업으로) 역량 개발	5
	3	매주 동료들과 과제 수행하기, 협업으로 문제해결하기, 의사소통과 협업능력, 미래에 상호 도움이 되는 친구집단 만들기, 도전을 하는데 도움이 되는 친구만들기, 평생친구 만들기, 의미있는 관계형성, 가족 돌보기	1
		네트워크 스킬, 리더십, 발표기술, 시간관리 기술, 스트레스 관리기술, 사회문제 해결 기술, 소프트 스킬	2
		인성갖춤, 책임감, 자신감, 자기확신, 자기역량	3
		성장 마인드셋, 인생의 목적에 대한 현실적인 인식, 성공과 실패 경험을 통한 개인적 성장, 자기성장	4
		개인적이며 잠재적인 능력 개발	5
		셀프케어, 멘털 웰리스, 취미발견	6
C		교내 각종 행사나 지원프로그램에 대한 정보 공지(이메일 등), 홀리스틱 교육시스템	1
		신입생에 대한 학교정보 상세 공지, 교내 활동에 대한 통합정보 시스템 구축, 학사개선 제안 박스 운영과 신속한 피드백, 신속한 학사정보시스템 개선, 차별없는 학사지원시스템, 유연한 학사운영	2
		커리어 달성 활동, 인턴십 프로그램 개선, 협동과정 지원, 멘토링 프로그램, 미래설계 교육, 커리어 스킬	3
		학생스타일이라는 관점에서 학생 지원, 학습주도권 보장, 학생취미활동 지원, 행복한 교과과정 이수를 위한 지원, 실용중심 교육과정, 온라인 코스웨어 표준화, 학습콘텐츠 제공	4
		고학년에게 수강우선권 부여, 학습모듈 개선, 학습부담 경감	5
		양질의 교육을 제공하기 위하여 대학의 경쟁시스템 불가피성을 인지시키기, 경쟁적 생태계를 해결하기 위한 학생지원, 생활의 자율선택 능력 개발	6

	국제관계 연구를 위한 연구그룹 지원, 해외연수 프로그램 확대, 학생 연대 증진을 위한 외부기관과의 연대프로그램	7
	학점 취득 우선보다 인간관계 개선을 위한 소프트 스킬(클럽활동, 스포츠활동) 교육 강화	8
	교내 구성원의 관심사 공유	9
	학생복지 이니셔티브 개선, 재정지원(장학금), 해외연수 지원, 학업성공을 위한 워라밸, 멘털 웰빙, 웰페어, 헬스케어 기회 및 지원 확대, 스트레스 해소	10

이 대학의 강점은 RC대학의 선도적인 모델을 갖추고 있다는 점이다. 다수의 RC대학을 기반으로 다양한 학문특성화 전문대학이 하나의 캠퍼스 안에서 유기적으로 기능하고 있다. RC교육시스템은 삶과 앎을 일치시키는 학습조건을 바탕으로 공동체적 가치와 실천력을 효과적으로 향상시킬 수 있다. 이 대학의 학생반응에서 특징적인 것은 '워라밸, 멘털 웰빙, 웰페어, 헬스케어, 소프트 스킬, 홀리스틱, 멘털 웰리스, 균형감' 등이다. 아시아 문화에 속한 싱가포르도 극심한 입시 및 취업경쟁의 사회풍토를 유지하고 있다. 그러나 우리나라와 사뭇 다른 풍경이 발견되기도 한다. 그것은 학생성공 인식에서 학업－자아－취업이 홀리스틱하게 연결되어 있다는 점이다. 양질의 취업 성취가 대학공부의 목적임에는 틀림없지만 이러한 메커니즘에 들어온 것이 사회적 준거가 아니라 온전히 자신의 몫이라고 인식하는 것이다.

국립 N공과대학교

N대학교는 공과·과학 중심 연구중심대학으로, 혁신적 기술 교육과 글로벌 리더 양성에 주력하고 있다. 1955년 설립 이후 공학, 과학, 경영, 의학, 인문사회 등 다양한 분야에서 세계적 수준의 교육과 연구를 제공하고 QS세계대학 공학 분야 평가에서 상위권을 유지하며, 글로벌 혁신대학으로 명성을 쌓고 있다. AI, 로보틱스, 데이터사이언스, 지속가능에너지 등 미래 산업을 선도하는 첨단 연구와 융합교육을 강화하고 있다. 'Institute of Education'과 혁신적 교수법을 통해 맞춤형 학습, 플립러닝, 참여형 프로젝트 기반 교육을 확대하고 있으며 캡스톤디자

인, 인턴십, 창업지원 프로그램을 통해 학생의 실무역량과 창의적 문제해결 능력을 강화한다. 전 세계 50여 개국 200여 대학과의 교류를 통해 국제 공동연구, 글로벌 인턴십, 교환학생 기회를 활발히 제공하며 지속가능성과 사회적 책임을 반영한 ESG 교육 및 지역사회 참여 프로젝트를 운영한다. 학생 중심의 창의적 학습공간과 비교과 프로그램을 제공하여 전인적 성장과 리더십 개발을 지원한다. 대학은 전통과 혁신이 조화를 이루는 학문 공동체로, 글로벌 기술 혁신과 사회 발전을 이끌 창의융합형 인재를 양성하고 있다. N대학교는 세계적 연구·교육 중심으로 자리매김하며, 혁신기술과 지식을 통해 미래사회에 기여하는 대학으로 평가받고 있다.

표 14 | **N공과대학교 학생반응**

<table>
<tr><th colspan="2">구분</th><th>주요내용</th><th>범주</th></tr>
<tr><td colspan="2" rowspan="9">A</td><td>학업성취, 좋은 학점, 만족할 만한 학점취득, 우수한 성적</td><td rowspan="3">학업</td></tr>
<tr><td>교환학생, 인턴십과 같은 가치있는 교육적 경험</td></tr>
<tr><td>재정적인 문제 해결을 위한 지원, 헬스케어 지원</td></tr>
<tr><td>행복한 대학생활, 즐거운 대학생활, 다양한 경험, 즐거운 학교시간 보내기, 경험 충족, 학생회 활동, 클럽활동</td><td rowspan="4">자아</td></tr>
<tr><td>다양한 인간관계, 의미있는 친구관계, 사회적 친교, 사회적 경험</td></tr>
<tr><td>삶과 직업을 위한 기술 학습, 직무능력 개발, 놀이와 학습의 밸런싱, 실용기반 학습, 이론기반 실생활 응용과 적용 기회 확장, 실생활 적용 기술, 리더십 개발</td></tr>
<tr><td>세계적 수준의 대학 위상에 대한 자부심</td></tr>
<tr><td>학교제공 유익한 서비스에 대한 적극적인 활용</td><td rowspan="2">진로</td></tr>
<tr><td>직업적 성취, 직업적 삶에 대한 대비, 사회적 순환 충족, 희망하는 취업 달성</td></tr>
<tr><th colspan="2">구분</th><th>주요내용</th><th>순위</th></tr>
<tr><td>B</td><td>1</td><td>어려움 없는 학사이수, 전공과목 이수, 우수한 성적으로 학습모듈</td><td>1</td></tr>
</table>

		이수, 부전공 이수, 대학원 전공에 필요한 학사이수	
		흥미기반 선택코스 이수, 지식학습의 유용성, 비교과프로그램 참여	2
		높은 학점으로 졸업, 적기졸업	3
		해외연수 기회 확충	4
		명예상 수상, 학업우수상 수상, 최우등상	5
		전인적 성장	6
	2	재정문제를 해결하는 직장 취업, 양질의 취업, 졸업 후 바로 취업, 부러울 만한 취업, 원하는 분야 취업, 잠재적 성장 기반 취업, 흥미를 반영한 취업, 고소득 보장 직장 취업	1
		직무능력개발 스킬	2
		다양한 직업진로 개발	3
		대학원 진학	4
	3	가치있는 친구관계, 오픈마인드, 개선된 인간관계, 평생친구, 관심이나 신념, 목적이 일치하는 친구관계, 연애, 좋은 인간관계, 의미있는 인간관계 형성	1
		자기성장과 개발, 인턴십, 해외연수를 통한 자기성장, 인격성장, 지기성찰, 학습흥미 유발	2
		자신감, 책무성, 책임감, 리더십	3
		생애개발 학습기술 개발, 다양한 전공과 융합 및 협업하는 능력, 프레젠테이션 능력, 고도의 지식	4
C		학사지원시스템 개선, 학사시스템 유연화, 개인적 선호와 능력기반 학습/코스 선택권 강화, 다양한 전공 이수를 위한 학사유연화	1
		학업성취 중심이 아니라 학생의 전인적 성장과 행복감을 지원하는 교육과정 개발, 학습주권을 보장하기 위한 비경쟁적 학사시스템 개선, 학생자율선택의 마이너 코스 개발, 학습자 친화형 학습모듈 개발, 유행과 경쟁력을 반영한 흥미로운 모듈 개발 및 학생선택권 보장, 시험 및 학습부담 경감, 자유로운 분반 선택	2
		소프트 스킬(문제해결, 의사소통, 분석적 사고, 비판적 사고) 함양 프로그램 확대, 비교과프로그램 확대, 커리어 페어	3
		교수의 효과적인 수업기술 개발(학생의 동기유발을 제고하는), 교수와 학생 간 교류 확대, 연구개발 참여	4

	생활과 학교참여 수업의 밸런싱 확대	5
	멘털케어 지원 및 카운슬링 프로그램 확대, 조기 커리어 상담제도화	6
	인문/예술계열 전공의 확대, 다양한 학생 수요에 부합하는 다양성 보장, 교과/비교과 프로그램 확대, 인턴십	7
	타전공 학생과의 교류문제 해결	8
	재정지원(장학금) 확대, 저소득학생에 대한 장학 지원 확대	9
	식당서비스 개선, 학사정보시스템 개선	10
	국제교류프로그램 정보 제공, 해외교류학생 제도 확대, 글로벌 인턴십 확대	11

이 대학은 위의 국립 S대학과 마찬가지의 대학분위기와 유산을 지니고 있다. 즉, RC교육시스템이 학생맞춤형으로 정교하게 설계, 운영되고 있으며, 자아실현을 위한 공부에 몰두할 수 있는 학교인프라와 교육환경을 갖추고 있다. 위의 반응에서 특징적인 면은 성공인식 요인으로 '밸런싱'을 언급하고 있다는 점이다. 이 대학 캠퍼스에서 인상적인 장면은 학생의 건강을 책임지는 충분한 복지시설(특히, 식당)이 제공되고 있다는 점이다. 월드 클래스 수준의 대학이라는 정체성에 버금가는 자긍심이 공부의 활력으로 작용하고 있다. 재학생과의 면담을 통해 확인된 것 중에서 가장 인상적인 점은 '대학의 체면과 위상에 대한 책무성이 학생들의 공부동기로 강하게 작용하고 있다'는 것이다. 이것이 학생성공 인식요인의 핵심으로 작용하고 있음을 위의 반응분석에서도 쉽게 알 수 있다.

독일 사립 W대학교

W대학교는 600년 이상의 역사를 지닌 대학으로, 독일에서 가장 오래된 대학 중 하나다. 다양한 분야에서 세계적 수준의 연구를 수행하며, 특히 생명과학, 화학, 의학 분야에서 두각을 나타내고 있으며, 전 세계 여러 대학 및 연구기관과 활발한 교류를 통해 국제적인 연구 협력을 강화하고 있다. 인문학, 사회과학, 자연과학, 의학 등 폭넓은 학문 분야를 통해 학생들에게 다양한 학습기회를 제공하

고, 각 분야에서 권위 있는 교수진이 질 높은 교육을 제공한다. 최신 연구 장비와 시설을 갖추어 학생들과 연구자들이 최적의 환경에서 연구할 수 있도록 지원하고, 소규모 강의와 세미나를 통해 학생 개개인의 의견을 존중하며 적극적인 참여를 유도하고 있다. 산업계와의 긴밀한 협력을 통해 학생들의 취업 기회를 확대하고, 실무 중심의 교육을 제공한다. 또한, 역사적인 건축물과 풍부한 문화유산을 자랑하는 도시로, 학생들에게 풍요로운 문화적 경험을 제공하고 학생들의 생활과 학업을 지원하는 다양한 복지 프로그램과 상담 서비스를 운영하여 학생 만족도를 높이고 있다. W대학은 교육혁신을 위해 디지털 및 혼합형 학습환경을 통해 교수진과 학생들의 디지털 역량을 강화하고, 새로운 학습요구와 기회를 탐색하는 프로젝트를 운영하고 있다. 교수진이 혁신적인 교육 아이디어와 프로젝트를 신속하고 효율적으로 구현할 수 있도록 지원하는 기금을 마련하여 교육의 질을 향상시키고 있다. 학생들의 참여와 피드백을 바탕으로 교육과정을 지속적으로 개선하고, 학습자의 요구에 맞춘 맞춤형 교육을 제공하고 있다.

표 15 | **W대학교 학생반응**

구분	주요내용	범주
A	성공적인 학업이수, 학위 취득, 졸업자격시험 합격, 학사/석사/박사학위 취득, 성공적인 졸업, 각종 시험 통과	학업
	매우 좋은 성적, 우수한 성적, 전공역량, 재미있는 전공공부, 평균수준 이상의 학업성적, 성과와 능력에 대한 가치 평가, 흥미로운 강좌	
	삶에 의미있는 학습, 다양한 경험, 실습중심 수업, 전공학습 이외의 다양한 대학생활, 흥미로운 강의 수강, 흥미로운 세미나, 다양한 교육과정과 조직, 흥미롭고 새로운 공부영역 탐구, 학습내용의 내재화, 관심 분야 연구 및 추구, 흥미로운 커리큘럼	
	적기졸업, 가능한 한 조기졸업, 조기졸업은 지양, 정상적인 졸업	
	실용적인 교육과정, 양질의 교육과정, 학생맞춤형 학습케어, 흥미로운 교육과정 모듈, 이론과 실제의 통합	
	학생복지(학생식당의 품질), 대학과 지역에 대한 만족도	

		호기심, 자유시간, 자신만을 위한 시간, 파티를 위한 시간, 낭만적인 대학생활, 충분한 여가생활, 공부와 생활의 균형, 앎과 삶의 균형, 연애와 데이트, 구조화된 일상생활, 다양한 취미, 대학생활의 균형, 재미있는 생활, 공부이외의 삶, 취미와 여가, 규율과 원칙 준수, 자기계발, 커뮤니티, 융통성, 흥미와 관심, 스트레스 없는 대학생활, 의미있는 생활경험, 시간관리, 학문적 기술/비판적 사고 개발	
		다양한 사람/좋은 친구들과 교제, 친절한 사람들과 만남, 교·강사들과 좋은 관계 수립, 사회적 통합, 교·강사의 칭찬과 수용, 새로운 주거 형태 적응	자아
		인격의 성숙	
		졸업 후 좋은 직업에 대한 기대/전망	진로
구분		**주요내용**	**순위**
B	1	실용적인 전공학습, 자기계발 기술, 학습/공부의 즐거움, 진로를 위하여 구체적이고 실용적인 학습, 취업에 유리한 전공선택, 흥미로운 강의와 전문화 가능성, 실습에 유용한 학습자료들, 선택과목 수강	1
		학위 취득, 졸업시험/논문 통과, 전공시험 합격, 모듈 이수	2
		좋은 학점, 취업에 유리한 좋은 학업성취, 직업전망, 우수한 성적, 좋은 성적으로 학자금 대출	3
		적기졸업, 조기졸업, 재수강이나 재시험 없음, 전공이외 이수 시 학기 연장 가능, 성실한 교육과정 이수, 전공심화, 성공적인 졸업, 중퇴나 자퇴 없이 졸업, 번아웃당하지 않음, 학습스트레스 극복	4
		개인적인 성숙, 목표달성, 흥미, 동기, 재미, 야망, 지식, 자유로운 결정능력, 장점과 단점의 발견	5
		전공관련 다양한 자격(증) 취득, 필수자격증 이외 추가 자격증 취득, 취업에 필요한 자격(증) 취득, 취업에 대한 자신감, 직업에 대한 관심과 흥미, 사회적 접촉	6
	2	원하는 분야/기업 취업, 졸업 후 바로 취업, 정규교사/실습교사 임용, 즐기는 분야 취업, 만족시키는 취업, 연수교육이 가능한 기관 취업, 관심분야 취업, 전공연계 분야 취업, 양질의 취업, 의사고시, 졸업 후 바로 취업, 원하는 일자리 획득, 취업 전망, 급여가 있는 취업, 전공이외 다른 직업 탐색 가능, 고연봉 취업, 취업 가능 일자리 탐색, 병원 취업, 재미있는 일자리	1

		취업에 필요한 지식, 다양한 직업훈련 기회, 직업교육 훈련, 다양한 연수교육, 미래사회를 고려하는 취업탐구, 취업시장의 다양한 기회, 다양한 진로가능성 인지, 특수/장애교육 전문지식, 취업 자신감	2
		진로 개방성과 다양한 관심 추구, 변화에 대한 열망, 지속가능 발전	3
		졸업 후 추가교육, 대학원 진학	4
		실무/실용중심 전공교육 개선	5
	3	이타적인 능력, 자기확신, 자기관리, 공감능력, 타자와의 균형찾기, 비판을 수용하는 능력, 자기객관화, 자아실현/자아의식, 이해력, 도전, 팀워크, 인내심, 의지력, 자제력, 동기와 의욕, 재미와 흥미, 비판적 자기성찰, 능력에 대한 자기신뢰, 자신감, 사회적 능력, 카리스마, 스트레스 대처 전략, 가치관 변화, 책임감 존중, 긍정적인 사회관계, 외모에 대한 자신감, 삶에 대한 만족감, 정중함, 융통성, 수용적이고 개방적 태도, 남을 도와줌, 자기주장성, 독립심	1
		새로운 친구, 우정, 관점의 차이 발견, 의견차이 극복 기술, 소중한 인연, 인맥, 친구를 위한 조언하기, 성숙에 대한 느낌, 연애와 데이팅	2
		전공지식, 기술능력, 사회적 기술, 학습기술, 올바른 인성, 학습능력, 토론기술, 사회통합, 취미, 풍부한 아이디어, 새로운 기술과 능력 발견	3
		경제적 독립, 자립, 동거	4
		다양한 동아리 활동, 재미있는 대학생활	5
		대학진학 목표 달성	6
C		다양한 문제해결을 위한 상담과 멘토링 지원, 학습성과를 위한 멘토링, 전공분야 졸업생 선배와 연결, 선배멘토링, 학습지도와 코칭 확대, 스터디그룹, 초개인화/개별화 지도	1
		취업과 실무능력에 유용한 전공과정 개설, 학과의 다양성과 직업 다양성에 대한 체계적인 지도, 직업연수	2
		학자금액 대출 확대, 학자금 앱 프로그램의 접근성과 편의성 개선, 부모 동의없는 학자금 대출	3
		학사지원을 위한 거버넌스와 학사일정 개선, 신입생 오리엔테이션 프로그램 제공, 예측가능한 학사일정 제공	4

	공부에 집중하도록 하는 학습환경 조성, 실습중심 교육과정 및 수업, 사례중심 수업방법, 효과적인 학습전략 코칭, 효율적인 학습수행을 위한 재정지원, 실용적인 교육과정과 지식학습, 대학생활 구조화, 자기조직화 및 프레젠테이션 연습 기회 확충, 자기주도성 함양 지원, 여가활동 제한 해결	5
	중도탈락 감소를 위한 학사제도와 지원 강화, 사회/정신건강 분야 대외프로그램/행사 확충, 학생의 독립심 함양	6
	대학진학을 준비하는 중등학생 대상 대학교육의 의미 사전지도	7
	학생은 물론 교·강사에 대한 학사지원 강화, 교·강사와 학생의 공감	8

교육 선진국의 가장 큰 특징은 학력(學歷)주의에 대한 사회심리적 이완이다. 즉, 학업과 취업의 인과관계가 최소화되어 있다는 점이다. 우리나라의 경우 학업성취는 취업 성취의 필요조건일 뿐, 공부행위 그 자체의 의미를 상실하는 경우가 많다. 그러나 위의 학생 반응에서 확인할 수 있듯이, '공부와 생활의 균형, 앎과 삶의 균형'을 추구하는 학생들의 성공인식은 여유와 낭만 그 자체를 웅변하고 있다. 죽도록 공부하여 취업에 성공하는 무모함이 아니라, 공부와 생활의 균형을 통하여 생존과 생활, 생장(生長)이 이루어지도록 자신을 관리하고, 대학은 이러한 학생들의 성공의식을 지원하는 역할이 균형을 이루고 있다.

일본 사립 W대학교

W대하교는 1882년에 설립된 일본 도쿄의 명문 사립대학교로, 학문적 독립성과 실용적 혁신, 사회적 시민의식을 바탕으로 세계적인 리더를 양성하는 데 주력하고 있다. 140년 이상의 역사를 지닌 대학으로, 일본 최고 사립대학교로 평가받고 있으며 인문학, 사회과학, 자연과학, 공학, 경영학 등 13개의 학부와 21개의 대학원 과정이 있어, 폭넓은 전공 선택이 가능하다. 5,000명 이상의 외국인 학생과 100개국 이상의 국제교류 파트너를 보유하고 있어, 글로벌한 학습환경을 제공한다. 세계에서 가장 안전하고 편리한 도시 중 하나인 도쿄에 위치하여, 다양한 문화적 경험과 취업 기회를 제공하고 있다. AI, 로봇공학, 지속 가능한 개발 등 다양한 분야에서 선도적인 연구를 수행하고 있다. 사회 혁신 가속

화 프로그램(Social Innovation Accelerator Program)을 통해 사회적 문제 해결에 기여하는 인재를 양성하고 있다. 정치, 경제, 문화 등 다양한 분야에서 동문들이 활발히 활동하며, 학생들에게 멘토링과 취업 지원을 제공하고 있다. 다양한 교내 활동(스포츠, 문화, 봉사활동 등)을 통해 학생들의 전인적 성장을 지원하며, 최신 연구 시설과 560만 권 이상의 자료를 보유한 도서관을 통해 학문적 자원을 제공한다. 대학은 'Vision 150'을 통해 2032년까지의 교육 및 연구 비전을 제시하고 있으며, 이를 위해 다양한 혁신적인 교육 프로그램을 운영하고 있다. COVID-19 팬데믹을 계기로 원격 학습 환경을 강화하고, 디지털 기술을 활용한 교육 혁신을 추진하고 있다. 사회문제 해결을 위한 창의·실용교육을 통해 학생들이 사회적 책임을 다하는 인재로 성장할 수 있도록 지원하고 있다.

표 16 | **W대학교 학생반응**

구분	주요내용	범주
A	졸업유예 없음, 학점 미취득/미이수 없음, 졸업학점 취득, 졸업사정에 문제없음, 낙제없이 졸업, 졸업논문	학업
	독창적인 성과, 스포츠로 우수한 성과, 우수한 학업성취, 졸업논문으로 수상, 단체활동 수상	
	목표달성, 정체성 확립	자아
	많은 친구사귐, 마음을 터놓고 사귀는 친구, 교직원과 교류	
	수업을 통해 인생이해, 충실한 학교생활, 목표를 위한 노력, 즐거운 학교생활, 수업에 대한 높은 이해도, 정기시험과 레포트, 문무(학업+스포츠)양립 시간표 작성, 세계관 확충, 공부와 취미/놀이의 밸런싱, 연애와 데이팅	
	다양한 동아리활동, 적극적인 써클활동, 아르바이트 경험, 봉사활동 참여, 특기를 사회에 기여, 봉사활동 기업의 모라토리엄 도전, 여행, 해외여행, 인턴십, 공부와 비교과활동의 밸런싱	진로
	전문자격이나 면허 취득, 다수의 전문자격, 전문분야에 대한 높은 이해, 실용외국어 학습과 시험에서 고득점	
	다양한 학교활동 참여, 수많은 도전과 실패의 경험	

구분		주요내용	순위
B	1	졸업필요 학점 취득, 성실한 학점 취득, 미달 없는 학점 취득, 면학, 학점(단위)을 체계적으로 취득, 과락없이 학점 취득, 취업에 필요한 자격과 교양이수, 교사자격 취득	1
		흥미와 관련된 취업, 희망대로 진로결정	2
		적기졸업, 학칙규정 졸업연한 내 졸업	3
		배우고 싶은 것을 배움, 흥미있는 교과목이수나 수업 수강, 세미나(전공LAB) 및 졸업논문, 사물에 대한 이해력, 지식의 논리적인 전달력, 낙단(학점 따기 쉬운 과목)만 이수하지 않음, 수학과목 학습	4
		취업관련 자격(증) 취득, 외국어(영어) 구사능력, 취업에 유리한 자격 취득, 영어자격 검정	5
		대학의 교육이념(정체성) 이해	6
	2	제1지망 기업 취업, 창조적인 직업, 화이트기업(복지 등 평판이 좋은 기업) 취업, 하고 싶은 분야에 취업, 외국계기업 취업, 국내 민간기업 취업, 대기업 입사 내정, 고연봉/급여 회사취업, 일에 대한 보람과 관심과 연계된 취업, 본인이 납득하는 취업, 역량기반 취업, 졸업전 취업내정서 획득, 희망업종 취업, 일관학교 교사 임용, 자신을 입체화하여 취업, 자영업, 공인회계사, 창업	1
		적기졸업	2
		전문자격증 취득	3
		대학원 진학, 연구직 진출, 전문성 강화	4
	3	화술(話術), 커뮤니케이션 능력, 존경하는 사람과의 교류, 사랑받는 인간, 인맥, 신뢰감, 리더십, 외국인과의 커뮤니케이션, 인간으로서의 지식, 좋은 인간관계, 인적 네트워크, 지속가능 교류관계, 새로운 인간관계, 사물에 대한 수용, 가치관, 판단력, 유익한 인간관계, 타인과의 생각 공유와 타협, 자기비판, 자기통찰, 문서 작성 능력, 실패를 이기는 힘, 태만을 경계하는 것, 자기주장성, 논리적 사고, 정체성 연마, 배려심, 프레젠테이션 능력, 리더십, 다각적인 시야, 매니지먼트, 자기결정능력, 유연한 사고, 동아리 리더 활동	1
		자기주도 학습역량, 입학 전에 비하여 성장, 적극성/자기주도성	2
		경제적 자립, 자립심, 오토나(성인준비) 대응, 취미를 상업적 가치로 전환	3

C	학생편의 제도와 시설 확충, 상담기관 접근편리성 개선, 동아리활동 확충, 멘털케어 확대, 24시간 개방 학습실, 공강시간 활용 공간 확대, 학생교류 확대, 학부사무실 접근편의성 개선, 교육시설 및 환경 개선, 교수-학생 연대 강화, 지방출신학생 배려, 이수등록 서포터즈	1
	시스템 안에서 자유의 향수(학생의 일정한 규칙안에서의 자유를 보장하는 것으로, 주체성 및 자기긍정감(자존감)을 강화함과 동시에 교사의 자유를 얻는 것으로 교직과정 정원 감소 방지), 자립심 교육, 과도한 학사스케줄 해소, 학점취득 제한 등으로 인한 취득하고 싶어도 학점 신청을 더할 수 없는 학점취득상한제 폐지, 선택수업제 폐지, 연간 취득이수 제한학점 상향조정(50에서 55로), 필수교과목 축소, 이수 과정 단위 수를 비산입취득학점(정산)에서 산입학점으로 바꾸어 중도탈락 예방, 타학부 수업수강과 학점 취득 개방, 모든 학생이 졸업할 수 있는 학사지원시스템, 전학 및 편입 장벽 완화, 필수완화 선택확대, 학점취득 상한제 폐지	2
	학교홍보 및 정보공유 시스템 개선, 수업개시일 조정, 온+오프라인 수업, 학부단위 이수취득시스템 간편화, 과제도서 선정, 외부강사 개방	3
	취업역량개발 지원, 도전역량개발 지원, 전문자격증 취득 지원, 취업관련 교과 확충, 무한도전 환경조성 및 지원(자금 및 장소), 직업학교 연계프로그램, 어학 유학 지원	4
	학비/수업료 인하, 무싱징학금 확대, 급부형 장학금(취업 후환납) 확대, 가정경제 수준과 무관한 학생특성 기반 장학제도, 생활비 보조, 낙제생의 수업료 감면 변동비율 조정	5
	글쓰기, 토의, 발표능력 등을 육성하는 교과목 개설, 인풋 중심에서 아웃풋 중심으로 수업혁신, 학습선택권 개선, 토론수업 확대, 학생중심 교류 수업, 졸업난이도 조정, 실용적인 수업 확대, 학부 간 자유로운 이수, 강의식 수업혁신, 사회봉사나 사회경험을 학점화	6
	기업연계프로그램 확대, 산-학협력프로그램, 취업진로교육 조기화, 전문가 특강수업, 커리어센터 확충 및 프로그램 확대, 학생주도 프로젝트 확충	7
	생활경제, 경제관념 교육	8
	무의미한 시험 폐지, 학생성장제도 도입	9

우수한 학점취득으로 학업우수 장학금을 수혜하고, 이를 기반으로 정상졸업 혹은 적기졸업, 졸업 후 양질의 취업이라는 대학생활의 전형이 이 대학 학생들의

성공인식 반응에서도 증명되고 있다. 일본대학은 우리나라와 마찬가지로 전후(戰後) 압축성장을 거치면서 대학의 기능이 소위 '취업사관학교'로 왜곡, 변질되는 동일한 문화현상을 보여주었다. 이 대학은 특히 보수적인 대학의 전통이 학생성공 인식 반응에 투영되어 있다. 자아와 인간관계가 학생성공의 요인이라고 반응은 했지만, 정작 학업과 취업에 매몰된 학교생활에서 벗어나 자아에 초점을 맞추는 성공적인 대학생활은 일종의 사치가 되고 있다.

대만

국립 D대학교

D대학교는 연구중심대학으로, 학문적 우수성과 혁신적 교육으로 아시아를 선도하고 있다. 1928년 설립 이후 의학, 공학, 경영, 사회과학, 인문 등 전 학문 분야에서 균형 잡힌 교육과 연구를 제공하고, QS 세계대학 평가에서 아시아 상위권에 위치하며 국제적 연구성과와 학문적 명성을 갖추고 있다. 최근 AI, 데이터사이언스, 바이오헬스, 지속가능에너지 등 미래 산업과 연계된 첨단연구와 융합교육을 강화하고 있다. 'Teaching and Learning Center'를 통해 참여형 수업, 맞춤형 학습, 디지털 학습환경 기반 혁신교육을 추진하고 캡스톤 프로젝트, 산학협력 인턴십, 창업지원 프로그램을 통해 학생의 실무 능력과 창의적 문제 해결 역량을 강화한다. 또한, 세계 80여 개국 대학과의 교류를 통해 글로벌 인턴십, 국제 공동연구, 교환학생 프로그램을 활발히 운영하고 있다. 지속가능성과 사회적 책임을 강조하는 ESG 교육과 지역사회 연계 활동을 실천한다. 학생 중심의 비교과 프로그램과 창의적 학습공간을 제공하여 전인적 성장과 리더십 개발을 지원한다. D대학은 전통과 혁신이 조화를 이루는 학문 공동체로, 미래 사회를 이끌 창의융합형 인재를 양성하고 있다.

표 17 | **D대학교 학생반응**

<table>
<tr><th>구분</th><th>주요내용</th><th>범주</th></tr>
<tr><td rowspan="10">A</td><td>양호한 학업성취, 모든 교과에서 우수한 수행 및 성취, 다양한 지식경험, 우수한 학업성취, 전공학습 성취, 직업관련 지식 학습</td><td rowspan="2">학업</td></tr>
<tr><td>집단생활에의 적응, 학회 및 독서회 활동, 클럽활동</td></tr>
<tr><td>다양한 인간관계, 연애, 다양한 교내외 단체활동, 다양한 사회생활 체험, 친구관계, 인맥, 사회적 관계, 타문화에 대한 경험</td><td rowspan="5">자아</td></tr>
<tr><td>전공에 대한 애착, 후회없는 대학생활</td></tr>
<tr><td>자아성장, 자기인식, 생애개발, 목표달성에 따른 만족감, 입학 전 목표달성</td></tr>
<tr><td>대학생활에 대한 호기심과 이에 대한 적절한 의문 갖기</td></tr>
<tr><td>건강한 생활습관</td></tr>
<tr><td>졸업 후 취업, 고수입이 보장되는 양질의 취업</td><td rowspan="3">진로</td></tr>
<tr><td>직업진로, 인턴십, 미래진로를 개발하기 위한 의미있는 활동 참여, 세계관 개척, 자기주도적 미래방향 설정, 명인/기업가/우수청년 초청 진로지도 활동, 생애개발</td></tr>
<tr><td>해외유학 경험, 해외교류 프로그램 참여</td></tr>
</table>

<table>
<tr><th colspan="2">구분</th><th>주요내용</th><th>순위</th></tr>
<tr><td rowspan="9">B</td><td rowspan="5">1</td><td>전공교과 이수, 주전공 이수, 교과 낙제 없음, 필수교과 정상 이수</td><td>1</td></tr>
<tr><td>적기졸업, 졸업자격 취득, 학과이수 증명</td><td>2</td></tr>
<tr><td>우수한 학업성취, 학업우수 장학금 수혜</td><td>3</td></tr>
<tr><td>자기주도적 미래설계, 대학원 진학 준비</td><td>4</td></tr>
<tr><td>직업에 적응가능한 전문성 신장, 전문 자격(증) 취득</td><td>5</td></tr>
<tr><td rowspan="4">2</td><td>사회적 지위 획득, 졸업 후 취업, 취업역량 강화, 공공기관 취업, 금융기관 취업, 전공연계 취업, 미래지향적 직업에 취업, 인정받는 기업에 취업, 고소득 기업 취업, 선취업 후학습</td><td>1</td></tr>
<tr><td>연구활동 참여, 국내외 연구소 인턴, 인턴기회, 현장실습, 인턴십</td><td>2</td></tr>
<tr><td>대학원 진학, 전문연구소에서 계속 수학(교육)</td><td>3</td></tr>
<tr><td>미래개발 활동</td><td>4</td></tr>
</table>

		유학 등 학생교류 활동 참여	5
	3	원만한 인간관계, 인맥, 마음에 맞는 친구, 사교기술, 인간관계 능력, 지속가능한 친구관계, 사회화	1
		인내심, 감정조절, 책임감, 정직함, 예의범절, 자신감, 리더십, 자율성, 정직성, 노력과 끈기, 의지력, 시간관리 능력, 정서관리능력, 스트레스 관리	2
		자기성숙, 세계관의 변화, 자기탐구, 세계 견문 확대, 상황판단 및 처리능력	3
		타전공 학우와의 협동학습, 협업능력	4
		취업능력 개발, 하드파워 & 소프트 파워 개발, 외국어(영어) 의사소통능력	5
		아르바이트를 통한 학비조달	6
C		취업역량개발, 비교과활동 확대, 취업개발을 위한 학제 간 연대, 직업탐색 지도, 생애개발 탐색, 산–학연계 프로그램 확대, 이력서 작성법, 직업진로의 다양성 교육, 영어능력 향상프로그램, 산–학–관 프로그램	1
		심리상담지도 시스템 개선, 심리상담프로그램 확충, 상담사, 성소수자 심리지원, 행동교정 지원, 심리치료 자원 확대	2
		학생복지, 유학활동 지원, 건강중심 복지지스템 확충, 학생숙소/기숙사 개선, 학생단체활동 지지, 교내 무선와이파이 확충, 학습환경 개선	3
		필수이수과목 개선, 교과과정 시간표 조정, 실용적 교과, 직업진로 및 사회성 계발을 위한 다양한 코스 개설, 실습기회 확충, 학과선택 편리성, 필수이수 학습부담 감소	4
		자기계발을 위한 경쟁적 기회 확충, 학생주도 생애개발 프로그램 제공	5
		교환학생제도 확충, 대학 간 연계	6
		집단활동 지원, 민간단체 인턴십 확충	7
		장학제도 개선, 장학금 및 수혜대상 확대	8
		교수역량개발 표준 제정, 수업역량 강화, 수업내용 개선	9

고풍스러운 캠퍼스를 자랑하는 이 대학은 전통과 혁신성을 동시에 추구하는 이니셔티브와 리더십을 보여주고 있다. 위의 반응에서 특징적인 점은 동양의 대부분 대학에서 일반화된 학업–취업의 지독한 연결고리가 어느 정도 느슨해져 있다는 점이다. 이를 경제이론으로 설명할 때, 학업과 취업은 대체재가 아니라 일종의 보완재로서 기능하고 있다는 것이다. 즉, 대학 캠퍼스에 들어온 것은 분명 자신의 의지와 선택이라는 개별성의 결과지만, 캠퍼스에서 공동체적 의무와 소명이라는 공공성으로 전환하는 것을 학생성공의 요체로 삼고 있다.

국립 D사범대학교

D대학교는 교원 양성 및 교육연구 중심대학으로, 교육혁신과 학문적 우수성을 동시에 추구한다. 1928년 설립 이래 교사 양성, 교육학, 인문·사회과학 분야에서 깊이 있는 교육과 연구를 제공하고, 국내외 교육정책, 교수법, 교육기술 등의 분야에서 선도적 연구를 수행하며 학문적 명성을 유지하고 있다. 최근, AI, 디지털 교육, 융합교육 등 4차 산업혁명 시대에 부응하는 교육혁신 프로그램을 운영한다. 'Center for Teaching and Learning'과 연계하여 참여형 수업, 맞춤형 학습, 온라인·대면 혼합형 수업을 강화하고 학생들의 실무 역량 강화를 위해 교육실습, 캡스톤 프로젝트, 창의적 학습 프로젝트를 활발히 지원한다. 해외 대학과의 교류, 국제 공동연구, 글로벌 인턴십을 통해 학생의 국제적 역량을 높이고 있다. 또한, 지속가능성, 사회적 책임, 다문화 이해를 반영한 ESG 교육 및 지역사회 연계 프로그램을 운영하고, 학생 중심의 비교과 활동과 창의적 학습 공간을 제공하여 전인적 성장과 리더십 개발을 지원한다. D대학은 전통과 혁신이 조화를 이루는 교육·연구 공동체로, 미래사회를 이끌 창의융합형 학교교육 전문가를 양성하고 있다.

표 18 | **D사범대학교 학생반응**

<table>
<tr><th colspan="2">구분</th><th>주요내용</th><th>범주</th></tr>
<tr><td colspan="2" rowspan="9">A</td><td>우수한 학업성취, 양호한 학업성취, 좋은 성적, 만족할 만한 학업성취, 학업우수상 수상, 엘리트 활동</td><td rowspan="3">학업</td></tr>
<tr><td>실습중심 교육 참여, 풍부한 실습경험, 인턴십</td></tr>
<tr><td>대학과 교수가 제공하는 교육환경에 상호 참여, 우수한 학술논문 출간</td></tr>
<tr><td>건강함, 정신적 적극성, 생활대처 능력, 인생의 다양성에 대한 이해와 다양한 영역활동에 주도적 참여, 공부 이외 다양한 비교과활동 참여, 행복감</td><td rowspan="2">자아</td></tr>
<tr><td>지속가능한 친구/동료관계 맺기, 좋은 친구만들기, 연애와 데이트, 다양한 클럽 활동/단체활동 참여</td></tr>
<tr><td>모험과 도전정신, 자기주도 미래설계, 목표달성, 비전 실현, 자아성찰</td><td rowspan="4">진로</td></tr>
<tr><td>글로벌 기업 취업, 양질의 취업기회 탐색, 미래직업 탐색활동, 취업능력 개발</td></tr>
<tr><td>다양한 비교과프로그램(ECA) 참여, 과외활동, 해외학교와의 교류 확대</td></tr>
<tr><td>전공 학위 취득, 이중전공 학위 취득</td></tr>
<tr><th colspan="2">구분</th><th>주요내용</th><th>순위</th></tr>
<tr><td rowspan="6">B</td><td rowspan="4">1</td><td>전공분야 학과기초지식 습득, 전공과 무관한 인접학문 탐구, 철학과 문학에 대한 이해, 자본주의에 따른 물질만능주의를 넘어 단순한 지식이 아닌 고양된 지혜 갖춤, 자유교양교육 경험, 학문에 대한 매너</td><td>1</td></tr>
<tr><td>학사과정 이수, 학위취득, 학력, 학업/졸업이수 조건 충족, 최저이수조건 충족, 필수이수 통과</td><td>2</td></tr>
<tr><td>좋은 학점, 취업에 유용한 학점 취득, 낮은 학점 개선</td><td>3</td></tr>
<tr><td>교수로부터 자기를 성장시키는 학습자원과 전문지식을 배움</td><td>4</td></tr>
<tr><td rowspan="2">2</td><td>예비교사로서 직업준비 능력 개발, 실험/실습중심 교육과정, 실습자격 취득, 취업관련 자격(증) 취득, 실무에 유용한 기술</td><td>1</td></tr>
<tr><td>폭넓은 인간관계, 지속가능한 인맥형성, 의사소통, 발표기술, 자기애, 가족애</td><td>2</td></tr>
</table>

		돈을 많이 버는 것도 중요하지만 사회에 봉사하고 긍정적인 영향을 미치는 것에 대한 필요성 인지, 20년 안에 퇴직할 수 있는 직업탐색	3
		다양한 비교과프로그램 참여, 명상, 책 만들기	4
		학생으로서의 정체성 확립	5
		해외연수 프로그램 탐색, 인턴십	6
		국내대학원 진학, 외국대학원 진학, 석사/박사학위 취득	7
	3	다양한 인간관계, 좋은 사람되기, 시스템에 적응하기, 좋은 성격 개발하기, 공동체의식 함양, 연애비법 알기, 교제능력	1
		적극성, 미래에 대한 낙관적 태도, 모험과 도전정신, 독립심, 자주성, 판단력, 선행, 경제적으로 자립하기, 의사소통, 스트레스 저항력, 상황대처 능력, 인내심, 건강성, 용기, 친절함	2
		과제수행을 위한 협업능력 개발, 교수, 현직교사, 멘토 등으로부터 배우기, 팀워크 기술개발, 수업자료나 매체 활용	3
		좋은 취미 만들기	4
		전문적, 사회적, 학문적 측면의 핵심가치 개발	5
C		유연한 학사제도, 기관중심이 아닌 학생중심 학사시스템, 학습선택권 강화, 선택과정과 과외활동 제한 개선, 필수이수 감소, 학점이수 상한 조정, 전공변경 유연화, 전공 외 수업 개방, 학생중심 과외활동 확충	1
		공부가 아니라 행복한 삶을 준비하고 실천하는 데 기여하는 인간관계나 삶의 기술 배우기, 과도한 숙제부담 감축	2
		심리상담 자료 및 프로그램 확충, 학생중심 상담활동, 멘털 헬스케어 확충	3
		학생생활관 개선, 기숙사 환경 개선, 교육환경 개선, 실습환경 개선, 고속 인터넷망 구축, 실험실습실 개선	4
		문화에 대한 민감성 제고, 문화교양과정 확충, 국제교류 활동	5
		차별없는 학사이수 지원, 도전의식에 대한 정서적 지지	6
		학생자료실 확충, 특정 학습자료 사용 편리성 개선(개방시간)	7
		장학제도 확충, 장학금 수혜대상 확대	8
		취업관련 전문가 강연, 명사 초청강연, 취업진로지도 프로그램 확충, 산학협력프로그램, 실습프로그램 확충	9

이 대학은 교원양성을 위한 사범대학을 기반으로 광범위한 교육학 연구 분야의 특성화 조직을 두루 갖추고 있다. 일반 종합대학과 달리 대학의 정체성과 학생성공 인식요인이 상호 긴밀하게 연계되어 있다. 위의 학생 반응에서 특징적인 사실은 인습적인 교사이미지에 경도(傾倒)된 전공별 교과이수의 관행을 탈피하려는 학생들의 마인드셋이다. 이는 예비교사로서 한 학생이 '공부가 전부가 아니라 행복한 삶을 준비하고 실천하는 데 기여하는 인간관계나 삶의 기술을 가르치는 것" 이 대학의 책무와 역량이라고 고백한 것에 잘 드러나 있다. 사범대학 학생들의 학생성공은 지식을 잘 가르치는 기술의 체득과 연구가 아니라, 인생을 잘 가르치는 선험자의 자세를 견지해야 한다는 점을 알 수 있다. 이것이야말로 사범대생이라면 누구나 마음속에 견지해야 할 대학생활 성공의 참 모습임을 잘 드러내고 있다.

3.5. 학생성공 인식 비교

본 저서의 핵심적인 주제는 대학, 학생, 성공 등의 텍스트(기호)들이 서로 작용하는 인식 상태에서 발생하는 6하(何) 원칙 기반의 교육인간학적, 현상학적-해석학적 연결고리들을 탐구하는 것이다. 이러한 고리/영향관계들을 분석하기 위하여 우리는 '학생들은 대학에 왜, 어떻게 들어가는가? 대학은 학생들에게 무엇을, 어떻게 가르치는가? 학생들은 대학에서 어떤 방식의 경험으로, 무슨 내용으로 성공적인 삶을 준비하는가? 대학은 학생들의 성공을 위하여 무엇을, 어떻게 지원하는가? 학생들은 무엇을 대학생활에서의 성공이라고 인식하는가?(이는 구체적인 행동과는 다른 일종의 이상적인 설명이나 고백의 차원에서 살펴볼 필요가 있음)'라는 여러 가지 질문들을 학생들에게 던지고, 그들의 자유롭고 열린 반응을 얻어, 학술적으로 해석하고 논의할 필요가 있다.

사람의 존재 자체(혹은 존재의 정체성과 당위성)는 배움이라는 현상이다(homo eruditio: 배움을 좋아하는 동물). 이러한 현상의 본질은 단순한 동물성을 지닌 개체에서 인간성을 지닌 존재로 전환시키는 정치사회적, 초개인적, 문화인류학적, 교육인간학적으로 탁월한 장치(excellent mechanism)다. 따라서, 배움은 인간존재를 위한 필요조건이면서, 참 인간으로서 성숙하기 위한 필수조건이다. 또한, Homo eruditio의 본질에는 인간은 누구나 배움의 업보를 타고난다는 점이 내포되어 있다. 동물의 본능적 실재(먹고, 살며, 자신을 지키는 것. Maslow가 말하는 결핍동기, Fromm이 말하는 소유(to have)모드)를 넘어서는 초월적인 존재(관계 맺고, 배우고, 성장하는 것. Maslow가 말하는 성장동기, J.Dewey가 말하는 생장(生長), Fromm이 말하는 존재(to be)모드)가 바로 배움이라는 문화인류학적 원(源)현상이다.

그림 4 | **학교교육의 본질**

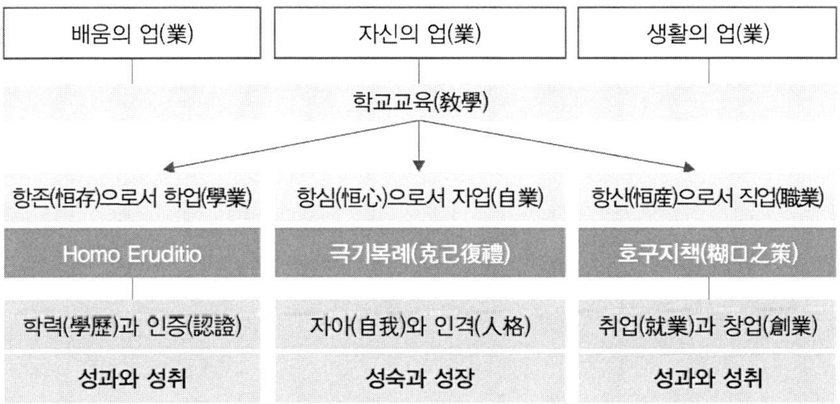

[그림 4]와 같이 대학생이 인식하는 성공적인 대학생활의 핵심주제는 인간의 존재론적 양식과 유사하다. 고유한 존재로서 자기, 자신을 정립하고, 인간으로서의 도리와 가치를 구현하기 위하여 공부를 하고, 남에 의지하지 않고 먹고 살기 위하여 직장 속에서 일을 해야 하는 유기적 연결성이 대학생 성공인식 요인속에 고스란히 투영되고 있다. 앞서 언급한 바와 같이 이러한 인식들 속에서 문화인류학적, 교육인간학적, 정치경제학적 보편성과 동시에 현상학적－해석학적 차원에서 보면 다양성이 발견되고 있다. 이러한 다양성/다원성/특수성은 종족우월주의, 문화식민주의, 일종의 선민의식, 오리엔탈리즘 등에 뿌리를 둔 교육의 정치성(educational politics) 혹은 일종의 시혜(施惠)의식이 아니라, 포용성에 기반

을 둔 보편적 인류애 혹은 코메니우스(J.A.Comenius)가 말하는 범교육(pampaedia)의 차원에서 해석하고 이해하는 것이 바람직할 것이다.

국내대학생 특성

우리나라 대학생의 학생성공인식 요인 조사는 지역 및 설립 특성을 고려하여 선별적으로 이루어졌기 때문에 결과를 일반화하는 것은 한계가 있다. 앞서 선행연구 검토에서 밝힌 바와 같이 아직 우리나라에서는 학생성공에 대한 대중적인 담론이 미비한 수준이고, 관련연구도 상대적으로 부족한 실정이다. 이러한 현안을 다소나마 개선하기 위하여 조사대상과 범위를 확충하려는 학술적 노력이 필요한 상황이다.

대학생의 학생성공 인식 비교는 지방과 수도권, 국립과 사립, 면허자격전공과 일반전공, 성별, 전공별, 학년별 등 다양한 변인을 설정하여 관련 데이터를 체계적으로 수집, 분석할 필요가 있다. 이를 통해 우리나라 고등교육 혁신을 위한 정책적 자극과 동인이 될 수 있기 때문이다. 본 저서에서는 국내 8개 대학을 대상으로 관련 데이터를 대면과 면담방식으로 수집하였고, 각 대학 학생들의 반응에 드러난 특징과 시사점을 요약하면 다음과 같다.

첫째, 학생성공 인식의 핵심요인은 모든 대학에서 학업, 자아, 진로 등으로 상위 범주화되는 공통특성을 보이고 있다.

둘째, 세 가지 변인 간 중요도의 순서에서 학업, 진로, 자아 등의 강도가 모든 대학에서 동일하게 나타났다.

셋째, 국립대학과 사립대학 간 각 범주별 범주 및 하위요인 임팩트에서 큰 차이점이 나타나지 않았다.

넷째, 지방소재 대학과 수도권 소재 대학 간 범주 및 하위요인 임팩트에서 의미있는 차이가 발견되지 않았다.

다섯째, 학사경고, 휴학, 졸업유예 등이 없는 적기졸업이나 가능하면 조기졸업이 대학성공의 최상위조건으로 인식하는 공통점이 확인되었다.

여섯째, 취업진로 성향도 고소득/연봉이나 안정성을 담보할 수 있는 양질의 직장을 선호하고 있으며, 이를 달성하기 위한 우수한 학점 취득/성적우수 장학금 수혜나 취업에 유리한 스펙 쌓기를 위한 교내외 활동 참여가 자연스럽게 연계되어 있다.

일곱째, 수도권 대학 학생이 지방소재 학생들에 비하여 멘털 케어 혹은 심리치료에 대한 요구도가 상대적으로 높게 나타났다. 극심한 입시경쟁과 취업전쟁으로 인한 긴장감과 불안감이 수도권 학생들에게 강하게 작용하고 있는 것으로 분석된다.

여덟째, 학습권(전공선택이나 교과이수 등)의 측면에서 볼 때, 자아와 연계된 전공분야나 코스보다 취업연계형 선택 성향이 지배적이다.

앞서 대학생의 성공인식 요인의 특성을 '무채색'이라는 용어를 사용한 것은 바로 위와 같은 특성들을 메타인지 관점에서 표현한 것이다. 이것은 '대학에서 무엇을, 어떻게, 왜 배워야 하는가?'에 대한 주체적인 자기인식보다 오히려 사회적 평판과 정치경제적 논리에 따라 단일화된 사회시스템에 종속되어 객관적 존재로 살아갈 수밖에 없는 우리나라 대학생들의 비극적인 단면을 적나라하게 보여준다. 따라서, 학교소재나 설립특성과 무관하게 거의 모든 대학에 유사한 학과들이 중복으로 운용되고, 교수-학습 혁신의 방법과 콘텐츠에도 큰 차별성이 없다. 이러한 상황에서 학생의 고유성, 대학의 정체성, 지역의 특수성, 학문의 전문성 등에 대한 인간적인 배려나 문화적인 고려가 스며들 틈이 없다.

외국대학생 특성

본 저서에서는 소위 교육선진국이라 불리는 8개국 10개 대학의 재학생을 상대로 우리나라 대학에서 사용한 동일한 내용의 질문을 설문과 면담의 방식으로 데이터를 수집하고 개요를 정리하였다. 동양과 서양, 영어권과 비영어권, 국립과 사립 등을 고루 고려하여 대상대학을 선정하였고, 조사대상 규모도 국내대학과 동일성을 유지하였다. 따라서 분석내용을 일반화하는 데 한계가 있음은 국내대학의 경우와 동일하다. 외국대학 학생들의 성공인식 요인에 대한 특징을 요약하면 다음과 같다.

첫째, 학생성공 인식의 상위범주는 국내대학의 경우와 동일하게 학업, 자아, 진로 등으로 분류되었다.

둘째, 국내대학과 달리 학업, 자아, 진로 등의 배타적 강도가 명료하게 구분되는 것이 아니라, 오히려 세 요소 간 균형(밸런싱)을 유지하려는 경향성이 확인되었다. 즉, 학업성취가 최우선되는 것은 국내대학과 동일하지만, 공부의 목적이 희망 직업진로 혹은 양질의 취업과 항상 연결되는 것은 아니라는 사실이다.

셋째, 외국대학 학생들이 인식하는 학생성공을 위한 주요한 장애로 경제적 자립으로 인한 학비 충당이 제시되고 있다. 우리나라에 비하여 상대적으로 고비용의 교육경비에 따른 당연한 반응으로 보인다.

넷째, 많은 대학에서 멘털 케어나 맞춤형 심리치료에 대한 수요가 나타났다. 이는 학업성취나 진로성과와 연결되어 있음을 추론할 수 있지만, 상대적 평가보다는 자기참조 준거에서 비롯된 완성형 대학생활의 필요에서 비롯된 것으로 해석할 수 있다.

다섯째, 교육의 수월성을 담보하고 양질의 교육 서비스를 제공받아야 하는 권리에 대한 수요가 다수의 사례에서 발견되었다. 비용에 대한 정당한 이익 환수라는 경제논리로 해석할 수 있지만, 대학교수 세계의 안일함에 대한 질책과 교수 책무성에 대한 지적으로 해석할 수 있다.

여섯째, 앎과 삶, 공부와 생활의 밸런싱을 강조하는 반응도 많이 발견되었다. '잘 노는 사람이 공부도 잘 한다'는 일종의 자기관리나 통제를 기반으로 하는 자기주도적 생활의 우수성을 대학생활에서 체현하려는 경향성으로 해석할 수 있다.

국제비교

첫째, 역량 인식에 대한 미묘한 차이점이 나타났다. 우리나라 학생들이 학생성공 요인으로 인식하는 역량이란 가시적, 객관적, 보상적, 상대적 특성이 강한 반면, 외국대학생의 경우 비가시적, 주관적, 자기만족적, 절대적인 특성이 강하다. 즉, 외국대학생에게 역량이란 우리나라 대학생들이 생각하는 보여주기 식의 성과나 성취가 아니라 자기가 정한 규준에 부합하는 심리적 만족과 관련되어 있음을 알 수 있다.

둘째, 학교에서 제공되는 다양한 교육서비스에 대한 코스나 클래스 이수방식에서 우리나라 학생들은 대부분 가시적 결과에 가치를 부여하는 반면, 외국대학생의 경우 결과도 물론 중요하지만 동시에 과정에 참여하는 동안 생성되는 다양한 서사의 중요성도 무시하지 않는 특성을 보여주었다.

셋째, 외국대학생의 경우 객관적인 지식(패러다임)중심의 성취나 성과가 아니라 성장이나 성숙의 경험적 서사(내러티브)가 성공적인 대학생활에서 얻은 미래지향적 자본으로 인식하고 있다.

넷째, 학사시스템은 학생계 관점과 기관계 관점으로 구분되는데, 우리나라 학생의 경우 기관이 주도하는 학사이수 규정이나 지침에 대하여 순응하는 순치형 태도가 지배적인 반면, 외국대학생의 경우 권위적인 학사시스템에 대한 정당한 목소리로 저항하는 능동성을 보여주고 있다.

다섯째, 다양한 학내활동이나 비교과프로그램에 대한 수요는 국내대학이나 외국대학에서 동일한 강도나 빈도로 나타났으나 차이점도 발견된다. 우리나라의 경우 비교과프로그램을 지식학습 및 커리어 개발과 연계시키는 반면, 외국대학의 활동 그 자체에 의미를 부여하거나 활동의 교육적 효과에 대한 적절한 인식이 배어 있다.

여섯째, 실패나 시련의 경우가 닥치면 대부분 우리나라 학생들은 능력에 귀인시켜 더 이상 성과의 진전을 어렵게 하는 반면, 외국대학생의 경우 노력에 귀인*시켜 성장잠재력을 스스로 관리하거나 발휘하는 경우가 많다.

*귀인: '발생한 사건의 원인이나 수행결과를 어떻게 설명하느냐?'와 관련이 있는 용어로 우리말로는 '탓'이다. 귀인이론이란 성공이나 실패상황에 대하여 자신의 행동에 대한 원인을 귀속시키는 경향성에 대한 것이다. Weiner(1980)에 따르면 귀인이론이란 '사람

들이 그들의 성공과 실패를 어떻게 설명하는가?'에 대해 체계적으로 이해하고자 하는 것이다. 예를 들어 누군가 실수로 컵을 깨뜨렸을 때 옆 사람과 부딪혔기 때문이라고 생각하거나 자신이 덜렁대서 깨뜨렸다고 생각할 수 있다. 또한 어떤 일의 성공 혹은 실패 상황에서 '그 원인이 무엇이라고 생각하는가?'에 대해 질문했을 때 성공이나 실패의 원인이 자신의 노력이나 능력 등의 내적 원인이라고 생각하는 경우와 우연한 결과나 행운 등의 외적 원인이라고 생각하는 경우는 그들의 후속행동에 큰 차이를 가져온다. 이처럼 하나의 결과를 갖고 그 원인에 대하여 개인마다 다르게 생각할 수 있다.

일곱째, 공부주도성(learning agency)에 있어 차이점이 나타났다. 우리나라 대학생의 경우 칭찬을 받거나 외적 보상받는 것을 공부의 목적으로 삼는 평가목표(evluation-goal) 동기화*가 지배적인 반면, 외국대학생의 경우 호기심을 충족하고, 배우는 자체에 의미를 부여하는 학습목표(learning-goal) 동기화*가 학교생활 성공의 주요한 동인*이 되고 있다. 이는 체면중심 문화와 양심중심 문화, 소유모드와 존재모드*로 가르는 문화인류학적 설명이론과 직접 연결된다.

*동기화: 우리는 '공부한다, 배운다, 학습한다'는 말에 대하여 개념적 지식의 범위를 확충한다는 의미로 주로 지적(知的) 측면에 초점을 맞추어 비슷한 의미로 이해하고 있다. 그러나 공부라는 말은 다양한 이해의 스펙트럼을 내재하고 있다. 이 점에 대하여 토케이어(M.Tokayer)는 다음과 같이 설명하고 있다. 대부분 우리는 공부와 수험학습을 마치 동의어처럼 잘못 쓰고 있다. 학령기에 해당하는 학생들은 오로지 수험만을 위하여 공부한다고 해도 과언이 아니다 그리하여 학교에 취학하기 전의 아동이나 대학진학을 위한 고교생이나 그들은 모두 '공부하고 있다'라는 말밖에 하지 않는다. 그러나 이때의 공부는 지극히 제한적이고 협소한 개념으로 사용되고 있다. 영어에서는 학교에서 공부하는 것과 일상 상황에서 배운다는 것이 다른 말로 쓰인다. 즉, 학교교육에서는 공부를 learn이라고 하는 데 비해 평생교육에서는 study라 한다. 어의적으로 볼 때 learn은 '가르치는 것을 배운다, 익힌다, 쏠린다, 수동적으로 공부한다'를 의미하지만, study는 '스스로 연구한다, 찾는다, 조사한다, 배운다, 능동적으로 공부한다'를 이른다. learn과 study에 똑같이 공부한다는 의미가 있으나 배우는 방법은 전혀 다르다. 즉, learn이 '가르침에 대하여 수동적으로 배우고 익힌다'를 의미하지만, study는 그 누구든 학습자가 '자기주도적인 행위주체성을 바탕으로 일상의 배움을 적극적으로 모색한다'는 의미를

지닌다(Tokayer, 1996: 10-11). 한마디로 study개념에 따르면 공부는 누군가 가르치는 것에 대한 단순한 반응행동이 아니라 언제, 어디서든, 누구나가 학습설계의 주체가 되어 무엇이든 배움의 즐거움을 뜻한다. 이를 볼 때 '공부한다'는 것은 learn보다는 study의 의미가 더 적합함을 알 수 있다. 학습사회에서 공부는 그 형태의 다종다양성을 뛰어넘어 이미 우리의 실생활을 이루고 있다. 그것은 인간으로 살아간다는 총체적 의미 연관 속에서 이미 존재하고 작용하고 있다. 따라서 인간의 모든 행위는 이미 공부상황이요, 인생은 부단히 공부하는 삶의 여정인 셈이다. 다시 말해 우리의 현실적 삶은 모두 공부의 과정으로 표현될 수 있다. 이것은 단순히 소유를 위한 learn(수험으로서의 공부)이 아니라 존재로서의 study(배움의 즐거움을 깨닫기 위한 인생공부)를 의미한다.

*동인: 유기체가 행동의 원인이 되는 동인(動因, drive)을 가지고 어떤 목표를 향한 행동을 일으키는 것을 이른다. 동기란 욕구를 행동으로 옮기게 만드는 힘이라고 할 수 있다. 이는 넓은 의미로 어떤 장면에서 개인의 행동을 결정하는 의식적, 무의식적 원인을 말하지만 대개 의식적 원인을 가리키는 경우가 많으며 갈증 등과 같은 유기체의 내적 상태를 가리키기도 한다. 동기화의 교육적 기능은 학습활동을 활발히 전개하게 하고 학습에 대한 효과적인 행동의 선택과 학습활동을 격려하고 지도하는 데 있다. 동기유발의 방법으로는 자발적인 동기화(intrinsic motivation)와 인위적 동기화(extrinsic motivation)가 있다. 학생들의 동기화를 향상시키려는 대부분의 노력은 인위적 동기화, 즉 외적참조체제(reference system)를 주로 활용한다.

*소유모드와 존재모드: 프롬(E. Fromm)은 모든 인간의 생존방식을 소유모드(to have)와 존재모드(to be) 두 가지로 구분한 후 우리가 배움을 좋아하고, 행복하게 살기 위한 방식으로 바람직한 것은 지식, 명예, 재산을 소유하는 것이 아니라 그것들로부터 초연한 존재방식임을 주장하였다. 그는 우리 사회가 재산을 얻고 이익을 얻는데 혈안이 되어 있으므로 존재의 생존방식이 있다는 증거를 거의 찾아볼 수 없다고 말한다. 대부분의 학생들은 소유양식을 생존의 가장 자연스러운 양식으로, 심지어는 받아들일 수 있는 유일한 생활양식으로 본다. 이러한 모든 사정 때문에 사람들이 존재양식을 이해하는 것, 심지어는 소유가 가능한 한 가지 대안에 불과하다는 것을 이해하기 어렵게 된다. 우리의 일상생활에서 쉽게 발견되는 소유욕구의 대상들로는 가장 보편적인 것으로 공부(학습), 암기(기억행위)로부터 시작하여 대화, 독서, 권위, 지식, 사랑, 재산, 친구, 건강, 여행, 예술품, 신, 인간자신의 자아, 성욕 등에까지 확대된다.

소유양식의 본질은 사유재산으로부터 나온다. 인간은 이러한 사적인 소유를 마치 영원한 것으로 간주하려는 성향이 있다. 소유는 대개 다른 사람들에 대한 영향력(힘)을 유발하게 되는데, 사람들은 이 힘의 성장을 방해하려는 것들에 대하여 반항함으로써 자신만의 생존반응을 도식화해나간다. 이러한 과정을 거쳐가며 학생들은 누구나 소유지향의 생존방식을 쉽게 포기하지 못한다. 동시에 학생들은 누구나 자신이 소유한 것들로부터 자신이 철저히 소외되어 있다는 사실을 전혀 깨닫지 못하는 어리석음을 저지른다. 유동지능을 활성화시키는 수험지, 형식지를 지향하도록 강요하는 학습장면에서 학생들은 암기를 가장 탁월한 생존의 원칙으로 삼을 것이다(적자생존). 이처럼 소유양식만으로 사는 학생들은 단 한 가지 목표만을 갖고 있다. 즉, 자신들이 배운 것들을 기억력에 단단히 맡기거나 노트 필기한 것을 잘 간직함으로써 배운 것에 대하여 단단히 고착 혹은 매달려야 살아남는다는 것이다. 이러한 소유양식에 길들여진 학생들은 어느 주제나 상황에 대한 새로운 생각이나 관념에 상당히 불안해하기 마련이다. 변화에 대한 적응능력은 물론 변화를 주도하는 능력도 현저히 낮다.

반면에, 존재양식은 그 필수요건으로 독립심, 자유, 비판적 이성을 갖는다. 존재양식의 기본특징은 외적 활동이나 바쁘다는 의미에서 능동적인 것이 아니라 내적 활동, 인간 힘의 생산적 이용이라는 의미에서 능동적이다(Fromm. 2003: 125). 여기서 능동적이라는 것은 모든 인간이 부여받은 능력, 재능, 풍부한 인간적 재질을 표출하는 것을 말한다. 이것은 자기 자신을 새롭게 하고, 성장시키고, 정서가 흘러넘치며, 누군가와 사랑하고, 고립된 에고(ego)의 감옥을 뛰어 넘으며, 흥미를 갖고, 서로 소통하여 나누는 것을 말한다. 학습의 측면에서 존재양식을 가진 학생들은 소유양식의 학생들과 전혀 다른 모습을 보인다. 존재양식으로 학습하는 학생들은 자신들이 공부해야 할 내용들에 대한 사전 탐색, 자기주도적 학습패턴 구축, 능동적인 학습장면 참여, 개인적 흥미 기반의 학습경험, 의문과 호기심의 적극 활용, 능동적이고 자발적인 의사소통 참여와 생산 등을 통하여 기억 작용이 아니라 자신의 사고 작용을 자극하는 것을 학습의 목표로 삼는다. 그리하여 그들은 새로운 의문, 새로운 관념, 새로운 희망, 새로운 전망, 새로운 지식들을 머릿속에 떠올리는데 익숙하다.

그러나 오늘날 우리의 학교교육은 학생들에게 지식을 소유하도록 엄격하게 훈련시키고 있으며, 그들이 소유한 지식은 향후 획득하게 될 재산이나 사회적 특권의 규모와 비례한다. 학교는 한마디로 미래의 소유를 담보삼아 이루어지는 지식보따리 생산 공장이다. 우리가 능동적으로 완전하게 존재하기 위해서는 모든 형태의 소유를 포기해야 한다. 세계를 갖거나 소유, 통제하여 인간이 스스로 자기가 소유한 것의 노예가 되게 만드는 욕망이 아니라 자신의 존재에 대한 믿음, 귀속의식, 관심, 사랑, 안전, 정체감, 확신 등을 가져야 한다. 자기 자신 이외의 어떠한 것도 내 삶에 의미를 주지 못한다는 사실과 이러한 자립, 무(無)가 가장 완전한 활동의 조건임을 받아 들여야 한다.

현재의 자신에 대하여 완전한 존재의식을 지녀야 한다. 축적과 착취가 아니라 베푸는 것과 함께 공유하는 것에서 기쁨을 느껴야 한다. 물질, 권력, 죽어있는 것이 아니라 삶에 대하여 사랑하고 존경하여야 한다. 탐욕, 증오, 환상 등을 가능한 한 줄이려고 노력해야 한다. 비판적이고 냉철한 사유능력과 더불어 사랑의 능력을 계발시켜야 한다. 자기도취를 떨쳐 버리고 인간존재에 내재한 비극적 한계를 받아들여야 한다. 자신과 동료들의 완전한 성장을 삶의 지상목표로 삼아야 한다. 지상목표를 달성하기 위하여 현실에 대한 존경과 수양이 필요하다. 참을 수 없는 환경의 제거방법으로 상상력을 계발하는 것이 필요하다. 나 자신을 속이지 말고 또한 속지도 말아야 한다. 자신을 똑바로 알되 자신이 알지 못하는 자아까지 알도록 노력해야 한다. 모든 살아 있는 것과 내 자신이 하나임을 인식해야 한다. 방종이 아니라 자기 자신의 자아를 실현하는 과정으로 자유를 추구해야 한다. 사악함과 폭력은 자아성장이 실패했다는 확실한 증거임을 알아야 한다.

이 모든 것들을 위하여 물질 획득이 아니라 정신적인 만족이 동기화되는 노동조건과 이를 뒷받침하는 전반적인 사회풍조가 이루어져야 한다. 또한 우리 사회는 무한성장의 목표를 버리고 경제적 파탄의 위험이 없는 선택적 성장을 지향해야 한다. 모든 사람들로 하여금 최대 쾌락의 욕구를 만족시키는 것이 아니라 행복과 기쁨을 경험할 수 있는 삶의 조건을 만들어야 한다. 개인의 창의력이 경쟁적 사업이 아니라 오로지 삶에서 나타날 수 있는 가능성을 회복해야 한다.

소유모드	존재모드
• 열심히 공부하자! 하면 된다! • 열심히 공부해서 좋은 직장을 얻자! • 잘 살아 보세! • 돈 많이 벌어 나중에 행복하고 재미있게 살자! • I can do it!/ I must do it! • Drill & Kill	• 무조건 놀자! • 일단 놀고 보자! • 내가 하고 싶은 공부를 하자! • 놀면서 배우고 배우면서 돈 벌자! • I enjoy it! / I am happy now • Downshift

소유양식을 생활철학으로 삼는 학생들은 온갖 것들을 닥치는 대로 소유하려는 치열한 경쟁의 삶, 감정노동의 굴레에 빠져 있지만 마지못해 살아가는 지친 삶, 남들과의 경쟁에서 우월성을 차지하려는 성취욕의 노예가 된 삶, 단순한 결핍욕구에 동기화된 삶, 남에게 인정받기 위한 삶에 주력한다. 학습의 측면에서 볼 때 이 경우 형식지나 수험지를 지향하는 공부습관에 길들여져 있으며 파지-재생으로서의 형식적 지식만을 추구한다. 이 경우 누구나 문명화된 삶, 생존하기 위한 삶에 휘둘리게 된다. 반면에 존재양식을 생활철학으로 삼는 학생들은 온갖 기쁨과 즐거움으로 충만한 삶, 호기심과 상상력 기반의 삶, 성장욕구가 동기화된 삶, 사유재로서의 문화교양을 쌓는 데 주력한다. 이들

은 자아의 각성과 통찰로서의 지혜, 문명을 거부하거나 부정하는 삶, 자신과 주변의 생명을 살리는 에코(eco) 지향의 삶을 추구한다.

이와 관련하여 우리나라 공영방송에서 우리나라 대학생과 미국대학생의 공부동기에 대한 차이점을 규명하기 위해 진행한 단순한 실험 사례가 있다. 실험참가자는 우리나라 대학생 10명과 미국 대학생 10명이었다. 실험자에 의하여 한국학생에게 50점 5명, 100점 5명을, 미국대학생의 경우도 동일하게 임의평가하였다. 진행자가 정해진 절차를 마쳤으나 후속조치로 다시 한 번 문제풀이의 기회를 제공한다면 도전할 것인지 여부를 참가학생 전원에게 질문하였다. 여기서 공부동기에 대한 극명한 차이가 발생한다. 우리나라에서는 50점을 맞은 학생 전원이 재도전을 신청하였다. 반면에, 미국의 경우 100점을 맞은 학생들이었다. 한국 대학생들은 낮은 점수를 받았다는 창피함을 극복하기 위한 재도전이라면, 미국 대학생들의 도전은 얻은 점수와 무관하게 '무언가 새로운 문제풀이에 대한 호기심의 발로'에서 나온 행동이었다. 미국 대학생들에게 50점을 맞은 것은 양심에 어긋나는 것도 아니고, 창피하거나 낙담할 일이 아니었던 것이다.

우리나라 대학에서 학생성공을 지원하기 위한 학사시스템 혁신 전략은 비교적 간단하다. 어떻게 하면 학생들의 학업성취를 우수하게 만들 것인가? 어떤 프로그램으로 학생들을 성장시킬 것인가? 어떤 방법으로 학생들의 생애개발, 직업진로 역량을 개발시킬 것인가?의 문제를 해결하면 되기 때문이다. 이때 전제조건은 기관계나 산업계 관점이 아니라 학생계 관점에서 학사시스템을 설계하고 운용해야 한다는 사실을 우리사회와 대학이 선도적으로 선언해야 한다는 점이다. 학생성공 대학생태계는 대학의 전회(轉回)와 더불어 사회의 전환이 동시에 일어나야 가능한 일종의 에듀토피아(edutopia)가 될 수 있을 것이다.

PART 02

고등교육 혁신 동력

- CHAPTER 03
  고등교육 혁신 트렌드: 휴머닉스
- CHAPTER 04
  대학에서의 자아 성장 콘텐츠
- CHAPTER 05
  학사시스템 혁신: 전공자율선택제
- CHAPTER 06
  초개인화된 신입생 대학 정치(定置)
- CHAPTER 07
  역량기반 교육의 이해와 오해

CHAPTER 03

고등교육 혁신 트렌드: 휴머닉스

1 고등교육 혁신의 방향

미래에 대비하는 대학 혁신의 핵심은 어떤 방식으로 신입생을 선발하는가?의 문제가 아니라 입학생을 어떤 방법으로 가르칠 것인가?의 문제가 되어야 한다. 무전공입학 자율전공선택제도는 일부학생들의 전공선택을 1년 유예하는 것 이외에 아무런 의미가 없다. 대학의 전공중심 학제가 여전히 단단하게 존재하는 한, 무전공입학제도는 대학의 학사제도만 복잡하게 만들고 교직원을 힘들게 할 뿐이다. 많은 학교에서 전공입학생과 무전공입학생의 성적 편차(偏差)를 따져보기 시작했고, 무전공입학생의 성적이 하방(下方)으로 향하는 것을 우려하고 있다. 여기서 진정으로 우리 대학이 할 일은 고등교육의 본질에 대한 전향적인 성찰을 시도하는 일이다. 우수한 인재란 무엇인가? 이에 대하여 대학의 입장에서는 고등학교까지의 학업성취를 기반으로 단순하게 판단한다. 소위 상위권 대학은 '우수한 인재'를 선발하여 비교적 수월하게 교육과정을 운용하여 졸업시키는 데 익숙하다. 우수한 인재가 더 이상 우수하도록 만드는 데 에너지를 소모하지 않는다. 아주 오래전 당시 한동대 총장은 이런 말을 한 적이 있다.

> "소위 '우수한 인재'는 소위 '인서울 일류대학'에서 싹쓸이 하는 우리나라 대학시장에서 소위 '지방소재 대학'들은 어떤 교육방식을 고려해야 하는가? 우수한 인재를 선발하여 범재를 만드는 소위 '일류대학'과 달리 우리 한동대학은 비록 성적이

우수하지 않지만 다양한 학생들을 받아들여 ‘진짜 우수한 인재’를 만드는 것을 대학의 소명으로 삼아야 한다.”

이러한 언설은 작금의 사태에서 일류니 이류니 따지는 구태(舊態)를 벗어나 진정으로 초개인화된 자아실현 교육을 위하여 모든 대학에서 성찰해야 할 일종의 헌장(憲章)과도 같은 따끔한 지적으로 여전히 유효하다. 그러나 우리 대학의 참담한 모습은 어떠한가? 대학마다 재정지원과 연계된 정부의 정책 기조에 정합하는 대학발전계획을 수립한다. 대부분의 대학에서 이러한 발전계획은 대학본부의 주요 교무위원들에 의하여 자의(恣意)적으로 구성된다. 핵심역량을 비롯하여 일종의 연역적인 대학교육 생태계가 만들어지고, 이를 지극히 안정적이라 여기며 본부나 몇몇 교수 주도의 학사지도 원칙이 자연스럽게 작동된다. 여기서 학생은 철저히 소외되고 교육은 언제나 생산성, 효과성, 경쟁력, 적합성 등 경제적 논리에 종속되고 만다. 이것이 바로 기관계 관점의 교육이다.

이와 더불어 압축성장의 그늘 속에서 역량기반의 산업맞춤형 교육과정이 도입되면서 산업계 관점의 교육이 대학을 지배하게 되었다. 기관계 관점의 교육은 소위 꼰대의 관점에서 성장세대를 책임지는 반(反)인간적 교육이 되고, 산업계 관점의 교육은 주체적인 인재가 산업인력으로 대체되는 비(非)인간적 교육이 되고 만다. 전공교수의 지도에 따라 공부해서 좋은 성적, 좋은 직장을 얻는 것이 성공으로 인식되어 왔다. 학생성공은 아주 단순했다. 즉, 좋은 대학에 입학하고, 좋은 성적을 바탕으로, 좋은 직장을 얻는 것이다. 그러나 MZ의 혁명이 서서히 진행되고 있다. 학생성공에 대한 그들의 인식이 복잡해지기 시작했다.

대학생의 학생성공 인식요인 연구 결과를 보면, 크게 세 가지 변인으로 나타나고 있다. 대학생들은 재학 중의 학업성취, 자아성취, 진로성취 등을 기반으로 지적 성장, 자아성장, 생애성장 등을 주도적으로 개척하고, 이를 통해 눈치를 보지 않는 생애개발을 성공적인 삶으로 여기게 되었다. 여기서 학업성취는 단순히 좋은 성적 획득을 의미하는 것이 아니라, 자신이 공부하고 싶은 것에 몰입하여 만족감을 얻는 것을 의미한다. 이러한 전환은 MZ세대들의 대학선택과 학창생활에 대한 기성세대의 기대와 간섭으로부터 탈출하는 것을 목적으로 한다.

향후 정부가 주도하는 무전공입학 자율선택전공제도의 핵심은 이 점을 주목할 필요가 있다. 즉, 학생중심의 학업성취를 위한 혁신적인 교수-학습을 지원하고, 학생의 자아실현을 위하여 초개인화된 상담코칭을 지원하고, (역량이 아니라) 잠재능력 기반의 진로설계 및 생애개발을 지원하는 대학생태계를 만들어야 한다. 이제 대학이나 교수의 성공이 아니라 학생이 성공하는 고등교육생태계가 만들어져야 한다. 이것이 바로 학생계 관점의 교육이다. 당분간 우리사회는 평판과 인지도에 따른 대학선택 변인이 지배할지도 모른다. 그러나 어느 순간 특이점이 올 지 아무도 모른다. MZ세대의 학생성공에 대한 변화된 인식을 재빨리 간파해서 이를 학사구조, 교육과정, 수업방법, 진로지도, 성과관리 등에 스며들게 하는 대학만이 살아남을 가능성이 높다.

2 미국 고등교육 개혁의 지향점: Education 4.0

4차 산업혁명(Industry 4.0)을 대비하는 미국 대학과 기업의 혁신이 이목을 끌고 있다. 고도과학 기술혁신 시대에 접어들면서 직종과 직능에서 간극이 벌어지고 수급불균형이 확대되고 있기 때문이다(Labor market 4.0). 세계경제포럼(WEF)은 세계 기업들의 4차 산업 기술이 가속화됨에 따라 글로벌 고용시장에서 패러다임 변화는 불가피하다고 진단했다. 변화는 크게 자동화에 따른 고용 축소와 고생산성 신직종으로의 교체다. 다시 말해 제조업종 등 중간 기술 수준 직종의 수요는 감소하고 고도기술 수반 직종 및 비숙련 직종은 증가하는 형태다.[1] WEF 표본 분석에 따르면 글로벌 대기업에서만 7,500만 개의 잉여(redundant) 일자리가 감소하는 동시에 미래형 일자리는 1억 3,000만 개 이상 증가한다. 예컨대

1) OECD, McKinsey & Company, Ernst&Young LLP, Deloitte, World Economic Forum,KOTRA워싱턴무역관(https://dream.kotra.or.kr/kotranews/cms/news/actionKotraBoardDetail.do?SITE_NO=3&MENU_ID=180&CONTENTS_NO=1&bbsGbn=243&bbsSn=243&pNttSn=176881

미국 기업들의 46%가 고급기술 인력채용에 애로를 겪고 있으며, 대표적 미래 직종인 IT 일자리 60만 개가 수급에 난항을 겪고 있다. 이를 전문적인 용어로 바꾸면 기업이 요구하는 새로운 직능(skill) 수요를 기존의 인력시장이 받쳐주지 못하는 'Industry 4.0'과 'Labor 4.0'간 괴리가 확대 중이라 할 수 있다. 기존 시대에는 정밀도, 기억력, 언어, 관리와 같은 직능 수요가 필요했다면, 'Labor 4.0'의 시대엔 분석 사고, 혁신, 창의성, 감정지능 수요가 높아진다. 이에 따라 Education 4.0의 주체로서 정부, 교육기관, 기업 등의 혁신이 요구되고 있다. 특히, 대학에서는 4차 산업혁명 대비 기업가 정신 고양이 최대과제로 대두되고 있다.

이를 반영하는 대학 중 하나는 카네기멜론대학이며, 과업을 수행하는 곳은 Swartz Center for Entrepreneurship이다. 여기에서는 정규학위 프로그램, 창업육성 서비스, 스타트업 경진대회, 벤처투자 유치 등 기업가정신 고양을 위한 전방위 지원 제도를 운영하고 있다. 2015년 설립 이래 연간 50여 개의 행사를 통해 175개 이상의 스타트업 기업을 배출하고 4억 달러 이상의 벤처투자 유치에 성공했다. 카네기멜론대학은 UC 버클리와 스탠포드대학에 이어 2017년 실리콘밸리의 취업자를 가장 많이 배출한 대학 3위에 랭크되었다. 코넬대학의 교내 스타트업 창업지원센터 'e-Lab'도 눈길을 끈다. 교내 창업지원 프로그램인 e-Lab에 참여하는 학생들은 1년의 운영 기간 동안 강의, 협업프로젝트, 멘토링과 함께 소정의 창업자금을 지원받게 된다. 프로그램이 끝날 때엔 수백 명의 청중과 투자가들을 상대로 사업 아이디어와 기술을 시현하는 기회를 갖는다. 이 대학은 교내 및 외부 기관과 협력해 30개 이상의 기업가정신 관련 프로그램 및 정규 커리큘럼을 운영 중이다. 이 밖에 다중대학 네트워크(Multi-university Network)를 통한 협업도 또 하나의 흐름을 형성하고 있다. 이를테면 유타, 하버드, 위스콘신 대학 등 미국 내 6개 대학이 참여하는 공동연구 프로젝트 'Advanced CyberInfrastructure - Research and Education Facilitator'(ACI-REF)가 그것이다.

특히, 4차 산업혁명 시대 대체교육 기관도 급부상하고 있다. 자이어 닐(Xavier Niel)은 기존 대학교육의 높은 비용과 비효율성을 지적하며, 새로운 컴퓨터 교육 플랫폼으로 '42'를 설립했다. 비영리 법인인 '42'는 혁신적인 개방형 컴퓨터 프로그래밍 전문교육기관으로 2013년 프랑스 파리에서 최초 설립되었다. 이후 2016년 미국 캘리포니아에 지사가 설립돼 실리콘밸리 기업들로부터 호평을 받으며 번창해 현재 4,000여 명의 학생이 등록 중이다. 이곳은 3~5년 동안 무상으로 대학 수준의 소프트웨어 공학과 코딩학습을 제공하며 프로젝트 기반, peer-to-peer 교습법으로 실용적인 인재를 양성하고 있다. 입학 자격은 18세 이상 성인은 모두 신청 가능하고 4주 동안의 기본 교육 세션(프로그래밍 경험 없이도 가능)을 거쳐 최종 입학허가 결정된다. 졸업생들은 애플, 우버, 페이스북 등과 같은 실리콘밸리 기업에서 인턴십 또는 취업 및 스타트업 창업과 같은 기회를 누리게 된다. 더불어, 샌프란시스코에 소재한 코딩 전문 교육기관인 'Make School'은 2년 과정을 통해 실용 컴퓨터과학 전공 학사학위를 제공한다. 재학생들은 초급 프로그래머로 대우받게 되며 교양, 컴퓨터 과학, 적성개발 등 다채로운 과목을 프로젝트 기반 강의를 통해 학습한다. Make School은 비정규 교육기관으로써는 미국 내 최초로 학사 학위를 수여할 수 있는 자격(accreditation)을 갖추었다. 이곳은 2년 동안 총 7만 달러에 달하는 학비가 융자되고 졸업 후 연봉의 일정 비율만큼 상환하게 된다. 단, 연봉 6만 달러 이상 직업을 구하지 못하는 경우 채무에서 면제되는 조건이다.

4차 산업혁명과 노동시장 변화

2015년 '4차 산업혁명'을 미래 화두로 제시하고 그에 따른 사회·경제 변화를 예측했던 세계경제포럼(WEF)은 모바일, 인공지능, 빅데이터, 클라우드 기술을 차세대 고용시장의 변화를 이끌어낼 대표적인 동인으로 보고하였다(WEF, The Future of Jobs Report, 2018). 2020년까지 전 세계 기업들의 4차 산업 기술 채택이 가속화됨에 따라 글로벌 고용시장에서 패러다임 변화는 불가피하다고 진단하였다. WEF 글로벌 기업 경영자 설문조사에서 차세대 인력관리 전략으로 '자동화에 따른 고용 축소(48%)'와 '고생산성 신직종으로 교체(38%)'를 제시하였다. 한편, OECD는 4차 산업혁명 자동화로 인해 전 세계적으로 현존 직업의 최소 14%가 사라질 위험에 처하고 32%의 직업은 급진적 변화에 직면하게 될 것이라고 예상하였다(OECD Employment Outlook, 2019). 고도기술 수반 직종 및 비숙련 직종은 증가하는 반면, 제조업종 등 중간 기술 수준 직종의 수요는 감소하는 직종별 수요의 양극화 지속을 전망하였다. 산업용 로봇기술을 상용화함으로써 한국과 같은 기술집약적 국가에서 2025년까지 제조업 인건비의 33%가 감소할 수 있다고 분석하였다(Boston Consulting, 2015).

표 19 | **미래직종 예측(예시)**

잉 여(Redundant)	안 정(Stable)	미래형(New Roles)
데이터 입력	경영·인사 관리	데이터분석 과학
회계·임금 관리	금융·투자 자문	인공지능·머신러닝
행정·비서	데이터·네트워크 관리	빅데이터 관리·운영
생산 조립공정	공급·로지스틱 관리	공정자동화 관리
고객 서비스	위험 관리	정보·안보 관리
일반운영 관리	전자 엔지니어링	디지털 마케팅
금융분석	대학·고등교육	소프트웨어 개발
법률자문	에너지·정유 엔지니어링	전자상거래 관리

출처: World Economic Forum

기업이 요구하는 새로운 직능(skill) 수요를 기존의 인력시장이 받쳐주지 못하는 'Industry 4.0'과 'Labor 4.0' 간 괴리가 커지고 있다. 노동력 증강(labour-augmenting) 자동화 기술에 따라 기존에 각광 받던 직능과 새로운 직능의 간극이 커지는 'Skill-gap 현상'이 발생하고 있다. 전 시대에 요구됐던 정밀도, 기억력, 언어, 관리 등 직능 수요는 저하되는 반면, Labor 4.0 직능인 분석 사고, 혁신, 창의성, 감정지능 수요는 고조되고 있다.

멕킨지 컨설팅은 "4차 산업혁명의 고용환경 급변 속에 기업, 교육기관, 구직자가 서로 다른 평행선을 달리고 있다"고 지적하며 교육혁신의 시급성을 강조하였다(McKinsey Consulting, 'Education to Employment'). 미국 기업의 45%가 초급

직원 구인 시 직무능력 부족(skill shortage)을 가장 큰 문제로 인식 중이며, 대졸 초급 구직자 중 오직 44%만이 교육과정이 실제 취업에 도움이 됐다고 밝히고 있다. 주요기관들은 Education 4.0의 주체로서 정부, 교육기관, 기업의 혁신을 촉구하며 기업-교육기관(private-institute), 기업-정부(public-private), 범 산업(cross-industry)의 다각적 협력방안 마련이 시급하다고 강조하였다. 해당 보고서에서는 4차 산업혁명 대비 미국 대학, 기업 등의 중장기 교육 플랫폼 혁신 사례와 민관, 산학, 국제협력 트렌드를 입체적으로 조망함으로써 한국 교육기관 및 기업의 대응 마련에 도움을 주고자 하였다.

실용주의교육으로 대전환

2018년 『Robot-Proof: 인공지능 시대의 대학교육』의 저자 조셉 에이언(J. E. Aoun)은 "향후 미국 대학의 차세대 인재 양성을 위한 교육 지향점은 인문학과 기술이 결합한 새로운 전인교육 모델인 인간학(Humanics)"이라고 제안하였다. 로봇, AI 기술과 경쟁해야 하는 미래세대에게 첨단기술 이해와 동시에 인간 고유의 경쟁력을 배가하는 것이 중요하다고 밝혔다. Humanics 학습을 토대로 한 기술(tech), 데이터(data), 인간(human)에 대한 문해력(literacy)이 기초가 된다. 인간 고유 경쟁력으로는 분석적 사고, 시스템적 사고, 기업가정신, 문화적 유연성을 제시하였다. 미국대학들은 자연과학과 인문학을 연결하는 통섭(Consilience)과 전공 간 융합(Inter-disciplinary)을 통해 학생들의 창의력과 인간에 대한 이해 등을 증진하는 소프트 스킬(Soft Skill) 제고에 주력하고 있다. 4차 산업시대 미래세대가 습득해야 할 능력으로 직업 필수역량, 테크닉 스킬, 소프트 스킬, 기업가정신 등을 제시하며, 대학은 교수법·커리큘럼 개선 및 평생교육 등으로 지원한다(Deloitte, 2018).

미국 내 높은 학자금 부담이 교육 4.0 추진에 가장 큰 걸림돌이라는 지적에 따라 문제해결을 위한 다양한 노력도 시도 중이다. 앞서 세계경제포럼(WEF)은 4차 산업혁명 시대를 대비해 학생들에게 무엇을 가르치느냐에 앞서 다음 세대의 학자금 부담을 줄여 교육 불평등을 해소하려는 노력이 시급한 과제라고 주장한다. WEF 조사에 의하면 미국 내 학자금 대출자 4,400만 명의 총 대출액은 무려

1조 5,000억 달러, 1인당 평균은 3만 7,000달러에 달한다며 교육비용 부담의 심각성을 지적하였다. 이를 위해 재학 중 학자금 지불을 연기하고 졸업 후 취업으로 올리게 되는 소득에 비례해 상환하는 제도를 도입하는 대학이 증가하고 있다.

최근 들어 대학, 정부뿐만 아니라 민간기업들도 학생들의 교육비용 절감을 위한 노력에 앞장서는 추세이다. 뉴저지를 포함한 11개주가 2년제 커뮤니티 칼리지 학생의 학비 면제 프로그램을 운영하고 있으며, 9개주는 현재 관련 입법 제정 중이다. 교육기관과 기업들이 협력해 독일식 도제제도(Apprenticeship)를 도입, 학생은 학업과 현장실습을 병행하는 동시에 학비 절감이 가능하다. 교육 비용은 낮추되 대상은 확대하기 위한 방편으로 온라인 교육 확대 시행 및 개방형 교과서 공유 서비스 제공 등 혁신을 추진하고 있다. 첨단기술을 접목한 온라인 과정이 편의성, 소통, 효율성을 제고함과 동시에 학생들의 교육비용 부담절감의 중요 수단으로 활용된다. 개방형 온라인과정(MOOC: Massive open online course)을 통해 졸업생 및 일반인의 평생교육 기회도 확대된다. 캘리포니아 주립대에서 시행 중인 'Open Textbook' 프로젝트는 저가로 교과서를 다운로드 받을 수 있는 플랫폼(www.merlot.org)을 제공한다.

테크놀로지가 바꾸어 놓을 미래 대학교육

미국 교육부 산하 교육기술국(Office of Educational Technology)은 2017년 보고서를 통해 대학교육에서 테크놀로지의 역할을 재정립하고 있다. 대학 재학생의 74%가 과거와 다른 비전통적인 특징을 보이는 뉴 노멀 현상을 제시하며 교육기관의 '학생중심' 혁신 시급성을 주창한다. 재학생의 66%가 교육기관 이적 경험, 62%는 학업과 직업 병행, 43%가 파트타임으로 등록, 22%가 가족부양의 의무를 가지고 63%가 이민 1세대 등으로 나타났다. 이를 토대로 대학교육에서 테크놀로지의 역할을 크게 차세대 교육수요 분석, 교육생태계 혁신, 학생 성공지원, 교육기관의 리더십 제고 등으로 제안한다. 나아가 교육 소비자인 학생의 프로파일을 분석, 대학이 추구해야 할 교육 생태계 설계 원칙을 유연성, 통합성, 효율성, 경제성 등으로 제시한다. 테크놀로지 도입을 통한 학습능력 배가, 교수법 혁신, 평가제도를 개선하고 학생들의 학습·취업·경력 등 체계적 지원기능을 보강한다.

표 20 | **미국 교육부가 제시한 교육-테크놀로지 결합 전략 및 사례**

학생중심 교육혁신 원칙	• 목적지향, 수요진단/솔루션, 기간/방식 유연성, 경제효율성, 자문서비스, 데이터 기반, 교육기관 개방, 유연한 평가, 평생교육 및 네트워크
교육생태계 혁신	• 학습능력 배가 – (산호세대) 개방형 온라인 수업방식 운영 – (Austin Peay대) 학생 성향/능력 분석에 따른 AI 학습법 도입
	• 교수법 혁신 – (남뉴햄프셔대) 빅데이터 분석으로 학업성취도 제고 – (애리조나대) 온라인 시뮬레이션, 소통 교육 플랫폼 활용
	• 평가제도 개선 – (엘론대) 학생의 스킬개발을 트랙 하는 온라인 성적표 제도 – (뉴잉글랜드대) 머신러닝 기술을 통해 커리어 시뮬레이션
학생성공지원	• (조지아대) 전교 차원의 데이터분석으로 코스별 학생들의 행동양식을 사례분석하고 GPS 자문 시스템을 운영해 학생들의 성취도를 제고
교육기관의 리더십 제고	• (메릴랜드대) 메릴랜드주 내 12개 대학은 기관 간 협력 시스템을 구축하고 STEM관련 학생들의 자유로운 교환, 정보공유, 학점인정 등 제도운영

출처: Office of Educational Technology

3 휴머닉스 교육이란 무엇인가?

증기기관의 발명으로 기계화 혁명이 이루어지고, 전기 에너지의 발견으로 대량생산 혁명이 뒷받침되며, 컴퓨터 및 인터넷의 발명으로 지식정보 혁명이 이루어져 우리는 과거에 비해 풍족하고 편안한 삶을 살고 있다. 현재 진행 중인 4차 산업혁명은 인공지능, 사물인터넷 등을 이용한 초지능 혁명이라 불리고 있으며, 일상생활의 모든 것들이 서로 소통하고 상호작용하여 흔히 SF에서 볼 수 있었던 것들이 현실화되고 있다. 그렇다면, 기술만 계속 발전하였을까? 기술이 발전함에 따라 사회도 같이 발전하게 되며, 이를 뒷받침하기 위해서는 교육도 같이 발전해야 한다. 그렇게 해서 대두되고 있는 모델이 바로 휴머닉스(humanics)다.

휴머닉스란 무엇인가? 본래 의미는 "the subject or study of human nature or human affairs", 해석하자면 인간에 대한 연구 혹은 학문을 의미하며, 4차 산업혁명 이후에는 인문학과 기술이 결합한 새로운 전인교육 모델이라는 의미를 가진다. 여기서 먼저 '전인교육'이란, 지(知), 덕(德), 체(體)의 균형 잡힌 발달을 지향하는 교육을 가리키며, 올바른 사람으로 길러주는 교육을 의미한다. 즉, 지식 전달에만 치우치지 않고 창의력, 예절, 인성, 내훈 등을 배워 개개인이 한 명의 온전한 인간으로 나아가기 위해 밑받침을 만드는 교육이라는 것이다. 기술의 발전에 따라, 인간끼리 경쟁이 아닌 로봇, AI 기술들과 경쟁을 하면서 인간 고유 경쟁력을 키우는 것이 중요해졌다. 그렇기에 휴머닉스라는 새로운 모델을 통해 분석적, 시스템적 사고를 기르고, 기업가 정신 및 문화적 유연성을 배워 이를 실현하고자 하였다.

그 중에서 컨설팅 회사인 딜로이트(Deloitte)는 미래세대가 4차 산업혁명에 부합하기 위해 습득해야 할 능력을 제시하였다. 휴머닉스는 인간이 자신들이 개발한 기술들에 의해 경쟁력을 잃고 도태되지 않도록 개개인이 경쟁력을 기르는 것에 중점을 두고 있다고 할 수 있다.

4차 산업혁명 환경에서 인간은 이제 인간이 아닌 로봇, AI 기술들과 경쟁을 해야 한다. 가까운 미래에는 로봇이 대체하면서 중에서 대부분이 사라지게 될 것이다. 그럴수록 우리는 미래에 대한 대비를 해두어야 한다. 감히 로봇이나 AI들이 할 수 없는 것을 찾아내어 특별화하고, 강화하여 인간만의 고유의 것으로 만드는 작업을 시작해야 된다는 것이다. 그리고 이것을 가르치는 것이 바로 인간학이다. 인간학을 강조한 에이언은 정교한 인공지능 행위조차 할 수 없는 인간만의 고유성을 확보하는 것이 교육의 급선무라고 생각하고, 다음 세대 학생들이 창의적 사고방식과 정신적 유연성을 갖출 수 있는 고등교육의 새로운 학습모델이 인간학이 가장 중심적인 위상을 차지하고 있다고 주장했다. 여기서 에이언 밝힌 인간학은 전통적 의미에서의 인간학(anthropology)과는 뚜렷하게 구분된다.

표 21 | **4차 산업혁명과 필수역량**

직업 필수역량	독해/수리/디지털 문해력, 시간관리, 직업정신 등
테크니컬 스킬	프로그래밍, 금융관리, 프로젝트 관리, 직업전문기술
소프트 스킬	분석/창의적 사고, 리더십, 교감/소통 능력, 문화소양
기업가정신	도전의식, 창의성, 탐구, 끈기, 실행력 등

인간학은 특정 영역의 지식이라기보다는 과정적 지식(process knowledge)과 유사하며, 아리스토텔레스의 학문 분류에 따른다면 본격적인 학문탐구를 위한 예비학(organon)에 편입될 것이다. 그러므로 인간의 본질과 특성, 세계 안에서 인간의 위상 등을 탐구하는 전통적인 의미의 인간학과는 다르다. 4차 산업혁명을 앞두고 학생들에게 가르쳐야 할 교육모델의 주 원천인 인간학은 인간종 고유의 특성인 창의성과 정신적 유연성을 길러주기 위한 것으로서, 인간의 내재적인 능력을 기반으로 하여 장차 스마트한 기계가 인간 전문직과 나란히 일하는 노동시장에서 학생들이 경쟁력을 갖출 수 있도록 준비시키는 교육이다(Aoun, J. E.. 2019: 20).

인간학은 내용적 측면으로는 새로운 문해력(new literacy)으로, 사고적 측면에서는 인지능력(cognitive capacity)으로 구성된다. 새로운 문해력에서는 데이터 문해력(data literacy)과 기술적 문해력(technological literacy) 그리고 인간 문해력(human literacy)이 이에 속한다. 흔히 컴퓨터 코딩 교육에서 코딩과 엔지니어링의 기본 원리를 통하여 기계 작동의 기술적 문해력을 교육하듯이, 인간학에서는 인문학과 의사소통 그리고 디자인 학습을 통해 인간 존재로서의 역할을 감당하는 데 필요한 인간 문해력을 교육하는 것이다. 다음 인지능력에서는 시스템을 구성할 때 필요한 기능들을 총괄하여 바라보는 시선을 기르는 시스템 사고(system thinking)와 창의적 사고방식을 통해 경제나 사회 분야에 적용할 수 있는 역량으로서의 기업가 정신(entrepreneurship), 그리고 변화무쌍하고 글로벌한 변화에 민첩하게 대응할 수 있는 문화적 민첩성(cultural agility)과 논리적이고 합리적으로 분석하고 판단하는 비판적 사고(critical thinking)가 이에 속한다. 에이언은 새로운 문해력과 인지능력 함양에 초점을 맞춘 인간학의 이론이 대학 교과과정에 제대로 정착되어서 인공지능의 부상에 맞서 고등교육이 제대로 대응해야 한다고 밝혔다.

“A generation ago, the half−life of a skill was about 26 years. Today, it’s four and half years and dropping”, 글로벌 컨설팅 회사인 딜로이트(Deloitte)가 설립한 미래 업무 센터(Future of Work Centre of Excellence)의 책임자인 인드라닐 로이(Indranil Roy)가 언급한 말이다. 이는 기술이라 불리는 업무적 능력이 과학이 발달함에 따라 대체되어 쇠퇴되는 것을 기술의 반감기(half−life of a skill)라고 표현한 것이다. 과거에는 과학의 발전 속도가 상대적으로 느려 기술의 반감기가 길었으나 오늘날에는 빠르게 과학이 발전되기 때문에 기술의 반감기가 약 1/4로 줄어든 것으로, 다시 말해 경력의 중요성이 쇠퇴하고 있다는 의미이다. 이에 대한 논의는 아주 먼 옛날부터 존재했으나, AI기술의 등장과 발전은 해당 논의를 가속화했다.

영국 언론사 BBC의 기사에 따르면, 10개의 선진국과 신흥 경제국에서 50년 이내에 컴퓨터, 즉 AI가 현재 인간이 수행하는 업무 중 상당수를 대신할 것이라고 진밍한다. 이러한 입무의 자동화는 고용 시장을 위축시킬 것이고 수많은 실업사를 낳을 수 있다. 이에 대해 컨설팅 회사 맥킨지(Mckinsey)는 2030년까지 전 세계적으로 최대 8억 명의 근로자들이 기계의 자동화로 대체될 것이라고 추정했다. 이렇듯 수많은 일자리가 자동화로 대체될수록, 경력이라는 차별성을 무의미하게 만든다. 이러한 변화는 교육에 또한 영향을 준다. 특정 업무를 맡으며 경력을 쌓는다는 것은 특정 업무를 수행할 능력이 있다는 것을 전제로 하며 이러한 능력을 개발하는 것이 곧 교육이기 때문이다. 따라서, 미래사회의 업무 자동화에 대비한 교육을 하고자 전 세계의 많은 대학교에서는 이에 대해 고민했다. 에이언은 “미래를 보장하는 것은 안전한 직업을 선택하는 것이 아니라 경력 전반에 걸쳐 지속적으로 기술을 발전시키는 것에 관한 것”이라고 주장했다. 즉, 근로자가 새로운 환경에 적응하기 위해선 교육이 극적으로 바뀌어야 한다. 그는 이에 대한 해답으로 크게 세 가지 능력을 제시했다.

기계의 작동원리와 기계와 상호작용하는 방법을 이해하는 기술적 능력, 기계에서 생성된 정보의 바다를 탐색할 수 있는 데이터 규율(Data discipline), 창의성과 문화적 민첩성, 공감 및 한 맥락에서 정보를 가져와 다른 상황에 적용하는 능력인 인간의 규율(Human discipline)이다. 미래 교육은 앞선 세 가지의 능력을 발달시킬 수 있는 새로운 교육 모델을 통해 다가올 미래 사회에 절망하고 안주하는 대신, 기계와 상호 작용하며 기계가 할 수 없는 일을 하는 등 상호 보완적인 역할을 할 수 있는 인재를 양성하여야 한다. 이에 대해 에이언은 많은 대학들이 4년제 학부 과정과 학술 연구에 너무 치중하고 있다며, 해결책으로서 실제 경험에 더 중점을 두어야 한다고 지적했다. 실제 경험이란, 공부하는 동안 직업을 갖거나 장기 인턴십을 하는 것 등을 의미하는데, 이는 경력 경험 외에도 학생들에게 동료와 협상하고 상호작용할 수 있는 실용적인 기술을 발달시킬 수 있다고 언급했다.

이에 대해 맥킨지는 기업과 구직자 간의 직능격차를 좁히려면 교육혁신(Education 4.0)이 시급히 이루어져야 한다고 강조했다. 교육혁신을 위해 미국의 대학에서는 자유롭게 캠퍼스와 직장을 오고가며 교육 기회를 누리는 개방형 순환 대학 시스템이나 온라인 플랫폼 확대 개편, 기업가정신 고양을 위한 전방위 지원 제도 운영, 다중대학 네트워크를 통한 협업 활성화 등 다양한 시스템을 구축해 4차 산업혁명 시대에 걸맞은 인력 양성에 앞장서고 있다.

휴머닉스는 에이언이 제안한 향후 미국대학의 차세대 인재 양성을 위한 교육 지향점으로 인문학과 기술이 결합한 새로운 전인교육 모델이다. 에이언은 로봇, AI 기술과 경쟁해야 하는 미래세대에게 첨단기술 이해와 동시에 인간 고유의 경쟁력을 배양하는 것이 중요하다고 밝혔다(인간 고유의 경쟁력으로 분석적사고, 시스템적 사고, 기업가 정신, 문화적 유연성을 제시하였다). 또한, 근로자가 새로운 환경에 적응하려면 교육이 극적으로 바뀌어야 한다고 말했다. 우리를 둘러싼 테크놀로지를 이해하고, 인간에게 고유한 창의성과 정신적 유연성을 연마해서 세계가 안고 있는 위기를 돌파할 수 있는 학습모델을 휴머닉스라 부른다.

로봇과 인간의 가장 큰 차이점이자 인간의 강력한 기술은 바로 인간만의 고유한 창의성이다. 미국의 교육제도 K-21과 대학은 주로 수렴적 사고를 훈련시키는 데 초점을 두고 있다. 하지만 이런 수렴적 사고는 로봇이 더 정확하게 잘할 수 있는 사고이다. 우리가 학교에서 가르쳐야 할 것은 로봇이 해낼 수 없는 확산적 사고이다. 또한 비판적 사고, 시스템 사고, 기업가 정신, 문화 민첩성 등을 가르침으로써 학생들이 자신의 아이디어를 현존하는 지식의 틀 속에서 개념화하도록 한 후, 새로운 발견을 떠올리도록 해야 한다. 비판적 사고는 아이디어를 능숙하게 분석하고, 그 아이디어를 효과적으로 이용하도록 한다. 관찰, 분석, 의사소통을 하는 기계의 역량은 나날이 업그레이드되고 있다. 하지만 기계는 통합하거나 상상하는 능력은 없다.

시스템 사고는 리더십을 발휘해야 하는 사람들뿐만 아니라 새로운 지식을 발견하거나 비즈니스를 시작하는, 새로운 것을 창조하려는 사람들에게 결정적으로 중요한 인지능력이다. 기업가 정신은 신종 산업에 뛰어들고 새로운 분야를 개척할 수 있는 정신으로 대학의 모든 학생들에게 기본 능력으로 습득되어야 한다. 문화적 민첩성은 직업 종사자들이 여러 문화가 혼재한 상황에서 업무를 성공적으로 수행하도록 이끄는 더없이 좋은 능력이다.

고등교육은 지금과 같은 내용 전달을 강조하는 데에서 벗어나 새로운 문제해결과 인지능력을 가르치는 방향으로 선회해야 한다. 그에 맞는 교수기법을 확대할 필요가 있다. 교수의 수업계획서에는 매 시간 학습과 토론 단계에서 비판적 사고, 시스템 사고, 기업가정신, 문화 민첩성, 이 네 가지 인지능력을 어떻게 키워나갈 것인지에 대한 내용을 포함해야 하고 매 수업마다 학습 결과를 분명하게 도출해야 한다. 에이언이 제시한 휴머닉스에서 중요한 세 가지는 다음과 같다.

- 기술적 능력(Technical ability): 기계의 작동원리와 기계와 상호작용하는 방법을 이해하는 것. 인공지능과 로봇 공학이 점점 더 유능해짐에 따라 기계는 한때 인간이 독점했던 역할에 발을 들여 놓을 것이다. 일부 직원은 직장을 잃지만, 다른 직원은 기계로 작업하면서 결과적으로 생산성이 크게 향상될 것이다. 코딩 및 엔지니어링 원칙에 기반을 둔 근로자는 이 새로운 종류의 직장에서

성공할 수 있는 더 나은 위치에 놓이게 될 것이다.

- 데이터 규율(Data discipline): 이러한 기계들이 생성한 정보의 바다에서 올바른 정보를 탐색하고 해독하는 능력. 주요 의사결정을 위해 모든 정보를 읽고 분석하고 사용하기 위해 데이터를 해독할 수 있는 능력이 필요하다.
- 인간의 규율(the human discipline) : 인간이 할 수 있는 일 중 가까운 장래에 기계가 모방할 수 없는 것들을 말한다. 에이언은 여기에는 창의성, 문화적 민첩성, 공감 및 한 맥락에서 정보를 가져와 다른 상황에 적용하는 능력이 포함된다고 말한다. 교육적 측면에서 이것은 교실에 대한 강조보다 체험 학습에 더 중점을 둔다는 것을 의미한다.

휴머닉스는 인간학인데 많은 이들이 현재 진행되고 있는 4차 산업혁명 시대에서 교육혁신의 지향점을 휴머닉스라고 이야기한다. 기술 발전이 아닌 휴머닉스가 왜 교육혁신의 지향점일까? 현재 우리가 생활하고 있는 공간 안에서도 수많은 직업이 AI기술이나 로봇과 같은 매개체로 대체되고 있다. 미래를 바라봤을 때 우리는 일자리를 점점 잃게 될 것으로 보인다. 지금 4차 산업혁명이 가속화되고 있는 시점에서 이를 보완할 방법이 무엇이 있을지 많은 사람이 고민하게 된다. 그 과정에서 내린 결론은 휴머닉스다.

기술이 아무리 발전한다고 한들 인간만이 가질 수 있는 고유한 창의성은 AI 기술이 따라가기 힘들다는 것이다. 그래서 인간의 창의성을 더욱더 계발하자는 결론을 도출해냈으며 기술적인 부분의 개발을 제재하는 것이 아니라 인간으로서 무언가 노력이 필요하다는 것이다. 우리는 계속해서 기술을 개발하고 있고 풍부한 기술을 많은 사람이 누리고 있는 것도 맞다. 하지만 그 기술은 인간에게 계속해서 싸워야 하는 경쟁자와 같은 존재이기도 하다. 이 뜻은 우리가 기술과 비교했을 때 늦춰지면 안 된다는 것이다.

휴머닉스에 대한 개념설명만으로 기술, 데이터, 인간 등을 중심으로 한 전인교육 모델이 왜 4차 산업혁명의 지향점이 되는지 이해하기 어렵다. 휴머닉스는 인간이라는 종 고유의 특성인 창의성과 정신적 유연성을 길러주기 위해 존재하며, 기계가 인간 전문직과 나란히 일하게 될 미래의 노동 시장에서 인간이 경쟁력을 갖출 수 있도록 도와주는 것이다. 즉, 휴머닉스는 기술, 데이터, 인간 등에 대한 문해력을 중심으로 인간만이 가질 수 있는 고유 능력을 발전시켜 주는 교육의 방식 중 하나라는 것이다.

휴머닉스 교육혁신이 주는 메시지의 핵심은 미래 사회에서 새로운 기술로 인한 직업지형 변화로 인한 경제적인 타격을 줄이기 위해서 교육을 통한 예방이 절실하다는 것이다. 『리딩으로 리드하라』라는 책은 세계적으로 각 분야에서 성공한 사람들의 성공비결에 인문고전 독서가 있고 과학분야에서 연구를 하고 경영을 하는 사람도 인문학을 공부함으로써 더 높은 발전을 꾀할 수 있다는 내용이다. 인문고전 독서의 필요성은 대학과 사회, 전문가들이 이야기하는 기업가정신을 기르기 위한 방법이고 이를 인지하고 독서를 통해 스스로 능력을 기르는 사람이 뛰어난 위치에 오를 수 있을 것이라고 생각한다.

에이언은 "우리는 계속 쓸모없는 존재가 되고 있다."라고 발언하며 지금 미국의 교육이 잘못되었다는 사실을 강조했다. 세계는 빠르게 변화하고 있으며 어느덧 인공지능이 활용되는 4차 산업혁명이 휩쓸고 있는 시기에도 교육에 대한 발전만 미흡하니 미국의 교육개혁은 어쩌면 당연한 것이라고 생각된다. 이제 4차 산업에 맞춰 인공지능이 이미 우리 생활의 많은 부분을 차지하고 있으며, 이제는 우리도 인공지능의 존재를 당연히 생각하며 살아가고 있다. 이 인공지능은 더욱더 발전할 것이다. 하지만 우리의 교육 체계는 변화하지 않고 있다. 지금 그 무엇보다 중요한 것은 누군가의 사심을 채워주기 위해 또는 누군가를 만족시키기 위해 기계적으로 교육을 진행하는 것이 아니라 인간적인 그리고 인도적인 교육을 하는 것이다.

우리나라는 어떤가? 세기의 미래학자 앨빈 토플러는 지금 우리의 세상에서는 더 이상 글을 읽고 쓸 줄 모르는 사람이 문맹이 아니라, 학습하지 않는 사람, 폐기 학습과 계속 학습을 하지 않는 사람이 문맹이라고 지적한다. 이런 주장을 하는 그는 한국의 교육에 대해 이렇게 말했다. "한국의 학생들은 하루 15시간 이상 학교와 학원에서 미래에는 존재하지도 않을 지식과 직업을 위해 공부한다."

더 이상 필요없는, 시대착오적인 교육을 하고 있다는 앨빈 토플러의 말에 발끈하는 마음도 있지만 어느 정도 맞는 말이라고 수긍할 수밖에 없다. 우리는 배우는 교육을 받지 않고 시험을 위한 교육을 받고 있다. 나를 증명하기 위한 하나의 수단으로 이용될 뿐인 우리나라의 교육은 알맹이가 없는 가라지 교육이라고 생각한다. "상자 밖에서 생각하자" 이제는 미래를 위한 교육을 위해 상자에서 나와 객관적인 시선으로 바라봐야 하지 않을까?

교육혁신 기조는 미국에서만 나타나는 것은 아니다. 우리나라 역시 혁신을 도모하고 있다. 많은 대학교에서 파이썬 기초 강의인 컴퓨팅 사고와 컴퓨터 프로그래밍, 파이썬 프로그래밍 등의 프로그래밍 관련 강의를 필수로 이수하도록 하고 있다. 또, '교육부'는 2025년부터 초등학교와 중학교에서 프로그래밍 교육을 필수화하기로 결정했다. 추가로 소프트웨어와 인공지능 등의 정보교과목 수업시간을 현재보다 2배 늘리기로 했다. 4차 산업혁명 시대가 도래하면서 교육도 많은 부분이 변화하고 있다.

서로 다른 전공을 연계, 융합한 연계전공 및 융합전공의 수도 크게 증가했다. 그리고 과거엔 컴퓨터 관련 전공에서만 배우는 줄 알았던 프로그래밍 교과목 역시 필수 교양 과목으로 자리잡았다. 시대가 급변하는 만큼 개인도 빠르게 변화해야 한다. 우리가 스스로 경쟁력을 쌓아 AI와 경쟁해야 한다. 변화를 꾀하지 못하는 자는 사회에서 도태되고 말 것이다. 특히, 하나의 학문만 몰두해 학습하는 것에서 그쳐선 안 된다. 이제 문과와 이과의 경계가 허물어진 만큼 융합형 산업인재, 자아실현형 인재로 성장해야 한다.

CHAPTER 04

대학에서의 자아 성장 콘텐츠

1 대학의 책무: 인성교육

주지하듯 최근 우리나라 교육계의 이슈는 인성교육이다. 유치원 수준에서부터 고등교육에 이르기까지 인성교육의 필요성에 대한 사회 전반의 관심이 폭증하였다. 세계 최초로 '인성교육진흥법'이 제정되었고, 이에 대해 각급 학교는 대응에 부심하고 있으며 대학도 예외는 아니다. 인성교육의 필요성과 가능성에 대한 논의는 반드시 이루어져야 함은 자명하나, 국민들과 교육계에 종사하는 당사자들의 시각과 의지는 다소 회의적인 것이 사실이다. 그러나 내부의 혁신역량이 부족할 경우 외부의 충격적인 개혁정책에 정합적으로 대응하는 것도 교육혁신의 방법 중 하나일 것이다. 기업체에서 요구하는 인재상이 인성과 창의성을 기반으로 하는 자기주도적 생애개발 역량이 체현된 졸업생이지만, 대학교육의 현실은 이에 적절히 부응하지 못하고 있다. 구태의 교육방법과 평가방법은 참다운 인성과 창의성 교육을 불가능하게 만들고 있다. 고등교육의 목적은 학생들로 하여금 창의적인 두뇌를 계발하고, 공동체적 공유가치를 행동으로 보여주는 참다운 지성인을 양성하는 것이다. 이를 위해 선행되어야 할 것이 바로 올바른 인성의 함양과 체찰이다.

인성교육은 가치교육, 참교육, 인간교육, 인간화교육, 인격교육(character education), 도덕교육(moral education) 등과 혼용된다. 일반적으로 도덕이나 가치교육의 경우 '도덕교과' 교육과 동일하게 보는 경향이 많으며, 따라서 인성교육은 인격교육이나 인간교육과 동일시하는 경향이 지배적이다. 일반화된 인성교육의 개념 역시 다양할 수 있지만 "인간다운 면모와 자질 혹은 인간으로서의 바람직한 품성을 기르는 교육", "사람들이 가족, 친구, 이웃, 지역사회, 국가의 일원으로 살아가고 일하는 데 도움을 주는 바람직한 사고와 행동의 습관화를 위한 일련의 교육", "학생의 도덕적이고 윤리적이며 책임감 있는 사회적인 인성을 계발하는 데 초점을 두고, 개인적, 사회적, 국가적 가치를 중점적으로 가르치는 가치교육"을 포함하는 것으로 정의되며, 이는 지식이나 기술교육과 별개로 '직접적으로' 도덕 혹은 덕성을 교육할 수 있는 것으로 규정된다. 이 관점에서 인성교육은 지식교육과의 관계에서 사실적으로 분리되어 있으며, 인성교육과 지식교육의 산술적 총합이 곧 전인교육(holistic education)이 된다.[1)]

표 22 | 기업의 인재상과 대학 인성교육

기업요구 인재상	대학생 인성교육의 방향
패기와 열정, 모험과 도전정신, 주인정신, 차별화된 다양한 경험(스토리), 긍정적 자아와 사고, 책임감(의식), 배려하는 인성, 자신감, 도덕성, 인문학적 소양, 근성과 끼, 독창적 창의성, 성장가능성, 글로벌 역량, 협업 및 소통능력, 성실성, 건전한 가치관을 지닌 라이트(right) 피플	• 인간정신의 자유로운 발달을 지향하고 '인간다움'을 위한 제반 학습경험을 제공함 • 건전한 도덕성을 기반으로 하는 원만한 인격의 폭을 확충하고 일상에 필요한 지혜를 길러주는 교육과정을 제공함 • 합리적 비판능력, 문제해결력, 추론능력, 창의력, 윤리적 감수성, 실천능력 등의 통합적 학습경험을 추구함 • 공통(협동)학습은 물론 자기주도적 학습설계 역량을 강조하고 지원함 • 균형감 있는 시대정신과 공정과 정의감을 구체적으로 행위하는 실천적 사고력을 제고함 • 자신의 삶을 능동적으로 경험하고 삶의 전체성을 조망할 수 있는 생애개발능력을 계발함

국부창출과 경제개발을 통한 산업화가 절실했던 성장시대에 필요한 인력은 국가산업구조를 고도화, 선진화, 다변화시키는 역량을 가진 사람으로, 이들은 전형적으로 기초학문 분야에서 폴라니(Polanyi)의 구분에 의한 암묵지나 절차적 지

1) 서덕희(2012). "학교현장 안정화를 위한 인성교육 방안". 한국교육개발원 현안보고 OR 2012-02-01. pp.3-4.

식보다 형식지나 선언적 지식을 통해 우수한 학습 성과를 거둔 이들이었다. 그러나 다국적 기업출현과 같이 기업생태계가 급변하고 지식산업, 지식노동, 창조경제 등의 개념이 대두되면서 기업의 인재상도 함께 변화되었다. 지능의 차원에서도 단일국면의 학습지능보다는 감성, 도덕, 문화, 사회, 실행, 관계, 창의, 인성 등 다중적인 지능을 갖추거나, 이를 기반으로 성장의 잠재역량을 지닌 인재에 대한 대기업의 헤드헌팅 내지 리쿠르팅 경향이 강해졌다.

서울여자대학교의 '바롬인성교육'은 우리나라 대학가에서 가장 성공한 인성교육 모델로 여겨지고 있다. 개교 당시 4년 동안 모든 학생이 기숙생활을 하며 전공교육과 함께 인성교육을 병행하던 전통으로 1학년은 3주, 2학년은 2주, 3학년은 비합숙 형태로 정해진 인성교육프로그램에 참여한다.

1학년: 나를 깨우는 교육

3주간 기숙생활을 하면서 미래 비전, 인성 등을 배운다

2학년: 사회를 깨우는 교육

2주간 기숙생활을 하면서 타인에 대한 이해와 배려심, 소통과 공감 등을 배운다

3학년: 세계를 깨우는 교육

비합숙 형태로 진행되며 프로젝트 형태의 수업을 통해 인권, 평화 등 전 세계적인 이슈에 대하여 토론수업을 진행한다.

서울여대 '바롬인성교육원장'은 인성교육의 특징을 다음과 같이 설명하고 있다.

> "핵가족화와 입시경쟁으로 중·고등학교 때 인성교육이 제대로 이루어지지 않는 경우가 많다. 사회진출을 앞둔 대학생들에게 타인과의 소통능력 등 인성을 길러주는 과정이 반드시 필요하다." (J일보. 2013년 4월 1일 자; D일보. 2014년 9월 3일 자)

코리아텍(한국기술교육대학교)은 2015학년도부터 학부 재학생 4,200명을 대상으로 인성교육을 강화하였다. 바른 인성을 갖추고 사회발전에 이바지할 수 있

는 공학인을 기르려는 취지이다. 이를 위해 인성교육을 전담할 '나우리 인성관'도 문을 열었다. 인성교육 전담 교육시설이 공과대 중심 대학에 생긴 건 코리아텍이 유일하다. 대학은 이곳에서 비폭력 대화와 예절교육 등 다양한 인성교육프로그램을 실시한다. 특히, 2016학년도 입학생부터 인성교육과목(1학점)을 필수로 이수해야 한다. 김기영 총장은 "나와 함께 우리의 가치를 중요시 여기는 인재를 양성하겠다."고 말했다. 김 총장은 이를 나우리(나+우리) 인재상이라 부르며, 21세기엔 공동체의 이익을 먼저 생각하는 공학도가 필요하고, 타인과 공감할 수 있는 공학도를 기르겠다고 천명했다. 인성교육방법 중에서는 소통교육을 중시한다. OECD가 선정한 21세기 세 가지 핵심역량 중 첫째가 타인과의 상호작용능력이기 때문이다. 사회가 다원화할수록 상대를 배려하고 존중하는 역량이 뒷받침되어야 함을 김 총장은 강조했다. 소통을 위한 '공감 아워(hour) 프로그램'은 매주 수요일 오후 2~3시에 수업 대신 교수와 학생들이 함께 차를 마시거나 간단한 레포츠 활동을 하는 등 소통의 시간을 보낸다. 모든 재학생이 학기 중 절반은 인문학과 고전 자료를 중심으로 토론수업을 하고 나머지는 봉사활동을 수행한다. (J일보. 2015년 8월 6일 자)

리버럴 아츠 칼리지를 설립한 가천대학교가 수업혁신을 통한 제2의 비상을 선언했다. '인성세미나'처럼 인문학과 자연과학, 인성교육이 어우러진 새로운 형식의 교양강의를 대폭 확대하는 것이 핵심이다. 원래 리버럴 아츠 칼리지는 연구보다 폭넓은 교양교육에 집중하는 중소규모 대학을 의미한다. 가천 리버럴 아츠 칼리지는 소속 학생이 없는 단과대로 재학생 전체의 교양교육을 담당한다. 리버럴 아츠 칼리지 교육의 대표 모델인 '인성세미나'는 10명 내외의 소규모 토론식 수업으로 전공학문과 인문학이 융합된 내용을 가르친다. 교육계의 큰 흐름인 인성교육이 특히 강조된다. 리버럴 아츠 칼리지는 내용과 방식에서 기존의 교양교육과 큰 차이가 있다. 기본적으로 토론식 수업으로 진행되기 때문에 말하기, 글쓰기 등 커뮤니케이션 능력 향상을 위한 수업형태가 강화된다. 문제중심학습(PBL), 플립 러닝 기법도 도입할 예정이다. 아래와 같은 총장의 선언이 어쩌면 당연하면서도 신선하게 들린다.

“소의(小醫)는 한 사람을 구하고 대의(大醫)는 세상을 구한다는 말이 있다. 대의는 의술이 아닌 인술을 편다. 아무리 기술이 발전하고 물질이 중시되어도 모든 가치의 중심은 인간이며, 따라서 남을 배려하고 더불어 살 줄 아는 인재가 우리 사회에 절대적으로 필요하다. 박애, 봉사, 애국이라는 가천대의 교시처럼 바른 인성을 갖춘 창의인재를 양성할 것이다.” (J일보. 2015년 5월 18일 자)

대학생 인성교육에 공을 들이는 대학은 서울여자대학교, 코리아텍, 가천대학만이 아니다. 최근 국내대학가에서는 인성교육이 크게 강조되고 확산되는 추세다. 연세대학교는 2013년부터 전체 신입생이 한 학기동안 인천 송도의 ‘레지덴셜 칼리지’에서 생활하게 된다. 하루 24시간을 학교 안에서 교수나 동료들과 보내며 일상 속에서 전인교육을 받는 것이다. 공동체생활을 통해 지도자가 되기 위한 소양을 익히고 문화적 다양성을 수용하는 능력을 키우게 하는 것이 목표다. 이화여자대학교와 숙명여자대학교도 연세대와 유사한 형태의 인성교육 프로그램을 준비하고 있다. 영국의 옥스퍼드대학교, 미국의 예일대학교 등 외국의 유수한 대학들은 수십 년 전부터 이런 형태의 인성교육 프로그램을 운영하고 있다. 경희대학교는 교양 및 인성교육을 위하여 ‘후마니타스 칼리지’란 이름의 전담기관을 2011년에 이미 만들었다. 후마니타스는 공동체에 대하여 성찰하고 고민을 실천에 옮기는 교양인을 의미한다. 학생들은 1학년 한 해 동안 인간의 가치 등을 공부하는 ‘중핵교과’라는 과목을 의무적으로 수강한다. 성균관대학교도 교양과목 중에서 인성 관련 과목을 한 강좌 이상 반드시 이수하게 하고 재학 중 최소한 30시간의 사회봉사를 유도한다. 이러한 인성교육을 통하여 대학생들은 인성 기반의 미래 지향적 창의·혁신형 인재로 만들어진다. (J일보. 2013년 4월 1일 자)

자기를 직시하고, 자신과 타자와의 관계를 생각하고, 그들과의 공존, 공생, 공영의 원리를 탐구하고, 이를 구체적으로 실천에 옮기는 행위나 그것의 기반이 되는 토대들이 대학 인성교육의 전모가 되는 것이다. 사고, 학문, 진리, 관계, 연구, 정책, 교육에서 방법론적 복수주의야말로 인간을 가장 자유롭게 만드는 힘이요, 전제조건이다. 그 힘은 바로 개인으로서 (주체적으로 사유하는) 힘, 타자와 대화(소통)할 수 있는 힘, 진리와 자유를 신실하게 사모하는 힘, 놀라움과 아름다움을 온전히 느끼는 감동과 공감의 힘이다. 다양한 교육장면에서 가치의 다양성을 발굴하고, 공유가치의 내면화를 통하여 대학생의 인성교육은 극대화될 수 있을 것이다.

표 23 | **대학인성교육 구조**

구 분	주요내용
교육목적	사람다움(인간다움), 문화화(교육), 인간화(교육), 인격화(교육), 전인교육, 통합(교육), 창조적 사고, 시민됨, 가능성, 도덕적 인격, 지적 및 인격적 발달
개인정서	정신적인 풍요, 자아존중감, 감각, 놀라움과 아름다움에 대한 감동, 자아정체성, 시대정신, 자유로움(자유감), 민감한 정서반응
개인태도	자기주도성(자율성), 사유함(생각), 반성(反省)적 성찰, 공유가치 지향, 순화, 비판, 표현, 책임감, 수행능력, 선택능력, 발현능력
교육제도 교육방법	통합화(성), 연계화(성), 전체성, 책무성, 균형감, 종합화(성), 제너럴리스트, 조직화(성), 체계화(성), 간(間)학제화, 융합 및 복합, 공통학습, 포괄성, 전체의 상(像), 다(多)학문과정

2 인성교육 콘텐츠

감사함

전 세계 시청자들을 울고 웃기는 방송계 토크여왕으로, 영화배우로, 억대부자로 미국인이 가장 존경하는 오프라 윈프리(O. G. Winfrey)! 밥 먹는 일 외에 하루도 빼먹지 않았던 일이 있었다. 그것은 날마다 '감사일기'를 쓰는 것이었다. 하루에 다섯 가지 감사제목을 기록한 것이 인생의 방향을 깨닫게 해준 에너지였다고 한다. 그녀는 가난한 미혼모에게 태어나 어머니의 품이 아닌 할머니 손에서 자랐고, 그곳에서 삼촌에게 성폭행을 당했고, 14세에 출산과 동시에 미혼모가 되었고, 아이는 태어난 지 2주 만에 죽었고, 그 충격으로 가출해 마약 복용으로 하루하루를 지옥 같은 삶을 살았다. 불우한 삶을 살았던 오프라 윈프리는 사람들이 인생에서 가장 얻고 싶어 하는 인기, 존경, 돈을 모두 가진 여성이 되었다. 그녀의 인생을 바꾸어준 건 바로 감사일기로, 내용은 거창하거나 화려하지 않고 지극히 일상적이었다. 하루 동안 일어난 일들 중 감사한 일 다섯 가지를 기록했다.

- 오늘도 거뜬하게 잠자리에서 일어날 수 있어서 감사합니다.
- 오늘도 맑고 푸른 하늘을 보여주셔서 감사합니다.
- 점심 때 맛있는 스파게티를 먹게 해 주셔서 감사합니다.
- 얄미운 짓을 한 동료에게 화내지 않았던 저의 참을성에 감사합니다.
- 좋은 책을 읽었는데 그 책을 써준 작가에게 감사합니다.

오프라 윈프리는 감사일기를 통해 두 가지를 배웠다고 한다. 첫째는 인생의 소중한 것이 무엇인지, 둘째는 삶의 초점을 어디에 맞춰야 하는지, 감사의 습관이 오늘날의 오프라 윈프리를 만든 에너지가 된 셈이다.

긍정성

마틴 셀리그만(M. Seligman)은 아픈 사람의 병인(病因)을 적극적으로 치료하는 것도 중요하지만 오히려 긍정적인 마인드를 심어주는 것이 더 중요하다고 주장하였다. 심리학은 오랫동안 부정적인 내용만 다루었으며, '어떻게 하면 이 나쁜 증상을 치료할 수 있을까?', '질병의 원인이 무엇일까?' 등에 초점을 맞추었다. 그러나 최근 들어 그러한 문제의식도 중요하지만 긍정적인 것을 강조하여 치료하는 것이 더 효과적이라는 이론이 생겨났다. 정신의학자들은 프로이드(S. Freud) 등의 영향으로 마음의 부정적인 면에만 몰입한 경향이 있었다. 이러한 경향에 대해 반성하고 마음의 밝은 면을 규명해서 북돋우려는 심리학의 새로운 시도가 일었다. 그것은 기존 심리학과 달리 인간의 약점보다 강점에 초점을 맞춘 과학적인 학문이다. 긍정심리학이란 용어는 우울증과 학습된 무기력(사람들은 일상에서 겪게 되는 대부분의 사건이나 결과를 통제할 수 없다는 것을 알게 될 때 긴장하고 당황하게 되며 무기력감을 느낌)을 연구한 셀리그만이 처음 사용했는데, 그는 '불행하게 망가진 삶은 이제 그만 연구하고 모든 일이 잘될 것에 초점을 맞추어야 한다.'고 주장했다. 그의 긍정심리학은 진정한 행복을 배울 수 있음을 증명함으로써 우리에게 새로운 희망의 메시지를 던져주고 있다. 행복은 좋은 유전자나 행운을 타고난 결과가 아니고 자신의 노력으로 만들어지는 것이며, 자신의 강점(검사)과 미덕을 찾아서 발휘하는 삶이야말로 진정한 행복으로 가는 길이라고 주장하고 있다.

기쁨

1841년 프랑스에서 가난한 양복장이의 아들로 태어난 화가 오귀스트 르누와르(P. A. Renoir)는 기쁨과 행복을 그린 화가로 색채의 마술사로 불리고 있다. 어릴 적부터 그림에 재능을 보였으며, 부모는 아들의 재능을 일찍 알아차려 그의 나이 13세 때 도자기 공장에 보내어 훈련을 시켰다. 그는 접시에 꽃다발 그리는 법, 부채에 그림 그리기, 교회에 장식할 헝겊 패널에 종교적 주제를 다룬 그림 그리기 등을 배웠다. 그림 솜씨가 뛰어났을 뿐 아니라 그림을 그릴 때 큰 기쁨을 느꼈기 때문에 정식으로 그림을 공부하기로 결심했다. 그의 초기 작품들은 반짝이는 색채와 빛으로 가득 차 있는 현실 생활의 단편을 그린 전형적인 인상파 그림이었으나, 1881년과 1882년 이탈리아 및 프로방스 지방을 여행하며 접한 라파엘로의 그림들로부터 영향을 받아 인상파와 결별하기에 이르렀다. 후기에 그는 만성류머티즘으로 손가락이 움직여지지 않자 손에 붓을 묶은 채 그림을 그렸다. 이런 불행한 처지에도 불구하고 그의 그림은 여전히 삶에 대한 기쁨과 쾌활한 태도를 보여주고 있다. 르누와르는 뛰어난 색채가로 평가되기도 하는데 검은색을 배제하고 화려한 색채와 빛으로 가득 찬 그의 그림들을 보고 있으면, 보는 사람마저 기쁘고 행복한 마음이 저절로 든다. 붓질 사이로 빛이 나는 느낌이 든다고나 할까? 기쁨을 그리는 화가라는 수식어처럼 그의 그림을 보는 것은 그 자체만으로도 기쁨을 준다. 어떤 개인이 기쁨이 매개가 되거나 동기가 되어 창조한 작품은 반드시 다른 사람들에게 기쁨을 주는 훌륭한 소재가 된다는 점을 생각할 때 기쁘게 공부하면 그 결과는 기쁨이 될 것이다.

상상력

해리 포터 시리즈를 쓴 영국 작가 조앤 롤링(J. K. Rowling)이 하버드대학교에서 명예박사학위를 받고 한 축하연설에서 인간은 더 나은 세상을 상상할 수 있는 힘을 갖고 있기 때문에, 세상을 바꾸는 데 마법이 필요하지 않다고 전제한 뒤 졸업생들에게 상상력과 실패라는 두 단어를 기억할 것을 권고했다고 한다. 그녀는 자신이 결혼생활에 실패하고 오랫동안 실업자로 가난을 겪었으며, 그 실패가 자신의 삶에서 불필요한 것들을 제거해 주었기 때문에 오히려 자유로워질 수 있었고, 이 자유로움이 곧 엄청난 아이디어와 상상력으로 인생을 새로 세울 수 있는 단단한 기반이 되었다고 한다. 그녀가 이야기하는 상상력은 잠들기 전 어린이들에게 부모님들이 동화를 읽어줌으로써 길러질 수 있는 단순한 상상력이 아니라, 보다 넓은 의미의 상상력이다. 그녀가 말한 상상력은 모든 발명과 혁신의 원천이기도 하며, 자신이 직접 경험하지 못한 타인의 경험에도 공감할 수 있게 하는 힘으로, 인간은 지구상의 어떤 생물과 다르게 직접 경험하지 않고도 배우고 이해할 수 있으며, 다른 사람들의 마음을 헤아릴 수도 있고, 다른 사람들의 처지를 상상할 수도 있다고 하였다. 물론 이러한 상상력의 힘은 그녀의 책에 나오는 마법과 같이 선할 수도 있고 악할 수도 있어서 어떤 이들은 이 힘을 여론을 조종하고 사람들을 통제하는 데 쓰고, 또 다른 이들은 타인을 이해하고 공감하는 데 사용한다고 하였다. 세상을 바꾸는 힘은 마법이 아니라 바로 우리 내면에 존재하는 상상력이다. 그녀 말처럼 우리에게는 무한한 상상력이 있으므로 미래에 더 나은 세상이 오리라 상상해보면 어떨까?

낙관성

"희망과 긍정적 사고 없이는 아무것도 이룰 수 없다."
"세상은 고통으로 가득 차 있지만, 또한 고통을 극복하는 사람들로 가득 차 있기도 하다."

"태양을 볼 수 있는 사람은 행복하고, 태양을 볼 수 없는 사람이 불행한 게 아닙니다. 중요한 것은 마음입니다. 마음속에 빛을 지니는 것입니다. 힘과 용기를 가지십시오."

헬렌 켈러(H. Keller)가 남긴 명언이다. 그녀는 미국의 한 작은 마을에서 태어나자마자 19개월 때 심한 병을 앓은 후, 눈과 귀의 기능을 잃고 말까지 못 하게 되었으나, 자신의 불행을 극복하고 한평생 신체 장애인들을 위한 교육과 자선사업에 헌신했던 사람이다. 한마디로 그녀의 일생은 초인의 삶이었다. 정상인으로서는 상상조차 하기 어려운 장애 앞에서도 그녀는 좌절하거나 절망하지 않았다. 오히려 그녀는 이 모든 장애를 딛고 일어섬으로써, 인간승리의 한 전형을 보여주었다. 맹농아로서 최초로 명문대학을 졸업할 만큼 강인한 정신력과 의지로, 우리에게 최고의 낙관의 힘을 보여 준 것이다. 그녀의 일생은 애니메이션, 영화 등 다양한 미디어로 만들어졌는데 자신의 일생을 주제로 제작한 영화에서 주인공 역을 맡기도 하고, 맹인들을 위한 국립도서관을 설립하기도 하였으며, '실명방지 협회'도 만들어 실명방지 운동을 펼치기도 하였다. 여전히 그녀의 업적은 많은 사람들에게 긍정과 희망의 힘으로 남아 있다. '삼중고(三重苦)의 성녀'라 불리며, 역사에 길이 남을 그녀는 맹인들에게 낙관과 희망의 메시지를 전했다.

희생

트롤리 딜레마와 유사한 이야기로 스위스에서 관광버스 한 대가 여러 곳을 다니다가 숙소가 있는 마을로 돌아오는 마지막 고개를 넘으면서 브레이크 고장을 일으켰다. 버스가 내리막길에서 가속이 붙자 관광객들은 이상이 생긴 것을 알아차리고 긴장하기 시작했는데 다행히 운전기사는 승객들을 안정시키면서 침착하게 굽은 길을 돌아 내려갔고, 이렇게 하여 버스가 무사히 마지막 모퉁이를 돌자 승객들은 환호성을 지르며 좋아하였다. 그러나 길 한가운데에 몇몇 아이들이 놀고 있었다고 하는데 운전기사가 황급히 경적을 울리자 다른 아이들은 다 피했지만 한 아이만이 무엇인지에 몰두해서 미처 피하지 못하고 있었다. 이 아이를 피하려면 버스가 언덕 아래로 굴러 내릴 수밖에 없는 절체절명의 순간이었던 것이다. 찰나의 순간 운전기사는 깊은 갈등과 함께 그만 아이를 치고 말았다. 차가 멈춘 후 운전기사가 정신없이 뛰어갔지만 아이는 이미 죽어 있었다. 그러자 영문도 모르는 사람들의 입에서는 살인자라는 험한 욕설이 튀어 나왔고, 그때 한 젊은이가 군중들을 향해 외쳤다. 많은 사람들을 살리기 위해 어쩔 수 없이 자신의 아들을 희생해야만 했던 그 운전기사의 이야기는 입으로는 희생을 말하고 있지만, 과연 어떻게 실천하고 있는지 돌아보게 하는 이야기로 자신의 철저한 희생을 통해서 드러나는 큰 사랑의 의미를 다시 한 번 가슴에 새기게 해주는 감동적인 이야기다. 2017년에 이탈리아 버스 사고에서 자식보다 학생들을 먼저 구한 체육교사의 실화가 있다. (홍예지, "버스 화재에서 자식보다 학생 먼저 구한 교사… 자녀들 숨져" 2017.01.24 파이낸셜 뉴스)

유머감

격조 높은 유머는 현대사회에서 개인의 경쟁력을 높이기도 하며, 유머감은 정치뿐만 아니라 비즈니스에도 필수조건이 되고 있다. 유머에 이어지는 상대방의 웃음은 호감과 협력에 대한 답을 암시하기 때문이다. 유머는 실득력의 원천이 되기도 하고 사람 사이의 벽을 허무는 힘이 되기도 한다. '허클베리 핀의 모험'을 쓴 마크 트웨인(M. Twain)인이 "천국에는 유머가 존재하지 않는다."는 말을 했다. 그 의미는 우리가 살고 있는 현실에는 그만큼 힘들고 우울한 일들이 많으니 유머와 건강한 웃음이 더욱 필요하다는 뜻이 아닐까? 어느 날 파블로 피카소(P. Picasso)가 시장을 걷고 있었다. 한 낯선 여인이 그에게 다가와 종이 한 장을 건네며 말했다. "피카소 씨, 저는 당신의 열렬한 팬입니다. 제게 그림 하나 그려 주실 수 있나요? 대가는 치르겠습니다."피카소는 미소를 지으며 그 자리에서 짧은 시간 동안 작지만 아름다운 초상화 하나를 그려 여인에게 주었다. 그러고는 그녀에게 이렇게 말했다. "그림 가격은 50만 달러입니다." 그림 값에 놀란 여인이 "피카소 씨, 그림을 그리는 데 겨우 30초밖에 걸리지 않았는데요……"라고 했는데 피카소는 웃으며 대답했다. "당신을 그리는 데 걸린 시간은 30년 30초예요." TV

방송으로 중계된 세계마술대회의 대상 수상자가 자신의 독특한 마술 공연 직후 관객들을 향해 이렇게 말하였다. “여러분은 방금 3분 동안 저의 30년을 보았습니다.” 좋은 유머란 이런 것이다. 피카소나 마술사가 공교롭게도 30년이라고 말한 것일 뿐 그 유머의 참뜻을 파악할 수 있을 것이다.

양심

양심의 사전적 의미는 어떤 행위에 대하여 옳고 그름, 선과 악을 구별하는 도덕적 의식이나 마음씨다. 양심은 대체로 문화나 교육에 의해 주입되며, 일반적으로 어떤 행동의 도덕적 특성에 관한 직관적 판단으로 이해된다. 철학자나 사회과학자, 심리학자들은 개인적 측면과 보편적 측면에서 양심을 설명한다. 양심을 옳고 그름에 대한 지각을 결정하는 타고난 직관력이라고 보는 견해를 직관주의라고 하며, 양심을 미래 행위를 유발하는 과거의 경험으로부터 누적된 주관적 추론이라고 보는 견해는 경험주의라고 한다. 행동주의 학자들은 양심을 특정한 사회적 자극에 대한 일련의 학습된 반응으로 본다. 예전에 MBC에서 방영된 ‘양심냉장고’라고 불리던 프로그램이 있었는데, 보통의 예능프로그램과 달리 법과 양심을 지키는 사회를 주창하며, 국민들에게 많은 감동과 더불어 쉼터와 같은 편안함을 주었다. 아무도 없는 심야의 횡단보도 신호등 지키기를 통해서 눈에 보이지 않는 양심을 지키는 사람을 찾아 칭찬해 주고, 교통질서 및 도덕의식까지 고취시켜주는 프로그램으로 유명했다. 아무도 없는 새벽, 긴 기다림 끝에 드디어 신호등을 지키는 장애인 부부가 나타나 양심이라고 쓰여 있는 커다란 종이가 붙어있는 냉장고를 상으로 받게 되었을 때 시청자들은 열렬한 박수와 함께 환호했다. 감동적이었던 것은 “아무도 없는데 왜 정지선에 정차했느냐?”는 질문에 언어장애가 있던 주인공이 어눌한 발음으로 “그냥, 전 늘 지켜요.”라는 답변이었다. 바쁘다는 핑계로 질서와 양심을 외면하고 신호를 지키지 않는 양심 없는 운전자뿐만 아니라, 사회전반에 무뎌진 양심을 찾자는 큰 외침이 되었다.

회복탄력성

회복탄력성(resilience)이란 원래 제자리로 돌아오는 힘을 의미하는데 심리학에서는 주로 시련이나 고난을 이겨내는 긍정적인 힘을 설명하는 용어로 쓰인다. 리실리언스는 자기조절능력과 대인관계능력이 조화와 균형을 이루어야 확장될 수 있다. 실제로 마음의 근육은 반복적인 훈련을 통해 단단해진다. 마음의 근육량이 많으면 시련을 겪어도 쉽게 좌절하지 않고, 고통스러운 순간에도 금방 튀어올라 긍정적으로 살 수 있다. 그런 힘이 바로 회복탄력성이다. 어떤 사람은 스트레스를 견디지 못하고 쉽게 근심하고 절망하는 데 비해, 어떤 사람은 위기를 오히려 기회로 삼아 더 행복하고 밝은 미래를 스스로 만들어간다. “두 부류의 사람들 사이에는 어떤 차이가 있을까?” 삶의 양적인 것을 추구하던 사람들이 이제는 질적인 풍요, 정신적인 것을 추구하고자 한다. 질적인 삶을 추구하기 위한 노력 중의 하나가 바로 회복탄력성이다. 그러나 삶은 더 불확실해졌음에도 불구하고 점점 변화된 삶의 모습에 대처하지 못하고 삶을 포기하는 사람들이 많아지고 있는 것 또한 현실이다. 그런 현실과 직면하여 불확실한 세상을 살고 있는 이 시대에 필요한 것은 무엇일까? 똑같은 프로그래머이며 똑같이 회사에서 해고를 당했지만 한 사람은 자신의 프로그램을 개발하여 성공한 삶을 살고, 다른 한 사람은 좌절하며 우울한 삶을 사는 모습을 보자. 두 사람의 삶의 차이는 바로 회복탄력성이 높은 사람과 평범한 사람의 차이라는 것에 있다. 그것은 불확실한 미래가 던져주는 똑같은 불안감에도 불구하고 어떤 사람은 풍요로운 삶을 영위하며 새로운 희망을 만들어가는 회복탄력성을 갖춘 반면, 어떤 사람은 불확실한 미래에 대한 불안으로 암울한 삶을 사는 사람이 있는 것과 같은 이치다.

단순함

사사키 후미오(ささき ふみお)는 소비생활을 멈추고 ‘비움의 미학’을 실천하라고 권유한다. 비움의 기술에는 먼저 ‘버릴 수 없다는 생각을 버려라!’는 마음가짐에서 시작해야 한다. ‘과거에 집착하지 마라!’, ‘본전을 되찾겠다는 생각을 버려

라!', '구입한 물건을 빌렸다고 생각하라!'와 같이 비움의 태도를 실천할 수 있는 마음가짐도 함께 주창한다. '렌탈 서비스를 이용하라!', '임시로 버려라!', '누군가 가지고 있는 물건은 버려라!' 등을 통해 실천의 기술을 제안한다. 더불어 '버릴 때 창조적이지 마라!'고 얘기한다. 다른 용도로 활용할 방안을 짜는 것은 물건을 버리는 일에서 도망치고 싶어 억지로 생각해낸 아이디어에 불과하기 때문이다. 이러한 미니멀리즘 생활의 이점으로 가장 먼저 시간과 여유가 생긴다. 물건이 적은 탓에 물건 찾기도 쉽고, 청소 또한 빠르고 쉽다. 옷도 적어서 코디에 대한 고민도 없어진다. 아침에 일찍 일어나서 여유 있게 출근하고, 매일하는 청소는 전혀 귀찮지 않다. 단순한 생활 속에는 단순한 생활 패턴이 가능해진다.

자신감

해럴드 샌더스(H. Sanders)는 갖은 역경을 딛고 50살이 되었을 때 켄터키에 주유소를 차린다. 그곳에서 구운 햄이나 스테이크를 팔았는데 반응이 좋아 켄터키 주지사가 표창을 할 정도였다고 한다. 그는 어릴 적부터 동생들을 먹여 살리며 개발해 온 자신만의 노하우에 대한 자신감이 충만했고, 65살이 되던 해에는 인생의 모든 노하우를 접목시킨 비법을 개발하게 된다. 그것은 압력을 이용하여 치킨을 튀기는 방식이었는데 당시 팬으로 치킨을 튀기는 것보다 훨씬 빠르게 튀길 수 있었다. 그 치킨의 이름은 Kentucky Fried Chicken이다. 그는 레시피 세일즈맨이 되기로 결심하고, 낡은 트럭 하나에 튀김기계를 싣고 정처 없이 미국을 떠돌기 시작한다. 평생의 노하우를 녹여 낸 켄터키 프라이드 치킨에 엄청난 자부심을 가지고 있었기 때문에 가능한 도전이었다. 그는 당시 65세였고, 동생들에 대한 사랑이 담긴 그의 레시피는 100번 넘게 문전박대를 당하고 말았다. 그 이후 200, 500, 700번째 그리고 1,000번째까지 그의 레시피는 어디에서도 환영받지 못한다. 그러나 1,009번째 데이브 토마스라는 사장을 만나게 되고, 그 사장은 치킨을 아주 맛있게 먹은 이후 식당에서 판매하기 시작한다. 그리고 10년도 채 안되어서 600개 이상의 KFC 프랜차이즈가 미국과 캐나다에서 생겨났으며 현재 미국에 4,600개, 중국에 4,400개 등 총 120개국에서 18,000개 매장을 운영 중이다.

그가 포기하지 않았던 것은 본인의 레시피와 무한한 자신감이 바탕이 되었기 때문이다. 실패를 모르는 자신감, 패배를 모르는 자존감이야말로 뛰어난 성과, 성취, 성공을 이루어내는 가장 강력한 인성적 강점재능이다.

도덕성

도덕성은 사전적으로 '사물의 가치를 변별하고 자기의 행위에 대하여 옳고 그름과 선과 악의 판단을 내리는 도덕적 의식'이라고 설명하고 있다. 이를 간단히 표현하면 '사물의 가치를 구별하고, 선악을 판단하는 도덕적인 생각'이다. 영화 '아이언 마스크'의 배경이 된 과거 프랑스 왕실에서는 쌍둥이가 태어나면 한 명은 왕위를 계승받게 되지만 또 한 명은 철가면을 씌워 지하 감옥에서 죽을 때까지 가두는 법이 있었다고 한다. 사실인지 전설인지 1,600년대 파리에서 신하인 달타냥과 왕비 사이에서 쌍둥이가 태어난다. 그 후 왕위를 계승한 루이 14세는 굶주린 백성들을 외면한 채 전쟁과 향락에 빠진다. 물론 동생 필립은 철가면을 쓰고 평생 지하 감옥에 갇혀 살게 되는 운명에 빠졌다. 세월이 흘러 달타냥과 이미 기사에서 은퇴한 삼총사는 왕(형)과 죄수(동생)를 바꿔치기 하려고 한다. 드디어 지하 감옥에서 동생을 꺼내 탈출하려는 순간 병사들이 몰려오고 내장은 "반역자인 저들에게 총을 쏘아라!"라고 명령한다. 달타냥과 삼총사는 어차피 죽기를 각오하고 칼을 빼들었다. 그런데 총에서 뿜어나온 하얀 연기가 걷히면서 반전이 나타났다. 달타냥과 삼총사를 존경하는 병사들 모두가 표적이 아닌 엉뚱한 곳으로 총을 쏜 것이다. 그리고 프랑스 역사상 가장 훌륭하다고 칭송받는 필립의 정치가 시작된다. 물론 쌍둥이 형(루이 14세)은 철가면을 쓰고 지하 감옥으로 내려가게 된다.

헌신과 봉사

알베르트 슈바이처(A. Schweitzer)는 대학에서 신학과 철학을 공부하여, 철학박사 학위와 신학박사 학위를 받았으며, 후에 아프리카 봉사를 꿈꾸며 의사자격증까지 취득하였다. 그는 30세에 학자로서 또한 의사로서의 안락한 생활을 버리고 선교활동 및 의료봉사로 헌신하고자 아프리카 오지로 떠난다. 그의 아내도 남편의 선교의료 봉사활동에 동참하기 위해 간호사 훈련까지 받았다. 부부는 원주민들의 도움을 받아 병원을 세워 의료봉사를 하였다. 백인의사가 왔다는 소문이 퍼지자마자 그의 진료를 받기 위해 멀리서부터 환자들이 하루에도 수십 명씩 찾아왔다. 그러나 1차 세계대전 중 그들은 그곳에서 적군인 독일인이라는 이유로 구금되었으며, 그 후 프랑스로 송환되어 포로수용소에 수감되었다가 스위스를 거쳐 고향인 알자스로 돌아오게 된다. 전쟁이 끝나고 알자스가 프랑스의 영토로 편입되자 그는 국적을 프랑스로 바꾸었다. 이는 훗날 그가 아프리카의 프랑스 식민지에서 봉사활동을 하는 데 도움이 되었다. 그는 강연과 오르간 연주회를 통해 선교비용을 모금했고, 다시 아프리카로 돌아가 갖은 고생 끝에 병원을 재건하고, 나병환자 거주지도 추가로 세웠다. 1936년 무렵 병원에는 350명의 환자와 그들의 친척이 있었고, 나병환자 거주지에는 150명의 환자가 있었으며, 약 36명의 백인 의사, 간호사와 다수의 원주민 근로자가 환자들을 보살폈다. 그는 52년 동안 13차례에 걸쳐 아프리카에 머물며 봉사활동을 하였는데, 햇수로 계산하면 무려 37년이나 된다고 하니, 인생의 대부분을 봉사하며 살았다고 해도 과언이 아니다. 생애의 나머지 기간도 의료비 마련을 위한 강연 및 모금 활동에 힘썼다.

정직함

아브라함 링컨(A. Lincoln)은 대통령이 되기 전 일리노이주의 한 작은 도시에서 우체국장의 일을 본 적이 있었다. 얼마 후 우체국은 문을 닫았고 그는 법률사무소로 일자리를 옮기게 되었는데, 그때 그는 우체국의 공금 20달러를 맡아 보관하였다. 몇 년 뒤 우체국의 직원 한 사람이 링컨의 법률사무소를 찾아와 지난날 우체국장을 지내던 시절에 맡아 두었던 공금 20달러를 돌려달라고 하자 링컨의 옆에 있던 친구가 오히려 더 걱정을 하였다. 가난한 링컨이 그날 아침까지도 그 친구에게 돈을 빌려갔기 때문이다. 그러나 링컨은 낡고 작은 주머니 하나를 들고 들어와 책상 위에 쏟았는데 정확히 20달러의 동전들이 쏟아져 나왔다. 늘 가난에 시달리면서도 몇 년간을 정부의 공금에는 손도 대지 않았던 그의 정직성을 대변해주는 일화다. 또 이런 일화도 있다. 그가 주의회 의원선거에 출마했을 때 당에서 그에게 2백 달러의 선거자금을 지원해 주었는데 선거가 끝나자 그는 바로 199달러 25센트를 편지와 함께 당으로 되돌려 보냈다. 그 편지에는 이렇게 쓰여 있었다.

> "선거 기간 중 나는 말을 타고 다녔으므로 비용이 전혀 들지 않았습니다. 다만 한 노인에게 음료수를 대접하느라 75센트를 지출한 것뿐입니다. 나머지 돈을 반납합니다."

링컨의 이러한 정직성은 주변사람들을 감동시켰고 결국 그는 대통령 후보로 추대되어 당선되기에 이르렀다.

겸손함

교양이 있고 수양을 쌓은 사람일수록 겸손하고, 남 앞에서 자기를 내세우려 하지 않는다. 19세기에 영국 수상을 지낸 밴저민 디즈레일리(B. Disraeli)는 젊은 시절 여비서를 한 사람 구하고 있었는데, 마침 추천을 받고 찾아 온 사람은 두 명이었다. 디즈레일리는 두 지원자에게 이렇게 질문을 던졌다. "만약 스무 장의 접시를 포개 들고 이 방을 나가다가 문턱에 발이 걸렸다면 어떻게 하겠소?" 먼저 한 여자가 자신 있게 말했다. "그 정도야 간단하지요. 발이 걸리는 순간 턱으로 접시를 단단히 누르고 얼른 무릎을 꿇으면 접시를 한 장도 깨지 않을 것입니다." 다른 한 여자의 대답은 조금 달랐다. "저는 아직까지 그런 일을 겪어 보지 않아서 뭐라고 말씀 드릴 수가 없습니다. 다만 발이 문턱에 걸리지 않도록 조심하는 수밖에 없을 것입니다." 대답을 들은 디즈레일리는 두 번째 여성을 채용하였다. 말로 큰소리를 치는 사람보다 겸손한 태도를 보인 사람에게 더욱 신뢰감이 갔기 때문이다. 대부분의 경우 자신감 있는 태도가 좋아 보이는 것은 사실이지만 과장된 자신감은 다소 신뢰가 떨어지고 경솔해 보일 수도 있다. 겸손이야말로 더욱 성숙한 인격, 완전한 인성을 나타낸다.

용서

한 미국신사가 자기 집 정원 앞에서 맥주를 마시며 서 있었다. 이때 남루하고 몹시 피곤해 보이는 한 인디언이 지나가다가 그 신사에게 빵을 좀 달라고 애걸하였다. 그 신사는 "너에게 줄 빵은 없다."고 말했다. 인디언은 "그렇다면 지금 당신이 마시는 맥주라도 한 잔 주십시오."라고 다시 애원하였으나 역시 거절당했다. 몹시도 배가 고프고 갈증이 난 인디언은 마지막으로 물 한 모금이라도 달라고 사정했지만 미국신사는 "너처럼 쓰레기 같은 인디언에게 줄 물은 없다."고 매몰차게 거절하였고, 그 인디언은 지치고 슬픈 얼굴로 돌아갔다. 얼마 후 이 미국신사는 사냥을 나갔는데 그만 깊은 산중에서 사냥개를 놓쳐 길을 잃고 말았다. 방향감각도 없이 산 속에서 두려움에 떨며 헤매고 있는데 날이 어두워지기 시작했다. 그 신사는 배도 고프고 목도 말라 쓰러져 죽을 지경에까지 이르렀다. 때마침 그 곳을 지나가던 인디언이 죽어가는 그를 구출하여 자기 집으로 와서 따뜻한 음식까지 후하게 대접했다. 가까스로 정신을 차린 그 신사가 가만히 보니 자기를 구출한 인디언은 바로 얼마 전에 자기가 문전박대했던 그 인디언이었다. 미국 신사는 너무 민망하고 부끄러워서 어쩔 줄 몰라 하였다. 그런 미국 신사에게 이 인디언은 조용히 말했다. "당신이 얼마 전에 나에게 한 것처럼 내가 당신을 대했다면 지금쯤 당신은 산 속에서 죽었을 것입니다." 용서는 받기도 어렵겠지만 용서를 하기는 더욱 어려운 일이다. 무지하고 야만적이라고 무시했던 인디언으로부터 너그러이 용서받은 그 미국 신사는 진심으로 뉘우쳤을까? 만일 그가 진심으로 뉘우치지 않았다면 그는 자신의 내면에 있는 교만함으로 인하여 진심으로 용서받을 수도 없었을 것이다.

자비심

테레사(Teresa) 수녀는 1963년부터 '사랑의 선교 수녀회'를 설립하여 빈민, 고아, 나병환자, 죽음만을 기다리는 사람들을 구원하는 데 온몸을 바쳐 일했다. 이 무렵부터 그녀는 마더 테레사로 불리며 세계 각국의 가난으로 허덕이는 사람들을 위해 자비와 사랑의 손길을 베풀었다. 1995년에는 워싱턴에 입양센터(아동을 위한 테레사의 집)를 세워 사생아와 미혼모 문제 등을 입양을 통해 해결하고자 노력하였다. 또한 평생 콜카타에서 가난하고 병든 사람을 위한 구호활동과 봉사와 희생의 삶을 산 그녀는 빈자의 성녀로 추앙받았다. 어느 날 그녀는 어떤 사람으로부터 "하나님이 계시다면 왜 이렇게 어려운 사람들이 있으며, 왜 당신은 그들과 함께 하는 겁니까?"라는 질문을 받았는데 그녀는 이렇게 말하였다.

> "하나님은 우리 인간들이 풍요롭게 살 수 있도록 많은 것을 내려 주셨습니다. 하지만, 가난하고 어려운 이들이 존재하는 것은 하나님이 내려주신 많은 것을 당신과 내가 손에 많이 가진 채 다른 사람들에게 주지 않은 탓입니다. 그리고 이들과 내가 함께 하는 이유는 내가 가진 것을 그들과 공유함으로써 함께 하나님의 축복을 누리고자 하는 것입니다."

테레사 수녀가 가난하고 힘든 사람들을 위해 봉사와 자비로 일한 것을 아주 간명하게 표현한 것이다. 그녀는 진정한 마더 테레사이며, 빈자의 성녀였던 것이다. 누구나 말은 쉽게 할 수 있지만 사랑과 자비를 온몸으로 실천하며 산다는 것은 결코 쉽지 않다.

용기

흔히 누구로부터 공박을 당하거나 비난이 쏟아질 때, 어떻게든 상대의 마음에 들고자 내 행동을 수정하려고 발버둥치기 마련이다. 그러나 소모적인 비난을 슬기롭게 무시하는 것이야말로 불편한 인간관계를 해소하는 현명한 해답이다. '상처받을 용기'란 나를 아껴주는 사람에게 집중하고, 나에게 상처를 주는 사람에게 질질 끌려 다니지 않음을 의미한다. 비난과 상처는 일상화된 소통의 형태이며, 이로 인해 생기는 마음과 몸의 아픔은 떠나가는 기차를 대하듯 자연스럽게 흘려보내야만 한다. 만약 소모적인 긴장관계 때문에 어려움을 겪는 사람이라면, 비난의 화살로부터 당당하게 스스로를 지켜내는 생각법을 찾아야 할 것이다.

창의성

중세시대 한 프랑스 마을에서는 많은 사람들이 흑사병으로 죽어가고 있었다. 흑사병은 너무나 무서운 전염병이었으므로 사람들은 접근을 몹시도 두려워했다. 그래서 죽었다고 판단되는 사람은 가차 없이 매장을 단행했다. 그런데 문제는 마을 사람들이 실수로 인해 아직 살아있는 사람들까지 매장했다는 것이다. 이러한 사실을 알아차린 마을 사람들은 이 문제로 심각하게 고민하기 시작했다. 그러던 중 마침내 창의력이 뛰어난 한 사람이 생각을 역전시켜 이 난제를 해결했다. 그 해결방법은 이미 죽었다고 판단하고 관속에 넣은 시신의 심장 위에 막대기를 올려놓는 것이었다. 그래서 막대기의 움직임을 보고 살아있는 사람을 확인한 것이다. 결국 산 사람을 찾기 위해 병든 사람을 일일이 살피는 것이 아니고, 죽은 사람 중에서 산 사람을 찾는 방식이었다.

자동차 왕 헨리 포드(H. Ford)가 자동차 사업에 뛰어 들었을 때, 통상적이고 관습적인 생각은 '작업장에서 사람들이 부품을 일일이 찾아와서 조립하는 공정'이었다. 하지만 그는 현재상황의 이면을 바라보고 '작업장의 부품이 사람에게 찾아와서 조립되는 공정'으로 역전시켜, 이른바 어셈블리 라인(컨베이어 벨트를 이용한 자동조립공정)을 발명한 것이다. 역발상이 곧 창의성의 원천이 될 수 있음을 잘 보여주고 있다.

"현재의 불편함을 인식하는 것, 보상의 대박을 의식하지 않는 것이 곧 창의성의 원천이다."

제너럴 모터스사(GM)의 최고 경영자 알프레드 슬로안(A. Sloan)은 일반적이고 통상적인 사고방식을 전환시켰다. 당시만 해도 사람들의 생각으로는 자동차를 사기 전에 돈을 내는 것이었다. 하지만 그는 상황의 이면을 보고 그 반대의 생각을 해낸 것이다. 즉 '돈을 내기 전에 차를 살 수 있다.'로 접근했다. 그 결과 자동차 할부구매라는 혁신적인 아이디어가 탄생한 것이다.

아스피린이 먹기 거북한 점을 고려한 화학자들은 알약의 표면에 단맛이 나는 코팅을 하려했다. 그런데 기존의 아스피린에 코팅을 하자 알약의 표면이 거칠고 울퉁불퉁해서 시각적인 문제가 발생했다. 그래서 아스피린 알약에 코팅을 하려는 생각을 바꾸어, 거꾸로 아스피린에서 무언가를 벗겨내는 방법을 찾았다. 그리하여 알약을 코팅하는 새로운 기술을 개발한 것이다.

발명왕 토마스 에디슨(T. Edison)은 사람들이 움직이는 영상을 촬영하고 싶어 하는 것을 알았다. 그래서 눈앞에 움직이는 것을 카메라에 담는다는 것은 불가능하다는 고정관념을 거부하고, 사람의 눈이 가만히 있는 사진을 움직이는 영상으로 착각을 하도록 함으로써 영화카메라를 발명하였다. 즉 사람의 눈은 1초에 지나가는 16개의 정지된 사진을 움직임으로 착각한다는 사실을 이용한 것이다.

행복감

『꾸뻬 씨의 행복여행』은 파리 중심가 한복판에 진료실을 갖고 있는 꾸뻬 씨가 들려주는 여행 이야기이다. 프랑스의 정신과 의사이자 심리학자인 저자의 경험을 바탕으로 쓴 실화소설이나. 세상 어느 곳보나 풍요로우면서 정신과 의사가 가장 많은 도시인 파리에서 그는 둥근 뿔테 안경에 콧수염을 기르고 의사로서의 성공적인 삶을 살아가고 있다. 그러던 어느 날 그는 자신 역시 행복하지 않다고 결론을 내린다. 마음의 병을 안고 찾아오는 사람들을 어떤 치료로도 진정한 행복에 이르게 할 수 없음을 깨달았기 때문이다. 마침내 그는 진료실 문을 닫고 전 세계로 여행을 떠난다. 무엇이 뭇사람들을 행복하게 하고 반대로 불행하게 만드는지 알아보기 위해서 말이다. 그는 여행을 다니면서 틈틈이 수첩에 행복에 대한 배움의 순간과 깨달음을 기록한다. 비행기를 타면서, 사람을 만나면서, 산책을 하면서, 자신에 대해 생각하면서 등 일상에서 소소하게 느끼는 행복을 깨닫는다. 우리는 누구나 행복한 삶을 꿈꾸며 살아간다. 정녕 우리가 추구하는 그 행복은 어디서, 어떻게 찾아야 하는 것일까?

겸손함

공자(孔子)는 선비가 갖추어야 할 가치덕목으로 겸손과 의연함을 강조하였다. "군자는 크거나 작거나 많거나 적거나 간에 감히 거만하게 행동하지 않는다.", "군자는 의리를 기본으로 하여 예의 있게 행동하고 겸손한 태도를 취한다."는 말은 겸손함을 특별히 강조한 메시지다. 유학을 숭상한 선비들은 겸손과 의연한 삶을 이상으로 여기며 실천하였다. 겸손과 의연함 속에는 험난한 역사와 현실의 소용돌이 속에서도 타자를 배려하고, 어떠한 상황에도 흔들림 없이 살아온 선조들의 절의와 삶의 좌표가 담겨 있다. 겸손은 남을 존중하고 자신을 내세우지 않는다. 의연함은 자신을 견결하게 지켜나가는 삶의 자세와 실천이다. 겸손과 의연함은 얼핏 관련이 적은 듯하지만 서로 긴밀하게 연결되어 있다. 겸손함과 의연함은 인성교육의 중요한 정신적 도야재이며 동시에 무형의 자본이다.

"온순하고 겸손하며 자신을 낮추고 온화하게 처신하여 몸을 낮추고도 오히려 덜 낮추지나 않았는가를 두려워하고 모든 지식을 드러내지 않고 속에 간직하고도 오히려 얕게 간직하지나 않았는가를 두려워하는 것이 아마도 우리 유가 양용(養勇)하는 요법인 듯한데, 어떠한지 모르겠습니다." <정약용의 "여유당전서(與猶堂全書)", 答蔓溪 중에서>

배려심

"난 결코 대중을 구원하려고 하지 않는다. 난 다만 한 사람을 바라볼 뿐이다. 난 한 번에 단지 한 사람을 껴안을 수 있다. 단지 한 사람, 한 사람, 한 사람씩만…" <마더 테레사의 어록 중에서>

배려가 우리 생활에 가장 많은 힘을 발휘하는 것은 바로 인간관계에서다. 배려에는 인간관계를 윤택하게 하고 강하게 만드는 많은 요소들이 숨어 있기 때문이다. 배려할 줄 아는 사람과 함께 있으면 즐거운 화제도 많아지고, 애정과 넓은 관심으로 늘 편하게 대해주기 때문에 쉽게 마음의 문을 열게 된다.

- 배려는 풍성한 화제를 만들어준다.
- 배려는 기쁨을 두 배로 만든다.
- 배려는 강한 인상을 만든다.
- 배려는 당신을 유능한 사람으로 보이게 한다.
- 배려는 리더의 자질을 만든다.
- 배려는 나를 높여준다.
- 배려는 물질을 대신한다.
- 배려는 사람을 끌어 모은다.
- 배려는 긴장을 풀어준다.
- 배려는 마음의 문을 연다.
- 배려는 오해를 풀어준다.
- 배려는 상처를 감싸준다.
- 배려는 행복한 사람을 만든다.
- 배려는 성숙된 나를 만나게 한다.
- 배려는 인격이 입는 옷이다.

서번트십(Servant-Ship)

서번트 리더십(빌로우십)의 본질은 사랑의 실천이다. 실천하는 사랑에는 인내, 친절, 겸손, 존중, 이타주의, 용서, 정직, 헌신 등이 모두 포함된다. 인내는 책임 있는 행동의 원천이며, 친절은 상대에게 관심을 갖고 상대를 인정하고 격려하는 것이다. 겸손은 진실하고 가식이 없는 것이며, 존중은 다른 사람을 소중한 존재로 대하는 것이다. 사람은 자기가 사랑하는 만큼 용서하는 법이며, 정직은 모든 리더가 지녀야 할 최대의 가치덕목이다. 헌신은 자신의 선택에 전념하는 것이다. 하지만 이러한 것들도 구체적으로 행동으로 옮기지 않으면 아무런 의미가 없다. 그래서 “사랑이란 타인을 향한 감정이 아니라 타인을 향한 구체적인 행동”이라고 한 것이다. 전설적인 CEO인 렌 호프만이 성공의 절정에서 한 수도원으로 잠적하여 '스스로 문제가 있다고 여기는 사람들'에게 들려주는 '서번트 리더십(빌로우십)'의 메시지는 누구에게나 어디에서나 적용될 수 있는 것이다. 서번트 리더십(빌로우십)은 당신을 둘러싸고 있는 사람들에 대한 존중과 책임, 사랑에 기초하고 있다. 바로 이것이 다양한 환경에 놓인 수많은 사람들의 심금을 울린다. 자기를 낮추는 자는 높여주고 자기를 높이려는 자는 낮게 만들겠다는 예수의 설교가 실생활에서도 종종 벌어지는 역사라는 사실을 우리는 잘 알아야 한다.

의사소통

소통의 본질은 이야기하는 당사자들의 의미와 가치의 공유에 있다. 첫인상을 형성하는 과정에서 언어적 단서와 비언어적 단서가 모두 작용하지만, 면대면 커뮤니케이션 상황에서는 일단 비언어적 단서가 먼저 눈에 띄기 때문에 중요한 역할을 한다. 사회심리학에서 인상형성 연구는 인물 지각 또는 얼굴 지각의 범주 안에서 이루어져 왔는데, 이는 그만큼 인상을 형성하는 데에는 생각이 많이 들어가는 인지(cognition) 과정보다 거의 즉각적으로 파악되는 지각(perception) 과정이 더 크게 작용함을 시사한다. 당연히 미소 띤 얼굴이 찡그린 얼굴보다 더 좋은 인상을 주며, 밝은 모습이 어두운 모습보다 더 좋은 인상을 준다. 상황에 맞는 옷차림이나 매너도 좋은 인상을 주는 데 중요한 요소다. 상대방과 직접 얼굴을 마주하지 않는 컴퓨터 매개 커뮤니케이션(CMC, Computer-Mediated Communication)이나 소셜네트워크서비스(SNS, Social Networking Service)의 커뮤니케이션 장면에서는 특히 언어적 단서가 첫인상 형성과 이후의 관계에 특히 큰 영향을 준다. 따라서 대화 시 사용하는 어휘나 표현을 신중하게 선택할 필요가 있다. 분위기를 띄우는 농담이라 할지라도 지나치게 저급한 표현을 사용하면 그 사람 자체가 평가절하될 수 있다.

우리는 살아가면서 의도하든 아니든 수많은 사람들을 만난다. 만나서 생각과 느낌을 서로 주고받으며 살아간다. 여기서 가장 중요한 요소가 바로 커뮤니케이션이다. 우리가 다른 사람들과 소통하는 이유는 사랑과 신뢰를 기반으로 하는 행복감을 느끼기 위해서다. 일부러 불행하고자 다른 사람과 소통하는 이는 없다. 그러나 예기치 않게 의도와 다르게 오해를 하고 마음에 상처를 입어 결과적으로 불행을 느끼는 사람들도 수없이 많다.

신뢰감

사회과학 분야에서 거론되는 신뢰 외에 경제경영 및 처세실용 분야에서 접근해 본 신뢰는 어떨까? 스티븐 코비(S. Covey)의 『신뢰의 속도』에 따르면 개인과 조직, 시장과 사회 전반에서 신뢰 수준이 내려가면 속도도 함께 내려가고 비용은 올라가는 반면, 신뢰 수준이 높아지면 속도도 올라가고 비용은 내려간다. 그가 말하는 신뢰의 핵심 요소는 무엇일까? 첫째, 말과 행동, 가치관이 일치하는 성실성이다. 성실성은 다시 진실을 전달하는 정직성, 의도와 행동 사이에 간격이 없는 일치성, 자신보다 원칙을 우선시하는 겸손함, 행하기 어려운 상황에서도 옳은 일을 할 수 있는 용기 등을 포함한다. 둘째, 의도다. 의도란 내가 그렇게 하겠다는 생각을 뜻하는 것으로 진정한 관심에 바탕을 둔 동기, 그러한 동기에서 나오는 의제, 동기와 의제가 결합되어 나오는 결과물인 행동까지 포함한다. 셋째, 재능, 지식, 기술 등과 함께 태도와 스타일, 즉 일을 해나가는 방식까지 포함하는 능력이다. 넷째, 성과다. 성과는 과거 실적, 현재 실적, 미래 실적 등으로 나누어 볼 수 있으며 성과를 달성하는 과정과 방법까지 포함한다.

2015년에 독일의 간판 자동차그룹 폭스바겐의 배출가스 저감장치(EGR) 조작 파문이 걷잡을 수 없이 확산되었다. 미국 환경청이 골프·아우디 등 5종의 폭스바겐 디젤 차량 48만 2,000대에 리콜 명령을 내린 이후 폭스바겐 주가는 18%대 폭락하면서 시가총액 33조 원이 날아갔다. 폭스바겐 측은 전 세계에서 1,100만 대의 자사 디젤 차량이 이번 사태와 관련 있다고 시인했다. 폭스바겐은 1937년 설립 이후 신뢰의 독일차를 대표해 왔다. 아우디·포르셰·람보르기니·벤틀리 등 12개 브랜드를 거느리며 세계 판매 최상위를 기록한 자동차 명가다. 그런 회사가 실수도 아닌 속임수로 소비자를 우롱했다는 점에서 충격이 컸다. 미국 환경청은 배출가스 저감 장치가 자동차 승인 검사 때만 작동하고 주행 시 꺼지도록 조작됐다고 결론내렸다. 폭스바겐은 고연비와 친환경을 동시에 갖췄다며 클린 디젤을 강조해 왔지만, 트릭을 감추고 있었던 셈이다. 북미시장에서 제동장치 이상으로 1,000만 대 이상의 리콜 사태를 겪은 일본 토요타는 초기 대응 실패로 세계 1위 자리에서 밀려나는 후유증에 시달렸다. 품질관리 실패로 발생한 토요타 사태에 비해 폭스바겐의 죄질은 훨씬 나쁘고 심각했다. 기술과 품질 못지않게 기업에 중요한 자산은 정직과 신뢰다.

진실함

윌은 MIT공대에서 교실 바닥 청소 일을 할 때 말곤 대학교 정문 근처에도 가본 적이 없는 청년이지만, 노벨상을 수상한 교수들조차 혀를 내두를 만큼 어려운 수학문제들을 간단하게 풀어버리는 천재다. 이를 알게 된 MIT공대 교수 램보는 윌의 폭력전과를 무마하는 조건으로 자신과 수학연구를 할 것과 정신과 의사에게 심리치료를 받을 것을 제안한다. 윌은 정신과 의사를 조롱하며 의도적으로 상담을 거부하지만, 램보는 마지막으로 자신의 친구인 심리학 교수 숀에게 윌을 부탁한다. 윌이 숀과 처음 만나던 날 윌은 숀의 상처를 들추어내 가슴 아프게 만든다. 숀은 이런 윌의 모습을 보고 윌에게 부족한 것이 타인의 사랑이며 그 때문에 정신적 성장에 장애를 겪고 있음을 간파한다. 영화 <굿 윌 헌팅>은 타인에게 사랑을 받아본 적이 없어 사랑을 할 줄도 모르는 한 소년이 또 다른 아픔을 간직한 중년의 교수와의 진실한 대화를 통해 정신적 외상을 치료하고, 세상을 긍정하게 되는 휴먼드라마다. 또한, 중년 교수 자신의 깊은 정신적 상처 역시 조금씩 회복되어 간다. 진실함은 나와 대화하는 사람을 변화시키기도 하지만 나 자신도 긍정적으로 변화해가는 놀라운 힘을 지니고 있다.

노력

인간은 자신의 의지대로 삶을 개척해 나갈 뿐더러 운명이라는 늪에 빠져 허우적대지 않는다. 운명을 믿으면서도 한편으로는 주어진 운명에 저항하는 능동적인 삶을 산다. 후천적인 노력으로 타고난 운명을 극복하는 것, 그것이 인간이 가진 인성(힘)이다. 인간에게는 조장(助長)과 극살(剋殺)이라는 두 가지 천성이 있다. 조장은 자라도록 돕는 것이고, 극살은 눌러 죽이는 것을 말한다. 만일 자신의 삶이 극살의 기운으로 가득 차 있다면, 반성을 통해 스스로를 변화시켜야 한다. 새로운 나, 즉 새로운 자아로 다시 태어나야 한다. 성공적인 삶으로 가는 첫 번째 관문은 뜻, 즉 목표를 세우는 것이다. 한 번뿐인 인생을 헛되게 보낼지 아니면 알차고 보람 있게 보낼지는 자신이 세운 목표에 달려 있다고 해도 과언이 아니다. 목표는 한마디로 자신의 삶이 나아갈 방향이다. 동서고금을 막론하고 역사에 발자취를 남긴 위대한 인물들은 모두 큰 뜻을 품고 앞으로 나아갔다. 자신의 그릇에 맞는 목표를 세운 후 최고 수준에 도달할 때까지 최선의 노력을 다한다면 결코 평범한 인생으로 끝나지 않을 것이다. 이때 중요한 것이 배움이다. 특히 정(正: 올바름), 대(大: 원대한 꿈), 정(精: 정밀함), 심(深: 깊이), 이 네 가지 교육의 목표가 선행된 배움이 인생의 가치를 빛나게 해줄 것이다.

몰입(flow)

고도의 집중상태인 몰입만 활용하면 누구나 천재가 될 수 있을까? 몰입전문가 서울대 황농문 교수는 바로 몰입이 당신의 천재성을 일깨워줄 열쇠라고 말한다. 그는 30년 가까이 공학연구에 몸담아 온 공학자며 '하전된 나노 입자이론'으로 최우수논문상을 수상한 과학자다. 1990년부터 몰입사고를 하며 연구를 수행했고 그때의 경험이 그의 삶을 180° 바꿔 놓았다. 그는 몰입이 잠재된 우리의 두뇌능력을 첨예하게 일깨워 능력을 극대화하고 삶의 만족도를 최고로 끌어올리는 방법이라고 이야기한다. '왜 우리가 몰입사고를 해야 하는가?', '어떻게 몰입으로 천재성을 끄집어낼 수 있는가?'에 대하여 구체적인 해답을 제시한다. 다음은 황농문의 『몰입－인생을 바꾸는 자기혁명』의 일부를 발췌, 인용한 것이다.

> "온몸의 힘을 빼고 안락하고 편안한 자세로 앉아서 비교적 난이도가 낮은 문제를 읽은 뒤 눈을 감고, 혹은 책을 덮고 가능한 한 천천히 생각하면서 푸는 훈련을 반복하다 보면 천천히 문제에 집중하여 생각하는 방법을 터득하게 된다."

“문제를 처음 대했을 때 도무지 어떻게 접근해야 할지 모르고 난감하게 느껴지는 경우, 포기하지 않고 계속 생각하면 고도의 창의적인 두뇌가 활동을 시작한다. 그리고 자신의 두뇌 능력의 한계를 계속 사용하게 된다.”

“자신이 풀 수 없을 것 같은 문제를 풀려고 매달릴 때 비로소 자신의 두뇌가 최대로 가동되고 최대의 능력이 발휘되는 것이다. 그러나 배우기만 하고 모르는 문제를 스스로의 힘으로 풀어본 경험이 없는 학생은 사고력이 발달하기가 어렵다. 이미 배운 문제만 풀 수 있고 배우지 않은 문제가 주어지면 배우지 않았기 때문에 풀지 못할 것이라고 생각한다.”

“이런 식의 학습에 길들여지면 배우지 않은 문제를 푸는 것은 자신의 능력 밖이라고 단정해버린다. 이것은 스스로 자신의 한계를 규정짓는 일이다. 이러한 패러다임으로는 사고력이나 창의력을 발달시키기가 어렵다. 결국 자신이 가지고 있는 무한한 잠재력을 깨우지 못하고 평생을 보내게 된다.”

“마라톤에서 좋은 성적을 거두려면 자신만의 페이스를 지켜야 하듯 공부를 할 때도 각자의 상황에서 최적의 페이스를 찾는 것이 중요하다. 특히 입시처럼 장기간에 걸쳐 최선을 다해야 하는 경우에는 자신만의 페이스를 찾아서 하루의 패턴을 만들고 이것을 반복해야 한다.”

“참으로 중요한 일에 종사하고 있는 사람은 그 생활이 단순하다. 그들은 쓸데없는 일에 마음을 쓸 겨를이 없기 때문이다.”

“뉴턴, 아인슈타인, 에디슨, 빌 게이츠, 워렌 버핏…, 비범한 업적을 이룬 천재들에겐 한 가지 공통점이 있다. 고도로 집중된 상태에서 문제를 생각하는, 몰입적 사고를 한다는 것이다. 그들이 천재라서 집중력이 높은 게 아니라 집중력이 높아 천재가 되었다는 얘기다.”

선택

인간은 합리적인 이성뿐 아니라 비합리적 감성에 의해 움직이며, 일관된 선호가 아닌 상황적 선호를 가지고 선택행위를 한다. 그리고 수많은 기업, 생산자들은 이러한 심리를 이용해 당신의 선택을 지배 혹은 조종하고 있다. 당신이 어떤 선택행위를 했을 때 당신 의지대로 선택했다고 생각하는가? 이미 당신은 특정한 심리법칙에 사로잡혔을지도 모른다. 명민하거나 야무지지 않으면 살기 힘든 세상이다. 분명히 필요해서 구입한 물건들인데 집안에는 온통 잡동사니뿐인가? 훗날 돌이켜봤을 때 당신의 선택이 납득되지 않는가? 그렇다면 당신이 정녕 자유의지대로 선택하고 있는지를 진지하게 고민해보아야 한다. 매 순간 나 자신도 모르게 나의 감정이 조종당하고, 그것이 소비로 이어지고 있을지 모르니 말이다. 물론 물리적 강압도 심리적 저항도 없었을 것이다. 어쩌면 그래서 더 무서운 것일지도 모른다. 행동경제학에 따르면 인간은 이성뿐 아니라 감성에 의해 움직이며, 일관된 선호가 아닌 상황적 선호를 가지고 선택한다고 이야기한다. 그리고 수많은 기업, 생산자들은 이러한 심리를 이용해 당신의 선택을 지배하고 있다. 바른 선택, 좋은 신념은 좋은 인식을 만드는 강력한 힘이 된다.

악보도 읽을 줄 모르는 절대음감의 소유자로 알려져 있는 성악가 루치아노 파바로티(L. Pavarotti)는 연기력마저 부족한데도 누구보다도 다양한 레퍼토리를 소화했으며, 40년 이상을 현역 성악가로 활동했다. 악보를 읽을 줄 몰랐기 때문에 '이건 더 짧게, 이건 더 길게, 이곳에서는 날카롭게' 등 각 음표를 설명하는 자기만의 기호를 사용해서 아리아의 가사와 함께 노트에 필기를 해두곤 했다. 스승인 아리고 폴라(A. Pola)의 말에 의하면 파바로티는 본성이 열정적인 사람이며, 쉬지 않는 도전자이며, 완벽한 귀와 음악적 감각을 타고났다. 그런데 그는 어렸을 때부터 성악에 천부적인 재능을 보였으나, 고등학교를 졸업할 무렵 자신의 진로를 선택해야 하는 기로에 놓였다. 첫 번째 길은 공부를 계속하거나 운동을 하여 교사가 되는 것이었고, 두 번째 길은 자신의 소질을 십분 발휘하여 성악가가 되는 것이었다. 교사가 되는 것은 실패 확률이 없는 안전한 길이었고, 성악가가 되는 것은 성공보장이 없는 험난한 길이었기 때문에 선택하기가 매우 어려웠다. 이때 "의자는 하나만 선택해야 한다."는 아버지의 조언에 따라 음악의 길로 뛰어 들었고, 결국 세계 3대 테너로 불리며 많은 사람들로부터 인정과 사랑을 받기에 이르렀다. 만일 그가 두 개 중 하나를 선택하지 못하여 교사를 하면서 성악가도 하겠다고 욕심을 부렸거나, 안정을 보장받기 위하여 교사를 선택했더라면 지금과 같은 결과가 가능했을까?

습관

『습관의 재발견』이라는 책은 부단한 결심과 포기를 반복하는 사람들에게 계획을 이행하는 의지의 문제가 아니라 근본적으로 그가 구사하는 습관전략에 문제가 있음을 이야기한다. 스티븐 기즈(S. Guise)는 '열정과 의지만 있으면 무엇이든 할 수 있다.'는 기존의 심리학적 통념을 거부한 일종의 작은 습관이론을 제시한다. 저자는 귀차니즘 환자이자 운동하는 것이 부담스러울 정도로 빈약한 몸매였다. 어느 날 '매일 팔굽혀펴기 한 번 하기'를 목표로 세웠고 생각지도 못한 체형 변화를 이뤄내면서 작은 습관의 힘에 주목하게 된다. 하루에 팔굽혀펴기 한 번은 한심한 목표일 수 있다. 그러나 별것 아닌 팔굽혀펴기 한 번이 지속되면서 가져오는 나비효과가 엄청났음을 경험하면서 지킬 수 없는 위대한 목표보다 지킬 수 있는 사소한 행동이 인생을 바꿀 수 있음을 강조한다. 계획만 세우고 중도 포기하여 계획조차 세우지 않게 되었는가? 이제 실패했던 지난날들은 잊어버려라. 자신의 나약함을 한탄하며 좌절하던 기억은 잊고 지쳐 쓰러지지 않는 작은 습관 프로젝트로 미래를 바꾸어라! 작은 습관은 당신의 삶을 좌절과 패배의 기억이 아닌 지속적인 성공과 자기존중감으로 가득 채워주는 변화를 향한 첫 항해가 될 것이다.

호기심

"창의성에 있어 호기심은 필요조건이다. 질문은 호기심을 전제로 한다. 창의성을 발휘하기 위해서는 궁금증과 호기심의 영역을 관통하는 시야가 필요하다. 사고의

틀(프레임)을 제한해서는 곤란하다." (최진석, 서강대학교 철학과 교수)

최교수가 제안하는 호기심은 불꽃이다. 불꽃을 꺼뜨리지 않기 위해서는 전제해야 할 것이 있다. 바로 사물에 대한 호기심과 궁금증, 이를 언어로 풀어가는 질문이다. 그는 갈수록 호기심이 사라지고 물질을 있는 그대로 받아들이는 현 세태에 대해 우려의 목소리를 내비친 적이 있다. 그는 "아인슈타인이 생전에 순수한 호기심의 불꽃은 갈수록 꺼져간다고 말한 적이 있다."고 말했다. 그만큼 사람은 태어나서 왕성한 호기심을 바탕으로 실수를 하며 배워나가지만, 서서히 틀에 고정된 사고와 행동방식으로 창의성을 발휘하기에 제한적인 상황을 지적했다. 우리는 종종 예측하지 못하는 상황과 마주할 때가 있다. 만약 이러한 상황을 그냥 지나치고 만다면 어쩌면 거기서 파생할 수 있는 기회를 놓치는 것은 아닐까? 이때 이것에 대해 먼저 관심을 보이는 일이 중요하다. 그리고 익숙한 것 안에서 의외의 것들을 발견할 수 있다. 그가 창의성에 대해 지향하는 바도 이와 같다. 중요한 것은 여기서 질문을 끌어내려는 탐구정신이다.

"경험과 지식에 의해서 새로운 것을 만났을 때 단순히 깜짝 놀라는 것에 그쳐서는 안 됩니다. 이를 바탕으로 이슈를 탐구하고 자신의 욕망을 발현하는 것, 이것이 호기심이고 창의성의 전제 조건이 됩니다."

인내심

'고생 끝에 낙이 온다. 젊어 고생은 사서도 한다. 모든 것이 쉬워지기 전에는 어려웠다. 인내가 세상을 정복한다. 인내는 천국의 열쇠다. 인내는 희망의 기술이다. 오로지 인내와 시간으로 인해 오디가 비단이 되는 법이다. 인내와 근면은 태산도 옮긴다. 보잘 것 없는 낙수가 커다란 바위를 뚫는 법이다. 인내야말로 가장 큰 (무형의) 자산이다' 등의 속담은 오로지 인내하는 사람만이 원하는 것을 이루거나 인간적인 성장을 도모할 수 있음을 잘 현시하고 있다. 또한, 동서양 격언에 '세 번 참으면 살인을 면한다. 비온 뒤에라야 땅이 굳는다. 오로지 인내하면 해탈이 찾아온다. 재능보다 훈련, 열정, 행운이 우선이나 이보다 더 중요한 것은 인내다. 인내하다 보면 언젠가 성공의 기회가 보인다. 인내는 만족의 최고조건이다. 인내는 쓰되 열매는 달다. 인내하고 시간을 두면 완력이나 노여움이 이루는 것 이상을 성취할 수 있다. 인내는 사람이 깨달아야 하는 최초의 교훈이다. 인내는 괴로움을 이기는 명약이다. 인내하는 사람만이 오로지 바라는 것을 얻을 수 있다. 지혜는 훌륭하나 더 훌륭한 것은 바로 인내다. 우리가 사랑하는 것을 가질 수 없다면 가진 것을 사랑하라.'고 하여 광대한 인내의 가치론적 담론을 공감각적인 방법으로 축약하여 잘 웅변하고 있다. 어찌 보면 인내는 성공적인 학습 혹은 교육의 조건이며 동시에 목표다. 또한 이러한 인내는 겸손, 용서, 신뢰, 존경, 성실, 성취(성공), 인륜, 예의 등을 포괄하는 최고의 가치덕목이기도 한다.

3 셀프 리더십

왜 셀프 리더십인가?

최근 우리사회에서 종종 물의를 일으키는 유명 리더들의 문제행동들은 대중적인 리더십 철학에 회의를 느끼게 만드는 계기가 되었다. 전통적으로 리더의 개인적인 삶은 리더십의 수행에 별로 영향을 미치지 않는다고 대중에게 인식되어 있었다. 리더를 선발할 때 가장 중요한 요소는 **직무수행능력**이라는 주장이다. 오직 이것만으로 리더의 적합성 여부를 결정해야 한다는 것이다. 그러나 오늘날에는 리더의 개인생활이나 사적 행위가 공적 리더십 행사와 관련이 있는가?의 문제가 심각하게 대두되고 있다. 수많은 사례에서 리더의 사생활과 공적 리더십 사이의 불일치 문제는 정직과 인성의 관정에서 사람들에게 관심의 대상이 되었다. 그들은 리더의 사생활과 공적 리더십은 서로 영향을 미치거나 높은 상관이 있다고 주장한다. 이에 의하면 리더의 인격은 그의 공적 리더십에 영향을 미치고 이때 비로소 대중적인 존경과 지지를 받을 수 있다. 리더에 대한 대중적인 냉소는 리더들의 공적 삶과 사적 삶의 불일치에서 시작된다. 이러한 불일치가 확인되는 순간 대중은 그를 더 이상 사회적 리더로 간주하지 않는다. 이에 따라 한 리더가 자신의 개인생활을 영위하는 방법은 리더십 수행능력에 영향을 미친다는 것이 공론으로 확산되었다. 본 절에서는 리마(S. D. Rima)의 셀프 리더십 이론을 중심으로 논의한다(황을호(역), 2003, 참조).

'셀프 리더십'이란 무엇인가? 셀프 리더십을 연구하거나 주장하는 사람들에 의하면 '올바른 리더라면 그가 공적 리더십의 자리에서 행하는 것과 동일한 방식이나 수준의 리더십을 자신의 일상에서도 실천해야 한다'고 주장한다. 전통적으로 리더십이론은 대부분 조직이나 집단에 적용되는 것들이다. 그러나 성공적인 리더들의 공통점은 개인의 영향력을 사용하고 또 필요한 가용자원들을 동원하여 기존의 패러다임과 관행들을 변혁시켜 그 집단 혹은 조직의 명시된 임무를 보다 유익하고 효과적으로 달성한다는 점이다. 여기서 출발한 셀프 리더십 주창자들에 의하면 리더들은 자기 자신의 삶을 영위하는 데 있어서도 동일한 주의나 경계를 기울여야 한다는 것이다. 이를 위하여 우리는 우리 삶의 기존 패러다임이 변혁되어야 하는지 여부를 부단히 성찰해야 한다.

- 내가 일하는 방법과 삶의 방식이 나의 사명과 목적에 부합하는가?
- 내가 속한 조직이나 집단의 사명을 아는 것과 동일하게 나 개인의 사명을 확실하게 인식하고 있는가? 만약 그렇지 못하다면 그 이유는 무엇인가?
- 자신의 삶에 대하여 부단히 영향을 행사하고 있는가?
- 자신에게 변화를 야기할 수 있도록 영향을 주어 보다 생산적이고 성공적인 인간과 리더가 되도록 노력하고 있는가?
- 자신의 잠재력이 충분히 기능하도록 하는데 매 순간 최선을 다하는가?
- 나의 잠재력이 발휘되지 못하도록 방해하는 파괴적인 습관과 행위를 바꾸도록 스스로에게 영향을 미치고 있는가?

- 나의 삶 속에 있는 다양한 자원(신체적, 지적, 정서적, 경제적, 관계적 측면 등)들을 활성화하여 나의 사명을 이루는데 혹은 유익한 목적을 달성하는데 얼마나 노력을 기울이는가?

성공적인 리더들은 조직이나 집단상황에서 때로 집착에 가까울 정도로 모든 일을 완벽하게 수행한다. 그러나 이러한 원리들을 자신의 삶에 적용하는 것에 대하여 소홀한 경우가 많다. 이때 대중의 냉소와 비난이 시작된다. 동료들과 경쟁상대들이 부러워하는 조직을 만들 수 있는 리더가 자신의 사생활이 엉망진창이 되도록 만들지는 않을 것이다. 만약에 어떤 리더가 자신이 이끄는 조직이나 집단에 보여주는 탁월함이나 능숙함을 자신의 삶에서 보여주지 않는다면, 결국 주변 사람이나 소속 구성원으로부터 신뢰와 존경을 상실하는 원인이 될 것이다.

셀프 리더십은 성경적인 근거를 갖추고 있다. 『성경』은 모든 분야에서 셀프 리더십의 중요성을 강조한다. **사도 바울**은 자신의 젊은 제자 디모데에게 보내는 서신에서 디모데 자신의 삶을 영위하는 방법에 대하여 세심한 관심을 기울일 것을 거듭해서 강조한다. 디모데가 맡고 있는 교회의 조직 리더십을 위한 특별한 기술과 도구들보다 디모데 자신의 셀프 리더십에 더 초점을 두라고 강요한다. 바울이 말하는 것의 요지는 다음과 같다. 즉, 리더가 자신의 삶과 가정을 성공적으로 이끌지 못한다면 어떻게 교회나 다른 조직을 이끌 수 있는가?의 문제다(수신제가 치국평천하). 이 원리는 동서양의 지혜에 공통적으로 등장하는 아주 단순한 논리다. 즉, 자신의 삶을 올바르게 행하지 못하고 자신을 통제하지 못한다면 다른 사람들을 효과적으로 이끄는 것은 있을 수 없다. 리더와 잠재적 리더들을 향한 성공적인 셀프 리더십을 수행하라는 교훈은 성경 전체에서 드러난다. 자신의 삶을 다스리지 못할 때 개인은 물론 사회적 리더십은 붕괴될 것이다.

삶의 가치를 정립하라

삶의 모든 가치는 개인이 갖춘 **인격**의 모습에서 출발한다. 여기서 개인적 인격이란 개인의 신념, 가치, 도덕성 등의 총체를 이른다. 즉, 이것들을 종합하면 그 개인의 진정한 속성 혹은 인격이 드러나게 된다. 어떤 상황에서 리더가 어떻게 반응할 것인가? 혹은 리더의 의사결정에 정보를 제공할 우선순위를 어떻게 결정할 것인가?를 보여주는 것이 바로 리더의 **총체적 인격**이다. 인격이 원만하게 통합된 리더는 그가 사적(私的)으로 지지하는 가치와 신념들과 공적인 행위 사이에 뚜렷한 **일관성, 연속성, 일치성** 등이 있다.

아리스토텔레스에 의하면 공적 리더십의 자리에 있는 사람들은 공공의 행복증진을 원하는 진정한 욕구로 인하여 자신의 저열한 욕구를 통제할 수 있어야 한다(극기복례 수기치인). 다른 사람들을 지도할 수 있으려면 먼저 상반되는 가치들과의 갈등을 극복하고 자신을 다스려야 한다. 누구나 자신의 삶과 추구할 목적을 지배할 원리들을 명확히 한 후에 비로소 일상적인 결정에 대하여 목적을 부여할 수 있다. 상반되는 신념들을 내적으로 해결하게 되면 개인적인 **정직**에 이르게 된다. 개인적 정직은 사회적 **신뢰성**에 필수적인 요소다. 정직함을 지닌 리더는 가정이나 직장에서 결코 분열되지 않는 동일한 자아를 나타낸다. 그는 상황과 무관하게 행동을 선택하게 되는 통일된 가치관을 형성하고 있는 것이다. 여기서 가장 중요한 이슈는 가치와 행위를 일치시키는 것이다. 어쩌면 이상적인 주장일지 모르지만 이는 셀프 리더십의 출발점이 될 수 있다. 나아가 가치와 행동 그리고 신념을 일치시키는 수준까지 나가야 진정한 셀프 리더십은 완성된다. 그렇다면 셀프 리더십에서 가치는 어떤 역할을 하는가?

리더의 행동은 그가 중요하다고 여기는 가치들을 분명히 보여주고 **강화**하기 마련이다. 대개 모든 조직이나 집단은 수많은 가치들을 지니고 있다. 조직이나 집단 속에서 이루어지는 리더의 행위는 그것들 중에서 중요한 가치를 선택한다. 그렇기 때문에 리더가 그 조직이나 집단의 가치를 소유하고 기꺼이 그것을 위하여 헌신하는 것이 무엇보다 중요하다. 대부분의 리더들은 리더의 자리에 오르고 싶은 강한 충동을 갖게 되고 이러한 유혹에서 자유롭지 못하다. 그러나 성공적인 리더는 자신에게 가장 알맞은 조직리더십 유형이 무엇인지 잘 알고 있다. 이 일은 자신이 가진 개인적 가치들이 어떤 것인지 확실히 파악할 때 가능하다. 성공적인 리더로서 가치의 기초를 확립하는 방법은 무엇인가?

- 1단계(기본가치 파악하기): 내 삶의 중심이 되는 기본적인 가치를 파악한다.
- 2단계(나의 가치 정립하기): 그 가치들을 정의하고 정립하기 위한 방안을 모색한다.
- 3단계(가치군 만들기): 정립된 가치들을 바탕으로 긍정적인 가치들을 포용한다.

소명(召命)의식을 가져라

개인적 가치가 우리의 행동과 행위의 대부분을 지배하는 것과 마찬가지로 강력한 소명의식은 우리 행동의 목적과 방향과 관련된다. 셀프 리더십의 기술을 성공적으로 습득하기 위해서는 자신의 행동을 인도하고 나아가 매일의 활동을 일상적인 차원으로 끌어 올려, 마침내 모든 노력에 가치를 부여하는 소명의식과의 강력한 연결을 모색해야 한다. 우리의 삶은 진정한 소명이 우리의 일상적인 일을 승화시켜 천직을 실현하는 무대가 되어야 한다. 셀프 리더십을 숙련시키기 위하여 이처럼 소명을 스스로 자각(自覺)하고, 이것이 우리의 모든 행동을 이끌도록 직장과 일상생활 전체가 소명으로 연결되어야 한다. 이때 중요한 것은 '직업이 **목적**이 되어서는 안 된다'는 점이다. 직업은 단지 소명을 달성하기 위한 일종의 수단이 되어야 한다. 나의 직업이 수단으로서의 소명이 되기 위해 나에게 맞는 직업을 선택하는 방법/단서(端緖)들은 무엇인가?

- 과거의 경험을 반추하여 경험부족으로 인해 생긴 일들을 회상한다.
- 현재 내가 처한 환경과 조건이나 처지들을 검토한다.
- 나에게 주어지거나 다가올 가능한 **기회**들을 살펴본다.
- 나에게 주어진 **은사**가 무엇인지 정확하게 파악한다.
- 나의 **열정**수준은 어느 정도인가를 측정한다.
- 스스로에게 부단히 자문자답하는 개인적인 **성찰**을 지속한다.

삶의 목표를 설정하라

삶의 목표를 설정하는 출발점은 바로 현재다. 지금 여기서 시작해야 한다. 과거에 종속되거나 미래에 현혹되어서는 안된다. 삶의 목표란 무엇인가? 간단히 말해서 목표는 우리 자신을 위하여 세우는 전략과 같은 개념이다. 우리가 아직 맞히지 못하고 있는 과녁과도 같은 것이다. 목표는 방향을 만들어준다. 목표는 전략을 필요로 한다. 목표는 그 자체로도 중요하지만 이를 달성하는 데 발생하는 온갖 경험들이 우리를 성장하거나 성공하게 만드는 원천이 된다. 인생의 목표를 개발하는데 유용한 지침들이 많다. 이것들은 일련의 질문들로 이루어진 것으로 우리가 제기하는 목표 혹은 행동과정들이 인생의 목표에 적합한지 여부를 판단하기 위하여 자문(自問)하는 질문들이다.

- 이 목표는 나의 가치들 가운데 어떤 것을 가장 잘 구현할 것이며, 나로 하여금 나의 삶에서 그것을 실천하게 할 것인가?
- 이 목표나 행동과정은 어떤 구체적인 방법으로 나의 인생의 소명을 실천하게 도와주는가?
- 이 목표가 세워지지 않는다면 어떤 면에서 나의 소명이 침체되고 나의 가치들이 훼손될 것인가?

삶의 동기화 수준을 측정하라

삶의 가치를 정립하고 수용하고, 소명을 어느 정도 인식하며, 삶의 방향을 이끌어갈 가치있는 목표가 설정되었다면, 그 가치들을 실천하는 삶의 형태로 전환하기 위해서 정직하게 자신의 동기화 수준을 점검해야 한다. 성공적인 셀프 리더십을 실천하기 위해서는 **지식**만으로 충분하지 않다. 지식을 실행으로 전환하는 그 무엇이 반드시 필요하다(행동하지 않는 정의는 이미 정의가 아니다). 그것이 바로 동기화의 개념이다. 우리가 알고 있는 것을 성공적으로 그리고 일관성 있게 적용하는 문제는 동기화 수준에 달려 있다고 해도 과언이 아니다. 그렇다면 동기화란 무엇을 말하며 어떻게 측정할 것인가? 동기화란 행동을 하도록 자극을 주거나 몰아가는 어떤 내적인 상태를 말한다. 즉, 동기화는 행위의 에너지 공급원이다. 어떤 행동을 하게 만들거나 아니면 다른 행동을 삼가도록 내적으로 자극을 주거나 몰아가는 원인은 무엇일까? 동기화의 방법을 찾다보면 우리는 네 가지 **메커니즘**이 작동하고 있음을 발견하게 된다.

표 24 | **동기화의 차원들**

기본적 필요	특정분야에서 행동을 취하도록 우리 안에서 작동하는 첫 번째 메커니즘은 인간의 생존에 필요한 기본적인 것들과 관련이 있다. 예를 들어 공기와 물, 거주공간, 의복과 같은 물리적 조건과 연관된다.
생리적 충동	동기화의 다른 근원은 신경학적 혹은 생화학적 충동의 형태로 다가온다. 대개 기–갈–성–수면으로 대표되는 기본적 필요는 상위욕구로 향하는 동기요인으로 작용한다. 불쾌를 회피하고 쾌 정서를 추구하는 것도 생리적 충동에 해당된다. 이러한 충동이 작용할 경우 우리는 이를 충족시키기 위하여 어떤 행동을 취하면서 강력하게 동기화된다. 우리의 생리적 충동은 신체적, 정서적 존재를 편안하고 건강하게 유지하는 데 필수적인 충동이다.
의지적 소원	동기화의 메커니즘에서 소원을 생각할 때 지성(마음)의 영역으로 들어가게 되고, 인간의 의지적 활동은 기본적인 필요나 생리적 충동과 대비될 수 있다. 인간에게 소원은 단지 기본이나 생리적 수준이 아니라 보다 고양된 의지에 의하여 기능한다. 성공, 가치의식, 물질적 소유, 교육, 사회적 지위, 권력, 영적 의미, 초월, 용서 등 수없이 많은 감정과 사물, 활동들을 소망한다. 이는 기본적 욕구나 생리적 충동의 저급함을 넘어서는 매우 인간적인 수준으로 향한다. 일반적으로 인간에게 행동을 종용하는 동기화의 가장 강력한 요인은 바로 소원이다.
중요한 신념	인간의 마음 깊숙이 간직하고 있는 신념은 앞의 세 가지 동기화 기제들을 능가하여 영향을 미칠 수 있다. 어떤 신념이 강력할 경우 어느 정도 인간의 기본적 필요, 생리적 충동, 의지적 소원과 상반되는 행동을 취하도록 동기화될 수 있다. 인간의 신념은 그 신념에 걸맞게 살고 행동하려는 강렬한 소원과 경합하여 가장 강력한 동기화 요인이 된다. 이 때문에 삶의 가치들이나 신념을 확인하고 정립하는 일이 셀프 리더십을 성공적으로 실천하는 데 필수요인이 된다. 진리, 자유, 공평, 생명, 용서, 희생, 공생 등과 같은 명제와 원리들에 대한 신념은 강력한 동기화요인이 될 수 있다.

영성적 셀프 리더십

오늘날 영성과 리더십을 동시에 언급하는 것은 비상식적인 일이 아니다. 비록 종교이야기가 아니더라도 리더십의 실천이 영적인 측면과 관련 있다는 것을 용인하는 분위기가 만들어졌다. 여기서 말하는 영적인 측면은 특정한 종교와 연관지어 생각할 필요가 없다. 보이지 않는 초월적인 힘과 영향을 믿는 모든 경우는 이미 영적이라고 할 수 있다. 조직이나 집단에서 성공한 리더가 되기를 원한다면 자신의 영혼을 부단히 성찰하고 영혼파괴로 이끄는 환경이나 조건들을 경계해야 한다. 이를 영적 훈련 혹은 단련이라고 한다. 이는 일정한 시간을 할애하여 영혼의 순화를 위한 실천이 전제되어야 한다. 영성적 셀프 리더십을 개발하기 위한 방안들로 성경 읽기, 기도하기, 성찰일기 쓰기, 심리적 이완 등을 들 수 있다. 반면에 효과적인 영혼관리를 방해하는 장애로는 분주함, 좌절감, 게으름, 원망과 비난, 자기비하, 책임회피 등을 들 수 있다.

체성적 셀프 리더십

심신의 긴장은 모든 리더십의 핵심이다. 신체성과 정신성의 우위에 대한 논란은 여전히 진행되고 있지만 존재의 차원에서 생각할 때 신체성이 우선하는 것은 부인할 수 없다(플라톤과 로크의 입장). 이러한 신체적 셀프 리더십의 요소에는 신체적 자원관리와 회복능력 등이 있다. 첫째, 신체적 자원관리에서 우리의 신체와 건강은 한정적이고 재생 불가능한 자원으로 이해해야 한다. 이러한 자원관리는 섭식관리, 체중관리, 체력관리, 관리지속 등과 연관된다. 둘째, 회복능력은 레크리에이션 참여나 휴식관리와 연관된다. 레크리에이션은 대중의 관심이나 열정에 휩쓸리는 것이 아니라 오로지 자신의 상황과 처지, 능력, 조건 등에 부합하는 것을 선택하여 누리는 것이 무엇보다 중요하다.

감성적 셀프 리더십

우리의 인생가치 목록들은 기분과 감정에 영향을 받게 된다. 이러한 기분과 감정은 또한 성공이나 실패상황과도 밀접하게 연관된다. 기분이나 감정에는 긍정적인 것, 유용한 것과 더불어 부정적인 것, 위험한 것들 모두를 포함한다. 어떤 기분이나 감정은 리더십 수행에 도움이 되기도 하고 반대의 경우도 있다. 후자의 경우 파괴적인 감정으로서 분노, 실패에 대한 두려움, 비난받을 것에 대한 염려, 알 수 없는 원인의 우울 등이 해당한다(우울증과 우울감의 차이 이해).

기분의 변화를 야기하는 것은 실제 사건이 아니라 당신의 지각이다. 당신이 슬픔을 느낄 때 당신의 생각은 부정적인 사건(경험)에 대한 현실적 해석을 나타내는 것이다. 우울하거나 염려스러울 때 당신의 생각은 반드시 비논리적이고, 왜곡되어 있으며, 비현실적이거나 완전히 잘못된 상태에 놓여 있는 것이다. 결국 생각이 그 사람의 감정적 특성을 결정하게 만든다. 일반적으로 부정적인 감정을 야기하는 부정적인 생각이나 태도들에는 흑백논리적 사고, 지나친 일반화, 선택적 사고, 긍정적인 것을 거부하는 습관, 성급한 결론 등이 있다.

지성적 셀프 리더십

인간은 평생에 걸쳐 학습하는 배움의 존재다(homo eruditio). 임마누엘 칸트(I. Kant)는 '인간은 오로지 교육을 통해서만 인간이 된다'고 주장하였다. 즉, 인간은 누구나 세상에서 무슨 일을 하든 어떤 직업을 가졌든 생애에 걸쳐 평생 배움을 실천해야 하는 존재다. 지속적인 지적 능력의 개발과 유지는 셀프 리더십의 마지막 실천 단계에서 매우 중요하다. 평생공부/학습, 지적 단련, 지적 호기심, 무한도전, 독서, 생애사 서술, 예술 및 창작활동 등은 지적 셀프 리더십의 실천을 위한 최소한의 기준이라 할 수 있다.

4 대학 인성교육의 프레임 전환

가정에 가부장적, 가모장적, 온가족적 분위기가 있는 것처럼 교육생태계에도 기관계(교육부, 대학본부, 교수 관점 중심) 관점, 학생계(학생의 요구, 경험, 능력

중심) 관점, 참여계(기업체, 학부모 요구 중심) 관점 등으로 구분할 수 있다. 역사적으로 빈곤국에서 개도국 혹은 중·선진국으로 발전한 국가들의 공통적인 특징은 강력한 기관계 관점의 교육이 지배적이었는데, 우리나라도 예외는 아니었다. 기관계 관점이 지배하는 교육생태계의 가장 큰 특징은 국가단위의 교육과정, 국가주도의 선발제도가 이루어진다는 점이다. 이러한 제도의 장점은 생산성, 효율성, 경쟁력 등의 측면에서 강점이 있지만, 창의성, 인성교육의 측면에서는 상대적으로 취약하다. 쉽게 말하면 인간학적 관점의 교육보다 정치경제적 관점의 교육이 지극히 당연하다는 사회적 신화가 온 나라를 지배한다는 것이다.

이에 따라 '국민공통기본교육과정'이 만들어지고, 이를 정당화하는 '국가과외'라는 해괴한 교육이 이루어지며, 이를 지지하는 다양한 교육정책들이 입안, 적용된다. 이때 학교, 교사, 학생 등의 개별적 특성은 철저히 소외된다. 국가의 CEO, 정책기조를 받드는 행정기관 자체, 그 행정기관의 수장은 혼연일체가 되어 인간교육을 소외시키는 학교 정책에 에너지를 집중한다. 나아가 국가단위는 물론 단위대학의 차원에서도 이러한 관점의 교육이 사회분위기를 압도한다. 그리하여 학생의 성공이 아니라 대학이나 교수 자신의 성공을 위하여 학생의 잠재능력, 발전 가능성을 도용하거나 착취하는 경우가 많다.

정부 주도의 기관계 관점이 지배할 때 교육은 지배 이데올로기(군사문화, 여성인권, 인문교양)를 교사(敎唆)하는 수단으로 기능하고, 대학본부나 교수라는 기관계 관점이 지배할 때 경쟁을 기반으로 하는 달성, 성취, 성공, 성과, 성적 등의 가치를 우선시한다. 여기서 인성교육은 늘 외면되거나 흉내만 내는 차원에서 이루어질 수밖에 없다. 그럼에도 불구하고 어느 시대건 인성교육이 교육정책의 단골 메뉴였던 점은 부인할 수 없다. 그렇다고 인성교육이 바람직한 방향이나 내용으로 이루어졌는가?라는 질문에 단호하게 답을 내놓지 못하는 것도 사실이다.

> "(국가를 비롯해서) 학교와 교사 차원의 다양한 인성교육 실천 노력에도 불구하고, 객관적으로 효과성이 입증되거나 실제로 성공하는 경우는 국내외를 막론하고 많지 않다. 인성교육을 위한 다양한 시도들이 성과를 거두지 못하는 이유는 무엇

인가?… 인성교육은 언제 실패하는가? 그것은 부적절한 철학 혹은 이론과 실제와 모두 연관되어 있다.” (정창우. 2019: 133–134)

이러한 상황에서 우리나라는 세계 최초로 ‘인성교육진흥법’을 제정하여 학교 기반의 인성교육을 추진하겠다고 공언했지만 과연 성패를 장담할 수 있을까? 성공은 다음을 전제로 할 때 가능할 것이다.

기관계 관점에서 학생계 관점으로

BBC는 2019년 자사 페이스북 페이지에 오늘의 단어로 kkondae(꼰대)를 소개했으며, ‘자신이 항상 옳다고 믿는 어른(다른 사람은 항상 잘못됐다고 생각함)’이라 풀이했다. 국립국어원 표준국어대사전에 따르면 꼰대의 뜻은 은어로 ‘늙은이’를 이르는 말이자, 학생들의 은어로 ‘고루한 선생님’을 이르는 말이라고 정의한다. 즉, 권위를 행사하는 어른이나 선생님을 비하하는 뜻을 담고 있다. 최근에는 기성세대 중 자신의 경험을 일반화해서 자신보다 지위가 낮거나 나이가 어린 사람에게 일방적으로 강요하는, 이른바 꼰대에서 파생된 ‘꼰대질’을 하는 사람을 가리키는 의미로도 사용되고 있다. 꼰대의 특징은 누구에게나 억지를 부리고, 자신만의 성공을 좇는 것이다. 그러나 이러한 꼰대 성향은 이제 MZ세대의 특성과 철저히 반(反)하고 있다. 새로운 인성교육을 위하여 꼰대의 억지를 버리고 MZ세대의 특성을 배려하는 교수나 교사의 모습을 재정립할 필요가 있다. 교수 자신의 성공이 아니라 제자의 성공을 교육의 본질로 삼았던 교토대학 모 교수의 일화는 학교나 교수 관점이 아니라 학생 관점의 교육을 우리에게 잘 들려주고 있다. 교수는 자신이 노벨상 후보로 추천되었다는 사실을 통보받았지만 단호하게 거부하고 자신의 제자가 받을 수 있도록 모든 노력을 기울였다. 이러한 귀감이 교토대학의 학생성공 교육의 전통을 잇고, 오늘도 매년 교토대학 출신의 노벨상 과학분야 수상자가 배출되는 동력이 되고 있다. 이는 교수 자신의 관점이 아니라 학생의 관점에서 인성교육을 몸소 실천한 사례가 되고 있다.

연역적 방법에서 귀납적 방법으로

영국의 고등학교에서는 '행복'이라는 과목을 만들어 교육과정에 반영하고 있다. 이 과목의 첫 시간에 모든 학생들을 동반하여 반드시 방문하는 곳이 있다고 한다. 그것은 행복한 사람들의 성공사례나 위인들의 전기를 살펴볼 수 있는 콘텐츠가 아니라 '공동묘지'라고 한다. 행복의 조건이 세상의 성공이 아니라 죽지 않고 살아있음을 감사하는 것을 은유적으로 가르치기 위한 적절한 방안이라고 한다. 인류역사에서 성공이 곧 행복의 척도라는 연역적 명제가 아니라 죽지 않은 사람들은 모두 행복할 권리가 있다는 귀납적 경험을 통해 행복을 가르치는 것이다. 따라서 우리의 인성교육에서 나와 무관한 공동체적 가치도 중요하고 우선해야 하지만, 학생들 하나하나의 처지나 환경이 모든 인성교육의 출발점이 되어야 함은 분명하다.

개인적 인성에서 사회·관계적 인성으로

인성교육의 출발은 반드시 개인적 차원에서 시작되지만 궁극적으로는 사회·관계적 정면에서 행동하는 능력이 갖추어져야 한다. 고대 헬라에서 개인적 차원의 탁월성을 아레테(arete)라 하고, 이를 넘어서는 공동체적 탁월성을 폴리티케 아레테(politike arete)라고 한다. 우리는 교육의 궁극적인 목적인 개인의 아레테를 넘어서는 폴리티케 아레테를 지향해야 한다. 스파르타의 어머니는 자신의 자식이 군대에서 사망했다는 소식을 듣고 펑펑 울었다. 현대의 어머니들도 마찬가지일 것이다. 그러나 스파르타 어머니의 눈물은 감격과 고마움의 표시였다면, 현대의 어머니는 원망과 분노의 그것일 것이다. 가족의 행복과 존재의 원천인 조국(스파르타)을 위하여 희생한 자식 때문에 국가를 원망하지 않고 오히려 고맙게 여기는 '승화된 인성'이 바로 폴리티케 아레테이다.

사회·관계적 인성의 또 다른 예를 들어보자. 1948년 발생한 여순사건 때 **손양원 목사**의 두 친아들인 동인 씨와 동신 씨는 우익 학생 단체 중 하나인 전국학생연맹에서 활동하고 있었는데, 이를 안 좋게 보던 반란군 세력이 반란 당시 기독교도라는 사실을 빌미 삼아서 두 사람을 순천의 동천 인근에서 무자비하게 살해한 것이다. 당연히 그들의 가족들과 애양원 사람들은 크게 슬퍼하고 있었는데 손양원 목사는 주위 사람들을 놀라게 하는 행동을 하였다. 두 사람의 장례 예배 때 손 목사는 감사 기도를 올린 것이다. 감사 기도의 내용은 다음과 같았다.

"제가 이 시간에 무슨 답사를 하고 무슨 인사를 하겠습니까마는 그래도 하나님 앞에 감사하는 마음이 있어서 몇 말씀 드립니다."

- 나 같은 죄인의 혈통에서 순교의 자식들이 나오게 하셨으니 감사합니다.
- 허다한 많은 성도들 중에 어찌 이런 보배들을 주께서 하필 내게 맡겨주셨는지 그 점 또한 감사합니다.
- 3남 3녀 중에서도 가장 아름다운 두 아들 장자와 차자를 바치게 된 나의 축복을 감사합니다.
- 한 아들의 순교도 귀하다 하거늘 하물며 두 아들의 순교이리요, 감사합니다.
- 예수 믿다가 누워 죽는 것도 큰 복이라 하거늘 하물며 전도하다 총살 순교 당함이리요, 감사합니다.
- 미국 유학 가려고 준비하던 내 아들, 미국보다 더 좋은 천국에 갔으니 내 마음이 안심되어 감사합니다.
- 나의 사랑하는 두 아들을 총살한 원수를 회개시켜 내 아들 삼고자 하는 사랑의 마음을 주셔서 감사합니다.
- 내 두 아들의 순교로 말미암아 무수한 천국의 아들들이 생길 것이 믿어지니 감사합니다.
- 이 같은 역경 중에서도 이상 여덟 가지 진리와 하나님 사랑을 찾는 기쁜 마음, 여유 있는 믿음 주셔서 감사합니다.
- 이렇듯 과분한 축복 누리게 되는 것을 감사합니다.

이와 함께 주위 사람들을 더욱 놀라게 한 것은 바로 두 아들을 죽인 원수를 자신의 양아들로 삼겠다는 충격적인 내용이었다.

일본 유학생활 중에서 지하철 역사에서 철길로 떨어진 취객을 구하고 자신을 희생한 이수현 의사, 장애를 가진 동생이 기뻐하는 모습 때문에 2층 계단에서 굴러떨어지기를 반복했던 가수 이상우 씨 큰아들의 행동, 유명 의대를 나와서 아프리카 의료봉사를 하다 정작 자신은 돌보지 않고 암으로 돌아가신 이태석 신부, '어떤 환자든 아픈 만큼 치료받아야지 가진 돈만큼 치료 받아서는 안 된다'고 주장하면서 의료직업 윤리를 실천하는 이국종 교수의 실천철학은 바로 개인적 인성을 뛰어넘어 사회·관계적 인성으로서 보편적 인간애를 보여준 좋은 실례의 내러티브가 될 수 있다.

명제·관념적 교훈에서 체화·실천적 모본으로

인성교육은 책상머리에서 이루어지는 공부머리나 객관화된 지식으로 하는 것이 아니다. 또한 인성교육은 감각적 직관으로 하는 것이 아니라 몸+마음이 전일적으로 기능할 때(체화될 때) 비로소 온전하게 이루어진다. 어느 경우든 올바른 인성교육은 밥상머리에서 이루어지는 버르장머리 교육에서 출발해야 한다. 학교교사들에게 미안한 말이지만 몸과 마음을 철저히 분리하는 현행 학교교육 시스템이나 생대계로는 결코 올바른 인성교육을 담당할 수도 없고, 남낭해서도 안된다.

CHAPTER 05

학사시스템 혁신: 전공자율선택제

‘교육부’는 전국 대학(교)에 대학재정지원사업과 연계하여 일정 비율을 적시(摘示)하면서 ‘무전공입학, 전공자율선택제’ 도입을 반(反)강제적으로 요구하였고, 각 대학마다 ‘교육부’의 저의(底意)를 적극적으로 해석하면서 동시에 밉보이지 않기 위한 대응 방안이나 전략 수립에 분주하다. 금번과 같은 정부의 대학(교)에 대한 정책 지침은 1970년대 이후 한시도 쉴 새 없이 이루어졌고, 앞으로도 이러한 현상은 지속될 것이다. 1981년에 정부는 소위 먹고 노는 대학생들의 학습경쟁력 강화라는 취지로 생경한 이름의 ‘졸업정원제’를 도입했다. 입학은 쉽지만 졸업은 어렵게 만들어 ‘빈둥대는 대학생들을 도서관에 붙들어 놓고 공부하도록 만들겠다’는 다분히 형식논리적 차원에서 모든 대학을 대상으로 이루어진 도전적인 정책 지침이었다. 그러나 결과는 어떠했는가? 정부의 의도나 정책 취지에 정합(整合)하는 방향으로의 혁신이 이루어지지 못하였고, 오히려 대학생 수만 증가시켜 역설적으로 교육의 질을 하락시켰다. 나아가 대학(교)과 대학생 수 팽창을 통해 고등교육을 일종의 수익자원으로 여기려는 교육사업이 등장하는 사회적 역효과가 발생했다.

이러한 상황에서 김영삼 정부는 ‘대학설립준칙주의’라는 또 다른 도전적인 고등교육 정책을 추진하였다. 이로 인해 대학(교)과 대학생 규모가 폭발적으로 증가되었고, 그 결과 오늘날 ‘대학공화국’이라 부를 정도의 고등교육 인구 팽창 시대를 맞이하였다. 그러나 ‘졸업정원제’와 ‘대학설립준칙주의’는 곧바로 다가올

'인구 급감과 학령인구 절벽'이라는 비극적인 미래를 예견하지 못한 채 막무가내로 추진된 교육정책이었기에, 소위 '지역소멸과 대학붕괴'라는 암울한 사회문제를 생산한 단초가 되었다. 이러한 **정부의 도전과 대학의 응전**이라는 역사적 흐름 속에서 '무전공입학, 전공자율선택제'를 무조건 도입하라고 강요하는 또 하나의 도전에 대하여 대학들은 어떤 대비를 해야 하는가? 무전공입학제는 전례(前例)에 따라 정부의 정책의도에 부합하지 못하는 또 다른 실패작이 될 것인가? 아니면 산업생태계 변화에 부합하는 미래지향적인 대학혁신의 성공작이 될 것인가? 누구도 예단할 수 없지만 대부분의 대학(교) 구성원들은 '고등교육 정책 실패의 데자뷰'를 보는 것 같아 불안의 그늘에서 헤어나지 못하고 있는 것이 사실이다.

1 대학 학사제도 정책

정부가 추진하는 고등교육 학사 유연화 정책의 정당성은 미래형 융합인재 양성이라는 인재상의 패러다임 전환 논리에 있다. 이를 확인하기 위하여 '교육부'가 발표한 '2024년 대학혁신지원사업(일반재정지원) 기본계획'을 살펴볼 필요가 있다. 그 골자는 다음과 같다.

급변하는 미래사회에 맞는 인재 양성 필요

- 학문 간, 산업 간 경계가 모호해지는 **빅 블러(Big Blur)** 시대를 선도할 수 있는 융합인재 양성이 절실함
- 학생 전공이 **입학 시 결정**되어 졸업까지 이어지는 단선 구조* 등 기존 고등교육 체계로는 다양한 학문에 기반한 융합 역량을 함양하기 어려운 상황임
  * 일종의 중세 봉건제도+현대 관료제 형태가 결합된 대학기관과 교수 중심의 학사구조
- 급속한 경제·산업 생태계 변화로 인한 인재 미스매치는 대학 스스로의 체질 개선을 통한 다양하고 폭넓은 **인재 양성**을 요구함

- 4차 산업혁명 시대를 이끌어갈 미래형 **인재**를 적시에 양성하기 위한 대학혁신이 고등교육의 당면 과제임
- 대학교육 혁신을 통해 학생에게 희망 진로에 부합하는 교육을 제공하고, 미래사회가 요구하는 **융합형 인재** 양성이 필요함

대학 혁신 전략

- 학과 간 벽을 허물고 학생들의 **전공선택권**을 확대하는 등 미래융합형 인재 양성을 위한 대학 교육과정 혁신, 학생지원체계 고도화 등을 추진함
- (예시) 전공-취업 간 미스매칭 해소를 위해 **학생 전공 자율 선택권** 부여, 기초학문·신기술 분야 기초 교양교육, 연계·융합 전공 확대 등

(유형1) 전공을 정하지 않고 모집(예: 자유전공학부 등) 후, 대학 내 모든 전공(보건의료, 사범계열 등 제외) 자율 선택

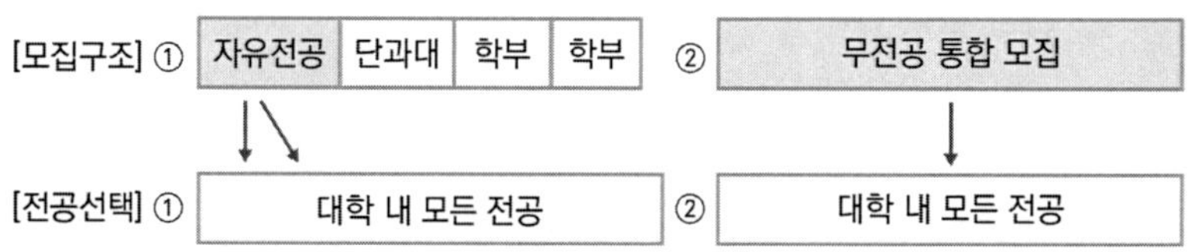

* 대학 내 모든 전공(보건의료, 사범계열 등 제외) 100% 자율 선택

(유형2) 계열 또는 단과대 단위 모집* 후, 계열 또는 단과대 내 모든 전공 자율선택 또는 학과별 정원의 150% 이상 범위 내 전공 선택

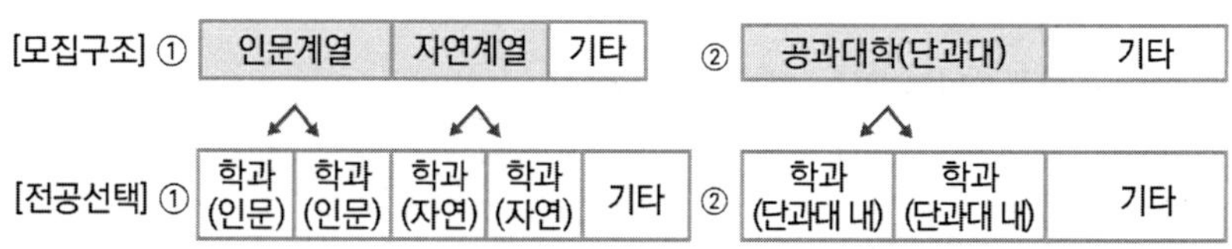

* 계열 · 단과대 내 모든 전공 100%자율 선택 또는 학과 정원의 150%이상 범위 내 전공 선택

전공 유형	모수 포함 여부
정부 정원관리 전공(보건의료 및 사범계열)	모수 제외
각 부처 인재 양성 사업에 따른 전공, 희소·특수학과, 첨단학과, 계약학과, 재직자·성인학습자·특수교육대상자 모집인원 등	대학 자율로 전체 모집정원의 10% 범위에서 모수 제외
예·체능계열, 종교계열	대학 자율로 모수 제외 ※ 10% 범위에 미포함

정부의 본격적인 교육개혁이 시작되면서 국내대학들 또한 커다란 변화를 맞이하고 있다. 4차 산업혁명 시대에 접어들면서 요구되는 **인재상**이 이전과 달라졌기 때문이다. 융합적 · 창의적 사고를 할 수 있는 **인재 양성**에 대한 필요성이 대두되면서 정부는 '자율전공선택제', 일명 무전공입학이란 카드를 뽑아 들었다. 이주호 부총리 겸 교육부 장관은 지난 1월 한국대학교육협의회(대교협) 정기총회서 "(무전공 선발 비율) 25%든 목표를 정해 정부가 인센티브를 주는 건 물러설 수 없는 원칙"이라고 밝히며 이후 발표된 '2024년 대학혁신지원사업 및 국립대학 육성사업 기본계획'을 통해 이를 구체화했다. 사립대(국립대 법인, 공립대 포함)와 국립대 154개교(117개교+37개교)를 대상으로 진행되는 두 사업의 핵심은 사업비 총액의 50%와 60%에 해당하는 인센티브다. 각 대학의 2025학년도 '자율전공선택제' 비율에 따라 최대 8~10점까지 가점을 받을 수 있기 때문이다. 만일, B등급인 89점을 받은 대학이 있다면, 최대 가점을 받았을 때 A등급(90점 이상 95점 이하)이 아닌 S등급(95점 이상)을 받을 수 있다. 117개교를 대상으로 하는 대학혁신지원사업의 경우 인센티브 예산은 총 사업비의 50%인 4,410억 원이며, 1개교당 평균 지원 규모는 75억 원 수준이다. 37개교를 대상으로 하는 국립대학 육성사업의 인센티브 예산은 총 사업비의 60%인 3,426억 원에 달하며, 1개교당 평균 지원 규모는 154억 원이다. 인센티브에 걸린 금액이 커진 만큼 2025학년도 자율전공선택제 선발 인원도 대폭 증가했다. 지난 5월 30일 교육부가 발표한 '2025학년도 대입전형 시행계획 주요 사항'에 따르면 수도권 대학 51개교와 교대·특수목적대를 제외한 국립대 22개교는 전체 모집인원의 28.6%인 3만 7,935명(정원 내)을 무전공으로 선발한다. 전년도 9,925명(6.6%)에서 4배 가까이 늘어난 숫자다.

■ 2개 유형으로 구분되는 자율전공선택제

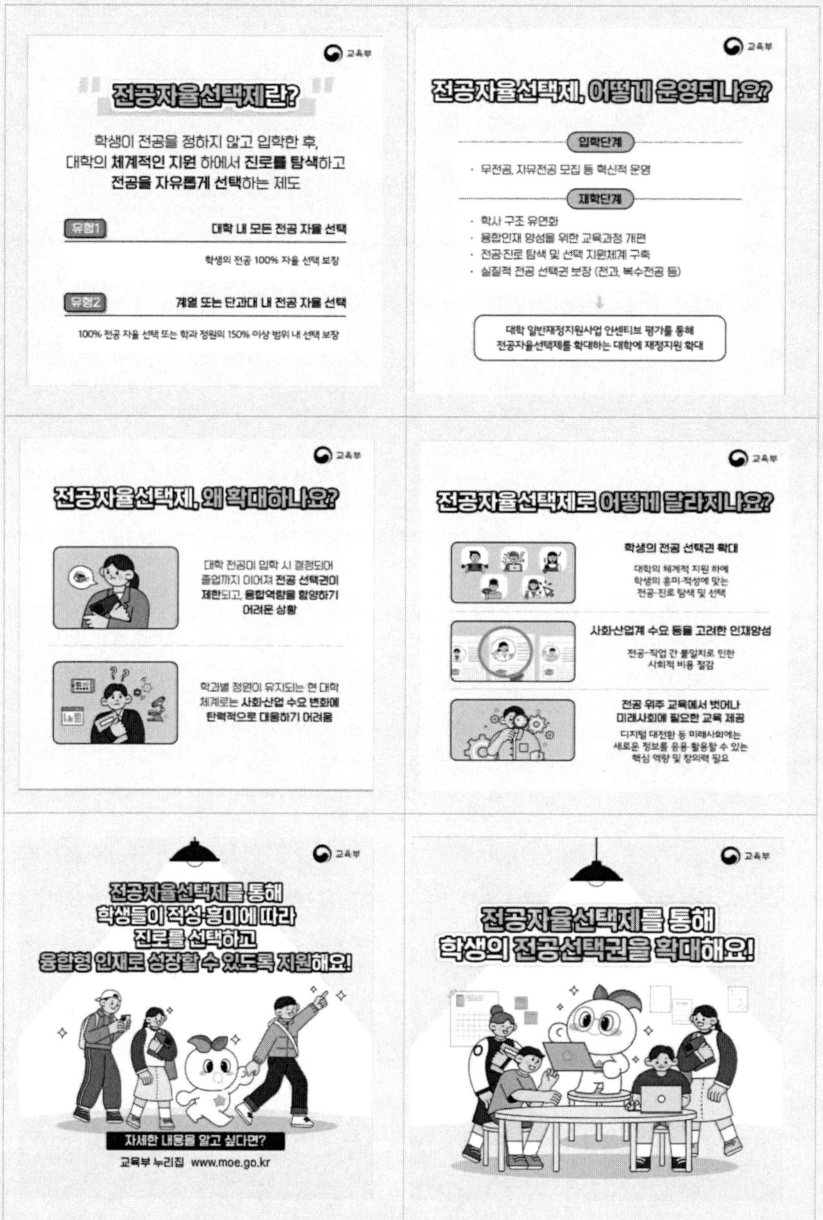

유형 1은 보건의료, 사범계열 등을 제외한 자율전공모집을, 유형 2는 계열 또는 단과대 단위 모집 후 계열 또는 단과대 내 모든 전공을 자율선택하거나 학과별 정원의

150% 이상 범위 내 전공을 선택하는 방식이다. 수도권 사립대, 거점국립대 및 국가중심대는 전공을 정하지 않고 입학한 후, 재학 중에 전체 대학 또는 계열·단과대 내 전공을 자유롭게 선택할 수 있는 학생 수가 전체 모집인원의 25% 이상이 되는 것이 목표다. 다만, 예체능계열과 종교계열은 전체 모수 산정 범위에서 제외된다. 이주호 부총리 겸 교육부 장관은 이 같은 변화를 추진한 이유로 "**경계가 모호해지는 시대**를 선도할 수 있는 인재 양성이 절실한 상황"이라며 "이를 위해 학과·전공 간 벽을 허물고 학생들의 **다양한 전공선택 기회를 보장**해 변화하는 산업 · 사회의 수요에 맞는 **창의적 인재**를 유연하게 길러낼 수 있는 과감한 대학혁신이 필요하다"고 강조한 바 있다.

■ 실패의 반복이 두려운 대학들

취재 과정에서 많은 대학들이 제일 우려하는 부분은 앞서 **실패했던 전례**를 되풀이하는 것이었다. 멀게는 1973년에 도입된 '실험대학'부터 가장 최근으로는 2009년 법학전문대학원이 도입되면서 기존 법학부 입학정원을 채우기 위해 '자유전공학부'를 운영한 대학들이 있다. 이들 대부분은 **사실상 실패로 판명**됐다. 실패의 원인은 다양하지만 가장 주된 이유로는 △ 인기학과 쏠림 현상 △ 교수 확보 및 시설 확충의 어려움 △ 학생의 소속감 결여 △ 비인기학과 교수의 저항 등이 꼽힌다. 무엇보다도 대학의 준비 과정 없이 정부의 개입으로 외부적 압력에 의해 진행돼 실패로 귀결될 수밖에 없었다는 분석이 중론을 이룬다. 이 같은 분석은 교육계 전문가들도 동일한 의견을 내비친다. 대교협에서 특집으로 발행한 대학교육 224호 '전공자율선택제 확대, 대학 혁신인가 위기인가?'에서 이수정 세종대 교수는 '교육학자가 바라본 자율전공선택제 도입 과제'란 글을 통해 그동안 국내 대학에서 자율전공선택제가 실패했던 이유로 크게 5가지를 꼽는다. 이 교수는 △ 반복된 실패로 인한 불신 △ 제도의 본질적 취지와 정책적 목적의 상충 △ 특정 인기학과의 전공 쏠림 현상 △ 교육보다 연구에 치중한 대학들 △ 대학 자율이 아닌 교육부의 지침에 따른 변화 등을 지적하며, "미래 융합형 인재를 양성하기 위한 자율전공선택제의 구체적인 방안은 어떻게 설계되고 준비돼야 하는지에 대한 철저한 준비와 논의가 필요하다"고 강조했다. 김미정 경북대 인문대학장은 현재 국내 대학들의 자율전공선택제의 문제로 '획일화'를 지적했다. 그는 "문제는 이 제도를 전국의 모든 대학에 획일적으로 적용하는 데 있다"며 "지금 기초학문은 멸종 위기에 접어든 종자와 같다. 자율전공선택제는 기초학문 종자(種子) 보존의 마지막 보루인 국립대학마저 종자 보존을 포기하게 만든다"고 탄식했다.

■ 한동대 사례에서 찾아보는 자율전공선택제 성공 요소

한동대는 1996년부터 전교생을 대상으로 100% 무전공 입학 및 무제한 학생 전공

선택권 보장 제도를 운영해 왔다. 단순히 자유로운 선택권 보장만이 아닌 적절한 지원 체계를 통해 **중도 탈락률**도 전국 최상위권 수준으로 낮게 유지돼 성공적으로 자율전공 선택제가 정착된 대학으로 명성이 높다. 한동대의 경우 입학한 학생은 무조건 무전공으로 입학해 1학년 학생 전원이 1년간 '글로벌리더십학부'에 소속돼 기초 교양교육 과정을 이수하면서 다양한 전공을 탐색하는 기회를 갖는다. 전공 선택 과정에서 인원 제한, 성적 제한, 문 · 이과 구분 등 어떠한 형태의 제약도 없다. 한동대는 이를 위해 대학의 학사 제도를 대대적으로 뜯어고쳤다. 무제한 학생 전공 선택권 보장을 위해 지원 체계가 체계적으로 운영될 수 있도록 구축했다. 이와 함께 **복수전공제도, 전공 선택 지도 · 상담 체계, RC(Residential College) 및 팀 제도** 등을 운영함으로써 쏠림 현상과 같은 부작용을 최소화했다. 한동대의 신입생 지원시스템도 돋보인다. 신입생 대상 진로 탐색 교과목 운영은 물론, **정기적인 전공설명회, 학사지도사(Academic Advisor)를 통한 체계적인 전공 선택 지도 및 상담 지원, 팀 담임 교수와 전공지도교수를 통한 상담, 진로 개발시스템**을 통한 다양한 검사 등을 운영하고 있다. 방청록 한동대 기획처장은 "무전공 입학과 자율전공선택제를 추진하고자 할 때는 해당 제도가 안정적으로 운영되며 기대하는 효과가 나타나도록 다각적으로 촘촘한 지원체계를 함께 구축해 운영해야 한다"며 "이 외에도 한동대는 전공별로 정해진 **정원 자체**가 없어 각 전공의 학생 수가 매년, 매학기 변동되기 때문에 대학 담당 부서는 학생 수 변화 추이를 계속 모니터링하면서 각 전공에 배정되는 교원 정원, 예산, 공간 등을 대학이 정한 원칙과 방식에 따라 지속적으로 산정하고 관리한다"고 설명했다. 이수정 교수는 한동대의 방식에 더해 학습자의 수준과 요구에 따라 필요한 인지적 도움과 안내를 제공하고 지속적인 피드백을 통해 학습을 촉진시키는 **'스캐폴딩 교수-학습 전략'**도입을 제안했다. 그는 "자율전공선택제는 비판적 사고능력, 창의력, 의사소통능력과 협업능력 등 핵심역량 함양을 교육목표로 삼고 **융복합적인 교육과정과 역량중심 교육과정**이 체계적으로 설계 · 운영돼야 한다"며 "학생 개인의 교육적 **요구와 흥미**에 맞춘 전공탐색과 진로설계를 지원하고, 학생의 **성장**과 발전을 이끄는 **스캐폴딩 교수-학습 전략과 자기주도적 학습모델**을 도모해야 한다"고 말했다.
* 출처 : 한국대학신문- 411개 대학을 연결하는 '힘'(https://news.unn.net)

현재 대학 대부분은 신입생을 뽑을 때 학부나 학과 단위로 선발한다. 하지만 교육부 총리는 지난해 10월 "대학 입학정원이 1,000명이면 300명은 입학한 뒤 원하는 전공을 선택하게 할 것"이라고 밝혔다. 정부가 내세운 교육개혁의 일환으로 **전공 간 벽**을 허물고, 신입생이 다양한 학문 분야를 공부한 뒤 원하는 전공을 선택하도록 하겠다는 취지였다. 이후 교육부는 수도권 사립대의 경우 2025학년도 입시에서 정원의 20% 이상을 무전공 선발하고 이 중 전공을 100% 자율 선택하는 완전 무전공이 5% 이상이어야 인센티브를 주겠다는 방침을 통보했다. 2026학년도 선발 인원은 완전 무전공 10%를 포함해 25% 이상으로 올려야 한다고 했다. 거점 국립대의 경우 무전공 선발 비율을 2025학년도 25%, 2026학년도 30%로 사립대보다 5%포인트 더 높였다. 이 기준을 충족하지 않을 경우 대학혁신지원 사업비를 나눠 주지 않겠다는 것이었다. 하지만 이날 이 부총리는 "대학에서 자체적으로 **혁신모델**이 나올 수 있고, 일부 대학은 전공 자율선택제는 도입이 어렵지만 다른 차원의 혁신도 인정해 달라고 해서 다양하고 유연하게 수용하려 한다"며 기존 방침을 뒤집었다. '교육부'는 대신 대학혁신지원 사업에 참여하는 대학을 평가하는 과정에서 무전공 선발 비율과 확대 노력을 반영해 '가산점'을 주겠다고 했다. 대학들은 3주 만에 바뀐 방침에 혼란스럽다는 반응이었다. 서울의 한 대학 기획처장은 "비인기 학과 교수들의 극심한 반발을 겨우 무마하고 각 과 정원을 줄여 무전공 선발 기준 20%를 맞췄는데 갑자기 교육부가 기준을 없애 혼란스럽다"고 밝혔다. 그는 "가산점을 준다니 여전히 무전공 선발 비율을 높여야 지원금을 많이 받을 수 있는데 비인기 학과들이 정원을 다시 돌려달라고 난리 칠까 봐 골치가 아프다"고 했다. 반면 다른 대학의 기획처장은 "무전공 선발 정원을 20% 이상으로 늘릴 방법이 없어서 인센티브를 사실상 포기했는데 조금만 무전공 선발해도 지원금을 준다니 그나마 다행"이라고 했다. 또 문사철(문학, 역사, 철학, 수학, 물리, 화학, 생물)로 불리는 기초학문 전공 교수 중 상당수는 여전히 정부가 무전공 선발 정책을 전면 철회해야 한다는 입장이다. 강창우 서울대 인문대학장(전국 국공립대 인문대학장협의회장)은 이날 서울 관악구 서울대 인문대에서 기자회견을 열고 "각 대학의 특성을 고려하지 않은 교육부의 무전공 모집안은 매우 부적절하다"며 "계획을 즉시 중단하고 대학 자율에 맡겨야 한다"고 했다.
출처: D일보

2 Y대학교의 대응(사례)

Y대학교는 '교육부'가 시행한 '대학역량진단'에서 예기치 못한 평가를 받은 후, 2021년부터 대학혁신사업의 일환으로 새로운 산업생태계에 능동적으로 적응하는 융합인재 양성을 목적으로 무전공입학+전공자율선택제를 선제적으로 도입하였다. 기존의 단과대학과 학과/전공 중심으로 운용되던 기관계 관점의 학사구조를 산업계, 학생계 관점으로 대(大)전환하는 파격적인 시도를 추진하였다. 그러나, 모든 전공에

등가의 원칙을 적용하는 전면적인 무전공입학제보다 무전공 50% + 면허 및 자격 관련 학부/학과 50%라는 비교적 균형있는 방식으로 시작하였고, **향후 일부학과**(면허, 특성화, 국제계열 등)를 **제외하고** 100% 전면 무전공입학제를 시행할 예정이다.

표 25 | 무전공 입학: 자율융합계열

모집단위	모집인원	수시모집(정원 내)									소계(정원 내)	수시모집(정원 외)				
		학생부 교과		학생부 종합					논술			고른기회 학생부종합				
		교과우수자(미래인재)	교과우수자(창의인재)	학교생활우수자	강원인재	기회균형	활동우수자	SW창의인재	논술우수자(미래인재)	논술우수자(창의인재)		기초생활 연세한마음	농어촌학생	특성화고교졸업자	특수교육대상자	북한이탈주민
자율융합계열[1)]	702	80	50	110	25	17			97	63	442	13	17	12	○	○
데이터사이언스학부	30		8	8						5	21				○	○
소프트웨어학부	120		21	21	3	3		10		24	82	2	2		○	○
디지털헬스케어학부	50		6	6	3	2		5		8	30	2	2		○	○
디자인예술학부	55						15				15	2	2			
동아시아국제학부	46						46				46					
글로벌엘리트학부[2)]	5						5				5					
임상병리학과	44		9	9	3	2				7	30	2	2		○	○
물리치료학과	34		6	6	3	2				7	24	2	2		○	○
작업치료학과	33		6	6	3	2				6	23	2	2		○	○
방사선학과	33		5	5	3	2				7	22				○	○
의예과	93		15	19	14	3				15	66	1	1		○	○
간호학과	50		7	7	8	2			7	7	38	2	2		○	○
치위생학과	30		6	6						6	18				○	○
합계	1,325	80	139	203	65	35	66	15	104	155	862	28	32	12	5	약간

1) 자율융합계열 소속 학부(과)

인문콘텐츠학부(국어국문학, 영어영문학, 역사문화학, 철학), 경영학부(경영학), 사회과학부(경제학, 글로벌행정학, 국제관계학), 보건행정학부(보건행정학, 보건의료정보관리학), 환경에너지공학부(환경공학, 친환경에너지공학), 생명과학기술학부(생명과학기술학, 생명과학, 바이오산업학), 물리 및 공학물리학, 화학 및 의화학, 패키징 및 물류학, 의공학부(의공학, 바이오공학)

2) 글로벌엘리트학부 소속 전공

한국문화경영, 글로벌산업경영, 디지털미디어디자인, 구강보건학, 의료영상및방사선과학, 재활치료학

AI반도체학부	2024년 신설
AI보건정보관리학과	2024년 신설

전공자율선택제 추진에서 예상되는 가장 큰 난제는 전공별 쏠림 현상이다. 학생들이 특정전공에 몰리면서 소위 비인기학과가 형성되는 극화현상이 발생할 개연성이 높다. 실제로 Y대학의 경우 취업 성과 지표가 양호한 '보건행정, 글로벌행정, 의공학' 전공의 경우 1전공 최대 배정인원의 120%를 상회하거나 충족하였으나, 대부분의 전공에서 배정 인원을 채우지 못하는 경우가 발생하였다. 특히, '철학, 패키징물류학, 물리및공학물리학' 전공의 경우 50% 이하의 제1지망 지원율을 나타냈다. 관련 제도를 선제적으로 도입, 운용한 구체적인 사례와 앞으로 도입해서 추진할 경우 예상되는 쏠림 문제에 대하여 두 가지 관점에서 접근할 필요가 있다.

첫째, 당해 대학 내에 설치, 운용되는 세부전공의 자율성을 최대한 보장하고, 학문의 종(種)다양성을 보호한다는 취지에서 약세 혹은 비인기전공에 대한 다양한 학사지원 대책을 마련하는 것이다. 당해대학의 기존 전공에 대한 배려와 상생의 철학을 발휘하는 경우다.

둘째, 미래지향적인 대학 생태계는 직업진로 등의 성과창출에 따른 무한경쟁/생존경쟁 시스템 도입이 불가피하다는 입장에서 무전공입학+전공자율신택제도를 이해하려는 입장이다. 대학의 정체성은 학문의 전승-개발-보급이라는 인습적이고 고고학적 태도에서 벗어나, 실용위주의 학문이나 전공 운용으로 전환되어야 한다는 입장이다. 많은 수의 전공/학과가 운용되거나 기초학문(문-사-철-수-물-화-생) 관련 전공이나 학부가 있는 대학의 경우 그 마찰의 크기가 만만치 않을 것으로 전망된다.

2개 전공 선택/의무 이수

2021학년도 신입생부터 2개 전공을 선택하여 반드시 이수하여야 졸업이 가능하며, 이에 따른 졸업요건은 각 학부(과) 및 전공에서 따로 정한다. 단, 의료기사에 해당되는 학부(과) 및 전공(작업치료, 물리치료, 임상병리, 의예, 간호, 방사선, 치위생 등), 동아시아국제학부(EIC), 글로벌엘리트학부(GED), 보건과학부,

반도체시스템공학부, 편입생 등은 2개 전공 선택/의무화 제도에서 예외로 한다. 2021학년도 이후 2개 전공 의무화 대상자는 졸업을 위하여 입학 후 최대 6학기 이수 전까지 2개의 전공을 배정받아야 하며, 3개 이상의 전공을 승인받고 이수 중에 2전공을 취소할 경우 이후 승인된 전공이 2전공으로 된다. 단, 졸업요건을 충족하지 못할 경우 2전공의 변경 및 취소는 불가하다. 관련 세부규정은 다음과 같다.

③ 2개 전공 의무화를 위한 전공교육과정 구성원칙은 다음과 같이 정한다.

1. 각 전공은 기본전공과 심화전공을 2개의 독립된 전공으로 운영할 수 있음 (전공 여건에 따라 기본전공을 복수로 구성할 수 있고, 심화전공을 제공하지 않을 수 있음)
   ※ 보건분야 면허학과(물리치료학과, 작업치료학과, 임상병리학과, 방사선학과, 치위생학과)는 예외로 함
2. 2개 이상의 전공은 교육과정을 융합하여 2전공 이수를 위한 융합전공 구성 가능
3. 2전공 이수 시 1전공의 교차인정 교과목(공유교과목)은 최대 9학점 이내로 인정 가능
4. 전공탐색 영역의 교과목에서 최대 9학점 이내에서 전공 과정의 일부로 인정 가능
   ※ 1전공 이수학점에만 인정 가능(교양 졸업이수 요건은 1전공 기준임)
5. 전공필수 과목은 각 전공별로 12학점 이내로 구성함
6. 각 전공별 교육과정은 전공필수 교과목을 포함하여 36학점 이수가 가능하도록 구성
   - 전공 1개 운영 : 최대 60과목 180학점 이내를 원칙으로 함
   - 전공 2개 운영 : 각 전공별로 최대 40과목 120학점 이내를 원칙으로 함
   - 전공 3개 운영 : 각 전공별로 최대 30과목 90학점 이내를 원칙으로 함

제8조 (교과목 이수) ① 제1전공의 전공과목과 교양과목(학부기초, 학부필수, 학부선택, 계열기초, 공통기초, 교양기초, 필수교양, 대학교양, 전공탐색 과목 등)은 미래캠퍼스에서 이수함을 원칙으로 한다.

② 재학생복수전공 승인자는 재학생복수전공에서 정한 최소 전공학점 이상을 이수하여야 한다. 단, 재학생복수전공에서 전공 및 전공이외에서 지정한 필수과목이 있을 경우 이수하여야 한다.

③ 재학생복수전공 이수 시 두 전공에서 공통으로 인정되는 전공과목의 학점은 본인이 선택한 하나의 전공에서만 전공학점으로 인정하고, 다른 전공에서는 중복하여 전공

학점으로 인정하지 아니한다. 단, 2021학번 이후 입학자의 경우 제한적으로 두 전공에서 중복하여 전공학점 인정이 가능하나, 졸업학점에서는 중복으로 인정하지 않는다.

④ 재학생 복수전공을 이수하다가 중도에 포기하는 경우 포기한 전공에서 이미 이수한 학점 및 본인의 전공과 무관하게 이수한 전공과목의 학점은 일반선택 학점으로 총 졸업 학점에만 포함된다.

⑤ 제1항에도 불구하고 계절학기를 이용하여 사전에 허가받은 전공과목 및 교양과목(학부기초, 학부필수, 학부선택, 계열기초, 공통기초, 교양기초, 필수교양, 대학교양, 전공탐색 과목 등)을 서울캠퍼스에서 이수할 수 있다.

⑥ 제1항에도 불구하고 서울캠퍼스에서 재학생복수전공 이수에 필요한 과목으로 달리 정한 학부기초, 학부필수, 계열기초, 공통기초, 교양기초, 필수교양, 대학교양, 전공탐색 과목은 서울캠퍼스에서 이수할 수 있다.

교무처와 RC융합대학의 주요업무는 1학년을 대상으로 전공선호도 조사 및 제1전공 확정을 위한 학사지원이다. 전공선호도 조사는 2회에 걸쳐 이루어지며, 결과는 구성원 간의 협의에 의하여 공개범위를 결정하거나 정보를 공유함으로써 학생밀착형 학사지도를 위한 객관적인 참고자료로 활용하고 있다.

2개 전공 선택/의무에 따른 전공별 교육과정 개편 기본지침

A. 전공의 종류

1. 기본전공

- 1전공으로 선택 가능
- 전공분야의 핵심 전공지식을 함양하기 위한 교육과정
- 전공에서 정한 교과목 36학점 이상을 1전공으로 이수

2. 심화전공

- 2전공으로 선택 가능
- 기본전공 지식을 기반으로 전문성을 강화하기 위한 전공심화 교육과정
- 1전공으로 선택한 기본전공에서 36학점 이상을 이수하고 동일 전공 내의 심화전공 36학점 이상을 2전공으로 이수

3. 복수전공

- 2전공으로 선택 가능

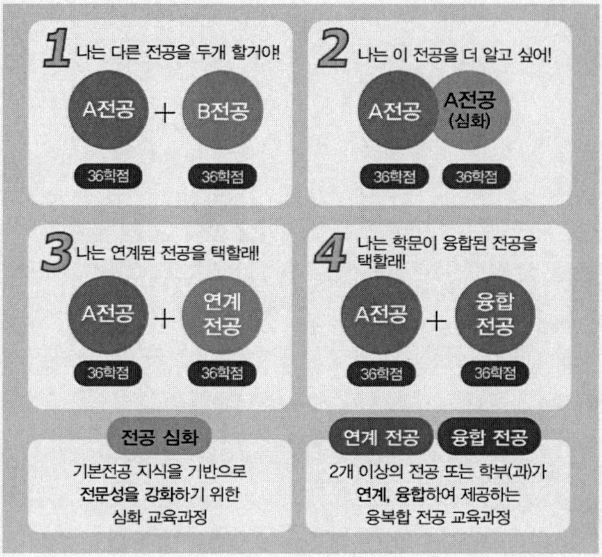

- 1전공에 대한 학문적 다양성을 함양하기 위한 타 전공의 기본전공 교육과정
- 1전공으로 선택한 기본전공에서 36학점 이상을 이수하고 복수전공 36학점 이상을 2전공으로 이수

4. 융합전공

- 2전공으로 선택 가능
- 2개 이상의 학과(부,전공)이 연합하여 제공하는 전공융합 교육과정
- 1전공으로 선택한 기본전공에서 36학점 이상을 이수하고 융합전공 36학점 이상을 2전공으로 이수

B. 전공교육과정 구성 원칙

1. 각 전공은 기본전공과 심화전공을 2개의 독립된 전공으로 운영할 수 있음

- 전공 여건에 따라 기본전공을 복수로 구성할 수 있고, 심화전공을 제공하지 않을 수 있음

2. 2개 이상 전공은 교육과정을 융합하여 2전공 이수를 위한 융합전공 구성 가능

- 보건분야 면허학과는 타전공자의 2전공 선택을 위해 연합하여 1개 이상의 융합전공을 구성함을 원칙으로 함
- 융합전공의 경우 사회 및 산업 수요를 기반으로 한 신규 융합교과목을 최소 3과목 이상 포함하여야 함
- 현재 운영중인 연계전공 교육과정도 고려하여 구성해야 하며, 연계전공을 융합전공으로 확대 개편(융합교과목 3과목 이상 신규 개설)함을 권장함

3. 2전공 이수 시 1전공의 교차인정 교과목(공유교과목)은 최대 9학점 이내로 인정 가능

- 교차인정 교과목(공유교과목, Cross Listing): 전공 간 인접·유관 학과나 대학의 개설과목 중에서 해당 학과 전공 과정 이수로 인정할 수 있는 과목
- 2전공 이수 시 1전공에서 공통으로 인정되는 전공과목의 학점은 한 전공에서만 인정하며, 다른 전공에서 중복하여 전공학점으로 인정하지 않음
- 단, 2전공의 전공과목이 1전공의 교차인정과목 목록에 포함되어 있을 경우, 최대 9학점까지 두 전공의 전공학점으로 중복인정할 수 있음(학점 중복인정 허용 여부는 전공별 내규로 인정할 수 있음). 그러나 졸업이수학점에는 1회만 인정
- 전공별 최대 인정학점만 확정하여 대학요람에 우선 안내하고, 추후 전체 학과의 교과과정이 확정된 후 전공별 교차인정 교과목 목록을 작성함

4. 전공탐색 영역의 교과목에서 최대 9학점 이내에서 전공과정의 일부로 인정 가능

- 1전공 이수학점에만 인정 가능(교양 졸업이수 요건은 1전공 기준임)

5. 온라인강좌(온라인으로 70% 이상 운영)를 활용하여 전공과정의 일부로 구성 가능

- 코세라, MOOC 등 공개강의사이트의 개설과목 중 전공의 추천을 받아 학사위원회에서 승인된 교과목도 전공학점으로 인정 가능함

6. 전공필수 과목은 각 전공별로 12학점 이내로 구성

7. 각 전공별 교육과정은 전공필수 교과목을 포함하여 36학점 이수가 가능하도록 구성

- 전공 1개 운영: 최대 60과목 180학점 이내를 원칙으로 함
- 전공 2개 운영 : 각 전공별로 최대 40과목 120학점 이내를 원칙으로 함
- 전공 3개 운영 : 각 전공별로 최대 30과목 90학점 이내를 원칙으로 함

8. 면허학과의 경우 면허취득을 위한 최소 이수학점(예: 72학점) 명시

9. 전공별 개설학점

- 연간 또는 학기별 개설학점으로 산정하며, 산정 기준은 최근 3년간 개설된 과목의 과목수, 평균수강인원, 전임비율, 영어비율 등을 기본으로 고려함. 또한 융합과목 수 개발 및 개설 건수 또는 학생 수요 및 산업계 수요에 따른 신설 건수 등을 고려하여 상향 조정할 수 있음

자율융합계열 입학생들은 학과/학부로 입학하는 국제교육계열, 특성화 관련 및 보건의료계열과 달리 1년 동안 RC융합대학의 집중적인 학사지도를 받게 된다. 물론 자율융합계열 이외 입학생도 1년 동안은 공통기초과목(RC프로그램) 및

‘대학학문의 세계’ 혹은 ‘전공진로상담’ 교과목을 이수하게 된다. 학사제도의 개혁은 **RC융합대학**(교양교육 및 RC프로그램 개발 및 운용 주체)의 자율성과 전문성을 고도로 신장시킬 수 있는 좋은 기회가 되고 있다. 학사지도교수제(AA), ‘대학학문의 세계’ 교과목 운용, 새내기 예비대학 프로그램, 신입생 실태조사, 전공선호도 조사, 전공탐색 박람회 등 신입생을 대상으로 하는 다채로운 학사지도는 전공선택에 도움이 되고 있다.

새내기 예비대학 개설

무전공으로 입학하는 새내기들의 학교적응 및 대학생활 정치(定置), 대학친화적 정서 함양을 목적으로 2020년부터 ‘새내기 예비대학’을 매년 정기적으로 실시하고 있다. 프로그램의 주요 골자는 ‘입학 전 학점이수를 위한 교과목 운용, 대학 적응을 위한 전반적인 대학 특성에 대한 정보 제공, 입학 후 학습역량 계발을 위한 전략 지도’ 등이다. 향후, 새내기 예비대학을 단위대학으로 편제하고, **새둥지학기**라는 이름으로 정규학기화하여 확대할 예정이다. 현재, 새내기 예비대학 프로그램은 수시전형에 합격한 학생들을 주요참여 대상으로 하고 있으나, 향후 대학 차원에서 일정 조정 및 플랫폼 개선을 통하여 정시전형을 포함한 모든 예비 새내기들이 참여할 수 있는 방안을 적극적으로 고려하고 있다.

학사지도교수(AA) 운용

신촌/국제캠퍼스에서는 이미 학부대학을 통하여 학사지도교수(AA)제도를 운용하고 있으나, 미래캠퍼스에서는 2020년부터 학사지도교수를 채용하여 2021년 입학제도 변경에 따른 1학년 학사지도를 준비하였고, 소기의 성과를 거두고 있다.

학사지도교수 운영위원회 규정

제2조(기능) 위원회는 아래 각 호의 사항을 포함하여 학사지도 운영의 중요한 사항을 심의·의결한다.

1. 학사지도교수제(MAA, AA) 운영
2. [대학학문의 세계] 및 [전공지도상담] 교과목 운영
3. 전공진로지도, 새내기 예비대학, 전공박람회 운영
4. 개별 학사지도상담 등

제3조(구성) 위원회의 위원장은 RC융합대학장, 부위원장은 교학부학장, 간사는 위원장이 추천한 AA가 되며, 위원은 다음 각 호의 자가 된다.

1. 교학부학장, RC부학장
2. 자율융합계열 학사지도교수(MAA) 2명, 학(부)과 학사지도교수(MAA) 2명
3. 학사지도교수(AA) 2명(간사 포함)
4. 위원장이 위촉한 자

「규정」에는 학사지도교수의 역할과 기능이 포괄적으로 적시되어 있다. 학사제도 혁신에 따라 1학년은 자율융합계열과 전문자격 과정의 특성이 있는 학과나 계열별로 입학하게 된다. 모든 학생들이 RC융합대학 프로그램의 참여대상이지만, 특히 자율융합계열 입학생의 경우(2021년에는 일부 계열 및 대학이 적용되었지만 2022년부터 구분 없어짐), 2학년 진학 시 전공선택의 중요한 과정에 개입하여 학생 요구 기반의 진로지도가 적절히 이루어질 수 있도록 안내하고 지원하는 역할을 학사지도 교수가 담당하게 된다. 학사지도교수는 교양교육의 기획, 설계, 운용, 성과관리 등을 책임지는 고도의 전문가다. 특히, 전공소속 학사지도교수와 달리 RC융합대학의 학사지도교수는 신입생의 학교생활 정치 및 향후 전공선택에 가장 영향력 있는 전문가다. 따라서 자율융합계열 입학생들의 학업 및 학교생활 정치를 효과적으로 안내, 지원하기 위하여 인적 자원 확충 및 책무성의 범위 확대가 지속적으로 필요하다.

교과목 개설(대학학문의 세계, 전공진로 상담)

RC융합대학은 창의·융합형 인재 양성을 위해 무전공 입학과 2개 전공 선택/의무라는 혁신적 학사제도를 운영하는 융합교육기관이다. 무전공 입학과 2개 전공 선택/의무화는 미래캠퍼스에서 처음 운영되는 학사제도이므로 RC융합대학에서는 새로운 학사제도에 적합한 교과목으로 [대학학문의 세계]를 운영한다. RC

융합대학 자율융합계열 학생들은 문·이과 구분 없이 통합 선발되어 2개 전공을 선택해야 하므로, 1학년 신입생들을 위해서 RC융합대학에서는 다양한 전공·진로 탐색활동을 실시할 예정이다. [대학학문의 세계]는 전공탐색의 출발점이 되는 교과목으로, 학생들에게 전체 전공별 설명회를 통해 각 학문에 대한 이해의 폭을 넓히고, 또한 계열별·전공별 학사지도교수의 상담과 학사지도를 통해 전공 및 진로를 설계할 때 합리적인 기준을 제시한다.

첫째, 인문, 사회, 자연, 공학계열 학생들에게 다양한 전공 분야에 대한 소개와 진로 탐색을 위한 교과목으로 설계되어, 무전공입학과 2가지 전공을 선택 이수해야 하는 신입생들에게 유용한 정보를 제공할 수 있다. 둘째, 신입생 뿐만 아니라 복학하거나 편입한 학생들에게도 다양한 학문 분야의 특성과 학습 방법에 대한 이해를 높임으로써 다양한 전공을 선택할 수 있는 정보를 제공한다는 장점이 있다. 특히 학사지도를 통해 강좌 이외에도 전공분야 및 취업 영역에 대한 맞춤형 정보를 안내해 주어 학생들에게 자기전공과 연계된 확대 전공에 대한 지식과 정보를 충분히 제공할 수 있다. 셋째, 급변하는 현대사회에서 살아가야 할 학생들에게 현재 각 학문의 체계와 세부 전공의 변화를 소개함으로써 4차 산업혁명과 관련된 미래 직업군에 대한 효율적인 정보를 제공할 수 있다. 넷째, 1학년 학생들에게 다양한 대학 학문을 수학하기 위한 기초능력을 기르게 하고, 미래 진로 설계를 위한 활동을 체험하며 2개 전공을 함께 이수하는 융합형 인재로 나아가게 한다.

신입생 기본 정보조사 및 분석

올바른 대학생활을 위한 정보 제공과 정치(定置)를 지원하고 대학 차원의 학사지도 및 관련 정책 수립을 위하여 신입생 대상의 생활 및 인식 실태조사를 매년 실시하고 있다. RC 융합대학이 주관하며 조사방식은 인터넷 설문을 사용하고, 매 학년도 1학기 중에 실시한다. 설문내용은 크게는 응답자 정보, 출신고교 정보, 대학준비 과정, 대학생활 및 학업계획, 신체 및 심리건강, 전공선호도 등으로 구분하며 세부문항은 다음과 같다.

■ **응답자 기본정보**

- 당해연도 신입생 여부, 소속계열, 성별, 출생연도

■ **고교졸업 정보**

- 고등학교 졸업연도, 졸업한 고등학교의 소재지(검정고시 출신학생에 대한 배려가 필요)

■ **대학입학 준비과정**

- 고등학교시절에 관한 문항: 참여했던 분야(학교정규수업, 방과 후 수업, 자치활동, 정규동아리 활동, 자율 동아리 활동, 봉사활동, 진로활동, 취미활동, 기타), 고등학교(학교교육, 교우관계, 교사와의 관계, 고교생활 전반)의 만족도(검정고시 출신학생에 대한 배려가 필요)
- 대학입학의 전형 방식: 입학한 전형방식, 연세대 지원 시 전형방식, 연세대에 입학 결정에 중요하게 작용한 이유, 고등학교에서 제공받은 프로그램의 진로 결정 도움 정도
- 전공분야 : 전공결정 여부, 전공 또는 계열 선택 시 중요하게 고려한 사항
- 우선순위 : 현재 가장 우선하는 활동

■ **대학생활 및 학업계획**

- 기본적인 역량 및 태도 : 지식습득 및 개념·원리의 이해, 문제해결능력, 의사소통능력, 비판적사고력, 분석적 추론 능력, 수리적 사고력, 정보 미디어 기술을 활용하는 능력, 자신에 대한 통합적 이해, 자기 주도성, 책임감, 대인관계능력, 협업능력, 리더십, 문화적 다양성에 대한 이해, 사회적 책임감과 윤리의식, 창의성, 도전과 혁신, 융·복합 역량
- 학업계획 관심정도 및 졸업 이후의 계획: 심화전공의 학업계획 관심정도, 복수전공/융합 전공의 학업계획 관심정도, 소속변경(전과)의 학업계획 관심정도, 해외 교환학생의 학업계획 관심정도, 졸업 이후 계획

■ **신체 및 심리건강 조사**

- 건강 및 신체활동 : 건강의 정도, 숨이 차도록 하는 운동 시간
- 식습관 : 최근 1년 동안 1주일에 아침/점심/저녁의 횟수
- 수면습관 : 지난 한 달 동안 수면의 만족도, 지난 한 달 동안 취침시간, 지난 한 달 동안 기상시간
- 심리상태의 방해 정도 : 지난 2주 동안 일/여가 활동 시 흥미 없는 일수, 지난 2주 동안 우울 또는 절망 일수, 지난 2주 동안 수면의 어려움(잠을 못 잠, 잠을 너무 많이 잠)의 일수, 지난 2주 동안 피곤의 일수, 지난 2주 동안 섭식(입맛 없음, 과식)의 일수, 지난 2주 동안 자신에 대한 부정적 감정 일수, 지난 2주 동안 신문/TV 시청의 어

려움 일수, 지난 2주 동안 활동량(너무 천천히 함, 너무 많이 움직임)으로 인한 불안한 일수, 지난 2주 동안 죽음과 자해의 일수

- 타인과 어울리는 정도 : 다른 사람과 어울리기 힘든 정도

전공탐색박람회 실시

자율융합계열로 입학한 신입생들을 주요 참여대상으로 설정하여 2학년 진급 시 학생요구 및 역량 기반의 전공선택을 지도하기 위하여 RC융합대학 주관으로 (적절한 정보공유 및 학사지도를 위한) 전공탐색박람회를 매년 운용하고 있다.

학생성공형 학사제도 혁신

① 전환: 기관계에서 학생계 관점으로

단과대학이나 학과라는 명칭이 특정 학문분야와 소속 교수를 중심으로 운용되는 닫힌 형태의 학사구조라면, 전공이나 모듈은 누구든 접근 가능한 다소 개방적인 형태로 볼 수 있다. 따라서, 무전공입학제도가 정착하기 위해서는 도입 취지에 부합하도록 학과를 전공이나 모듈로 전환하는 것이 선행되어야 한다. 엄밀하게 말하면 무전공입학＋전공자율선택제도는 전공입학제(전공이나 학과를 기준으로 입학하여 당해 전공/학과별로 정해진 교과과정을 중심으로 이수하여 학위를 취득)를 전공졸업제(무전공으로 입학하여 전공탐색 및 선택과정을 거쳐 각 전공/학과별 교과과정을 이수하여 학위를 취득. 다양한 방식으로 전공 선택 기회를 보장)로 전환하는 아주 간단한 제도다. 즉, 고등학교 졸업 후 대학이 요구하는 각종 입학전형 자료를 바탕으로 전공/학과를 선택하여 입학하는 것이 아니라, 대학 입학 후 전공/학과 선택을 1년 유보하는 단순한 제도적 장치일 뿐이다.

그럼에도 불구하고, 전공입학제 도입을 추진하는 정부나 이에 정합하는 대학의 학사혁신 취지는 대학입학 후 다양한 전공제도와 학생 자신의 적성, 능력, 경험 등을 적절하게 매칭시킴으로써 학생마다 졸업 후 직업진로 선택 기회를 확장하는 데 있다. 대부분의 제도 도입을 준비하면서 어려움을 겪거나 예상되는 난

제가 앞서 언급한 대로 특정 전공에 대한 쏠림과 비인기 전공 발생이다. 향후 기존 학과/전공에 대한 인식전환을 통하여 실용중점(직업진로에서 성과창출이 용이한)의 원칙을 학사개선에 투영할 필요가 있다. 당장은 몇몇 전공으로부터 저항과 반발이 있을지라도 성과창출형 학과/전공중심의 학사개혁은 장기적으로 쏠림현상을 최소화하는 전략이 될 수 있다.

표 25 | **관점별 교육특성**

관 점	교육목적	동력	문제점
기관계	이런 인재를 만들겠다	must	학생들의 입학이나 전공선택과 연관된 비가시적 특성을 무시한 채, 기성세대의 관점과 경험들을 성장세대에게 전수하는 것을 학부교육의 책무로 착각함
학생계	이런 인재가 되고 싶다	want	체계적인 학습과정을 거쳐 전문능력, 특수능력, 범용지식 등이 습득되어야 함에도 불구하고, 배경지식에 대한 탄탄한 학습설계가 불가능하고 대부분 학습경험이 자의적으로 이루어짐
산업계	이런 인재가 필요하다	need	산업체의 존재이유인 이익/이윤 창출에 도움이 되는 직무역량을 갖춘 인재를 맞춤형으로 대학이 양성할 것으로 요구하여 정치경제학적 논리에 교육이 매몰됨

② 부분 자율융합(자유전공+학부/학과) 유형

이 유형은 정부가 요구하는 제도 도입 취지에 어느 정도 반응하면서 동시에 대학 고유의 특성(정체성)이나 현행 교육과정의 특장점을 균형있게 적절히 유지하는 방식이다. 당장은 대학 구성원의 저항이나 마찰을 최소화할 수 있는 전략적 선택유형이다.

③ 단과대학 해체: 광역 자율전공 융합 유형

이 유형은 대학 고유의 정체성, 면허 관련 학과/전공을 예외로 하고 모든 학문 분야에 대한 학과/전공 선택권을 광범위하게 보장하는 방식이다. 무전공입학생의 전공선택권이 앞의 유형보다 확대되는 장점이 있으나, 특정 전공 쏠림과 소외의 발생에 대한 우려도 동시에 고려해야 한다.

④ 학사제도 유연화

정부가 추진하는 학사제도 유연화의 취지는 닫힌 전공제도에서 비롯된 경직된 학문탐구와 이에 기반을 둔 직업진로의 미스매칭을 해소하여, 학생주도의 다양한 전공선택권을 기반으로 직업진로 선택기회를 보장하는 것이다. 전공 벽에 갇힌 단일전공 제도를 개선하여 다양한 전공선택 및 이수를 가능하게 만드는 유연화 전략은 다음과 같다. 특히, 학사개혁 시그니처로 전공사정제(광야형 학사제도), 융합교양 학사제도, 데이터기반(IR시스템) 학사제도 등을 제안한다.

표 26 | **학사제도 유연화 방식(예시)**

구 분		주요내용	비 고
단일전공		무전공으로 입학한 후 2학년 진급시 학과/전공을 하나 선택하고, 당해 학과/전공 교과과정을 이수하여 단일 학위를 취득함	기존 방식과 동일(72학점)
다전공*	2개 전공 의무	2학년 진급시 제1학과/전공을 선택하고, 3학년 진급시 제2학과/전공을 선택하여 각 학과/전공 교과과정을 이수하고 2개의 학위를 취득함	전공별로 28~42학점 이수 필수
	2개 전공 선택	학과/전공별 특성을 반영하여 2개 전공 선택제도를 유연하게 결정하고 운용함	
전공사정		무전공으로 입학한 후, 특정 학과/전공을 선택하지 않고, 교양과정(필수) 및 다양한 전공분야에 대한 교과이수를 함. 졸업이수학점을 충족한 경우, 가장 많은 과목을 이수한 학과/전공 분야에 대하여 '학위규정'에 따른 사정(査定)을 거쳐 특정 학위를 인정함	특정전공 분야의 스페셜리스트보다 제너럴리스트 양성에 기여

*다전공 방식	주요내용	비고
제1 전공(기본+심화)	모든 전공은 기본전공과 심화전공으로 구분하여 교과과정을 개편하는 것을 전제로 함. 제1 전공 기본(36)+제1 전공 심화(36)의 형태로 이수함	기본과 심화의 구분이 명료할 필요가 있음
제1 전공+타 전공	제1 전공(36)+타 전공(36)의 형태로 이수함	복수/이중전공 형태로 운용함
제1 전공+ 융합/연계전공	제1 전공(36)+융합(36) 혹은 연계전공(36), 융합+연계(36) 형태로 이수함	다양한 융합/연계전공과정 개설이 필요함
제1 전공+ 마이크로전공(2개)	제1 전공(36)+마이크로 전공 2~3개(36) 형태로 이수함	다양한 마이크로전공과정 개설이 필요함
제1 전공+ 자기설계전공	제1 전공+학생주도 자기설계전공(36)의 형태로 이수함	자기설계전공 설계에 대한 충분한 정보제공이 필요함

특히, 융합교양 학사제도는 대학본부 및 교수의 입장이나 경험을 바탕으로 학사제도를 수립, 운용하는 것이 아니라, 학생들의 NICE(needs, interest, competency, experience)에 대한 빅데이터를 체계적으로 분석하여, 입학한 모든 학생이 중도탈락이나 학교이탈 없이 성공적으로 대학생활을 할 수 있도록 학생중심/학생친화형 학사를 운용하기 위한 혁신방안이다. 대학의 명망이나 교수의 성공을 위하여 학생들의 능력이 사용되는 것이 아니라, 학생 자신의 성공적인 삶을 보호하는 학사제도의 도입이 필요하다.

표 27 | **융합교양학사**

구 분	현행 전공기반 학사제도	융합 교양학사 대상자
대상학생 선정	• 입학제도(학과/학부제로 입학한 학생+자율융합전공으로 입학한 학생)에 따라 2학년에 모든 학생은 주전공분야를 선택함	1학년을 마치고 2학년 진급 시 **주전공 선택을 포기한 학생**

<table>
<tr><th>구 분</th><th>현행 전공기반 학사제도</th><th>융합 교양학사 대상자</th></tr>
<tr><td></td><td>• 주전공을 확정하고 2~4학년에 재학하여 전공별 이수지침에 따라 교과목을 이수함</td><td>• 2학년을 대상으로 자신의 전공분야에 대한 태도 전반을 조사 및 분석하고(2학년 2학기 이수 후), 전공만족도와 몰입도가 낮은 학생 중 융합교양학사 전공을 자율적으로 선택한 학생
• 2~3학년 재학생 중 현재 전공을 포기하고 융합교양학사 전공을 선택하거나, 전공학업성취도가 현저히 낮아 학사경고 위기 학생</td></tr>
<tr><td>학사지도 목적</td><td colspan="2">1. 주전공을 포기한 학생(1학년), 전공만족도와 몰입도가 낮은 학생(2학년), 학업성취도가 현저히 낮은 학생(2~3학년)에 대하여 밀착형 학사지도를 통해 대학의 유지충원율*을 제고하기 위함
2. 대상학생들에 대한 교양대학 차원의 자율적인 학사지도방안을 수립, 운용함
3. 4차 산업혁명사회생태계에 능동적으로 적응하고 자기주도적인 생애개발 역량을 높이기 위한 범용지식을 갖춘 역량인을 양성함
4. 전공분양의 학위와 직업진로가 일치하는 매칭교육의 극대화는 각 전공분야에서 책임지고, 대상학생들로 하여금 기존에 이수한 전공지식+범용지식을 갖추어 창의적이고 선도적인 앙트러프러너를 양성하는 혁신형 교육과정을 개발, 운용함</td></tr>
<tr><td>학사지도 방법</td><td colspan="2">1. 당해학생의 수강이력에 대하여 교양과 전공을 구분하지 않고 졸업자격을 사정함
2. 대학 자율적으로 융합교양학사 학위를 수여함(교육부에서도 인정함)
3. AA는 당해학생의 지도교수가 되고, 제반 학사지도 및 진로코칭을 책임짐</td></tr>
<tr><td>대학개선 방향</td><td colspan="2">1. 범용지식을 갖춘 융합교양학사 양성의 취지 및 목적에 대한 대학구성원 간 정보 공유
2. 범용지식을 갖추기 위한 학습선택권 확대를 위하여 학생수요를 반영하여 관련 전임교원을 대폭 확충함
3. MZ세대의 심리적 특성을 고려하여 예능(실용음악, 글로벌 문화예술 등), 스포츠(익스트림스포츠, E-스포츠), 방송, 디지털문화(유튜버, UCC제작자, 메타버스 개발전문가, 프로게이머 등), 상담코칭(청소년상담, 다문화, 노인복지 등), 국제개발협력(KOICA 등 국제기구 진출), 통일교육, 전환교육(환경 및 전환), 인권 분야를 교육하기 위한 전문인력을 충원함</td></tr>
</table>

⑤ 파격: 실용중점 전공학사 제도

역사적으로 대학의 역사는 '전공'의 탄생에서 시작되었고, 여기서 전공이란 취업을 위한 전문 교육과정을 의미한다. 중세대학의 법학, 의학, 신학 등이 대표적인 경우다. 오늘날 많은 대학에서는 학문분야와 전공분야가 구분되지 않고, 대부분 백화점식으로 운용되고 있다. 취업을 위한 전공교육을 고등교육과정의 핵심으로 전환하고, 학문분야는 기초/교양교육으로 구분하여 교양과 전공교육의 명료한 역할 분담이 이루어질 필요가 있다.

표 28 | **대학구조 재편 전략**

Liberal arts College(자유교양대학) 자율전공/무전공 입학생 소속	Major University(실용전공대학) 전공선택 재학생 소속
• 실용 교양 교과목, 기초 소양교육을 위한 교과목, 다양한 학문분야 기반의 교양교과목, 융합형 교양교과목, 학생요구 반영형 교양교과목, 산업계 관점의 교양교과목	• 취업에 직접 연계되는 전문역량 개발을 위한 실용위주 전공과정과 각 전공별 교과목 개설 • 다양한 융합모듈 개발, 전공 간 벽을 허무는 융합형 전공교육과정 개설
• 대학의 정체성을 담보하는 교양신학 제공 • 다양한 전공이수를 위한 기초과목 제공 • 융합교양학사 과정을 위한 교양교과목 운용	• 실용 기반의 다양한 전공 분야를 지속적으로 확대하여 학생의 전공선택권 강화 • 전공 간 융합/연계과정 확대 및 강화 • 전공 간 학생유치 경쟁을 통한 서바이벌 생태계 구축

실용전공대학(전문기능인, 특수직업인 양성)
ooo University

Functionalist 교육과정 ooo College	Specialist 교육과정 ooo College	↔	Convergent 교육과정 ooo College
특정 전문분야의 전문가를 양성하기 위하여 기존의 학문분야를 바탕으로 다양한 전공과정을 운용함	전문자격기준을 갖추기 위하여 특수한 교육이 필요하거나 자격증 취득을 필요로 하는 다양한 전공과정을 운용함		학생주도로 다양한 전공분야를 융합하여 교과를 이수하거나, 새로운 전공분야를 설계하여 전공과정을 운용함
↑	↑		

<table>
<tr><th colspan="7">자유교양대학(Generalist 양성)
RC(Rainbow College)</th></tr>
<tr><td colspan="7">• 대학은 학생의 기초지식, 범용지식, 융합지식 개발을 위하여 다양한 학문분야의 이슈나 토픽 중심의 교과목들을 개발하여 무차별적인 수강이 가능하도록 제공함
• 학생들은 자신의 요구, 능력, 경험, 호기심 등을 고려하여 진로방향을 다양하게 구안하고, 각각의 방향에 적합한 교과목들을 학문분야 구분과 무관하게 수강함
• 특정 전문분야에 대한 진로설계가 조기에 이루어진 학생의 경우 다양한 교과목 중에서 선택적 집중을 통하여 커리어 역량을 개발함
• 입학 후에도 여전히 전공선택에 대한 확신이 없거나, 대학 교육과정에서의 진로개발에 대하여 크게 의미를 부여하지 않는 학생의 경우 잡식형 교과목 수강을 통하여 융합교양 역량을 개발함</td></tr>
<tr><td>000
college</td><td>000
college</td><td>000
college</td><td>000
college</td><td>000
college</td><td>000
college</td><td>000
college</td></tr>
<tr><td>인문과학
분야</td><td>사회과학
분야</td><td>자연과학
분야</td><td>기술공학
분야</td><td>보건의료
분야</td><td>예술체육
분야</td><td>국제관계
분야</td></tr>
</table>

⑥ 전문성 : 근거기반 학사제도

부단히 공지되는 정부의 재정 지원사업 및 대학평가 정책에 능동적으로 대응하고, 질 높은 계획서 및 평가보고서 산출을 위하여 「대학재정지원사업 및 평가 대응 전략본부」를 설치, 운용할 필요가 있다. 대부분의 대학에서 정부재정지원사업 계획서나 평가보고서를 작성할 때, 사안마다 연구 및 집필진을 새롭게 구성하여 기존정보를 새롭게 가공(加工)하는 수고와 막대한 경비를 낭비한다. 전략본부 내에 IR시스템을 구축(운용센터 설치 포함)하여 고도의 정책기획 및 평가 전문가를 전임인력으로 확보하고, 정부의 재정지원사업 및 대학평가 정책에 대한 실시간 모니터링을 자체 수행함으로써 사업에 대응하는 계획서와 평가보고서 작성을 전담하여 소기의 성과를 창출하는 지속 가능한 시스템을 구축, 운용할 필요가 있다.

[참고자료] 대학 전공제도에 대한 6가지 오해

많은 대학은 고등학교 졸업반 시기에 대학입학 지원서를 작성할 때 전공을 선택하도록 요구한다. 그러나 학생이 마음을 바꿀 가능성도 높다. 미국 교육부에 따르면, 약 30%의 학생이 최소 한 번 전공을 바꾼다고 한다. 학생들은 전공을 선택할 때 많은 조언을 받는다. 그러나, 갤럽조사에 따르면, 대부분의 조언은 가족과 친구들에게서 나오는 것으로 드러났다. 11%의 학생만이 고등학교 상담사에게, 28%는 대학 상담사에게 조언을 구했다고 답했다. 그리고 대부분의 학생들은 그 조언이 특별히 유용하다고 생각하지 않았다. 이는 전공에 대하여 아래와 같은 통념(신화) 중 많은 부분이 틀렸기 때문일 수 있다.

신화 1: 큰 돈을 벌려면 STEM 전공이 정답이다

컴퓨터 과학과 공학이 급여 순위에서 항상 상위를 차지하는 것은 사실이지만, 특정 전공 내에서도 급여 차이가 크게 난다. 템플대학교 경제학 부교수로 학문 분야별 수입을 연구하는 D.A. Webber는 "학생들과 부모들은 어떤 전공이 가장 많은 돈을 버는지에 대해서는 꽤 잘 알고 있지만, 해당 전공 내에서 차이의 규모에 대해서는 잘 알지 못한다"고 말했다. 그는 한 가지 사례를 제시했다. 영어를 전공한 상위 25%의 소득자는 화학공학을 전공한 하위 25%의 소득자보다 평생 더 많은 돈을 번다. 하지만 만약 당신이 급여 수준의 상위권에 들지 못한다면 어떨까? 영어 또는 역사 전공자조차도 해당 전공의 평균 평생 소득보다 약간 더 버는 경우, 경영학이나 STEM 분야의 일반적인 졸업생과 비교했을 때 꽤 잘 버는 편이다. 가장 인기 있는 학부 전공인 경영학 전공자의 평균 평생 소득을 살펴보자. 일반적인 경영학 졸업생은 평생 286만 달러를 번다. 이를 낮은 소득 전공으로 여겨지는 졸업생들과 비교해 보면, 해당 전공에서 평균 소득보다 약간 높은 위치에 있는 졸업생들이 경영학 졸업생과 크게 차이나지 않는 것을 알 수 있다. 예를 들어, 상위 60% 소득 수준의 영어 전공자는 평생 276만 달러를 벌고, 심리학 전공자는 257만 달러, 역사 전공자는 264만 달러를 번다.

신화 2: 전공 선택이 대학 선택보다 더 중요하다

그렇지 않다. 아칸소, 콜로라도, 미네소타, 테네시, 텍사스, 버지니아, 워싱턴 등 7개 주에서는 소재 대학졸업생들의 초기 수입을 찾을 수 있는 공개 데이터베이스를 제공한다. 이러한 데이터베이스는 더 선별적인 학교에서 졸업한 학생들이 더 많은 돈을 버는 경향이 있음을 보여준다. 결국, 대학이 좋을수록 졸업생, 학급 동료의 부모, 그리고 궁극적으로는 동료 학생들을 통해 더 나은 직업 네트워크 기회를 제공한다. 이들 학부생들은 네트워크 덕분에 낮은 급여를 받는 분야의 전공을 선택할 수 있다. 예술, 인문학, 사회과학 전공은 2등급 대학보다 엘리트 대학에서 더 많이 나타난다. 2등급 대학에서는 학생들이 경영학, 교육학, 보건학과 같은 직업 중심 전공을 선택하는 경향이 있다. 전반적으로, 덜 선별적인 대학의 학생들 중 절반 이상이 직업중심 전공을 선택한다. 반면, 엘리트 대학에서는 그 비율이 4분의 1 이하이다. 이는 FiveThirtyEight 웹사이트가 Barron's 랭킹에서 선정한 78개의 가장 선별적인 대학과 1,800개의 덜 선별적인 대학을 분석한 결과에 의한 것이다. Carnevale는 "선별적인 대학에 다니는 학생들은 대학원에서 직업훈련을 받거나, 그들의 네트워크가 그들에게 최고의 직업을 제공하기 때문에 학부 전공에 관계없이 지적 호기심을 탐구할 수 있다"고 말했다. 또한, 선별적인 대학에 다니는 학생들은 2등급 대학에 다니는 학생들보다 두 개의 전공을 선택할 가능성이 더 높다. 2등급 대학 학생들은 경제적으로 더 어려운 상황에 처해 있고 일을 해야 하므로, 복수 전공을 할 시간 여유가 적다. 복수전공의 증가를 연구한 밴더빌트대학교 사회학 교수 R.N. Pitt는 "겹치는 요구사항이 있는 보완적인 전공은 더 쉽게 병행할 수 있지만, 관련 없는 두 개의 전공은 직업 시장에서 더 큰 이득을 가져올 수 있다"고 말했다. 또한 그는 "이것은 지식의 폭을 넓히는 데 도움이 된다"고 덧붙였다.

신화 3: 인문학 전공은 취업하기 어렵다

인문학은 정치인들의 주요 공격 대상 중 하나로, 최근에는 켄터키 주지사 M.Bevin는. "해석적인 춤을 공부하고 있다면, 신의 축복이 함께하길 바라지만, 미국에서 그런 기술을 가진 사람을 찾는 직업은 많지 않습니다."라고 주장했다. 해석적인 춤은 수요가 많지 않을 수 있지만, 인문학 전공이 강조하는 역량—글쓰기, 종합, 문제 해결—은 고용주들이 원하는 능력이다. 하버드 대학교 교육학 및 경제학 부교수인 D.J.Deming(2017)의 연구에 따르면, 이른바 '소프트 스킬'과 사고 능력을 요구하는 직업들이 지난 30년 동안 고용과 급여에서 가장 큰 성장을 보였다. 인문학 전공에 대한 비판 중 하나는 직장을 찾기 어렵다는 것이다. 그러나 보스턴에 본사를 두고 취업 시장 동향을 분석하는 Burning Glass Technologies의 연구에 따르면, 인문학 졸업생들이 소셜 미디어나 데이터 분석과 같은 여덟 가지 기술 중 하나에 능숙해지면, 진입 직종에 취업할 가능성이 크게 증가한다고 결론지었다. 「You Can Do Anything: The Surprising Power of Useless Liberal Arts Education」의 저자 G.Anders는 "인문학 전공 졸업생들이 취업할 수 없다는 부모와 학생들의 오랜 믿음은 현대 경제의 현실을 무시한 것이다. 현대 경제는 대학 전공에서 쉽게 담을 수 없는 기술들의 혼합을 요구하기 때문"이라고 말했다. 이 책에서 그는 철학, 사회학, 언어학 전공을 가진 졸업생들이 판매, 금융, 시장 조사 등 다양한 직업에서 일하는 사례를 소개한다. Anders는 "일단 CEO들이 인문학 전공 졸업생들의 실제 모습을 보면, 그들은 그들이 더 많은 인문학 졸업생들을 필요로 한다는 생각을 하게 된다"고 말했다.

신화 4: 전공은 가급적 빨리 정하는 것이 중요하다

대학이 제공하는 다양한 경험—해외 유학, 동아리 활동, 예기치 못한 선택 과목 등을 경험하기 전에 전공을 정하는 이유가 무엇일까? UCLA의 전국 조사에 따르면, 대학에 입학할 때 전공을 확신했다고 말한 학생들 중 20%는 첫 학년이 끝날 무렵 새로운 전공을 선택했다고 한다. 전공을 변경하는 데는 한 학기나 두 학기가 걸릴 수 있으며, 특히 첫 번째 선택과 관련 없는 전공으로 변경할 경우 더욱 그렇다. 이 위험을 줄이기 위해, 몇몇 대학에서는 전공들을 더 큰 학문적 범주 아래 그룹화한 메타 전공을 도입했다. "우리는 학생들이 대학에 입학할 때 전공을 선택하게 만드는 것에서 벗어나려 했습니다."라고 조지아주립대학교의 부학장 겸 입학관리 및 학생성공 부서장인 T.Renick는 말했다. 대신 모든 신입생은 비즈니스, 교육, STEM(과학, 기술, 공학, 수학)과 같은 대규모 학문 및 직업 분야를 대표하는 7개의 메타 전공 중 하나를 선택한다. 첫 학기 동안 학생들은 학습 공동체에 모여 해당 메타 전공 내에서 일반 교육과목을 수강한다. "우리의 비즈니스 메타 전공 학생들은 재무, 회계, 경영, 마케팅의 차이를 이해하게 되어, 정보에 기반하여 전공을 선택할 수 있게 됩니다."라고 Renick는 말했다. 학생들은 보통 첫 해가 끝날 무렵에 전공을 결정하게 된다.

신화 5: 우리는 전공을 필요로 한다

몇몇 대학들, 인디애나 대학교와 에버그린 주립대학교를 포함하여, 공식 전공 목록을 무시하고 자신만의 학습과정을 설계할 수 있는 옵션을 제공한다. THE TIMES의 십자말풀이 편집자인 W.Shortz는 인디애나대학교에서 '수수께끼학(Enigmatology)'이라는 생소한 전공을 설계했다. "전공은 인위적이고 제한적이다."라고 매사추세츠 공과대학교(MIT) 학장인 C.Ortiz는 말했다. 그는 현재 전공도 강의도 교실도 없는 새로운 비영리 대학을 설계 중이다. "전공은 대학의 학문적 구조에서 나온 것이며, 고전적인 학문 분야에 묶여 있다. 그런 방식으로 구속될 이유는 없다. 또한, 전공은 학문을 넘나드는 새로운 분야들을 고려하지 않는다." 전공은 직장에서의 변화에 뒤처지는 경향이 있다. 그래서 대학 졸업생의 1/3이 전공과 관련된 직업에서 일하지 않는 것도 놀라운 일이 아니다. Webber는 특히 자동화로 위협받는 직업에 대해선 전공을 선택하는 것이 위험하다고 말한다. 그는 "앞으로 회계학 전공이나 컴퓨터로 프로그래밍할 수 있는 일은 피하는 게 좋다고 주장할 것"이라고 말했다.

출처: Jeffrey J. Selingo(2017), "Six myths about choosing a college major",
https://www.nytimes.com/2017/11/03/education/edfile/choosing a college major.html

CHAPTER 06

초개인화된 신입생 대학 정치(定置)

1 MZ세대의 사회문화심리특성

MZ세대는 밀레니얼 세대와 Z세대를 아우르는 집단으로, 디지털 환경과 글로벌 문화 속에서 성장한 세대다. 밀레니얼 세대는 인터넷과 모바일 확산기를 경험하며 성장한 최초의 글로벌 세대이며, Z세대는 태어날 때부터 디지털 기기에 노출된 세대로 분류된다. 이들은 취업난, 경제 불황, 팬데믹과 같은 사회적 위기를 연속적으로 경험하며 현실적이고 불안정한 미래 인식을 형성했다. 동시에 빠른 정보 습득 능력과 높은 적응력을 바탕으로 개인의 가치와 삶의 균형, 자기표현을 중시하는 특징을 보인다.

소비 · 경제활동: MZ세대는 반복된 경제 위기 속에서 성장하며 안정적인 직장을 선호하지만, 조직에 대한 충성도는 낮은 편이다. 자산 형성의 어려움으로 인해 조기 은퇴(FIRE), 주식 · 가상화폐 등 다양한 투자 방식에 관심을 보인다.

모바일 친화성: MZ세대는 스마트폰과 SNS를 일상적 소통 수단으로 활용하며 가상공간에서도 적극적으로 활동한다. 개인주의적 성향이 강하지만, 공익 캠페인 참여나 윤리적 소비, 환경 보호 등 사회적 가치에도 높은 관심을 보인다.

온라인 커머스: Z세대는 간편결제와 플랫폼 연동을 중시하며, 네이버 쇼핑과

같은 통합형 온라인 쇼핑 환경을 선호한다. 편리한 결제와 정보 탐색의 연계가 쇼핑 만족도를 좌우하는 핵심 요소로 작용한다.

주문 및 배송 문화(소비 패턴 전환): MZ세대는 빠른 배송과 높은 접근성을 중시하며 배송 문화를 음식에서 생필품·패션·서비스 전반으로 확장시켰다. 즉시 배송과 당일 배송은 소비뿐 아니라 생활 방식 자체를 변화시키며 유통 경쟁을 가속화하고 있다.

하이퍼로컬리즘: MZ세대를 중심으로 지역 기반 중고거래 문화가 확산되며 합리적 소비와 안전한 거래가 강조되고 있다. 당근마켓, 번개장터, 중고나라는 각기 다른 사용자층과 강점을 바탕으로 중고거래 시장을 주도한다.

확장된 경험(액티비티): MZ세대는 휴식 중심의 여행보다 운동과 레저를 결합한 스포츠케이션을 선호하며, 새로운 경험과 건강 관리를 중시한다. 특히 수상레저 스포츠는 개인의 여가 시간 확대, 스트레스 해소, 코로나19 이후 야외 활동 선호가 맞물리며 다시 인기를 얻고 있다.

2 꿈의 현상학

우리는 '꿈을 갖고 살아가라!'는 말을 아주 쉽게 남에게 말하거나 남으로부터 듣고 살아간다. 그런데 그 '꿈'의 의미에 대한 진지한 성찰은 취약한 것이 사실이다. 성장과 성공을 위한 삶의 생태계에서 꿈은 오로지 성공을 위한 것에 경도되기 마련이다. 따라서, 우리나라와 같이 입시전쟁과 같은 경쟁사회에서 꿈이란 오로지 좋은 대학, 좋은 직장, 많은 수입, 사회적 명예와 지위 등에 향해 있다. 학교에서는 선생님이, 가정에서는 부모가, 사회적 선배들도 그들이 말하는 꿈의 의미는 바로 그것들과 연결되어 있다. 그러나 정작 학생이나 자녀들의 꿈은 부모나 교사가 말하는 그것과 일치하기도 하고 미스매칭되는 경우도 허다하다.

어른들은 꿈이 필요한 것처럼 착각하게 만든다. 꿈이 없는 삶의 무용(無用)론을 장황하게 주장한다. 그러나 그러한 꿈이 학업성적과 관련된 협소한 의미의 명사라면 오히려 학생들의 무한한 잠재능력을 발휘하게 만드는 데 많은 제약이 뒤따르게 된다. 꿈은 있을 수도 있고, 반대로 없거나, 극단적으로 갖지 않을 수도 있다. 따라서 학생들 하나하나가 대학생활을 하면서 자신의 진정한 능력이나 희망하는 일이 어느 정도 윤곽을 드러내기 전까지 유보하거나 유동적으로 보낼 수 있다는 사실도 인정해야 한다.

우리는 누구나 어렸을 적 '꿈'이라는 단어에 집착했다. 모두 알고 있듯이 꿈은 '잠자는 동안에 일어나는 정신현상'과 '실현하고 싶은 희망이나 이상' 모두를 표현하는 단어이다. 문제는 꿈을 뜻하는 영어의 dream도 독일어의 traum 그리고 다른 언어에서의 수많은 '꿈'들에서도 두 가지 의미를 모두 내포하고 있는 경우가 많다. 내가 미래에 바라는 소망이 무의식에 가까운 허무맹랑한 이야기와 같다는 범세계적 인식일까? 아니면 내가 가장 많이 생각하는 것을 꿈이라고 표현하는 것일까? 언어에 대한 호기심은 나름의 재미가 있다. 특히 어원 찾아보기는 특별히 재미가 있는 분야이다.

살아가면서 꿈을 이루는 것이 항상 성공적이고 행복한 삶의 조건인가? 꿈은 상황과 조건에 따라 언제든지 바뀔 수 있는가? 아니면 부동의 가치가 있는가? 어릴 적 꿈과 희망대로만 산다면 다양한 경험을 방해하여 다채로운 삶을 살아가지 못하는가? 학생시절에 누구나 미래를 꿈꾸는 것은 과연 어떤 의미가 있는가? 꿈과 희망은 생애발달에 도움이 되는가? 대학생에게 꿈이 없다는 것은 좋은 것인가? 아니면 경쟁무대에서 뒤떨어지고 있다는 증거인가?

3 비전의 해석학

비전(vision)의 어원은 [vis: 보다]이다. 보는 행위는 오감 중 하나로 실생활을 영위하는 데 매우 실용적인 감각이다. 우리는 보이는 것이 실재한다고 인지하기 때문에 '본다'라는 어원으로 시작하는 비전이라는 단어는 아무래도 실재에 가깝다. 영어 사전에 비전을 찾아보면 1. 시력 2. 환상 3. 환영 4. 예지력 등의 의미로 설명이 되는데 모두 보는 것들에서 파생된 의미다. 따라서 비전은 단순한 미래에 대한 의지가 아닌 실재적 감각을 통한 판단으로 미래의 방향성을 논하는 것에 대한 이야기일 것이다.

비전이라고 하면 빠질 수 없는 질문은 나의 현재 환경에 대한 것들이다. '그 회사는 비전이 어때?', '그 직업은 비전이 있어?', '네 인생의 비전이 뭐니?' 등이 있는데 아무리 정중하게 묻는 것이라도 질문을 받는 사람은 달갑지 않은 경우가 많다. 아마도 그 비전이 너무 안 보여서 혹은 고민해 볼 여유가 없어서 등 비전에 대한 고민은 생각보다 불편하고 진지한 것으로 느껴진다. 대학이 지속가능한 가치기반의 인재관리를 유지하기 위해서 필요한 것은 학생들의 비전의 개념을 이해하고 학사구조에 반영하는 것이다. 비전은 미션, 철학, 이념, 모토, 신조 등과 유사한 의미로 사용된다. 비전은 핵심이념과 미래형상으로 구성된다. 전자를 존재지향 비전, 후자를 활동지향 비전으로 구분하기도 하는데, 이는 존재하는 것(being)과 행하는 것(doing)을 구분하는 데서 비롯된다. 존재지향 비전은 어떤 핵심적인 가치를 갖고 개인이나 조직이 움직이는가에 대한 내용과 핵심적인 목적 혹은 존재이유에 대한 것으로 구성된다.

핵심목적은 수많은 개인이나 조직 중에서 왜 내가 혹은 우리 조직이 이 사회에 존재하는지에 대한 명확한 해답을 요구한다. 활동지향 비전은 어떤 목표를 갖고 무엇을 할 것인가에 대한 내용이다. 우리가 열망하는 미래의 모습에 대한 구체적인 표현이다. 존재지향 비전은 별과 같아서 우리가 그것을 딸 수는 없지만 우리에게 분명한 방향성을 제시해 준다. 그러나 활동지향 비전은 산맥과 같아서 힘을 집중하면 달성할 수 있는 것들이다. 존재지향 비전을 수식하는 용어로는 바른, 옳은, 정당한 등이 어울릴 수 있지만, 활동지향 비전은 위대한, 대범함, 커다란 등의 수식어가 적당하다. 흔히 비전을 후자의 의미로만 사용하는 경우가 많지만 존재지향 비전을 먼저 명확히 하는 것이 중요하다.

그림 5 | **비전 체계**

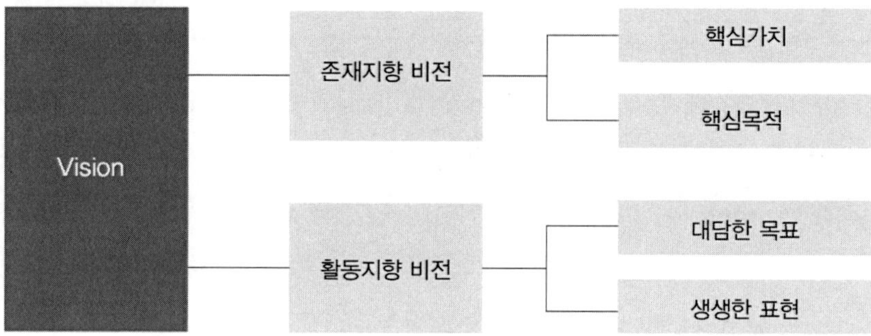

비전은 주어지는 것인가? 아니면 어떤 주체가 세워나가는 것인가? 비전은 누가 외부에서 정해주는 것이 아니다. 비전은 한 개인이나 조직의 내부 주체들이 형성해 나가야 한다.

표 29 | **비전 구성요소**

의 미		창출방법
핵심가치	• 본질적이고 지속적인 신조 • 내재적 가치 • 환경에 따른 변경 불가능	• 보상과 무관하게 어떤 핵심가치를 갖고 있는가? • 시간이 지나도 이 가치는 유지될 수 있는가? • 경제적 손실위험도 감수할 수 있는가?
존재이유	• 존재이유로서 혼을 유지하는 것 • 고취, 인도, 자극 • 길라잡이	• 왜 그것이 중요한가?
대범한 목표	• 시간적 제한이 있음 • 전체성을 지님	• 정량적 혹은 정성적 도달목표는? • 위험요소는? • 역할모델은? • 내부변형 가능성은?

의 미		창출방법
생생한 표현	• 목표달성 후 내 모습에 대한 서사 • 감동적, 매력적, 구체적인 서사 • 비전의 시각적 내러티브화 • 이미지 창출	• 자신의 단어로 그림 그리기 • 열정, 감정, 확신을 필수적으로 반영하기

누구든 비전을 제대로 갖는 것은 살면서 매우 중요한 일이다. 비전을 갖지 않고 어떤 결과를 바란다는 것은 기만이고 만약에 그렇게 된다면 그것은 기적이 될 것이다. 비전이 있고 충실히 실천하는 데 어떤 결과가 나오지 않는 것도 기적이다. 존재지향 비전 없이 열심히 노력하는 것은 어쩌면 방향성을 상실하고 노를 젓는 것과 마찬가지다. 활동지향 비전이 분명할 때 존재지향 비전은 달성될 것이다. 이러한 비전은 위계를 상정하여 고려할 수도 있다. 추상적이며 포괄적이기도 하고 구체적이고 상세화되는 경우도 있다.

비전디자인(vision design)

비전의 사전적 정의를 보면 우리말로는 내다보이는 장래의 상황을 의미하며, 영어로 vision은 시력, 시야를, 종교적인 의미로는 환영 혹은 예지력과 선견지명으로 정의된다. 이러한 비전은 핵심적인 아이디어를 규명하는 과정을 거쳐 새로운 이미지를 창출한다.

그림 6 | **비전디자인 전략**

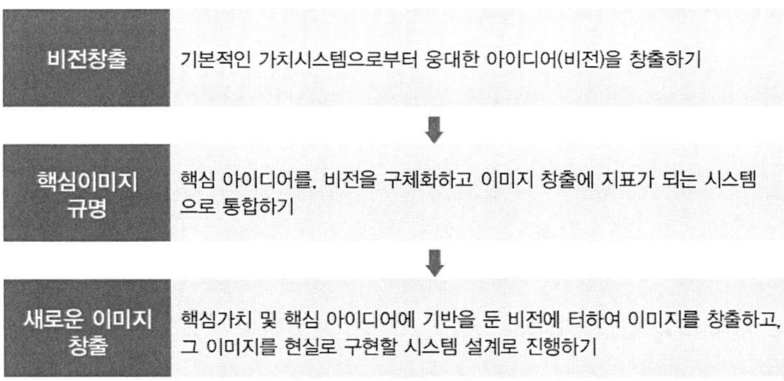

효과적인 비전의 특징은 첫째, 미래의 매력적이고 이상적인 모습을 보여주며 상상할 수 있다. 둘째, 동기를 부여하고 삶의 의미를 부여한다. 셋째, 목적 방향을 명료하게 해준다. 넷째, 학생, 학부모, 사회, 교사 등이 모두 관여한다. 다섯째, 달성 가능한 목표이며 구체적으로 실행할 수 있다. 매우 명확하게 표현되며 쉽게 이해되어야 한다. 비전은 일견 혹은 시력, 상상 혹은 상상력, 계시, 상상의 대상, 흔하지 않은 통찰력 혹은 선견지명이다. 비전의 표명은 다양한 형태로 이루어진다. 비전은 하나의 은유, 예상되는 하나의 사건, 시각적 표상 혹은 언어학적 기술로 제시된다. 비전-추구는 상상력과 창의력을 동반하여 흥분과 영감을 창출해낸다. 비전추구는 개인적이면서 동시에 공동의 것이 된다. 이상적인 비전이란 미래의 희망적인 세상을 전제로 한다. 이러한 이상적 비전은 단지 이상일 뿐이지만 궁극적으로 달성해야 할 목표라는 점에서 전략적일 수 있다. 이상적 비전의 구체적인 특징은 다음과 같다.

- 어떤 제한점이나 부정적 사고로부터 자유로운 미래지향적인 형태가 되어야 한다.
- 수단, 방법, 요령이 없어야 하고, 그 대신에 분명히 실재하는 결과에 주목해야 한다.
- 절망, 불신, 경쟁과 같은 부정적인 측면이 아니라 희망, 에너지, 목적을 투영해야 한다.

비저닝(visioning)

현대인에게 많은 영향을 미치는 자기계발서의 대표격이라 할 수 있는 크리스토퍼 하워드(C. Howard)의 『비저닝』이라는 책이 독자들에게 선사할 핵심적인 내용은 두 가지이다. 첫째, 글로 생성된 당신의 인생 목표가 생길 것이다! 둘째, 당신이 원하는 인생을 살고 있는 사람의 머릿속 마인드맵과 당신 자신의 마인드맵을 그릴 수 있을 것이다. "목표 없는 인생은 공허하다!", "네 꿈은 뭐니?", "꿈은 무슨 얼어 죽을, 그냥 뭉개고 사는 거지", "인생의 목표는 있나요?", "그런 거머릿속에서 지운 지 오래예요. 당장에 먹고 살기도 바쁜데…" 저마다의 차이는 있겠지만, 대부분의 사람들은 삶의 구체적인 목표 없이 그저 살아내고, 그저 일을 한다. 당장에 눈앞에 놓인 일들도 벅차다. 아침 출근길 전쟁부터, 빡빡한 회의와 미팅, 수없이 울려대는 전화벨 소리, 짬짬히 챙겨 봐야 하는 인터넷 뉴스, 만만치 않은 시간이 필요한 블로그 관리, 그리고는 저녁 술자리로도 하루가 벅차다. 주말 역시 주중에 중단 없이 움직였던 몸과 마음을 잠으로, 영화 구경으로 달래주느라 시간이 모자라다. 그렇게 생활을 버텨내기도 빡빡한데 고등학생도 아니고 인생의 목표니 꿈이니 하는 것이 무슨 소용인가? 하지만 분명 삶의 구체적인 목표, 그것도 글로 적어 놓은 목표가 있는 인생은 다르다. 그것이 지금의 상황에 비춰 너무나 허황된 것이거나, 너무 보잘 것 없이 소박한 것일지라도, 목표가 생기면 그것이 생활의 방향을 잡아주는 중심이 되기 때문이다.

하워드는 전 세계적으로 유명한 자기계발 컨설턴트로 일하고 있지만, 불과 몇 년 전만 해도 7만 달러나 되는 빚을 진 채 창고를 개조한 집의 침대에 누워 꼬여만 가는 자신의 인생을 한탄하고 있었다. 무엇이 문제였을까? 그는 자신에게 구체적인 삶의 비전이 없다는 것을 깨달았다. 그래서 가장 먼저 노트에 자신이 인생에서 이루고 싶은 것을 적기 시작했다. 노트에 적힌 목표들은 당시로 봐서는 터무니없었지만, 목표가 구체화되자, 그것을 이루기 위해 당장에 해야 할 일들이 보이기 시작했다. 그것이 인생을 바꾸는 비저닝(visioning)의 시작이었다.

개인의 탁월한 성취와 거대한 부(富)를 이루고자 하는 사람들에게 심리학에 기반을 둔 동기부여 컨설팅을 해주는 자기계발 전문가가 들려주는 비전을 기반으로 하는 성공스토리 메이킹의 기본원리와 3대 전략을 요약하면 다음과 같다.

- 인생에서 이루고 싶은 것들을 노트에 적어가면서 일과 목표에 대하여 심각하게 잘못된 생각을 하고 있음을 깨닫는다.
- 자신의 현실을 인식하고 자기가 원하는 삶이 무엇인지 구체적으로 살펴본다.
- 의식이 행동의 결과에 대하여 미치는 영향을 이해하고, 무엇이 가능하고 무엇이 불가능한지 생각한다.

- 자신만의 게임 분야를 선택한다.
- 미래에 성공했을 때 자신의 모습을 미리 그려놓는다.
- 성공과 실패의 경험에서 모두 배운다.
- 누구라도 세상에서 아름다운 꿈을 꿀 수 있지만 이러한 꿈을 현실로 만드는 데 수많은 사람들이 필요함을 안다.
- 비전이 나의 열망이어야 하고 이러한 비전이 실현되었을 때의 결과는 많은 사람들에게 실질적인 혜택으로 돌아가야 한다.

표 30 | **비저닝 전략**

전 략	구체적인 활동
구체적인 비전을 글로 적어라	• 우리의 미래를 결정하는 것은 마음가짐이다. • 우리가 정해 놓은 불가능이라는 영역은 사실 대부분 존재하지 않는다는 것을 깨닫는다. • 생각이 현실을 바꾼다. 생각을 바꾸면 세상이 변한다. • 가능성을 상실시키는 일반화 과정을 최소화하며 자신을 분명하게 파악한다. • 나 자신의 동기부여, 지향성, 성공지표, 의사결정, 확신, 리더십, 목표접근, 공부방식, 만족감, 관심성향, 성향, 비교, 위기관리, 시간인식, 집중 등에 대한 메타프로그램을 만든다. • 내가 원하는 인생을 글이나 이미지로 표현한다.
성공적인 사람을 벤치마킹 해라	• 어떤 유형의 사람이 되고 싶은가?를 생각한다. • 역할모델을 찾는 것은 성공의 지름길이다. • 성공한 사람들의 게임 매뉴얼(가치관, 신념, 태도, 과거의 기억, 평소의 판단, 자주 사용하는 언어 등)을 만들어본다. • 모델이 되는 사람의 동기부여, 지향성, 성공지표, 의사결정, 확신, 리더십, 목표접근, 공부방식, 만족감, 관심성향, 성향, 비교, 위기관리, 시간인식, 집중 등에 대한 메타프로그램을 만든다. • 역할모델을 마인드 맵핑하고 인지 프로파일(가치관, 신념, 태도, 메타프로그램, 사용언어, 판단, 과거기억, 특성, 능력, 전략 등)을 작성한다. • 미래의 내 모습을 글과 그림으로 표현한다. • 꿈을 이루는 방법이 아니라 꿈 자체에 집중한다. • 미래를 창조한다(명확하고 간결할 것, 실현가능할 것, 생태학적으로 옳을 것, 현재시제로 할 것, 시간제한을 둘 것, 긍정적일 것, 확인 절차를 둘 것).

전 략	구체적인 활동
커뮤니케이션에 능숙해라	• 미래의 성공을 담보하는 가장 큰 무형자산은 커뮤니케이션 능력이다. • 커뮤니케이션의 기본을 항상 지킨다(상대방의 언어로 말한다, 말과 행동이 동시에 동일한 의미를 전달한다, 협력할 때는 협력한다, 성실하다는 평판을 유지한다, 적대감을 없앤다, 상대방을 부정적으로 말하지 않는다). • 비언어적 소통으로 상대방과 좋은 라포(rapport)를 형성한다.

비전 내러티브

대학생활을 경험하면서 자신의 잠재역량을 확인하고 이를 기반으로 비전을 설계하는 것이 결코 늦지 않고, 오히려 부모나 교사로부터 강요된 꿈으로부터 벗어나 자유로운 비전을 성찰하는 것이 바람직하다. 우리사회와 가정은 아직 성숙하지 않은 학생이나 자녀들에게 무조건 꿈을 꾸라고 강요한다. 이때의 꿈은 대개 교사나 부모의 기대와 연결되어 있을 뿐 정작 자신의 학생이나 자녀의 능력. 흥미. 바람, 경험 등과 무관한 일종의 강박적 요구에 의한 것이다. 엄밀하게 말하면 자신이 가장 잘하는 것이 무엇인지 확인되기 전까지 꿈을 갖는다는 것은 일종의 허구다. 부모나 교사의 강요된 꿈을 안고 대학에 입학한 학생들의 고백과 우리사회 저명인사들의 경험담을 들어보자.

꿈과 대학생

"대학에 입학하기 전 부모님과 주변사람들이 너의 꿈이 무엇이냐?라는 물음을 받았을 때 나는 당황스러웠다. 솔직히 고등학교까지 공부하면서 내가 잘 하는 것이 무엇인지 그리고 대학에 가서 무엇을 해야 할지 몰랐기 때문이다. 나는 솔직히 대학에 들어가서 다양한 학문 분야를 경험하면서 나의 잠재능력이 무엇인지 알아보고, 그 후 좀 더 집중적인 학습을 통하여 진로를 개척하는 것이 대학입학의 목적이라고 생각했는데 우리나라에서 좋은 대학 입학은 인생의 성공으로 간주하는 풍토가 만연하여 나 같은 학생들은 도대체 대학에 왜 가야 하는지 모르겠다."

"대학교에 다니는 시기는 자신에게 주어진 소명을 발견하고 **동사의 꿈**을 향해 자신을 다듬어가는 시기다. 이런 시기에 자칫 명사의 꿈에만 집착하게 조련한다. 대학의 겉모습에만 매료되어 대학을 선택하는 학생들을 칭찬하는 사회풍토는 대학의 속 모습, 즉 대학 내 학과나 대학에서 동사의 꿈을 찾아가는 학생들의 노력을 깎아내려 학벌에만 집착하게 만든다. 나는 대학에서 대학 이름보다 더 중요한 것은 대학의 학과라고 생각한다. 대학교에서 학과는 학생들의 꿈을 펼치기 위한 준비 도구이자, 학생들에게 여러 동사의 꿈을 심어주는 창구이기도 하다. 그러나 요즘은 대학교 학과에 대한 중요도가 점점 떨어지고 있다. 학과에서 자신의 꿈을 다듬는 시간보다 대학 이름을 더욱 따지는 지금은 학과를 먼저 보기보다 대학 이름을 먼저 보고 사회적으로 대학 이름이 더 높은 곳에 지원한다. 설령 자신이 한 번도 생각해보지 않은 학과여도 대학명성이 높으면 지원하고 반대로 학과가 아무리 뛰어나다고 해도 대학의 명성이 떨어지면 학생들은 고민한다. 지금의 이러한 상황에서 대학의 이름을 지우고 학과 이름을 전면에 내세우는 것이 중요하다. 동사의 꿈을 심어주는 학과의 중요성을 더욱 알리게 된다면 서울대를 나오지 않으면 다 쓸모없다!는 지금의 우리사회 풍토가 누그러들고 학생들 마음에서 꿈에 대한 자유로운 상상이 가능해지지 않을까?"

"대학입학은 나의 흥미와 관심사가 아닌 성적에 맞춰 들어왔기에 어느 순간부터는 나의 **흥미**, 나의 진정한 **꿈**과는 점점 멀어져 이젠 보이지 않는 느낌이다. 하물며 지금까지 우리교육이 요구한 방향대로 걸어왔는데 이제 와서 방향을 틀어 나의 꿈을 찾아 나서는 것은 굉장히 막연하고 두렵게만 다가온다. 대학을 졸업하는 이십대 중반이라는 나이가 결코 많은 나이가 아님에도 불구하고 우리 사회는 스무 살에게 어른스럽기를, 완전하기를, 시련을 겪지만 극복하고 더욱 단단해지기를 바란다. 우린 아직 충분한 방황을 해보지 못했는데 말이다."

꿈꾸지 마라

"나는 평생 꿈이 없었다. 되고 싶은 것도 없고 하고 싶은 것도 없었다. 어린 시절에도 그랬고 지금도 그렇다. 학교에서 장래희망을 쓰라고 하면 외교관이라고 써 냈다. 그 조사를 할 때 옆에 내 친구의 아버지가 외교관이었다. 우리 아버지는 그냥 내 친구 아버지의 직업을 쓰라고 하셨다. 내 친구는 우리 아버지 직업을 썼다. 그런데 내 친구의 아버지는 돌아가셨다. 나는 경제학이 무언지도 모르고 대학에 들어갔다. 그냥 점수에 맞추어 들어갔다. 박사과정은 철학과에 들어가려했으나 당시 동유럽 붕괴 등 복잡한 세상사를 만족할 수 없어서 그냥 경제학과에 눌러 앉았다. 진로라는 의미의 꿈 같은 것은 어린 시절에도 가져본 적이 없고, 지금도 없다. 되고 싶은 것도 없고, 하고 싶은 것도 없다. 애들을 키우면서 그렇게 살지만, 별다른 꿈이 없는 것은 어린 시절에도 마찬가지였다. 딱 하나 내가 지키려고 했던 것은 지옥에는 가고 싶지 않다는 소망 정도였다. 살면서 지옥에 갈 것 같은 사람을 몇 번 본 적이 있다. 그렇지만 그 사람을 지옥에 보내는 것은 내가 하는 일이 아니라 하나님이 하는 일이다. 나는 그냥 지옥에 가지 않게 조심하면서 살면 그만이다. 소망은 아니지만 그래도 작은 꿈이 하나 있다면 세끼 밥걱정하지 않고 살아가는 것이다. 여기에 대한 꿈은 강렬했다. 다행히 세끼 밥은 걱정하지 않고 살고 있다. 지금 와서 드는 생각이지만 밥 먹고 사는데 별 문제가 없을 줄 진작 알았다면 박사과정에서 그렇게 노심초사할 필요가 없었을 것이다. 그래도 내 인생은 나쁜 인생이라고 생각하지 않는 것은 심심할 겨를이 없었다는 점이다. 먹고는 살아야 하니까 별의별 일을 다 했다. 장학퀴즈 경제와 환경 분야의 시험문제도 만들어 보았다. 1996년 즈음에 한국에서 나온 프랑스와 관련된 책에 경제 분야는 내가 썼다. 심지어 그 즈음 나온 경제학자 인명사전에서 프랑스 학자들은 내가 썼다. 그렇게 먹고 살던 시절이 나에게 있었다.

나는 최근에 꿈이라고 하는 것은 더 많은 가능성을 먹고 사는 좁은 틀에 우겨 넣기 위한 자본주의의 장치라고 생각하게 되었다. 외국 어린이들은 우리처럼 꿈을 강요받고, 일찍 무언가를 선택하게 교육받지 않는다. 한국의 자본주의의 적정한 미래를 위해서 더 많은 가능성을 가진 한 명 한 명을 그냥 돈 버는 기계로 만드는 장치라고 생각한다. 복지국가라고 말하지만 복지국가는 꿈이 많은 게 아니라 호기심이 많고, 궁금증을 많이 가진 사람을 만드는 시스템이어야 한다. 우리의 중산층 교육은 복지국가를 가르치지 않고, 복지국가 같은 거를 받지 않아도 좋을 사람을 이상향으로 설정하고 결국은 교육이라는 기계장치에 밀어 넣는다. 꿈을 많이 가지라고 강요하는 나라가 더 꿈이 많은 나라가 될 것인가? 경제적으로도 더 효율적일까? 결국은 20년째 부동의 자살율 1위 국가가 되었다. 꿈 같은 것은 없어도 괜찮아! 이렇게 말할 수 있는 나라가 정상적이다. 우리는 꿈같지도 않은 것을 꿈이라고 하고, 모든 걸 참고 지내라는 이상한 나라가 되었다." (경제학자 우석훈 교수의 페이스북 공개글 중에서)

꿈은 늦어도 좋다

"나는 무엇인가 중요한 판단을 해야 할 경우에는 가능하면 그 판단을 최대한 늦추는 게 좋다고 생각한다. 물론 이 세상에는 판단해야 할 사안은 수없이 많고 그 중에는 판단의 시기가 이를수록 좋은 것들도 많다. 하지만 나는 가능하면 좋은 정보를 모으고 이것저것 따져 본 후에 판단을 내리는 것이 좋다는 원칙을 말하는 것이다. 살다보면 주변에서 중요한 결정임에도 불구하고 너무 성급하게 결정을 내리는 사람들을 흔히 보게 되는데 우리 사회에는 무엇이든 일찍 하는 게 좋다는 막연한 인식이 팽배하다. 대학교수들 중에서 입학시험, 장학금 수혜자 선정 등 면접이나 서류심사를 할 때 학생들의 미래에 대한 꿈이 구체적일수록 높은 점수를 주는 분들이 많다. 하지만 특수한 기능을 살려야 하는 분야로 진출하거나 남들이 잘 가지 않은 길로 가고자 하는 학생들을 제외한 보통의 학생들의 경우 구체적인 미래 계획을 서둘러 세울 필요는 없다고 생각한다.

어른들은 어린이들에게 관심의 표현으로 '너 이 다음에 커서 무엇을 할 거니?'라고 묻곤 한다. 나는 어린이들이 자라나면서 이런 저런 꿈을 가져보는 것도 좋다고 생각한다. 성인이 될 때까지 열 번 쯤 꿈이 바뀌는 것도 좋다. 그런 꿈들을 가져 봄으로써 세상을 좀 더 이해할 수 있게 된다. 하지만 좀 더 큰 학생들에게는 그런 식의 관심표현은 삼가는 것이 좋다. 나는 학생들과 이야기를 나눌 기회가 많은 편이다. 주로 수학올림피아드를 통하여 지도하게 된 학생들과 내가 근무하는 대학의 학생들이다. 학생들은 미래에 대하여 뭔가 일찍 결정하고 준비해야 한다는 압박을 은연중에 주변으로부터 받는다. 나는 학생들에게 너무 걱정하지 말고 지금은 충실하게 일하라고 조언한다. 충분한 기간을 갖고 정보를 모은 후에 자신에게 맞는 계획을 세우는 것이 필요한데, 계획을 미리 결정할수록 상대적으로 더 적은 정보를 통해서 결정하는 것이므로 그 결정에 하자가 있을 수도 있다.

특히, 청소년들은 성장하면서 성향과 취향이 바뀌기 쉬운데다 자신들의 꿈을 이루기에 자신들의 성적 등이 미흡하게 되면 자포자기 상태에 빠질 수도 있다. 대학생들 중에는 미리 취업을 준비해야 한다는 압박감을 느끼는 경우가 많다. 그래서 전공공부는 멀리하고 공무원시험이나 공사 입사준비에 매달리는 학생들이 지나치게 많다. 나는 별다른 목표를 갖고 있지 않은 수학과 학생들에게는 '요즘은 전문지식이 중요하니 학생 때는 전공공부를 충실히 하고 그 외에 컴퓨터와 외국어를 신경 써서 공부하는 것만으로도 충분하다'고 조언한다. 나는 고등학교 1학년 때 교과서를 통해 윌리엄 클라크의 유명한 '소년이여, 야망을 가져라!'라는 제목을 글을 배웠다. 당시에는 너무 유명하였고 실제로 그 내용이 아주 좋아서 한글뿐만 아니라 영어로 된 원문까지 외우는 학생이 많았다. 요약하면 다음과 같나. 소년들이 야망을 가지는 이유는 세속적인 금전이나 이기심을 위해서가 아니라, 사람들이 명성이라고 부르는 덧없는 것을 위해서가 아니고 단지 사람들이 갖추어야 할 모든 것을 추구하는 야망을 가지라는 것이다. 그러나 이 유명한 글의 자세한 내용은 잊고 제목이 주는 강렬한 이미지 때문인지 대중에게는 훌륭한 사람이 되기 위해서는 미리 미래를 설계해야 한다는 의미로 변질되었다.

나는 당시 미래에 구체적으로 무엇을 하며 살지 결정하지 못하고 고등학교를 졸업했다. 대학생이 되어서도 방황하면서 정신적인 고통을 겪었다. 훌륭한 그리고 이 세상에 도움이 되는 사람이 되고 싶다는 생각은 누구보다 강렬했지만 앞으로의 구체적인 목표를 결정하지 못했다. 고등학교 때 일단 정한 꿈은 동양사상과 문화가 서양을 앞선다는 것을 보이고 싶다는 것이었지만 무엇을 어떻게 준비해야 할지 막막했다. 대학에 입학한 후에 나의 방황은 계속되었다. 대학교 1학년 말에 전공을 정해야 하는 때가 되자 공학보다는 자연과학이 끌렸고, 수학에 대하여 좀 더 알게 되면서 수학의 세계가 좋아 보여 전공을 선택했다. 그 이전에 결정했다면 수학을 선택할 가능성은 전혀 없었다. 더 이상 미룰 수 없는 때에 가서 한 그 결정은 내 인생에서 가장 잘한 것이라고 생각한다. 그 늦은 결정 때문에 나는 평생 수학자로서 보람 있고 여유 있고 행복한 삶을 살고 있기 때문이다." (인하대 수학과 교수 송용진의 페이스북 공개글 중에서)

대학에 들어가 꿈을 꿔라

허준이 미국 프린스턴대학교 교수는 2022 필즈상을 수상하였다. 허준이라는 이름을 모르던 사람들에게 그의 필즈상(Fields medal) 수상은 갑자기 들려온 낭보였지만, 그를 아는 이들에게는 꽤나 당연한 소식이었다. 허준이(39) 한국 고등과학원 석학 교수(미 프린스턴대 수학과 교수)의 업적을 알고 있는 이들은 그가 이번에 수학계의 노벨상을 따내리라는 것에 큰 의심이 없었다. 수학자가 받을 수 있는 가장 영예로운 상을 수상한 한국계 수학자 허 교수는 세계 수학자 대회가 열리는 핀란드 헬싱키에서 인터뷰에 응하였다. 그는 "수학의 매력은 동료들과 함께 연구할 수 있는 그 과정에 있다"며 수학은 끊을 수 없는 중독성이 있어 아직도 헤어 나오지 못하고 있는 중이라고 말했다. 다음은 인터뷰 내용으로 질문과 응답의 내용이다.

Q) 수상하기까지 가장 기억에 남는 수학적 연구가 있다면?

"어느 하나를 뽑기 어렵다. 대부분 공동연구였고, 같이 일한 연구자들은 연구마다 달랐다. 돌이켜보면 추억 속 앨범 같다. 그 사람과 나 사이에 소통이 새 아이디어를 이끌어내는 소중한 경험이었다. 우연에 우연을 거듭하고 정답으로 귀결되는 과정이 신기했다. 개인적으로 소중한 추억이다."

Q) 한국에서 대학원까지 마쳤는데, 한국교육에서 만족스러운 점은?

"사실 저는 한국에서만 교육을 받아 비교 대상이 마땅치 않다. 따뜻하고 만족스러운 유년시절을 보냈다. 다른 나라도 그렇겠지만 초중고 때는 굉장히 다양한 종류의 친구들 한 40~50명이서 한 반에서 서로를 알아가는 과정이었다. 좋은 면도 있고 싫을 때도 있었지만 돌이켜보면 그때만 할 수 있던 경험이다. 지금의 저로 성장하는데 자양분이 된 수많은 경험을 제공한 소중한 시기다.

Q) 우리나라에서 제2의 허준이가 나오기 위해서 수학계는 어떻게 변해야 하나?

"너무 많은 젊은 수학자들이 잘해주고 있다. 사실 저는 그 중에 하나일 뿐이다. 저 같은 사람이 또 나오기 위해 어떻게 해야 한다고 말하긴 껄끄럽다. 젊은 수학자들이 부담을 느껴서 단기 목표를 추가하진 않았으면 좋겠다. 마음 편히 즐거움을 좇으면서 장기적으로 큰 프로젝트를 할 만한, 안정감 있는 연구 환경이 제공됐으면 좋겠다."

Q) 수학의 매력은 무엇인가?

"현대수학에는 공동연구가 활발하다. 여러 이유가 있지만, 무엇보다 혼자 하는 것보다 다른 동료들과 함께 생각하는 게 훨씬 더 효율적이기 때문이다. 그런 과정을 거치는 경험이 수학 연구자에게는 큰 즐거움이다. 사람 하나하나를 생각의 그릇이라고 할 때, 물을 주거니 받거니 하면 중간에 물을 흘리면서 줄어들 법도 한데, 주고받을 때마다 2~3배씩 불어난다. 그리고 어느 정도 수준이 되면 그동안 몰랐던 난해한 구조를 이해할 수 있는 준비가 된다. 굉장히 큰 만족감이고, 끊을 수 없는 중독성이 있다. 십몇 년 전에 빠진 이후에 아직도 헤어 나오지 못하고 있다."

Q) 일상에선 어떤 생각을 하는지 궁금하다

"사실 특별한 취미는 없다. 그렇다고 하루 종일 수학 연구만 하기에는 제가 지구력이 떨어진다. 원래 공부를 그렇게 오래 하지는 못하는 스타일이다. 연구 활동은 4시간 정도 하려고 노력한다. 그 외에는 가족들과 보낸다. 첫째는 7살로 초등학교 1학년을 마쳤고, 둘째는 이제 2살이 되어간다. 아이들 돌보고 청소도 하며 머리를 식히고, 다음 날에는 또 새로운 마음으로 공부한다. 그렇게 매일 똑

같은 일상이다."

Q) 물리학과에 진학한 이유는?

"어릴 적 가장 열정이 있던 것은 글쓰기였다. 그중 제일 좋아하는 시를 쓰는 삶을 살고 싶었다. 하지만 조금씩 머리가 굵어지면서 어떤 걸로 먹고 살 수 있을까? 타고난 재능으로는 어림없는 것 같아서 현실적으로 가능하고 만족할 만한 분야를 찾아봤다. 제가 다른 글 쓰는 분들에 비해 과학에 흥미가 있어 '과학 저널리스트'를 하면서 살 수 있겠다 싶어서 물리천문학과에 진학하게 됐다. 그러다가 대학교 3, 4학년 때 진로 고민을 심각하게 하면서 잠시 학업을 쉬었는데, 우연한 기회에 '순수수학' 강의를 들었고 수학의 매력을 알게 됐다. 이후 수학에 빠진 상태에서 지난 십수 년을 살았다."

Q) 해결한 난제들을 쉽게 설명해 달라.

"수학은 역사적으로 여러 줄기가 있고, 하나하나 줄기가 독립적으로 발전했다. 크게 나누면 공간을 다루는 기하학, 변화를 다루는 해석학 그리고 이산 수학이 있다. 이 세 가지에 필요한 인간의 직관이 다르고, 여러 이유로 독립적으로 발전했다. 이 세 가지 다른 분야를 충분히 깊게 연구하면 동일한 패턴이 관찰된다. 이런 패턴을 하나씩 찾아내고 왜 이런 종류의 패턴이 나타나는지 밝혀내는 데 약간이나마 공헌을 한 것이 제 연구의 대부분이다."

Q) 롤-모델이 있나?

"저는 복이 많은 사람이다. 수학 문제 풀면서 어려움을 마주했을 때, 아니면 살아오면서 어려움을 만났을 때, 필요한 때에 필요한 것을 가르쳐 줄 수 있는 선생님, 친구들을 너무 반복해서 잘 만났다. 십수 년 동안 누구 한 명의 롤-모델을 따라갔다기보다 여러 명이 있다. 제가 영웅으로 생각하는 선생님, 친구들을 적고 배우고 싶은 점을 적은 작은 수첩이 있다. 그분들이 저한테는 다 롤 모델이다. 새로운 친구들을 만나고, 배우고 싶은 점을 따라 해보기도 하고, 비슷한 생각을 말해보기도 하며 살고 있다. 한 명을 뽑는 건 공평하지 않을 것 같다." ("대학 3학년 때 빠진 수학의 매력... 그 중독성에서 아직 헤매는 중이죠", 최동순 기자 dos-ool@hankookilbo.com)

이상의 내용을 종합하면 대학에 들어와 비전을 만들거나 극단적인 경우 비전의 발판을 마련하는 것도 결코 늦지 않다. 우리 사회에서 유명대학의 입학은 성공의 마침표로 여긴다. 이로 인해 대학에 들어와 오히려 성공감에 취해 학업의지가 약화될 수도 있다. 그러나 유명대학의 입학 배경에는 자신의 꿈과 무관한 경우도 적지 않다. 그러므로 대학입학은 부모나 교사의 성공일 뿐 학생 자신의 성공일 수 없다. 이러한 우리사회의 꿈에 대한 신화를 적절히 인식하여 신입생들의 비전에 대한 양상을 적절히 진단하고, 이를 배경으로 대학의 학사제도 수립, 생활 및 학업지도가 이루어질 필요가 있다.

4 진단도구 개발

비전유형 진단도구는 연역적인 방식에 의하여 이루어졌다. 연구자가 오랫동안 경험한 신입생들의 진로의지, 태도, 적성 등을 살펴보고, 이를 비전 카테고리로 설정한 것이다. 크게 비전 홀더, 비전 빌더, 비전 리더 등으로 구분하고, 각각 2개의 하위요소들로 구성하였다. 대학 입학 이전까지 분명한 진로의지, 태도, 적성 등을 바탕으로 **Y대학** 및 특정 전공을 선택한 학생은 비전 홀더, 어떤 배경 변인으로 대학에 입학했는지 여부보다 **Y대학**에서의 다양한 학습경험을 바탕으로 생애진로에 대한 방향을 설정하려는 성향이 있는 학생은 비전 빌더, 대학생활이 자신의 생애개발 역량에 크게 도움이 되지 않거나 결코 그렇게 되지 않을 것이라는 신념에 젖어 있는 학생들은 비전 리더로 명명하고, 각각의 카테고리에 해당하는 심리적 특성을 고려하여 2~4학년까지 학사지도에 반영하는 것을 목적으로 한다.

진단 도구 양식

각 문항은 6개 하위요인의 특성을 잘 드러내기 위한 진술문으로 구성되어 있다. 각 진술문은 어휘나 어법의 원칙, 진단검사 도구의 특성적 요건 등을 전체적으로 고려하여 가급적이면 가독성과 반응의 몰입도를 제고하는 방안을 고려하였다.

새내기 비전 진단을 위한 검사
Test form for diagnosis of freshman's visioning

고등학교의 졸업 및 대학 입학은 성인초기에 입문하는 생애전환의 중요한 시기입니다. 대부분의 청소년들은 이 시기에 대학이라는 새롭고 낯선 학교생태계에 적응하며 자기주도적인 생애개발을 위하여 다양한 학습을 경험합니다. 중·고등학교 시절의 막연한 꿈이나 희망이 구체화되거나 직업진로를 위한 능동적인 의식과 산업실무 역량을 갖추어 나가게 됩니다. 일반적으로 대학 새내기 1학년을 마치고 나면 기존의 꿈과 희망에 대한 갈등 및 조정 현상이 발생합니다. 누구나 평소 꿈꾸던 학문세계와 현재 선택한 전공 간의 미스매칭, 평소 나의 가치관 및 세계관과 현실적인 대학생활 경험 간 괴리, 꿈(이상)과 현실 간 격차 등으로 인하여 자아정체성, 직업진로 결정, 전공학습 등에 큰 어려움을 겪게 됩니다.

본 진단의 목적은 첫째, 생소했던 1년간의 대학생활(campus life)을 마친 후, 자신이 인식하는 능력수준, 직업진로 계획, 전공학습 등과 관련지어 매칭/미스매칭 실태를 체계적으로 확인하기 위한 것입니다. 둘째, 모든 학생들로 하여금 성공적인 학교생활(student success)이 이루어지도록 학교 차원에서 지원하기 위한 관련 학사정보를 얻기 위한 것입니다. 본 진단은 성적 평가를 위한 시험이 아닙니다. 여러분의 지난 대학생활에서 이루어진 생생한 경험과 평소의 인식 및 태도를 솔직히 반영하여 응답해주시기 바랍니다. 감사합니다.

☞ 아래 각 문항에 대하여 ① 전혀 아니다 ② 대체로 아니다 ③ 그저 그렇다 ④ 대체로 그렇다 ⑤ 매우 그렇다로 구분하여 ✓표시하기 바랍니다.

	문항	①	②	③	④	⑤
1	초등학교부터 고등학교까지 특정학문 분야에 관심을 갖고 있다.					
2	나의 관심과 경험을 고려하여 대학에서의 전공이나 학과를 선택할 것이다.					
3	전공하는 공부내용과 나의 관심분야가 반드시 일치해야 한다.					
4	전공학습은 나의 관심분야에 대한 재능을 발휘하는데 도움이 될 것이다.					
5	대학생활의 성공은 특정전공이나 학과에서 탁월한 능력을 발휘하는 것이다.					
6	다양한 학문 분야에 관심이 많지만 특정전공이나 학과를 이미 생각하고 있다.					
7	전공이나 학과학습은 나의 현재 재능을 계발하는 데 도움이 될 것으로 기대한다.					
8	성공적인 대학생활은 내가 꿈꾸던 분야의 공부를 위한 선택과 집중적인 학습이 무엇보다 중요하다.					
9	나는 특정전공이나 학과에 적합한 학습태도나 능력을 갖추고 있다.					
10	대학에서 특정전공이나 학과학습은 나의 잠재능력을 크게 향상시킬 것으로 기대한다.					
11	특정 전공이나 학과학습은 드러나지 않은 숨겨진 재능을 새롭게 발견하는데 도움이 될 것이다.					
12	대학 진학의 목적은 다양한 전문분야의 학문을 탐색하는 것이다.					
13	이미 선택했거나 앞으로 하게 될 전공이나 학과는 나의 재능을 발견하는 데 도움을 줄 것이다.					
14	성공적인 대학생활은 다양한 진로모색이나 탐색활동에 있어야 한다.					

	문항	①	②	③	④	⑤
15	대학생활은 아직 확정되지 않은 나의 직업진로 및 생애개발에 힘쓰는 것이 중요하다.					
16	대학생활은 전공이나 학과학습보다 새로움에 도전하는 힘을 기르는 것이다.					
17	대학에서의 학습은 나의 호기심을 충족시키기 위한 것이어야 한다.					
18	창의적인 사고는 다양한 호기심과 관심에서 출발해야 한다.					
19	특정전공이나 학과에 편향된 학습활동은 그리 바람직하지 않다.					
20	다양한 관심이나 호기심을 고려하여 전공이나 학과를 선택할 것이다.					
21	미래에 대한 희망이 항상 좋은 것만은 아니다.					
22	고등학교까지 내가 꿈꾸던 꿈과 생애진로는 언제든지 변할 수 있다.					
23	특정전공이나 학과를 선택하더라도 언제든지 바꿀 생각이 있다.					
24	대학에서 최대한 다양한 분야의 학문분야를 탐색한 후 전공이나 학과를 결정할 것이다.					
25	특정전공이나 학과선택이 나의 숨겨진 재능을 발견하는 데 크게 도움이 되지 않을 것이다.					
26	대부분 대학에서의 전공이나 학과는 학생 자신의 의지와 무관하게 사회적 평판이나 주변사람들에 의하여 결정되는 경우가 많다.					
27	대학생활은 특정전공이나 학과의 학습을 통하여 전문가가 되는 것보다 다양한 경험이 훨씬 더 중요하다.					
28	어린 시절부터 품은 꿈과 희망대로 산다면 다양한 경험이 어려울 것이다.					
29	대학에서의 특정전공이나 학과학습이 인생성공의 잣대가 될 수 없다.					
30	재학하는 동안 특정전공이나 학과 선택, 직업진로, 생애개발 등에 대하여 구체적으로 생각하지 않을 것이다.					

결과 해석 방법

진단 도구를 활용한 검사 결과 모든 수검자는 아래와 같은 6개 하위항목에서 상대적으로 우위에 있는 결과값을 나타낼 것이다. 그럼에도 불구하고 해석은 3개 카테고리로 구분하여 해석하는 것이 유용할 것이다. 아래 [표 31]은 각 유형별로 진로 및 생애개발을 대하는 개인별 특성을 조작적으로 정의할 수 있고, 이에 대응하는 바람직한 학사지도 방안을 제언하고 있다.

표 31 | **진단 결과 해석 방법**

유 형		준거항목	진로 및 생애개발 특성	학사지도 활용 방안
비전 홀더	드림 애치버	1–5번	평소 직업진로 및 생애개발에 대한 명료한 방향이 정립되어 있고, 자신의 적성 및 재능에 부합하는 전공이나 학과선택 의지가 분명하며, 이를 성공적인 대학생활로 인식함	학생이 선택한 전공이나 학과가 정한 학사이수에 대한 상세안내 및 소속교원의 집중적인 관리와 지도가 필요함
	드림 엑셀레이터	6–10번		
비전 빌더	드림 파인더	11–15번	직업진로 및 생애개발에 대한 의지가 어느 정도 형성되어 있으나, 대학에서 다양한 전공이나 학과분야의 학습경험을 통해 자신의 숨겨진 재능을 발견한 후, 이를 특정전공이나 학과선택 시 고려함	다양한 학문분야에 대한 경험을 제공하기 위한 유연한 학사지도와 학생의 전공 및 학과선택에 유용한 정보제공이 필요함
	드림 챌린저	16–20번		
비전 리더	드림 체인저	21–25번	평소 직업진로 및 생애개발에 대한 의지가 상대적으로 취약하고, 대학에서의 전공이나 학과선택 및 학점취득의 중요성보다 다양한 학문분야의 학습경험을 통해 자신의 잠재능력 계발을 중시함	전공이나 학과 선택에 대한 학사규정을 엄격하게 적용하여 중도탈락의 위험성을 높이기보다 정상졸업이 가능하도록 안내하고 지도하는 맞춤형 학사지도가 필요함
	드림 노마드	26–30번		

* 비전유형 개별판정: 6개 준거항목별 합산점수에서 최고값에 해당하는 유형

5 초개인화 대학 정치: 결과 활용

비전 홀더 진단 학생

여기에 해당하는 학생들의 사회문화심리적 특성은 대학에 입학하기 전까지 자신의 능력, 호기심, 능력, 경험 등에 대한 지속적인 성찰과 민감성 등을 바탕으로 대학 진학의 명료한 목표, 대학에서의 전공분야에 대한 확고한 선택, 학업계획, 졸업 후 진로 등 자신의 현재능력(잠재능력에 대한 고려는 확실치 않음)에 대한 확신으로 가득 차 있다. 이러한 특성군(群)에게 필요한 생활 및 학업지도 방향은 충분한 자율성과 성장기회를 제공하는 것이다. 우리 대학 전공분야에서 우수한 성과를 거둔 교수는 물론 외부의 자원을 활용하여 대상학생에 대한 심화되거나 확장된 학습경험이 이루어질 수 있는 지원 및 관리 장치가 마련되어야 한다. 이에 대하여 고려할 만한 제도가 학부 연구생제도다. 다음은 현행 많은 대학에서 운용중인 **학부 연구생** 제도의 장점을 전문가 관점에서 대학생들에게 공유하고 있는 글이다.

> 일단 대학원에 진학을 마음먹고, 좋은 교수님을 찾았다면 가장 좋은 방법은 학부 연구생 제도를 이용하는 것이다. 학부 연구생 제도는 회사 인턴과 비슷하게 대학원 생활을 미리 경험할 수 있는 프로그램이다. 교육중점 대학을 제외하고는 거의 모든 대학에서 운영하고 있다. **학부 연구생**의 장점은 다음과 같다. 1. 대학원에 대한 경험을 미리 할 수 있다. 2. 지도교수, 연구실 주제, 연구실 분위기가 자신과 맞지 않는다면 다른 대학원 또는 취직으로 변경이 가능하다. 3. 자신의 학점이 부족하거나, 지원하고자 하는 대학원에 가기가 어려운 상황에도 학부 연구생을 미리 하게 된다면 대학원 진학 시 유리한 점이 있다. 4. 열심히 하여 좋은 연구결과가 나온다면, 우수논문에 저자로 이름을 올릴 수 있다. 5. 학부 연구생을 지원한 대학원으로 진학하게 된다면 박사학위의 경우 그 시간을 단축시키는데 도움이 될 수 있다. 이와 같이, 여러 장점 중 2, 3, 5번은 무척이나 큰 장점이다. 2번의 경우, 자신이 대학원 생활에 잘 맞는지부터 본인이 생각한 지도교수, 연구 분야 등 많은 것을 직접 경험해보고 판단을 내릴 수 있기 때문이다. 물론 너무 가벼운 마음으로만 접근을 한다면 지도교수로부터 No라고 거절당할 수 있다. 진

심으로 학부 연구생 생활을 하면서 고민을 해보는 것이 중요하다. 3번은 현실적인 꿀팁이라 생각한다. 전체적으로 대학원생은 대학생 수와 비슷하게 감소할 수밖에 없는 구조이다. 그럼에도 명문대라 불리는 연구중심 대학 등에는 대학원생 경쟁률이 결코 낮다고는 볼 수 없다. 그런 상황에서 일찍 학부 연구생 활동을 하게 된다면, 미리 자리를 선점(?) 하는 효과를 볼 수 도 있다. 학부 연구생 기간 동안 성실함과 좋은 연구 성과를 보여줬다면 더욱 지도교수에게 좋은 인상으로 남았을 것이다. 5번 역시 박사학위 과정을 줄이는데 큰 도움이 될 수 있다. 결국 박사학위를 위해서는 박사논문을 쓰기 위한 재료가 필요한데, 이런 재료를 일찍부터 모은다면 당연히 학위기간이 줄어들게 된다. 물론 중간에 연구 분야가 바뀔 수 도 있긴 하나, 연구 자체에 익숙해지는 것 또한 학위기간 단축에 무척 중요한 부분이다.
출처: 브런치, “박교수의 1% 부족한 꿀팁 - 대학원 준비 편”

‘교육부’에서는 위와 같은 **학부 연구생** 제도를 보다 외연적으로 확장하고, 유인가를 높여 많은 학생들의 비전 개발에 도움이 되도록 하는 지원 방안을 발표하였다. 제도도입의 핵심개념은 ‘주니어 비케이(BK)’로서 참여대상은 3학년 재학 이상을 요구하고 있다.

교육부와 한국연구재단은 ‘4단계 두뇌한국21(BK21) 사업 수정 기본계획(2020~2027)’을 지난 24일 발표했다. 수정된 기본계획은 ‘고등·평생교육지원 특별회계’ 신설로 정부의 고등교육 분야 핵심 정책이 반영된 것이다. 수정된 기본계획은 대학원의 제도혁신과 역량강화 지원을 위해 ‘대학원혁신지원사업’ 대상에 지역대학원 4곳을 추가 선정한다. 대학원혁신사업비를 활용해 예비대학원생(학부 3학년 이상)의 연구장학금을 지원하는 **‘주니어 비케이(BK)’사업**도 신설한다. ‘주니어 비케이’사업은 우수 학부생을 조기에 발굴하고 타 지역과 국외로의 인재 유출을 방지하는 데 목적이 있다. 교육부는 장기적으로 두뇌한국21 사업 내 대학원혁신지원사업을 통해 ‘지역혁신중심 대학혁신지원체계(RISE)’와 연계하는 방향도 검토할 계획이다.
출처: 교수신문(http://www.kyosu.net)

위와 같은 자료나 정책을 바탕으로 향후 Y대학에서는 3학년에 한정된 기존의 학부 연구생 제도를 전(全) 학년으로 확대하고, 특히, 1학년 학생의 경우 ‘챌린지 학부생’ 제도와 같은 혁신적인 방안을 고려할 만하다. ‘챌린지 학부생’은 기존의 **학부 연구원생 제도**와 마찬가지 조건으로 대학원 연구과정에 참여할 수 있다. 다만, 특정 학문분야의 기존 연구 성과 리뷰, 국내외 관련연구 트렌드 파악, 빅데이터 및 데이터 마이닝을 이용한 특정 전공 관련 분야의 포커스 리서치 등을 수행하게 된다. 현행 학사제도에서 4학년이 되면 대부분 '캡스톤 디자인'을 통해 자신이 전공한 분야의 학업성과를 마무리한다.

그러나 이를 가능하게 만드는 원천은 바로 1, 2학년 재학 중에 경험한 학과 이수나 개별적인 경험에 바탕을 두기도 한다. 따라서 비전 홀더형 학생들에게 1학년부터 특정 학문분야의 탁월성을 담보하기 위하여 대학원 수준의 연구생태계에 포함시키는 학사제도 혁신이 이루어질 필요가 있다. 1학년 학생들이 이수해야 할 교과목은 '코너스톤 디자인', 2학년은 '컬럼 디자인'이 적합하며, 이를 기반으로 4학년의 '캡스톤 디자인'이 완성된다. 이러한 학사이수를 통하여 비전 홀더형 학생들은 재학하는 동안 자신의 오랜 비전을 정교하게 달성해 나가게 될 것이다.

비전 빌더 진단 학생

여기에 해당하는 학생들의 사회문화심리적 특성은 독립성, 유연성, 도전의식 등이다. 비전 빌더형 학생들은 기존의 사고나 행위 방식, 사회적 인습 등에 대한 일종의 거부감을 기본적으로 지니고 있다. 부모나 교사의 권유나 어쩔 수 없는 상황에서 입학은 했지만 지금까지 내가 마음속에 품었던 비전이나 꿈이 허구적이라는 사실을 직시(소위 요즘세대 표현으로 현타)하여 생애개발에 대해 새롭게 빌드업하려는 특성이 강하다. 따라서, 입학한 전공 분야에 대한 관심은 물론 다양한 분야에 자신의 역량을 투영하여 관찰하고 실험하려는 태도나 의지가 강해서, 높은 학업성취도를 거두지 못하는 경우가 많다. 이러한 특성군에게 필요한 학사지도, 생활 및 학업지도의 방향은 **자기주도 전공 설계**, 다(多)학제간 연구, 탈(脫)교과 비교과프로그램 참여 등으로 학생들이 다양한 관찰, 경험, 도전 등을 하도록 학사지원 및 관리 시스템을 갖추어야 한다. 다음은 **Y대학**에서 자기설계 전공 도입을 위하여 사전 단계로 진행 중인 '**융합기반 자기설계 공모전**'의 상세 내용이다.

융합기반 자기설계 전공 공모

1. 추진 목적

- 미래사회가 요구하는 융합 사고역량을 가진 자기주도적인 창의인재 양성을 지향함
- 스스로 전공을 개발하고 교과 과정을 설계해보는 미래지향적 융합기반 자기설계 전공을 개발함
- 학생이 원하는 전공을 자유롭게 설계해보는 '융합기반 자기설계전공'을 개발함

2. 자기설계 전공 안내

- 학생 스스로가 우리 대학에 개설된 2개 이상의 다른 계열에 포함된 학과의 전공 과목들을 융합하여 새로운 교육과정으로 전공을 구성하는 유연학사제도의 한 방법임
- 우리 대학은 융합기반 자기설계 전공 시범운영을 계획 중임
- 타 대학 운영 사례를 참고함(서울대학교 자유전공학부(학생설계전공), 덕성여대 자기설계 전공, 숭실대학교 자기설계 전공 등)
- 융합기반 자기설계전공으로 공모하여 개발된 전공이 반드시 이수 가능한 전공으로 개설되는 것은 아님

3. 공모전 개요

- (주제) 융합기반 자기설계전공 개발
- (자격) 재학생(학부) *개인 및 팀 참가 가능
- (개요) 우리 대학 전공교육과정으로 융합전공을 개발하고 융합기반 자기설계전공 개발서 작성 및 제출

가. 개발 유형 및 방법: 다음 중 1가지를 선택하여 개발

① 융합형 자기설계 전공

자신의 제1전공(기본전공)과 미래캠퍼스에서 개설되어 운영 중인 제2전공(타 전공의 기본전공, 연계전공 또는 융합 전공)을 선택하여 참신한 전공 융합을 통해 본인만의 자기설계 전공을 구상함

② 마이크로 디그리 전공형

자신의 제1전공(기본전공)에서 선택이 가능한 심화전공 또는 동일학부 내에서 운영중인 2개의 기본전공을 선택하고, 최상의 시너지를 추구할 수 있는 12~18 학점 마이크로 전공 형태의 구성(기존 심화전공의 18학점 선택 유지+마이크로 전공형 18학점 재구성) 또는 (기존 심화전공의 12학점+마이크로전공① 12학점 +마이크로전공② 12학점) 형태로 설계함

③ 자유형 자기설계 전공

본인이 원하는 혹은 우리 대학에 필요하다고 생각되는 고유한 자기설계 전공 36학점을 자유롭게 설계함

나. **전공명 및 학위명칭**: 본인이 개발한 전공명(국문·영문) 및 학위 명칭(국문·영문) 작성

다. **전공개요**: 전공개념 및 교육목표, 개발 융합전공의 개념 및 교육목표 작성

라. 융합 연계성 개발 관련 전공 및 연관성 작성

마. **전공-진로 로드맵**: 전공 이수 후, 진로 로드맵 설계

바. 교과과정 및 이수계획표

- (학점) 최소 36학점 이상 편성
- (비율) 구성 학과/전공별 교과목은 동일한 비율로 편성(36학점 이상)
- (수강) 수강편람을 참고하여 작성

다음은 최근 우리나라 대학 전반에서 이루어지는 다양한 전공제도에 대한 이슈를 공론화하여 대중적인 관심을 유발하고, 특히, 대학입학을 준비 중인 중등 학생들에게 관련정보를 제공하고 있는 내용의 일부다.

대학, 4차 산업혁명 시대, 연계·융합·자기설계 전공 등 주목

심화전공, 연계전공, 융합전공, **자기설계전공** 등은 최근 대학가에 급속히 확산하는 전공 제도다. 이 가운데 심화전공은 말 그대로 주전공을 더 깊이 있게 공부하는 개념으로 이해하면 된다. 학교마다 기준이 다르지만, 전공과목을 정해진 최소 이수 학점보다 12~20학점가량 더 듣는 형태다. 연계전공과 융합전공의 경우, 이름은 다르지만 대개 비슷한 형태로 운영되고 있다. 대학의 모집단위 학과는 아니지만, 2개 이상의 전공(학과) 또는 학부가 연계해 융합형 교과과정을 제공한다. 대부분 대학에서 단일전공으로는 이수할 수 없고, 복수전공이나 이중전공·다(중)전공, 부전공 등으로만 선택할 수 있도록 했다. 고려대, 건국대, 성균관대, 숙명여대, 서울여대, 연세대, 인하대, 중앙대, 한국외대, 한양대 등 많은 대학에서 개설하고 있다.

연세대는 ▲한국 및 동아시아학(한국학) ▲한국 및 동아시아학 (중국학) ▲한국 및 동아시아학 (일본학) ▲유럽지역학 ▲미국학 ▲디지털예술학 ▲외교통상학 ▲인지과학▲벤처학 등의 연계전공을 운영하며, 한국외대는 ▲BRICs(브릭스) 융합전공 ▲EU(유럽연합) 융합전공 ▲동북아 융합전공 ▲문화콘텐츠학 융합전공 ▲국가리더 융합전공 ▲융복합소프트웨어 융합전공 ▲정보·기록학전공 ▲광역특화전공 ▲세계문화예술경영전공 ▲

언어와공학전공 ▲디지털인문한국학전공 ▲지역경제개발협력전공 등 융합전공을 개설하고 있다. 서울여대 역시 ▲문예창작 ▲박물관학 ▲국제학 ▲청소년학 ▲응용미생물학 ▲패션디자인·비즈니스 ▲데이터과학 ▲휴먼서비스 ▲공공안전 ▲스마트헬스케어 ▲디지털융합경영 ▲도시환경예술디자인 ▲글로벌문화산업·MICE전공 등 연계전공을 운영 중이다. 다만 중앙대는 연계전공과 융합전공을 모두 개설했다. ▲금융공학 ▲문화콘텐츠 ▲창업학 ▲게임·인터렉티브 ▲소프트웨어(인문) ▲사이버보안 ▲테크놀러지아트의 7개 융합전공과 ▲외식산업경영 ▲유통관리 ▲공기업관리 ▲공공규범의 4개 연계전공을 운영하고 있다. 건국대의 경우에는 ▲유럽문화학연계전공 ▲디스플레이공학연계전공 ▲휴먼ICT연계전공 ▲글로벌MICE연계전공 ▲인문상담치유연계전공의 5개 연계전공과 함께 2개 단과대학이 공동으로 개설한 연합전공 1개(국제비지니스학연합 전공)를 운영 중이다.

자기설계전공(또는 학생설계전공)을 운영하는 대학도 많다. 자기설계전공은 학생이 직접 2개 이상의 학과(학부) 교과목을 융합해 구성하는 전공이다. 전공 설계 후 책임지도교수·학교의 승인을 받아 이수한다. 일부 대학을 제외하고는 연계·융합전공과 마찬가지로 단일전공으로는 이수할 수 없으며, 제2·제3의 전공으로만 이수가 가능하다. 고려대, 서강대, 성신여대, 숭실대, 중앙대 등에서 운영하고 있다. 김규태 숭실대 교육혁신 및 융합교육팀 과장은 “최근 기존 전공 틀에서 벗어나 자신의 관심사를 다양한 시각에서 파고들어 공부하려는 학생이 늘고 있다”며 “자기설계전공은 이러한 학생들이 능동적으로 학습할 기회를 제공한다”고 설명했다. 일례로 숭실대 물리학과 17학번 구찬모 씨는 주전공인 물리학과와 의생명시스템학부·철학과·정보사회학과 강의를 결합해 ‘과학철학’이라는 자기설계융합전공을 구성했다. 구씨는 숭실대가 국내외 교류대학의 강의까지 포함해 전공을 설계할 수 있게 한 점을 활용, 중앙대 의생명시스템학부와 서강대 철학과 강의도 들을 예정이다. 최근에는 복수전공이나 부전공, 심화전공 등을 필수로 지정한 대학이 늘고 있다. 즉, 이를 이수해야 졸업이 가능하다는 뜻이다. 예컨대 고려대는 2004학년도 입학생부터 제2전공 이수를 의무화해 심화전공·이중전공·융합전공·학생설계전공 중 하나를 반드시 이수하도록 하고 있다. 서울여대는 복수전공·심화전공 중 1개, 가천대는 제2전공·전공심화과정 중 1개 이상을 이수해야 한다. 인하대 역시 심화전공 또는 다중전공(복수전공·부전공·연계전공)을 필수로 지정했다. 한국외대도 지난 2007학년도부터 이중전공·전공심화·부전공 등 이수를 의무화했다. 김경필 한국외대 학사종합지원센터 대리는 “학생에게 학습 기회와 전공 선택의 폭을 넓혀주고자 마련한 제도”라며 “올해 제도를 보완해 2018학년도 신입생부터는 ‘이중전공’, ‘전공심화+부전공’, ‘단일전공+전공심화’, ‘부전공’ 가운데 하나를 이수하도록 했다”고 전했다. 다만 연계전공이나 융합전공, 자기설계전공을 제2·제3의 전공으로 이수했을 때 졸업 시 학위수여 방식은 대학에 따라 다르다. 주전공 학위와 함께 2~3개 학위를 수여하는 곳도 있고, 주전공 학위 1개에 연계·융합·자기설계전공 이수 여부를 표기해 주는 경우도 있다. 우연철 평가팀장은 "전공 제도가 다양해지면서 학생들이 전공 실력을 더 정밀하게 다듬거나 융합형으로 폭넓게 공부할 수 있게 됐다. 예를 들면 기계공학 전공 학생이 인공지능(AI) 분야에 관심 많다면 인지공학·제어계측 등을 들을 수 있는 연계전공을 하는 식이다. 수험생이라면 지원 대학이 어떤 전공 제도를 운영하는지 살펴보고, 이를 활용해 자신의 전문성을 키울 수 있는 방법을 생각해 보는 것도 좋다"고 조언했다.
출처: 조선에듀 오선영 기자,
(http://edu.chosun.com/site/data/html_dir/2018/06/20/2018062002143.html)

다음은 A대학에 재학 중인 K모 학생이 실제로 본인의 대학에서 운용중인 자기설계 전공제도를 통해 융합사고 역량을 계발하여 생애개발 비전을 빌드업한 사례의 일부다. 대학에서 이루어지는 **자기전공 설계 학위제도**의 긍정적인 측면이 잘 드러나 있다.

'환경정치론' 과목 수강으로 기후변화 분야에 확신을 얻고 난 뒤, 그 분야를 더 깊게 파고 싶다는 욕망이 솟구쳤다. 이때 취할 수 있는 방법은 대개 두 가지이다. 하나는 관련 전공으로 본격적인 석사 과정을 밟는 것이고, 다른 하나는 책으로 독학 및 대외활동으로 경험을 쌓는 것이다. 전자의 경우 당시 나는 석사과정 계획도 없었거니와 그때까지 기다리기엔 시간이 너무 아까웠다. 그래서 당장 실행 가능한 후자를 택했지만, 이것만으로는 충분하지 않아 보였다. 본 전공인 '정치외교학' 수업에 시간과 노력을 쏟기 다소 아까웠기 때문이다. 교수님들께는 죄송하지만, 사실 나는 더 이상 본 전공 강의를 듣고 싶지 않았다. 그렇다고 전공 수업의 질이 떨어진다는 것은 아니다. 다만 내가 원하는 공부를 더 하고 싶었을 뿐이었다. 사람들은 '어떻게 원하는 것만 하고 살 수 있겠어. 가끔 타협이 필요하기도 하지'라고 생각할 수 있고, 나도 동의한다.

하지만 정말 운이 좋게도 원하는 공부만 할 수 있는 묘책이 있었다. 바로 **자기설계전공 제도**였다. 내가 다닌 대학교에는 어느 전공이든 원하는 수업들을 한데 모아 자기만의 전공을 만드는 것이 가능했다. 스스로 설계한 전공에 이름까지 붙여 학교의 승인을 받은 후, 최소 이수학점 요건을 충족해 졸업하면 **복수전공에 준하는 학사로 인정**해주었다. 즉 졸업장에 본 전공과 더불어 내가 직접 지은 설계전공 이름이 떡하니 찍히는 것이다! 앞서 자기설계전공을 경험한 동기의 도움을 받아 경영·경제학, 에너지시스템공학, 도시계획부동산학 등 여러 학과에서 듣고 싶은 강의 목록을 뽑았다. 환경정책론, 자원환경경제학, 심지어 환경윤리학까지 환경 관련된 수업은 몽땅 포함시켰고, 신재생에너지, 에너지와 환경 등 공대 수업도 일부 넣었다. 고심 끝에 '**녹색에너지경영학**'이라는 이름을 붙이고, 나름의 신청 사유와 함께 자기설계전공 신청서를 작성했다. 스타트업 도전이라는 목표에 도달하지 못했지만, 현재 '신재생에너지 솔루션의 확산'에 기여하는 일을 하고 있다는 점에서 거짓말쟁이 신세는 면했다.

자기설계전공이 유효하려면 각 수업이 소속된 학과장의 승인이 필요했다. 자기설계전공을 신청한 뒤 가만히 앉아있으면 허송세월하게 된다는 동기의 조언을 듣고, 나는 학과장님 한 분 한 분 찾아다니며 취지를 설명하고 승인을 부탁드렸다. 그리고 쌍화탕을 드리며 시간 내주셔서 감사하다는 멘트도 덧붙였다. 우여곡절 끝에 최종 승인을 받았고, 이듬해 학기부터 본격적으로 자기설계전공을 이수하기 시작했다. **자기설계 전공의 장점은 크게 세 가지다. 1. 수업 듣는 것이 즐겁다. 2. 한 수업에서 배운 내용을 관련된 다른 수업과 연계해 활용할 수 있다. 3. 다양한 학부 사람들을 만나 사고의 폭을 넓힐 수 있다.** 한평생 문과인으로 살아온 내가 에너지 관련 공대 수업을 따라갈 수 있을까 걱정이 들긴 했다. 하지만 수업이 재밌다 보니 이해가 되지 않는 부분이 있더라도 교수님을 붙잡고 물어보며 해결해가는 과정조차 즐길 수 있었다. 특히 핵분열과 핵융합의 반응식을 4시간 넘게 매달린 끝에 원리를 이해했을 때의 쾌감은 아직도 생생하다. 성적은 자연스레 올라갔고, 군대 가기 전 엉망이었던 학점은 졸업 즈음 충분히 복구되었다. 자신이 뜻하는 진로가 명확하고, 그것이 학제 간을 넘나드는 지식을 요구할 때 자기설계전공은 학생들에게 분명 매력적인 선택지가 될 수 있다. 세상에 단 하나뿐인 전공을 직접 만들어 이수했다는 점에서 본인의 정체성을 분명하게 드러낼 수 있기 때문이다. 장담할 수 있다. '녹색에너지경영학'이라는 듣도 보도 못한 전공은 첫 취업과 이직 당시 사람들의 관심을 끄는 데에 성공했고, 이 사람이 어떤 사람이고 어떤 길을 가고 있는지 각인시켜주는 계기가 되었다. 즉 **퍼스널 브랜딩**의 관점에서 자기설계 전공은 훌륭한 수단이라 할 수 있다.

출처: 그린시스, '세상에 단 하나뿐인 전공', 2021. 1. 7

현행 우리나라 고등교육법 시행령 제19조(학생의 전공이수 등)는 대학에서 도입하는 자기주도 설계 전공 운용의 법적 근거가 되고 있다. 자기설계 전공제도는 자유전공과는 전혀 다른 것으로, 자유전공은 학교에 있는 전공 중 하나를 선택하는 것이지만, 학생설계전공은 학교에 없는 전공을 직접 만드는 것이다. 대개 연계·융합전공으로 분류되며 연계·융합전공은 별도의 모집 단위가 없기에 대부분 제2전공으로 학위를 취득한다. 단, 서울대학교처럼 자유전공학부에서 학생설계전공을 주전공(제1전공)으로 신청할 수 있는 경우도 있다.

고등교육법 시행령

① 대학의 학생은 다음 각 호의 어느 하나에 해당하는 전공 중 하나 또는 둘 이상의 전공을 학칙으로 정하는 바에 따라 선택하여 이수한다.

1. 학과 또는 학부가 제공하는 전공
2. 둘 이상의 학과, 둘 이상의 학부 또는 학과와 학부가 연계·융합하여 제공하는 전공
3. 대학이 제13조제1항에 따른 교육과정 공동운영을 통하여 국내대학 또는 외국대학과 연계·융합하여 제공하는 전공
4. 학생이 교육과정을 구성하여 대학의 인정을 받은 전공

② 대학의 장은 학생이 제1항의 규정에 의한 전공을 이수할 수 있도록 학칙으로 전공 인정을 위한 최소학점을 정할 수 있다. 학생이 교육과정을 구성하여 대학의 인정을 받은 전공으로, 학생설계(융합) 전공, 자기설계(융합) 전공, 학생자율설계 전공, 자율설계융합 전공 등 학교마다 부르는 명칭이 제각각이다.

위의 전공제도들은 기존 학사제도에 존재하지 않는 학위 과정 커리큘럼을 학생이 직접 기획하여 학생은 학업 동기부여를 받을 수 있고, 학교는 학생들의 수요에 맞는 전공을 개설하여 학사 운영을 유연하게 할 수 있는 장점이 있다. 타 학교에 개설된 전공이 소속 학교에 없는 경우에도 요긴하게 사용되는 편이다. 하지만 전공을 학생이 직접 만든다는 개념 자체가 생소한 탓에 인지도는 낮은 편이다.

비전 리더 진단 학생

가장 주목하는 특성군이다. 이들이 갖는 비전이나 꿈에 대한 관점은 다음과 같다. '꿈이나 비전이라는 것은 언제든지 상황에 따라 변할 수 있다. 꿈이나 비전을 이루는 것이 인생의 성공은 아니다. 어린 시절부터 부모나 교사의 의지에 의하여 만들어진 꿈과 비전대로 살아간다면 살아가면서 다양한 경험이나 호기심 충족이 어려울 것이다.' 우리 사회는 아주 어린 시절부터 '꿈은 이루어진다'는 사회적 도그마를 학생이나 자녀들에게 각인(刻印)시킨다. 그러나 정작 그들은 여기

서 말하는 '꿈'의 의미를 제대로 이해하지 못한 채, 사회적 평판이나 교육과 관련된 인습에 길들여져 나가게 되고, 마침내 유명대학에 입학하는 것을 공부의 목적으로 삼는다. 이를 직시(현타)한 학생들은 혼란에 빠지고, 자신이 속아 살았다는 배신감에 젖기도 한다. 이로 인해 정상적인 대학생활이 불가능해지기도 한다. 대학의 책무는 모든 학생들이 성공적인 삶을 준비하도록 지원하는 교육생태계를 갖추는 것이다. 학업성적이 낮고, 심리적인 부적응을 보이는 학생일수록 대학은 더욱 보듬어 안고 그들의 정상성을 회복시켜 고유한 잠재능력이 최대한 발휘되도록 안내하고 지지하는 학사제도가 마련되어야 한다.

현대철학의 핵심은 다음에 있다. 사람은 누구나 다르다. 성격, 외양, 성장배경, 능력, 태도나 의지, 취향 등에 있어 완전하게 일치하는 대상자가 있을 수 없기 때문이다. 그러나 우리교육의 현실은 어떠한가? 고등학교 때까지 오로지 유명대학 진학을 위하여 모든 학생들이 하나의 목표만을 향해 달려가게 만드는 구조가 아닌가? 차이를 동일성으로 회귀시키는 이상한 상황은 여전히 개선되지 않고 있다. 이 경우 학생의 개별성이나 고유성, 독창성 등은 전혀 고려되지 않는 반(反)인간적 교육생태계로 전락하고 만다.

이러한 상황에서 학생들의 꿈이나 비전은 과연 어떤 의미가 있는가? 우리 사회에서 꿈이나 비전은 오롯이 자녀나 학생의 몫이 아니라 부모나 교사의 것이다. 좋은 대학에 입학하는 것은 곧 부모나 교사의 영광이고, 그들에게 대리 성공으로 간주된다. 정작 자녀나 학생들은 자신의 꿈이나 비전도 모른 채 부모나 교사의 만족감에 그저 수긍할 뿐이다. 대학에 입학하여 이러한 불일치는 점점 모순으로 나타나고 대학생활 부적응이나 다양한 일탈을 유발하는 심리적 원인이 되고 있다.

앞서 제기한 바와 같이 비전이라는 준거에서 볼 때 **학생들은** 한계를 모를 정도로 다양한 양상을 지니고 있다. 다양한 비전 양상에 정합하는 학생밀착형, 학생맞춤형, 학생밀착형, 학생성공형 학사지도, 생활 및 학업지도가 이루어지지 않는 한 학생들의 캠퍼스 라이프는 아무 의미 없는 시간 낭비가 될 것이다. 따라서, 새내기 대상의 비전 진단 결과를 바탕으로 학생밀착형, 맞춤형, 친화형, 성공형 학사제도를 구축하고, 합리적으로 운용하는 것이 대학교의 물리적, 심리적 건강성을 담보하는 중요한 요인이 될 것으로 기대된다. 학생지도는 물리적, 제도적 장치 마련만으로 성공을 거둘 수 없다. 모든 학생이 성공을 거두게 만들기 위해서는 대학본부나 교수들도 고도의 심리전을 준비해야 할 것이다.

개발한 진단도구는 앞서 언급한 바와 같이 연역적인 방식에 의하여 제작되었다. 이는 다양한 경험적 서사나 사례들을 바탕으로 비전 유형을 추출해내는 귀납적 방식과 다르다. 연역적 방식을 적용한 이유는 연구자가 30년 넘게 대학 신입생들과의 수업이나 상담을 통해 성찰한 그들의 심리적 특성을 교육학적, 심리학적 관점에서 구조화하였기 때문이다. 그럼에도 불구하고 **진단도구가 지녀야 할 특성적 요건에 대한 추후 검증은 불가피하다. 개발한 진단도구를 활용하여 실제로 새내기를 대상으로 검사를 실시하고,** 결과에 대한 신뢰도, 타당도 검증을 거쳐야 도구의 객관성과 유용성을 담보할 수 있기 때문이다.

CHAPTER 07

역량기반 교육의 이해와 오해

우리 사회에서 대학, 대학교육은 무엇인가? 사회적으로 유명한 대학에 입학하면 부모나 학교교사들은 자녀나 학생들에게 '이제 성공했다!'고 추켜세운다. 다시 말해 우리사회는 아주 오랫동안 좋은 대학에 입학하는 것이 최고의 성공인 세상이 되었다. 과연 이것은 옳은 표현이며 건전한 사고인가? 대학입학이 성공한 삶이라는 왜곡된 사회적 뮈토스(神話)를 속속들이 밝히기 위한 옳은 방향은 무엇인가? 학생들의 기준에서 경험하는 대학생활을 이해하고 이를 개선하기 위한 연구가 필요하다. 학생들의 경험을 재구조화하기 위해서 먼저 바람직한 또는 이상적인 경험을 설정하여 그에 맞춘 교육 경험을 제공해야 한다. 이를 위해 대학 생활 경험을 파악할 필요가 있다.

1 역량-교육의 이데아와 뮈토스

대학기본역량진단

우리나라의 모든 대학은 태생적으로 '교육부'의 부속품이었다. 이러한 원죄로 인해 '교육부'의 존재 이유와 혁혁한 성과창출을 위하여 모든 대학들은 비굴함을 잘 알면서도 마지못해 연명해 왔다. 대학의 숨통을 쥐고 있는 거대공룡이 2015년에 또 하나의 칼자루를 휘둘렀다. 주지하듯 학령인구 급감 시 지방대, 전문대 등의 대학경쟁력 하락이 우려된다는 취지를 내세우면서 박근혜 정부는 **2015년에 제1기 대학구조개혁평가**를 실시하였다. 기존의 정부재정지원대학/학자금대출제한대학/경영부실대학 정책은 대학재정을 빌미로 정부가 원하는 대로 대학을 길들이는 방식이었다면, 구조개혁평가는 모든 대학을 등급(5등급)으로 평가하여 강제정원 감축과 재정지원 제한 등의 직접 통제방식으로 바뀐 것이다. 한마디로 거대공룡인 정부가 강제방식으로 대학 구조개혁을 추진한 것이다. 이는 1단계 평가에서 점수가 낮은 대학들을 대상으로 2단계 평가를 진행하고, 낮은 평가를 받으면 하위등급(D, E 등급)을 받게 되어 정원감축 등 강력한 불이익을 감수하게 만들었다. 이 정책은 **2018년에 2주기, 2021년에 3주기 대학기본역량진단**이라는 이름으로 계속되었다. 역량개념은 '2018년 대학역량기본진단 편람'에 등장하였다. 이는 역량기반 교육과정은 대학의 자생적 필요와 교육적 수요에 의해 탄생한 것이 아니라, 고등교육기관 순치(馴致)라는 무념무상의 **정치적 목적**에서 출발하고 있다는 생생한 증거가 되고 있다.

전공 및 교양교육과정 **진단항목에 핵심역량, 전공능력이라는 용어**가 사용되었다. 실사평가에 대비하여 자체진단평가보고서를 작성하는 각 대학의 집필진과 평가기획팀은 핵심역량 및 전공역량 등에 대하여 벼락 치듯이 공부해야만 했고, '교육부'가 제시한 보고서 작성 편람을 꼼꼼히 숙지하여 가이드라인을 준수하는 데 대학 내외의 모든 에너지를 소진했다. 역량, 핵심역량, **전공능력**, 역량교육, 역량기반 교육과정 등에 대한 충분한 이해와 이들의 교육적 정당성에 대한 토론과 성찰은 이미 뒷전이었다. '교육부'가 제시한(어쩌면 강요한) 보고서 작성 지침에서 벗어나는 것은 일종의 반항이 되었고, 이에 따라 모든 대학에서는 앞으로 이루어질 평가과정에서 심사위원들의 눈과 귀를 혹하게 만들도록 학교 내부는 물론 고비용 외부지출을 감내하면서 단기간에 멋진 자체진단평가보고서를 만들어냈다. 기적에 가까운 일이 벌어진 것이다.

'교육부'의 고등교육 평가정책은 명시적으로 고등교육의 책무성을 묻겠다는 것이지만, 속내는 김영삼 정부 이후 난무하는 고등교육기관을 정리하는 것이었고, 이 과정에서 정부재정지원이라는 당근을 대학들마다 길들이기 위한 도구로 삼았다. 더욱 가관인 것은 산업계 요구(미스매칭 문제, 졸업생의 산업실무역량 부족, 4차 산업혁명사회생태계에 적응하는 인재양성 취약 등)를 고등교육 교육과정에 반영할 것을 우회적으로 요구한 점이다. 이렇게 해서 고등교육 생태계에 핵심역량, 전공역량, 역량기반 교육과정, 산업실무역량 등이 교육과정 설계를 지배하는 거대담론이 되었다. 그 결과 모든 대학에서 핵심역량 개념정의, 대학 인재상과 연계된 핵심역량 체계 수립, 역량기반 교양 및 전공교육과정 운용, 핵심역량 진단도구 개발 등이 비정상적인 방식으로 경쟁적으로 이루어지고 있다.

표 32 | **대학기본역량진단 편람**

항목: 4. 수업 및 교육과정 운영

지표: 4.1. 교육과정 운영 및 개선

■ **진단 방향**

- 대학의 규모와 특성을 고려하여 교양 교육과정*과 전공 교육과정**, 교수·학습 방법을 지속적으로 개선하기 위한 노력***이 체계적·효과적으로 이루어지고 있는지를 진단

* 교양 교육과정
각 대학의 「00대학 교육과정」에 포함되어 편성·운영된 교양 교과목으로, 학점당 매학기 최소 15시간 이상 운영되고 학점이 부여되는 강의 중 교양 과정으로 분류되는 일체의 교과목을 대상으로 함(단, 교과목 중 전공과 교직, 일반선택 과목, 교육과정 외에 비정기적으로 개설되는 특강, 세미나 등은 제외함)

** 전공 교육과정
각 대학의 「00대학 교육과정」에 포함되어 편성·운영된 전공 교과목으로, 학점당 매학기 최소 15시간 이상 운영되고 학점이 부여되는 강의 중 전공 과정으로 분류되는 일체의 교과목을 대상으로 함

*** 교수·학습 방법 개선 노력
대학의 인재상, 학내·외 교육 수요 및 환경 변화 분석 등을 바탕으로, 학습경험의 질 제고를 위해 도출된 다양한 교수·학습 방법 개선 노력을 의미함

※ 교수자를 대상으로 하는 교수·학습 방법 개선 노력만 인정함

※ 예시: 개별 학습자 중심의 교수법(K-MOOC 등의 온라인 강좌를 활용한 온·오프라인 연계 교육, 거꾸로 수업(Flipped Learning), 프로젝트 기반 수업(PBL)

등), 교수·학습 상호작용 증진, 교수·학습의 질 점검 체계, 교수자 역량 강화 지원, 새로운 학습 환경 구축, 기타 대학 및 전공 특성을 고려한 교수·학습 기법 마련 등

■ **진단 요소**

- 핵심역량* 제고를 위한 교양 교육과정 체제 구축·운영(7점, 정성)
- 전공능력** 제고를 위한 전공 교육과정 체제 구축·운영(7점, 정성)
- 교수·학습 방법 개선 체제 구축·운영(6점, 정성)

* 핵심역량
각 대학이 해당 대학의 특성에 따라 설정한 것으로 고등교육 단계에서 학생들에게 요구되는 일반적 역량(예: 비판적·창의적·종합적 사고력, 의사소통능력, 자기주도적 학습능력, 협동능력, 문제해결력, 신체적·정신적 건강 관리능력, 반성적·통합적 학습역량 등)

** 전공능력
각 단과대학 또는 계열, 학과의 관련 분야에서 요구하는 직무, 과업, 역할을 수행하는 데 필요한 지식, 기술, 태도를 포함하는 복합적·종합적 능력

■ **진단의 주안점**

- 핵심역량 제고를 위한 교양 교육과정 체제 구축·운영: 핵심역량 설정의 타당성, 핵심역량과 발전계획 간 연계성, 핵심역량 제고를 위한 교양 교과목 편성·운영의 적절성, 환류를 통한 교양 교과목 개선·보완의 적절성
- 전공능력 제고를 위한 전공 교육과정 체제 구축·운영: 전공능력 설정의 구체성, 전공능력과 발전계획 간 연계성, 전공능력 제고를 위한 전공 교과목 편성·운영의 적절성, 환류를 통한 전공 교과목 개선·보완의 적절성
- 교수·학습 방법 개선 체제 구축·운영: 교수자 대상의 교수·학습 방법 개선

【진단 요소 1】 핵심역량 제고를 위한 교양 교육과정 체제 구축·운영

[기술 4-1-1] 핵심역량의 설정 및 이와 연계된 교양 교육과정 편성·운영

■ 핵심역량의 설정
- 핵심역량 설정의 절차와 방법

※ 대학의 인재상, 산업 수요, 사회적 흐름 등 대내·외적 여건 분석, 학생 요구 분석 등을 고려한 발전 계획과의 연계성 포함

- 핵심역량의 구체적 내용

※ 대학의 특성화 방향 등을 고려하여 설정된 기초학문을 통한 인간, 사회, 자연을 종합적으로 이해하는 능력 등도 포함하여 기술 가능함

■ 핵심역량 제고를 위한 교양 교육과정 편성·운영

- 교양 교과목 편성·운영 절차와 방법(관련 조직의 구성 및 운영 내용 포함)
- 교양 교육과정 개선을 위한 교육과정 분석, 개선 방안 마련 및 시행, 결과에 대한 주기적 환류 보완 등의 구체적 내용

[증빙자료]

(1) 교양 교육과정 관련 규정 또는 지침(교육과정 수립 및 편성·운영 지침 포함)
(2) 교양 교육과정 편성·운영 관련 공문, 기타 근거자료
(3) 교양 교육과정 질 관리를 위한 실행 및 조치 관련 공문, 기타 근거자료

【진단 요소 2】 전공능력 제고를 위한 전공 교육과정 체제 구축·운영

[기술 4-1-2] 전공능력의 설정 및 이와 연계된 전공 교육과정 편성·운영

※ 대학 전체 차원의 특성화 방향을 반영한 대표적이고 우수한 3개 이내의 사례들을 중심으로 기술하되, 전공 분야를 다양하게 구성하도록 함

■ 전공능력의 설정

- 전공능력 설정의 절차와 방법

※ 대학의 인재상, 지역사회, 지역 및 국가 산업 등 대내·외적 여건 분석, 학문 변화 분석, 학생 요구 분석 등을 고려한 발전 계획과의 연계성 포함

- 전공능력의 구체적 내용

■ 전공 분야(또는 단과대학)별 능력과 연계된 전공 교육과정 편성·운영

- 전공능력 배양을 위한 전공 교육과정 체계
- 전공 교과목 편성·운영 절차와 방법(관련 조직의 구성 및 운영 내용 포함)
- 전공 교육과정 개선을 위한 교육과정 분석, 개선 방안 마련 및 시행, 결과에 대한 주기적 환류·보완 등의 구체적 내용

[증빙자료]

(1) 제시된 사례의 전공 교육과정 관련 규정 또는 지침(교육과정 수립 및 편성·운영 지침 포함)
(2) 제시된 사례의 전공 교육과정 편성·운영 관련 공문, 기타 근거자료
(3) 제시된 사례의 전공 교육과정 질 관리를 위한 실행 및 조치 관련 공문, 기타 근거자료

2 역량-교육의 해석학

역량기반 교육과정 설계는 대개 추상적인 차원의 역량 범주화로부터 출발한다. 즉, 역량 영역이나 단위들을 임의로 지정하게 되는 것에서 시작하였다. 역사적으로 역량 논의는 개인의 수행능력을 나타내는 실증적/객관적/수리적 개념을 바탕으로 전개되었다. 이러한 경향에서 역량기반 교육에 대한 논의는 기존의 형식적인 지능검사나 적성검사가 학생들의 실제 삶 속에서 이루어지는 개인의 성취를 정확하게 예언하지 못하는 문제점을 개선하고, 그들의 실제 삶에서 성공적인 성과를 거두기 위해 수행에서 드러나는 역량을 측정해야 한다는 문제의식에서 시작하였다.

다양한 학문분야에서 역량에 대한 개념정의를 시도하고 있으나 역량에 대한 정의에는 다음과 같은 내용이 반드시 포함되어 있다. 즉, 역량이란 특정 상황, 특정 과제, 특정 직무 등에서 뛰어난 수행(high performance)과 관련되거나 실제로 고성취를 가능하게 만드는 개인 및 조직의 **지식, 기술, 능력, 태도, 감정, 가치, 동기, 행동** 등으로 이들은 모두 관찰가능한 수행의 형태로 표현된 능력들이다. 한마디로 역량은 관찰 불능의 심층적인 잠재능력이 아니라 가시적인, 관찰 가능한 수행능력이다.

기술(의과대학에서는 술기라 표기함)을 역량과 혼용하여 사용하는 경우가 많은데, 이때 역량이란 규칙이나 알고리즘으로 절차화된, 단계별로 구분할 수 있는 기법에 기반을 둔 것으로 일종의 지적·정의적·행동적 차원의 기술수준이라고 할 수 있다. 극단적으로 '역량은 상품화된 인간능력이며 사회적으로 구성된 일종의 지표개념이다.'라고 주장하는 교육학자도 있다. 즉, 상품화된 능력, 사회적 지표란 기술수준의 또 다른 이름이라는 것이다.

그러나 많은 교육학자들은 이러한 논리·실증적 개념접근이 역량을 일반-특수, 상위-하위, 보편-개별, 전체-부분 등으로 분할 및 표준화하려는 **요소환원주의**의 약점을 지니고 있음을 신랄하게 지적하고 있다. 그럼에도 불구하고 산업현장에서 필요로 하는 인재양성의 정당성을 해결하고 급격한 산업생태계 변화에 대응하는 역량을 갖춘 인재배출이라는 대학교육의 책무성에 따른 교육생태계 변화로 말미암아 많은 대학들이 **역량기반 교육과정 개발 및 운용**에 신경을 쓸 수밖에 없다.

역량기반 교육과정이란 교육의 3대 요소인 교수(수업/학업)－지도(학사/인성)－관리(질/경력)시스템을 역량과 연관지어 설계하는 일종의 실용지향, 성과창출형 교육방식이다. 핵심역량 교육과정 설계는 크게 다음의 세 가지 원칙을 바탕으로 한다. ① 순차성으로 이를 위해 입학부터 졸업까지 재학생의 지적(知的), 정의(情意)적, 행동적 성장 및 개별경험을 고려하여 핵심역량을 선정한다. ② 일관성으로 이를 위해 대학의 건학이념과 교육목적, 인재상을 반영한 핵심역량을 선정한다. ③ 연계성으로 이를 위해 선정된 각각의 역량 간에 서로 내적인 연관성을 지니도록 유의해야 한다.

대학마다 추진하는 **역량기반 교육과정 모듈 개발 및 운용**이 성공적으로 안착하고, 실질적인 성과를 창출하는 선도적인 대학교육 모델로 자리매김하기 위해서는 다음의 세 가지 사항에 대한 고려가 반드시 선행되어야 한다. ① **핵심역량의 요소**를 선정하는 단계에서 각 요소별로 **교육학적 정합성 문제**를 충분하고도 다각적으로 논의해야 한다. ② 수업생태계 혁신에 대한 대학차원의 의지(특히 총장의 의지가 중요함)가 반드시 수반되어야 한다. 개별교수자의 특성이 반영된 기존 수업방식을 존중하되 역량기반 교육과정 모듈 적용에 따른 혁신적 수업생태계 구축에 개별교수자(전임교원 및 강사)들이 적극 동조해야 한다. ③ 학교구성원 전체가 대학의 교육시스템 혁신에 대한 의지에 공감하고 적극적으로 참여하지 않는 한 성공적인 역량기반 교육과정 계획, 운용, 성과는 기대하기 어렵다.

현재 고등교육혁신의 핵심은 교육학적 정합(整合)이나 필요에 기반을 둔 성찰이 간과된 채 몽롱하게 이루어지는 역량기반 교육과정 설계 및 운용이다. 왜냐하면 대학재정지원 및 기관평가인증(대학기본역량진단 및 이와 연계한 대학혁신지원사업, 대학기관평가인증 등)과 관련된 모든 국책사업 공모 및 평가지표에 역량기반 교육과정 운용 여부를 포함시켰기 때문이다. 이에 따라 모든 대학에서 부랴

부라 형식적인 차원에서 역량을 설정하고, 이에 기반을 둔 역량기반 교육과정 운용이라는 가식(假飾)으로 학부교육 혁신을 추진하였다. 그러나 교육학 및 교수학적 입장에서 볼 때 현행 역량기반 교육과정*은 **교육인간적 정합성 및 교수공학적 진정성**을 전혀 담보하지 못하고 있다.

그것은 역량에 대한 의미규정 문제, 각 대학의 정체성을 고려하지 않은 획일적인 역량 설정, 역량기반 교육과정 개발의 **이니셔티브와 리더십** 문제, 역량설정 및 교육과정 설계 과정 등에서 교육주체인 학습자의 참여 배제, 평가의 인간화에 정합하는 교육과정 설계 등 다양한 불협화음에서 기인하고 있기 때문이다. 학습경험을 통해 학습자가 만들어 가는 역량은 교수나 정부가 설정한 것을 달성하기 위한 기준이 아니다. 학습자 스스로가 다양한 교과 및 비교과프로그램 참여 경험을 통하여 형성해(formung) 나가는 것이어야 한다. 따라서 역량기반 교육과정은 **기관계**(정부, 대학본부, 교수 등)**의 입장이나 관점**이 아니라 철저히 **학생계 관점**에서 이루어져야 할 필요성이 있다.

'세계교육학회'에서 펴낸 『교육학대사전』에 포함된 교육과정 설계이론에 의하면 교육과정을 구성하는 주요한 데이터 소스(data source)는 **조직화된 지식**(subject matter), **학생의 경험**(student), **사회문제**(society) 등이다. 이들은 각각 학문이나 지식, 조직화된 교과를 기반으로 하는 교육과정, 학생의 경험과 성장을 기반으로 하는 교육과정, 사회문제 인식과 해결을 기반으로 하는 교육과정 설계 등으로 구체화된다. 사전에서 '역량기반 교육과정, 과정기술 교육과정, 재개념화 교육과정, 중핵교육과정' 등은 앞서 세 가지에 비하여 기타 유형으로 분류되어 상대적으로 경시되어 서술되었다. 특히, 역량기반 교육과정은 지식중심, 학생중심, 사회중심을 가르지 않고 어느 형태를 통해서도 가능하다. 이 유형은 근본적으로 구체적인 기술의 성장을 정서적 영역의 발달보다 강조하는 특성을 포함한다.

* 역량기반 교육과정: 학생들이 반드시 배울 필요가 있는 것을 규정하는 특별한 행동적 목표를 강조한다. 이것은 기술이라는 데이터 소스(data source)로부터 출발한다. 이 유형은 구체적인 행동으로 구현되는 기술이 강조되는 반면, 정서적 영역의 발달은 무시

되거나 상대적으로 덜 강조된다. 이러한 교육과정 설계 사례는 최근 미국 교육개혁의 기초로 강조된다. 행동/기술적 목표 진술은 학생들이 졸업 후 사회에 진출했을 때 사회인으로서 적절하게 기능하는데 반드시 갖추어야 할 특별한 능력으로부터 도출된다.

교육계에서는 교과 및 지식기반 형식교육에 대한 성찰적 질문에 대한 응답으로서 역량기반 교육과정이 등장하게 되었다. 21세기 미래지향형 교육에 대한 대표적인 성찰적 질문은 '지식과 내용 전달 중심의 전통적인 교육시스템이 미래에도 여전히 유효할 것인가? 21세기 교육을 위해 무엇을 어떻게 가르쳐야 할 것인가?' 등이었다. 21세기 핵심역량을 키울 수 있는 교육혁신 요구가 급증하면서 역량기반 교육과정(competency based education(CBE) 혹은 competency based curriculum(CBC)으로 표기함)이 제기되었던 것이다. '커리큘럼 재설계 센터(CCR, Center for Curriculum Redesign)'에서는 21세기 학습자를 위한 교육 프레임워크로 지식, 스킬, 인성 및 메타학습 등으로 구성된 4차원 교육(Four Dimensional Education) 모델을 새롭게 제시하고 있다(https://curriculumredesign.org). 특히, 고등교육 분야에서 패러다임 전환은 중등학교에 비하여 상대적으로 명료하게 나타났다.

표 33 | **고등교육 생태계 전환**

As is	준 거	To be
교과 및 지식 중심	교육특성	지식, 기술, 태도 등 역량 중심
투입요인(계획) 중심	체 계 성	성과요인(산출) 중심
What you know	실 용 성	What you can do
조직화된 지식 정보 전달	학습특성	지식정보 활용을 위한 기술 습득
학문 및 교과중심 교육과정	교육과정	삶과 능력 제고를 위한 교육과정
언어로 명시된 지식	지 식 관	실용, 실제, 기능적 적합성을 갖는 지식
학문 간 블럭	개 방 성	학제 간 연구를 통한 교육
공교육기관 중심	시 스 템	교육기관과 타 기관과의 네트워크

출처: 역량기반 학부교육 심포지움(유현숙, 역량기반 교육의 필요성과 시사점)

위와 같이 역량기반 교육설계는 교수가 가르친 내용보다 학생이 교육과정을 통해 습득한 지식과 구체적인 행위능력에 초점을 두고 있다. 한편에서는 대학과 교수 등 공급자가 아니라 산업체와 사회 등의 요구를 반영하는 수요자 중심의 교육을 추구한다. 나아가 대학은 교육의 책무성 강화를 위하여 질 관리와 지속적인 품질 개선(CQI, continuous quality improvement)을 지향한다. OECD의 DeSeCo(Defining and Selecting of Competencies) 프로젝트는 역량에 대한 교육적 중요성을 전 세계적으로 확산시켰으며 아울러 역량에 대한 학교교육의 관심을 촉구하는 계기가 되었다. 직업 분야에 국한되던 역량에 대한 논의를 개인의 성공적인 삶의 영위에 필요한 능력 차원으로 확대함으로써 역량에 대한 인식 변화는 학교 교육개혁의 요구와 직결되었다. OECD 주요 국가들은 고등교육을 통하여 길러져야 할 역량을 도출하고 역량기반 교육과정을 중심으로 고등교육 개혁을 이끌어가고 있다. 역량의 의미와 이와 연계한 교육과정을 설계하는 원리와 방법에 대한 개요에 대하여 『위키피디아』에서는 다음과 같이 적시하고 있다. 이를 분석해 보면 몇 가지 주요한 내용을 발견할 수 있다.

- 단위학교에서 교육과정을 설계할 때 역량은 사전에 정의되어 있어야 하고, **역량은 교육과정 운용 성과지표**가 된다.
- 역량은 대부분 **지식과 기술을 구체적인 행위**로 표현한 것이다.
- 역량은 다른 사람과의 **비교에서 상대적 우위를 보이는 특별한 지식이나 기술**이다.
- 역량기반 교육과정 및 수업방법 개발은 기본적으로 학생의 기술적 행위에 기반을 두어야 한다.

역량에 대한 개념적 정의가 다양한 것처럼 역량기반 교육과정(CBE 혹은 CBC)에 대한 합의된 정의는 없다. 비록 공적으로 합의된 것은 없으나 고등교육 생태계에서 역량기반 교육과정은 실체적 성격을 띠며 중요도가 점증하고 있으며, 유네스코도 이러한 역량 습득과 개발이 가능한 양질의 교육시스템을 강조하고 있다. CBE(CBC)에 대한 정의를 10명의 사람들에게 물어보면 10개의 다른 답이 아니라 최소 15개의 다른 답을 얻을 것이며 따라서 합의된 용어와 실제적 방법론(practice)이 없으면 CBE(CBC)는 무의미하고 공허한 용어로 흐를 위험이 있다. 널리 사용되고 있는 역량 개념은 교육학 및 교수학적 맥락에서 학습자들이 교육을 통해 성취할 것으로 기대되는 **지식, 기술, 태도** 등으로 정의할 수 있다. 따라서 역량개발이나 형성을 교육의 핵심가치로 설정하여 교육과정을 설계, 운영하고, 설정된 역량에 근거하여 학생들의 성취 정도를 평가하고, 그 결과를 교육과정 개선에 반영하여 교육의 질을 높이려는 모든 교육적 시도를 역량기반 교육과정의 범주에 포함시킬 수 있다. 역량기반 교육의 실제적 적용 가능성을 탐색하는 교육적 시도에 초점을 둘 때, 역량기반 교육과정은 조작적 정의를 바탕으로 운영될 수 있다.

3 역량-교육의 오해와 이해

이제 자의든 타의든 모든 고등교육기관에서 단위대학 고유의 핵심역량 체계를 설정하고, 이를 기반으로 역량진단 도구를 자체 개발하여 활용하고 있다. 그러나 대부분 도구의 특성은 자기인식 진단의 형태를 지니고 있어 역량의 본질인 술기(행위능력)를 평가하는 준거로서 부족하다. '한국직업능력개발원'에서 개발, 운용하는 K-CESA는 대학생들의 핵심역량에 대한 수행방식 평가로 널리 활용되고 있는데, 이것의 강점은 규준점수를 보여주고 있다는 점이다. 즉, 당해대학 학생들의 수준을 규준참조 형태로 분석하는 강점이 있다. 대학수준에서 개발하는 역량진단 도구는 시간 및 운용상 여러 가지 제약으로 인해 간이검사 형태로 이루어져 실질적인 역량진단으로 보는 것은 한계가 있다. 이에 따라 많은 대학에서 역량개념 재정의, 역량체계 및 진단도구 고도화 작업을 적극적으로 수행하고 있다.

표 34 | **역량의 층위**

소기로서 힘(power)	능기로서 능력(ability)	술기로서 역량(competency)
누구나 가지고 있으며 무언가를 할 수 있는 **잠재능력**	전제가 없는 구체적인 장면이나 상황에서 발휘할 수 있고, 현현(顯現)화할 수 있는 **예측능력**	문제해결 상황, 위기상황, 의사결정 상황, 직무수행 상황 등 전제가 있는 상황이나 장면에서 드러나는 **구체적인 행위능력**

역량이라는 말은 ① 어떤 일을 할 수 있는 ② 구체적인 행위의 ③ 상대적인 수준이다. 이에 따라 역량의 논리적 위계는 **소기로서 힘**(power)**−능기로서** 능력(ability)−술기로서 역량(competency)으로 이루어진다. 역량개념을 현상학−해석학적 관점에서 논의, 요약하면 다음과 같다. 우리는 누구나 무언가를 할 수 있는 잠재적인 힘이 있다. 즉, 대화할 수 있는 힘, 즐거워할 수 있는 힘, 무언가를 만들 수 있는 힘 등이 있다. 이것은 일종의 소기(所期)로서 힘이다. 이것이 아무런 전제 없이 구체화되어 드러난 것이 능기(能期)로서 능력이다. 역량은 이러한 능기로서 능력이 개별인간이 직면하는 구체적인 문제해결 장면, 위기상황, 의사결정 상황 등에서 발현되는 술기(術技)를 의미한다.

역량이란 추상적인 가치나 잠재적인 힘, 예측 가능한 능력이 아니라 구체적인 장면이나 상황에서 행위로써 객관적으로 확인 가능하고 검증 가능한 대단히 실제적이고 기술적(技術的)인 능력 특성을 설명하는 단어다. 우리의 대학들이 혼동하는 이유가 바로 위의 구조에서 비롯된다. 즉, 대학에서 제시하는 역량기반 교육과정에서 역량은 예측능력(가치)의 수준에 머물러 있다. 역량은 인식이나 자각의 수준이 아니라 구체적인 행위로 보여줄 수 있는 상대적인 능력을 의미한다. 그럼에도 불구하고 우리 교육에서는 역량이라는 단어가 때로 왜곡되거나 과장되어 사용되고 있는 실정이다. 실제로도 없는 취업역량, 측정불가능한 직무역량, 확인 불가능한 창업역량 등이 있는데 그 중에서 가장 의아한 것은 '핵심역량'이다. 무엇을 위한 핵심역량인지, 핵심역량을 객관적으로 규정하는 것이 가능한 지에 대한 구체적인 성찰없이 무분별하게 사용하고 있다. 고등교육생태계에서 역량에 관한 오해와 이해의 논란이 끊이지 않는 이유는 바로 여기서 비롯된다.

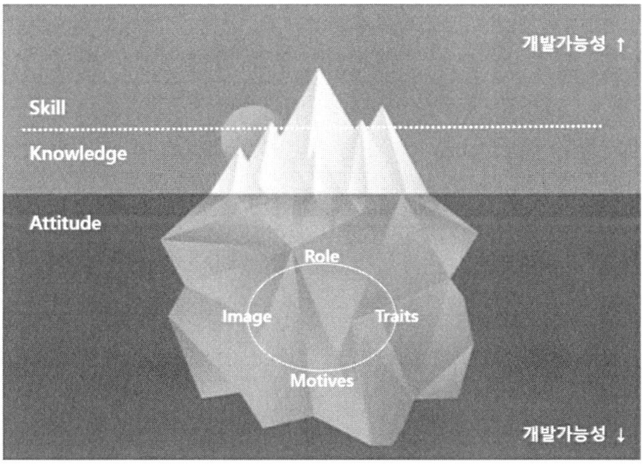

데이비드 맥클랜드(D. McClland) 교수의 주장에 의하면 역량의 구성은 **지식, 기술, 태도** 등으로 이루어진다. 지식은 활용성, 기술은 구체성, 태도는 수행성 등의 특징을 담보로 해야 한다. 역량은 근본적으로 가시적인 것과 비가시적인 것으로 구분된다. 지식이나 기술은 단기간의 훈련을 통하여 습득이 가능하고 이를 통해 태도가 변하기도 한다. 그러나 역설적으로 지식이나 기술이 항상 태도에 영향을 미치는 것은 아니다. '세 살 버릇 여든까지 간다.'는 속담이 이를 잘 증명하고 있다. 그렇다면 한 개인의 역량을 알아보기 위하여 진단도구를 개발할 때 태도 영역을 포함하거나 실제로 이와 관련된 문항을 만든다는 것은 어찌 보면 불가능하다는 결론이 나올 수 있다. 그럼에도 불구하고 역량진단의 전제는 태도에 대한 확인과 이를 지수화할 수 있다는 점이다.

우리는 역량을 이해할 때 지식과 기술에 초점을 맞추어 생각한다. 이로 인해 지식과 기술의 형성과 계발을 역량의 전체라고 오해하고 있다. 더욱이 근본적인 발산, 태도 변화 및 잠재성 계발 등에 대한 고민은 상대적으로 취약하기 마련이다. 이로 인해 비가시적인, 종종 감추어진(shadow) 태도보다는 가시적인(visible) 기술이나 지식을 역량의 핵심으로 간주한다. 즉, 고등교육에서 역량은 전문지식/범용지식 활용, 구체적인 소통기술과 관련된 항목이나 가치들을 핵심역량으로 설정하게 된다. 이때 역량은 현재수행력과 더불어 잠재력과 발전가능성을 망라하는 총체적인 힘이 되어야 한다. 따라서 역량이라는 용어보다는 구체적인

'－－－－을 할 수 있는 힘'이라고 표현하는 것이 더 적확하다. 예를 들어 용서의 힘, 칭찬의 힘, 배려의 힘, 성찰의 힘, 관계의 힘, 사랑의 힘 등과 같이 말이다. 왜냐하면 역량이란 특정한 가치나 기술을 구체적으로 수행하는 힘이기 때문이다.

태도의 경우 성장 혹은 변화에 한계가 있다. 상대적으로 지식과 기술은 언제든지 변화가능성을 품고 있다. 물론 태도를 포함한 역량개발이 무한대로 이루어지는 것은 아니다. 우리는 역량을 논의할 때 교육의 특성과 마찬가지로 필요성, 가능성, 한계성 등을 지니고 있음을 염두에 두어야 한다. 따라서 역량은 과거의 경험, 현재방향, 성장을 위한 선택적 투자분야 혹은 방향 등이 종합적으로 고려되는 개념이 되어야 한다. 역량은 기성세대나 기업체가 성장세대에 기대하는 자세가 아니라 '성장세대 자체가 어떤 변화를 추구할 것인가?'의 가치정향성의 문제로 파악해야 한다. 문제는 이러한 '역량을 진단하는 것이 가능한가?'이다.

표 35 | **역량개념의 특성적 요건**

구 분	주요내용 혹은 행위준거
기 술	알고 있는 지식을 실제로 구현하는 혹은 실행하는 능력
지 식	특정분야에 대하여 글이나 말로서 표현할 수 있는 능력
태 도	확인, 평가, 측정, 훈련이 어려운 것들에 대한 표현이나 행위 능력 – 역할: 자신이 인식하고 있는 역할 – 이미지: 남들이 기대하는 자신의 이미지 혹은 보여지는 대표적인 현재의 모습 – 특질: 남들과 달리 자신만이 지닌 본연의 강점재능 – 동기: 깊이 박혀 있는 절대적이고 지속적인 개인의 본성

역량을 진단한다는 것이 반은 사실이고 반은 거짓이라고 주장하는 학자가 있다. 성과를 평가할 때 보통 업적평가와 역량평가를 실시한다. 명확한 준거에 의한 업적평가는 가능하지만 역량평가는 상황에 따라 목적에 따라 다양하게 원용될 수 있다. 왜냐하면 기준도 모호하고, 평가자 및 피평가자 특성, 진단도구 등의 내적 일관성(internal consistency 혹은 타당성과 신뢰성)을 객관적으로 담보할 수 없기 때문이다. 공정한 역량특성 진단이 이루어지기 위한 몇 가지 조건을 제

시하면 다음과 같다.

첫째, 역량에 대한 명확한 개념정의가 필요하다. 인식인지 수행인지, 가치인지 실제인지 분명히 해야 한다. 예를 들어 가장 많은 핵심역량으로 제시된 예로 창의력이 있다. 이 경우 조직이든 대학이든 창의에 대한 명확한 개념정의와 이에 따른 수준별 행동지표가 적시되어야 한다. 그럼에도 불구하고 대학에서 이루어지는 역량체계와 이를 기반으로 하는 진단도구 개발은 형식적으로 그리고 자의적인 판단과 경험을 바탕으로 이루어진다는 사실이다. 이 경우 진단은 아무런 의미가 없다.

둘째, 동일역량을 평가할 구체적인 대상이 필요하다. 공통 혹은 핵심역량은 같은 조직에 있다면 동일한 규준을 갖고 진단 가능한 대상이 있어야 한다. 역량진단은 대부분 정량보다는 정성적인 특성을 반영한 구조화된 질문으로 구성되기 마련이다. 엄밀하게 말하면 정성평가 방식은 명확한 판단이나 측정 기준을 이미 상실한 것이다.

셋째, 업적평가와 역량진단을 혼동해서는 안 된다. 업적평가의 경우 명확한 목표를 갖고 이루어지지만, 역량진단의 경우 객관적인 변화량을 정확하게 측정하는 것이 불가능하기 때문이다.

넷째, 역량진단을 위한 명확한 수준별 행동기준 설정이 반드시 필요하다. 업적을 통한 짐작이나 추론평가를 넘어서 모든 구성원이 동의하는 수준에서 진단이나 평가가 이루어져야 되기 때문이다. 따라서, 부단한 고도화를 통하여 집적된 경험데이터를 기반으로 진단 설계가 이루어져야 한다.

이러한 여러 가지 이유로 인해 역량특성 진단은 대부분 정성적 기법이나 수단에 의지할 수밖에 없고, 이로 인해 역량을 객관적으로 파악한다는 사실은 수많은 모순들을 내포하고 있다. 그럼에도 불구하고 역량을 구체적인 수행의 힘, 특정업무를 처리하는 힘, 목표를 달성할 수 있는 잠재적인 힘 등으로 잠정적인 개념정의를 하는 것이 역량진단 도구개발의 시발점이 될 것이다. 목표를 달성했다고 역량이 충분하고 그렇지 못했다고 역량부족이라고 단정하는 것은 지나친 방식이다. 왜냐하면 인간의 능력을 알아보는 방식에는 다양한 변수와 왜곡이 개입할 가능성이 많기 때문이다. 그래서 우리는 역량을 바라보는 수준에 대하여 고려할 필요가 있다. 우리는 평가라는 일반적인 용어로 모든 관련 작업을 일반화하여 설명한다. 그러나 평가란 조사, 검사, 시험, 진단, 측정, 사정 등의 구체적인 데이터 조사를 바탕으로 마지막에 가치를 반영한 종합적인 비평의 형태를 갖는다. 따라서 역량측정이나 평가라는 말보다는 역량특성 조사 혹은 진단이 더 적확한 표현이 될 것이다.

교육이나 기업에서 체계를 수립하는 데 반드시 등장하는 핵심가치가 있듯이 역량에도 공통 혹은 핵심역량과 직무역량이 있다. 물론 핵심역량을 설정하는 데 불명확한 요소들이 무수히 많음에도 불구하고 인습적으로 설정하게 된다. 예를 들어 도전, 창의, 혁신이라는 핵심역량이 있다면 이를 어떻게 측정하고 진단한다는 말인가? 역량은 어떤 과제를 수행하기 위한 필요/기대치인가? 아니면 내가 그 과제를 성공적으로 수행하기 위한 제공/수행치인가? 일반적으로 그럴듯한 가치들을 제시하고 이것이 측정이나 진단이 가능하다는 전제하에서 검사를 하거나 면접을 하게 된다. 이렇게 도출된 데이터가 과연 합리적이고 타당한가?

예를 들어, 도전의 핵심가치를 진단한다고 가정하면 각 대학기관이 정한 각각의 역량정의에 따라 서로 다르게 측정이 이루어질 수 있을 것이다. 결국 진단결과나 목적 부합의 보편성을 담보할 수 없게 된다. 이 때문에서 대학에서 어떤 학생이 거둔 도전영역의 역량계발이나 성취에 대하여 이를 채용하기 원하는 기업에서 그 학생의 역량개발 이력을 참조하거나 절대적인 전형요소로 삼는 경우는 거의 없다. 수행역량 수준을 구체적으로 검증하기보다 형식적인 확인이나 검사하는 수준에 머물게 되는 것이다. 결국, 기업체의 신입사원 면접장면은 대학교육과정을 통해 역량을 갖춘 인재를 골라내는 것이 아니라 탈락자를 골라내는 공개 마당으로 전락하고 만다.

많은 대학에서 취업 혹은 창업역량이라는 역량영역을 제시하는 경우가 많다. 이것은 무엇을 의미하는가? 취업성공에 필요한 역량인가? 아니면 역량이 있으면 취업이 가능하다는 것인가? '한국표준협회'에서 규정한 취업역량이란 기업의 채용전형에서 가장 중점적으로 평가하는 7가지 핵심역량으로 취업준비생들이 반드시 갖추어야 할 기본적인 역량이다. 이에 대한 상세내용은 [표 36]과 같다.

표 36 | **취업을 위한 7대 핵심역량**

역 량	하위역량
자기관리	비전 및 진로 설계하기, 소중한 것 먼저 하기, 자신감 및 성취동기, 비즈니스 매너
전문성	전공지식과 지식경영, 정보수집, 분석과 활용
의사소통	커뮤니케이션, 조직행동의 이해, 프레젠테이션
대인관계	인간관계 향상, 리더십과 팔로우십, 협력과 갈등관리, 동기부여와 조직 활성화
문제해결	창의력, 문제해결력, 기획력
조직이해	기업경영의 이해, 산업분석과 기업탐색, 조직과 조직문화
글로벌	타문화의 이해, 영어 PT기술, 글로벌 매너나 에티켓

[표 36]의 역량들을 모두 갖추어 졸업장을 쥐고 취업시장에 나서는 졸업생이 몇 명이나 될까? 대학은 학생들이 단기간에 취업역량을 갖출 수 있도록 역량개발에 집중하는 기관이 아니다. 창업역량도 마찬가지다. 창업역량이라는 실체가 과연 있는가? '경기여성정보 창업플러스'에는 창업역량을 구체적으로 적시하고 있다. 즉, 자신감, 정신적 건강, 결단력, 승부욕, 끈기와 인내, 인간적 매력, 책임감, 모험심, 창조성, 지식수준 등이다. 과연 이러한 역량진단으로 한 개인이 지닌 창업역량의 강약을 진단할 수 있을까? 창업성공은 개인이 이미 갖추었다고 검증된 역량보다 그 외의 요소들이 비의도적으로, 우연적으로 개입한 경우가 그렇지 않은 경우보다 훨씬 많을 것이다.

역량의 개념정의 및 체계구성은 교육부, 대학기관, 교수, 기업체 등이 학생들에게 요구하는 실체가 아니라, 학생 스스로 지니고 있는 NICE(needs, interest, competency, experience)의 총화(總和)가 되어야 한다. 앞으로 고등교육생태계나 산업생태계에서 새롭게 논의되어야 할 개념으로서 역량을 학생관점에 초점을 두어 좀 더 구체적으로 논의하면 다음과 같다.

표 37 | NICE의 구조

구 분	역량요소로서 힘
요 구	내가 하고 싶은 것, 할 수 있는 것, 해야 하는 것 등에 대한 균형감 있는 자기성찰의 힘
흥 미	호기심, 관심, 흥미나 매력 등을 제공하는 외부자극이나 대상에 대한 나의 끌림이나 몰입의 수준
능 력	현재 나의 스트렝스(강점), 나의 위크니스(취약점), 나의 포텐(가능성) 등에 대한 주관적 판단과 더불어 객관적으로 확인된 수준
경 험	경험적 서사를 서술적 서사로 전환한 마이 스토리(성장스토리, 미래비전 스토리, 공유해야 할 스토리 등)

첫째, 역량에 대한 정의는 한 개인의 일에 대한 정체성에 기초를 두어야 한다. 내가 지금 수행하고 있는 역할, 보여주고 싶은 이미지, 나만이 갖고 있는 스트렝스(strength), 내 본연의 인간성 등이 내가 찾고 있는 직업과 어떤 연관성이 있는지 **경험적 서사**를 통해 성찰하는 능력이 역량이 되어야 한다.

둘째, 역량개발은 **관심이나 호기심**이 지식과 기술의 출발점이 되어야 한다. 공부를 포함해서 모든 일의 시작은 주체적이고 능동적인 개인의 관심에서 출발해야 한다.

셋째, 역량은 드러내고 싶은 태도 그리고 다른 사람과 어울릴 수 있는 도구여야 한다. 역량은 목적이 될 수 없기 때문이다.

우리가 역량을 논의하는 근본적인 이유는 역량체계와 이를 기반으로 하는 진단도구 개발 및 활용이 대학에서는 **교육의 책무성**(성과창출형 교육시스템)을 높이기 위한 수단이 되고, 기업에서는 객관적이고 표준화된 인재선발의 지표로 기능하기를 기대하기 때문이다. 그러나 역량에 대한 보편타당한 정의가 불가능하고, 이로 인해 역량진단 도구개발이 허구가 될 수밖에 없는 현실에서 여전히 많은 대학이나 기업에서 역량과 관련된 담론들이 교묘한 진단 장치들을 무수히 만들어내고 있으며, 돈벌이 수단으로 전락하고 있다. 역량진단은 단순하거나 단편적이지 않아야 한다. 유기적, 입체적이고 맥락적이어야 한다. 단순한 총화가 아니라 그러한 총화를 이루는 부분들에 대한 세심한 관심도 필요하다. 50~90개의 문항으로 학생의 역량을 진단한다는 시도가 이미 반교육적이고 반인간적이다. 한 사람의 역량은 삶의 전체에서, 다양한 장면에서, 다양한 시선으로, 다양한 진단장치(다면적인 심리검사 및 행동관찰 등)를 통해서 이루어져야 한다. 비록 시간이 걸리고 비용이 들더라도 말이다.

4 학생성공형 역량-교육 재개념화

역량은 **지식, 기술, 태도** 등 간단한 요소로 구성되어 있다. 이를 참조하여 하위영역을 설정하는 것이 효율적으로 역량체계를 구성하는 방안이 될 것이다. 지나치게 복잡하게 역량을 이해하거나 체계를 복잡하게 만드는 다양성에 대한 너그러움도 경계할 필요가 있다. 역량의 3대 구성요소를 반영한 역량체계를 단순하게 재개념화하여 예시하면 다음과 같다.

표 38 | **역량개념의 재개념화 예시**

범주	영역	하위영역	주요내용
지 식	전문지식	전공/특수지식 활용 능력	• 전공지식 학습성과 수월성 • 전공지식의 실생활 활용능력
	범용지식	지식의 융합 및 창의적 사고능력	• 기초교양/소양의 갖춤 능력 • 창발(emergence) 사고능력
기 술	리터러시	정보 및 미디어 리터러시	• 정보 활용 및 구성 능력 • 의사소통 및 문제해결능력
	스트렝스	개인의 특별한 재능	• 현재의 비범한 재능 • 미래의 잠재적 재능
태 도	사회적 인성	공정과 정의 실천 능력	• 공정과 정의의 인지능력 • 정의를 위한 행위능력

범주	영역	하위영역	주요내용
	자아성찰	자아실현을 위한 자기성찰 능력	• 자기성장을 위한 성찰 능력 • 주도적인 생애개발 및 평생학습 설계 능력

대학에서 기존의 역량체계를 재검토하고, 새로운 방식으로 재설정하는 작업을 추진할 경우 반드시 고려해야할 점을 제시하면 다음과 같다.

표 39 | **역량체계의 재개념화 방안**

구분	목 적	방 법
요구사정	• 대학교육의 목적에 대한 이해 및 참여태도 등을 알아보기 위함	• 구조화된 설문지를 활용함
진단검사	• 학생들의 창의적 사고유형을 파악함(CT/DT) • 학생들의 호기심유형을 파악함(PC/NC) • 학생들의 공부동기유형을 파악함(LG/EG)	• 각각의 진단검사지를 활용함
능력검정	• 대학입학을 위해 준비한 개인의 역량을 파악함 • 대학수학능력시험 성적을 파악함	• 대학입학을 위하여 준비한 개인의 학습 및 능력개발 이력을 검토함
경험이해	• 생애개발을 위하여 현재까지 학생 개별적으로 경험한 일상생활의 패턴 및 특장을 파악함	• 자소서, 일기, 블로그 등 질적 연구 자료를 수집, 분석함

- 교수의 경험에서 제안된 역량, 기업체의 필요에 의한 역량이 아니라 학생들의 요구, 호기심, 능력, 경험 등을 고려하는 역량정의 및 체계 설정이 이루어져야 한다.
- 역량의 체계는 단순히 가치체계가 아니라 교육학 및 교수학적 정합성을 고려하여 구성되어야 한다.
- 역량 설정은 명목적인 가치의 배열이나 연결이 아니라 **구체성, 실용성, 실**

질성, 가치중립성, 교육적 정합성, 학교정체성 등의 중요한 준거들을 바탕으로 이루어져야 한다.

위의 사실을 반영하여 만들어진 역량체계는 기업체의 입장에서 만들어진 경우도 있고, 교육학적 관점에서 만든 경우도 있다. 이를 예시하면 다음과 같다.

표 40 | **구글(Google)사에서 제시한 미래인재상과 핵심역량**

역 량	구체적인 내용	교육적 고려
구글다움	확정적인 언어로 정의할 수 없는 능력	암묵지, 방법적 지식
폭넓은 지식	폭넓은 지식과 활용방식, 이와 관계된 인간관계 능력	융합능력
인지능력	호기심 등의 메타인지능력	시스템적 사고, 실천적 지식, 사회적 기술
그릿(Grit)	어려운 일을 지루한 역경에서 처리하는 능력	꾸준함
다양성	다양성을 바탕으로 융합하는 능력	융합, 프로슈머, 창조적 루틴
메타정보	뛰어난 난제 풀이능력	메타작업
분석적 능력	지식과 역량을 현장에서 쓸 수 있도록 변형하는 능력	디자이너, 창조적 루틴
상황주도성	난제에 도전하는 능력	상황주도적 인간
스펙 아닌 적응성	답 없는 문제를 풀고자 하는 관심능력	방법적 지식, 조직적 지식
구체성	요약, 정리하는 능력이 아니라 성과를 구체적으로 보여주는 능력	융합, 국지적 지식
주인의식	자신의 업무에 대한 책임감, 뛰어난 인재에 대한 존경	사회적 책임, 상황주도적 인간
인 성	겸손한 태도와 현장리더십	피카소형 인간

표 41 | **트릴과 파델(B. Trilling & C. Fadel)이 지시하는 핵심스킬**

구 분	주요내용
학습 및 혁신 스킬	• 비판적 사고와 문제해결 능력(전문가적 사고) • 의사소통과 협동능력(복합적 의사소통) • 혁신적 창의 능력(응용 상상력 및 발명)
디지털 리터러시 스킬	• 정보 리터러시(정보의 접근, 평가, 활용) • 미디어 리터러시 • CT 리터러시
직업 및 생활 스킬	• 유연성과 적응능력 • 진취성과 자기주도능력 • 사회성과 다문화적 상호작용 능력 • 생산성과 책무성 • 리더십과 책임감

대학본부에서 학생들의 역량개발을 명목으로 역량기반 교육과정을 만들어 모든 교과 및 비교과프로그램을 역량과 연계시켜 학생들에게 제한된 경험을 하도록 만들 것인가? 아니면 모든 학생들이 각자 자기주도적으로 수행하는 다양하고 열린 경험의 결과를 다양하고 열린 역량의 카테고리로 구분하고 이를 각각 확인할 것인가? 쉽게 말해서 역량은 교육활동의 목표인가? 아니면 학습경험의 성과인가? 두 가지 유형 중에서 무엇이 진정한 역량기반 교육과정인가? 우리는 역량을 아주 쉽게 연역적인 방법으로 이해하고 다룬다. 학교에서는 작위(作爲)적으로 역량을 설정하고 이를 모든 과목이나 비교과프로그램에 매칭시킨다. 학생들은 자신의 의지와 무관하게 매 학기 교과목을 이수하거나 비교과프로그램에 참여하고, 그 결과 자신이 무슨 역량의 몇 %를 획득한 것을 확인한다. 한마디로 재학 중 자신이 이수한 교과목이나 비교과프로그램을 통해 객관화된 역량을 얻는 방식이다. 이 경우 역량은 학생의 실제역량과 무관한 또 하나의 성취수준으로 전락된다.

그러나 우리는 전향적인 차원에서 귀납적인 방식으로 역량을 이해할 필요가 있다. 이 방법에 의하면 교육과정을 설계할 때 사전에 특정역량들에 대한 개념정의를 하지 않는다. 수많은 잠재역량들이 학생들로부터 계발될 수 있기 때문이다.

학생들은 다양한 교과 및 비교과프로그램에 참여하면서 각각의 수행성과를 바탕으로 적절한 역량을 설정하고(새롭게 만들거나 기존의 것을 활용하여) 각 성취수준을 누가(累加) 기록해 나간다. 이는 모든 학생들이 각각 재학 중에 학교가 정한 추상적인 역량을 어느 정도 달성하였지 알아보는 연역적인 방식과 정반대의 접근이다.

역량기반 교육과정 및 교과목 개발은 다음의 사항을 충분히 고려해서 이루어져야 한다. 현행 모든 대학에서 이루어지고 있는 역량기반 교육과정(CBC)의 모습을 보면, 단위대학이 정한 핵심역량과 개설, 운용되는 모든 교과목을 매칭하여 일정 비율을 적시(摘示)하도록 되어 있다. 따라서 모든 교과목에는 핵심역량 중에서 주(主)역량과 부(副)역량을 표시하거나, 모든 역량마다 일정비율을 정해서(모두 합하면 100%가 되도록) 기입하게 되어 있다. 즉, 교과목마다 의무적으로 모든 개설과목에 대하여 2개의 역량표시를 강제하거나 일정비율을 정하고 있다. 교양과목의 핵심역량 연계에서 6대 핵심역량별로 2개의 주역량과 보조역량을 설정하여, 반드시 100%가 되도록 기입하는 것 등이 구체적인 사례다. 그러나 교육학 혹은 교수학적 관점에서 볼 때 진정한 역량기반 교육과정이 아니다. 모든 강의계획서는 다음과 같이 대학이 정한 역량과 연결하여 작성되어야 한다.

표 42 | **역량기반 수업계획서(예시)**

<table>
<tr><td rowspan="3">A.
교과목
정보</td><td>과목명</td><td></td></tr>
<tr><td>과목개설 및 유지현황</td><td></td></tr>
<tr><td colspan="2">* 학생들이 본 교과목을 선택, 수강하기 위하여 필요한 교과목에 대한 기타 상세정보를 대단히 상세하게 적시함</td></tr>
<tr><td rowspan="4">B.
교수자
정보</td><td>소속 및 직위</td><td></td></tr>
<tr><td>전공 및 최근 연구분야</td><td></td></tr>
<tr><td>교과와 교수전공의 연관성</td><td></td></tr>
<tr><td colspan="2">* 본 과목이 교수자의 전문영역을 충분히 반영한 것이라는 점을 상세화시킨 다양한 정보를 대단히 상세하게 적시함</td></tr>
<tr><td colspan="3">C. 학습수행 성과(ILO) 혹은 역량계발 성과</td></tr>
</table>

학습목표	역량 1	역량 2	역량 3	역량 4	역량 5	역량 6
1. ___을 설명할 수 있다	v					
2. ___을 조작할 수 있다	v					
3. ___에 대하여 체계적으로 사고할 수 있다			v			
4. ___과 비교할 수 있다				v		
5. ___를 새롭게 시도할 수 있다				v		
6. ___를 합리적으로 평가할 수 있다		v			v	
· · ·						

D. 주차별 학습콘텐츠			
주차	콘텐츠 1	콘텐츠 2	콘텐츠 3
1			
2			
3			
· · ·			
15			
16			

E. 수업방법 설계	
방법 1	
방법 2	
방법 3	
방법 4	

F. 평가운용 계획		
정량 요소	기준	
	방법	
정성 요소	기준	
	방법	

환류 계획	기준	
	방법	

대학생들을 주체성과 잠재역량을 지닌 소중한 인격체로 여긴다면 역량은 학교가 정한 교육과정에 의하여 그들에게서 달성되는 것이 아니라, 다양한 경험을 통하여 그에 의하여 구성(생성)되어 나가는 것이어야 한다. 구성주의인식론을 정립한 장 피아제(J. Piaget)에 의하면 객관적이고 절대적인 지식은 없다. 다만 평생 동안 배우면서 자신에게 의미 있거나 필요한 지식을 주도적으로 구성해 나갈 뿐이다. 대학마다 역량은 누가 정하는가? 조직이나 기구 내에서 역량개발의 리더십과 이니셔티브는 누가 갖는가? 구성원들 간에 역량에 대한 적확(的確)한 이해와 가치공유가 이루어지고 있는가?

아래처럼 각 대상별로 각자 필요한 기대역량을 가상적으로 설정해 보자. 일반적으로 학교에서 이루어지는 역량설정 및 역량체계 구성은 대학본부나 대학교수들의 관점을 바탕으로 이루어진다. 따라서 학생의 필요성이나 주체성이라는 관점에서 역량을 구안하거나 적용하지 않고 있다. 그러나 역량은 학생의 지식, 기술, 태도 등에 대한 대학본부나 교수의 **기대수준**이 아니라 학생 자신이 성공을 위하여 갖추어야 할 **개별 경쟁력**이 되어야 한다.

표 43 | **교수자–재학생–졸업생에게 각각 요구되는 역량**

교수직무 역량	학생성공 역량	신입사원 역량
수업능력	성공적인 학업수행을 위한 전문지식 기반의 지적 능력	전문지식 적용능력
연구능력	성공적인 학업수행을 위한 성과창출(성장)능력	전문지식 활용능력
학생지도능력	성공적인 취·창업을 위한 취업탐색 능력	사무협업 실행능력
자기계발능력	성공적인 취·창업을 위한 기초직무/실무능력	구성원 간 민주적이고 평화로운 소통능력
사회기여능력	성공적인 학교생활을 위한 글로벌/	성과창출능력

교수직무 역량	학생성공 역량	신입사원 역량
	자기계발능력	
협업능력	성공적인 학교생활을 위한 대인관계 능력	자기계발 및 성장능력
글로벌 능력	성공적인 학교생활을 위한 의사소통 능력	글로벌 능력

다시 말해 재개념화된 역량이란 교육부, 대학본부, 교수들이 생각하는 학생들에 대한 공통된 **기대수준**이 아니라 학생 스스로 생각하기에 성공적인 대학생활을 위하여 필요하거나 갖추어야 할 **경쟁력**이 되어야 한다. 재개념화된 역량체계는 가치목록에 대한 연역적인 기술(記述)체계가 아니라, 실용적이고 구체화된 기술(技術)적인 행위목록이 되어야 한다. 대부분의 대학에서 제시하는 역량체계를 분석하면 추상적, 포괄적, 개념적인 가치목록 수준에 머물고 있다. 구체성과 실용성 측면에서 역량개념 정의 및 하위역량 설정, 역량체계 등의 측면에서 재구성(재개념화)할 필요가 있다. 그 준거를 예시하면 다음과 같다.

표 44 | **역량설정의 재개념화 준거(예시)**

준 거	기술(記述) 특성
구체성	추상적이거나 인지적인 차원의 개념이 아니라 구체인 행위특성을 반영하고 있는가?
교육필요성	교육을 통하여 개발하거나 변화가능성이 있는 특성을 내포하는가?
가치중립성	구체성을 바탕으로 가치정향적이지 않고 실제 행위로 표현해 낼 수 있는 역량인가?
실현가능성	교육적 경험을 통하여 구체적으로 달성되거나 실현가능한 특성을 반영하고 있는가?
실용성	학업을 수행하고 취업을 준비하는 재학과정에서 학생들에게 유용한 특성을 반영하고 있는가?
학생성공관점 (학업)	전문지식 역량, 융·복합적 사고 역량 등과 같이 성공적인 학업수행을 위하여 갖추거나 필요한 역량인가?

준 거	기술(記述) 특성
학생성공관점 (취업)	취업탐색 역량, 창업역량, 현장실무 역량 등과 같이 성공적인 취업 진로를 위하여 갖추거나 필요한 역량인가?
학생성공관점 (자업)	의사소통 역량, 자기계발 역량, 대인관계 역량 등 캠퍼스 생활을 하면서 원만한 인간관계 구축, 자기의 내적 성장을 위하여 갖추거나 필요한 역량인가?

재개념화된 역량체계는 논리적이거나 규범적인 가치사슬이 아니라 학생의 다양하고 구성적인 온갖 경험을 통하여 형성되어 나가는 행위역량의 알고리즘으로 이해되어야 한다. Y대학이 정한 현행 6대 핵심역량은 공감(소통, 배려), 사고(학문, 융합), 몰입(도전, 창의) 등이다. 그런데 누가 핵심역량을 결정하였는가? 또한 각 핵심역량을 구성하는 하위요소들의 의미는 무엇인가? 이것은 어느 대학이든 당해대학의 핵심역량 교육과정을 설계할 때 심도 있게 고려되어야 할 **이니셔티브와 리더십**의 문제다. 대학마다 고유의 정체성(건학이념이나 교육목표 등)을 충분히 고려하여 학생들에게 요구되는 핵심역량을 정하려고 시도하는 방법이나 의지에는 큰 차이가 없다. 그러나 이 과정에서 누가, 어떻게, 왜 등의 현상학적 문제에 대한 고려는 철저히 소외되어 있다. **기관계 관점이 아니라 학생계, 참여계 관점에서 역량개념을 재정의**하고, 이를 기반으로 모든 **학생의 성공적인 학교생활**(student success)**을 지지하는 역량기반 교육과정**(CBC 혹은 CBE)**을 설계**하는 데 필요한 조건들을 연구할 필요가 있다.

첫째, 대학에서 이루어지는 기관계 관점의 역량정의 및 역량기반 교육과정 설계의 핵심은 기성세대(특히 교수)의 경험(대학을 졸업하고 취업을 하는 과정)에서 비롯된 학생들에게 요구하는 일종의 **교수의 경험역량**이다. 그러나 학생계 관점의 그것은 모든 학생들이 각자의 꿈을 이루기 위해 대학이 제공하는 교육과정을 통해 새롭게 발굴하거나 기존의 강점을 더욱 강화시켜 졸업 후 사회에 진출했을 때 직업지위경쟁에서 좋은 성과를 거두고 전(全)생애발달과정에서 행복한 삶을 영위하는 데 필요한 역량, 일종의 **학생의 잠재역량**이 되어야 한다. 나아가

산업구조나 생태계 변화에 따라 기업체가 요구하는 인재상 변화에 대한 고려도 필요하다. 따라서 새롭게 정의되어야 할 역량설정 작업은 ① **기업체의 변화된 인재상** ② **교수의 경험에서 비롯된 학생에게 요구하는 경험역량** ③ **학생들이 자신의 꿈을 실현하는 데 필요한 잠재역량** 등을 종합적으로 고려하면서 이루어져야 한다.

둘째, 현행 역량기반 교육과정의 모순이 하나 있다. 각 대학마다 설정한 역량을 개발하기 위하여 다양한 교과교육과정(교양 및 전공)과 비교과프로그램을 제공하고 있다. 그러나 여기서 우리는 교과활동 경험과 비교과활동 경험이 학생들에게 제공하는 역량과 공통점 및 차이점이 있다는 사실을 간과하고 있다. 교과교육활동은 본질적으로 지식학습을 기반으로 이루어지는 일종의 brain learning의 형식으로(academic based competency development), 비교과활동은 삶의 현장에서 다양한 경험을 기반으로 이루어지는 action learning의 형식으로(activity based competency development) 운용된다. 이들이 각 학생에게 종합되어 소위 HRD가 만들어지는 것이다.

앞서 살펴본 바와 같이 역량기반 교육과정은 '세계교육학회'에서 그리 중요한 것으로 간주되지 않았다. 그러나 기업생태계 및 구조 변화에 따른 고등교육의 책무성, 성과창출형 교육과정 혁신 압력 등의 이유에 의하여 **역량교육 및 역량기반 교육과정에 대한 맹목적인 신화**가 등장하게 되었다. 이것은 오랫동안 우리나라 고등교육생태계를 지배해온 기관계 관점의 교육정책이 위력을 발휘한 결과다. 다시 말해 기관계 관점의 교육을 학생계 관점으로 전환시키는 혁신 노력이 이루어지는 대신 역량기반 교육과정 개선을 통한 기관계 관점의 교육생태계는 더욱 공고해졌다. 역량은 개념적으로 비교우위 혹은 상대우위의 의미를 내포하고 있다. 다시 말해 비교불능의 개인 실력이나 능력보다 일종의 상대적 성과를 전제로 하는 경쟁적 우위능력을 담지하고 있다. 역량기반 교육과정 설계(CBC 혹은 CBE)는 당연히 역량의 설정을 전제로 하고 있다. 이로 인해 각 대학마다 역량을 설정하고 이를 기반으로 교육과정 구성을 마치 매트릭스를 채우는 방식으로 억지로 체계화하고 있다. 이 과정에서 몇 가지 치명적인 약점이 드러나고 있다.

첫째, 역량설정 및 이에 기반을 둔 교육과정 설계의 이니셔티브와 리더십 문제다. 각 대학마다 다양한 구성원, 다양한 의견, 다양한 특성들을 반영한 역량개념 도출이 이루어지는 것이 아니라 대부분 교육학 혹은 유관학문을 전공한 몇몇 교수들의 개인적인 경험을 바탕으로 역량영역을 도출하고, 각각에 상응하는 하위영역 및 개념을 정의하고 있다. 철저히 기관계 관점의 역량체계 개발 및 설정 방식이 지극히 당연시되고 있다.

둘째, 역량체계를 수립하는 과정에 학습주체인 학생들의 참여가 철저히 배제되어 있다. 역량에 대한 이해는 크게 교수들이 자신들의 경험을 바탕으로 학생들이 갖추기를 기대하는 능력들과 기업체가 졸업생들에게 취업 후 직무수행에서 효율성을 담보하는 현장기반 요구능력들로 구성되기 마련이다. 기업체의 요구는 일종의 산업계 관점의 교육생태계 구축에 동력을 제공하고 있다. 즉, 맞춤형 교육, 취업사관학교라는 말이 서슴없이 우리대학의 교육과정을 지배하기 시작했다.

셋째, 역량을 설정하는 데 가치나 규범지향의 명목적인 용어들이 난무하고 있어, 능력의 구체성, 실용성, 실질성, 현장성, 가능성, 다양성, 학교징세싱 등의 측면이 철저히 배제되고 있다. 대부분의 대학에서 제시한 대표적인 가치정향적인 역량개념으로 인성, 창의성, 시민성, 협동능력, 소통과 배려, 융합사고 등이 있는데, 지나치게 포괄적인 용어들로 구체성이 부족하다.

넷째, 위와 같은 이유들에 의하여 역량에 대한 이해와 이를 기반으로 하는 교육과정 설계가 대부분 연역적인 방식으로 이루어지는 취약점을 갖는다. 기관 및 산업계 관점에 바탕을 둔 교육설계의 핵심은 기성세대의 입장과 견해 그리고 기업체의 필요와 요구에 의하여 고등교육 교육과정이 설계, 운용된다는 점이다. 이로 인해 학생들의 요구, 호기심, 발현능력, 잠재능력, 지난 경험 등에 대한 고려가 배제된다. 다시 말해 교수들이나 기업체에서 학생들이 갖추기를 바라는 일종의 선언적인 능력들이 곧 역량이 되는 것이다. 학생들은 다양한 학교교육과정을 통해 자신의 꿈을 이루기도 하지만, 새로운 꿈을 찾기 위하여 대학에 들어온다. 그러나 이러한 학생특성에 대한 고려가 생략된다. 대학의 입학이 성공이 되는 것이 아니라 대학은 모든 학생들이 성공을 이루도록(education for all) 지원하는 일종의 교두보(success bridging)가 되어야 한다.

향후 대학의 역량체계 개선을 추진할 때 다음의 교육학적 혹은 교수학적 제안을 참고할 필요가 있다. 시간이 걸리더라도 범교 차원에서 모든 재학생들을 대상으로 NICE(needs, interest, competency, experience)에 대한 조직적이고 체계적인 조사를 하여 학생들의 전반적인 성향 및 지속성이 있는 특성(traits)을 파악한 후 이를 역량설정 프로젝트에 반영해야 한다.

이니셔티브와 리더십

어느 프로젝트든 조사, 수집된 데이터를 분석하고 가공하는 전문성은 교수들에게 부여된 책무다. 그러나 기존 방식대로 소수의 교내 구성원이나 평가대응을 위하여 급조된 조직 및 기구에 의하여 프로젝트가 수행될 때 악순환은 반복될 가능성이 높다. 이를 예방하기 위한 방안은 대학교육과정에 영향을 주는 각 관점들이 서로 균형(balancing)을 갖춘 참여가 보장될 때다. 앞서 살펴본 바와 같이 **시스템적 사고 및 의사결정 모델**을 적극 활용하는 것이 무엇보다 중요하다. 이를 위한 구체적인 방안을 예시하면 다음과 같다.

표 45 | **관점별 주요내용**

구 분	주요 내용
기관계 관 점	• 교육부의 역량기반 교육과정에 대한 가이드라인 검토 • 대학기본역량진단 및 대학기관평가인증 등에 포함된 평가지표 검토(참조수준) • 교육학 및 유관 전공의 전문성을 담보하는 교내 거버넌스 구축 및 활용(거버넌스 구성의 핵심은 포용성, 개방성, 연결성, 다양성, 수월성 등을 지향함) • 고등교육혁신에 대한 탁월한 견해 및 아이디어 발굴 • 학생성공(student success for all)을 지원하는 학생복지 및 지원시스템 구축

구 분	주요 내용
산업계 관 점	• 산업체의 인재상 변화에 대한 정보 분석(인성, 실무능력, 협업능력, 조직리더십 등) • 산업체 현장기반 조사활동 및 결과(양적, 질적 자료) 분석 • 4차 산업혁명사회생태계에 부응하는 앙트러프러너십에 대한 의미 수정(소셜 앙트러프로너십에 대한 의식 전환) • 인성을 고려한 산업실무능력과 학교교육과정 개선 연동 • 졸업생의 커리어개발 스토리 발굴 및 공유 • 학부모의 학사개선 참여 보장
학생계 관 점	• 주기적인 NICE결과 분석 • Top down이 아니라 Bottom up 방식의 의견수렴 및 반영 • 학생들의 관점에서 필요역량(need), 스트렝스, 필수역량(must) 등을 구분하여 역량체계를 구성함 • NICE를 고려한 역량기반 교육과정 설계 및 운용

구체성, 실용성, 실질성

인성, 창의성, 도전정신, 협업능력, 소통, 배려, 글로벌 역량 등은 극대화된 메타역량의 속성을 지니고 있기 때문에 대학마다 역량체계를 재구성할 때 좀 더 구체적인 역량개념을 활용할 필요가 있다. 앞서 살펴본 바와 같이 **Y대학의** 경우 역량범주로 공감, 사고, 몰입을, 각각에 해당하는 핵심역량으로 소통, 배려, 학문, 융합, 도전, 창의 등을 제시하고 있다. 모든 용어들이 가치정향적인 메타역량의 속성을 지니고 있다. 따라서, 보다 구체성을 담보하는 실질적인 역량범주 및 하위역량을 설정할 필요가 있다. 역량을 설정하거나 체계를 구성하는데 일정한 법칙이나 정해진 규정은 없다. 이에 따라 대학 특성마다 역량체계가 다양하게 제시되고 있다. 그러나 원론으로 돌아가 **역량을 지식, 기술, 태도 등의 종합**으로 간주할 때, 각각의 주요한 하위역량들을 고려하여 구체성을 담보할 수 있을 것이다.

그림 7 | **핵심역량 재설정(예시)**

현행 핵심역량

공감(소통, 배려)
사고(학문, 융합)
몰입(도전, 창의)

➡

핵심역량 재설정

지 식	전문지식 능력	전공/특수지식 활용능력
	범용지식 능력	지식 융합 및 창의적 사고능력
기 술	리터러시 능력	정보 및 미디어 리터러시
	스트렝스	개인의 특별한 재능
태 도	사회적 인성	공정과 정의 실천 능력
	자아성찰	자아실현을 위한 성찰 능력

이처럼 기존 방식대로 추상적인 가치 배열과 하위영역들을 작위적으로 매칭하는 것이 아니라 역량개념의 본질요소인 지식, 기술, 태도 등을 바탕으로 각각 구체화시킬 수 있는 능력을 재개념화하고 상세화된 능력을 매칭하는 것이 명목적으로 이루어지는 가치정향적 역량체계를 실질적으로 개선하는 방안이 될 것이다.

그동안 우리나라 대학 대부분의 학사시스템(대학 및 학과 편제, 학점이수, 교육과정 구성, 교과목 개설, 역량정의 및 체계구성 등) 개발은 교육부, 대학본부, 단과대학/학과, 교수 등이 이니셔티브를 쥐고 있어 학생과 무관한 프레임과 템플릿이 일정하게 정해져 있었다. 나아가 산업수요를 충족하기 위한 소위 맞춤형 인재양성 시스템으로 획일화되어 있었다. 이러한 기관계·산업계 관점의 교육정책은 대학교육의 통제와 산업구조 선진화를 위해 유용한 방편으로 기능했다. 지금까지도 '**교육부**'는 효과성, 책무성, 생산성 등과 관련된 각종 지표들을 만들어 고등교육생태계를 대학 간, 지역 간 극한 경쟁의 밀림으로 만들었고, 이에 대하여 대학들마다 불편한 마음은 가득하였지만 정작 거부의 몸짓을 드러내는 데에는 한계가 있었다.

그러나 4차 산업혁명의 물결은 경제성에 고착된 대학평가의 이러한 관행들을 모조리 쓸어내도록 종용하고 있다. 교육학·교수학적 정합성이나 적절성에 근본적인 문제가 내포된 역량기반 교육과정보다 오히려 학생들의 요구, 흥미, 능력, 경험 등을 학사구조 개편 및 역량체계 수립에 의무적으로 반영하고, 국제 및 지역사회의 참여와 연대를 통해 지속가능한 교육적 가치(SDGs)를 적극적으로 투영해야 한다. 만약 이러한 전환이 성공한다면, 대학교육을 옥죄던 경제성이나 획일성의 이데아가 아니라 고등교육생태계에 교육의 수월성, 교육의 윤리성(학습약자에 대한 관심과 지원, 사회적 안전망), 교육의 다양성과 포용성(문화다양성의 가치발견과 존중) 등이 꽃피고, 살벌한 학교성공이나 생존이 아니라 살가운 학생성공이나 존재가 그 의미를 찾게 될 것이다. 이것이야말로 '대학의 영혼 회복'을 위하여 가장 시급한 전환이다.

PART 03

대학 페다고지 혁신

- CHAPTER 08
  학생성공형 굿바이(Good BAI) 모형
- CHAPTER 09
  학생성공형 다이아몬드(HEXA) PBL 모형
- CHAPTER 10
  학생성공형 도루학습(STEAL) 모형

CHAPTER 08

학생성공형 굿바이(Good BAI) 모형

부정적으로 말하면 생성형 인공지능이 기존의 교수-학습 생태계를 교란시키고 있다. 반대로 긍정적인 측면에서 볼 때, 인공지능은 인간의 창의성을 무한대로 확장시킬 수 있는 유용한 디바이스가 될 수 있다. 인공지능과 교육의 연대나 융합은 거스를 수 없는 메가 트렌드가 되었다. 이에 따라 본 모형은 일종의 에듀테크 수업모형 개발로 인간의 고유성과 탁월성을 기반으로 하는 능력과 향후 인간의 능력을 뛰어넘을지도 모를 인공지능이 학습장면에서 공존하거나 궁극적으로 공진화하는 방법을 제안한다.

1 인간지능(BI)과 인공지능(AI)의 연대

인공지능(AI)은 현대 사회에서 가장 중요한 기술 혁신 중 하나로 자리 잡고 있다. 이로 인해 사회생태계는 빠르게 변화하고 있으며, AI의 발전은 우리의 일상생활뿐만 아니라 교육, 의료, 산업 등 여러 분야에 큰 영향을 미치고 있다. 특히, 교육 분야에서는 인공지능을 인간의 뇌지능(BI, Brain Intelligence)과 효과적으로 결합하여 창의적이고 혁신적인 학습 방법을 개발하는 것이 주요 과제가 되고 있다. 이러한 배경에서 등장한 개념이 바로 "Good BAI"(Good Brain Intelligence+Artificial Intelligence integration)이다. 인공지능은 과거의 단순한 계산기나 프로그래밍된 자동화 시스템을 넘어, 스스로 학습하고 발전하는 능력을 가진 기술로 자리 잡고 있다. 이러한 변화는 기계 학습(machine learning)과 딥러닝(deep learning) 기술의 발전 덕분에 가능해졌다. AI는 다양한 산업 분야에서 기존의 작업 방식을 혁신하고 있다. 예컨대, AI가 방대한 데이터를 분석하여 암 진단을 보조하거나, 자율 주행 기술을 통해 교통 시스템을 변화시키고 있다. 이처럼 AI는 우리 사회의 근본적인 구조를 바꾸고 있으며, 이러한 변화는 교육 분야에서도 동일하게 적용되고 있다.

인간의 뇌지능과 인공지능은 각각 독자적인 장점과 단점을 지니며, 이들의 상호작용은 현대 사회에서 점점 더 중요해지고 있다. 뇌지능은 복잡한 감정을 느끼고, 맥락을 이해하며, 창의적인 아이디어를 도출하는 데 탁월한 능력을 발휘한다. 하지만 기억 용량이나 정보 처리 속도 면에서 제한적이며 때로는 감정에 좌우되어 비이성적인 결정을 내리기도 한다. 반면 인공지능은 엄청난 양의 데이터를 빠르게 분석하고, 실수를 최소화하며, 주어진 조건에서 최적의 결과를 도출하는 데 뛰어나다. 그러나 인공지능은 감정을 느끼지 못하며, 창의적인 사고보다는 기존 데이터를 기반으로 한 작업에 국한된다는 한계를 가진다.

이처럼 뇌지능과 인공지능은 서로 상반된 특성을 지니고 있다. 인간의 뇌는 감정과 경험을 바탕으로 상황을 유연하게 이해하며 문제를 해결할 수 있지만, 이는 때로 비합리적인 오류를 야기하기도 한다. 반대로 인공지능은 논리적이고 정교한 계산 능력을 통해 효율적인 결과를 도출하지만, 인간처럼 맥락을 깊이 이해하거나 창의적인 결정을 내리지는 못한다. 이 두 가지 지능의 상호보완적 관계는 교육분야에서 더욱 중요해지고 있다. 예를 들어, 보고서를 작성할 때 먼저 나만의 아이디어와 접근법을 통해 초안을 작성한 후, 인공지능을 활용해 부족한 정보를 보완하고 글의 구조와 논리적 흐름을 점검한다. 이는 뇌지능의 창의성과 인공지능의 정확성이 결합된 좋은 사례라고 할 수 있다. 이러한 조화로운 협력은 특히 현대 사회에서 중요한 의미를 가진다.

인공지능이 등장한 지 몇 년 되지 않았음에도 불구하고, 우리의 생활 방식은 큰 변화를 겪었다. 과제를 수행할 때 인공지능을 통해 정보를 보완하거나, 심지어 전적으로 인공지능의 도움에 의존하는 사례가 점차 늘고 있다. 이는 인공지능이 인간의 작업 방식을 근본적으로 변화시키고 있음을 보여준다. 특히, 교육, 의료, 금융 등 다양한 분야에서 인공지능의 도입은 기존의 문제를 해결하고 효율성을 극대화하는 데 크게 기여하고 있다. 예컨대, 의료 분야에서는 인공지능이 방대한 데이터를 분석해 질병을 진단하고, 교육 분야에서는 학생 맞춤형 학습 계획을 제안함으로써 효과적인 학습 환경을 제공한다. 그러나 인공지능의 발전 속도와 그로 인한 변화는 또 다른 질문을 던진다. 과연 인공지능이 뇌지능의 한계를 완전히 보완하고 궁극적으로 인간을 대체할 수 있을까? 이에 대해 일부 전문가들은 인공지능이 인간의 감정을 흉내 낼 수는 있지만, 그 본질을 이해하거나 재현할 수는 없을 것이라고 주장한다. 인간의 감정은 단순한 데이터의 조합이 아니라, 경험과 맥락 속에서 형성되는 복잡한 산물이다. 따라서 인공지능은 논리적 계산에는 탁월할지언정, 인간 고유의 정서적 깊이나 공감 능력을 완전히 대체할 수는 없을 것이다.

이 점에서 인간의 뇌지능은 독보적인 가치를 지닌다. 인간은 타인의 감정을 이해하고, 이를 기반으로 관계를 형성하며, 정서적 유대를 통해 사회적 연결성을 유지한다. 이는 인공지능이 결코 흉내 낼 수 없는 인간만의 강점이다. 예를 들어, 예술 작품을 감상하거나 타인과 깊은 대화를 나누는 순간에 느끼는 감정은 인공지능이 재현하기 어려운 경험이다. 인간은 감정과 직관을 통해 세상을 바라보고, 이를 바탕으로 독창적인 결정을 내릴 수 있다. 이는 기술적으로는 재현이 어려운 인간 고유의 특성으로, 우리가 인공지능 시대에도 여전히 중요한 역할을 맡아야 하는 이유를 설명한다. 이러한 맥락에서 우리는 인간의 역할을 재정의하고 강화할 필요가 있다. 인공지능의 발전은 인간이 단순히 정보를 처리하는 역할에서 벗어나, 고차원적인 창의성과 공감 능력을 발휘하는 방향으로 나아가도록 요구한다.

예컨대, 기업에서는 인공지능을 활용해 데이터를 분석하고 전략을 세우는 한편, 인간은 이를 바탕으로 새로운 아이디어와 비전을 제시하며 창의적인 문제 해결 능력을 발휘한다. 예술 분야에서도 인공지능은 이미 작품 제작에 활용되고 있지만, 감정을 담아내고 독창적인 메시지를 전달하는 역할은 여전히 인간의 몫이다. 이처럼 인간과 인공지능의 협력은 단순한 보완 관계를 넘어, 새로운 가치를 창출하는 데 초점이 맞춰져야 한다. 또한 인공지능의 활용은 윤리적 문제와 사회적 책임과도 깊이 연관되어 있다. 인공지능이 의사결정 과정에 미치는 영향력이 커질수록, 이를 올바르게 통제하고 관리할 수 있는 체계를 갖추는 것이 중요하다.

예를 들어, 인공지능이 분석한 데이터를 바탕으로 내린 결정이 인간에게 미칠 영향을 고려하지 않는다면, 부정적인 결과를 초래할 수 있다. 따라서 인공지능을 설계하고 활용하는 과정에서 인간의 가치와 윤리적 기준을 반영하는 노력이 필요하다. 이는 인공지능 시대에도 인간 중심의 사회를 유지하는 데 필수적인 요소다. 결론적으로, 인간의 뇌지능과 인공지능은 각각 고유한 장점과 단점을 지니고 있으며, 이를 조화롭게 결합함으로써 우리의 삶을 풍요롭게 만들 수 있다. 인공지능은 우리의 능력을 보완하고 새로운 가능성을 열어주는 강력한 도구지만, 인간 고유의 감정적 교감과 창의성은 여전히 대체될 수 없는 가치를 지닌다.

따라서 우리는 인공지능을 활용하되, 인간만의 본질적 특성을 지키고 발전시키는 방향으로 나아가야 할 것이다. 이는 단순히 기술의 발전을 따라가는 것을 넘어, 인간성과 기술의 조화를 통해 더 나은 미래를 만들어가는 길이 될 것이다. 우리가 이 둘을 어떻게 조화롭게 결합하느냐?에 따라 앞으로의 사회가 더욱 풍요롭고 지속 가능한 방향으로 나아갈 수 있을 것이다.

인간의 뇌지능(BI)과 인공지능(AI)의 결합은 현대 사회에서 다양한 산업의 효율성과 생산성을 높이는 핵심 기술로 주목받고 있다. 특히, 교육 분야에서는 BI와 AI를 조화롭게 활용하여 단순한 개인화를 넘어 초개인화(Hyper−Personalization)를 실현할 수 있는 가능성을 열어가고 있다. Good BAI(Good BI+AI Integration)의 철학을 바탕으로 AI와 BI의 융합을 통해 초개인화된 학습 환경을 조성하는 방법과 그 효과에 대해 고려할 필요가 있다. AI+BI: Better Together라는 개념은 AI의 데이터 처리 및 분석 능력과 BI의 신뢰성과 생산성을 결합하여 초개인화된 학습경험을 제공한다. AI는 방대한 데이터를 기반으로 학생의 학습 패턴, 관심사, 강점과 약점을 분석하여 맞춤형 학습 자료를 제공한다.

BI는 AI가 제공하는 데이터를 신뢰할 수 있도록 강화하며, 초개인화된 학습이 효과적으로 작동하도록 돕는다. 이 둘의 시너지 효과는 학습자 개개인의 특성과 요구를 고려해 최적화된 학습 환경을 제공할 수 있도록 설계되었다. Good BAI 개념을 바탕으로 제안하는 세 가지 핵심 교육 아이디어는 초개인화를 중심으로 설계되었다.

첫째, 학생들이 AI를 활용해 새로운 아이디어를 탐색하고 이를 구체화하는 프로젝트 기반 학습이다. AI는 학생 개개인의 창의적 사고 스타일과 관심사를 분석하여, 그에 맞는 맞춤형 프로젝트 주제를 제안하고, 학생이 생성한 아이디어에 실시간으로 피드백을 제공함으로써 창의적 발전을 촉진한다. 예를 들어, 환경 문제 해결 프로젝트에서는 AI가 학생의 지역 상황과 관심 분야를 고려한 맞춤형 자료를 제공해, 학생이 보다 효과적으로 창의적 해결책을 도출하여 프로젝트의 질과 학습 효과를 높일 수 있게 한다.

둘째, AI와 교수가 협력하여 디지털 학습 자료와 인터랙티브 콘텐츠를 개발하는 방식은 학생들에게 더욱 개인화된 학습 경험을 제공할 수 있다. AI는 학생별 학습 수준과 선호도를 분석해 최적화된 학습 경로를 설계하며, 교수는 이를 기반으로 학생의 특성에 맞는 학습 방법을 추가로 설계한다. 예를 들어, 기초과학 수업에서는 학생별로 난이도와 학습 속도에 맞춘 실험 시뮬레이션을 제공함으로써 학습 효과를 극대화할 수 있다.

셋째, AI+BI 공동 창작 플랫폼은 학생들이 AI를 활용해 문학, 예술, 기술 등 다양한 분야의 작품을 창작할 수 있도록 지원하는 시스템이다. 이는 학생 개개인의 창작 성향을 분석해 비주얼 아트, 문학, 음악 등 각 분야에 적합한 맞춤형 창작 도구를 제공한다. 예를 들어, AI가 스토리 플롯을 제시하면 학생은 이를 바탕으로 자신의 스타일에 맞게 대본을 수정하고 확장해 나가는 방식으로 창의성을 발휘할 수 있다.

초개인화를 통한 AI와 BI의 융합은 학생 개개인의 학습 스타일과 속도에 맞춘 교육 자료를 제공함으로써 학습의 효율성을 극대화하는 긍정적 효과를 기대할 수 있다. 또한, 학생의 강점과 관심사를 반영한 학습 환경은 창의성과 몰입도를 높이는 데 기여하며, 학생이 주체적으로 학습에 참여할 수 있는 동기를 부여해 학습 참여도를 증가시킬 수 있다. 그러나 이러한 접근법이 성공적으로 실행되기 위해서는 교수와 학생이 AI 기술을 효과적으로 활용할 수 있는 역량을 강화하고, 초개인화 과정에서 발생할 수 있는 데이터 보안 및 윤리적 문제의 해결이 필수적이다.

더불어, 교육 정책과 기술 개발 간의 긴밀한 협력이 이루어져야 한다. Good BAI는 단순한 AI 활용을 넘어, 인간의 뇌지능(BI)과 인공지능(AI)의 시너지를 통해 초개인화된 학습 환경을 구축하는 데 기여할 수 있다. 이러한 융합적 접근은 학생의 창의성과 학습 효과를 극대화하며, 미래의 교육 패러다임을 새롭게 정의할 것이다. 지속적인 연구와 협력을 통해 Good BAI의 철학이 현실화된다면, 교육의 질적 전환이 이루어질 것으로 기대된다.

2 인간뇌와 인공뇌를 결합한 혁신수업

인간뇌와 AI의 융합된 교수-학습법은 두 가지 요소가 서로 보완적인 관계를 형성하면서 학습 경험을 혁신적으로 변화시킬 수 있는 잠재력을 가지고 있다. 전통적인 교수-학습 방식에서는 학습자가 주도적으로 지식을 습득하고, AI가 이를 보조하는 역할에 그쳤다면, AI와 학습자가 상호작용하며 학습하는 방식은 이제 학습의 패러다임을 근본적으로 바꾸고 있다. 이 융합적 교수-학습법에서는 AI의 뛰어난 계산력과 분석 능력, 그리고 인간의 창의력과 직관적 판단이 결합되어 서로를 더욱 효과적으로 보완한다.

첫째, AI 기반 맞춤형 교수-학습은 학습자의 개별적인 특성에 맞춰 학습 경로를 제시한다. AI는 학습자의 성향, 이전의 성취도, 학습 속도 등을 실시간으로 분석하여 맞춤형 콘텐츠와 피드백을 제공한다. 학습자는 이러한 AI의 제안을 바탕으로 자신에게 가장 적합한 학습 방법을 선택하고, 필요한 경우 AI의 피드백을 통해 즉각적으로 학습 계획을 조정할 수 있다. 예를 들어, 수학 문제를 풀 때 AI가 어려운 부분을 인식하고 보강할 수 있는 자료를 제공하며, 학습자는 자신의 페이스에 맞춰 학습할 수 있게 된다.

둘째, AI와 협력적인 문제해결은 인간과 AI가 협력하여 더 나은 결과를 도출하는 방식이다. AI는 데이터를 빠르고 정확하게 처리할 수 있기 때문에 복잡한 문제를 해결하는 데 큰 도움을 준다. 예를 들어, 엔지니어링 문제나 데이터 분석 문제를 해결할 때 AI는 최적의 솔루션을 제시할 수 있다. 그러나 인간은 이 결과를 바탕으로 창의적이고 윤리적인 결정을 내릴 수 있으며, 문제 해결 과정에서 발생할 수 있는 사회적, 감성적 측면을 고려하는 역할을 한다. 이렇게 AI와 학습자는 각자의 능력을 충분히 발휘하며 상호보완적인 학습 경험을 만들어낸다. AI 기반의 가상 현실(VR) 또는 증강 현실(AR) 환경을 활용한 학습은 학습자와 AI의 결합을 더욱 실감나게 보여준다. 예를 들어, 의료나 항공 훈련에서는 가상 환경에서 실제 상황을 재현하여 학습자가 경험할 수 있도록 돕는다. AI는 실시간으로 학습자의 진행 상황을 분석하고 필요한 피드백을 제공한다.

인간은 이를 통해 직접적인 경험을 쌓고, 그 과정에서 얻은 피드백을 바탕으로 보다 창의적이고 효율적으로 문제 해결 능력을 기를 수 있다. 이런 방식은 특히 실습이 중요한 분야에서 매우 효과적이다. 또한, 협업적 학습 시스템을 통해 AI는 그룹 학습의 효율성을 극대화할 수 있다. AI는 팀 내 각 구성원의 능력과 특성을 분석하여 최적의 역할을 제시하고, 그룹 내에서 발생하는 상호작용을 실시간으로 모니터링한다. 이를 통해 그룹 학습의 동적 과정을 지원하며, 협업을 촉진하는 최적의 조건을 만들어낸다. 인간은 이러한 AI의 분석을 바탕으로 팀워크를 개선하고, 창의적인 아이디어를 제시하는 데 도움을 줄 수 있다.

결국, AI와 인간이 협력하면서 개개인의 성향을 반영한 학습이 이루어진다.

AI는 또한 지속적인 피드백 시스템을 제공하여 학습자의 실수를 즉각적으로 교정할 수 있도록 한다. AI는 실시간으로 학습자의 행동을 추적하고, 개선이 필요한 부분에 대한 피드백을 즉시 전달한다. 이를 통해 학습자는 실수를 빠르게 교정하고, 반복적인 학습을 통해 실력을 향상할 수 있다. 인간은 이 피드백을 통해 자신의 학습 스타일을 점검하고, 학습의 방향을 세심하게 조정할 수 있다. 예를 들어, 언어나 수학과 같은 과목에서는 실수나 오류를 신속하게 인지하고 이를 교정하는 방식이 중요하다.

마지막으로, AI와 감성적 학습의 결합은 학습자의 감정 상태를 고려한 맞춤형 학습 환경을 제공한다. AI는 학습자의 감정을 분석하여 스트레스 수준이나 동기 부여를 평가하고, 학습 환경을 이에 맞춰 조정할 수 있다. 예를 들어, 학습자가 지루하거나 지쳤을 때 AI는 적절한 휴식 시간을 제안하거나 더 흥미로운 콘텐츠를 제공할 수 있다. 학습자는 AI가 제공한 감성적 피드백을 기반으로 자신의 학습 동기를 회복하고, 지속적으로 학습에 몰입할 수 있다.

이와 같은 감성적 지능을 활용한 학습은 특히 심리적 요인이 중요한 교육 환경에서 효과적이다. 이 모든 과정에서 AI는 주로 반복적이고 데이터 중심의 작업을 담당하며, 인간은 더 고차원적인 판단과 창의적 사고를 통해 학습을 더 풍부하고 다채롭게 만든다. AI는 개인의 학습 속도에 맞춰 최적화된 경로를 제공하지만, 인간은 그 과정에서 경험을 통해 성장하고, 인지적 및 감성적 능력을 발휘하여 더 깊이 있는 학습을 할 수 있다.

결국, AI와 인간의 융합된 학습법은 맞춤형 교육, 효율적 문제 해결, 창의적 협업, 그리고 지속적인 피드백을 통해 학습 경험을 더욱 발전시키며, 감성적 지능을 반영한 학습 환경을 만들어낸다. 이러한 방식은 전통적인 교육 방식에서는 얻기 힘든 경험과 지식을 제공하고, 학습자가 보다 주도적으로 자기 발전을 이끌어갈 수 있는 가능성을 열어준다. AI와 인간이 협력하는 이 새로운 학습 방식은 학습의 미래를 변화시킬 중요한 열쇠가 될 것이다.

표 46 | 인간지능과 인공지능의 차이

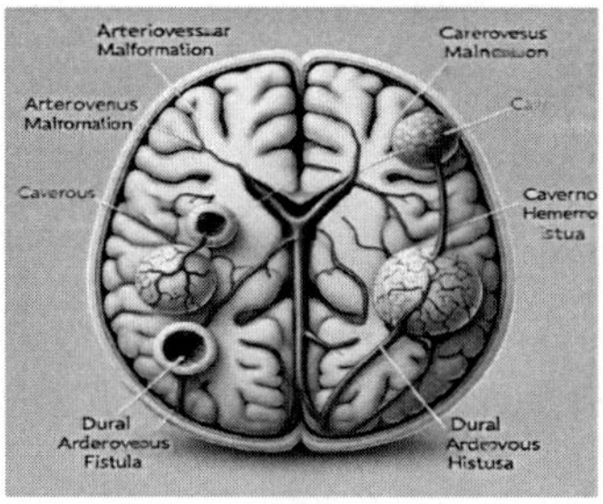	프레임	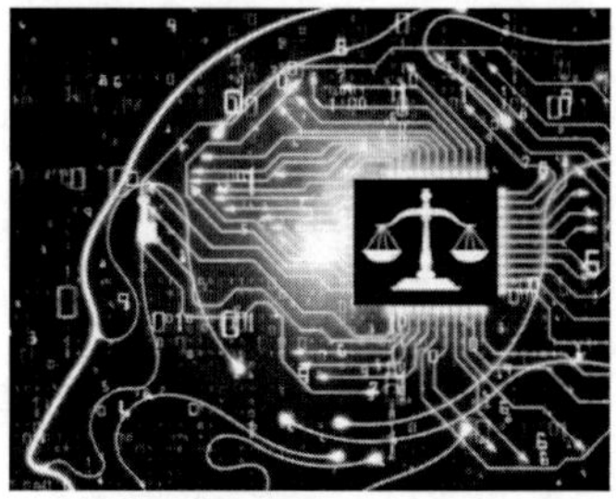
생물학적 지능, 인간지능, 자연지능, 뇌지능	용 어	인공지능, 컴퓨터지능
• 생존 본능과 실익 반사 • 생존과 득실에 기반을 둔 의사결정 능력 • 기억에 의하여 판단 • 합리적+비합리적 추론/추리 가능 • 뉴런기반 학습: 암기+창의학습 • 사고전환 및 수정 능력 발휘 • 미로탐색형 사고 • 인식의 편향이 실재 • 따뜻한 언어 사용이 가능 • 신조어 생성 능력 • 의식+무의식 메커니즘이 지배 • 경험치 기반의 의사결정	핵 심 기 능	• 생성 본능과 조건반사 • 제공된 데이터를 해결하는 능력 • 기록에 의존하는 판단 • 논리적, 과학적 추정/추산만 가능 • 데이터기반 회로학습: 머신러닝, 딥러닝 • 무한기억과 산술 능력 발휘 • 방사도로형 사고 • 인식의 편향이 없음 • 차가운 언어만 사용이 가능 • 한정어 구성 능력 • 의식의 메커니즘이 지배 • 유사성/연결성 기반의 의사결정
• Holistic thinking • Amorphous communication • 사고+소통 기반의 난립형 Making • 다양한 솔루션을 구안할 수 있는 AGENT	학 습 근 거	• Computational thinking • Fabric communication • 근거+연결 기반의 조립형 Making • 명확하게 정의된 문제만 수행할 수 있는 AGENT

⇩

Good BAI(Brain intelligence)+AI)Artificial intelligence) Integration

생성과 산출물을 통한 비교의 안목개발
인간지능+기계지능간 소통 및 협업기술
인간의 지식을 기반으로 질문하는 기술

⇩

대학 페다고지 개발 및 수업법 디자인에 응용·적용

창의성 증진 수업법

창의성이 발휘되려면 자신의 생각을 자연스럽게 말할 수 있는 편안한 분위기가 조성되어야 한다. AI에게 자신의 생각을 공유하도록 하면 혹여나 자신의 아이디어가 이상하게 보일까봐 망설이는 것도 줄어들 것이고, AI를 활용해 그 아이디어를 더 확장해 나가거나 실현 가능한 아이디어로 만드는 것도 가능해질 것이다. 수업 시간에 AI를 활용해 답이 정해지지 않은 어떤 주제로 토론을 진행하거나 관심이 있는 분야에서 해결해야 하는 문제에 대해 의견을 제시해본다면 생각에 깊이가 생기고 여러 각도에서 문제를 바라볼 수 있게 되어 창의성이 증진될 것으로 기대된다.

국어나 역사, 사회와 같이 문과 계열의 과목들은 단순히 앉아서 수업을 듣고 배운 내용을 외우는 방식에서 벗어나 AI를 활용해 자신이 학습한 내용을 토대로 스토리를 만들거나 창작물을 만들어 보는 것도 좋을 것이다. 국어의 경우, 학생들에게 배운 작품을 기반으로 영상 제작물을 만들거나 작품에 어울리는 배경 음악을 만들거나 등장인물들의 이미지를 생성하는 등의 활동을 진행하여 주어진 텍스트를 읽는 것을 넘어 새로운 무언가를 창작해내도록 격려할 수 있다. 2차 창작물을 만드는 것으로 창의력을 증진시키는 것이다. 역사 과목 역시 기존의 암기 위주인 학습 방식에서 나아가 AI를 이용하여 역사적 사건을 바탕으로 이야기를 만들거나 만약 그 사건이 일어나지 않았더라면 미래는 어떻게 바뀌었을지에 대해 토론을 하는 등의 활동을 진행하여 학생이 새로운 관점으로 역사를 바라보도록 유도할 수 있다.

수학이나 과학과 같은 이과 계열의 과목들도 AI를 통해 학생들의 창의성을 증진시킬 수 있다. 수학 수업에서는 학생들이 자신이 배운 이론을 토대로 AI도구를 활용해 현실적인 문제를 해결하게 할 수 있고 기존의 해법 외의 방법으로 문제를 풀도록 도울 수도 있다. 과학 수업에서는 학생들이 가설을 세우고 인공지능의 도움을 받아 이를 검증할 수 있도록 하는 것도 가능하고, 과학 기술이 가진 그 이면의 문제를 어떻게 해결할 것인지에 대해 의견을 제시하게 하는 것도 가능하다. 이처럼 교육 과정에 AI를 활용한다면 학생들이 수업을 통해 더 풍부한 경험을 하고 문제를 다각도로 볼 수 있기 때문에 창의성 증진에 도움이 될 것이다.

학습력 증진 수업법

AI의 장점은 많은 데이터를 분석하고 패턴을 도출해 내는 것이다. 그리고 맞춤형 추천을 해줄 수 있다는 것 또한 특징이라 할 수 있다. AI의 이러한 장점을 활용하여 개별 학생의 학습 패턴을 분석하여 학생에게 장점과 보완할 점을 제공하고, 맞춤 학습법을 추천한다면 학습력 증진에 도움이 될 것이다. 그리고 학생이 시험을 본 테스트를 분석하여 취약한 부분이 어떤 것인지, 부족한 개념은 무엇인지 피드백을 제공한다면 학생은 큰 힘을 들이지 않고도 자신이 집중해야 하는 과제를 알 수 있게 된다.

시험을 보기 전에는 그동안의 데이터를 바탕으로 AI가 학생이 잘 틀리는 비슷한 유형의 문제를 출제하여 학생이 반복적으로 학습할 수 있도록 도울 수 있고 취약한 부분을 해결할 수 있다. 또한 학습력 증진에 도움이 되는 공부 환경을 추천하여 학생이 자신의 성향이나 취향에 맞게 주변 환경을 설정하게 하는 것도 하나의 방법이다. 교수자 1명에 다수의 학생이라는 기존의 수업과는 달리 학생 개개인에 맞춰 교육을 하고 학습에서의 한계를 극복하게 하는 것이 AI가 함께하는 교육의 차별점이라 할 수 있다.

교수자 입장에서는 AI가 분석한 데이터를 활용하여 학생들이 공통적으로 어려워하는 부분을 파악할 수 있고, 학생 전반의 학습 수준을 고려하여 수업 방식을 선택할 수 있으며, 수업 시간에 부족한 개념을 집중적으로 설명해줄 수도 있다. 여기서 AI를 더 적극적으로 활용한다면 학생별로 학습 속도를 조정해줄 수도 있고 AI를 통한 질의응답을 통해 언제든 학생이 모르는 문제에 맞춤 설명을 제공할 수도 있다. 뿐만 아니라 학생들이 공부에 더 흥미를 가질 수 있도록 AI를 활용해 간단한 게임을 만들어 수업에 사용하는 것도 가능하고, 학생들의 이해를 도울 수 있는 사진이나 영상을 만들어 수업에 활용하는 것도 가능하다.

기억력 증진 수업법

문과든 이과든 외우는 양에 차이는 있겠지만 기본적으로 어느 정도 외우고 기억해야 하는 부분은 있다. 기억력을 증진시키기 위해 국어의 경우 작품과 관련된 주요 키워드나 상징적인 문장을 선별한 다음 그것을 중심으로 이야기 전체를 떠올릴 수 있게 하여 작품을 오랫동안 기억할 수 있게 하고, 문법은 한 번 배운 내용을 잊지 않도록 일정 시간이 지나면 그전 시간에 배운 내용을 바탕으로 만들어진 문제를 통과해야 그 다음으로 넘어갈 수 있게 하여 단기 기억에서 장기 기억으로 넘어갈 수 있게 돕는다. 영어는 외워야 할 단어가 많기 때문에 단어 암기를 어려워하지 않도록 다양한 형태의 퀴즈나 게임을 만들어 반복 학습하도록 하고, 발음의 경우 학생이 녹음을 하면 AI가 실시간으로 분석하여 정확도나 개선점에 대해 피드백을 제공한 다음 정확도가 낮은 문제는 연속적으로 100%의 정확도를 보일 때까지 반복해서 학습하도록 한다.

문법은 배운 수업 내용을 기반으로 AI로 여러 예문을 만들어 학생들이 새로 배운 문법에 익숙해지도록 하고 배운 것을 실전에 활용하면서 자연스럽게 기억하도록 도울 수 있다. 수학은 AI가 학생의 수학적 이해 수준을 분석하여 그 다음 단계의 문제를 해결하는 방법을 하나씩 배우도록 한 다음 지금까지 배운 개념을 모두 활용해서 문제를 풀도록 하여 중요 개념을 잊지 않도록 한다. 과학은 태양계나 화학 반응, 세포의 구조 등을 시각적으로 보여주어 기억력 증진에 도움을 주는 것이 가능하다. 복잡한 개념의 시각화를 통해 이해력과 기억력을 증진시키는 것이다.

AI Agent 브레인스토밍 수업

현대 교육에서 창의적 사고는 매우 중요한 역량이다. 그러나 학생들은 종종 아이디어를 떠올리는 초기 단계에서 막히거나, 생각을 체계적으로 정리하는 데 어려움을 겪는다. AI는 방대한 데이터베이스를 바탕으로 아이디어를 생성하고, 주제와 관련된 다양한 관점을 제시할 수 있어 브레인스토밍 과정에서 훌륭한 보조 도구가 될 수 있다. AI의 도움을 받는다면 더 풍부한 아이디어를 도출하고, 이를 기반으로 창의적 문제 해결 능력을 키울 수 있을 것이다.

AI 보조 브레인스토밍의 목적은 학생들의 창의력을 증진시키고 학습 효율성을 높이는 데 있다. AI는 고정관념에서 벗어나 다양한 관점으로 사고할 수 있도록 돕고, 브레인스토밍 과정에서 시간을 절약하며 보다 체계적으로 아이디어를 도출할 수 있게 한다. 또한, AI를 활용한 협업을 통해 학생들 간의 아이디어 공유와 상호작용을 촉진하며, 현실적이고 복잡한 문제를 해결하기 위한 다각적인 접근 방식을 경험하도록 지원한다. AI 보조 브레인스토밍 수업법의 준비 단계에서는 교수자가 먼저 토론이나 프로젝트 주제를 선정한다. 예를 들어, “미래의 친환경 에너지원”과 같은 주제를 정하고, ChatGPT, Notion AI, 또는 기타 AI 플랫폼을 학습 도구로 준비한다. 실행 단계에서는 학생들이 AI에게 주제를 입력해 관련된 아이디어와 자료를 요청하며, 예를 들어 “친환경 에너지의 종류와 장점”이라는 질문을 통해 태양광, 풍력, 수소 에너지 등의 아이디어를 얻는다. 이후 학생들은 AI가 제공한 아이디어를 정리하면서 자신만의 독창적인 의견이나 발전 방향을 추가한다. 그런 다음 소그룹으로 나뉘어 각자 얻은 아이디어를 공유하고 팀 프로젝트 방향을 설정하며, 필요시 AI를 활용해 추가적인 자료를 검색하거나 아이디어를 구체화한다. 마지막으로 마무리 단계에서는 팀별로 아이디어를 발표하며, AI가 제공한 내용과 학생들의 창의적인 해석이 어떻게 융합되었는지 설명한다. 교수자는 이를 바탕으로 AI 활용의 장단점을 평가하며 학생들의 창의력과 문제 해결 능력을 강화할 수 있는 피드백을 제공한다.

AI 보조 브레인스토밍은 학생들이 방대한 자료와 다양한 관점을 접하며 기존에 생각하지 못했던 새로운 아이디어를 얻을 수 있도록 돕는다. 예를 들어, AI가 “친환경 에너지”라는 주제에서 지역적 특성에 맞는 적용 방안을 제안하면, 학생들은 이를 바탕으로 현실적인 계획을 세울 수 있다. 또한, AI가 제공하는 자료와 학생들의 고유한 사고가 결합되면서 창의적이고 독창적인 결과물이 나오게 된다. 이 과정은 팀 브레인스토밍에서도 효과를 발휘하여 학생들 간의 협력을 자연스럽게 유도하고 아이디어의 상호작용을 촉진한다. 아울러, 브레인스토밍 과정에서 막히는 시간이 줄어들어 더 많은 시간과 에너지를 구체적인 문제 해결에 투자할 수 있게 한다. 마지막으로, 학생들은 AI 도구를 직접 활용하면서 디지털 기술에 대한 이해와 활용 능력을 높일 수 있는 기회를 얻는다. 챗봇은 단순히 정보를 제공하는 도구를 넘어, 우리가 미처 고려하지 못했던 질문을 던지거나 대화를 유도하면서 사고의 폭을 넓혀주는 역할을 한다. 이러한 과정을 통해 학생들은 AI가 협력 학습에서 가지는 가능성을 실감하게 되고, AI와 인간의 협력으로 창의적이고 실질적인 결과물을 도출할 수 있다는 점을 체험적으로 이해할 수 있을 것이다.

fMRI 데이터와 ChatGPT를 활용한 초개인화 학습법(사례)

fMRI 데이터와 ChatGPT를 활용한 초개인화 학습법은 학생 개개인의 신경 반응 데이터를 기반으로 학습 전략을 설계하고, ChatGPT와의 상호작용을 통해 필요한 정보를 능동적으로 도출하는 데 중점을 둔 혁신적인 학습 방식이다. 이 학습법의 핵심은 학생의 학습 활동 중 발생한 뇌 활성화 데이터를 분석하고, ChatGPT를 통해 데이터를 바탕으로 맞춤형 학습 전략을 제시함으로써 학습 효율을 극대화하는 데 있다. 특히, 학습자의 학습 스타일과 신경 활동 패턴을 정확히 파악하여 이를 학습 설계에 반영함으로써 학습 과정의 개인화 수준을 한 단계 끌어올릴 수 있다는 점에서 주목받고 있다.

초개인화 학습법은 ReHo(Regional Homogeneity)와 fALFF(fractional Amplitude of Low Frequency Fluctuations)를 사용하여 뇌의 기능적 연결성과 활동성을 분석하는 프로젝트를 진행하며, fMRI 데이터가 특정 신경 반응을 정량적으로 파악하고, 이를 학습이나 연구에 응용할 수 있는 강력한 도구다. 특히, ChatGPT와 상호작용하여 연구 데이터를 분석하고 필요한 정보를 구체화하는 과정에서 AI 도구가 학습 과정을 구조화하고 효율성을 크게 높일 수 있다. 뇌과학 데이터를 학습 설계에 적용하고 ChatGPT의 능동적 활용을 결합하면, 학생들에게 더욱 효과적이고 개인화된 학습 경험을 제공할 수 있다.

이 학습법은 크게 세 가지 요소로 구성된다. 첫째, 학생들이 자신의 신경 반응 데이터를 이해하고 학습 과정에 반영할 수 있도록 돕는다. 둘째, ChatGPT와의 역질문 과정을 통해 필요한 정보를 능동적으로 도출하여 학습 전략을 구체화한다. 마지막으로, 학습 중 지속적인 피드백과 학습 결과 성찰을 통해 학습 효율성을 극대화한다. 학습법의 첫 단계에서는 학생들에게 사전에 측정된 fMRI 데이터를 제공한다. 이 데이터는 학생이 다양한 학습 활동(예: 문제 해결, 창의적 사고, 개념 학습)을 수행할 때 뇌의 주요 영역에서 발생한 신경 반응을 시각적으로 보여준다. 예를 들어, 한 학생의 데이터에서 창의적 문제 해결 활동 중 전전두엽(prefrontal cortex)의 활성화가 높고, 개념 학습 중 후두엽(occipital lobe)의 활성화가 낮은 신호가 나타난다면, 이러한 데이터를 바탕으로 해당 학생에게 적합한 학습 전략을 설계할 수 있다.

학생들은 이 데이터를 통해 자신이 어떤 학습 활동에서 더 높은 신경 반응을 보이는지, 그리고 어느 영역에서 학습 개선이 필요한지를 명확히 이해하게 된다. 다음 단계는 ChatGPT와의 상호작용을 통해 학습 전략을 설계하는 과정이다. ChatGPT는 단순히 정보를 제공하는 도구가 아니라, 학생들이 자신의 데이터를 기반으로 필요한 정보를 능동적으로 찾아내고 학습을 심화할 수 있도록 돕는 가이드 역할을 한다. 예를 들어, 학생이 "왜 창의적 활동에서 전전두엽 활성화가 높은가?"라는 질문을 던진다면, ChatGPT는 "전전두엽 활성화는 복잡한 문제 해결과 창의적 사고에 관여하는데, 창의적 활동이 이러한 영역을 자극할 가능성이 큽니다."라는 답변을 제시한다. 또한, 학생은 이러한 답변을 바탕으로 "개념 학습 중 후두엽 활성화를 높이기 위한 효과적인 학습 방법은 무엇인가?"와 같은 추가 질문을 통해 더 깊은 통찰을 얻을 수 있다.

ChatGPT와의 상호작용 과정은 학습자의 질문을 중심으로 진행된다. 학생들이 데이터 분석을 통해 파악한 문제점이나 개선 사항에 대해 ChatGPT에게 구체적인 질문을 던지면, ChatGPT는 이를 바탕으로 학습 전략 설계에 필요한 정보를 제공한다. 이 과정에서 학생들은 단순히 AI의 답변을 수용하는 것이 아니라, 비판적으로 사고하며 학습 과정의 주체가 된다. 예를 들어, 창의적 문제 해결에서 효과적인 신경 반응을 보이는 학생은 이러한 활동을 중심으로 학습 계획을 세우고, 개념 학습에서 어려움을 겪는 학생은 짧고 집중적인 학습 세션과 시각적 자료를 활용하는 방식으로 보완할 수 있다. 학습 계획이 실행되면, 학생들은 학습 중 발생하는 문제를 해결하기 위해 ChatGPT와 지속적으로 상호작용하며 학습 전략을 조정한다. "현재 학습 전략에서 개선해야 할 점은 무엇인가?" 또는 "특정 활동이 뇌 활성화에 미치는 영향을 분석하기 위해 추가적으로 어떤 데이터를 사용해야 하는가?"와 같은 질문을 던지면, ChatGPT는 실질적인 피드백을 제공한다. 이러한 피드백은 학습 전략을 더욱 세밀하고 효과적으로 조정하는 데 도움을 준다. 학습이 완료된 후에는 학생들이 자신의 학습 결과를 발표하고 성찰한다. 이 단계에서는 학생들이 제공된 fMRI 데이터를 활용해 어떤 학습 활동에서 더 큰 효과를 보았는지, 어떤 전략이 비효율적이었는지를 분석한다. 발표 내용에는 자신의 데이터와 ChatGPT와의 상호작용을 통해 도출한 학습 전략, 학습 효과의 변화가 포함된다. 이러한 과정을 통해 학생들은 자신의 학습 경험을 공유하며, 다른 학습자들의 전략에서 추가적인 통찰을 얻을 수 있다.

현재의 fMRI 기술은 데이터 수집과 분석에 많은 시간이 소요되지만, 향후 fMRI를 빠르게 측정할 수 있는 기술이 개발된다면 이 학습법은 더욱 실용적이고 강력한 도구로 자리 잡을 것이다. 실시간으로 신경 반응 데이터를 수집하고 이를 학습 전략에 즉각적으로 반영하는 것이 가능해지면, 학생들이 학습 활동을 수행하는 순간 뇌의 신경 반응을 분석하고, ChatGPT가 실시간으로 데이터를 해석해 적합한 피드백을 제공할 수 있을 것이다. 이는 학습 과정에서 즉각적인 전략 조정과 최적화를 가능하게 하며, 학습 효과를 극대화할 새로운 가능성을 열어줄 것이다.

결론적으로, fMRI 데이터와 ChatGPT를 활용한 초개인화 학습법은 학생 개개인의 학습 스타일과 신경 반응을 과학적으로 분석하고, 데이터를 기반으로 최적화된 학습 전략을 제공하는 혁신적인 접근법이다. 이 학습법은 학생들이 자신의 학습 과정을 더 깊이 이해하고, 자기 주도적이며 비판적인 사고 능력을 키울 수 있도록 돕는다. 또한, 기술 발전과 결합될 경우, 실시간 데이터 분석을 통해 더욱 정교한 학습 경험을 제공하며 개인화된 교육의 새로운 지평을 열어갈 것이다.

커뮤니케이션 수업법

AI를 기반으로 한 대화형 수업은 학생들이 수업 내용을 복습하고 학습을 심화할 수 있도록 진행된다. 이 방식은 학생들이 수업 중 배운 개념과 지식을 AI와의 대화를 통해 재확인하고, 이를 다양한 방식으로 활용할 수 있도록 돕는다. 수업 내용을 복습하기 위해 AI는 학생들에게 다양한 수준의 질문을 제공한다.

ChatGPT를 이용하여 수업 시간에도 계속해서 질문하면서 학습 내용을 이해할 수 있고 반복적이면서도 다양한 질문을 통해 학습 효율성을 높일 수 있다. 또한, AI는 단순한 복습 질문 외에도 열린 질문을 통해 학생들이 사고를 확장할 기회를 제공한다. 예를 들어, "심리학의 유명한 실험 하나와 결과를 자신의 경험과 함께 말해볼까요?"와 같은 질문은 학생들이 기존의 지식을 응용하고, 현실 세계와 연결하여 사고하도록 유도한다. 이 과정에서 AI는 학생들의 답변을 분석하고 추가적으로 생각해볼 만한 논점을 제시하여 토론의 깊이를 더한다. 이러한 대화형 수업은 학생들에게 단순 암기가 아닌 개념의 깊은 이해와 응용 능력을 키우는 기회를 제공한다. AI와의 대화는 학생 개개인의 학습 속도와 수준에 맞춰 진행되므로 학습 효율성을 높이며, 학생들은 질문을 던지는 능력을 높일 수 있다. 이는 비판적 사고와 문제 해결 능력을 키우는 데 중요한 역할을 한다. 실제로 미국의 일부 초등학교에서는 AI 기반 학습 플랫폼을 활용하여 개인화된 학습 경험을 제공하고 있으며, 한국의 일부 고등학교에서도 AI를 통해 영어 말하기 훈련이나 논문 작성 지원이 이루어지고 있다.

이러한 사례는 AI 기반 대화형 수업이 학생들의 자기주도 학습 능력을 강화하고 심화 학습을 가능하게 한다는 점을 보여준다. 따라서 AI를 기반으로 한 대화형 수업은 학생들이 질문과 대답의 과정을 통해 학습 내용을 체화하고, 이를 다양한 상황에 응용할 수 있도록 돕는 수업 방법이다. 이를 통해 학생들은 단순한 지식 습득을 넘어 사고력을 확장하고, 문제 해결 능력을 키워나갈 수 있다.

프로젝트 수업법

현실 문제를 해결하는 프로젝트 수업은 학생들이 학습한 지식을 실제 상황에 적용하고, 창의적으로 문제를 해결하는 경험을 통해 학습의 깊이를 더할 수 있는 교육 방식이다. 이 수업은 학생들이 AI 기술을 활용해 구체적인 사회적, 과학적, 환경적 문제를 해결하는 프로젝트를 설계하고 실행하며, 이를 통해 비판적 사고와 협업 능력을 키울 수 있다. 또한 AI 기술을 이용하여 소규모부터 대규모 팀까지 진행할 수 있다. 예를 들어, 환경 문제를 주제로 한 프로젝트를 진행할 경우, 학생들은 AI를 활용하여 지역의 환경 데이터를 분석하고, 이를 기반으로 문제의 원인을 진단한 뒤 해결책을 제안할 수 있다. 특정 지역의 대기 오염 데이터를 AI 분석 도구로 시각화하고, 과거 데이터를 학습한 AI 모델을 통해 미래의 오염 상황을 예측하며, 이의 해결 방안을 제시하는 과정은 학생들에게 문제 해결의 전 과정을 경험하게 한다. 또한, 학생들은 AI 챗봇을 활용해 지역 주민들의 의견을 수집하거나, AI를 통해 효과적인 환경 캠페인을 설계하는 프로그램을 구상한다. 이 프로그램은 팀원 간의 소통 능력을 향상할 수 있고 자신이 관심 있는 분야를 직접 경험하고 스스로 설계할 수 있는 경험을 제공할 수 있다.

이렇듯 프로젝트 수업은 학생들이 단순히 AI 기술을 사용하는 것에 그치지 않고, 이를 통해 문제를 정의하고 해결책을 도출하며, 결과를 평가하고 개선하는 과정을 경험하게 한다. 이는 학생들에게 학습 내용이 실제 생활과 어떻게 연결되는지를 체감하게 하며, 주도적으로 학습에 참여하도록 동기를 줄 수 있다. 또한, 학생들이 팀을 이루어 협력하면서 의견을 나누고 아이디어를 발전시키는 과정은 협업 능력과 의사소통 능력을 높일 수 있으며 하나의 팀이 되어 학교에서 이루어지는 일반 과제와는 다르게 하나의 결과물을 내기 위해 진행할 수 있는 방법이다.

또한, 프로젝트 수업은 AI와 인간의 고유한 뇌 지능을 결합하여 새로운 가치를 창출할 수 있는 기회를 제공한다. 학생들은 AI를 통해 데이터 분석, 모델링, 시뮬레이션 등의 기술을 활용하고, 이를 바탕으로 실제 문제를 해결하며 창의성과 응용력을 기를 수 있다. 동시에, 교수자는 학생들의 학습 과정을 정교하게 모니터링하고 피드백을 제공함으로써 학생들이 프로젝트를 성공적으로 수행할 수 있도록 지원할 수 있다.

한국교육학술정보원(KERIS)에서 2023년에 발간한 『AI기반 맞춤형 교육을 위한 변화』에 따르면, 이러한 프로젝트 기반 학습은 학생들의 문제 해결 능력, 창의력, 그리고 학습 동기를 높이는 데 매우 효과적이다. 미래의 교육은 단순히 지식을 전달하는 것을 넘어, 학생들이 학습 내용을 실제 상황에서 활용하고 응용할 수 있도록 돕는 방향으로 나아가야 한다. 이를 통해 학생들은 AI와 인간의 뇌 지능이 결합된 새로운 학습 경험을 통해 미래 사회를 주도적으로 이끌어갈 역량을 갖추게 될 것이라고 말한다. 성장하는 사람은 곧 질문하는 사람이다.

메타인지 수업법

학생들의 사고 과정을 심화하고 개선하기 위한 방법으로 메타인지와 자기 반영을 활용할 수 있다. 메타인지는 자신의 사고 과정을 인식하고 조절하는 능력으로, 학습 효율성을 높이는 데 핵심적인 역할을 한다. AI 기반 학습일지는 학생들이 학습 과정에서 겪는 어려움, 성공 경험, 개선 방향을 체계적으로 기록하도록 돕는 도구로 활용될 수 있다. 이를 통해 학생들은 자신의 강점과 약점을 객관적으로 파악하며, AI는 학습 패턴과 성과를 분석하여 주요 내용을 요약하고 적절한 피드백을 제공한다. 예를 들어, 학생이 어려움을 겪었던 수학 문제 유형을 AI가 식별하고, 관련된 학습자료와 연습 문제를 추천하는 방식으로 지원할 수 있다.

이러한 학습일지는 장기 목표와 단기 목표를 설정하고 진척 상황을 시각적으로 확인하는 데에도 유용하다. 학생들의 비판적 사고를 돕기 위해 AI는 학습 내용을 더 깊이 이해하고 탐구할 수 있는 질문을 생성할 수 있다. 예를 들어, 역사 수업에서는 단순히 사건을 나열하는 대신 "만약 특정 사건이 다른 방식으로 전개되었다면 어떤 결과가 나타났을까?"와 같은 가정형 질문을 제시함으로써 창의적 사고를 촉진할 수 있다. 이러한 질문은 학습 내용을 다각도로 탐구하도록 유도하며, 학생들이 문제를 새롭게 바라보는 시각을 개발하는 데 기여한다.

또한, AI 기술을 기반으로 한 메타인지 훈련 게임은 학생들이 사고 과정을 점검하고 개선하는 능력을 강화하도록 설계될 수 있다. 문제해결 과정을 단계별로 기록하고 AI가 이를 분석하여 더 나은 접근방식을 제안하거나, 학습한 내용을 학생들이 스스로 평가할 수 있도록 돕는 자기 평가 시스템을 도입할 수 있다. 이 시스템은 학생이 제출한 답안이나 프로젝트를 기준으로 점수를 부여하거나 구체적인 개선 방향을 제시하며, 이를 통해 자신의 학습 상태를 파악하고 부족한 부분을 채우는 데 집중할 수 있다.

게이미피케이션 수업법

AI는 학습 목표를 시각적으로 표현하여 동기를 부여하는 데에도 효과적이다. 학생이 이룬 목표와 앞으로의 과제를 그래프로 보여주거나, 학습 진척 상황을 애니메이션 형태로 제공함으로써 학습 과정에 대한 자신감을 높이고 지속적인 동기를 유지하도록 도울 수 있다. 이러한 방식을 통해 학생들은 자기 주도 학습 능력을 키우고, 창의성과 문제해결 능력을 동시에 증진시킬 수 있다. 또한 학습에 게임의 요소를 도입하는 게이미피케이션 방법이 있다.

AI 기술을 활용한 게이미피케이션은 학생들에게 도전과 성취의 경험을 제공하며 학습 효율성을 높이는 데 크게 기여한다. AI 기반 학습 게임은 학생들의 학습 수준에 따라 난이도를 조정하고 점진적인 학습 목표 달성을 지원한다. 예를 들어, 영어 어휘 학습 게임에서는 이미 숙달한 단어를 제외하고 새로운 단어나 어려운 단어에 집중할 수 있도록 문제를 생성한다. 또한, AI는 학생들의 게임 데이터를 분석하여 부족한 영역을 파악하고, 추가 학습콘텐츠를 제공한다. 게임에서 핵심적인 요소 중 하나는 보상 체계다. AI는 학생들이 작은 목표를 달성할 때마다 즉각적인 피드백과 보상을 제공하여 학습 동기를 강화한다. 예를 들어, 수학 문제를 풀 때 정확도와 속도에 따라 디지털 배지를 지급하거나, 특정 단계를 완료하면 새로운 학습콘텐츠에 접근할 수 있도록 한다. 이러한 보상 체계는 학생들에게 도전 의식을 심어주며 지속적인 학습 참여를 유도한다.

AI를 활용한 협력적 학습 게임은 학생들이 팀을 이루어 공동의 목표를 달성하도록 돕는다. AI는 팀 내 역할을 자동으로 배분하고, 팀원 간의 상호작용을 촉진하는 게임 환경을 제공하여 문제 해결 능력뿐만 아니라 의사소통과 협업 능력도 함께 향상시킬 수 있다. 또한, AI는 학생들의 학습 진행 상황을 실시간으로 모니터링하여 난이도를 조정한다. 예를 들어, 한 학생이 특정 단계에서 어려움을 겪으면 문제를 조금 더 쉽게 조정하거나 추가적인 힌트를 제공한다. 반대로, 문제를 빠르게 해결하는 학생에게는 난도를 높여 도전 의식을 유지하도록 한다. 이러한 적응형 난이도 조정은 학생 개개인의 학습 속도와 능력에 최적화된 학습 경험을 제공한다.

학습 콘텐츠에 스토리텔링 요소를 추가하는 것도 학생들의 몰입감을 높이는 데 효과적이다. 예를 들어, 과학 수업에서는 학생을 가상의 과학 탐험가로 설정하고 미지의 세계를 탐험하며 문제를 해결하는 시나리오를 제공할 수 있다. 이러한 스토리텔링 요소는 학습을 흥미롭고 생동감 있게 만들어 주며, 학생들의 학습 동기를 유지하는 데 중요한 역할을 한다. AI는 학습 게임에서 생성된 데이터를 분석하여 학생들의 학습 성과를 평가하고 개선 방향을 제안할 수 있다. 특정 유형의 문제에서 반복적으로 실수를 하는 학생에게는 해당 문제 유형에 대한 추가 학습 자료를 제공하거나, 개념을 다시 설명하는 콘텐츠를 추천함으로써 학생들이 자신의 약점을 보완할 수 있도록 돕는다. 이를 통해 학습 성과를 더욱 효과적으로 향상시킬 수 있다.

이러한 AI와 게이미피케이션의 결합은 학생들에게 즐겁고 몰입감 있는 학습 경험을 제공하며, 창의력과 문제 해결 능력을 동시에 개발할 수 있는 가능성을 열어준다. 인간의 뇌지능과 AI 기술을 조화롭게 연계함으로써, 교육은 더욱 정교하고 효율적으로 진화할 것이다.

인간지능과 인공지능의 공존·공진화

인간의 뇌지능과 인공지능은 대립적인 관계가 아니라 상호보완적인 관계로 바라보아야 한다. AI는 방대한 데이터를 신속하게 분석하고 효율적으로 전달하는 데 탁월한 능력을 가지고 있지만, 인간만이 지닌 창의적 사고, 비판적 사고,

그리고 정서적 이해력은 AI가 대체할 수 없는 중요한 요소이다. 따라서 AI는 단순히 정보 전달과 반복적인 작업을 지원하는 도구로 사용되며, 인간은 이러한 데이터를 바탕으로 창의적인 문제 해결 능력을 발휘하고, 윤리적 판단을 통해 더 깊은 사고와 의미 있는 가치를 부여할 수 있다.

이러한 상호작용을 통해 학생들은 AI와 함께 협력하며 정보의 깊이를 확장하고, 비판적 사고와 창의력을 바탕으로 문제를 해결하는 방법을 배울 수 있다. 이러한 융합적 접근은 미래의 교육에서 학생들이 AI와 함께 공존하며, 더욱 창의적이고 유능한 인재로 성장할 수 있는 기반을 마련할 것이다. 인간과 인공지능의 협력은 기술의 한계를 넘어서 인간 고유의 능력을 강화하며, 사회 전반에 긍정적인 변화를 이끌어낼 것이다.

CHAPTER 09

학생성공형 다이아몬드(HEXA) PBL 모형

대학생들이 생각하는 가장 중요한 대학생활 성공 요인은 자신이 원하는 수준의 학업성취다. 다만 단순히 좋은 학점을 얻는 것이 아니라 재미있는 학습경험을 통해 자신의 진로에 기여하는 학습활동이나 커리큘럼의 경험을 기대하는 것이다. 따라서 인습적인 방식인 교수중심–교실중심–지식중심의 학습경험이 아니라 학생중심–경험/활동 중심–사회/현장 중심의 혁신적인 커리큘럼을 개발할 필요가 있다. 많은 신입생들이 고등학교 시절과 전혀 다른 배움의 경험을 원하고 있다.

1 문제 기반 PBL(Problem–Based Learning)

기본적으로 학습자 중심을 원칙으로 하며, 실제적이고 복잡한 문제를 바탕으로 학습이 이루어진다. 문제 기반의 PBL은 전통적인 교수자 중심의 강의식 수업과는 달리 학습자들이 스스로 문제를 탐구하고 해결해 나가는 과정에서 학습목표를 달성하도록 설계되었다. PBL의 주요 특징은 다음과 같다.

① 문제 중심: 학습 과정은 실제적이고 복잡한 문제로 시작된다. 이 문제는 이론적이거나 단순한 질문이 아니라, 실제 세계에서 발생할 수 있는 상황에 기반하여 학습자의 사고와 참여를 유도한다. ② Learner agent: 교수자는 지식을 전

달하는 역할보다는 학습의 촉진자(facilitator) 역할을 한다. 학습자들은 팀으로 협력하여 문제를 분석하고 필요한 정보를 탐색하며 스스로 해결책을 찾아간다. ③ 협력학습: PBL은 팀 기반 활동을 기본으로 한다. 학습자들은 팀원들과 협력하여 서로의 아이디어를 공유하고 다양한 관점을 논의하며 문제를 해결한다. ④ 자기 주도 학습: 학습자들은 문제를 해결하기 위해 필요한 정보를 스스로 탐색하고 학습한다. 이를 통해 자기 주도 학습 능력*이 향상된다. ⑤ 통합적 접근: PBL은 다양한 학문적 지식과 기술을 통합적으로 활용하도록 유도한다. 이를 통해 이론과 실제를 연결하고, 다학문적인 관점을 배울 수 있다.

* 자기주도 학습(Self-Directed Learning): 학습자가 자신의 학습 과정 전반을 스스로 계획하고 실행하며 평가하는 학습 방식을 의미한다. 이는 학습자가 단순히 외부의 지시에 따라 배우는 것이 아니라, 스스로 목표를 설정하고 필요한 자원을 찾으며 학습을 주도적으로 이끌어나가는 능력을 강조한다.

자기주도학습의 주요 특징은 ① 목표 설정: 학습자가 스스로 학습의 목표와 방향을 설정한다. 예를 들어, 특정 기술을 배우거나 시험 준비를 위한 학습 계획을 세우는 것이 포함된다. ② 학습계획: 목표 달성을 위해 필요한 자료와 자원을 선정하고, 시간과 우선순위를 조정하여 구체적인 계획을 수립한다. ③ 실행: 학습자는 계획에 따라 학습 활동을 실행하며, 필요시 계획을 수정하거나 조정한다. 이 과정에서 학습에 대한 자기 관리와 동기부여가 중요하다. ④ 자기참조 평가: 학습자는 학습 결과를 스스로 평가하고, 부족한 점을 보완하거나 새로운 목표를 설정하는 과정을 통해 지속적으로 성장한다. 이러한 자기주도학습의 주요 장점으로 책임감과 자기관리 능력이 향상될 수 있다. 학습 과정 전반을 스스로 관리하면서 자기 주도성과 책임감을 키울 수 있으며, 개인화된 학습이 가능하다. 각자의 필요와 관심에 따라 학습 목표와 방법을 설계할 수 있어 효율적이고 맞춤형 학습이 가능하다. 학습 과정을 스스로 설계하고 문제를 해결해나가면서 창의적 사고와 문제 해결 능력을 키울 수 있다.

자기주도학습을 통해 독립적으로 학습할 수 있는 능력을 갖추면, 평생 동안 학습과 성장의 기회를 스스로 만들어갈 수 있다. 자기주도학습을 위하여 반드시 필요한 요소들이 있다. ① 동기부여: 학습자는 스스로 학습에 대한 동기를 찾고 지속적으로 유지할 수 있어야 한다. ② 시간 관리 능력: 체계적으로 학습 시간을 계획하고 활용하는 능력이 중요하다. ③ 자원 활용 능력: 필요한 정보를 탐색하고 적절한 자료를 활용하는 능력이 필요하다. ④ 비판적 사고와 자기 성찰: 자신의 학습 과정을 객관적으로 평가하고 개선점을 도출하는 능력이 요구된다. 자기주도학습을 촉진하는 방법으로 구체적이고 현실적인 학습 목표 설정, 작은 단계로 나누어 학습 계획 수립, 학습 진행 상황 점검 및 성취, 스스로 학습에 대한 보상과 동기 부여 제공, 멘토나 학습 커뮤니티의 도움 등이다. 자기주도학습은 개인의 주도적인 학습 습관을 형성하고, 끊임없이 변화하는 사회에서 필요한 자기 계발 능력을 키우는 데 필수적인 학습 방법이다.

일반적으로 이루어지는 문제기반 PBL의 과정을 요약하면 다음과 같다. ① 문제 제시: 복잡하고 도전적인 문제를 제시한다. 이 문제는 단일한 답이 없고 학습자가 창의적으로 접근해야 하는 성격을 가져야 한다. ② 문제 분석 및 학습 목표 설정: 학습자들은 문제를 분석하고, 해결에 필요한 지식과 기술을 파악하며 학습 목표를 설정한다. ③ 정보 탐색 및 학습: 학습자들은 필요한 정보를 수집하고 학습하며 이 과정에서 다양한 자료를 활용할 수 있다. ④ 솔루션 제안: 수집한 정보를 바탕으로 문제 해결 방안을 제시하고, 이를 팀원들과 논의하여 최적의 해결책을 도출한다. ⑤ 결과 발표 및 평가: 도출된 해결책을 발표하고, 교수자와 동료 학습자들로부터 피드백을 받는다. 이를 통해 학습 과정을 돌아보고 개선점을 도출한다.

이러한 PBL의 장점으로는 학습자의 비판적 사고력, 문제 해결 능력, 의사소통 기술, 협업 능력의 향상, 이론과 실제를 연결하며 학습자의 동기 부여 강화, 자기 주도 학습 능력을 키워 장기적인 학습 역량 증진 등을 들 수 있다. 반면, 단점은 효과적인 학습을 위해 교수자의 전문성과 학습 환경이 중요하고, 초기 학습자에게는 자기 주도 학습이 어려울 수 있다. 또한 팀 활동에서의 비효율이나 공평성 문제 등이 발생할 수 있다. 이러한 PBL모형*은 특히 의학, 간호학, 공학, 경영학 등 실무와 밀접한 분야에서 널리 활용되며, 학교교육의 중요한 패러다임으로 자리 잡고 있다.

***PBL모형**

1. 인습 모형

학생들은 복잡하고 실생활과 연관된 문제를 제시받고 이를 해결하며 학습한다. 소그룹 활동이 중심이며, 학생들은 각자의 역할을 맡아 문제를 분석하고 정보를 수집한 뒤

해결책을 제시한다. 교수자는 학습과정에서 촉진자(facilitator) 역할을 하며 직접적인 답변을 제공하지 않는다. 장점은 자기주도 학습 능력과 협동 능력을 동시에 키울 수 있고, 학습자가 주체적으로 문제 해결 능력을 배양할 수 있다.

2. 탐구 중심 모형

문제 해결을 위해 학생들이 깊이 있는 탐구를 수행한다. 문제를 정의한 후 실험, 데이터 수집 및 분석을 통해 해결 방안을 도출한다. 과학, 수학, 사회학 등과 같은 과목에 적합하다. 장점으로는 비판적 사고와 분석적 사고 능력 배양, 실제 문제에 기반한 심층적 학습경험 제공 등이다.

3. 협력 중심 모형

팀 내에서 협력을 강조하며, 그룹별로 문제를 해결하는 과정을 중시한다. 각 팀원은 다양한 역할(예: 리더, 서기, 발표자)을 맡아 학습 활동에 기여한다. 팀 단위로 결과물을 발표하고 피드백을 받는다. 주요 장점은 협력적 의사소통 능력과 사회적 기술 개발, 공동 작업을 통한 다양한 관점 학습 등이다.

4. 프로젝트 모형

문제 해결 과정이 프로젝트 형식으로 진행된다. 학생들은 문제를 해결하기 위한 구체적인 산출물(보고서, 발표 자료, 프로토타입 등)을 제작한다. 긴 시간 동안 진행되며, 실제 현장에서 적용 가능한 결과물을 목표로 한다. 장점으로 실용적인 학습 결과물을 통해 성취감을 제공, 문제 해결 과정에서 창의성과 실행력을 향상할 수 있다.

5. 디지털 기반 모형

디지털 도구와 자료를 활용하여 문제를 해결한다. 온라인 플랫폼, 가상 시뮬레이션, 데이터베이스 등을 통해 문제를 탐색하고 해결 방안을 모색한다. 원격 학습 환경에서도 효과적으로 운영이 가능하다. 장점으로는 디지털 리터러시와 기술 활용 능력 향상, 다양한 멀티미디어 자료를 통한 학습 동기 강화 등을 들 수 있다.

6. Teacher Agent 모형

교수자가 문제 상황을 세밀히 설계하고 단계별로 학습자들을 이끈다. 학생들에게 문제 해결의 기본 틀과 방향성을 제공하며, 더 많은 가이드를 제공한다. PBL 경험이 적은 학습자에게 적합하다. 주요 장점으로는 문제 해결 과정에서 학습자가 겪을 수 있는 혼란 최소화, 체계적이고 단계적인 학습 경험 제공 등이다.

이상과 같은 여섯 가지 문제 기반 PBL모형은 교육 환경, 학생들의 수준, 학습 목표에 따라 선택적으로 활용할 수 있다. 각 모형은 학습자 중심의 문제 해결 능력과 비판적 사고 능력을 기르는 데 중점을 둔다. 적절한 PBL 모형을 선택하여 효과적인 학습 환경을 설계할 수 있다.

2 프로젝트 기반 PBL(Project-Based Learning)

이는 기본적으로 학생들이 실제 문제를 해결하거나 프로젝트를 완성하는 과정에서 학습 내용을 습득하고 적용하는 학습 방식이다. 이 접근법은 전통적인 강의 중심 수업과 달리, 학습자 중심으로 설계되며 실제 상황과 연관된 활동을 통해 학습의 동기를 높이고 문제 해결 능력을 강화한다. 주요한 특징을 들면 ① 실제성(Relevance): 학습 내용이 실제 세계와 관련되어 있어, 학습자는 현실적인 문제를 해결하면서 학습한다. ② 학습자 중심(Learner-Centered): 학생들은 프로젝트의 계획과 실행에 주도적으로 참여하며, 교사는 가이드 역할을 한다. ③ 협업(Collaboration): 팀 단위로 작업하여 협업 능력을 개발하고 다양한 관점을 배우는 기회를 제공한다. ④ 통합적 접근(Interdisciplinary): 여러 학문 분야의 내용을 통합적으로 다루어, 복합적 사고와 창의력을 촉진한다. ⑤ 과정 중심(Evaluation of Process): 프로젝트의 결과물뿐만 아니라, 학습 과정과 문제 해결 과정이 평가된다.

프로젝트기반 학습의 주요구성 요소는 다음과 같다. ① 문제 정의(Problem Definition): 학습자에게 해결해야 할 문제나 도전 과제를 제시한다. ② 계획 수립(Planning): 학습자는 문제 해결을 위한 계획을 세우고, 필요한 자료와 자원을 파악한다. ③ 조사와 실행(Research and Implementation): 문제를 분석하고 자료를 수집하여 해결 방안을 실행한다. ④ 결과물 생성(Creation of Artifacts): 프로젝트의 결과물(보고서, 발표 자료, 제품 등)을 완성한다. ⑤ 공유와 평가(Sharing and Evaluation): 결과물을 발표하고 피드백을 받으며, 학습 과정과 결과를 평가한다.

이러한 프로젝트 기반 수업설계의 장점은 문제 해결 능력과 비판적 사고를 기르고, 창의성과 혁신적 사고를 촉진하는 것이다. 학습자 간 협력과 의사소통 능력이 향상되며, 학습 내용이 실제 경험과 연결되어 흥미와 동기를 높인다. 반면에 단점*으로는 프로젝트 설계와 실행에 많은 시간과 자원이 필요하다. 팀원 간 역할 분담이 잘 이루어지지 않으면 갈등이 발생할 수 있으며, 학습자 수준과 흥미에 따라 학습 격차가 발생할 가능성이 있다.

***프로젝트 수업의 단점**

프로젝트 수업을 맹신하는 경우 다양한 교수학적 문제를 제기할 수 있다. 학생들이 과학자, 역사학자가 사고하는 것처럼 공부할 수 있도록 가르쳐야 한다는 교수학적 신화는 정당한가? 경험이 미숙한 학생과 저장된 지식이나 경험이 풍부한 전문가가 사고하는 방식이 과연 동일한가? 어린이들을 전문가로 만들겠다는 수업방식은 과연 정당한가? 여러 가지 수업사례를 통하여 학생들에게 전문가와 같은 학습활동을 하도록 기대하는 것은 실수나 착오일 뿐이라는 사실이 밝혀지고 있다. '디자인 씽킹'의 경우 교사는 마치 디자이너처럼 사고하라고, '컴퓨팅 사고'의 경우 컴퓨터 공학자처럼 생각하라고 학생들에게 강요한다. 어처구니 없는 **학습폭력**이 프로젝트 수업이라는 미명으로 학교수업에서 정당화되고 있다. 프로젝트나 활동중심 교육을 강조하는 미신은 교육의 목표를 자기주도적으로 실생활 문제들을 해결할 수 있는 능력을 갖추도록 해주는 것이라고 여긴다.

크리스토둘루의 주장에 의하면 자기주도적 문제해결 능력은 교육의 목표일 뿐 방법이 될 수 없다. 학생들은 비록 전문가가 아닐지라도 실생활의 문제를 해결할 수 있어야 하며 그 때문에 지식을 배우고 실제 경험을 한다. 프로젝트나 활동중심 수업의 신화는 **불공정성** 문제가 제기될 수 있다. 프로젝트 학습활동이 배경지식을 필요로 한다는 사실은 간과한 채 프로젝트 수행의 능력에만 초점을 맞추는 경우가 발생한다. 즉, 내용이 아니라 형식에 경도(傾倒)되는 경우가 많다. 예를 들어, **햄릿의 작품**을 연극으로 학습할 때 배경지식은 무시한 채 연기능력을 평가하는 오류가 나타날 수 있다. 연극의 내용과 학생이 경험한 내용을 일치시키는 내재화된 학습이 이루어지지 않는다. 또한 가정에서의 성장과정에서 배경지식과 관련된 사전 학습이 풍부한 학생과 그렇지 못한 학생 간 학습효과는 차이가 날 수밖에 없다.

크리스토둘루는 프로젝트 학습에 대한 미신의 문제점에 대하여 다음과 같이 냉철하게 비난한다.

"프로젝트 학습의 미신은 고귀하지만 비효과적이다. 교육의 목표는 자기 스스로 실생활 문제들을 해결할 수 있는 능력을 갖추도록 도와주는 것이다. 그러나 학생들이 이미 실생활 문제들을 자기 스스로 해결할 만한 능력이 있다는 전제에서 가르친다면 교육의 목표는 결코 달성할 수 없을 것이다."

3 현장 기반 PBL(Place-Based Learning)

이는 학습자가 특정 장소나 지역사회와 관련된 실제 문제나 주제를 중심으로 학습 활동을 수행하는 교육 접근법이다. 이 방법은 학습자가 자신이 속한 지역사회에 대한 이해를 깊게 하고, 실질적인 문제 해결 능력을 개발하며, 학습 내용과 실제 생활의 연결성을 강화하는 데 초점을 둔다. 현장기반 학습의 주요 특징은 다음과 같다. ① 지역사회 중심: 학습 활동은 지역사회와 그 안에서의 문제, 자원, 역사, 문화 등을 중심으로 설계된다. 학습자는 자신의 지역 환경을 탐구하고 그에 대한 이해를 바탕으로 프로젝트를 수행한다. ② 실제 문제 해결: 학습자는 특정 지역의 문제를 분석하고 해결 방안을 모색하며, 이를 통해 비판적 사고와 문제 해결 능력을 기른다. 예를 들어, 지역의 환경 문제, 교통 문제, 역사적 장소 보존 등을 주제로 삼을 수 있다. ③ 경험적 학습: 현장 학습, 지역사회 구성원 인터뷰, 실습 프로젝트 등을 통해 경험을 바탕으로 학습한다. 학습 과정에서 직접적인 참여와 탐구가 강조된다. ④ 다학문적 접근: 특정 장소와 관련된 문제를 해결하기 위해 다양한 학문 분야(과학, 사회, 예술 등)를 통합하여 학습한다. 복합적인 시각을 통해 문제를 분석하고 창의적인 해결책을 도출한다. ⑤ 공동체와의 연계: 학습자는 지역사회 구성원, 기관, 전문가들과 협력하여 학습 목표를 달성한다. ⑥ 이를 통해 사회적 책임감과 협력 능력을 기른다.

이러한 수업법의 주요 장점은 실질적 학습 경험이 이루어져 학습자가 이론을 실제로 적용하며 학습의 의미를 더 깊게 이해할 수 있다는 점이다. 지역사회의 역사, 문화, 자연환경 등을 배우며 지역에 대한 애착과 정체성을 형성하는 데 도움이 되고, 복잡한 지역사회 기반의 문제들을 체계적으로 다루며 창의적이고 융합적인 사고 능력을 기를 수 있다. 또한, 지역사회의 구성원으로서 책임감과 참여 의식을 키울 수 있다. 이를 적용한 수업법을 예시하면 다음과 같다. ① 환경 교육: 지역 하천의 수질 문제를 조사하고 개선 방안을 제안하는 프로젝트. ② 역사 탐구: 지역의 역사적 건축물이나 문화유산을 연구하고 보존 계획을 수립하는 활동. ③ 도시

계획: 지역사회의 교통문제를 분석하고 대안을 설계하는 학습 프로젝트 등이다. 기본적으로 현장 기반 학습은 학습자에게 지역사회에 대한 깊은 이해와 함께 실질적이고 지속 가능한 변화를 이끌어낼 수 있는 능력을 길러주는 효과적인 방법으로, 교육장면에서 점점 더 많이 활용되고 있다. 반면에 단점은 기초지식이 부족한 상태에서는 학습효과가 제한적이고 지역이나 자원의 여건에 따라 학습 경험의 질적 차이가 발생할 수 있다는 것이다. 또한, 학습자의 참여 태도에 따라 격차가 심화될 수 있다.

4 플랫폼 기반 PBL(Platform-Based Learning)

플랫폼 기반의 학습설계는 디지털 기술과 네트워크를 활용하여 학습자, 콘텐츠, 그리고 학습 환경을 통합적으로 연결하고 지원하는 학습 시스템을 설계하는 접근 방식이다. 이 설계 방식은 학습 플랫폼을 중심으로 다양한 학습 활동과 자원을 제공하며, 학습자 중심의 유연한 학습 경험을 추구한다. 플랫폼은 학습 활동을 지원하는 디지털 환경으로, 학습자, 교수자, 콘텐츠, 그리고 학습 데이터를 연결한다. 플랫폼 구성의 목적은 학습자에게 개인화된 학습 경험을 제공하고, 학습 과정과 결과를 효과적으로 관리 및 분석하는 것이다. 플랫폼 기반 학습설계의 주요한 특징은 다음과 같다.

① 개인화 학습: 학습자의 수준, 선호도, 목표에 맞춘 맞춤형 콘텐츠와 학습 경로를 제공한다. ② AI와 머신 러닝 기술을 활용해 학습 데이터를 분석하고 추천 시스템을 구현한다. ③ 유연성: 시간, 장소에 구애받지 않고 학습할 수 있는 비동기 및 동기 학습 환경을 제공한다. 학습자 주도의 자기주도 학습을 촉진한다. ④ 다양한 학습 자원 통합: 텍스트, 영상, 오디오, 상호작용 콘텐츠 등 다양한 형태의 학습 자료를 통합적으로 제공한다. ⑤ 외부 리소스(예: 오픈 교육 리소스, MOOCs)와 연계할 수 있다. ⑥ 협력과 소셜 학습 지원: 플랫폼 내에서 학습자 간

협업, 토론, 피드백이 가능한 기능을 제공하며, 소셜 네트워크와의 통합으로 학습 커뮤니티를 형성할 수 있다. ⑦ 데이터 기반 분석: 학습 진행 상황과 성과를 데이터로 수집, 분석하여 학습자에게 피드백을 제공하고, 학습 설계자나 교사가 학습 경로를 최적화할 수 있도록 지원한다. 이러한 플랫폼 기반의 학습을 설계할 때 주요 고려사항은 다음과 같다.

① 목표 설정: 플랫폼을 통해 달성하려는 학습 목표를 명확히 정의. 학습자 요구와 학습 과제에 적합한 목표 설정 ② 학습자 분석: 학습자의 기술적 역량, 배경지식, 선호도, 학습 스타일 분석. 다양한 학습자를 포용할 수 있는 접근 방식 도입 ③ 플랫폼 선택: 사용하기 쉬운 인터페이스와 강력한 기능을 제공하는 플랫폼 선정(예: Moodle, Canvas, Blackboard, Google Classroom 등) ④ 학습콘텐츠 설계: 짧고 집중적인 학습 콘텐츠(마이크로러닝) 제작, 상호작용 요소(퀴즈, 시뮬레이션, 게임화) 추가 ⑤ 평가 및 피드백 시스템 구축: 학습자의 성과를 즉각적으로 피드백할 수 있는 자동화된 평가 시스템 활용, 학습 데이터 분석을 통해 학습 경로 조정 등이다.

이러한 수업방식의 주요한 기대 효과로 학습자의 참여와 몰입도 향상, 학습의 접근성과 효율성 증대, 학습자 중심의 맞춤형 학습 경험 제공, 실시간 데이터 기반으로 학습 설계 및 콘텐츠 개선 가능 등을 들 수 있다. 대표적인 운용 사례로 Coursera, Udemy(다양한 수준과 분야의 강좌를 제공하며 개인화된 학습 경로를 설계), K−12 디지털 학습 플랫폼(학교에서 하이브리드 또는 완전 온라인 학습 환경 지원), 기업 내 학습 관리 시스템(LMS)(직원의 역량 개발을 위해 맞춤형 학습 모듈 제공) 등을 들 수 있다. 플랫폼 기반 학습설계는 전통적인 학습 방식과 디지털 학습 환경을 결합하여 학습효과를 극대화하며, 지속적으로 진화하는 기술과 학습자 요구에 적합하거나 친화성을 개선하도록 발전하고 있다.

플랫폼 기반 학습 설계의 장점은 학습의 제약을 없애고 개인 맞춤형 학습이 가능하다는 것이다. 또한, 학습자 상호간의 협력과 데이터를 기반으로 한 피드백이 가능하다. 반면 단점은 기술격차로 인한 불평등이나 알고리즘에 의존할 우려가 있다는 점이다.

5 성과 기반 PBL(Performance-Based Learning)

성과(performance) 기반 학습설계는 학습자가 실질적인 업무 성과를 개선하거나 특정 성과 목표를 달성할 수 있도록 설계된 수업방법이다. 이는 단순히 정보를 전달하거나 지식을 제공하는 것을 넘어, 학습자가 학습한 내용을 실제 상황에서 효과적으로 적용할 수 있도록 지원하는 데 초점을 둔다. 성과 기반 학습설계는 다음과 같은 주요 요소로 구성된다.

① 성과 중심 목표 설정: 학습의 목표는 학습자가 달성해야 할 구체적인 성과에 맞춰 설정된다. 예를 들어, '고객 만족도를 10% 향상시키기 위한 기술 습득'과 같은 구체적이고 측정이 가능한 목표를 수립한다. 이를 위해 학습자의 업무 환경과 목표 성과를 명확히 이해하는 것이 중요하다. ② 실제 작업에 기반한 학습: 학습 내용은 학습자가 실제로 수행하는 업무와 관련이 깊은 실질적인 작업으로 구성된다. 예를 들어, 판매직 직원이라면 고객 상담 시 필요한 커뮤니케이션 기술을 학습하며, 이를 실제 상담에서 사용할 수 있도록 설계한다. ③ 역량 강화와 행동 변화 초점: 학습설계는 학습자가 기존의 행동과 사고방식을 바꾸고 새로운 역량을 개발하도록 돕는다. 단순히 지식을 축적하는 것이 아니라, 행동과 실천을 통해 목표 성과에 기여할 수 있도록 한다. ④ 평가와 피드백: 학습의 효과는 학습자가 실제로 성과를 얼마나 달성했는지에 따라 평가된다. 학습 과정에서 반복적인 피드백을 제공하며, 학습자가 부족한 부분을 개선하고 목표 성과에 점진적으로 가까워질 수 있도록 돕는다. ⑤ 실제 환경에서의 적용 지원: 학습자가 실제 업무 환경에서 배운 내용을 적용할 수 있도록 실습, 시뮬레이션, 사례 기반 학습 등이 활용된다. 학습 후에도 코칭이나 멘토링을 통해 지속적인 지원을 제공하여 성과가 유지되도록 한다. ⑥ 성과 측정 지표와 데이터 활용: 학습설계 초기 단계에서 성과를 측정할 지표(KPI)를 설정한다. 학습 전후의 데이터를 분석하여 학습의 효과를 객관적으로 평가하고, 필요시 학습설계를 수정한다.

이러한 성과 기반 학습설계의 장점을 요약하면 다음과 같다. 학습이 실질적인 성과로 연결되어 조직의 목표 달성에 기여한다. 학습자의 실무 능력을 향상시켜 업무 효율성과 만족도를 높인다. 학습 후 지속적인 성과를 유지할 수 있도록 지원한다. 이러한 방식을 적용한 사례를 예시하면 다음과 같다. ① 기업교육: 고객 서비스 역량 강화, 판매 기술 향상, 리더십 개발 ② 학교교육: 실험 기반 STEM 학습, 프로젝트 기반 학습, ③ 공공기관: 공무원의 정책 실행 능력 강화 등이다. 결론적으로 성과 기반 학습설계는 학습자와 조직 모두에게 실질적인 가치를 제공하는 효과적인 방법이다. 반면에 단점으로는 성과 측정이 어렵거나 왜곡될 수 있고 성과 달성에만 집중할 경우 사고, 탐구, 성찰이 경시될 수 있다.

6 파일럿 기반 PBL(Pilot-Based learning)

이는 실제 수업을 실시하기 전에 시범적으로 테스트하고 평가하여, 수업의 내용과 방법을 최적화하는 과정으로 설계된 것이다. 학생들의 반응과 학습 성과를 통해 개선점을 찾아내고, 더 나은 수업을 제공하기 위한 중요한 과정으로 볼 수 있다.

① 목표 설정: 파일럿 수업을 통해 달성하고자 하는 구체적인 학습 목표를 설정한다. 예를 들어 학생들이 특정 개념을 이해하고, 그 개념을 실생활 문제에 적용할 수 있도록 한다. 이를 통해 수업이 종료될 때 학생들이 얻을 수 있는 결과를 명확히 할 수 있다. ② 대상 학생 특성 및 상황 분석: 수업의 대상이 되는 학생들의 수준, 관심사, 선호도 등을 분석한다. ③ 학습 환경 분석: 수업이 진행될 장소와 그에 맞는 기술적 장비나 자료 등을 고려한다. 예를 들어, 교실 내 컴퓨터 사용, 온라인 학습 도구 활용 등을 점검할 수 있다. ④ 수업 콘텐츠 및 방법 개발: 학습 목표에 맞는 교육 콘텐츠를 개발한다(예시: 특정 과학 개념, 역사적 사건, 수학 문제 해결 방법 등). 수업 방법은 학생들이 학습에 적극 참여할 수 있도록 다양한 참여 및 활동 방법을 적용한다. 예를 들어, 직접 교수법(교사 주도 수업진행), 협력 학습(학생들이 그룹 활동을 통해 상호 학습 활동 수행), 탐구 기반

학습(학생들이 스스로 문제를 해결하는 과정을 통해 학습), 평가 방법(학생들의 학습 진도를 확인할 수 있는 방법을 미리 설계함), ⑤ 수업 진행: 실제로 파일럿 수업을 진행한다. 이 과정에서 학생들의 반응을 유심히 관찰하고 피드백을 받는다(예시: 학생들의 질문, 참여도, 집중도 등 체크). ⑥ 시간 관리: 수업이 시간 내에 끝날 수 있도록 시간을 관리한다. ⑦ 평가 및 피드백: 학생들에게 수업에 대한 피드백을 받는다(예시: 설문지, 인터뷰, 자유 의견 제출 등). ⑧ 자체 평가: 수업 진행 후, 교사는 수업이 계획대로 진행되었는지, 예상했던 학습 목표가 달성되었는지를 평가한다(예시: 수업 중 어려웠던 부분, 잘 진행된 부분 등 분석). ⑨ 개선 및 재설계: 수업 운용에서 드러난 문제점들을 해결한다(예시: 수업 시간 부족, 학생들의 이해 부족, 자료의 부족 등). ⑩ 개선된 수업 계획: 피드백을 반영하여 수업을 개선한다. ⑪ 후속 평가 및 확장: 개선된 수업을 다시 실행한 후, 최종 평가를 통해 수업의 효과성을 점검한다. 또한 수업이 성공적으로 이루어졌다면, 더 많은 학생들 또는 다른 학급을 대상으로 수업을 확장한다. 이러한 일련의 과정을 통해 당해 수업 설계를 지속적으로 개선하고, 최적화된 수업환경을 학생들에게 제공할 수 있다. 한편, 다음과 같은 구조화된 프로세스를 활용하여 수업을 계획하고 실행할 수도 있다.

여기서 PILOT란 Prepare(준비), Implement(실행), Learn(학습), Optimize(최적화), Transfer(이전)의 단계를 의미한다. ① Prepare(준비): 목표를 설정하고 계획을 수립한다. 당해 수업에서 달성하고자 하는 학습 목표를 명확히 설정한다. 학습자 특성(수준, 배경지식, 필요 및 관심사 등)을 파악한다. 수업 운용에 필요한 자료(프레젠테이션, 실습 도구 등)를 준비한다. ② Implement(실행) : 수업 목표와 학습 활동을 설명하며 흥미를 유발한다. 주제에 대한 이론적 배경을 설명하고, 사례 분석, 문제 해결, 그룹 활동 등 다양한 학습 활동을 포함한다(프로젝트 기반 학습(Project-Based Learning)이나 협동 학습(Collaborative Learning) 적용이 가능). 학습 과정에서 실시간 피드백을 제공하여 학습 방향을 수정하고 동기를 부여한다. ③ Learn(학습): 학습자들이 스스로 학습 내용을 정리하고, 질문을 통해 이해도를 확인한다. 사용가능한 진단 및 평가 도구(퀴즈, 토론, 발표 등)를 활용하여 학습자 성취도를 측정한다. ④ Optimize(최적화): 수업 종료 후, 학습자와 교사 모두 피드백을 수집한다. 학습자 설문 조사, 구두 피드백 등을 통해 수업의 장단점을 파악한다. 학습자 성취도 데이터와 피드백을 분석하여 수업 설계나 실행에서 개선이 필요한 부분을 확인한다. ⑤ Transfer(이전): 학습 내용의 응용 및 확장을 계획한다. 학습한 내용을 실제 상황에 적용할 수 있는 과제를 부여한다(예: 현장 실습, 프로젝트, 사례 연구 등). 추가 학습 자료나 참고 문헌을 제공하여 학습자들이 스스로 학습을 확장할 수 있도록 지원한다(예시: 프로젝트 기반 코딩 수업 설계).

기본적으로 수업디자인 전략으로서 PILOT 프레임워크의 장점은 학습자의 참여를 극대화하고, 학습 경험의 질을 높이는 데 효과적이라는 점이다. 또한, 구체적인 주제나 분야에 맞게 세부 설계를 최적화, 초점화, 개별화할 수도 있다. 반면에 파일럿 결과를 일반화하는 데 한계가 있고 시간과 행정의 부담이 증가한다는 단점이 있다.

그림 8 | **Hexa PBL의 구조**

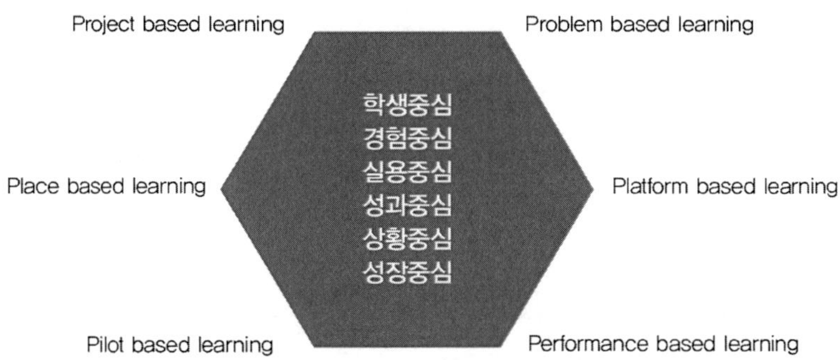

CHAPTER 10

학생성공형 도루학습(STEAL) 모형

신입생들이 보편적으로 인식하는 대학생활 성공의 핵심은 학업성취에 있다. 그런데 이때의 성취는 단순히 좋은 학점을 얻는 것이 아니라 다양한 학습활동을 통하여 자신을 성장시키는 경험으로서의 학습을 의미한다. 본 장에서는 이를 위하여 인습적인 방식의 '교실기반-교수주도-지식중심'의 학습생태계를 개선하여 '학생중심-사회연대-경험중심'의 학습활동 모델을 제안하여 교과/비교과 프로그램에 적극적으로 활용할 것을 제안한다.

표 46 | **4차 산업혁명과 리터러시**

Technology literacy	Data literacy	Human literacy
디지털사회 시민으로서 디지털/테크놀로지 기술을 이해 및 활용하여 정보 탐색 및 관리, 창작 등을 통해 사회문제를 해결하는 실천 능력	개인적으로 다양한 형태의 데이터를 이해하고, 데이터에 대한 공통지식을 공유하며, 의미 있는 대화를 나눌 수 있는 데이터 활용 능력	고도과학기술사회생태계, 디지털기반 인공지능기술에 종속되지 않는 인간의 탁월성과 존엄성을 지키는 인문학적 소양과 통섭적 사고능력

	Service learning	Tour learning	Entre learning	Arbeit learning	Living lab learning
Platform	classroom+ community	community	classroom	community	classroom+ community
Context	교실기반 학습경험을 지역사회와 연대한 봉사 활동과 결합하는 성찰적 학습경험	경험을 통한 지식의 원형 (originality) 확인 및 비교안목/ 차이존중의 태도 형성	사회 현안에 대한 공감성 제고, 창의적, 실천적, 혁신적 역량개발	노작경험을 통한 지식 학습의 검증 및 앎과 삶을 통합하는 학습경험	지역사회 현안에 대한 민감성 제고와 창의적 문제해결능력 향상
Input	활동영역 사전학습	여행 사전준비	공감적 문제 발견 설계	노작활동 설계	문제발견 활동 설계
Process	봉사활동+ 성찰학습 수행	여행/경험+ 성찰학습 수행	솔루션개발+ 액션플랜 구안	아르바이트+ 성찰학습 수행	지역사회문제 탐색 및 해결 방안 모색
Product	실용적인 지식, 당사자적 지식, 경험화된 지식	생애개발 능력, 차이를 발견하고 비교하는 능력 개발	사회현안 해결 및 직업 진로와 연계한 취업/창업 역량강화	일하면서 배우는(doing +learning) 학습경험	지역사회 현안해결 및 **로컬 앙트러프러너십** 연계 계발

1 서비스 러닝

서비스 러닝 이해의 기초

존 듀이(J. Dewey)는 “1온스의 경험은 1톤의 이론과 같은 효과가 있다!”, “학교에서 배운 형식적 지식은 생활경험과 유리된 단순한 학교교과로 그칠 가능성이 높다. 그러나 생활(노동) 경험이 학습재료가 될 때 지식은 생생한 의미를 갖게 된다. 이를 위하여 가장 중요한 것은 학생들이 실제적인 작업(봉사활동 혹은 일종의 서비스)에 능동적으로 참여하여 얻은 경험이다.”라고 했다. 서비스 행위는 Give & Take를 바탕으로 한다. 일방적인 제공이 아니라 제공에 대한 반대 행동이 하나로 통합되어 서로 봉사하는 것이다. 물론 스포츠같이 경쟁 장면에서 서비스는 일종의 공격이지만 사회적, 교육적 차원에서는 상호작용적인 봉사나 기여 행위다.

이러한 서비스 행위 개념을 교육적으로 활용한 것이 바로 '서비스 러닝'이다. 이는 학생들이 이미 알고 있는 지식이나 대학에 들어와 새롭게 배운 지식을 봉사활동 참여를 통해 지역사회와 공유하며, 이와 동시에 자신의 지적 역량을 향상시키는 방안에 대한 교육학적 관점에서 출발했다. 즉, 기존의 봉사활동이 의무감과 형식성에서 비롯되고 있음을 파악하여 학생들의 봉사활동의 자발성, 자기주도성, 관계적 사고 등에 대한 교육학적 필요에서 논의가 활성화되었다. 서비스 러닝은 학생이 전문적인 지식을 지역사회나 특정대상/상황에 봉사활동을 하면서 동시에 일정한 학습 성과를 도모하기 위한 탈(脫)교실(지역사회기반/상황중심) 수업형태다. 한마디로 기존의 봉사활동을 자기주도적인 학습활동으로 전환한 형태다. 서비스 러닝의 기본개념은 봉사, 체험, 학습, 지식 등을 기반으로 하고 있으며, 이는 궁극적으로 지역사회에 대한 이해와 상생발전을 위한 방법을 자기주도적으로 체험하는 활동의 총체라고 정의할 수 있다.

본 절에서는 바바라 자코비(B. Jacoby)의 서비스 러닝에 대한 체계적인 논의를 바탕으로 우리나라 대학에서의 활용 방안을 논의한다(이현우 외(역), 2018. 참조). 교육과정에 반영되어 수업장면에서 활용이 가능한 서비스 러닝의 실제 운용방식은 다음의 원칙을 바탕으로 한다. 서비스 러닝의 핵심은 성찰적 혹은 재학습의 과정을 포함시켜야 한다는 점이다. 서비스 러닝의 운용방식은 다양한 형태로 이루어지기에 지역특성, 학교특성, 인적·물적 가용자원의 특성을 반영하여 고유한 방식의 모델을 구안·적용할 수 있다. 특히 대학의 고유한 설립 이념을 프로그램 운용에 반영한다면 교육적 정합성이 무한대로 확장될 수 있을 것으로 기대된다. 서비스 러닝은 주안점을 어디에 두느냐?에 따라 다음과 같은 양태로 나누어 볼 수 있다.

어떤 형태를 활용하든 서비스 러닝을 수행하기 위한 물적 인프라는 크게 학교의 교육시스템과 지역사회 환경으로 구분되며, 이들은 상호 유기적인 개방 체제의 특성을 유지함으로써 서비스 러닝의 실효성을 기대할 수 있다. 즉, 학교는 물리적, 심리적으로 지역사회에 언제든지 개방되어 있어야 하고, 지역사회는 학교로부터의 협조와 참여 요구에 상시 개방되어 있어야 한다.

표 47 | **서비스 러닝의 양태**

구 분	특 징
service LEARNING	배움을 주로 하고 봉사는 부수적인 활동
SERVICE learning	봉사를 주로 하고 배움은 부수적인 활동
service learning	기본지식을 바탕으로 단순한 봉사를 중심으로 하는 체험활동
SERVICE-LEARNING	기존의 지식을 바탕으로 봉사를 하면서 동시에 새로운 것을 배우는 입체적인 학습활동

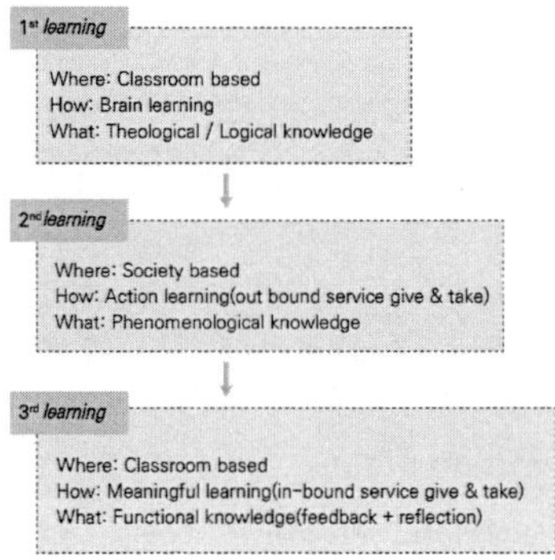

교과교육에서의 서비스 러닝 활용

톰 세비지와 데이비드 암스트롱(T.V. Savage, D.G. Armstrong)은 봉사학습이란 지역사회의 요구에 따라 조직된 경험을 포함하는 의미 있는 활동이라고 설명하고 있다. 또한 최근 미국의 사회과 교육협의회(NCSS)는 사회과 교육에서 봉사학습을 강화하는 '봉사학습: 시민교육의 필수 요소'라는 명제를 선택하여 발표하였다. 따라서 사회교육프로그램과 학교 밖 현실에서의 의미 있는 연계를 구축하는 접근 방법이 모색되어야 할 필요성이 증가하고 있다. 오늘날 시민교육 개념은 단순히 학생들에게 교실에서 수업을 하고 지식과 정보를 제공하는 것 이상의 것을 요구하고 있다. 학생들은 일관된 방식으로 아는 것을 행동으로 옮기는 책임감 있는 시민이 되어야 한다. 그렇다면 봉사학습은 왜 실시하며 사회에서 중요하게 다루어야 하는가?

봉사학습은 학생들이 실제 상황에 직면하여 자신들이 배운 지식을 활용할 수 있는 기회를 제공한다. 이러한 실제상황에의 참여는 학생들이 그들 능력에 자신감을 함양하도록 돕고 그들의 행동이 실생활에 영향을 미친다는 것을 깨닫게 한다. 또한 학생들은 봉사학습을 통해 학생 상호간의 협력적인 탐구를 거치며 동(同)시대 이슈와 요구에 대한 참여의식을 고양하고 지극히 개인적인 삶과 사회구성원으로서의 사회적인 삶의 연계를 도모할 수 있다. 봉사학습의 효과에 대해서 벤저민 바버(B. Barber)는 봉사활동은 수업에서의 학습 경험과 연관될 때만이 교육수단이 될 수 있다고 주장하였다. 존 빈(J. Beane)은 봉사학습이란 간(間)학문적이고 현실 세계의 이슈를 반영할 때 의미 있다고 제안한다.

봉사학습은 사회과 수업 내용과의 긴밀한 연관이 있어야 하되 다른 교과와 통합적으로 이루어져야 하며 학생들이 지역사회, 더 나아가 국가와 지구촌 문제에 관심을 가지고 해결하려는 참여의식을 지닐 수 있는 주제를 선정해야 한다. 결과적으로 봉사활동을 통해 학생들은 지적 성장과 함께 봉사의 의미를 이해하게 되며 타인을 돕는 일에 적극 참여함으로써 삶의 보람과 자신의 가치를 느낄 수 있다. 또한, 지역사회의 일에 관심을 가지고 참여함으로써 공동체 의식의 함양과 사회적 책임의 분담으로 지역사회 발전에 이바지할 수 있게 된다.

간접적인 봉사활동(Indirect service learning)

간접 봉사는 교내에서 혹은 더 넓은 지역사회의 일과 연계되어 학생들이 참여하는 활동을 의미한다. 예를 들어, 학생회 주관의 수재의연금 모금이나, 학생 봉사동아리에서 극빈자를 돕기 위한 기금 마련 차원에서 세차를 하거나 빵을 만들어 판매하는 활동이 여기에 포함된다.

직접적인 봉사학습(Direct service learning)

학생들이 남을 돕기 위한 목적으로 학교 밖에서 하는 활동을 의미한다. 예를 들어, 쓰레기 줍기, 환자와 장애인 돕기, 언어 가르치기, 저소득층 아동에게 공부 가르치기 등이다. 가장 최상의 직접적인 봉사학습은 학생들이 사회수업에서 배운 학문적인 내용을 실생활에 적용시키는 것이다.

지지활동(Advocacy activities)

이 활동은 어떠한 특별한 이유에 의해서 참가하는 활동이다. 예를 들어, 사회과 수업에서 독과점 기업의 문제점을 배운 학생들이 소비자 관련 시민 단체에 가입하여 활동할 수 있다. 이러한 지지활동에 참여함으로써 학생들은 수업 내용과 가치가 관련된 이슈를 다루게 되고 수업시간에 헌법적인 권리와 의무에 대해 설명해주는 것보다 더 많은 시민적 자질을 이해하도록 도울 수 있게 될 것이다.

간접적인 봉사학습은 교내에서의 활동이기 때문에 선행 준비가 덜 요구되지만 직접적인 봉사학습과 지지활동은 학교 밖의 다른 사람들과 협력적으로 활동해야 되므로 반드시 활동이 사전에 체계적으로 계획되어야 하고 신중하게 조직화되어야 한다. 또한 학생들이 무엇을 하고 그들이 누구와 활동을 하게 되는지, 그들이 어떻게 모니터를 하고 평가하게 될지에 대해 생각해 볼 필요가 있다. 봉사학습은 '준비-사전안내(오리엔테이션)－교육과정 요소통합-협력-성찰-평가' 등의 단계를 거쳐야 한다.

준비

학생의 나이와 성숙도 등에 적합한 주제를 찾는 단계이다. 이웃, 학교 동료, 관리자 등과 함께 봉사학습에 관한 조사를 시작하고 봉사학습에 관련된 자원을 조사한다. 이 단계에서 학생들의 의견을 수렴하여 주제를 선정하는 것이 바람직하고 봉사학습의 내용, 시기, 지도방법, 비용 등에 관해 정확하게 세부적으로 계획하여야 하며 교육 내용 요소를 추출하여 활동과 연계시켜야 한다.

오리엔테이션

이 단계에서는 봉사학습의 본질과 참여를 통한 성취 결과에 대해 설명한다. 일반적으로 학생들은 새로운 일에 참여하는 것을 두려워한다. 사전 안내 단계는 봉사학습의 의의, 필요성, 활동 절차 등에 대한 내용을 제시함으로써 새로운 활동에 대한 이러한 학생들의 거부감을 줄여준다. 가능한 많은 학생들이 지속적인 봉사학습에 참여하여 목적을 달성하도록 하기 위해 두 가지 항목을 제안한다. 하나는 '모든 학생들이 해야 하는 것'이고, 다른 하나는 '선택사항'이다. 이 선택사항에서는 학생들의 나이와 지적 수준을 바탕으로 선택할 수 있는 몇 가지의 대안들을 제시하여 그들의 특별한 가능성을 발견하도록 돕는다.

교육과정 요소 통합

봉사학습을 교육과정에 통합시키는 것은 봉사학습의 주제를 유용한 범주에서 가치있는 범주로 변화하게 한다. 봉사학습은 사회교육의 목표를 충족시키기도 한다. 따라서, 봉사학습을 계획할 때에는 학습목표를 수립하고, 교과의 학습활동과 연관하여 잠재적인 교육적 효과를 극대화해야 한다.

협력(상호작용)

봉사학습은 학생들에게 다른 사람들과 함께 상호작용하며 활동하는 방법을 터득할 수 있도록 한다. 대부분의 그룹활동은 학생들이 타인과 함께함으로써 시민적 책임성을 함양하도록 하고, 의사소통은 물론 사회적 기능을 신장시킨다. 또한, 봉사학습을 통한 상호작용으로 정보를 공유하는 것에서 나아가 이슈와 사회문제에 대한 광범위한 지적인 힘을 발휘하게 된다.

성찰

반성의 기회는 활동이 모두 끝났을 때만이 아니라 학습의 전 과정에 걸쳐 제공해야 한다. 학생들이 생각하고 해석하고 종합할 수 있는 다양한 국면에서 신속하게 질문을 던져야 한다. 구체적으로 ① 봉사학습과 과거 경험과의 관련성, ② 이해 정도와 관련된 깊이 있는 질문, ③ 개인적인 의미 도출 등에 대한 질문을 해야 한다. 이러한 질문들과 함께 학생들이 저널쓰기, 협력그룹에서의 브리핑, 신문기사 써보기, 포토 에세이 써보기, 프레젠테이션 등의 활동에 의해 반성과 평가를 하도록 지도해야 한다. 학생들이 그들의 경험을 반성하고, 학교에서 학습한 교과 단원의 내용과 봉사학습의 내용을 통합하는 기회를 제공한다.

평가

봉사학습의 마지막에 평가회를 갖는 데에는 몇 가지의 목적이 있다. 우선, 학습내용을 강화하고 학생들의 노력을 보상할 기회가 된다. 학생들뿐 아니라 지역사회 구성원들을 포함하는 평가회는 봉사학습을 계획하고 실행하는 과정을 도운 모든 사람들에게 고마움을 전하는 수단이 될 수 있다. 또한, 학교 관리자와 부모들을 초대하여 활동의 결과를 공유하고 학생들이 어떤 활동을 했는지, 그리고 그 결과와 영향이 무엇인지를 확인할 수 있고, 이로써 봉사학습의 혜택과 참여자들의 만족스러운 경험을 인지할 수 있다.

대학에서 운용 방안

다양한 서비스 러닝의 정의가 존재하지만, 서비스 러닝은 경험교육의 한 형태로서 정의된다. 경험교육이란 학생들이 경험학습활동을 통해 인간과 지역사회의 요구를 이해하고, 그 학습의 결과로 성찰할 수 있는 기회를 제공하는 것이다(B. Jacoby). **서비스-러닝**에서 하이픈(hyphen, -)은 성찰(reflection)을 상징화 하는 것으로 '서비스와 러닝' 두 단어 사이의 관계, 즉 봉사(service)를 통해 성찰하고 학습(learning)하게 되는 것을 의미한다. 몇몇 학자들은 서비스 러닝이 형식적인 교육과정의 한 형태가 되어야만 한다고 이야기하지만(P. Clayton, R. Bringle, J. Hatcher), 대개 이들보다 폭넓은 범위에서 개념화하기를 선호한다.

광의의 개념으로 서비스 러닝은 (형식적 교육과정뿐 아니라) 학생처와 학생회, 지역사회 협력기관, 학생회에서의 활동에서도 서비스 러닝, 성찰, 호혜 등의 기본 요소들이 일어난다면 이 경험들 역시 서비스 러닝에 포함시킬 수 있다. 앤드류 퍼코(A. Fruco)의 서비스 프로그램 간 차이를 보여주는 모델은 서비스 러닝의 독특한 특성을 잘 보여주고 있다. 특히, 그는 지역사회교육과 경험학습의 다양한 형태(지역사회봉사, 현장실습, 인턴십, 자원봉사)가 어떻게 학습과 봉사를 강조하는지 유형화하고 있다. 푸르코의 모델에 나타난 자원봉사와 지역사회 봉사는 개인, 조직, 또는 지역사회로서의 봉사를 바탕으로 하고 있다. 자원봉사는 자선의 한 형태로서 성찰이나 학습과 연계하려는 의도 없이 서비스를 제공하는 것을 의미한다. 자원봉사 활동은 지속적인 과정임에도 불구하고 종종 일회성이거나 산발적으로 일어나기도 한다. 많은 서비스 러닝 옹호자들은 봉사활동을 단순히 기분 좋은 온정주의로 접근해 일방적인 서비스로 보고 있다. 이러한 서비스는 현재 상태를 유지시키거나 의존성을 높일 수 있다.

반면, 지역공동체 봉사 프로그램은 학생들이 지역주민과 지역사회의 요구에 맞춘 활동에 참여하도록 설계되어 있다. 이와 같은 프로그램은 자원봉사보다는 더 구조화되고 지속적인 형태로 그에 따라 서비스를 받는 사람들에게 더 큰 이득이 제공될 수 있다. 하지만 지역사회봉사는 종종 법정 제재를 대신하기 위해 사용되기도 하며, 이 경우 성찰은 필수요소가 아니며 학술적이라고 보기도 어렵다. 인턴십과 현장실습의 수혜자는 프로그램 제공자와 학생들이며 그 주안점은 학습에 있다. 인턴십은 학생들이 그들의 전공영역에 대해서 깊이 있게 배우고 미래 직업 분야의 실천적인 경험을 쌓을 수 있는 유용한 경험이라 할 수 있다. 이러한 인턴십은 학교 수업이나 성찰과는 관련이 있을 수도 있고 없을 수도 있다.

서비스 러닝의 기본적인 원리 중 하나는 학습과 결부된 서비스를 통해 각각의 가치를 더하면서, 동시에 두 요소를 변형시키는 것이다(Porter-Honnet & Poulsen). 서비스 러닝은 또한 학습이 경험 그 자체의 결과로 일어나는 것이 아니라 오히려 특정한 학습결과를 얻기 위한 과정 속에서 발현되는 성찰의 결과라고 가정하고 있다. 서비스 러닝에 있어서 학습과 성찰의 기회는 프로그램이나 교육과정의 구성 시 통합되어 제공된다.

서비스 러닝은 학습자들의 요구 및 이슈에 기저를 이루는 역사적, 사회적, 문화적, 경제적, 정치적 맥락에 대한 학습을 향상시키도록 설계되어 있으며, 지식, 사회, 시민, 윤리, 도덕, 정신, 문화, 직업 또는 개인적인 특성과 그에 관련된 학습목표의 결합을 강조한다. 이에 따라 학문적인 내용에 대한 깊은 이해, 실천에 대한 이론의 적용, 사회적 이슈를 파악하기 위한 이론적인 기초와 장점 및 제한점들을 이해, 인간의 다름과 공통점을 이해하고, 앞으로 있을 지역사회의 문제를 해결하기 위한 개별 혹은 단체행동에 대한 방법을 탐색하고, 실천영역에서의 기량을 키우는 것이 서비스 러닝의 부가적인 학습의 결과로 여겨질 수 있다.

서비스 러닝의 다른 주요 요소는 호혜성이다. 호혜성은 서비스 러닝 교육자로서 우리가 지역사회와 파트너십으로 연관이 있으며, 교육기관이나 지역사회의 요구와 자신을 충분히 고려하는 것을 의미한다. 이러한 서비스 러닝의 상호 간 참여자들은 티모시 힐마(T. Hillma)가 언급한 '자원봉사와 사회봉사에서 분명히 나타나는 제공자와 받는 사람의 정확한 분리'를 가급적 피하려고 한다. 서비스 러닝의 선구자 중 하나인 로버트 시그먼(R. Sigmon)은 호혜성에 대해 다음과 같이 이야기한다.

> "각각의 참여자들은 서로 제공하고 제공받으며, 관심을 가지고 있고 관심 받으며, 공헌을 하고 공헌받아야 한다. 서비스 러닝에 있어 학습과 가르침의 범위는 각 관계 속의 참여자들의 소관이다. 각각의 관계 속에서 참여자들은 서로를 제공자이자 수혜자로 바라보아야 한다."

호혜성의 개념에 있어 지역사회는 학습을 위한 실험공간이 아니다. 서비스 러닝은 지역사회 속에서 제시된 그들의 요구를 충족시켜주도록 구성되어야 하며, 서비스 러닝 활동은 지역사회 안과 밖 어디서든 일어날 수 있도록 프로그램을 구성해야 한다. 이러한 과정에서 지역사회 기관장 및 활동가들과 학생들이 연계될 수도 있다. 서비스 러닝과 시민참여의 용어 및 개념이 종종 혼동되어 사용되는데, 시민참여가 서비스 러닝보다 더 광의의 개념이라고 볼 수 있다. 시민참여란 개인의 지역사회에 대한 책임감을 정치적 혹은 비정치적 방법으로 발현하는 것에 의미를 둔다(B. Jacoby). 시민참여는 적극적 형태의 시민의식이나 민주적 참여의 실현으로 묘사되기도 한다. 그러므로 시민참여는 전통적인 서비스 러닝의 활동영역보다 좀 더 광범위하게 구성된다. 예를 들어, 정책 항변을 위한 진정서 제출, 정치에 항의하는 시위, 공공 정책을 개정하기 위한 법 제정에 관한 것까지 서비스 러닝보다 훨씬 다양하게 이루어진다.

프로그램으로서의 서비스 러닝은 학생들이 지역주민과 지역사회의 요구를 충족시키는 과업을 제공하는 일련의 구조화된 계획이라 할 수 있다. 이러한 프로그램으로서 서비스 러닝은 학생들이 학습결과를 성취하기 위한 과정에서 성찰할 수 있는 기회를 제공한다. 교과 프로그램에서는 서비스 러닝을 통해 비판적인 사고와 정보활용 능력, 융복합적 해결 능력 향상할 수 있다. 더 나아가 연계 비교과프로그램은 리더십, 영성, 다문화 역량 등에 대한 학습목표를 제시하기도 한다.

교육으로서 서비스 러닝은 기초적 학습과 진정한 학습이 일어날 수 있도록 의도적으로 구성된 것으로, 비판적 성찰을 그 기반에 두고 있다. 교수자들은 봉사를 하나의 교육 내용이나 학습활동으로 선택한다. 그들은 서비스 러닝이 학습자들이 강좌의 내용을 배우거나 적용해 보는 데 아주 효과적이라고 생각한다. 서비스 러닝에서 성찰은 학습자들이 실제 영역에서의 경험과 관찰을 지식과 통합할 수 있도록 하는 주요 기제다. 더 나아가 학생들이 자신들의 이론을 직접 실험해 보고 사전(a priori)지식과 신념을 비교해 보며 질문해 볼 수 있도록 자극하기도 한다. 서비스 러닝은 "인간의 성장과 목적, 사회적 비전, 지역사회의 이해(an approach to community), 앎의 방법(a way of knowing)"에 대한 철학이라고 할 수 있다(J. Kendall).

자선의 관점에서 서비스 러닝은 봉사에서 필요한 욕구를 소거하는 호혜성의 철학에 기반을 두고 있다. 서비스 러닝은 타인에 대한 봉사, 지역사회 개발과 발전, 호혜적 학습의 가치를 표현하는 것이다. 이는 학습자와 그들이 봉사하는 사람들 간의 사회적 교육적 상호교환의 과정이자 목적이라고 할 수 있다(T. Stanton). 서비스와 학습을 병행하는 좋은 실천 원칙을 제시하면 다음과 같다.

- 사람들로 하여금 공동선을 위해 책임있고 도전할 만한 행동들에 참여하게 한다.
- 자신들의 서비스 경험을 비판적으로 성찰할 수 있도록 구조화된 기회를 사람들에게 제공해야 한다.
- 관련된 모든 사람들에게 명확한 서비스와 학습 목표들을 자세하게 설명

한다.

- 필요한 사람들이 자신들의 필요를 규정하는 것을 허용한다.
- 관련 당사자들 및 조직의 책임을 명확하게 한다.
- 환경 변화를 받아들이는 과정을 통해 서비스 제공자들과 서비스 필요성을 일치시킨다.
- 진실하고, 능동적이고, 그리고 지속적인 조직의 헌신을 기대한다.
- 봉사와 학습 목표들을 이루기 위해 훈련, 감독, 모니터링, 지원, 인정, 그리고 평가가 포함되어야 한다.
- 봉사와 학습 시간은 유연하고, 적절하고, 그리고 모든 관련자들에게 득이 되도록 해야 한다.
- 다양한 모집단들을 프로그램에 참가하게 한다.

Porter－Honnet & Poulsen, 1990, p.40

몇몇 서비스 러닝의 실천가들은 '봉사'라는 단어를 사용하는 데 의문을 제기해 왔다. 그들은 봉사라는 개념이 호혜성의 기본원칙에 반하는 것으로서 한 개인 또는 그룹이 다른 개인이나 그룹을 위해 일을 하는 것이기 때문에 서비스 러닝 안에는 참여자 간 불평등이 내재된다고 보고 있다. 다른 사람들은 서비스 러닝이 민주주의를 위한 시민참여와 시민교육이라는 광의의 의미 아래 지식과 기술 그리고 관습에 대한 충분한 의미를 담지 못한다고 지적하고 있다. 기관들은 서비스 러닝을 시민의식(citizenship)의 다양한 형태로 사용하고 있다. 최근에는 지역사회를 기반으로 하는 학습, 즉 지역사회로의 참여를 강조하는 학습을 지역사회와 서비스 러닝의 관계로 바라보고 있다. Pennsylvania대학교는 이를 학술기반 지역사회 서비스(academically based community service)로 부른다. 또한 Maryland대학교는 우리가 사용하는 것처럼 지역사회 서비스 러닝(community service－learning)이라고 부르기도 한다. 이를 위해서는 지역사회와의 파트너십이 가장 중요함을 강조하고 있다.

따라서, 이러한 서비스 러닝에 대한 관점이 다양한 것은 장점으로 볼 수 있다. 자코비가 쓴 『고등교육에 있어 서비스 러닝: 개념과 실천』의 '서문'을 보면 서비스 러닝의 개념과 실천은 매우 큰 잠재력을 지니고 있다. 이는 종합대학이든 단과대학이든 학생들의 학습목표 달성에 도움이 되며, 더 나아가 지역적, 국가적, 그리고 세계적으로 부족한 것을 보완하게 한다. 이를 통해 학생과 대학 그리고 지역사회 사이에 win-win이 되는 상황을 만들어 낼 수 있다. 서비스 러닝은 대학생들에게 여러 면에서 가치 있고 영향력을 지닌 교육과정이다. 이처럼 영향력을 지닌 서비스 러닝 교육과정에서 학생들은 자신들의 시간과 노력을 쏟아야 하는 일종의 장애 또는 역경을 많이 만나게 된다. 이로써 학생들은 활동에 더 적극적으로 참여하고 학습경험에 도전하며 다양한 경험을 받아들이고 주어진 문제에 대해 동료들과 상호작용한다. 또한, 직접 피드백을 받고 반영해 보기도 하며 실천적 영역에서의 경험을 바탕으로 그들만의 학습형태를 발견하기도 한다.

높은 수준의 서비스 러닝에 참여하는 학생들은 개인과 사회가 직면한 문제에 대하여 마주하고 활동할 수 있는 기회를 갖게 된다. 가장 영향력 있는 사람들과 문제에 대하여 직접 대화하며 해결해 보기도 하고 인종, 성차별, 가난 그리고 억압과 같은 사회적 문제에 대한 영향들을 직접 관찰해 볼 수 있다. 학생들이 참여활동에 대해 성찰할 때, 그들은 비로소 사회적 이슈와 관련된 것들을 생각해 볼 수 있게 된다. 예를 들어, 학제 간의 근본적 문제와 해결책, 사회적 문제의 구조, 문제의 해결책에 대해서도 생각해 볼 수 있게 된다. 서비스 러닝은 본인이 알고 있는 이론을 실제 영역에서 직접 사람들과 만나 직접적인 결과를 얻을 수 있는 유용한 경험을 제공해 준다. 학생들은 서비스 러닝을 통해 다른 누군가를 도와주는 것과 공공정책과 공공의 노동에 참여하는 것의 차이를 알게 된다.

서비스 러닝은 개인의 발전과 성장뿐 아니라 학문을 익히고, 인간관계, 동료와의 협력 경험들을 전부 포함하고 있다. 서비스 러닝을 통해 학생들은 개인의 도덕적 발달, 정신적 성장, 감정이입, 효율성, 사회적 책임감, 책무 등을 배울 수 있다. 서비스 러닝 교육과정은 사회 현상에 대해 재조명하고 심층적 이해를 야기하며, 실천적 영역에 이론의 적용가능성과 비판적 생각을 가능하게 한다. 또한,

글쓰기 및 문제 분석, 자아인식이 성장하는 주요한 기제다. 대인관계 속에서 학생들은 참여하지 않는 학생들보다 자신의 일에 더 많은 노력과 의사소통, 리더십 그리고 시민사회와 교육현장에 대한 융합 능력을 배우게 된다. 특히, 그들은 자신들의 커뮤니티 속에서 발생하는 복잡한 사회문제에 대하여 깊은 이해를 할 수 있게 되며, 서비스 러닝에 참여하는 학생들은 서비스와 관련한 직업을 선택하고 자신들의 선택에 대하여 더 높은 긍지를 갖게 된다.

서비스 러닝은 문화나 인종적인 이해를 고취시키고 선입견을 타파하는 데 기여하는 바가 크다. 서비스 러닝의 참여자들은 대학에서의 학업을 마치고 졸업 후 지속적으로 봉사(서비스)하는 것에 대체로 만족하고 있다고 한다(Celio, Durlack, & Dymnicki: Eyler, Giles, Stenson, & Gray: Warren). 더 나아가 최근의 연구는 시민사회와 지역사회에 참여하는 학생일수록 더 사회적이고 심리적으로 안정되며 대학에서의 생활을 성공적으로 보낸다고 보고하였다. 부가적으로 다른 연구들은 지역사회 기반 연구를 통해 서비스 러닝이 일반보조금과 다른 지원금, 지역사회 기관들과의 네트워크 구축, 예산을 절감할 뿐 아니라 조직의 목표를 향상시키고 조직에 헌신을 강화하고, 고객들에게 더 나은 서비스를 제공하며, 지역사회와 조직의 문제나 시민에 대한 주요한 데이터를 학생들의 학습을 위해 제공할 수 있다고 주장한다(N. Cruz & D. Giles).

지역사회의 구성원들은 통찰력과 지식 그리고 새로운 관점에서 학습을 대하는 열정적인 학생들과 함께 일할 수 있는 기회를 얻게 된다. 지역사회 파트너들은 훗날 새로운 세대들이 시민사회에 참여할 수 있도록 자신들의 역할을 재조명하고, 그 사회를 더욱 풍요롭게 할 수 있는 기회를 얻게 된다. 서비스 러닝은 단과대학과 종합대학 사이의 새로운 파트너십과 기회를 제공해 주기도 한다. 서비스 러닝은 기존 교육에 대한 새로운 방식과 학생들의 심도 높은 참여를 유발한다. 즉, 교수법을 활성화시킬 수 있는 새로운 방법을 제공하여 교수들에게 혜택을 제공한다. 이를 통해 교수들은 교육과정을 성찰해 봄으로써 스스로를 발전시킬 수도 있다. 서비스 러닝은 활동적인 학습 전략으로 교육자들에게 여러 가지 교수방법을 적용하게 하며 잠재적인 학습의 기회와 결과를 도출할 수 있도록 도와준다(Bingle, Clayton, & Hatcher).

서비스 러닝은 지역사회의 교육과 연구의 목표를 설정하고 연구에서 반드시 드러나야 하는 문제들과 경향들을 파악하는 데 도움을 준다. 이러한 점에서 서비스 러닝은 왜 대학에서의 교수활동이 전문적이어야 하는지를 보여준다. 사회가 직면한 중요한 문제들과 교과지식을 연결하는 중요한 역할을 하기 때문이다. 서비스 러닝의 교수들은 동료 교수들과 여러 이론과 관점에 대해서 논의하면서 기존의 교육학에서 제공하는 것보다 더 많은 가능성들을 타진할 기회를 발견할 필요가 있다. 서비스 러닝에 참여하는 것을 바탕으로 교수는 부가적인 연구를 수행하거나 학문에 있어 지평을 넓히는 기회를 제공받는다.

서비스 러닝의 특성으로 학생들과 훨씬 더 깊고 의미 있는 관계를 맺을 수도 있다. 교무처와 다른 교직원들 또한 서비스 러닝을 통해 학생들 주변에서 발생하고 있는 여러 문제점들에 대해 이해할 수 있다. 그들은 서비스 러닝을 기획하는 학생멘토들과 지역사회와의 상호작용을 중시하는데, 직원들은 그들이 원하는 학생들의 교육적 결과를 서비스 러닝을 통해 찾아내고 성취할 수 있기 때문이다. 대학에서 서비스 러닝은 town-gown 관계, 즉, 대학과 지역주민들과의 관계를 비탕으로 진행되며 학생들을 위한 부가적인 경험을 제공할 뿐 아니라, 연구와 교육의 기회를 향상시켜 준다는 데 그 이점이 있다. 또한, 학생들이 더욱 학습에 효과적으로 참여하고 구직 시장에서 더 유리한 위치를 선점할 수 있으며, 대학 만족도를 높이고 졸업을 보다 수월하게 할 수 있다는 이점을 지니고 있다. 서비스 러닝은 여러 기관에서 채용, 다양성, 기금모금 등 다양한 목적을 위해 만들어지고 수정된다. 서비스 러닝은 학생들을 위한 사회적 책임감이나 세계 시민의식을 교육하는 필요한 구체적인 기반을 제공해주기도 한다. 서비스 러닝은 기관들이 자발적으로 광범위하고 깊이 있게 지역사회와 국제 사회에 참여하게 하고 경제적 발전에 공헌하게 하면서 공공의 목적을 달성하게 하는 촉매제 역할을 수행한다.

하버드대학 교수진은 네 가지 목표에 기반한 일반 교육과정을 개정하였다. 그 시초가 '학생들이 시민사회에 적극적으로 참여하도록 준비하기'이다. 하버드

대학의 이러한 변화에 따라 자연스레 교육과정을 개정하고 시민사회의 참여를 독려하여 민주주의를 촉진하는 움직임이 있었다. 결과적으로 교육자들은 기존의 개설식 강의를 변화시켜 학생들이 배운 내용이 어떻게 커다란 사회 이슈들의 해결에 이용될 수 있는지를 보이는 것에 집중하기 시작하였다. SENCER(The National Science Foundation과 Science Education for New Civic Engagement and Responsibilities)은 STEM 분야를 지원해 이러한 방식을 적용한 교육을 독려하고 있다. 모든 학과목을 통틀어 점점 더 많은 교수진들이 강의를 개편해 서비스 러닝을 교육과정에 추가하고 있다.

대학들은 각기 다른 수준의 학생들에 맞추어 광범위한 영역에서 다양한 형태의 서비스 러닝을 제공해야 한다. 서비스 러닝이라는 것이 기관에서 구성하고 기획한다고 해서 기관 내에서만 일어나는 상황은 아니다. 서비스 러닝 교수자들은 학생들의 흥미와 기관 목표, 지역사회의 필요성, 가능한 자원을 잘 고려해서 학생들에게 서비스 러닝을 제공해야 한다. 서비스 러닝 경험은 직접적, 간접적, 비접촉적 장면에서 제공된 방식을 기반으로 분류된다.

다양한 교육과정의 부분들을 통합한 형태로 볼 수 있는 서비스 러닝은 이러한 특징상 학교회의, 과제, 점수, 등급 등의 학교의 교육적인 부분을 통해서도 많은 발전을 이룰 수 있다. 예를 들어, 이런 과정들을 통해 학생들은 더 분명하고 잘 평가된 학습결과를 얻을 수 있으며, 과목의 지식을 바탕으로 서비스 경험을 얻어낼 수 있고, 실전에 이론을 적용하며, 학생들이 주체자로 참여하며, 교육과정의 성찰 과정에 참여할 수 있다. 서비스 러닝이 교육과정의 밖에서 일어날 때, 학생들은 자신들의 전공 시간표에서 좀 더 자유롭게 활동하며 학교 밖의 활동을 통해 더욱 많은 리더십을 함양할 수 있는 기회를 얻게 된다.

학문적인 서비스 러닝과 반대되는 말로 정규 교육과정 이외의 서비스 러닝은 학생들의 인지적, 도덕적, 심리사회적, 사회적 정체성과 사회통합적인 발달에 기초를 두고 있다. 그 근간을 이루는 성찰은 학생들이 자신과 관계 맺은 다른 사람들 속에서 그들의 가치를 이해하고, 선험적인 가정이나 고정관념을 깰 수 있는 기회를 제공한다.

강도는 학생들이 서비스 경험과 성찰에 얼마나 심도 있게 참여하는지 그 깊이를 파악하는 것이다. 처음 서비스 러닝에 참여하는 학생들의 경우 가장 낮은 수준의 빈도, 지속기간, 강도의 기회를 제공해야 하며, 대다수 학생들은 새로운 기회에 흥미를 가지는 편이다. 특히, 초기에는 서비스를 필요로 하고, 도움의 손길을 필요로 하는 복잡한 사회적 이슈에 대해 관심을 갖기 시작한다.

서비스 러닝을 경험하는 학생들에게는 서비스 러닝의 개념과 실천 방법을 알려주고, 단기에 수행할 수 있는 서비스 러닝의 기회를 제공한다. 일반적으로 이러한 일회적이거나 단기적인 경험들만으로는 학생들이 지역사회의 서비스 수혜자들을 직접 만나보고, 그들의 요구를 반영할 수 있는 활동을 하거나 관련된 심도 있는 경험을 할 수는 없다. 수업이나 학문적 원리를 기반으로 한 또는 간학문적인 서비스 러닝 교육과정의 경우는 높은 수준의 빈도, 장기간, 전념으로 만나고, 그 장소 외의 곳에서도 부가적인 업무를 수행하며, 지역사회가 요구하는 프로젝트에 참여할 수 있는 기회를 얻게 된다. 봄 방학이나 여름방학의 경우 서비스와 성찰에 참여하는 학생들은 그 빈도와 강도 부분이 강해지지만 지속기간은 짧게 이루어질 수 있다. 더욱 강력한 전념 그리고 지속기간에 준비가 된 학생들은 교육과정으로써 지역기반 연구, 개인연구, 교수와 힘께 하는 연구, 지역사회 협력체의 공보관, 서비스 러닝 관련 교수나 지역 협회와 함께하는 전문적인 수준의 프로젝트 참여 등 더욱 심화된 기회를 얻을 수 있다.

교수학-교육학적 의의

서비스 러닝은 다음의 세 가지 교육학적 의의를 내포하고 있다. 첫째, **학생의 변화와 성장이라는 교육학적 특성**을 반영한다. 교실/교과서 기반의 형식적인 지식습득을 상황/경험 기반의 실질적인 지식습득 장면이나 경험으로 전환시켜 참여 학생들의 인지적·정의적·행동적 영역의 변화를 촉진시킨다. 봉사를 매개로 지역사회와 자신과의 상호작용 과정을 통해 체험과 지식습득 사이의 실용적 연계성을 강화시킨다. 둘째, **건전한 시민의식과 대학의 교육적 책무 실천을 통해 지역 사회에 봉사**한다. 지역사회와 교육적 연대를 맺어 학생들의 지역사회에 대한 봉사활동과 더불어 지역사회를 학습의 자원으로 활용한다. 또한 지역사회의 일원으로 건전한 시민의식을 체득하기 위한 현장기반 학습경험과 지식의 사회적 공유를 실질적으로 실천할 수 있다. 셋째, **경험에 기반한 사고인 숙고**(熟考)**를 통해 능동적인 인재를 양성**한다. 서비스 러닝에 참여하는 학생들은 객관화된 지식들을 단순히 암기하고 시험을 위하여 반복하는 수동적인 학습경험이 아니라, 서비스러닝 장면에서 부딪치는 갖가지 문제 상황을 해결하는 성찰적 사고를 통해 청년기의 바람직한 생애성장 경험을 자기주도적인 형태로 이루어간다. 나아가 학생들에게 다양한 문제점을 지닌 사회현장에 능동적으로 참여하여 비판적인 사고를 가능하게 만드는 현실참여형 학습경험을 제공하여, 우리 사회의 현안들을 해결하기 위한 건설적이고 합리적인 사고능력을 신장시킨다.

서비스 러닝은 학생의 자기주도적 학습체험 생태계를 구축하는 데 유용한 지침을 제공하면서 동시에 교수자에게는 이론과 실습이 통합되는 교수설계의 풍부한 자원이 될 수 있다.

표 48 | **서비스 러닝의 참여주체별 교육학적 유익**

참여주체	서비스 러닝 참여의 이점
교 수	• 지역사회봉사를 간접적으로 지원함 • 교실기반 수업에서 벗어나 학생 주도적이고 참여적인 수업장면을 운용함 • 대학-지역사회의 상호 교육적인 연대관계를 정립함 • 학생들을 수동적인 학습자가 아니라 능동적이고 참여적인 학습자로 전환시켜주는 리더십을 발휘함 • 배운 지식을 실제 문제 상황에 적용하는 문제해결능력을 향상하도록 능동적인 수업장면을 학생들에게 제공함 • 교수의 연구대상과 영역을 확대하여 실용성을 지향하는 연구활동의 기초를 마련함
학 생	• 체험 기반의 지적 발달을 도모함(지식의 체화) • 봉사활동을 통한 정의적 발달을 도모함 • 학교 밖 사람들과의 관계 맺기를 통해 커뮤니케이션 리더십을 개발함 • 미래 직업진로 및 선택에 대한 다양한 대안들을 잠재적으로 배움 • 자기주도성, 커뮤니케이션 리더십, 서번트 리더십을 구체적으로 배움 • 봉사활동을 통한 배움을 넘어 건전한 시민의식 형성을 통해 봉사를 생애개발의 핵심가치로 내면화함

참여주체	서비스 러닝 참여의 이점
지역사회	• 건전한 지역사회-대학교간에 심리적-물리적 연대감이 형성됨 • 지역사회 혹은 주민들의 교육적 역량이 신장됨 • 대학생들의 현장/체험기반 학습자원(learning resources)으로 기능함 • 지역사회가 능동적으로 지역소재 교육기관과 교육적인 파트너십에 참여할 기회를 제공함

서비스 러닝의 본질은 경험학습이며 이는 의도된 학습결과를 성취하기 위하여 성찰의 기회를 제공하여, 학습활동에 참여하는 학생들이 인간과 지역사회의 요구를 파악하거나 현안에 대한 민감성을 제고하는 일련의 과정이다. 성찰활동으로 서비스 러닝에서 강조하는 것은 비판적 성찰이다.

- 비판적 성찰은 기존의 지식을 바탕으로 개인의 경험에 대한 분석, 재고, 자문하는 일련의 학습과정이다.
- 비판적 성찰은 개인의 신념이나 믿음을 뒷받침하는 지식을 적극적이며 지속적으로 심사숙고하는 학습과정이다.
- 비판적 성찰을 통해 학생들은 자신의 믿음, 가치, 신념, 새롭게 얻은 지식들을 다시 검토한다.
- 비판적 성찰은 다양한 관점에서 그 상황에 대한 인과관계에 대하여 반복적인 자문을 통해 의미 있는 성찰의 기회를 제공한다.
- 비판적 성찰은 서비스 러닝에서 필수적인 요소이며 이는 대학에서의 학습경험의 중요한 결과가 되어야 한다. 비판적 성찰은 지속성(continuous), 연결성(connected), 도전성(challenging), 맥락성(contextualized) 등이 서로 유기적으로 구성되는 학습과정이다.
- 비판적 성찰의 유형에는 말하기(혹은 언어적 성찰), 경험적 서사, 역할극/학습극 같은 활동, 미디어 등의 창작물 만들기 등이 있다.

비교과프로그램(예시)

"어느 학생의 열정과 헌신으로 한 사람의 교수가 서비스 러닝의 가능성에 눈을 뜨게 되었다. 두 사람이 함께 만든 프로그램은 학생들과 그들이 봉사하는 커뮤니티, 프로그램에 관여하는 교수들이 배움을 얻고 삶을 확장시키는 경험이 되었다. 서비스 러닝은 내가 대학에서 27년간 가르치면서 채택한 교수법 가운데 가장 강력하였다. 서비스 러닝이 제대로 이루어지면 공동체가 도움을 얻을 뿐만 아니라, 학생들은 자신의 학문적 작업(지식학습)을 생생하게 살아있는 것으로 만든다. 그렇게 함으로써 강력한 삶의 교훈을 얻게 된다. 지식(앎)과 경험(삶)의 결합은 기존의 강의실 수업보다 강력한 학습경험을 학생들에게 제공한다." (P.J. Palmer & A. Zajonc. 『The Heart of Higher Education』. 2010)

그림 9 | **비교과서비스 러닝의 흐름**

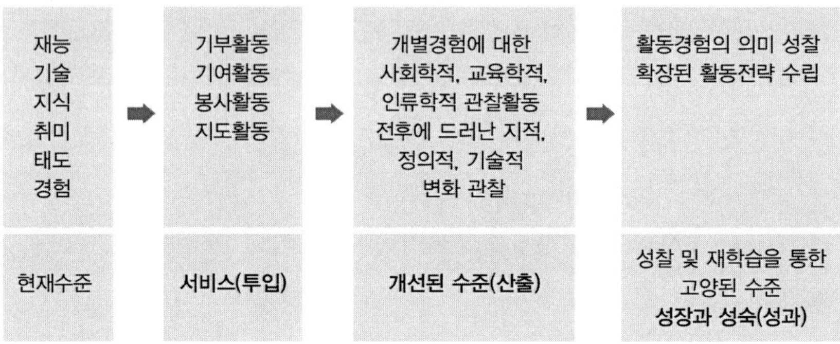

학생들이 현재 가진 재능, 기술, 지식, 태도, 취미, 경험 등을 활용하여, 지역사회/글로벌 환경 기반의 봉사, 기부, 기여, 지도활동 등을 개별 혹은 집단형태로 수행한 후, 자신의 참여경험을 다양한 방식으로 관찰 및 성찰함으로써, 향후 유사 프로그램의 계획을 수립할 때 개선방안을 모색함은 물론, 전 생애에 걸쳐 스스로 성장, 성숙해 나갈 수 있는 진로역량 개발에 필요한 성찰학습, 재학습을 실천할 수 있다.

2 투어 러닝

"교육에 있어 마지막은 여행이 되어야한다. 즉, 여행은 모든 교육의 마지막이며 신사(gentleman)로 완성시키는 능동적인 학습경험이다." (J. Locke)

"대학은 여행하는 학생이라는 의미가 있다. 그러나 여행에 필요한 신중함이나 식견이 형성되지 않은 경우 시도하는 것은 오히려 교육적으로 방해가 될 수도 있다." (J. A. Comenius)

사람들이 여행을 하는 목적과 의도는 본능적이다. 즉, 여행은 인간의 본능적 충동에서 비롯된다. 이는 여행을 '인간의 역사에서 인간의 이동이 있었다'는 관점에서 설명하는 것이다. 또한, 인간의 여행욕구는 복잡한 과정으로 사회화, 문화화되고 다양한 자극과 결합되어 여행행동으로 발생하는 욕구이기 때문에 본능적이라고 표현한다. 여행은 새로움에 대한 도전과 **호기심**이 원동력이 되는 일종의 자기주도적 교육행위다. 여기서 말하는 호기심은 객관적 지식에 대한 지각적 호기심이 아니라 새로움에 대한 일종의 '인식적 호기심'을 의미한다.

호기심 유형 자기진단검사

☞ 아래 각 문항에 대하여 자신의 생각과 일치하는 경우 번호에 O표를 하기 바랍니다.

번호	문항
1	한 번도 가본 적이 없는 곳으로 여행하는 것을 좋아한다
2	밤새 이상한 꿈을 꾸고 나면 꿈의 의미가 무엇인지 궁금해 하거나 검색해본다
3	풀리지 않는 퍼즐은 참지 못하며 어떻게든 해결하고자 노력한다
4	예상하지 못했던 일이 생기면 그 내용과 원인에 대하여 곰곰이 생각한다
5	추상적인 개념이나 용어들에 대하여 토론하는 것을 좋아한다
6	내 주변에는 어떤 것들이 있는지 살펴보는 것을 좋아한다
7	모르는 단어가 생기면 의미를 알아보려고 검색하거나 누군가에게 물어본다

8	새로운 아이디어나 개념에 대하여 생각하는 것을 즐긴다
9	새롭게 여행할 장소에 대하여 물색하는 것을 즐거워한다
10	드라마를 보거나 소설을 읽으면서 종결(대단원의 막)에 대하여 상상하는 것을 좋아한다
11	사람들의 이상한 행동이나 생각들을 내 나름대로 설명해 보는 것이 즐겁다
12	내가 잘 아는 곳보다 그렇지 못한 곳을 찾아가는 것이 즐겁다
13	나무에서 이상한 소리가 나면 귀를 기울이고 무엇일까 궁금해 한다
14	내가 잘 알지 못하는 역사적 사건이나 시대에 관한 책을 읽는 것이 즐겁다
15	보컬그룹의 공연을 보면 나도 모르게 색다른 목소리에 빠져든다
16	똑같은 질문일지라도 동일한 대답보다 이것저것을 생각하는 것을 좋아한다
17	미술 갤러리나 박물관에 가는 것을 좋아한다
18	사물의 작동원리나 사건의 발생경위를 탐구하는 것이 흥미롭다
19	생각에 생각이 꼬리를 무는 방식으로 새로운 것을 찾는 것이 흥미롭다
20	이상한 소리를 듣게 되면 무엇 때문인지 알아내고자 노력한다
21	나의 감정을 이해하려고 노력하는 것은 즐겁다
22	새로운 재질의 옷감을 보면 만져보거나 감촉을 느껴보려고 한다
23	어떤 이론이 실제로 맞는지 행동으로 옮겨보거나 테스트해본다
24	모순이 되거나 말도 안 되는 아이디어를 생각하는 것이야말로 재미있는 일이다
25	새롭거나 익숙하지 않은 음악을 듣는 것을 좋아한다
26	새로운 악기소리를 들으면 (그것이) 무엇인지 알아보는 것을 좋아한다
27	새로운 과학적 연구결과나 발견소식이 담긴 잡지 보는 것을 즐긴다
28	새롭거나 어려운 수학문제를 보면 반드시 해법이 있을 것이라고 상상한다
29	복잡한 기계를 보면 사람들에게 어떻게 작동하는지 물어본다
30	질문에 대한 설명이 단순하면 싫증이 난다
31	흥미로운 건물 속으로 들어가 보는 것이 재미있다
32	철학자들과 온갖 이론들에 대하여 토론하는 것이 좋다
33	예술작품을 보면서 하나의 주제에 대한 다양한 해석을 살피는 것이 즐겁다
34	복잡하기 이를 데 없는 것들이 작동하는 원리를 알아가는 것은 즐겁다
35	다른 사람들의 얼굴을 보면서 무슨 생각을 하는지 상상해 보는 것이 즐겁다
36	도무지 이해가 되지 않는 책일지라도 이해가 될 때까지 끈질기게 읽는 편이다
37	새로운 정보를 배우는 것에 열광한다
38	내게 익숙하지 않은 것들을 배우는 것에 열중한다

39	새로운 아이디어를 만들어 내거나 남과 다른 방식으로 생각해 보는 편이다
40	아무리 복잡한 문제라할지라도 해결방법을 찾으려 노력한다
41	다른 민족이나 나라의 음식 먹기에 도전하는 것을 즐긴다
42	설명이 없는 광고물을 보면서 왜 그렇게 (설명 없이 광고를) 했는지 고민해본다
43	앞으로 무슨 일이 벌어질 것인지 가상적인 상황을 생각해보는 것이 즐겁다
44	예술작품을 보면서 무엇이 예술가에게 영감을 주었는지 생각해 본다
45	새로운 아이디어를 떠올리거나 남다르게 생각하는 것은 언제나 즐겁다
46	위기의 순간에 사람들마다 반응하는 방식에 왜 차이가 있는지 알아보는 것은 흥미롭다
47	새로운 아이디어는 언제나 나의 상상력을 자극한다
48	새로운 것을 배우거나 새로움을 발견하는 것에 재미를 느낀다
49	어려운 문제를 해결할 때마다 쾌감을 느낀다
50	(무서울지라도) 동굴을 보면 안으로 들어가 탐험해 보려는 충동을 느낀다
51	역사적으로 중요한 사건들이 발생한 배경(이유)에 대하여 탐구하고자 한다
52	누군가 내 질문에 답을 하면 그것(답)에 대하여 스스로 꼬치꼬치 캐물어본다
53	누군가 내게 무언가를 어렵게 설명해 주면 상세히 설명해 달라고 부탁한다
54	악취가 나면 그 원인이 무엇인지 찾아내려고 노력한다
55	어려운 수수께끼나 알쏭달쏭한 넌센스 문제를 푸는 것이 즐겁다
56	외국인을 만나는 게 두렵지 않고, 익숙하지 않거나 생소한 문화에 대하여 배우고 싶다

☞ 아래의 두 가지 범주 중에서 표시한 문항비율이 높은 것이 자신의 호기심 유형입니다.

문항	1 6 9 12 13 15 17 20 22 25 26 31 33 41 50 54	%	지각적 호기심
	2 3 4 5 7 8 10 11 14 16 18 19 21 23 24 27 28 29 30 32 34 35 36 37 38 39 40 42 43 44 45 46 47 48 49 51 52 53 55 56	%	인식적 호기심

여행에 참여하는 계층의 변화와 참여횟수의 증가와 더불어 여행을 하는 과정도 변화하고 있다. 과거에는 단순히 아름다운 경관을 구경하거나 새로운 것을 관람하는 정적인 여행에서 최근에는 자신이 직접 참여하고 경험하기를 선호하며

그 과정을 통하여 새로운 지식을 발견하는 과정으로 여행의 본질을 이해하고 있다. 한마디로 여행은 **자기주도적인 교육**이라고 할 수 있다. 이러한 이유에서 여행은 일시적인 행동이 아니라 반복적이고 지속적인 것으로 전망되고 미래에 여행은 보다 적극적인 인간행위로 복잡한 양상을 띨 것으로 예상된다.

여행행동에 대응하는 여행욕구는 인간의 **사회화, 문화화** 과정, 개인의 환경과 밀접한 관계가 있고, 인간은 사회생활을 영위해감에 따라 기본적인 욕구를 토대로 한 여러 가지 여행욕구를 갖게 된다. 이러한 욕구는 인간에게 상당한 보편성을 갖고 있는 반면에, 시대, 지역, 문화수준 등의 특성에 따라 차이를 보이는 경우가 많다. 따라서 여행욕구는 인간행동을 유발시키는 한 형태이나 일상생활을 떠난 행동을 나타내는 욕구로서 일상적인 인간행동을 유발시키는 욕구와는 구별된다. 여행을 하게 되는 이유를 단순히 아름다운 경치를 즐기거나 타문화를 알거나, 친구나 친지를 방문하기 위함이라면 이는 여행행동 이면에 잠재해 있는 진정한 이유를 인식하지 못할 가능성이 높다.

여행주체가 여행을 하는 이유를 알기 위하여 중요한 것은 여행주체를 만족시키는 수단인 필요와 욕구의 이해다. 여행주체는 단지 즐거움을 위하여, 타문화의 경험을 위하여, 가족의 단순한 교양목적으로 여행을 하는 것이 아니다. 여행주체는 여행을 함으로써 자신이 갖고 있는 여러 가지 필요나 욕구를 전체적이든 부분적이든 충족시킬 수 있다는 확신과 그 가능성을 염두에 두고 있다. 그러나 여행주체가 특정 관광지를 방문하여 관광자원이나 시설을 찾는 것과 여행주체들이 필요와 욕구를 충족시킬 수 있는 수단을 찾는 것에는 차이가 있을 수 있다. 여행주체가 필요를 충족시키기 위한 것을 원한다 해도 이것이 동기화되지 않는다면 행동으로 나타날 수 없다. 동기는 개인의 필요를 충족시킬 수 있을 때 가능해진다.

그러므로 동기는 개인이 어떠한 특성을 갖고 있는가?에 의하여 행동으로 연결된다. 동기이론에서는 개인이 부단히 사회에서 안정을 유지하기 위한 노력을 지속하고 있음을 지적한다. 개인의 안정성은 결핍을 인식하는 경우에 파괴되고 이러한 인식에서 욕구가 발생한다. 개인이 필요를 충족시킬 수 있도록 동기화되는 것은 그 대상, 즉 목적물이 있기 때문이다. 개인은 이러한 과정을 거치면서 상품이나 서비스를 구매하기 위하여 동기화된다.

여행행동은 여러 가지 여행동기에 의하여 영향을 받으나 이것을 세분화하는 것은 용이한 일이 아니다. 여러 가지 동기의 상호작용에 의한 여행행동의 결과에는 다양한 동기와 필요가 잠재해 있다. 이처럼 잠재적인 필요와 동기는 특정한 시기에 사회경제적 혹은 사회심리적인 요인에 의하여 상호작용함으로써 발현된다. 인간의 여행심리 요인을 상세화하면 다음과 같다.

- 생활의 활성화: 삶의 방법이 새로운 욕구로 새로움에 도전하거나 이전하는 현상을 이른다.
- 일상으로부터의 이탈: 어른으로 성장하는 과정에서 현재의 환경에서 벗어나고 싶어하는 충동을 이른다.
- 다름을 모색: 일상생활로부터 이탈하려는 경향은 다른 일상 환경을 찾으려는 행위를 이른다.
- 움직임의 욕구: 몸을 움직이고 싶은 욕구는 여행과 관련된다.
- 미지에의 동경: 미지에의 동경은 새로운 무엇을 알고 싶어하는 지적 욕구와 관련이 있다.
- 현장을 보는 감도: 정보는 넘치고 편파적이지만 대상물에 접해도 자신의 감도가 작동하지 않는다면 여행주체의 감도에 문제가 있다. 느낌에 차이가 있듯이 여행경험에 대한 감도에 차이가 있을 수 있다. 정보가 아무리 넘친다 해도 자신이 직접 자신의 눈과 감각으로 확인하고자 하는 욕구를 이른다.
- 감각과 상상력: 여행주체는 어떤 장면에 접하는 순간 상상을 하면서 여행을 한다. 동시에 자신만의 이야기를 만들어 나간다.

여행행동은 인간의 여행욕구로부터 기인된 결과이며 여행욕구와 여행동기에 의하여 발생한다. 여행욕구는 여행행동을 필요로 하는 심리적 동력이며 여행동기는 여행행동을 이끄는 심리적 에너지다. 그러므로 여행욕구는 특정행동에 대응하는 것이 아니고, 보편적으로 존재하는 여행이라고 하는 행동에 의하여 욕구가 충족된다. 여행행동은 사회화된 욕구에서 발생하는 것으로 경제적, 사회적인 조건과 각종 정보의 자극이 행동을 유발하는 기본적인 조건이지만 이는 또한 여행욕구를 형성하는 데 중요한 요인이 될 수 있다. 여행욕구 그 자체가 여행행동을 결정하는 것은 아니지만 각종 자극과 결부되어 구체화된 여행행동으로 이어진다.

여행은 과거의 경험에 대한 만족도와 미래의 욕구에 대한 만족의 확신도 등에 의하여 이루어진다. 특히, 여행행동은 매우 포괄적인 것이 특성으로 일반적으로 여행주체의 외부적 요인으로서 시간적, 사회경제적 요인과 내부적 요인, 즉 심리적 요인에 의하여 의사결정이 이루어진다. 따라서 여행행동의 결정요인은 여행주체를 둘러싼 외부적 환경요인뿐만 아니라 내부적인 요인들에 의한 통합적 과정이다. 여행의 문화적 요인은 구체적으로 무엇인가? 문화는 단기간 형성되는 것이 아니라 장기간에 걸쳐 누적적으로 형성되어 학습되고 전승되는 공통의 생활양식이다. 이러한 여행문화는 여행행동에 다양한 방식으로 영향을 미친다. 문화의 총 가치는 인간행동의 목적과 행동 자체가 사회적으로 인정되는지 여부를 결정한다.

결국 인간행동은 사회적으로 인정될 수 있는 방향으로 만족을 추구할 수밖에 없다. 사회의 많은 제도 또한 문화를 반영하는 것으로 이들도 여행행동의 결정요인으로 작용한다. 특정사회를 중심으로 형성되는 문화는 그 사회의 가치체계를 반영하기 때문에 사회는 문화의 틀(frame)이고 문화는 사회의 알맹이라고 한다. 즉, 사회적인 집단의 형성이 새로운 문화의 창출이라는 관점에서 이해하는 것이다. 사회제도는 문화적 특성을 반영하여 가치체계나 규범 등으로 구체화된다. 기존의 사회관습에서도 사회에 영향을 주는 요인을 찾을 수 있다.

우리가 여행을 일종의 **경험학습**이라고 간주한다면 어린시절의 여행경험은 매우 중요해진다. 어린 시절 여행활동 경험이 초기 사회화에 중요한 역할을 하거나 경험에 많은 영향을 주지만, 성인이 된 후 여행경험이나 추억은 사람들에게 많은 변화를 촉구한다. 따라서 여행은 언제든지 인간에게 새로운 사회에 대한 적응, 즉 **사회화, 문화화**를 가능하게 만드는 적절한 수단이 된다. 한마디로 어떤 형태든 여행경험 자체는 이미 학습경험이 된다. 이러한 이유에 따라 인간의 사회화, 문화화는 한 집단의 행동규범에서만 가능한 것이 아니라 사회집단의 내부적, 외부적 요인에 의하여 변화될 수 있는 것이다. 문화는 사회생활을 하는 개인들의 일상생활 패턴에 영향을 미친다. 시간개념도 문화마다 다르게 나타난다. 문화는 감정의 표현 방법에도 영향을 미친다. 결국 여행주체를 정확하게 이해하기 위해서는 그 여행주체의 문화를 반드시 이해하는 것이 선행되어야 한다. 상이한 문화권에서도 여행주체의 의사결정을 이해하기 위해서는 문화분석이 필요하다. 문화분석을 위해서는 다음과 같은 요인 파악이 선행되어야 한다.

- 어떤 욕구를 성취하려고 하는가?에 대한 특정 문화에 관련된 동기를 파악한다.
- 여가행동의 빈도 등과 같은 행동 패턴을 파악한다.
- 여행이나 여가와 같은 상품과 관련된 문화적 가치를 결정한다.
- 어떤 정보에 의하여 휴가나 여행에 대한 의사결정을 하는가?의 여부를 파악한다.
- 어떤 종류의 정보가 문화적 특성에 부합하는가?의 여부를 파악한다.
- 여행주체들이 어떤 의사결정을 거쳐 행동으로 이어졌는지 분석한다.

문화는 지속적으로 변화하는 본질적 특성이 있다. 그러나 누구든 문화의 변화에 대한 추세를 이해하는 것과 그 시기를 정확히 안다는 것은 쉬운 일이 아니다. 따라서 사회추세 및 변화를 추적, 파악하여 문화의 변화에 대한 이해도를 정교하게 하는 것이 무엇보다 중요하다. 여행주체들의 문화변화에 대한 원인, 과정, 결과 등에 대하여 파악하는 것이 여행주체들의 여행행동 의사결정을 이해하는 데 도움이 된다.

여행은 다른 곳을 방문하여 새로움을 발견하고 경험하는 과정으로 현대인의 일상화된 생활방식이다. 현대인에게 여행은 다양화되고 다변화되고 있다. 여행은 여행주체에게 타문화와의 상호교류를 통하여 다름에 대한 이해의 폭을 확장하는 행위일 뿐만 아니라 새로운 문화를 접하는 기회를 제공한다. 여행은 문화적 이질감을 해소하는 계기가 되고 새로운 문화를 창출하는 전기가 될 수 있다. 여행에는 고통이 동반된다. 물질적인 고통과 정신적인 측면을 망라한다. 정신적인 공포로는 무엇보다 죽음에 대한 공포가 가장 크다.

여행에서 죽음의 가능성은 일상보다 상승하고 이는 여행주체의 심리적 압박요인이 된다. 비록 죽음은 아니라도 불안감은 또 하나의 공포요인이 된다. 언어와 풍습의 차이에서 발생하는 불안도 정신적으로 충격을 줄 수 있다. 그러나 여행문화가 발달하면서 이러한 공포들은 상당 부분 해소되고 있다. 여행에서 이러한 고통과 더불어 즐거움이 동반된다. 여행의 즐거움도 물질적인 면과 정신적인 면을 모두 포함한다. 여행에서 정신적인 기쁨은 여행의 고통으로 가득찼던 무렵부터 존재한다. 기쁨은 고통을 극복하는 힘이 된다. 타문화와 만나 자신의 가치관이나 인생관이 자극을 받고 지혜나 체험이 확장하여 인간성이 풍부해지는 기쁨이 그것이다. 여행주체가 부자유함 대신에 해방감을 맛보고 변화를 체험하는 것은 여행의 이득이 되기도 한다.

현대인의 여행은 오락, 즐거움, 쾌락 등을 위한 놀이라는 인식에서 벗어나 여행을 통하여 자아를 성숙시키고, 자신의 세계관과 타지역의 이해를 위한 **교육적 방법**으로 인식된다. 여행주체가 여행조건에 얽매어 여행에서 추구해야 할 **가치지향적**인 것을 상실한다면 정신적인 즐거움과 기쁨은 상실될 것이다. 여행의 가치달성을 위해서 여행주체는 문화적인 가치를 충족시키는 관점에서 사고할 필요가 있다. 가까운 곳이든 먼 곳이든 마음내키는 대로 떠나고 싶은 충동과 미지에 대한 동경은 누구나 갖고 있다. 여행은 정신적, 육체적 피로를 회복시킬 뿐만 아니라 새로운 것을 보고, 듣고, 먹고, 느끼게 되므로 새로운 에너지원이 될 수 있다.

여행은 **교육적 의미**로서 재창조활동을 위한 생산적 행위가 되어야 한다. 의미있는 생산적 여행은 추억으로 남게되고 평생 삶의 에너지가 될 것이다. 여행이 교육적으로 의미있는 이유는 일상으로부터 벗어나 새로움을 경험하는 것, 육체적 피로를 회복하여 상상력과 기억력을 증진시키는 것, 피로감과 행복감을 균형 있게 경험함으로써 삶의 의미를 성찰하는 것 등이다. 여행은 호기심의 발동에서 시작되기도 한다. 견문을 넓히는 가장 좋은 방법은 현실에 안주하는 것이 아니라 도전과 호기심을 행동으로 전환시키는 것이다. 귀여운 자식일수록 여행을 시키라는 말이 있다. 여행은 인간을 인간답게 만들어 주는 계기가 된다.

여행주체는 경험을 통하여 아름다움을 발견하게 된다. 자연, 인간, 역사, 문화 등을 사랑하고 찬미하게 된다. 자신의 인생을 성실하게 걸어가듯 진지한 자세로 여행을 한다면 여행 중에 얻은 새로운 **통찰이나 호기심**은 부단한 탐구의욕을 자극하고 인생을 풍부하게 만들어준다. 좋은 여행을 경험한 경우, 여행이 **교육적인 의미**로 종결될 때 다음의 유익함이 뒤따른다.

- 정체성에 대한 분명한 관점이 형성된다.
- 모든 일을 스스로 해결해야 하는 자립과 독립심이 함양된다.
- 남이 나에게 베푸는 만족, 불만족의 경험을 통하여 타인을 이해하고 원만한 대인관계의 원리를 발견한다.
- 여행을 준비하는 과정에서 의사결정의 합리성을 경험한다.
- 고통을 감내하는 인내력이 계발된다.
- 새로움, 다름에 대한 새로운 견문이 확장된다.
- 호기심이 강해지고 무엇이든 그냥 지나치지 않는 탐구욕이 고양된다.
- 여행 중에 경험하는 풍부한 사연들이 삶의 서사가 된다.

여행은 일종의 문화사냥이다. 경험이 전무한 낯선 지역이나 상황에 나를 던지는 작업이다. 볼거리, 먹을거리, 들을 거리, 얘깃거리 등을 찾아 떠나는 설렘과 기대감이 극대화된다. 문화사냥을 통해 자신 속에 잠재되어 있는 또 다른 자기를 발견하고 인식하는 데서 여행은 교육적, 성찰적 의미가 극대화된다. 그러나 문화사냥이 즉흥적으로 무의미한 경제적 낭비에 머물지 않기 위해서 충분한 사전 점검이나 성찰이 동시에 필요하다. 여행은 자기를 지배하고 있는 환경에서 벗어나 무언가 다른 것을 경험함으로써 진정한 자신을 발견하는 일종의 과업이다.

여행 중에는 발이 닿는 곳마다 나의 **배움터**라는 인식을 놓아서는 안 된다. 단일국면, 단일상황으로 전체를 확대하여 평가하는 사고는 지양되어야 한다. 여행의 양면성을 늘 염두에 두어야 한다. 실망과 희망이 교차하는 경험이 바로 여행이기 때문이다. 지나친 국수주의나 인종차별주의, 사대주의 등은 지극히 경계해야 할 여행자 행동이다. 이문화, 이언어 등과 같이 나의 정체성과 다른 환경이나 상황에 접할 때 나는 주인이 아니라 손님이라는 겸손함이 몸에 배어야 한다. 이문화, 이민족을 존중하는 태도와 매너는 내가 성숙하다는 것을 증명하는 여행주체의 의무이기 때문이다. 여행은 새로움을 찾아 떠나 다름을 발견, 공감, 공유하면서 나의 정체성을 확인, 확장시켜 나가는 일종의 교육적 성장의 과정이다.

결론적으로 여행경험은 교육적 지혜를 얻는 것이다. 기본적으로 차이 발견과 비교 능력을 기를 수 있다. 즉, 다양한 언어, 습관, 민족성, 생활방식을 가진 사람들과 직접 만나고 대화를 나눔으로써 차이를 발견하고 비교하는 능력을 얻게 된다. 투어러닝을 학습방법으로 활용할 때 고려할 사항은 다음과 같다. 능동적인 배움 경험을 위한 자기주도성, 대상의 합리적 선택, 자아성찰적 목적의식 명료화, 방법의 합리적 선택 등이다.

3 앙트십 러닝

앙트러프러너십 기초

앙트러프러너십(Entrepreneurship, 이하 앙트십)이란 기업가 정신이라고도 불리며, 새로운 비즈니스 아이디어를 발견하고 이를 현실로 구현하는 프로세스를 의미한다. 이러한 앙트십의 주요 개념은 다음과 같다.

- 비즈니스 기회 발견과 창출: 앙트십은 새로운 비즈니스 기회를 발견하고 이를 실현하는 데 중점을 둔다. 이는 현재의 시장 상황에서 발생할 수 있는 고객의 요구나 문제점을 파악하고, 그에 대한 혁신적이고 창의적인 해결책을 찾는 과정을 포함한다.
- 자원 조달과 관리: 앙트러프러너는 자원을 효율적으로 조달하고 관리하는 능력이 필요하다. 이는 자금, 노동력, 기술, 네트워크 등을 최적으로 활용하여 비즈니스를 성공적으로 운영하는 것을 의미한다.
- 위험과 불확실성: 앙트십은 위험과 불확실성을 내포하고 있다. 새로운 시도와 혁신은 항상 실패의 가능성을 내포하며, 앙트러프러너는 이러한 위험에 대처하고 효과적으로 관리하는 능력을 가져야 한다.
- 창의성과 혁신: 앙트십은 창의성과 혁신을 중시한다. 새로운 비즈니스 모델, 제품, 서비스를 개발하거나 기존의 것을 혁신하여 시장에서 경쟁력을 유지하는 것이 중요하다.
- 시장 분석과 경쟁 전략: 성공적인 앙트러프러너는 시장을 분석하고 경쟁 환경을 이해하는 능력이 있어야 한다. 이를 기반으로 효과적인 비즈니스 전략을 수립하고 조정할 수 있다.
- 사회적 책임: 현대의 앙트십은 사회적 가치 창출과 지속 가능성에도 주목한다. 사회적 책임을 다하고 지속 가능한 경영을 통해 환경, 사회, 경제적 가치를 동시에 창출하는 것이 강조된다.

위와 같이 앙트십은 단순히 비즈니스를 시작하는 것 이상의 의미를 지닌다. 즉, 혁신과 도전 정신, 자원 효율성, 창의성 등을 종합적으로 포함하는 개념이다. 앙트십에 대한 조지프 슘페터(J. Schumpeter)의 정의는 새로운 아이디어나 발명을 성공적인 혁신으로 전환하는 모든 것이다. 박수홍은 이러한 앙트십의 본질을 사회의 모든 영역에서 기존에 존재하지 않는 새로운 형태의 시스템을 구상하고 실천하는 역량이라고 정의했다. 앙트십은 창조성, 실천성, 자기혁신성 등을 포함하는 핵심역량이다. 피터 드러커(P. Drucker)는 앙트십을 경영자 개인의 활동에 국한하지 않고 사회의 모든 조직이나 집단활동에 적용이 가능하다고 했다. 그가 강조하는 핵심은 앙트십이란 인간의 모든 활동영역에서 구현될 수 있다는 점이다. 최근 앙트십의 의미는 사회적, 정치경제적, 문화적, 교육적, 사회심리적 양식을 포함하는 것으로 확장되고 있다. 앙트십은 창조와 혁신을 기반으로 사회 모든 분야에서 누구나 가질 수 있는 공통역량을 의미함에도 불구하고 경영이나 기업, 커리어 개발에 제한적으로 사용되고 있다(박수홍. 2019 : 22).

표 49 | **기업가 정신과 앙트러프러너십의 차이**

	기업가정신	앙트십
대상	• 기업 및 창업교육 및 훈련에 한정적으로 사용	• 독창적이고 주체적인 삶을 영위하는 모든 인간
프로세스	• 문제의식에 기반하지 않는 사업계획서 작성 중심의 성과위주 방법론 • 변환과정을 알 수 없는 인풋과 아웃풋 중심의 프로세스	• 인풋에서 아웃풋으로 구체적인 변환 프로세스가 실재
영역	• 기업, 창업, 경영	• 사회, 경제, 문화, 교육 등 전 분야
방법	• 기업사례 교육, 창업가의 사례, 리더십 교육	• 역량개발적으로 접근, learning by doing
범위	• 기업조직 내부	• 개인, 조직의 범위를 넘어 지역사회에 파급
응용	• 창업교육과목 및 사례연구	• 사회문제 해결 탐구

앙트십은 기업이나 경영에 국한되는 것이 아니라 사회, 경제, 문화, 교육 등의 모든 영역과 범위에서 누구에게나 창조와 혁신이 발휘될 수 있다. 앙트십 역량은 개인적 특성으로 교육이나 훈련을 통하여 개발, 성장시킬 수 있다. 강력한 실행력을 바탕으로 창조와 파괴를 통해 변화를 추구하는 앙트십의 목적은 사회적 책무감을 바탕으로 사회의 긍정적인 변화와 기여에 있다. 이를 위하여 교육적 차원에서 공유된 공감적 사회문제 발견의 과정이 중요하다. 앙트십을 갖춘 앙트러프러너의 속성을 정리하면 다음과 같다(박수홍. 2019 : 16~20).

- 앙트러프러너는 창조적 실천가다. 창의성은 무언가를 구체적으로 실천함으로써 이루어진다. 이때의 경험은 성공이나 실패 모두를 망라한다.
- 앙트십은 타고난 재능이 아니라 부단한 훈련과 다양한 경험, 성찰활동 등을 통하여 길러지는 일종의 귀납적 역량이다. 모든 앙트러프러너는 언제나 문제의식을 품고 있다. 방시혁의 표현대로 사회적 문제에 대한 '분노'를 표출한다.
- 앙트러프러너는 새로운 시각을 가진 일종의 프레임 체인저들이다. 일상의 상식화된 현상에 의문을 갖고 새로운 시각으로 현상을 재구성, 재해석하는 사람들이다.
- 앙트러프러너는 도박꾼이 아니라 철저히 위험을 경영하는 계산된 리스크 테이커다. 앙트러프러너는 혁신을 추구하며 창조와 도전에 헌신하지만 누구보다 주어진 현재의 일상적 과업을 충실히 수행한다.
- 앙트러프러너는 삶의 국면에서 창조적 긴장을 조성한다. 피터 센게(P. Senge)에 의하면 진정으로 바라는 바를 실현하기 위해서 부단히 자신이 변화하고자 하는 내적 동력이자 에너지를 생성해 내야만 한다.

앙트러프러너십의 어원은 '수행하다'로 'to undertake'라고 표현되며 불어 Entrepreneuriant에서 유래되어 기업가의 신념, 성향 및 능력의 총체를 일컫는 말이다. 또한 Entreprendre는 '수행하다, 시도하다, 모험하다'의 의미가 있다. 경제학자 장 세이(J. B. Say)가 처음 사용한 단어지만 학자들에 따라서 명칭을 달리하고 있어 그 정의를 내리기란 쉽지 않다. 슘페터, 드러커 등에 의하면 entrepreneurship이 기업의 관리나 경영을 위한 어떤 특성이 아닌 것을 알 수 있다. 드러커는 entrepreneurship이란 개인의 성격이 아닌 경제와 사회에 대한 개념과 이론, 행동양식이라고 하면서 이를 소유경영자와 분명히 구분하고 있다. 또한 앙트십을 구현하기 위해서 앙트러프러너에게는 복잡하고 다양한 능력들이 요구된다.

예를 들면, 사업 기회에 대한 정보를 모으고 소화할 수 있는 지적 능력과 미래에 출현하게 될 새로운 기술과 발전들이 만들게 되는 새로운 가능성을 예측할 수 있는 능력을 갖추어야 한다. 이 밖에도 앙트러프러너는 기업 혹은 조직을 설립하고 지속가능한 발전으로 이끌 수 있는 리더십과 판단능력, 자신의 이상을 재정적으로 지원하는 사람들을 이해시키고 설득하는 능력도 필요하다. 무엇보다도 협력을 통해 일을 추진해 나가기 위한 타인에 대한 이해 능력과 협업 능력이 있어야 한다. 물론 이 중에는 선천적으로 부여받을 수도 있는 요소들도 있으나 대부분은 교육 혹은 훈련을 통해 습득될 수 있다.

앙트십 교육의 원리 및 방법

세계경제포럼(WEF) 보고서는 앙트십 교육의 원리, 내용, 방법 등에 대해 의미있는 제안을 하고 있다. 이 보고서에 따르면, 앙트십 교육은 인생의 주기 중 어느 특정 시기에 국한되는 것이 아니라 전 과정에서 걸쳐 진행되어야 함을 제시한다. 학생들이 관련 기술적 지식과 탐구심을 가지고 앙트러프러너가 될 수 있도록 학교는 역할을 해야 하며, 지역의 교사와 학부모, 앙트러프러너, 혁신가들이 함께하는 교류의 장을 만들어 나가야 한다. 따라서 생애에 걸쳐 앙트십의 완성을 위해서는 졸업 후 직업 세계에서도 앙트십 발현 과정과 장애 및 해결 방안에 대한 체험 과정을 경험할 필요가 있다. 즉, 앙트십 교육은 평생교육의 차원에서 접근해야 한다는 것이다.

WEF 보고서는 앙트십 교육이 정신적 능력은 물론 기술적 능력에 대한 핵심 요소들을 내용으로 삼아야 한다고 주장한다. 앙트십 교육은 앙트십의 원동력 고양(인식과 동기화), 기회를 규정하고 활용하는 능력, 사업을 일으키고 발전을 관리하는 능력 등을 교육내용 혹은 교육목표로 삼아야 한다고 주장한다. 동시에 WEF는 앙트십 교육을 통해 수강자들이 기업적으로, 윤리적으로 혹은 사회적으로 책임을 지는 식으로 생각하고 행동하도록 하는 것이 중요하다고 지적하고 있다. 이와 관련하여 앙트십 교육의 효과적인 방법으로 WEF가 제안하는 것은 학문적 세계와 실무적 세계의 접목이다. 교육의 대상이 되는 앙트십은 현실 속에서 구현되며 이를 통해 이론 틀로 만들어질 수 있기 때문이다. 또한 WEF는 앙트러프러너의 역할 모델을 제시하는 방법으로 이러한 교육과정에 직접 참여할 필요가 있다고 권고하고 있다.

WEF가 제안하는 앙트십 교육방법의 또 다른 필요요소는 피교육자들이 직접 체험을 통해 학습하는 방식이다. 앞서 제기하였듯이 앙트러프러너십은 현실 속에서 구현하는 과정을 통해 교육되는 것이어서 강의 위주의 일방향 교육방식으로는 체득하기 어렵다. 피교육자들이 교육자들의 도움으로 체험과정에 직접 참여함으로써 과정상 문제점을 도출하고 스스로 해결방안을 찾아 나가는 탐색적 방법이 요구되며 이를 통해 체험적 지식과 학습의 성과를 얻을 수 있다.

슘페터는 '창조적 파괴'라는 개념을 통해 앙트십의 핵심 요소로서 창조성과 실천성을 동시에 강조하고 있으며 신조직의 창조 과정 및 창조 활동이라고 표현하고 있다. 앙트십은 개인을 넘어 경제와 사회로까지 확대하여 대상을 보고 있으며 이를 위해 창의성에 대한 개념, 이론뿐만 아니라 이를 실천해 낼 수 있는 행동과 그 양식까지를 모두 포함한다. 이는 새로운 경제적 가치를 창출하는 과정 또는 활동을 포함하는 것으로서 창조적인 면과 실천적인 면을 아우르는 개념이다. 따라서 앙트십의 핵심 개념은 앙트러프러너가 갖고 있는 능력이나 자질이 독창적인 성취를 통해 자신을 개신하고 사회와 문화를 발전시킬 수 있다고 믿으며 또한 신념을 통해 실제 행동으로 이어지는 것이다.

앙트러프러너는 창조적 파괴 과정에서의 리더로서 공헌자가 되어야 하며, 새롭고 이질적인 것을 창조하고 변혁을 일으키며 새로운 가치를 창조해야만 한다. 또한, 앙트러프러너는 어떤 재화를 새로운 방법으로 창조하거나 새로운 일을 창조함으로써 생산과 시장의 평탄한 흐름을 교란시키는데, 그는 이러한 역할을 수행하면서 동시에 자신의 이윤을 창조한다. 즉, 앙트러프러너에게는 자신의 일을 창조하고, 자신의 실력이 반영됨과 동시에 독창성을 구사하는 즐거움이 가장 큰 보람이 된다. 따라서, 앙트러프러너는 이러한 성취를 통해 자신을 개선하고 향상시키고 나아가 사회와 문화를 개선, 발전시킬 수 있다고 믿는다. 또한, 이를 실천하려는 신념을 통해 혁신적 발전이 가능하며 이러한 사람이 많은 사회와 국가는 급속도로 발전할 수 있다. 다시 말해, 앙트러프러너란 변화를 탐구하고 변화에 대응하며 변화를 기회로서 이용하는 자이다. 앙트러프러너는 사회의 변화를 기회로 삼아 자신의 일을 창조하고 이를 실천하려는 신념을 통해 혁신적 발전을 이루는 자로서, 이러한 창조와 실천을 통해 새로운 가치를 만들어내는 자라 할 수 있다.

드러커는 앙트러프러너란 변화를 탐구하고 변화에 대응하며 이러한 변화를 새로운 기회로 이용하는 자라고 하였으며, 앙트십을 과학도 아니고 예술도 아닌 실천이라고 정의하였다. 앙트십은 생산성향상, 경제적 성장과 더불어 궁극적으로 사회발전에 기여하는 혁신과 창조적 파괴 활동을 하는 앙트러프러너 정신이다. 이는 실질적으로 아무것도 아닌 것에서 가치 있는 것을 이루어내는 인간적이고 창조적인 행동이라는 정의와 맥을 같이 한다. 박수홍은 앙트십을 창조와 실천의 두 개념의 복합 개념이라 하였으며 이는 한 사회의 모든 구성원이 본질적으로 갖고 있어야 할 자기혁신의 바탕이 되는 핵심역량이라 했다.

이러한 역량은 실용·기능적인 측면과 사회적 차원에서 우리들 각 개인이 몇 개씩이라도 창의적 아이디어를 창출해 낼 수 있다면, 사회, 경제, 문화 전반에 걸쳐 큰 도움이 될 것이다. 개인적 차원에서 삶의 질적인 측면으로 앙트십을 발휘하는 인간은 창의적인 인간으로서 자신이 갖고 있는 능력을 충분히 발휘하는 인간이자, 자아실현을 하는 인간이라고 볼 수 있다. 따라서, 분석적인 학업지능보다 창의적이고 실제적인 지능이 더욱 중요하다. 왜냐하면 앙트십의 정의를 요약하면 자기혁신을 바탕으로 새로운 생각을 창조하고 실천하여 성과를 창출하는 필수 역량이라 할 수 있기 때문이다. 앙트십은 기회를 포착하고 무언가 새로운 것을 만들어 실현함으로써 가치를 창출하는 활동이다. 창조와 실행이 주요핵심역량이 되고, 그 하부의 구체적인 역량은 ASK 모델에서 찾을 수 있다. 역량의 측면에서 볼 때 **앙트십 역량의 개발**(핵심프로세스)은 다음의 4단계로 거쳐 이루어진다(박수홍. 2019 : 30~35).

그림 10 | **앙트십 개발의 절차**

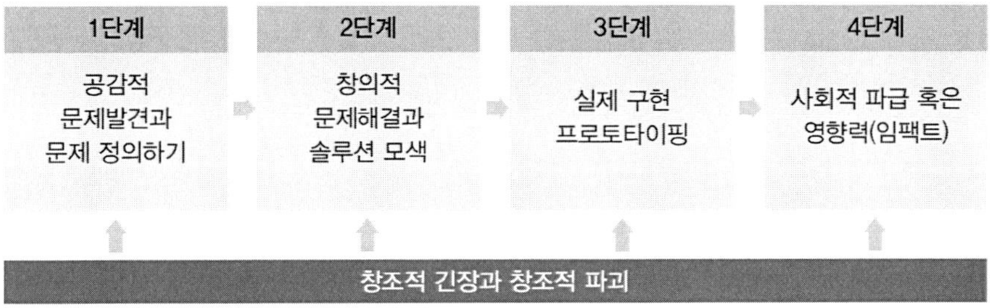

공감적 문제발견과 정의하기

사람들의 일상에서의 문제와 그 문제가 지닌 본질의 중요성에 대하여 얼마나 공감하는가? 공감적 문제의 인지는 기본적으로 풍부한 경험으로부터 비롯된다. 그렇다고 모든 경험이 창의성으로 연결되는 것은 아니다. 경험만큼 중요한 것은 감탄하는 힘이다. 공감적 문제를 발견한다는 것은 모든 사람이 보는 것을 보고, 아무도 생각하지 않는 것을 생각하는 것에서 시작된다. 모두가 보는 것을 보고 아무도 생각하지 못한 문제를 생각하고 발견하는 것이 공감적 문제발견이다. 이것은 시간이 필요한 훈련으로 무심하게 흘러간 것들이 의미있는 것으로 다가오고 일종의 의미부여가 일어나는 것이다. 공감하기는 사람들을 유심히 관찰하고 대화하면서 통찰을 얻는 과정이다. 문제해결을 하겠다고 선언하는 것은 이 문제가 한 사람만 겪는 것이 아니라 많은 사람들이 연관된다는 점 때문이다. 공감적 문제발견을 통하여 문제 정의하기는 공감하기 단계에서 수집된 데이터를 근거로 문제상황을 정의하는 것이다.

창의적 문제해결과 솔루션 모색

창의력은 일종의 몰입과 집중이다. 창의력이란 어떤 아이디어를 구현하기 위하여 집요하게 물고늘어지는 습관이다. 창의력과 창의적 문제해결은 다른 의미다. 창의력은 창의적인 생산을 생각해 내는 능력으로 수렴적 사고와 확산적 사고로 구분된다. 반면에 창의적 문제해결은 새로운 문제를 발견하고, 해결아이디어를 생성하며, 이것을 실행하기 위한 액션플랜을 개발해 나가는 연속적이고 총체적인 과정을 의미한다. 창의력은 창의적 문제해결의 낮은 단계로서 기능하며 문제해결 과정 중에도 지속적으로 작동하는 특성적 사고작용이다. 창의적 문제해결은 일반적인 문제해결과 다르다. 창의적 문제해결의 조건인 창의력 개발을 위해서는 호기심을 바탕으로 부단히 질문하기, 습관과 고정관념에서 탈피하기, 문제를 다양한 관점에서 바라보기, 결합하고 조합하기(종합력)에 힘써야 한다.

실제 구현

위의 과정을 거쳐 혁신적 솔루션을 개발하면 실제 구현을 위한 활동이 시작된다. 실행에 앞서 프로토타입의 제작과정을 통해 최적의 문제해결 방안을 유무형의 형태나 내용으로 표현할 수 있다. 프로토타이핑은 아이디어를 구체화하는 방법이며 문제에 대한 실효성을 검증하는 것이다. 즉, 프로토타입은 문제해결 과정에서 아이디어를 검증하는 도구일 뿐만 아니라, 확장된 아이디어를 발상하기 위한 도구적 기능을 수행한다. 프로토타이핑은 문제를 해결할 수 있는 아이디어를 다른 사람들이 상호작용할 수 있는 대상으로 제작함으로써 구체화, 시각화, 실체화한다. 래피드 프로토타이핑을 통해서 효율성을 증진시킬 수 있다. 프로토타이핑을 통해 구현된 생산물을 다수가 상호작용하고 피드백함으로써 프로토타입을 보다 정교화하고 최적화시킬 수 있다.

사회적 파급 혹은 영향력

앙트러프러너는 세상을 바꾸는 사람이다. 새로운 가치로 세상과 소통하는 사람이다. 소통은 내가 가는 것이 아니라 그들이 내게 오게 만드는 것이다. 창의와 도전을 일상에서 구현하는 자는 언제든 세상과 열린 관계를 유지한다. 앙트러프러너는 다양한 문제장면에 부딪힐 수 있다. 앙트러프러너는 자신의 사고와 행동에 책임을 갖고 증명해 나가는 존재로, 우리 사회가 공정, 정의, 논리정연한 것이 아니라 어느 정도 복잡하다는 사실을 증명해 나가는 사람이다.

위와 같은 이유를 근거로 슘페터는 실천하는 사람을 앙트러프러너로 정의하고, 창조적 혁신가, 기술의 혁신자와 개발자, 창조적 파괴의 과정에서 리더와 분배자의 역할을 강조했다. 그는 생산 요인의 새로운 결합을 발견하고 촉진하는 것이 앙트십의 본질이라 보고, 앙트러프러너의 상상력과 창조성을 강조하였다. 드러커는 앙트러프러너를 자기 의지로 지금까지 존재하지 않았던 새로운 가치를 만들어내는 사람으로 정의하고 있다. 창조와 실천에 기반한 앙트십 교육은 본질적 가치인 도전과 혁신에 사회적 책임의식을 중시한다. 또한, 사람들이 필요로 하고, 사람들의 삶에 혜택을 줄 수 있는 새로운 것을 만들겠다는 마음가짐, 급변하는 트렌드를 앞서서 읽는 통찰력과 비전을 강조하며, 겜블러나 리스크 테이커가 아니라 리스크 매니저로서 앙트러프러너에 의미를 둔다.

앙트십과 앙트러프러너의 특징을 종합하여 정리하면 다음과 같다. 첫째, 앙트러프러너가 창조적 파괴와 변혁을 일으키는 것은 단순히 기업을 만들고 영위하는 것에서 발전하여 새로운 사업을 일으키는 것이다. 둘째, 앙트십은 기존에 없는 새로운 혁신을 추구하는 창조적 상상력을 포함한 개념이다. 셋째, 앙트십은 창의적 아이디어와 기존에 없는 사고를 실행에 옮겨 가치를 창출할 수 있는 강력한 실행력을 필요로 하는 개념이다. 넷째, 앙트십은 변화를 통해 새로운 가치를 창출하고 위기를 기회로 만들 수 있는 변화대응력을 의미한다. 다섯째, 앙트러프러너는 계산된 위험을 관리하는 능력을 필요로 한다. 대체로 앙트십은 도전과 혁신과 더불어 사회적 책임의식, 사회에 기여할 수 있는 연대의식을 필요로 하는데 창조와 혁신의 융복합적 개념으로 학생들 개인의 창의성이 창의적 문제해결 과정을 통해 실제 맥락 속에서 실행으로 이어지는 외현적 표상 활동으로 정의할 수 있다.

학습자들이 경험하는 전체적인 학습과정과 실행 이후 학습한 내용에 대해 피드백과 평가가 이루어지며 성찰 활동을 통해 체험과 학습한 내용은 암묵지로 발전한다. 이때 학습자들은 새로운 창의적 문제해결 능력으로 창조 역량과 실천을 통한 실행 역량을 강화할 수 있게 된다. **앙트십 역량 개발을 위한 체제**는 네 가지로 나누어 구분하여 제시할 수 있으며, 단계별로 구체적인 내용을 살펴보면 다음과 같다.

창의와 상상력

창의성은 가치 있는 독창적인 아이디어를 착상하는 과정으로 창의성을 이야기할 때 반드시 함께 다뤄야 할 두 가지 개념이 있는데 바로 상상력과 혁신이다. 상상력은 창의성의 뿌리로서 감각으로 인지되지 않는 뭔가를 생각하는 능력이고 창의성은 상상력을 가동시키며, 상상력의 적용이 바로 창의성이다. 혁신은 새로운 아이디어를 실천하는 것이다. 독창적인 아이디어가 발현되기 위해서는 사전에 투입물이 있어야 하고, 이를 활용하는 정신적 활동이 진행되는 과정이 있어야 한다. 창의적 과정은 일반적인 문제해결 과정과 다르지 않으며, 문제해결 과정에 창의적인 요소와 문제해결이 포함되어 있다. 결국 창의적 문제 해결력이란 주어진 문제에 대한 해답을 하나만 제시하는 것이 아니라, 창의적 사고를 이용하여 여러 해결 대안을 제시하고 그 가운데에서 최선의 방안을 선정, 해결하는 능력을 의미한다. 따라서, 창의 단계에서 주요 활동은 문제발견과 문제 이해를 출발점으로 하여 아이디어 생성, 아이디어 수렴, 아이디어 평가가 이루어지는 과정으로 창조적·생산적 사고가 일어나는 과정으로 볼 수 있다.

통찰과 전환

창의 단계를 넘어 실행으로 연결되는 변환 단계에서는 문제해결 능력, 사회문화적 맥락을 통합적으로 반영하여 교육경험, 사회적 차원에서의 표현과 공유로서 그 역할을 수행할 수 있도록 해야 한다. 이때, 학습자 개개인뿐만 아니라 팀 조직이 가진 내부 역량을 충분히 발휘하기 위해 변환은 앙트십 교육을 위한 최적의 맥락 속에서 제공되어야 한다. 이 과정은 학습자들이 다양한 상호작용을 통해 문제상황과 실행 환경을 고려하여 통찰이 수반되며, 최적의 의사결정을 통해 도출된 솔루션이 적용되도록, 실행의 간격을 좁게 유지하는 것이 중요하다.

학습자들이 가진 다양한 경험과 기회가 필요하고 남들이 해보지 않은 방식으로 더욱 새롭게 혁신과 도전을 할 수 있는 과도기로서 변환 과정이 되어야 한다. 앙트십 교육내용 또는 지식은 학습이 일어나는 상황과 그것이 사용될 사회문화적 맥락 속에서 조직되고, 통찰이 수반되도록 해야 의미 있는 학습이 된다. 실제로 학교에서 배운 지식이 실생활에 활용되지 않는 이유는 지식이 실제 사용되는 맥락과 분리되어 가르쳐진 결과다. 즉, 학교에서 가르치는 지식은 원래 지식이 사용되는 맥락이나 상황과 분리되어 추상적이고, 순수한 지식 그 자체인 특징이 있다. 학습자들은 실생활의 장면에서 창의적 문제해결과 통찰로 학습한 지식 구조의 변형, 재구조화, 재조직화 등을 통해 문제를 창의적으로 해결할 수 있다.

또한, 창의적 문제해결에서 통찰은 예상하지 못했던 문제들이 야기될 때, 또는 해당 정보가 변형 수정되거나 유사한 정보의 조각을 새롭게 분류할 수 있을 때 일어난다. 따라서, 앙트십 교육에서 창의적 문제해결은 변환 과정에서 통찰과 맥락을 고려하여 문제, 문제상황에서 새로운 관계를 찾아낼 수 있도록 하는 것과 창의적 문제해결과 실행을 연계할 수 있어야 한다. 결과적으로 대개 통찰은 어떤 사안에 대해 미리 생각해 보지 않고 이를 알거나 어떤 행동을 할 수 있는 능력으로, 비구조화된 문제상황에서 학습자들이 지식을 재생산하는 구조가 아니라 재구조화하는 측면이 강하다. 즉, 학습자 자신의 내면을 통하여 외부 세계를 지각하는 것이고, 이전의 통찰에 의해서 발생이 촉진되는 속성이 있다.

실행능력

창의 단계에서 완성된 계획에 따라 구체적인 수행이 이루어지고, 앙트십 교육의 결과로 학습자들은 직접 해결책을 실행할 수 있어야 한다. 실행은 학습자들이 도출한 솔루션을 직접 적용해 볼 수 있는 것으로 실제 환경 또는 시뮬레이션 상황에서 아이디어가 직접 구현되는 단계이다. 실행은 현실을 직시하고 그 현실에 대응하는 체계적인 방식인 동시에, 목적과 방법을 검토하고 의문을 제기하며 끈기 있게 추진하는 체계적인 프로세스로 정의한다. 구체적인 실행을 위해 학습자들은 도출한 의사결정을 실행할 **액션플랜**을 작성한다.

액션플랜은 문제의 해결책을 현장에 적용해 보기 위해 작성하는 실천계획이다. 해결책에 대해 우선순위가 결정되고 나면 액션플랜을 작성 후 실행하는데 언제, 어디서, 누가, 무엇을, 어떻게, 왜 하는지를 구체적으로 작성해야 한다. 이때 작성된 액션플랜은 누가 봐도 그대로 하면 따라 할 수 있도록 상세하게 써 주는 것이 좋다. 액션플랜은 해결안의 우선순위에 따라 실행 계획을 만들고 실행할 수 있도록 한다.

성찰과 피드백

조직과 집단은 여러 가지 모습으로 실패하는데, 이때 이러한 실패의 원인에는 한 가지 공통점이 있다. 바로 성찰이 없었다는 점이다. 대개 성찰을 통해 학습자들은 자신과 학습에 대해 더욱 잘 파악할 수 있게 된다. 앙트십 교육에서도 창의와 실행을 거친 다음 다양한 피드백을 통해 성공과 실패를 검토하고, 학습의 최종 결과에 대해 스스로 성찰할 기회를 가져야 한다. 앙트십 교육과정에서도 학습자들이 과제수행을 하는 모든 프로세스에서 지속적인 성찰을 강조한다. 즉, 학습자들은 함께 성찰하는 과정에서 서로의 경험으로부터 학습할 수 있는 기회를 찾게 되는 것이다.

이때 학습자들의 과제수행 과정에서 나타나는 기대 실패는 진정한 학습이 일어나는 순간으로 성찰과 피드백의 역할이 중요하다. 학습자들이 역할과 임무를 수행해 가는 과정에서 발생할 수 있는 어려움을 해결하는 데 퍼실리테이터로서 교수자의 도움이 필요할 때가 있다. 이때 피드백은 학습자의 역할이나 임무수행의 맥락에서 이루어져야 하며, 적절한 시기에 제공되어서 학습자들이 그 피드백을 이용할 수 있어야 한다. 피드백은 학습자가 문제해결 활동으로 획득한 결과에 대한 구체적인 실패의 원인을 스스로 찾아보게 하는 코칭과 가이드, 형성적 피드백, 유사 사례에 대한 전문가들의 문제해결과 방식의 선택에 대한 검토와 다양한 의견과 진술을 들어보는 것 등의 형태로 제공된다.

앙트십 역량 개발을 위한 수업법(learning by doing)

① 디자인 씽킹 프로세스

혁신적 비즈니스 모델인 디자인 씽킹은 세 가지 프로세스가 존재한다. 첫째, 영감 단계는 대상으로 설정한 고객들의 일상생활과 행동을 관찰하여 문제를 규명하고 그들의 요구를 파악하는 것이다. 둘째, 발상단계는 영감 단계에서 얻은 자료를 분석하고 다양한 아이디어를 도출해 낼 수 있는 활동으로 진행한다. 마지막으로, 실행 단계는 선정된 아이디어를 시각화하고 프로토타입을 제작하여 실제 현장에 적용한다. 이때 발견되는 문제점과 고객의 피드백을 수렴하여 제품을 개선해 나간다. 또한 IDEO의 3I에 기초하여 모델을 개선한 디스쿨(d.School)은 디자인 씽킹 프로세스를 6단계로 개발하였다. IDEO의 3I와 유사한 점도 있지만 중간 단계에 관점이라는 단계가 제시되어 있다. 이 모델은 이해, 관찰, 관점, 아이디어 창출, 프로토타입, 테스트로 구성되어 있다. 스탠포드 대학의 디스쿨(d.School)에서는 3I에 기초하여 좀 더 간단하고 명료하게 '공감 → 문제정의 → 발상 → 프로토타입 → 적용'으로 프로세스를 제시한다.

첫째, 공감은 인간 중심적 프로세스에서 인간 중심의 행위와 삶의 맥락 속에서 대상을 관찰하고 상호작용하면서 사용자의 경험을 파악하고 몰입하는 과정이다.

둘째, 문제정의는 공감 단계에서 발견한 자료를 종합하여 문제를 식별하고 해결해야 할 문제를 명확하고 간결하게 서술하고 정리한다.

셋째, 발상에서는 팀원들과 문제의 다양한 해결 방인을 모색하기 위해 아이디어를 모으는 단계다. 즉, 브레인스토밍으로 제한을 두지 않고 폭넓게 아이디어를 확산하는 데 중점을 둔다.

넷째, 프로토타입과 적용에서는 아이디어 단계에서 논의된 추상적인 생각들을 구체화한다.

마지막으로, 선정한 아이디어는 테스트 과정을 거쳐 수정하고 피드백을 받아 수정과 개선해 나간다.

디자인 씽킹의 과정은 앙트십 교육과 유사한 점이 있다. 공감과 실행을 강조하는 점은 앙트십 교육에서도 수행하고 있는 부분이다. 하지만 앙트십 교육 활동은 공감 단계에서 단순히 고객의 요구와 생활을 파악하는 것이 아니라, 이때까지 발견되지 못하거나 해결되지 못한 점들을 탐색하는 기회과정을 강조한다. 기존의 해결안과 차별화되어 있는지? 해결안이 실행과 연계되어 있으면서 기회를 포착하고 혁신성을 가진 새로운 가치를 가지고 있는지? 등에 대한 검토는 디자인 씽킹과 다른 점이다.

② 창의적 문제해결 모형

창의적 문제해결은 개인이나 집단이 어떤 문제를 해결하기 위하여 창의적으로 사고하여 대안적인 아이디어들을 생성하여 해결안을 찾는 방법을 의미한다. 따라서, 창의적 문제해결은 발산적 사고와 수렴적 사고를 반복적으로 활용하여 어떤 상황에 놓인 문제를 발견하고 그 문제와 관련된 자료를 음미하고 구체적인 문제를 진술함으로써 창의적으로 다양한 아이디어를 생성하고 해결안을 결정하는 사고의 과정이다. 일반적으로 창의적 문제해결 과정과 일반적 문제해결 과정의 차이점을 다음과 같은 네 가지 측면에서 설명하고 있어 창조적 실행에 기반을 둔 앙트십교육도 다음과 같은 차이점을 설계할 시 고려하였다.

첫째, 창의적 문제해결력은 비구조적 문제를 포함하며, 문제해결 과정에서 문제 표상단계에 강조점을 둔다.

둘째, 일반적 문제해결에서는 이전에 획득된 절차를 적용하고, 주로 수렴적 사고를 필요로 하는 평범한 해결책과 최소한의 성과에 만족하는 경향이 있지만, 창의적 문제해결 과정에서는 확산적 사고와 수렴적 사고를 수반하는 새롭고 대안적인 해결책을 생성해야 한다.

셋째, 창의적 문제해결 과정은 확산적 사고와 수렴적 사고가 순환적으로 반복되는 과정이지만, 일반적 문제해결 과정은 활성화, 생성, 적용 등의 과정이 첨가적인 방식으로 진전된다.

넷째, 창의적 문제해결 과정에서는 사전지식이 재구성, 재조직 또는 결합하나, 일반적 문제해결 과정에서는 정보가 회상되고 기존 범주를 활용하여 이해된다.

창의적 문제해결 모형이란 실제의 상황이나 실제의 문제를 해결하고자 상상력의 활용을 최대로 촉진해 주는 종합적인 정신 과정이다. 초기 창의적 문제해결은 알렉스 오스본(A. Osborn)이 '오리엔테이션－준비－분석－가설－부화－종합

–확인'의 7단계로 제안하였다가 '사실 발견–아이디어 발견–해결 발견'의 3단계로 단순화시켜 교육에 적용해 왔다. 이후 시드니 파네스(S. Parnes) 등은 오스본의 접근법을 '사실 발견–문제발견–아이디어 발견–해결 발견–수용'의 5단계로 수정하였다. 연구자들은 창의적 문제해결에 발산적 사고와 수렴적 사고의 균형을 주장하면서 6개의 단계를 3가지의 큰 요소, 즉 문제의 이해, 아이디어 생성, 실행을 위한 계획으로 정리하였다.

과제의 성격에 따라 관심영역 발견, 자료 발견, 문제발견은 차례대로 사용하지 않을 수도 있다. 창의적 문제해결학습에서 주요 학습전략은 다양한 방법으로 적용되어, 학습자들이 수평적 사고와 수렴적 사고를 촉진하고, 다양한 아이디어를 발산하고, 문제해결에 적합한 아이디어 정선을 위해 확산적 사고와 수렴적 사고 활동을 가질 수 있도록 조직해야 한다. 단계별로 주요 내용을 살펴보면 다음과 같다.

첫째, 관심영역 발견은 학습자들이 추구하는 관심 영역(도전, 기회, 문제, 관심사)에 어떤 것들이 있는지를 찾아보고자 할 때 사용한다.

둘째, 자료 발견은 현재 상황을 분명하고 정확하게 이해하고 과제의 맥락, 관여하고 있는 사람들, 바라는 결과가 무엇인지를 더욱 자세하게 들여다보고 문제의 핵심에 있는 이슈가 무엇인지를 찾아내는 단계이다.

셋째, 문제발견은 과제의 현실과 바라는 상태 사이의 간격을 이해하는 데 목적이 있다. 문제의 진술은 구체적이고 작업 가능해야 하며 아이디어 발견을 위한 잠재력이 높아야 한다. 학습자들이 문제를 발견한다는 것은 사실을 다시 살펴보고, 상황을 다각도에서 바라보는 것이다. 즉, 문제 발견은 분석과 종합의 기능을 모두 사용해야 하므로 인지 사다리를 한 단계 올라가는 것이다.

넷째, 아이디어 발견은 이미 만들어 놓은 어떤 문제 진술에 대답하거나 해답을 생성하기 위해, 다양하고 독특한 아이디어를 생각해내는 과정이다. 실천을 위한 단계로 해결 발견과 수용 발견이 있다.

다섯째, 해결 발견은 선택된 대안을 분석하고, 평가하고, 강화하는 데 초점이 있다. 즉, 아이디어를 해결책으로 변환하는 과정이다.

여섯째, 수용 발견은 최종적으로 얻은 대안을 실천하려고 할 때 도움이 될 수 있는 자원과 저항을 받을 자원 등을 생성하고 확인하는 데 초점이 있다. 그리고 해결안을 실천하는 실행 단계를 계획한다. 이 과정에서 핵심 활동은 아이디어(해결책)를 실천으로 변환시키는 것이다.

창의적 문제해결이란 문제이해, 아이디어 산출, 행동계획 및 실행 등의 3단계를 거치면서 수렴적 사고, 확산적 사고가 작용하여 창의적, 생산적 사고가 일어나는 문제해결의 과정이다. 여기서 창의적, 생산적 사고는 지식 기반, 동기, 상위 인지적 통제를 기반으로 확산적 사고와 논리적 사고 기능을 활용하여 이루어지는 것으로 구조화된다. 창의적 문제해결이란 일반적인 영역의 지식과 기능 기반, 동기적 요인, 특정 영역의 지식과 기능 기반을 토대로 확산적 사고와 논리적 사고가 역동적으로 상호작용하여 새로운 산출물 혹은 해결책을 만들어 내는 사고 과정으로 정의한다.

③ 문제중심학습 모듈

이 모듈은 캐나다 McMaster 의과대학에서 처음 사용되었다. 미래사회는 광범위한 지식을 단지 기억만 하는 인재가 아니라 최신의 지식을 얻는 방법을 알고, 그것을 문제해결에 적용하며, 다른 사람과 협력하며 일할 수 있는 전문가를 요구한다. 일반적으로 문제중심학습은 학습자 주변의 복잡한 실제 세계의 맥락 속에서 비구조화된 문제를 제시하여, 학습자들이 주도적으로 문제를 해결해 나가는 방법으로 주목을 받고 있다.

문제중심학습의 일반적인 특징은 첫째, 문제로부터 학습이 시작된다. 둘째, 학습자 중심의 학습환경이다. 셋째 그룹 활동을 중심으로 학습이 진행된다. 넷째, 자기주도적 학습을 통해 새로운 지식을 습득한다. 다섯째, 교수자의 역할이 지식전달자에서 학습진행자 또는 촉진자로 전환된다. 문제중심학습의 교수학적 특징은 첫째, 문제로 시작되므로 문제가 학습 과정을 이끌어 간다는 점과 둘째, 학생의 자발적 흥미와 참여로 자기주도적 학습이 이루어지고 셋째, 교사의 역할은 교육과정 설계자와 수업의 촉진자가 됨을 말한다.

문제중심학습의 절차는 '문제제시 단계'에서 학습자들의 문제해결 활동을 위한 문제 시나리오를 제시하고, '문제 확인 단계'는 생각, 사실, 학습과제, 실천계획을 이용한 문제 이해와 분석을 제시한다. 문제해결을 위한 '자료수집 단계'는 개별학습을 통한 문제해결안을 모색하고 '문제 재확인 및 해결안 도출 단계'는 개별학습 결과 통합 및 그룹 토의와 최종 해결안을 모색하는 과정을 포함하고 있다. '문제해결안 발표 단계'에서는 그룹 해결안 발표와 전체 토론 및 평가가 이루어지고 '학습결과 정리 및 평가단계'는 학습결과, 개별활동을 평가하고 학습내용을 정리하는 것이다. 그렇다면 문제중심학습의 교육적 가치는 어떠한가?

미래사회에는 지식습득뿐만 아니라 사고하는 능력과 문제를 해결하는 능력, 남과 더불어 협동할 수 있는 능력이 요구되므로 무엇보다 창의적 문제해결력 신장, 지식의 습득과 전이와 활용, 학습자의 흥미유발, 자기주도적 학습능력 신장, 협동능력의 배양 등의 교육적 가치가 있다. 문제중심학습에서 교수자는 촉진자로서 퍼실리테이터의 역할을 수행하는데, 개방적이고 고무적인 질문을 하고, 학생들에게 말하기 전에 자신에게 짧게 설명하고, 학생들에게 수정할 수 있는 시간을 주고, 관찰자가 되기보다는 학생들과 함께 문제를 경험하고 인내하며 학생의 실수를 허용한다. 실수할 때 강력한 학습이 일어나므로 학생들이 같은 실수를 피하는 방법을 찾도록 돕는 것이다.

④ 목표기반 시나리오 기법

교육학자들은 학습자가 다양한 학습과제를 어떻게 수행하는지에 관한 연구를 기반으로 구성주의 교수설계 모형으로 인지이론적 관점을 가진 목표기반 시나리오와 문제해결 시나리오, 상황학습 등을 제시한다. 이 중 목표기반 시나리오는 인간의 인지구조에 대한 과학적 연구를 하였던 Northwestern University 학습과학연구소의 연구자들에 의해 시작되었으며, 그 모델이 제시하는 구체성으로 인해 체계적인 수업설계 모형으로 인식되고 있다.

이러한 목표기반 시나리오의 이론적 기반은 기억의 단위를 시나리오 또는 사례로 보는 것이다. 모든 시나리오는 주인공과 상황, 그리고 배경 요소로 구성되며, 이들 요소들을 유의미하게 만드는 것은 목표이다. 또한 이 목표는 시나리오라는 기억의 단위들 각각에 의미를 부여할 뿐 아니라, 향후 인출 과정에서 필요한 색인으로서의 역할도 수행한다. 즉, 목표와 시나리오는 기억 이론, 나아가 학습 이론을 구성하는 가장 핵심적인 개념이 되는 것이다. 목표기반 시나리오를 효과적으로 구현할 경우 학습자들은 과제 수행 능력을 실천과 연계하여 개발할 수 있다. 이는 유사한 상황으로 전이가 가능하고, 학습자 자신의 문제해결과정을 성찰할 수 있어 실제 상황에 직면했을 때 기존의 학습경험을 적용하기 수월하다. 목표기반 시나리오 학습의 특징을 다음과 같이 제시하고 있다.

첫째, 학습자들은 일상에서의 실제 상황들이 그들에게 부여하는 목적 지향성으로 인해 이 상황에 주목하게 되고, 추론하여 결국 학습하게 된다.

둘째, 기대 실패에 의해 학습이 촉진된다. 여기서 기대 실패는 현재 가지고 있는 지식의 부족분을 메워 보려는 시도의 과정에서 이루어진 실패로부터 가지게 된다.

셋째, 사례기반을 통한 문제해결 과정으로 학습은 재사용이 가능한 새로운 문제해결 사례의 축적 과정이다. 앙트십 교육의 적용 시 창조와 창의뿐만 아니라 실천을 고려한 교수방법적인 측면을 고려할 수 있다. 학습자들이 주어진 문제를 해결할 때 협업을 통해 다양한 관점들을 학습자 상호 비교·이해하는 부수적인 학습효과를 가져올 수 있고, 변화하는 상황 또는 조건을 고려하여 계획을 수립하고 이를 수정·보완하는 능력이 길러질 수 있다.

따라서, 앙트러프러너십 교육을 위한 수업 방법적인 측면에서 퍼실리테이션 전략 개발은 역동적 기억이론과 사례기반추론을 검토해 볼 필요가 있다. 목표기반 시나리오는 시나리오를 통해 상황과 임무를 설정하고 이야기를 통하여 적절한 역할을 학습자에게 부여한다. 학습자는 현실 생활에서 겪을 수 있는 목표를 갖게 되고, 이야기에 몰입하여 필요한 지식과 기술을 습득하면서 임무를 완수하게 된다.

목표기반 시나리오에서 주요 학습 내용은 기술이다. 이러한 기술은 지식의 한 형태로, 적용을 통해 학생들의 목표를 성취할 수 있게 한다. 따라서, 목표기반 시나리오는 구체적인 목표를 달성하는 데 필요한 목표 기술들을 가르치는 데 적합하도록 학습을 설계한다. 목표기반 시나리오는 체계적인 상황설정, 자료제공, 피드백 등이 이루어져야 한다. 전문가들은 목표기반 시나리오를 학생들이 관심있는 것에 주의를 기울이게 하고 이것을 추구하는 수업모형으로 보고 있다. 이 모형은 교육자들이 상상력을 발휘하여 학생들이 스스로 학습하고자 하는 마음이 생기도록 하는 상황을 만들도록 요구한다. 즉, 지식을 단순히 받아들이지 않고 적극적인 참여자로서 인생을 살아가는 데 필요한 기술을 학습하게 만든다. 학생들에게 주어진 상황이 충분히 매력적이면 학생들은 교육자들이 학습하도록 요구하는 것을 배우게 되는 것이다.

시나리오 기법을 교수학적 측면에서 고려해 볼 때, 핵심 사항은 학생들이 몰입할 수 있는 활동을 만드는 일과 동시에 이것을 중요한 학습내용과 일치시키는 일이다. 교육자들은 무엇이 학생들에게 중요한지 결정해야 하고, 학생들이 알아야 할 사실보다는 기술을 먼저 생각해야 한다. 다음으로 이러한 기술을 수행해 볼 수 있는 여러 상황을 고려해 봐야 한다. 목표기반 시나리오는 학생이 목표를 달성하기 위하여 적극적으로 노력하며, 이 과정에서 요구되는 기술과 사실을 학습하게 되는 상황을 말한다. 목표기반 시나리오 저변에 깔린 아이디어는 기술의 습득이 실제 상황과 유사한 활동에서 이루어져야 한다는 것이다.

지식습득은 새로운 문제를 생각할 수 있는 사고의 유연성을 대가로 치르고 얻어진다. 앙트십에서 창의적 문제해결은 학습자들의 기존 지식에 제약을 준다고 할지라도 창의성의 발현에 있어서 기본지식은 기존 지식과 연속성을 가지고 있다. 그러므로 앙트십 수업은 학습자들이 배울 수 있는 기능을 바탕으로, 기존 지식과 연속성을 가질 수 있는 맥락과 문제상황을 제시해야 한다. 또한, 학습자들이 목표로 하는 절차적 지식과 내용 지식을 학습할 수 있어야 하고, 학생들이 미래에 수행하게 될 내용과 관련 있는 과제들을 실제로 실행해 보는 경험을 제공해 주도록 설계하는 것이다. 실패를 배우는 기회로 보고, 창의성과 혁신은 단기적인 것이 아니라 장기간에 걸쳐 작은 성공과 빈번한 실수가 반복되는 과정임을 이해해야 할 것이다. 결과적으로 앙트십은 창조와 실천을 바탕으로 수업을 통해 실질적이고도 유용하게 기여할 수 있는 역량을 실행하는 것이다.

⑤ 사례기반 추론

사람들은 새로운 상황이나 문제에 직면할 때 과거에 이미 해결한 바 있는 유사한 경험 사례에 관한 기억이 있었는지를 먼저 검토하게 된다. 학습자들 역시 학습활동 중에 학습 문제를 만나면 과거의 경험을 회상하고 기억 속에서 관련성을 찾아 회상된 과거 경험을 현재 문제 또는 과제 해결에 응용하게 되는 것이다.

사람의 지식은 경험과 사건들에 대한 스토리 형태로 인코딩되어 있어, 제대로 이해하지 못하는 문제나 상황에 직면하게 되면 현재 문제를 해결하는 데 유사한 경우의 스토리를 읽거나 들을 수 있다고 한다. 여기서 학습자들은 관련된 사례들로부터 문제의 성공과 실패에 대한 조언을 얻을 수 있게 된다. 사례기반 추론은 새로운 문제에 직면했을 때, 이 문제를 해결하기 위하여 과거의 기억 속에 유사한 사례들을 추론해 내는 것이다. 새로운 문제를 해결하기 위하여 과거 문제의 유형을 분석하고, 이러한 문제를 해결하기 위하여 사용된 문제해결 과정을 활용하여 새로운 문제를 해결하게 된다.

사례기반 추론은 초보자가 전문가가 되어 가는 과정으로, 전문가는 자신의 목표를 달성하기 위해 필요한 지식과 기술을 적절하게 활용할 줄 아는 사람이다. 다양한 경험과 지식을 통해 자신의 해당 영역과 관련된 풍부한 지식을 보유하고 있다. 전문가들이 자신의 분야에서 접하게 되는 문제들을 어렵지 않게 해결하는 것은 그들이 가진 해당 영역의 전문 지식뿐 아니라 풍부한 경험을 가지고 있기 때문이다. 사례기반 추론에서 풍부한 경험은 새로운 문제를 해결하는 것을 돕기 위한 것뿐만 아니라, 기억을 회상해 내는 사례를 모아 놓은 사례 도서관에 비유될 수 있다.

일반 도서관에 있는 도서가 쉽게 검색될 수 있도록 각종 색인, 제목 등으로 분류되어 보관되어 있듯이 사람의 기억도 전문가가 되어 가는 과정에서 무의식적으로 사례 도서관과 같은 체제가 조직된다면 필요시에 즉각적으로 문제해결에 활용할 수 있다. 일반적인 사례기반 추론은 일상의 문제해결에 널리 사용되는 하나의 행동이고, 인지과학에서 인간을 깊이 있게 탐구할 때의 원형이론, 즉 모든 추론은 과거에 경험한 것 또는 열심히 연습해서 받아들여진 과거의 사례에 기초해서 이루어진다. 학습자들은 자신이 직면한 문제해결을 위해 과거에 경험했던 문제의 해결 방법을 변형하여 새로운 문제해결에 적용한다.

첫째, 검색과정으로 대상 문제가 주어지면, 메모리에서 그것을 풀기에 적절한 사례들을 검색한다. 하나의 사례는 문제와 해법 그리고 해법이 어떻게 유도되었는지에 대한 설명 등으로 구성된다. 학습자가 회상할 수 있는 가장 적절한 경험은 학생들이 처한 상황에 맞게 가진 경험들이다. 이런 경험의 묶음에서 학습자들이 가진 개개인의 경험은 검색에 용이한 사례가 된다.

둘째, 재사용은 이전의 사례로부터 대상문제의 해결을 연결한다. 학습자들이 새로운 상황에 맞추는 데 필요한 만큼 해법을 적응시키는 것을 포함한다. 학습자들이 문제해결을 위해 검색한 해법에 다른 사례나 키워드를 추가하는 것이다.

셋째, 수정은 이전의 해법을 대상의 상황에 연결한 후, 그 새로운 해법을 실세계에서 또는 시뮬레이션에서 테스트하고, 필요하다면 수정한다. 학습자들은 바람직하지 않은 결과가 생길 때 수정을 하게 되는데, 이때 새로운 사례를 첨가한다.

마지막으로, 유지는 해법이 성공적으로 대상 문제에 적용된 후에, 새로운 경험이 메모리에 또 다른 사례로서 저장되는 것이다. 따라서 학습자들은 문제해결에서 해법을 만드는 과정에 새로이 발견한 것을 기록하는데, 축적된 경험이 점점 많아져 앞으로 문제해결을 시도할 때는 더 잘 준비하게 된다.

학습자들은 관련된 사례로부터 어떻게 하면 성공적으로 문제를 해결할 수 있을지, 실패하게 만드는 함정은 어디에 있는지, 그리고 어떻게 하는 것이 효과가 있고 없는지, 또 그 원인은 무엇인지에 대한 조언을 얻을 수 있다. 또한, 기억은 어떠한 목적을 달성하기 위하여 계획하고 실행하는데 관련된 지식을 상기하는 것으로 보고 있다. 즉, 기억은 목적 달성과 밀접하게 연관된 유용성에 의하여 그 기능이 좌우되며, 이때 사례기반 추론은 과거의 경험으로부터 효과적인 의사결정을 이끌어 낼 수 있는 경우에 매우 효과적인 문제해결 방법이다.

⑥ 액션플래닝 & 러닝

액션플래닝 & 러닝은 교육 참가자가 소집단을 구성하여 각자 또는 전체가 팀워크를 바탕으로 실제 과제를 정해진 시점까지 해결하고 문제해결 과정의 성찰을 통해 학습하도록 하는 역량 개발의 교육방식이다. 교육 참가자들이 소집단을 구성하여 각자 또는 전체가 팀워크를 바탕으로 실패의 위험을 갖는 실제 문제를 정해진 시점까지 해결하는 동시에, 문제해결 과정에 대한 성찰을 통해 학습하도록 지원하는 교육방식이다.

액션러닝은 참가자들이 학습 팀을 구성하여 과제를 제시하는 스폰서나 자기 자신이 꼭 해결하고자 하는 실존 과제를 각자 또는 팀 전체가 주체가 되어 러닝 코치와 함께 정해진 시점까지 해결 방안을 도출하는 동시에, 이 과정에서 지식습득, 피드백, 질문, 성찰을 통하여 과제의 내용과 과제 해결의 과정을 학습하는 프로세스다. 액션러닝은 과제 해결을 위해 모인 구성원들이 실제 과제를 해결하거나 해결 방안을 도출하는 과정에서 질문과 성찰을 통해 학습이 이루어지는 프로세스다. 전문가가 문제해결을 주도하는 것이 아니라 문제의 상황에 있는 당사자들이 스스로 협력하여 해결안을 도출하고 실행하는 것이다. 액션러닝의 구성요소를 살펴보면 과제, 학습팀, 러닝 코치(퍼실리테이터), 과제와 해결 과정에 대한 지식습득, 실행의지, 질문과 성찰, 피드백 등을 들 수 있다. 과제는 가상이 아니라 실제의 과제를 다루고 문제해결 시 팀 활동을 전제로 한다.

이때 러닝 코치는 퍼실리테이터라고 하며, 촉진자 혹은 지원자라고도 한다. 그 역할은 학습자들이 문제를 올바르게 인식할 수 있게 하며, 문제해결방법, 의사결정을 지원하고 촉진하는 역할을 수행한다. 학습자의 문제해결에 대한 실행의지와 실천을 중요하게 여긴다. 액션러닝에서 질문과 성찰, 피드백은 교수자가 학습의 주도권을 가지고 있는 것이 아니라 학습자 스스로가 탐구하고 질문하는 가운데 의미 있는 학습이 일어나도록 한다. 액션러닝의 프로세스는 다음과 같이 정리할 수 있다.

- 문제탐색
- 문제 명료화
- 과제의 명료화
- 현황 및 문제점 분석
- 원인분석
- 과제확인
- 가설 도출 및 검증
- 필요한 사항 도출
- 정보수집 및 벤치마킹
- 해결책 도출
- 우선순위 결정
- 액션플랜 작성
- 해결안 도출 및 타당성 검증 해결을 위한 아이디어 개발
- 의사결정
- 현장 적용 및 실행
- 실행 및 성찰
- 권한 부여 및 참여 실행
- 성찰과 평가, 결과평가 피드백

액션러닝의 핵심은 팀 바탕의 문제해결이라는 점과 문제해결 과정에서 질문과 성찰을 강조하고 있다는 점, 실행을 통한 학습이라는 점이다. 이러한 액션러닝의 특징은 첫째, 조직은 실제적인 문제를 해결하거나 기회에 적절히 대처할 수 있고 둘째, 팀 구성원들의 자발성과 임파워먼트, 리더십, 신뢰와 비밀유지, 지원과 도전, 삶에 대한 긍정적 접근을 이끌어내며, 셋째, 문제(과제)에 대한 실제적인 접근과 통찰적인 질문을 강조하여 문제의 내재적인 원인을 규명하고 단기적 해결책보다는 실질적인 행동으로 문제를 해결하도록 유도한다. 넷째, 문제해결을 위한 팀 활동과 조직에 관한 내용으로 학습조직이 무엇이며, 학습조직이 어떻게 운영되어야 하는지를 보여준다.

각각의 액션러닝 프로세스는 다르게 제시되어 있지만 큰 범주를 만들어 살

펴보면 '문제확인–문제해결안 도출–실행–성찰'의 단계로 구성되어 있다. 즉, 문제를 확인하고 해결해야 할 문제를 명확히 한 다음 해결안을 도출해 내는 과정과 실행 후의 성찰과 평가, 피드백 과정을 거친다.

그림 11 | **앙트십 러닝의 흐름**

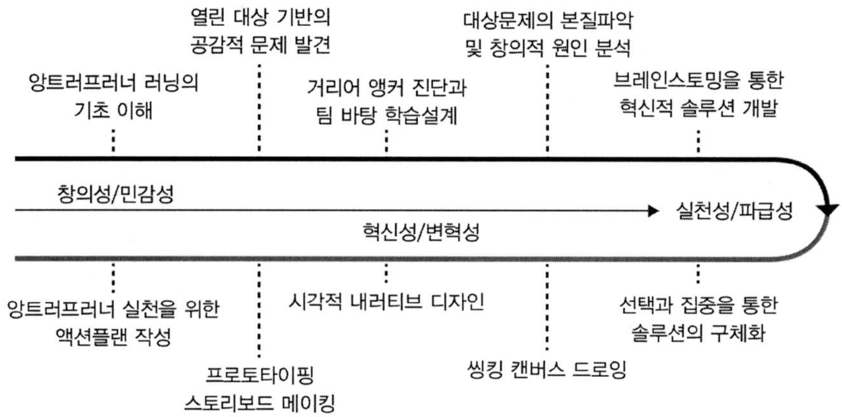

4 아르바이트 러닝

노작교육

많은 학자들은 '노작, 노동, 생산활동, 생활'과 교육의 결합을 주장하였다. 막스 쉘러(M. Scheller)는 어떤 활동이 이념보다 생산에 직결되는 것을 노작이라 했고, 파울 나토르프(P. Natorp)는 인간의 최고행위를 노작체험, 즉 의지행위로 간주하였다. 특히 쉘러에 의하면 인간은 외부의 것을 내면화하고 동시에 내부의 것을 외면화하고자 하는 욕구를 동시에 지닌 존재로서, 그는 수공적 노작체험의 필요성을 제기했다. 이러한 노작은 게오르그 케르셴슈타이너(G. Kershensteiner)의 표현대로 즉물적(sachlich)이어야 한다. 노작은 단순한 노동이나 노력이 아니라,

그 체험이 보편타당한 가치의 경험으로 완성될 때 교육적인 것으로 전환된다. 그러므로 교육적 노작은 신체성과 정신성의 통합 속에서 가능한다. 교육적 노작은 계획, 기쁨, 습관, 평가 등이 수반되어야 한다.

인간교육은 직관보다 오히려 조작(bearbeitung)에 의하여 사물을 학습한다. 노작은 개인으로 하여금 갱신의 경험을 제공한다. 노작이 외재적 목적의 달성만을 위한 단순활동으로 전락하지 않기 위해서는 유희화와 예술화가 요청된다. 피터 버거(P. Berger)는 협의의 노작을 신체적－수공적 자기활동으로, 광의로의 노작을 정신적－신체적 자기활동으로 규정했다. 그에 의하면 교육적 노작은 정신적－신체적 활동이며, 이 활동은 목표에 의하여 지배된다. 정신적－신체적 활동 결과 외적 세계를 변화시키며, 외계변화에 경제적, 생산적 가치를 창출한다. 이러한 이유로 파벨 블론스키(P. Blonskij)는 노작학교를 생산학교로 이름지었던 것이다.

특히, 루돌프 슈타이너(Steiner)에 의하면 인간은 육체를 통하여 감각적으로 인지되고 있는 사물과 관계를 맺고 있다. 가장 원초적인 관계의 통로는 손과 발이다. 이러한 손과 발은 노작수행의 중요한 주체다. 인간은 오직 노작의 경험을 통하여 세계와 내화한다. 즉, 세계는 오직 인간의 노작체험으로 인하여 해석될 뿐이다. 노작은 단순한 노동이 아니라 노동(勞)을 통한 몸의 만듦(作)의 전체를 이른다. 슈타이너에 따르면 육체는 외부세계와 관련되고 영혼은 자신의 내적인 삶을 갖게 하며, 정신은 영원성을 이루게 한다. 존 윌킨슨(J. Wilkinson)의 지적대로 교육은 육체와 영혼, 정신의 세계가 담겨 있는 학생의 총체적 삶에 관심을 기울여야 한다. 슈타이너는 이러한 전인이해의 출발점으로 노작의 원리를 들었던 것이다.

슈타이너는 수공을 통하여 이 세상에 존재하는 모든 물질들과 대화를 할 수 있다고 하였다. 또한 그 물질들을 현명하게 활용함으로써 정신세계의 일면을 획득해 나갈 수 있다. 이러한 입장에서 발도로프학교는 인간존재로서의 노작에 대한 창조적 학습을 통하여 이루어진다. 궁극적으로 모든 개인으로 하여금 올바른 삶을 영위하도록 하는 것이 바로 노작체험이다. 노작은 영혼의 총체적 발달에 공헌하기 때문이다. 노작은 단순한 기능학습이 아니라 삶의 다양한 측면들과 친숙해지는 데 목적이 있다. 노작은 창조성과 생산성을 고무시킨다. 노작체험은 본질적으로 학생의 현재성과 기호에 부합해야 한다. 또한, 남녀관계를 포함하는 공동체연습으로 구성되어야 한다. 공동체적 노작체험은 인간이해의 폭을 확충하고 인간이 보여주는 사회적 삶의 다양한 측면을 공유하도록 만든다.

노작경험은 자신에 대한 깨달음의 기회를 제공한다. 발도로프학교에서의 노작교육은 통합교과로서 뿐만 아니라 개별교과로도 다양하게 구체화되어 있다. 즉 수공, 수예, 원예, 목공, 농사, 속기, 측량술, 공업기술, 응급처치 등이 그 실례다. 슈타이너는 이러한 노작활동을 사회적 존재로서의 인간, 육체－정신－영혼이 전일화된 존재로서의 전인, 내면의 세계와 외적 세계를 연결시켜 주는 통합적 존재로서의 인간을 위한 조건으로 파악한다. 노작은 개인으로 하여금 세계내적 존재(Das－in－der－Welt－Sein)로서 자신과 타자를 통합시키고, 내적으로는 자아들을 통합시킨다. 따라서, 노작교육은 철저히 세계내적 존재로서 통합성의 원리에 입각하여 수행된다. 이에 따라 개인의 내면과 외부세계가 통합되고, 사물과 지식이 통합되고, 개인내적으로 자아가 통합된다.

노작교육은 우주의 본질과 인간의 정신을 통합시키고, 아동기와 성인기를 통합시키고, 눈과 귀와 같은 감각적 신체의 각 부분들을 통합시킨다. 이를 통하여 학생은 진정한 자기를 형성해 나간다. 또한, 문명과 미개를 통합시키고, 교수자와 학생을 통합시킨다. 노작경험을 통하여 학생은 자연으로부터 영혼의 요소들을 수용하고 이를 바탕으로 인간이라는 유기체를 총체적으로 완성시켜 일체감을 경험하도록 한다. 내면세계의 감수성과 경험은 외부세계에 대한 해석이며, 이것은 오로지 육체적 활동을 통하여 형성된다. 즉, 노작이라는 주관적 활동을 통하여 학생은 내면세계와 외부세계를 일체화해 나간다. 전인성의 원리란 노작경험을 매개로 하여 인간이 지니는 육체와 영혼, 정신을 통일시킴으로써 전인적 인간으로 나가는 것이다.

노작은 철저히 육체적 활동이다. 그러나 노작은 단순한 육체적 활동이 아니라 정신적 깨우침의 과정이다. 진정한 사고는 삶의 연속성 속에서 이루어진다.

육체를 통하여 머리를 깨어나게 하는 노작적 체험은 기계적인 과정이 아니라 정신적인 것으로 통합된다. 전인성은 육체를 매개로 하지만 육체는 단지 도구적인 것이 아니라 궁극적으로 정신과 전일적으로 통합될 때 가능하다. 그리하여 정신, 육체, 영혼 등의 일체경험은 곧 전인적 경험이 된다.

에드워드 슈프랑거(E. Spranger)가 말하는 노작교육의 원리는 몸을 통한 수공활동이 정신도야와 관련된다는 믿음을 토대로 한다. 그는 전체성의 교육원리로서 '향토교육의 원리, 노작교육의 원리, 협동사회교육의 원리, 내면세계 각성의 원리' 등을 들고 있다. 그러나 노작과 정신도야의 관계에 대하여 상이한 입장이 있을 수 있다. 즉, 노작이 정신활동을 방해한다는 입장과 촉진한다는 입장이다. 전자의 입장은 갖가지 원리들을 체험으로 확인하는 방식에 의하여 극복될 수 있다. 흙 자체를 가르치기도 하지만 흙을 통하여 여러 가지의 원리들을 확인하는 방식을 채택함으로써 정신활동은 촉진될 수 있는 것이다. 단지 머리로만 아는 지식은 인간의 존재와 본성에 대한 참다운 이해를 방해한다. 그러므로 손과 발을 통한 육체적 활동은 단순한 노동이 아니라 몸의 훈련과 더불어 훌륭한 정신의 도야재라는 사실이 노작의 근본원리가 되어야 했다. 행동을 둔하게 하는 단조로운 노동으로부터 아동을 구하는 수단은 학교다.

학교는 노작에 대한 전면적인 발달의 수단이 되게 하도록 다양한 노작의 유형을 제공해야 한다. 요한 페스탈로치(J. H. Pestalozzi)에 의하면 노작은 인간의 지능과 성격을 형성시킨다. 이러한 노작을 학교에서 실천하는 것은 다음의 몇몇 사람들에 의하여 적극적으로 추진되었다. 헤르만 리츠(H. Lietz)는 총체적 인간의 본질, 즉 육체, 손, 발, 눈, 귀, 근육 등을 심미적이고 도덕적인 능력들과 마찬가지로 훌륭하게 형성할 수 있는 학교를 희망했다. 그는 모든 힘들의 조화로운 형성을 위하여 실천적 신체교육을 통한 도덕적 인간상을 꿈꾸었다. 이는 이미 페스탈로치에 의하여 주창된 바 있으며, 이는 전원(land) 기숙학교를 통하여 구체화되었다. 전원은 가정적 아늑함을 제공하며 가장 이상적인 교육분위기를 기대할 수 있다. 이 학교는 조화롭고, 자립적인 인격을 형성하고, 몸과 마음이 건강하고, 육체적, 실천적, 학문적, 예술적으로 유능하고 용기있는 사람으로 교육할 것을 표방하였다.

한편, 케르센슈타이너는 『노작학교의 이해』를 통해 노작교육을 적극적으로 학교에 도입할 것을 주장하였다. 그는 극단적으로 미래학교는 노작학교여야 한다고 선언하였다. 그는 노작수업이라는 교과를 통하여 많은 일반적 수업원칙들을 제기하는 데 공헌하였다. 그에 의하면 교육의 궁극적 목적은 도덕적이고 자율적인 인간형성인데 이는 노작교육을 통하여 올바르게 이루어진다. 즉, 최적의 인간형성은 개인에게 적합한 노작활동의 수행이 반드시 전제되어야 한다. 노작적 경험을 통하여 인간은 '객관적, 타자적, 간주관적, 도덕적' 힘을 체험하게 되고 이것이 정신적으로 향상된다. 인격형성은 개인의 내적 성향에 부합하는 노작적 체험과 통합될 때 가능하게 된다. 학생은 노작경험을 통하여 자치의 정신을 체득하고 도덕적 자기형성을 경험하며 헌신, 봉사, 공동체의식 등을 발달시켜 타자와 올바른 관계를 형성할 수 있다. 노작체험은 개인으로 하여금 정신적, 신체적, 도덕적 능력을 검증할 수도 있다.

케르센슈타이너에 의하면 살아 움직이는 지식, 실천력있는 지식, 인간과 성격을 형성하는 데 쓸모있는 지식은 오로지 노작체험을 통하여 획득될 뿐이다. 여기서의 노작은 단순한 노동이 아니라 생산적, 정신적인 측면을 내포한다. 이는 인간의 총체성을 고려하는 것이며 희열의 원천이다. 케르센슈타이너는 보편타당성을 지니는 가치에 대한 태도를 즉물성이라 하고, 노작체험을 하는 개인이 즉물적으로 행하는 노작은 교육적 가치를 갖는다고 말한다. 여기서의 '즉물성'은 주관적 심리주의의 반대개념으로 사용되고 있다. '즉물성'은 비자기중심적 태도의 총체적 개념으로서 주관성을 극복한다. '즉물성'은 자기중심적 태도와 타인중심적 태도의 양자를 변증법적으로 초극한다. '즉물성'은 보편타당한 가치에 근거한다. 교육은 이같은 '즉물성'을 지향해야 한다. 리츠에게 영향을 받은 파울 게헵(P. Geheeb)은 실험학교를 설립하여 노작교육의 이념을 구체적으로 실천해 나갔다. 그는 개인의 조화로운 발달(머리, 손, 가슴)을 위한 교육을 지향하고, 개인에 내재하는 고유한 자신의 모습을 스스로 발견하고 유지하는 것을 교육의 과제로 간주했다. 이를 해결하기 위한 구체적인 노력으로써 기숙생활, 노작활동, 직업교육,

홀로 생활하기, 스포츠, 음악, 사회활동, 문화체험, 협의 등을 실천하였다.

나테즈다 크루프스카야(N. Krupskaya)의 분석에 의하면 당시에 전통적인 주입식 교육의 많은 학교들이 노작교육의 학교로 변화했다. 그러나 노작학교는 건강의 강화, 신체적 교묘성, 판단력, 지식욕의 발달 등에 부합하도록 협소화되었다. 예를 들어 전원기숙학교들은 교육학적으로 대단히 합리적이었으나 자본주의에 기초한 몇 가지 모순들이 발견되었고 시정되지 않았다. 노작교육은 생활성의 원리를 바탕으로 한다. 그러므로 노작은 현실과 괴리되어 이루어지지 않는다. 즉, 노작은 개인과 집단의 현재성 혹은 생활성의 근거 위에서 다루어지며 노작경험은 반드시 현재적 생활로 연장된다. 그것은 미래를 준비하기 위함일 수도 있다. 그리하여 궁극적으로 생활이 곧 교육(生卽教 生卽育 혹은 生活卽教育)이 된다. 이에 대하여 중국의 도행지(陶行知)는 다음과 같이 설명하고 있다. 그는 극단적으로 죽은 학교, 죽은 교육, 죽은 교과서에 몸을 던져 부당한 삶을 영위하는 사람은 이미 죽은 사람이라 하면서 죽지 않고 살아있는 교육의 본질과 의의를 설명하고 있다. 죽지 않은 교육이 바로 생활교육이요, 생활이 곧 교육이다. 듀이가 이미 교육은 생활이라 말한 바 있지만 그는 이를 생활은 교육이라고 바꿨다.

첫째, 생활은 생명이다. 그리하여 살아있는 교육은 생명의 교육이다. 이는 생명을 위한, 생명을 통한 교육 모두를 포함한다. 생명은 건강성, 노작성, 예술성, 과학성, 개혁성 등을 망라한다. 건강하게 노동하면서 예술적이고 과학적인 교육을 통하여 사회를 개조하는 교육은 이미 생명있는 교육이다.

둘째, 생활은 사회다. 그러므로 사회는 온통 살아있는 학교다. 생활교육은 삶과 동시에 이루어진다. 건강하지 못한 생활은 건강하지 못한 교육이다. 노작하지 않는 생활은 노작하지 않는 교육이다. 인간이 필요로 하는 것이 무엇인가에 따라 가르쳐야 한다. 어떤 생활을 하는가는 곧 어떤 교육을 받는가와 다름없다. 결국, 생활, 노작, 교육, 생명 등은 서로 긴밀하게 관련된다.

노작교육의 이론적 기초는 페스탈로치의 교육론에 바탕을 두고 있다. 그는 실험정신으로 충만한 위로부터의 교육이 아니라 아래로부터의 교육이 중요하다고 보았다. 페스탈로치는 인간이 살아가는데 가장 중요한 것은 양심과 도덕, 모든 것에 대하여 겸손할 줄 아는 마음가짐이라 하였다. 특히, 인간은 사회 속에서 다른 사람들과 함께 살아야만 하는 존재이기 때문에 자기와 다른 사람들 그리고 신에 대한 양심과 도덕은 결국 자기 삶의 만족도와 깊게 연관된다.

첫째, 사회적 존재로서 개인이 가져야 할 삶의 태도를 중시하는 것이다. 더불어 사는 삶 속에서 진정한 자신의 행복을 찾을 수 있는 것이기에 다른 사람의 삶에 무관심할 때는 결코 자신도 행복해질 수 없다.

둘째, 능동적 존재로서 인간의 행복은 결국 자신의 마음속에 있는 것이며, 이를 꾸준히 얻고자 하는 사람에게만 주어진다. 이러한 개인의 삶을 통하여 결국 사회의 도덕화가 이루어진다.

셋째, 인간이 지녀야 할 겸손이라는 덕목을 강조함으로써 다른 이들에 대한 겸손뿐만 아니라 이 세상을 존재하게 해준 신과 자연에 대한 겸손이다. 이를 통하여 인간은 자신을 다시금 되돌아 볼 수 있을 뿐 아니라 다른 이들을 배려하는 마음을 간직할 수 있다.

교육은 단지 기술이나 기능을 통하여 이루어지는 것이 아니라 그 바탕은 사랑에 있다. 교육행위를 인간만이 지니는 특권으로 파악한 페스탈로치에 의하면 교육은 반드시 사랑을 통하여 이루어져야 하며 가르치는 사람은 그 어떤 기능보다도 학생에 대하여 사랑의 마음을 바탕으로 하여야 한다. 이러한 교육은 반드시 사람이 살고 있는 삶의 장소를 전제로 이루어져야 한다. 그는 생활 속에서 노동과 교육적 경험을 동일시하여 생활이 결여되면 결국 교육으로서의 가치를 상실하게 된다고 했다. 알고 있는 것을 진심으로 실천할 수 있는 교육이야말로 진정한 가르침이다. 실천이 결여된 단지 현학적인 지식은 자신과 타인에게 아무런 의미를 제공하지 못한다. 이 속에서 인간을 인간으로 만들어 줄 수 있는 행위들이 창조될 수 있는 것이다. 자연은 인간의 머리와 가슴과 교수자가 지녀야 할 평범한 기질 이상의 것을 부여해 주지는 않는다.

아는 것과 실천하는 것은 차이가 있다. 아는 사실에 대하여 항상 조심하여야 한다. 편견이나 선입견은 무지한 지식보다 못하다. 마찬가지로 기계적인 암기와 이미 밝혀진 기존의 사실들에만 의존하거나 자신의 자유로운 관찰력이나 창의력과는 무관하게 강제로 체득되는 경험들보다는 자기 스스로의 경험을 통해 도달하는 지식이 값진 것이다. 우리 시대가 지닌 가장 큰 비극 중의 하나는 전혀 쓸모없는 지식을 아직도 학교에서 요구하고 있다는 사실이다. 많은 지식을 지닌 사람일수록 자신의 지식과 처해 있는 환경 그리고 자신보다 덜 배운 사람들로부터 여러 가지를 배움으로써 자신의 지식을 계속 개발해야 한다. 만일 이러한 일들을 소홀히 한다면 그 사람은 지식이 많은 사람은 될 수 있을지 모르나 결국 자신의 내적인 삶에 치명적인 상처를 입게 된다.

교육의 진정한 바탕은 교육학 서적이나 교수법 강의를 통하여 이루어지는 것이 아니라 삶 자체에서 찾아야 한다. 학문적 지식은 실용적 방편에 이용되지 못할 때 어떠한 유용성도 없다. 지식과 실천은 강과 옹달샘과의 관계로 비유된다. 단지 알고 있는 것만으로는 충분하지 않다. 알고 있는 것을 실생활에 적용시킬 수 있을 때 비로소 가치를 갖게 된다. 페스탈로치 교육사상의 **핵심은 교육적 평등사상과 피상적 언어주의의 지배가 교육을 망치고 있다는 사실이다. 그는 이를 해결하기 위한 방인을 다음과 같이 제시하였다.**

첫째, 인간성은 어디서나 신성하게 다루어야 한다. 인간성은 내적 존엄성을 형성하기 때문에 중요하다.

둘째, 학생들의 잠재력은 소중하게 인정해야 한다. 자연스러운 성장이 방해되어서는 안 된다.

셋째, 사랑은 교육의 핵심이며 영원한 초석이다.

넷째, 의미없는 언어주의를 타파하여 직관의 원리를 중시한다. 이 원리는 직접적이고 구체적인 관찰과 경우에 따라서는 부적절하다고 생각되는 감각과 사물교과를 지향한다. 추상적 언어의 배격, 구체적 사물의 관찰, 교육에 있어서의 계열성의 원리 추구 등이 핵심이다.

다섯째, 직관에 의한 완전한 인식을 위해서는 사물에 이름이 있어야 하며 또한 적절한 행동이 뒤따라야 한다. 인간은 말이 아니라 행동에 의하여 배워야 하며 삶 역시 말이 아니라 행동으로 형성된다.

여섯째, 교육적인 의미가 있는 행동은 반복하여 이루어지는 게 사실이다.

대체로 교과서의 배열은 그 교과를 가장 간단한 요소로 분해하고 다음으로 교재의 복잡성이 검증됨에 따라 일관되고 체계적인 이해를 부여하려고 하는 페스탈로치의 직접적인 노력의 결과이다. 산술에서와 같은 법칙이나 원리의 습득, 언어에서 추상적인 형식과 법칙의 습득, 지리나 역사나 자연과학에서 가장 일반적인 관계를 습득하는 것으로 시작하는 교수법은 점차 소용이 없어졌다. 몰프(A. Morf)는 이 방법의 일반원리를 다음과 같이 요약하였다.

- 관찰 즉, 감각적 지각(직관)은 교수의 기초이다.
- 언어는 항상 관찰(직관), 즉 실물과 내용에 연결되어 있지 않으면 안 된다.
- 학습의 시기는 판단이나 비판의 시기는 아니다.
- 어떠한 학과에 있어서도 교수는 가장 단순한 요소에서 출발하여 아동의 발달에 따라, 즉, 심리학적 순서로 점진적으로 진행하지 않으면 안 된다.
- 학생에게 완전히 습득시키기 위해서는 각 교수에 충분한 시간이 할당되지 않으면 안 된다.
- 교수는 발달을 목적으로 해야지 독단적인 설명을 목적으로 해서는 안 된다.
- 가르치는 자는 학생의 개성을 존중하지 않으면 안 된다.
- 교육의 주된 목적은 학습자에게 지식이나 재능을 부여하는 것이 아니고, 그 지력을 발전, 증진시키는 것이다.
- 능력은 지식에, 기능은 학습에 결부되지 않으면 안 된다.
- 가르치는 사람과 학생의 관계, 특히, 훈련에 있어 사랑에 기초하여야 하고 사랑에 의해 지배되어야 한다.
- 교수는 보다 높은 교육목적에 종속되지 않으면 안 된다.

그의 노작교육 이론은 교육적 경험의 실질적이고 체험적인 측면을 강조하며, 특히 학생의 전인적 발달을 목표로 한다. 노작교육은 '손으로 하는 일(work)'과 교육(education)을 결합한 형태로, 학생이 실제로 무언가를 만들거나 실천적인 활동을 통해 학습하는 것을 중시한다. 페스탈로치는 노작을 단순한 노동이 아닌 교육적 도구로 보았으며, 이를 통해 학생들이 정신적, 신체적, 도덕적으로 성장할 수 있다고 믿었다. 핵심원리는 다음과 같다.

- 전인교육: 노작교육은 지적, 신체적, 도덕적 발달을 동시에 추구한다.
- 지적 발달: 실제 경험을 통해 관찰력, 사고력, 문제해결 능력을 기른다.
- 신체적 발달: 노동과 활동을 통해 신체 능력을 발달시킨다.
- 도덕적 발달: 협력, 책임감, 성실성 등을 학습한다.
- 자연주의적 접근: 자신의 능력을 발휘하고 성장할 수 있는 환경을 만들어 주어야 한다.
- 직접 경험의 중요성: 책을 통한 이론 학습보다 실제로 보고, 만지고, 느끼는 경험을 통해 배우는 것이 중요하다.
- 자율성과 독립심 배양: 자신감을 가지고 스스로 문제를 해결하는 능력을 키운다.
- 사회적 협동 정신 함양: 노작 활동은 다른 사람과 협력하는 과정을 포함하기 때문에 사회성을 기르는 데 도움이 된다.
- 실제 생활에 필요한 기술 습득: 실용적인 기술을 배우며, 이를 통해 미래의 삶에 대비하게 만든다.

학교장면에서 이루어지는 실천적 사례로는 농업, 공예, 가사일과 같은 실질적인 작업을 학생들이 공동으로 무언가를 제작하거나 해결하는 프로젝트형 학습, 자연 관찰, 실험, 도구 사용 등을 통한 체험 학습 등이 있다. 페스탈로치의 노작교육 이론은 이후의 실용주의 교육, 특히 듀이의 경험 중심 교육철학에 큰 영향을 미쳤다. 또한 현대의 프로젝트 기반 학습(PBL), 체험 학습, 직업 교육에서도 그의 철학적 영향을 찾아볼 수 있다. 페스탈로치는 교육이 단순히 지식 전달에 그치지 않고, 아동의 실제 삶과 연결되어야 한다고 강조했다. 그의 노작교육 이론은 교육의 실천적이고 체험적인 측면을 강화하고, 전인적 인간 형성을 목표로 하는 데 큰 기여를 했다.

학생 자율 아르바이트

아르바이트(arbeit)라는 용어는 단기 혹은 임시 고용되어 일하는 상태로 주로 일본과 한국에서 통용된다. 파트 타임(시간제근로)이라고도 한다. 주로 학생, 전업주부, 은퇴자 등이 일정한 수입을 얻기 위해 시간제로 일하거나 현직을 가진 사람들이 부업으로 일하는 경우가 많으며 단기 계약직을 뜻하기도 한다. 아르바이트는 우리식 표현인데 원래 독일에서 Arbeit는 일 또는 노동을 포괄적으로 의미하며, 이에 해당하는 영어로 job이나 work가 있다. 우리나라 젊은이들 사이에서 이를 짧게 줄여 알바라고도 한다. 이 용어는 일본을 통하여 들어온 것으로, 아르바이트(アルバイト)라는 용어에서 가져온 것이며 한국에서와 마찬가지로 일본에서도 시간제 노동을 의미한다. 다만 한국과는 달리 말할 때는 바이토(バイト)라고 부른다. 영어권에서는 이런 시간제 근무를 파트타임 잡(part−time job), 전일제 근무는 풀타임 잡(full−time job)이라고 한다. 최근에는 이러한 계약직으로 생계를 꾸리는 사람들을 프리터(일본어: フリーター)라고도 한다. 미국에서는 저임금 단순노동을 맥잡(McJob)이라고 한다.

현장실습활동

현장실습은 학생들이 학교에서 배운 이론과 기술을 실제 산업 현장에서 적용하고 경험을 쌓을 수 있도록 돕는 교육과정이다. 이는 학생들의 실무 능력을 강화하고, 직업 세계에 대한 이해를 높이며, 학문적 지식과 실무를 연결하는 중요한 다리 역할을 한다.

- 실무 능력 향상: 이론으로 배운 내용을 실제 환경에서 적용하며, 실질적인

기술과 경험을 습득한다.

- 산업 이해도 증대: 산업 현장의 구조, 프로세스, 업무 환경 등을 경험함으로써 해당 분야에 대한 깊은 이해를 얻는다.
- 직업 역량 강화: 문제 해결 능력, 의사소통 능력, 팀워크 등 직업에 필요한 소프트 스킬을 키울 수 있다.
- 취업 준비: 현장 실습 경험은 취업 시 실질적인 경력으로 인정받을 수 있으며, 기업과의 네트워킹 기회를 제공한다.
- 현장 중심: 기업, 공공기관, 연구소 등에서 진행되며 실제 업무에 참여한다.
- 기간 다양성: 일반적으로 몇 주에서 몇 달까지 다양하게 진행된다. 예를 들어, 단기 현장 실습(2~4주)부터 장기 인턴십(6개월 이상)까지 가능하다.
- 산학 협력: 학교와 기업 간 협력을 통해 실습이 이루어지며, 양측이 공동으로 교육 목표와 계획을 설정한다.
- 평가 및 피드백: 실습 후 보고서 제출, 평가 면담 등을 통해 교육 효과를 검토하고 개선점을 파악한다.
- 산업체 연계형: 기업에서의 실습을 통해 현장 경험을 쌓을 수 있다.
- 캠퍼스 내 실습: 학교 내 시설이나 연구소에서의 실습을 의미한다.
- 봉사활동형 실습: 지역 사회 봉사나 비영리 단체에서 활동하며 실무를 경험할 수 있다.

실습경험을 통하여 학생들은 전공 분야의 실제 업무를 경험하며 자신에게 맞는 진로를 탐색할 수 있다. 기업은 우수 인재를 사전에 발굴하고 채용 리스크를 줄이는 장점을 누릴 수 있다. 학교는 학생들의 실질적인 취업률 향상과 산학 협력 강화라는 목표를 달성할 수 있다.

도제교육/학습

도제교육은 숙련된 장인(멘토)과 학습자(멘티, 도제) 간의 밀접한 관계를 통해 기술이나 지식을 전수하는 교육 방법이다. 이 방식은 주로 전통적인 직업 교육이나 기술 교육에서 활용되었으며, 오늘날에는 다양한 교육 시스템과 기업 훈련 프로그램에서도 활용되고 있다. 주요 특징은 다음과 같다.

- 현장 중심 학습: 도제교육은 실제 작업 현장에서 이루어지며, 학습자는 실무를 통해 기술을 배우게 된다. 이론보다는 실무 경험에 중점을 둔다.
- 멘토–멘티 관계: 장인이 학습자의 멘토가 되어 1:1로 직접 기술을 가르친다. 멘토는 단순히 기술 전수뿐만 아니라 멘티의 인성, 직업 윤리 등을 함께 교육한다.
- 점진적 학습: 학습자는 간단한 작업부터 시작하여 점차 복잡하고 전문적인 기술로 나아간다. 이 과정에서 책임감과 숙련도를 점차 높인다.
- 직업 윤리 및 문화 전수: 기술뿐만 아니라 해당 직업 분야의 전통, 관습, 윤리 등을 자연스럽게 배우게 된다.

오늘날에는 전통적인 도제교육의 개념을 확장하여 학교와 기업이 협력하여 운영하는 산학일체형 도제교육 프로그램이 존재한다. 특히 기술과 실무 능력이 중요한 분야에서 효과적이다. 예시하면 다음과 같다.

- 한국: 고등학교나 전문대학과 기업이 연계하여 학생들이 학업과 실습을 병행하도록 하는 프로그램.
- 독일: 듀얼시스템(Dual System)이라 불리며, 이론 교육과 기업 현장 실습을 통합하여 운영하는 대표적인 도제교육 시스템.

도제교육의 장단점은 다음과 같다.

- 실질적인 경험 제공: 학습자는 이론과 실제를 동시에 배우므로 현장 적응력이 뛰어나다.
- 맞춤형 교육: 장인이 학습자의 능력에 맞춰 교육할 수 있다.
- 직업 기회 확대: 교육 후 학습자가 관련 업계에서 바로 일할 수 있는 기회가 많아진다.

- 멘토의 역량 의존: 교육 품질이 장인의 경험과 능력에 크게 좌우된다.
- 기술 편중 위험: 특정 기술이나 방식에만 집중될 수 있어 학습자가 다양한 경험을 놓칠 위험이 있다.
- 시간과 자원 소모: 장인이 학습자를 지도하는 데 시간이 많이 소요된다.

기본적으로 도제식 교육은 전통적인 기술 전수 방식에서부터 현대의 산학 협력 교육 시스템에 이르기까지 폭넓게 적용될 수 있는 강력한 교육 방식이다. 특히, 실무 능력을 갖춘 인재 양성에 효과적이지만, 이를 성공적으로 운영하려면 체계적인 프로그램과 장인의 전문성이 중요하다.

체험활동

체험활동은 학교 교육이나 개인적 관심사와 관련하여 직접 참여하고 경험하면서 배우는 활동을 말한다. 이는 단순히 이론을 학습하는 것을 넘어, 실제 상황에서 다양한 경험을 통해 배움의 깊이를 더하고 흥미를 유발하며 실질적인 능력을 키우는 데 중점을 둔다.

- 직접 경험 중심: 책이나 강의를 통해 간접적으로 배우는 대신, 실제 상황에서 활동에 참여하여 직접적으로 경험한다.
- 다양성: 자연, 문화, 예술, 과학 등 여러 분야에서 활동할 수 있다.
- 창의적 사고 촉진: 새로운 환경에서 문제를 해결하거나 창작 활동을 하면서 창의성을 키울 수 있다.
- 실질적인 학습: 이론에서 배우기 어려운 실제 상황의 기술과 대처 방법을 익힌다.

체험활동의 종류로는 다음과 같은 것들이 있다.

- 자연체험: 캠핑, 숲 체험, 농촌 체험 등 자연 속에서 환경을 배우고 느끼는 활동

- 문화·역사 체험: 박물관, 유적지 방문, 전통문화 체험 등 역사와 문화를 직접 접하는 활동
- 과학·기술 체험: 과학 실험, 로봇 제작, IT 관련 활동 등 과학적 사고와 기술적 역량을 키우는 활동
- 예술·창작 체험: 미술, 음악, 공예 등 창작 활동에 참여하여 예술적 감각을 키우는 활동
- 봉사활동: 사회적 약자 지원, 지역사회 공헌 등 다른 사람과 함께하며 사회적 책임감을 느끼는 활동

체험활동의 장점은 다음과 같다.

- 흥미와 동기 부여: 재미있고 실질적인 활동으로 학습에 대한 흥미를 유발함
- 사회성 향상: 팀 활동이나 대인관계 경험을 통해 협력과 의사소통 능력을 배양함
- 자신감과 성취감: 목표를 달성하거나 새로운 것을 배운 경험에서 자신감을 획득함
- 미래 설계 도움: 다양한 체험을 통해 자신의 흥미와 적성을 발견하고 진로를 설정함

이처럼 다양한 학습자 중심의 체험활동은 개인의 성장과 학습에 큰 도움을 주며, 학업과 삶의 균형을 맞추는 데 중요한 역할을 한다.

5 리빙 랩 러닝

리빙 랩 이해의 기초

'리빙 랩(living-lab)'이란 살아 있는 실험실이라는 뜻으로, 발달된 정보 통신

기술을 활용하여 사용자가 직접 참여하는 방식으로 지역 문제를 해결해 가는 실험적인 공간을 의미한다. 그동안 IT분야의 성공사례를 만들어 온 리빙 랩이 최근에는 다양한 분야로 확대되고 있다. 리빙 랩은 누구나 사회의 현안 해결과정에 능동적으로 참여하고 주도적인 역할을 하며, 혁신을 해 나가기 때문에 본질적으로 수요자 중심의 자치적 사회문제 해결 방식의 의미를 갖게 된다.

리빙 랩이란 전통적인 연구실의 한계를 극복하기 위해 2004년 미국 MIT의 윌리엄 미첼(W. J. Mitchell) 교수가 최초로 도입한 개념으로, 살아있는 실험실, 일상생활 실험실 등을 의미한다. 즉, 기존에 기술 개발은 별도의 실험실에서 하고, 적용은 다시 개별적으로 하여 개발과 적용이 유리되어 있던 것과 달리, 실제로 기술이 활용될 생활공간을 고려하여 그곳에서 사용자들의 의견을 수렴하면서 함께 기술을 개발하는 방식이 리빙 랩이다. 생산자와 사용자가 공동으로 혁신을 만들어 나간다는 점에서 사용자의 필요에 맞는 기술을, 해당하는 환경에 알맞게 실험하고 개발할 수 있는 것이다.

현대사회에서 과학기술은 눈부시게 발전했지만 그로 인해 발생한 안전, 환경, 정보격차 등과 같은 사회문제들은 효과적으로 해결되지 못하고 있다. 리빙 랩은 이런 사회문제를 해결하는 방법으로 기술을 다시 강조하는 것이다. 효과적으로 문제를 해결하기 위해 기술과 긴밀한 이해관계가 있는 사용자들을 참여시켜서 지역 시민들로부터 의견을 받는다. 또한, 구체적인 문제 해결이 목적이기 때문에 직접적, 간접적으로 관련된 관공서, 지역주민, 기술회사 등 이해관계자들 사이의 협력이 무엇보다 중요하다. 이때 사용되는 방법이 바로 인간중심 디자인이다.

인간중심 디자인은 사용자 또는 수혜자를 중심으로 디자이너, 사회학자, 지역 전문가 등 다양한 분야의 참여자들이 팀을 이루어 문제 해결에 대해 고민하는 방식이다. 무언가를 디자인했을 때, 외부적으로는 그럴싸하지만 막상 내부에 있는 사용자들은 불편과 어려움을 겪는 경우가 있다. 인간중심 디자인은 내부에서 사용하는 사람의 입장에서 문제해결이라는 목적을 가지고, 다양한 분야의 여러 관점을 고려하여 고민하고 실천하는 방식이다. 리빙 랩은 다음과 같은 단계로 이루어진다.

- 듣기: 현장의 이야기를 듣고 디자인에 도움이 되는 통찰을 얻는 단계로, 현장조사를 필요로 한다.
- 창작하기: 워크숍 형식의 공동 작업 단계로, 브레인스토밍을 통해 나온 아이디어를 빨리 실행해보고 의견을 구하는 것이 중요하다(최소한의 요건을 갖추면 일단 실행하면서 개선해 나가는 일종의 디자인 프로세스라고도 볼 수 있다).
- 제안하기: 신속한 수익–비용 모델링, 역량 평가, 실행계획 수립 등을 통해 제안한 솔루션을 평가하고, 또 그로부터 발전된 새로운 솔루션을 도출하는 단계이다. 이때에는 실현 가능성과 지속성의 관점에서 솔루션을 제안하고 반복적인 피드백을 통해 발전시켜야 한다.

리빙 랩은 개발자 중심이 아닌 사용자 중심으로 리빙 랩으로 지정된 지역을 터전으로 살아가는 평범한 시민 모두가 실험 참여자이자 해법을 찾아내야 하는 주체다. 리빙 랩은 우리가 살고 있는 지역 전체를 실험실로 삼아 시민들이 직접 문제를 제시하고 전문가와 협력해서 문제해결을 위한 새로운 기술과 서비스를 만들어가는 과정이다.

리빙 랩은 살아있는 연구소다

리빙 랩이란 살아있는 실험실이다. 생활 실험실, 곧 시민 생활과 연관이 있는 문제 해결 방안을 마련하는 공동체다. 각 마을 주민들이 직접 문제를 해결하는 활동이 활발해지고 있다. 과학실만이 실험실이 아니라, 우리가 살아가는 곳이 커다란 실험실이 되는 것이다.

일상생활이 실험의 주제다

리빙 랩은 일상생활 실험실이다. 그동안 답답하게 여겼거나, 무신경하게 지나쳤던 일을 우리 손으로 바꿀 수 있다. 우리의 일상생활이 곧 실험의 주제이고 바꿀 수 있는 일이다.

누구나 리빙 랩의 연구원이 된다

리빙 랩이란 사용자 참여형 혁신공간이다. 우리의 삶이 우리 손에 의해 발전하고 혁신이 이루어진다는 것을 의미한다. 행복한 동네는 공무원이나, 공공기관이 만들어주어야 한다는 생각에서 벗어나 스스로 만들어가는 것이다. 우리가 행복한 동네를 만드는 실험의 주체 곧 연구원이다.

과학기술과 사회적 가치

과학기술을 누가, 어떤 의도로, 어떻게 사용했는가?에 대한 것을 따져보면 원인은 바로 우리(사람)에게 있다. 노벨이 발명한 다이너마이트를 가지고 누군가는 터널이나 운하를 만들어 삶의 편의를 높여주었으나, 누군가는 전쟁에 활용하여 수많은 사람들을 죽고 다치게 하는 데 사용한 것이 이를 증명한다. 과학기술도 누가, 어떤 의도로, 어떻게 사용하느냐?에 따라 우리 사회를 이롭게 하는 사회적 성격을 지닐 수도 있고, 반대로 우리 사회를 해롭게 하는 사회의 적이 될 수도 있다. 최근 이러한 문제의식이 대두되어 사회적 과학기술에 대한 관심과 연구가 부상하고 있다. 사회적 가치(social values)는 공공의 이익과 공동체 발전에 기여할 수 있는 가치라고 정의할 수 있다.

국가난제 해결형

난제(Wicked Problem)는 문제가 명확히 정의되지는 않으나 계속 사회문제로 존재하며 이해관계자도 복잡하게 얽혀 해결하기 어려운 문제를 의미한다. 국민 대다수가 겪는 난제가 국가 난제로 지정되며, 오랜 시간 차곡히 쌓인 갈등은 정부차원의 해결을 기다리고 있다. 해결하고자 하는 분야는 경제, 일자리, 외교, 환경, 인구, 복지, 에너지, 재난안전, 도시개발, 양극화 등이 해당된다.

사회문제 해결형 R&D

사회문제 해결형 R&D는 일상생활에서 접할 수 있는 사회문제를 해결하려는 노력이다. 건강, 편의, 안전 등의 삶의 질을 개선시키는 것이 목적이다. 해결하고

자 하는 분야는 건강, 환경, 문화여가, 생활안전, 재난재해, 에너지, 주거, 교통, 가족, 교육, 사회통합 등이 해당된다. 국가 난제가 경제와 사회 시스템 전반의 혁신을 목적으로 한다면, 사회문제 해결형 R&D는 삶의 질 향상에 초점을 맞추고 있다. 리빙 랩은 대표적인 사회문제 해결형 R&D 사업이다. 리빙 랩은 정부 또는 지자체, 기업 또는 개발자, 시민 또는 사용자 등이 모여 공동으로 협력하여 문제 해결을 시도한다. 그리고 이 과정에 과학기술이 활력을 불어넣고 있다.

리빙 랩은 사용자 중심의 개방형 혁신 생태계로, 종종 영토 맥락(예: 도시, 집적, 지역, 캠퍼스)에서 운영되며, 공공–민간–사람 파트너십 내에서 동시 연구 및 혁신 프로세스를 통합한다. 이 개념은 연구 및 혁신 프로세스를 통합하는 체계적인 사용자 공동 창작 접근 방식을 기반으로 한다. 이들은 실제 사용 사례에서 혁신적인 아이디어, 시나리오, 개념 및 관련 기술 인공물의 공동 생성, 탐색, 실험 및 평가 등을 통해 통합된다.

이러한 사용 사례에는 관찰된 주체일 뿐만 아니라 생성 소스로서 사용자 커뮤니티가 포함된다. 이 접근 방식을 통해 관련된 모든 이해 관계자는 제품 또는 서비스의 글로벌 성능과 사용자의 잠재적 채택을 동시에 고려할 수 있다. 이것은 연구 개발의 초기 단계와 설계에서 재활용에 이르기까지 제품 수명주기의 모든 요소를 통해 이루어질 수 있다. 행동 연구, 커뮤니티 정보학, 문맥 디자인, 사용자 중심 디자인, 참여 디자인, 공감 디자인, 감성 디자인 및 기타 사용성과 같은 사용자 중심 연구 방법은 이미 존재하지만 개방형 개발 환경에서 공동 창작할 수 있는 권한을 충분히 부여하지 못한다.

리빙 랩은 전통적으로 요구 사항에 대한 모듈을 테스트하기 위해 관찰된 대상으로 간주되는 사용자를 새로운 아이디어, 획기적인 시나리오, 혁신적인 개념 및 관련 인공물의 공동 창작 및 탐구에 기여하는 가치 창출로 전환하는 것이 철학이다. 따라서, 리빙 랩은 사용자가 자신의 미래를 설계하고 경험하기 위해 창의적인 사회적 공간에 몰입하는 체험 학습의 개념과 비교할 수 있는 경험적 환경을 구성한다. 리빙 랩은 또한 정책 입안자와 사용자·시민이 구현 전에 잠재적 영향을 평가하기 위해 실제 시나리오에서 새로운 정책 및 규정을 설계, 탐색, 경험 및 개선하는 데 사용할 수 있다.

작동원리

리빙 랩은 실제 커뮤니티 및 환경에서 연구 및 혁신 프로세스를 통합하는 체계적인 사용자, 공동 생성 접근 방식을 기반으로 하는 사용자 중심의 개방형 혁신 생태계로 정의된다. 실제로 리빙 랩은 시민을 혁신의 중심에 두어 새로운 ICT 개념과 솔루션이 제공하는 기회를 지역 상황, 문화 및 창의성 잠재력의 특정 요구와 열망에 더 잘 형성할 수 있다는 것을 보여주었다. 리빙 랩은 이해 관계자와 공유된 비전, 사명 및 전략적 목표를 만들고 공동 창조 활동에서 존재하는 여러 가지 혁신 프로젝트를 정의하기 위해 4중 나선의 이해 관계자를 포함하는 조직이다. 리빙랩의 핵심요소는 다음과 같다.

- 오케스트레이션: 리빙 랩은 에코시스템 내에서 오케스트레이터로 작동하여 관련 이해 관계자와 연결하고 파트너 관계를 맺는다.
- 다중 이해 관계자 참여 : 4중 나선 모델의 이해 관계자(정부, 학계, 민간 부문 및 시민)를 포함하여 사회에 대한 전체적인 관점을 취한다.
- 적극적인 사용자 참여: 살아있는 실험실은 모든 활동에 이해 관계자를 적극적으로 참여시켜 혁신의 전체 수명 주기 동안 피드백을 캡처하고 구현한다.
- 공동 창조: 살아있는 실험실에서 가치는 모든 이해 관계자를 위해 상향식으로 공동 생성되어 결국 더 높은 채택을 보장한다.
- 실제 설정: 살아있는 실험실은 최종 사용자의 실제 환경에서 작동하여 사용자를 테스트 사이트로 이동하여 혁신을 탐색하는 대신 실제 생활에 혁신을 주입한다.
- 다중 방법 접근 방식: 각 생활 실험실 활동은 문제 중심이다. 따라서 모든 개별 활동에 대한 방법론적 접근 방식은 활동의 예상 결과와 참여해야 하는 이해 관계자를 기반으로 선택된다.

리빙랩의 교육적 활용

교육학적으로 리빙 랩은 수업장면에서 활용 가능한 사회문제 해결학습법이다. 학생들이 지식을 형성하거나 알게 되는 방법은 크게 두 가지 방식으로 구분된다. 그것은 전통적인 방식으로 강의실, 교수자, 학습자료 등을 기반으로 아는 것으로부터 배우는 것(learning by knowing)과 지역사회, 학습자, 상황 등을 기반으로 행동하면서 배우는 것(learning by doing)이다.

예를 들어, 우리는 교실에서 이루어지는 수업장면에서 다양한 우리사회의 문제들을 다양한 교과목의 형태로 객관적인 지식체로 배울 수 있다. 학생들은 교실에서 환경, 인권, 다양성, 안전, 보건의료 등 다양한 사회적 현안(issues)들을 교과서나 교사가 제시하는 학습자료를 통해서 안전하고 빠르게 배울 수 있다. 그러나 이것은 단순히 지적인 차원에서 이루어지는 일종의 수용학습(reception learning)이다. 이때 학생들에게 일어나는 학습경험은 자신의 경험이나 인식과 무관하게 이루어진다. 이것은 진정한 학습이 아니다. 학교장면에서 다양한 랩이 있다. 대부분 자연과학이나 공학 분야에서 활용된다. 예를 들어, 물리, 생물, 화학, IT 등의 기초학습은 다양한 실험 · 실습환경에서 이루어진다. 그러나 사회적 문제해결에 대한 학습은 학교 실험실에서 거의 불가능하다. 사회문제 해결학습은 지역사회 현장이나 상황을 기반으로 이루어져야 한다. 지역사회 기반 사회문제 해결방법이 바로 리빙 랩이다. 리뱅 랩은 기본적으로 다음의 세 가지를 학생들에게 길러주는 것을 목적으로 한다.

- 민감성(sensibility): 내가 살고 있는 지역이나 사회문제에 대하여 파악하기
- 관여성(engagement): 학습과 사회를 연결하여 관계 맺고 참여하기
- 창의성(creativity): 지역사회 문제에 대한 민감성과 관여성을 기반으로 현안 해결하기

교육과정이나 단위수업 설계에서 리빙 랩은 학생들로 하여금 지역사회의 현안을 해결하기 위하여 필요한 일종의 사회적 장치나 기업을 생성하는 데 필요한 역량을 개발하는 것을 목적으로 한다. 이를 소위 소셜 앙트러프러너십(social entrepreneurship)이라고 한다. 여기서 SE는 일종의 사회적 기여활동이다. 이는 다음의 세 가지로 구성된다.

- 파급성(spread): 사회적 문제인식 및 해결하기 위한 교육적 노력들을 지역사회 전체와 공유함
- 연결성(connect): 현안을 해결하기 위하여 다양한 참여인력과 기관을 서로 연결함
- 혁신성(reform): 현안 해결이 지역사회의 지속가능 발전 및 대학과 사회의 공생에 기여함

학교기관에서 활용하는 리빙 랩은 공공기관이나 지역의 공적 단체 및 사회참여기구에서 이루어지는 것과 근본적으로 다르다. 전자는 학생들로 하여금 지역사회의 현안들을 학습자료로 끌어들이고, 문제해결과정에서 개발된 창업역량을 극대화하는 것이다. 창업역량이 구체적으로 구현되는 것이 바로 스타트 업(start up)이다. 오늘날 고등교육은 학생들에게 강의실을 기반으로 객관적인 지식을 가르치는 고전적인 기능에서 벗어나 적극적으로 취업 및 창업역량을 향상시키는 것을 책무로 삼고 있다. 리빙 랩의 활용은 이러한 고등교육의 책무성과 수월성을 지향하는 미래지향적인 수업방식 혹은 수업설계라 할 수 있다. 이러한 수업설계는 실제적인(practical), 기능적인(functional), 의미있는(meaningful) 학습경험을 가능하게 만들어 지식인이 아니라 실용인을 만드는 혁신적인 교육이 될 것으로 기대된다.

표 50 | **교실기반과 사회기반 랩의 차이**

교실/실험실 기반	준거	현장/지역사회 기반
생존형 학습	학습이념	생장형 학습
스몰 러닝(small learning) 교수+학습	학습형태	빅러닝(big learning)+디러닝 (de-learning) 교학+수습
연역 및 수용학습 teaching & learning	학습방식	귀납 및 성찰학습 teaching-searching-coaching-matching-launching
학문과 지식	학습조건	실용과 박식
의미의 확인, 암기 및 재생	학습목적	의미의 발견, 이해와 생산
아날로그 기반의 디테일, 컴파일	학습패턴	디지털 기반의 애자일, 모바일
구상적 서사	학습자료	경험적 서사
교사의 문제제시 ↓ 학습자의 집중력 제고 ↓ 교실기반 학생의 실험 및 관찰 ↓ 기존의 특성 발견 및 정답기반 문제해결 ↓ 교사의 성취수준 확인 및 환류	학습절차	학생의 문제발견 ↓ 참여자의 민감성 제고 ↓ 상황기반 참여자의 실험 및 관찰 ↓ 새로운 특성 발견 및 대안적인 해결방안 구안 ↓ 참여자의 성찰학습 수행 및 환류
객관화된 보상 및 자격부여	학습성과	주관 차원의 실용적인 LCD*, LED** *LCD(living lab+career development) **LED(living lab+entrepreneur development)

사회문제 해결 기술로서 리빙 랩

쓰레기 무단 투기나 상습 침수 같은 사회의 현안들을 해결하기 위해 리빙 랩이라는 방법론이 부각되고 있다. 리빙 랩이란 문제가 발생했을 때 사용자가 직접 나서서 현장을 중심으로 해결해 나가는 사용자 참여형 프로그램이다. 다소 생소해 보이는 이런 방법론이 도입된 이유는 무엇일까? 윌리엄 미첼(W. Mitchell) 교수는 “대부분의 과학기술이 사용자 요구에 의해 개발된 것이 아니라, 몇몇 뛰어난 과학자들의 능력에 의해 이루어진 공급자 중심의 결과물이기 때문”이라고 설명한다.

다시 말해 과학기술의 눈부신 발전에도 불구하고 갈등이나 안전 또는 환경과 같이 정작 해결이 시급한 사회적 문제들에 대해서는 과학기술이 별로 도움이 되지 않았다는 의미다. 반면에 리빙 랩은 사회적 문제들을 해결하기 위한 방법으로 클라우드나 빅데이터 또는 사물인터넷 같은 첨단 과학기술을 적극적으로 활용한다. 이들 기술을 통해 사용자가 원하는 것이 무엇인지를 수렴한 뒤에, 다양한 사회적 문제들을 해결해 나가는 것이 바로 리빙 랩의 핵심이다. 리빙 랩을 추진하는 목적은 사안별로 다르지만 크게 보면 지역 내 현안을 해결하기 위한 경우와 사회적 약자를 돕기 위한 경우로 분류된다.

휴대용 안저(eyeground) 카메라를 개발 중인 이화여대의 김윤택 교수는 실명의 원인인 망막 질환의 조기에 발견을 위해 이 같은 독특한 카메라 개발을 시도하고 있다. 안저카메라는 저렴한 비용으로 망막 질환을 조기에 발견할 수 있게 해줬다. 안저란 눈의 동공을 통해 안구의 안쪽을 들여다보았을 때 보이는 부분인 망막 및 망막혈관 등을 종합하여 이르는 말이다. 따라서 안저 카메라는 안저의 상태를 촬영하는 카메라를 가리킨다. 김 교수는 안저 카메라 개발을 위한 리빙 랩의 목표에 대해 “망막 질환은 조기 발견을 통해 증상을 대폭 완화시킬 수 있지만, 이를 발견할 수 있는 기능을 가진 기존의 휴대용 안저 카메라는 너무 비싸서 사회적 약자들이 사용하기 어려웠다”라고 설명하며 “추진 중인 리빙 랩의 목표는 휴대가 가능하면서도 가격이 저렴한 안저 카메라를 개발하는 것”이라고 강조했다.

그림 12 | **리빙랩 러닝의 흐름**

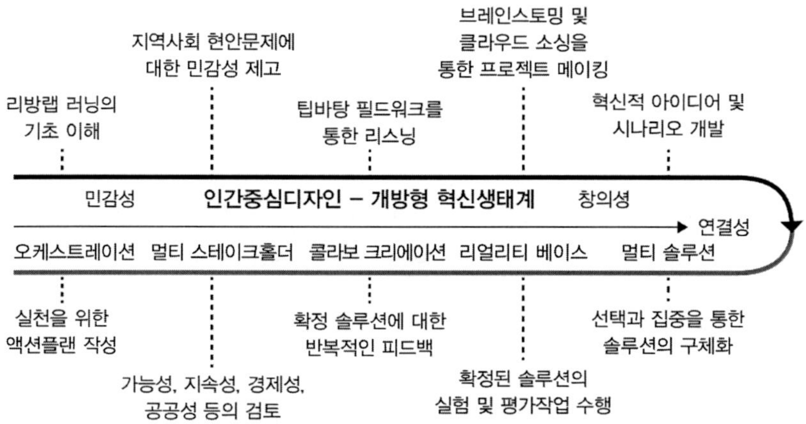

지금까지 살펴본 도루학습(STEAL learning)의 목적은 간단하다. 학생들이 누구도 낙오없이 학습경험의 온전한 주체가 되어 스스로 성장해 나가게 만드는 것이다. 학습의 목표, 내용, 방법, 자기성찰 등은 학생이 주체가 되어 이루어지고, 이를 통한 자아성장과 직업진로가 상호 의미있게 연결시키는 지혜가 바로 미래지향, 학생성공형 수업생태계이기 때문이다.

그림 13 | **STEAL 러닝 개요**

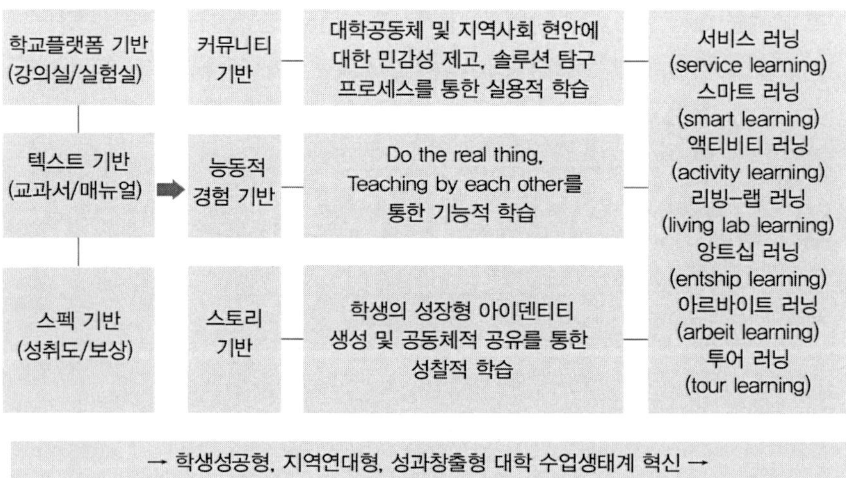

PART 04

학생성공 대학 생태계

CHAPTER 11

스트레인지와 배닝(Strange & Banning)의 배움 디자인

누군가 자신은 성공적인 인생을 살았다고 고백했을 때, 그 '성공'의 구성요소에는 재산이나 지위, 명예, 지식 등과 같은 사회적 사실 기반의 인지요인들이 있을 것이다. 여기서 우리가 주의해야 할 점은 성공인식이라는 것은 단일국면이 아니라, 다양한 요인들의 유기적인 총화(總和)라는 사실이다. 이는 대학생의 학생성공 인식 요인에 대한 해석에도 동일하게 적용할 필요가 있다. 즉, 어느 졸업생이 자신의 대학생활이 성공적이었다고 말할 때, '성공'의 의미는 우수한 학업성취, 자아의 온전한 성장, 원하는 진로성과 등이 균형감 있게 만족할 만한 수준에서 이루어졌음을 토로하는 것이다.

대학생활은 보편교육을 이수하는 청소년기를 지나 성인의 입문기에 들어서면서 고등교육을 경험하는 대전환의 시기다. 이에 대하여 카니 스트레인지(C. Strange)와 제임스 배닝(J. Banning)은 다음과 같이 표현하고 있다. "미국사회에서 대학에 들어간다는 것은 나라를 가로질러 날아가든, 마을을 가로질러 운전해서 가든, 집에서 온라인으로 학습을 하든 인생에서 가장 중대한 변화가 일어나는 일이다. 대학 진학은 후기 청소년기에서 초기 성인기로의 전환을 의미한다."(배상훈 외(역). 2018: 8) 대학에 입학한 학생들은 제도화된 교육과정 속에서 전문지식을 습득하여 사회에 기여하는 전문인으로, 교양교육을 통해 자기를 성찰하는 교양인으로, 진로커리어를 개발하여 자신의 생업을 준비하는 예비직업인으로 전환하는 전(全) 생애 발달의 여정에서 가장 중요한 시점에 놓인다. 이러한 시간적 요소와 더불어 대학기관이라는 학사제도와 물리적 공간이 복합적으로 작용하면서 학생성공을 조형해 나간다. 결국 학생성공은 대학이라는 제도와 기관을 바탕으로 학생, 교직원, 시설, 시간, 공간 등 다양한 변인들이 가시적, 비가시적으로 서로 얽혀 있는 교직(交織)을 통해 만들어진 교육생태계 안에서 이루어지는 거대하면서 의미있는 인간현상이다.

학사제도를 통한 성취도의 차등이 전제되고, 다양한 자아성장의 차이가 보장되며, 진로의 다양성이 예견되는 생태계 속에서 실재하는 모든 존재자(학생)들은 자신만의 성공을 꿈꾸는 동일한 권리를 부여받고 있다. 대학생활의 성공은 학습주체로서 개별학생의 노력만으로 이루어지지 않는다. 왜냐하면 성공적인 학습을 지원하는 다양한 교내 교육환경과 시설, 성공적인 졸업을 안내하는 다양한 학사제도, 적성 기반의 진로커리어 개발을 조장하는 비교과프로그램 등과 같이 물리적, 심리적, 환경적, 제도적 요소들이 개별학생의 의지, 노력, 태도, 능력 등과 결합할 때 온전한 학생성공의 의미가 구현되기 때문이다. 이러한 온전성 혹은 전체성은 교육생태계 혹은 학습 어메니티(learning amenity)라는 개념을 전제로 한다.

amenity라는 말은 공간, 서비스 또는 기능적 요소를 설명할 때 사용되는 용어로, 특히 도시계획, 건축, 교육환경 설계 등에서 중요한 개념이다. amenity는 물리적 또는 비물리적 자산으로서, 사용자의 삶의 질을 향상시키는 기능적 요소를 의미한다. 이는 공공 또는 민간 공간에서 제공되는 편의시설, 서비스, 환경적 특성 등을 포함한다. 이는 인간의 활동 공간 내에서 쾌적성, 편리성, 안전성, 심미성 등을 제공하는 요소이며, 주요한 범주로 물리적 amenity(공원, 도서관, 운동시설, 벤치, 조명, 화장실 등), 사회적 amenity(커뮤니티 센터, 문화시설, 교육기관, 병원 등), 환경적 amenity(자연경관, 조망권, 햇빛, 공기의 질, 조용한 환경 등) 등을 들 수 있다. 한마디로 어메니티란 쾌적한 느낌이다. 반대로 어떤 장소나 기후 등에서 느끼는 불쾌함을 **어메니티 상실**이라고 한다. 이는 특정사람이나 상황에 확대 적용이 가능하다. 따라서 수업장면이 학생들로 하여금 어메니티를 확보하기 위해서는 심리적, 물리적 쾌적함과 안정감이 선행되어야 한다.

learning amenity는 학교라는 교육환경 내에서 학습자의 학습 경험을 지원하고 향상시키기 위해 설계된 행정적, 물리적, 디지털 자원 및 공간적 요소를 의미한다. 이는 단순한 물리적 시설을 넘어 학습의 질적 향상을 위한 전략적 구성요소로 간주된다. 다시 말해 모든 학생들을 대상으로 효율적인 학습 활동을 촉진하고, 학습자의 몰입, 협업, 창의성, 자기주도성 등을 강화하는 데 기여하는 공간적·기능적 자산을 의미한다고 볼 수 있다. 이러한 learning amenity는 물리적 속성(유연한 책상 배치, 그룹 토의 공간, 디지털 보드, 조용한 학습실, 자연광이 풍부한 교실 등), 디지털 환경(온라인 학습 플랫폼, 스마트 콘텐츠, 협업 툴, 학습 분석 시스템), 제도적 속성(학위취득을 위한 학사이수 규정, 전공 및 교양교육과정, 학점취득 및 장학제도, 기숙사 제도, 비교과프로그램 등) 등으로 구성된다.

대부분의 학교장면에서 추진되는 학습 어메니티 조성은 기본적으로 인간규모(human scale) 혹은 인간중심 설계(human–centered design), 유연성과 접근성, 기술 통합과 상호작용성, 심리적 안전성, 정서적 안정감, 관계적 정상성 등을 원칙으로 삼고 있다. 이러한 학습 어메니티는 학습 동기 및 참여도 증진, 다양한 학습 스타일 수용, 교육 성과 향상 및 학습 지속성 강화 등의 효과를 기대할 수 있다. 학습 어메니티 개념은 근대화를 넘어 현대화된 학교 공간 디자인에서 중요하게 다루어지며, 단순한 교육용 편의시설 제공을 뛰어넘어 온전한 교육/학습 생태계 구축 혹은 교육의 수월성 향상을 위한 전략적 요소로 간주되고 있다.

교육/학습 생태계는 본질적으로 학생성공을 전제로 형성된 학습공동체(일종의 길드)이며, 투자와 수익이 명료하게 규명되지 않는 비(非)산업 구조체다. 교육의 성과는 금융자본으로서 가시적인 재화가 아니라, 인지작용을 통해 형성되는 인적자본(human capital)이라는 비가시적 역량이기 때문이다. 대부분의 인적자본은 구조화된 교육과정을 통해 만들어진다. 모든 교육과정의 꽃은 수업이다. 수업은 개별학생들에게 정형적으로 제공되는 구조적인 제도이며, 지식, 기술, 태도 등 역량을 개발하는 체계적인 활동이다.

대학에서 학생성공을 지지하는 수업은 어떤 경우든 환경 및 시설의 쾌적성, 심리적, 제도적, 관계적 안정성이라는 학습 어메니티를 반드시 담보해야 한다. 결국, 대학생의 학생성공 인식은 첫째, 학습 어메니티를 적극 고려하면서 교육/

학습생태계를 전략적으로 구안하는 정부의 고등교육정책, 둘째, 학생성공을 위한 대학기관의 제도적, 물리적, 행정적 지원 노력, 셋째, 학생성공을 지지하고 안내하는 교수들의 헌신 등과 밀접한 연관성을 갖게 된다. 이상의 논의를 담지한 의미있는 저서를 참조하여 학생성공형 대학생태계 구축의 당위성과 필요성에 대하여 살펴보기로 한다.

스트레인지와 배닝은 2001년에 『Educating by design: Creating campus learning environments that work』를, 2015년에 『Designing for learning: Creating campus environments for student success』으로 개정판을 출간하였다. 우리나라에서는 2018년에 『캠퍼스 디자인: 학생이 성공하는 대학 만들기』라는 이름으로 번역본이 나왔다. 이 책의 핵심어는 학습, 학생성공, 환경, 캠퍼스 디자인 등을 들 수 있으며, 주요 논제는 대학교육이 학생성공을 위하여 얼마나 구조적으로 신경을 쓰고 있는지 여부를 알아보기 위한 진단/분석의 프레임으로 학생의 학습, 성장, 발달 등이 이루어지는 공간인 대학 캠퍼스는 물리적, 인간집합적, 조직적, 사회구성적 환경으로 구분할 수 있다는 점이다.

대학생들은 캠퍼스라고 하는 물리적 공간과 시설 안에서 안전과 소속감을 경험할 때 교과 학습과 교내외에서 이루어지는 비교과활동에 능동적으로 참여할 수 있고, 이러한 참여를 바탕으로 거대한 학습공동체가 만들어진다. 여기서 학생들은 건강하고 건전한 구성원으로 성장, 성숙, 성취하게 된다. 따라서 어느 대학이든 학생들이 성장과 성숙의 길을 거치면서 성공적인 대학생활을 할 수 있는 환경과 제도를 디자인해야 한다. 대학생이 인식하는 학생성공의 이미지는 무엇인가? 이에 대한 답은 다음의 물음들에 대한 성찰에서 찾아내야 한다.

대학기관이 감당해야 하는 사회적 책무성은 무엇인가? 사회구성원으로서 교직원의 존재 이유는 무엇인가? 대학 캠퍼스의 교육시설과 환경은 과연 학습에 적합한 생태계를 갖추고 있는가? 학생과 교수의 관계는 어떤 양상을 구축해야 하는가? 학생들 상호 간 이루어지는 인간관계는 어떤 모습이어야 하는가? 학생들은 어떤 방법으로 학업목표를 달성하는가? 진로 커리어 개발을 위하여 어떤 프로그램들이 제공되고 있는가? 이러한 질문들은 결국 '학생성공'이라는 추상적인 개념 혹은 실제적인 현상으로 귀착(歸着)된다.

대학이 지향하는 존재이유와 소명의식이 지식의 전수와 창출에 있음은 자명하다. 그러나 이러한 지식과 문화의 보관소이면서 동시에 발전소의 기능을 넘어 인간교육을 지향하는 생태계가 되어야 함도 자명하다. 즉, 대학생들이 지적, 정서적, 사회적으로 성장하고 성숙하며 자신의 잠재능력이나 가치관을 발휘하면서 대학공동체와 사회공동체의 진화에 기여할 수 있도록 하는 인재양성이야말로 대학의 본유적 기능이 되어야 한다. 저자들은 이 점에 대하여 '서문'에서 다음과 같이 밝히고 있다.

> "대학은 목적과 장소를 가진 기관이다. 목적을 지닌 기관으로서 대학은 지식을 창출하고 유지하며 전수하는 기능, 학생의 발전을 도모하는 기능, 대학을 지원해주는 지역사회를 위하여 봉사하는 기능 등을 갖추고 있어야 한다. 소위 대학의 인습적인 기능으로서 교육, 연구, 봉사 등을 수행하는 지역사회의 중추기관이 되어야 한다. 이러한 기능과 더불어 대학은 캠퍼스라고 하는 물리적 장소를 갖고 있는데, 여기서 학교 내외의 사람들에게 다양한 **내러티브**(추억거리나 이야기 소재)를 만들어주고 성장할 수 있는 공간을 제공한다. 학생과 기관의 요구에 부응하여 대학이 진화함에 따라, 이러한 목적들을 효과적으로 달성할 수 있는 캠퍼스 디자인 개념이 고래(古來)로부터 이어져 내려오고 있다."

개별적인 자유의사에 의하여 선택한 대학은 학생 자신의 정체성과 자율성, 관계성 등을 새롭게 확인하고, 생소한 사회적 인간관계를 형성하며, 자신이 추구하는 가치나 신념에 몰입하는 경험을 하면서 동시에 인류문화에서 전승되는 지식을 배우며, 직업적 흥미와 목표를 발견하는 중요한 시간과 공간의 집합소가 된다. 스트레인지와 배닝에 의하면 교육적 임무를 담당하는 대학의 역량과 수월성은 기관이 가진 특성들을 잘 이해하고, 이와 관련된 캠퍼스 환경의 적절성 여부에 달려 있다. 그들은 이 문제를 해결하는 대학의 정책과 실천 방안들에 대하여 탐구하고 체계적으로 고찰하였다. 그들이 '서문'에서 밝힌 이 책의 구성내용을 요약하면 다음과 같다. 학생성공 담론으로서 대학캠퍼스 디자인은 크게 두 가지 부분, 즉 ① 캠퍼스 내 물리적 환경의 구성요소와 영향, ② 성공적 학습과 성장을 촉진하는 캠퍼스 환경 조성으로 나누어 논의할 수 있다.

표 51 | **학생성공형 캠퍼스 디자인 전략**

구 분	주요 내용
캠퍼스 환경의 구성요소와 영향	물리적 환경: 장소와 공간 구성의 중요성
	집합체로서 환경: 인간 특성의 영향
	조직환경: 기관의 목적 달성방법
	사회적으로 구성된 환경: 다른 시각에서 바라본 관점
성공적 학습과 성장을 촉진하는 캠퍼스 환경 만들기	소속감과 안전감의 형성 및 촉진하기
	학생참여 이끌어내기
	학습공동체 만들기
	모바일 테크놀로지를 통해 학습하기

캠퍼스의 물리적 환경 구성 부분은 첫째, 대학건물의 특성, 배지 및 공간 디자인을 포함하는 물리적 영역의 특성들이 학생의 캠퍼스 라이프 및 행동에 어떤 영향을 미치는지를 분석하는 것, 둘째, 학생들의 집합적인 특성의 반향(反響)으로 캠퍼스 환경의 역동성을 분석하는 것, 셋째, 대학기관이나 조직이 추구하는 목표에 부응하거나 목표 달성을 지원하는 과정에서 나타나는 조직 구조 혹은 패턴의 측면에서 환경적 요소들을 분석하는 것, 넷째, 캠퍼스에서 생활하거나 이를 바라보는 사람들에 의하여 사회적, 집합적으로 구성되는 환경의 본질을 탐색하는 것 등에 대한 논의들로 이루어진다.

한편, 성공적 학습과 성장을 촉진하는 환경 구성 부분은 첫째, 캠퍼스의 영역성(territoriality)과 공간의 중요성, 집단화가 주는 영향, 대학 규모, 대학문화 등 구성원의 통합과 안전에 대한 감정의 생성과 파괴요소들을 분석하는 것, 둘째, 강의실이나 실험실 등에서 학생들의 학습에 대한 몰입과 참여를 야기하는 환경의 특성적 요건들(인간지향 디자인, 차별화된 집단구성, 역동적 조직 구조, 지원적인 문화환경 등)에 대하여 분석하는 것, 셋째, 소속감을 보장하는 인간/학습공동체의 본질과 특성에 대하여 고찰하는 것, 넷째, 교육환경이나 수업장면에 사용되는 디지털기반 과학기술의 잠재적 영향력을 분석하는 것 등에 대한 논의들로 구성된다.

스트레인지와 배닝에 의하면 역사적으로 고등교육은 어떤 특정 유형의 캠퍼스 디자인이 진화하고 발전했다 할지라도 '학생성공'이라는 기본적인 신념과 존재 이유에서 벗어나지 않았다. 따라서, 어떤 학생이든 대학기관으로부터 성공의 확신을 얻고, 성장에너지를 스스로 만들어 내며, 도전적이고 생산적인 교육환경에서 수혜할 강력한 권리가 있다.

물리적 조건: 장소와 공간의 중요성

캠퍼스의 물리적 환경은 대학에 대한 애착과 만족의 중요한 유인가가 된다. 윈스턴 처칠(W. Churchill)의 표현대로 인간은 건물을 짓고 건물은 인간을 형성한다. 인공이나 자연을 막론하고 캠퍼스의 물리적 환경은 학생들이나 외부인들에게 다양한 반응을 유도한다. 예를 들어, 교수−학습센터나 학생상담센터가 대학본부의 4층에 있다고 가정해 보자. 학생들의 접근편의성이나 친화도는 현저히 떨어질 것이다. 장소가 가진 기능과 상징을 고려할 때, 물리적 환경과 구조물들은 구성원들과 비언어적 의사소통/메시지의 방식으로 소통하고 있음을 고려해야 한다. 캠퍼스의 장소들은 행동환경, 물질문화적 인공물, 행동흔적 등의 방식과 경로로 구성원들에게 메시지를 보내고, 그들은 각자의 방식이나 통일된 방식으로 반응하게 된다.

전통적으로 대학이라고 하는 생태적 환경은 학습의 공간과 마당이었다. 이에 따라 대학기관은 캠퍼스의 물리적 설계와 학생들의 학습성과 간 상관에 대한 고려를 배제할 수 없다. 스트레인지는 대학에서 학생의 참여와 학습을 촉진하는 공간 디자인 요소를 진단/평가할 때 참고할 만한 학습공간 유형을 제시한 바 있다. 유형의 핵심은 학생의 소속감, 안전감, 참여, 공동체 경험 등을 지원할 수 있는 기능적이면서 동시에 사회적인 공간으로서의 특성이다. 학습공간은 교제공간 혹은 회복공간 등을 포함하는 폭넓은 개념으로 이해할 필요가 있다. 따라서 보통의 강의실, 첨단강의실, 실험실, 액션 러닝 강의실, 도서관, 자율학습 커뮤니티 공간, 학생상담실, 휴게실, 학생식당 등은 다양한 학습과제를 수행할 수 있도록 지원하는 공간적 유연성을 지녀야 한다. 대학생의 학습참여를 촉진하거나 극대화하는 학습공간을 포함한 캠퍼스 환경 조성의 원칙은 무엇인가?(배상훈 외(역). 2018: 82－83)

- 대학은 다양한 형태의 질서와 무질서 속에서 탐색적 활동이 일어나는 시스템이고 총체적인(holistic) 환경*으로 이해할 수 있다. 이러한 현상은 물리적 환경에서 이루어진다.
- 공식적인 학습활동의 배경으로 학습에 영향을 미치는 물리적 환경은 대학기관이 표방하는 가치와 이를 위한 구체적인 활동의 결과이면서 동시에 원인이 된다.
- 물리적 환경의 디자인과 건축은 학생들에게 제공된 균등한 기회가 적절하게 활용되도록 기여해야 한다.
- 물리적 환경은 긍정적인 장소감이 반영되는 유기적인 환경으로 통합되어야 한다.
- 물리적 환경은 전체적으로(holistic) 학습과정을 반영하고 촉진해야 하며, 구성원들의 가치나 지향점도 반영해야 한다.

* 총체적: holism으로서 transum은 총합(요소환원)주의를 의미하는 andsum의 반(反)의어로서 andsum은 전통적인 연합주의 및 이를 계승한 행동주의의 이론적 기초가 된다. andsum에 의하면 전체는 부분의 합(合)에 지나지 않음에 비하여, transum에 의하면 전체는 구성요소의 단순한 합(合)과는 다른 gestalt를 취한다. andsum은 환원에 의한 인간성의 단편화를 온당한 것으로 규정하지만(역사적으로 심리학에서 이러한 두 입장은 첨예하게 대립함) 홀리즘에서 우주는 하나고 서로 연관된다. 개인도 사회도 하나이면서 서로 연결되어 있다. 이에 따르면 교육대상으로서 개인은 총체적으로 이해되어

야만 한다. 왜냐하면 각각의 개인은 주위 환경으로부터 전체적으로 영향을 받으며 전체적으로 반응하기 때문이다. 개인의 특성을 지·정·의, 지·덕·체, 지·인·용, 진·선·미 등으로 분할하고 어느 특정 측면의 변화에 치중하여 환경적인 처치를 가한 그 효과를 하나의 특성에만 반영하는 것은 근본적으로 잘못이다. 개인은 환경적 처치에 대하여 지적으로, 정서적으로, 신체적으로 동시에 반응한다. 따라서, 교육적 측면에서 볼 때 개인은 단편적 특성들의 환원에 의한 단순한 총합이 아니다. 홀리즘적 사고방식은 오늘날 의학, 생활, 교육, 기업 등에서 마음과 몸의 관계에 대한 생명의 전체성이라는 의미로 사용되고 있다. 옥스퍼드 사전에 의하면 holistic은 '단위를 질서있게 무리지음으로써 전체를 만들어 내는 자연의 성향'이다.

대학이 학생들에게 학습의 성공적인 수행을 지원하기 위하여 긍정적이고 안정적인 장소감을 형성, 제공하는 것은 일종의 책무이면서 동시에 인간중심 학습 어메니티를 조성하는 전략이 될 수 있기 때문에, 물리적 속성은 심리적 측면과 못지 않은 중요성을 담지하고 있다.

사회적 접근: 인간 집합체로서 환경

대학은 다양성의 집합, 다원성의 허용, 차이의 공존 등의 복합적인 사회적 특성을 지닌다. 대학은 다양한 성장배경과 능력을 지닌 사람들의 사회적 집합체로서의 **복합생태계**를 구성한다. 여기서 다양한 관계맺기나 연결망이 이루어진다.

"성공적인 대학생활의 중심에는 인간관계가 있다. 이것은 필수적인 조건이면서 동시에 일상적인 동기요인이고, 가장 중요한 학생성공의 성과이기도 하다. 인간관계는 학생이 대학에서 경험하는 스토리들을 구체적으로 만들어 간다. 학생들은 어떤 교과 및 비교과프로그램에 참여할 것인가를 선택하면서 서로 영향을 미친다. 인간관계는 학습동기의 유발이나 저해요인으로 작용하기도 한다. 좋은 대학, 학생을 성공으로 이끄는 대학은 교수의 수업동기보다 학생의 학습동기를 촉진하는 인간관계 형성을 장려한다."(배상훈 외(역). 2018: 88)

다양한 사람들의 사회적 결사체로서 대학은 유유상종, 하위문화, 직업적 선호,

성격유형, 학습스타일, 재능과 강점, 참여유형, 협력유형 등 다양한 방식의 대학문화와 분위기가 만들어진다. 대학문화를 연구하는 학자들은 구성원이 지닌 다양한 특성들에서 비롯된 사회적 환경을 발견하고, 교육목적과 이러한 사회적 환경들이 어떤 영향관계에 있는지 기술적이면서 처방적인 방식으로 탐구할 수 있다. 대학환경은 개인의 차원에서 정체성의 발달을, 사회적 차원에서 관계성의 발달을 통해 개별성과 공동체성을 동시에 변화시키는 강력한 메커니즘이 될 수 있다. 우리가 학생성공을 위한 대학문화를 연구하거나 논의할 때 반드시 고려해야 할 사실은 소외와 배제가 어떤 방식으로 이루어지는가?에 대한 점을 꼼꼼하게 살피는 것이다.

조직적 접근: 대학기관의 목적달성으로서 조직 환경

학교, 병원, 교도소, 군대, 직장, 교회 등의 인간환경은 우리의 일상 속에 실재하는 조직이나 기관들이다. 따라서, 대학은 조직이면서 기관이다. 조직에는 직무, 권력, 의사소통, 책임 등이 분산되어 있다. 권력의 중심이 있고, 조직의 목적달성을 위한 다양한 정책이나 전략이 조정되거나 집중된다. 개방적인 조직은 언제나 구성원을 교체, 선택 혹은 배제할 수 있다. 대학은 상업적 이익이 배제되는 일종의 선의(善意)의 조직이다. 학술적으로 다양한 조직형태 이론이 있고, 조직 리더십 유형이 있다. 조직화된 환경은 복잡성, 중앙집권성, 형식화, 계층화(관료제), 생산성, 일상화(매너리즘), 효율성, 동기와 사기(morale), 충성심 등의 특성 속에서 안정성과 역동성이라고 하는 두 가지 얼굴을 갖게 된다. 즉, 대학기관은 조직으로서 복잡성, 역동성, 안정성 등의 심리적 속성을 지닌다. 이러한 속성들은 학생들의 학습요구나 진로개발에 영향을 미친다. 개별학생들의 학습요구에 적절히 부응하기 위해서 대학기관의 조직환경이나 특성은 유연하거나 혁신적이어야 하며, 반드시 학생친화의 기조를 유지해야 한다. 억압적이고 위계적인 대학의 조직문화는 학생들에게 보이지 않는 방식으로 수동성과 퇴행성을 조장할 수 있다. 결국 어느 곳이든 대학기관에서 조직의 성과 자체(혁신성, 효율성, 생산성, 경쟁력, 충성도 등)에 초점을 맞추게 되면 '대학성공'이 되고, 조직을 기능적 수단으로 여기게 될 때 '학생성공'의 전제조건이 마련된다. 기능적 수단이 작동할 때

대학기관의 존재이유는 학생성공을 위한 일종의 서비스 조직이 될 수 있다.

구성적 접근: 사회적으로 구성된 환경

대학 캠퍼스에 대한 사회구성적 접근은 물리적, 사회적, 조직적 환경에 대한 접근과 달리 구성원들이 갖는 공동체적이거나 주관적인 관점과 경험들에 초점을 맞춘다. 기본적으로 대학캠퍼스 환경이나 기관의 조직은 다양한 차원과 방식의 역동성을 전제로 한다. 예를 들어, 학생기숙사, 강의실/실험실, 도서관/학습커뮤니티 등 대표적인 학습공간은 관계 차원, 개인성장과 발달 차원, 체제유지와 변화 차원 등으로 구분하여 역동성의 수준을 진단할 수 있으며, 이를 사회적 풍토 혹은 분위기 모델이라고 한다. 대학캠퍼스 공동체가 지닌 환경적 특성을 요약하면 다음과 같다(배상훈 외(역). 2018: 184-185).

- 대학이 관계지향적 환경 혹은 지원적 관계 특성을 지녔다면 구성원의 정서적 지지와 참여를 중시한다. 다만, 학생들의 데이트와 문화교류 활동을 강조하지만, 새로운 활동 개발이나 참여에 집중하지 않는다.
- 대학이 전통적, 사회적 환경을 지향하는 특성을 지녔다면 학생들이 자유롭게 데이트 하는 것, 갖가지 파티를 여는 것, 이성적 교제를 중시하는 것, 규칙이나 일정 준수처럼 형식적인 조직 구조에 초점을 맞춘다.
- 대학이 지원적(supportive) 성취를 지향하는 학내 환경 특성을 갖는다면 참여와 정서적 지지로 구성되는 관계적 차원과 학문적 성취라는 개인적 성장을 중시한다.
- 대학이 경쟁지향적 학내 환경의 특성을 지향한다면 참여 혹은 정서적 지지가 거의 없는 극심한 경쟁을 강조하거나 미화, 조장하는 분위기 조성에 초점을 집중한다.
- 대학이 독립성 지향의 환경적 특성을 갖추고 있다면 사회적인 통제 없이 학생들에게 다양한 활동을 보장하고, 사회적 행동으로서 수동적이거나 순응적인 태도를 최소화(순치작용을 최소화)시키도록 배려한다.

어느 대학이건 전통을 바탕으로 하는 고유의 정체성과 특징을 갖고 있다. 여기서 물리적 인공물과 더불어 문화적 가공물이 단위대학의 레거시를 구성하는 핵심 오브제가 된다. 특히, '문화적 가공물'은 교과는 물론 비교과프로그램을 포함한 다양한 캠퍼스 행사나 이벤트, 공동 준수를 전제로 하는 규약/교칙과 규범들, 대학구성원이 공유하는 가치와 관점 등으로 만들어진다. 환경적 압력, 사회적 풍토, 캠퍼스 문화와 분위기 등의 개념은 구성원의 인식이나 의미를 구성해 나가는 일종의 상징시스템 혹은 내러티브로서의 중요성을 포함한다. 오늘날 우리사회에서는 이러한 상징성과 내러티브의 특성들이 단위대학의 브랜드 파워가 되고, 사회적 평판의 주요한 지표로 작동하고 있다. 따라서, 단위대학, 교직원, 학생들의 성공경험은 일종의 상징성을 담지하는 방대한 자기서사로 볼 수 있다.

학생들이 지닌 소속감과 안전감, 학습이나 활동에 대한 몰입과 참여기회, 공동체의 일원으로 성장, 성숙하는 경험적 서사를 만들어 가는 것은 학생성공을 위하여 대학이 제공해야 할 환경적, 제도적, 심리적 지원의 내용들이다. 인습적으로 학습이란 제한된 기억, 수동적 경험으로 인식되었다. 그러나 학습에 대한 패러다임 전환이 이루어지면서 학습참여와 학생성공이라는 관점에 초점을 맞추게 되었다. 일자원직이면서 획일직인 힉습에 대힌 이해가 다차원적이면서 다중적인 방식으로 전환되었다. 즉, 일반지능(GI)이론이 다중지능(MI)이론으로, 단순한 학습기회가 학생의 주도적인 학습참여와 몰입으로, 교수자의 기호가 학습자의 선호로, 수직적인 학습장면에서 역동적이고, 수평적인 그물망으로서의 학습공동체로 대전환이 이루어지고 있다. 최근 들어 인공지능과 인간지능이 공진화하여 상생하는 방식으로 학습의 패러다임 대전환이 급속하게 이루어지고 있다. 대학에서 이루어지는 학생성공에 대한 담론이나 정책은 이 점에 대한 진지한 고려가 포함되어야 하는 긴박한 상황이다. 어떤 방식을 취하든, 어느 장면이든 학습의 본질은 단순한 지식의 전이나 회상이 아니라, 의미있는 학습경험(significant learning experience)이 되어야 한다는 점이다. 데이비드 오스벨(D. Ausubel)로부터 시작된 유의미학습* 이론은 엘 핀크(L. Fink)에 의하여 전승, 수정되었다.

* 오스벨의 학습이론: 학습과정과 성과 측면에서 의미학습과 암기학습을 차별화하였다. 첫째, 학습과정에서 유의미 구두(언어) 학습은 학습자가 의미 있는 학습 세트를 (스스로) 채택한다는 점을 전제로 한다. 유의미 구두(언어) 학습은 학습과제가 학습자가 이미 알고 있는 것과 (일관적 혹은 비(非)자의적이고, 실재적인(substantive) 방식으로 관련될 수 있고, 학습자가 그것들에 상응하는 학습세트를 채택할 수 있을 때 발생한다. 둘째, 성과의 측면에서 볼 때, 유의미 구두(언어) 학습은 그가 학습한 내용이 잠재적으로 그에게 의미 있어야 한다는 점을 전제로 한다. 오스벨에 의하면 학습이란 학습과제로 제시된 잠재적 의미로부터 (실질적인) 의미를 습득하고 그것들을 유용하게 만드는 과정을 의미한다. 학생은 교사가 말하거나 교과서에 제시된 단어나 말의 순서를 단순히 복제하는(duplicate) 것이 아니라 자신이 배운 기초개념과 아이디어를 숙지하도록(master) 노력해야 한다. 오스벨의 이론은 학습과제의 조직적 속성과 대량의 교육정보가 학생들에 의하여 선택적으로 처리되어 유용한 형태로 보존되는 조건들을 강조하고 있다.

대학의 수업장면에서 유의미학습이 이루어지는 패턴은 '기본적인 지식 함양, 적용, 통합, 인간영역, 보살핌, 배우는 법을 배우는 것' 등이다. 이에 대하여 스트레인지와 배닝은 다음과 같이 설명하고 있다(배상훈 외(역). 2018: 201).

> "대학에서 학습이라는 이름으로 제공되고 있는 것들은 실상 제한적인 효과를 발휘하는 경우가 많다. 이를 극복하기 위해서는 학생들이 **유의미한 학습경험**을 하도록 유도해야 한다. 이는 사람들이 살아가는 방식, 즉 그들이 앞으로 어떠한 변화를 만들어 낼 수 있는 토대를 만들어 가는 학습이 일어나도록 하는 것이다. 우리는 학생들이 사고하는 방식, 그들이 할 수 있거나 하고 싶은 것, 삶의 참된 의미, 가치를 부여하는 어떤 것의 일부분이 되기 위해서는 배워야 할 것들을 대학생활을 하면서 배워야 한다."

대학생의 학생성공에 대한 인식 조사에서 드러나 있듯이, 앎과 삶에 대한 일치감 혹은 밸런싱은 배움과 생활을 분리시키지 않으려는 대학기관의 교육이념이나 학사제도에 의하여 학생들에게 전달된다.

소속감과 안전감 형성-촉진하기

스트레인지와 배닝에 주장에 의하면 소속감과 안전감은 밀접하게 연결되어 있다. 두 가지 모두는 학생들의 학업성취나 자아성장의 전제조건이며 대체재가 아니라 오히려 보완재라 할 수 있다. 소속감과 안전감은 캠퍼스의 물리환경적 측면과 심리환경적 측면을 동시에 고려할 때 시너지 효과가 있다. 소속과 안전에 대한 학생반응의 핵심은 행동과 선택의 자유로움, 자연스러움, 자기주도적임 등이 전제될 때 만들어진다는 점이다. 이러한 전제는 대학기관이 제공하는 다양한 제도나 규정과 이를 기반으로 이루어지는 활용방안(학칙, 학습약자보호법, 정보보호법, 인권보호, 학교시설 안전관리법, 실험실 안전관리 등)에 의하여 보다 상세화, 객관화, 구체화될 수 있다.

첫째, 대학에 대한 소속감을 형성하는 캠퍼스 환경은 위치나 구조와 같은 물리적 요인, 소외와 배제가 최소화된 구성원들의 집합적 특징요소, 대학기관의 조직적 요소 등을 들 수 있다. 이들을 모두 포괄하는 개념은 바로 다양성, 포용성, 참여성, 연결성 등이다. 학생성공을 지지하는 대학의 물리적, 사회적, 심리적 환경의 구성요소들은 서로 독립적이면서 동시에 상호 협력적인 이중적인 구조를 갖추고 있어야 한다.

둘째, 소속감과 안전감은 사회적으로 구성된 요인들에 의하여 영향을 받는다. 즉, 소속과 안전의 감정형성은 캠퍼스 안에서 자유롭게 표현되는 그래피티 문화, 양성평등 리더십 풍토, 문화의 다양성에 대한 포용과 연대, 대학을 대표하는 스포츠 등과 관련이 있다. 대학기관은 학생들의 안전감을 촉진하는 캠퍼스 디자인에 행정력을 집중할 필요가 있다. 이러한 디자인은 대개 거시적 차원(조경이나 건물 배치)과 미시적 차원(거리의 조명, 강의실 환경과 구조)으로 구분된다.

학생참여와 몰입 이끌어 내기

학생성공을 지지하거나 안내하는 대학이라면 다양한 차원의 매력들을 학생들에게 노출시켜야 한다. 물리적 시설은 물론 학사제도에 이르기까지 참여의욕과 동기를 자극하는 동인(動因)들이 캠퍼스 전반에서 작동할 때 능동적이고 주체적인 학습공동체 문화가 자연스럽게 만들어질 것이다. 스트레인지와 배닝은 이를 '매력이론'으로 설명한다. 매력이론은 신입생 유치를 위하여 대학기관이 기울이는 노력의 방향과 방법에 대한 메시지를 던져준다. 앞서 논의한 소속감과 안전감이 보장된 상태에서 자신이 다니는 대학과의 정합성을 느낄 때 그리고 이러한 감정을 구체적으로 경험할 때 학생들이 갖는 매력감은 극대화된다. 이러한 경험적 서사는 반드시 학업성취를 포함한 학생성공으로 이어질 개연성이 높아진다. 즉, 학생참여를 촉진하는 캠퍼스의 물리적, 심리적, 환경적, 제도적 요인들은 결국 학생성공으로 연결된다는 것이다. 학생들의 성공적인 학업성과는 주도적인 참여와 능동적인 몰입*에 의하여 이루어진다. 이러한 몰입에는 동기도 중요한 지표로 작용한다. 학술적으로 몰입에 대한 다양한 심리적 이론과 사례들이 발견되고 있다.

* 몰입이론: 최근 긍정심리학(positive psychology)에서 가장 주목받는 이론은 몰입(flow)과 창의성이론이다. 특히, '몰입이론'은 심리학의 경계를 뛰어 넘어 경제학, 정치학, 교육학, 정신의학으로 그 사용범위를 확대하고 있다. 몰입은 집중과 성격이 다르다. 집중이 수업초반에 요구되는 수업목표와 내용에 제한적으로 사용된다면 몰입은 수업의 전 과정에 적용된다. 몰입의 클라이막스는 주어진 어떤 문제를 해결해야 하는 고도의 집중이 필요한 장면이다. 단위수업 중에 한번쯤은 모든 학생들이 공동과제 혹은 개별과제에 몰입하게 만드는 시간과 환경을 제공하는 것이 필요하다. 몰입은 실패상황(failure)에 대한 교사(수)의 반응, 학습진전(forward learning)에 대한 적절한 보상, 평가적 환류(feedback)과정 등을 거쳐 그 효과가 극대화될 수 있다. 몰입이란 삶이 고조되는 순간에 물 흐르듯 행동이 자연스럽게 이루어지는 느낌을 말하며, 몰아상태, 무아지경, 절정감, 황홀경이라고도 한다. 이러한 몰입은 대개 어떤 활동의 명확한 목표가 있어야 일어난다. 몰입상황에서는 피드백 효과가 빠르게 나타나고 행동력과 기회 사이에 조화를 이루며, 과제와 실력이 균형을 이루며 정신을 체계적으로 집중하게 된다. 또한 적극적인 행복감을 능동적으로 창조하도록 하여 개인의 인격을 무한대로 성숙시키고, 각성과 자신감을 고양시켜 부단한 배움과 성장으로 인도하는 경험을 제공한다. 이러한 경험은 수동적인 learn 장면보다는 학생주도적인 study 장면에서 더욱 효과적이다.

몰입은 정량적인 특성(학습시간)과 정성적인(현상학적인) 특성(이해정도)을 모두 포함한다. 학생들이 학습장면에 참여하는 방식은 크게 독립된 형태와 협업 형태로 구분된다. 어느 방식이 효과적인지의 문제(고효과프로그램)는 중요하지 않다. 왜냐하면 오히려 학습에 대한 학생들의 도전의식이나 참여동기 등이 학습 성과의 수월성을 담보할 수 있기 때문이다. 그렇다면 대학생의 학습참여를 형성 – 촉진하기 위한 효과적인 전략은 무엇인가? 스트레인지와 배닝은 이에 대하여 물리적 환경, 인간집합적 환경, 조직환경, 사회구성적 환경 등으로 구분하여 논의하고 있다. 이러한 논의에서 인간규모라는 개념이 중요한 이슈가 된다(배상훈 외(역). 2018: 277).

> "인간규모(human scale) 혹은 인간중심이라는 개념은 다의적이다. 이를 종합하면 인간규모 환경은 학생이 환경에 익숙해지고, 이를 기반으로 자신의 역량을 발휘한다고 느끼게 만든다. 즉, 인간규모 환경은 효능감과 자신감을 유발한다. 인간규모 환경은 복잡성을 최소화하고 자연과의 조화를 지향한다."

인간규모 환경은 건물의 배치, 강의의 규모, 학생을 위한 공간 구성, 어메니티 공간 등을 망라한다.

학습공동체(learning community) 만들기

학습은 일종의 개인적이면서 동시에 집단적인 경험이다. 경험은 서사를 만들어낸다. 서사로서의 학습은 개인의 성장과 성숙을 위한 수단이 된다. 최근 고등교육과 관련된 담론에서 캠퍼스 공동체이론이 논의되고 있다. 공동체야말로 대학에서 이루어지는 학습의 핵심개념으로 간주되고 있다. 성과경쟁을 지양하고 공동체적 협력을 통한 성장경쟁이야말로 학생들이 대학교육을 통해 얻을 수 있는 최대의 교육적 수혜가 되어야 한다. 공동체를 형성하는 것은 대학이 추구하는 교육이념 및 목적 수립과 이를 달성하기 위한 전략구안에 핵심적인 요인이 된다. 공동체는 영속적인 느낌, 명료한 집단규범과 가치, 차별화된 정체성, 다원적인 차별성, 상호의존성, 진정성과 배려가 전제되는 인간관계, 개인의 권리보호와 공동선을 추구하는 것 사이의 밸런싱, 차별없는 참여, 갈등예방이나 수용을 위한 구조적 메커니즘, 연결이나 관계를 진단하는 것, 공유하는 정체성에 대한 존중과 변화 등을 유지하고 공유하는 사회결사체다. 성공적인 공동체는 헌신, 효능감, 존재감, 상호 영향력, 공정한 평가와 인정 등의 요소들에 의하여 진단이 가능하다. 공동체는 물리적 환경과 연관되고, 구성원들의 집합적 특성, 인간관계와 과업이 운영되는 방식, 공동체에 내재된 문화나 풍토 등에 의하여 영향을 받는다. 대학에서 공동체 문화가 형성되는 전초기지는 학생들이 장기간 기숙하는 시설과 공간이다. 특히, 기숙사를 중심으로 이루어지는 프로그램은 학생 참여, 상호 영향, 재정 투자, 구성원의 정체성 등과 같은 내적, 외적 준거들에 의하여 그 효과성을 파악할 수 있다. 대학에서 이루어지는 학습공동체는 다음과 같은 사항과의 합목적성을 고려해야 한다(배상훈 외(역). 2018: 318−319).

- 모든 구성원이 서로를 학습자로 인식하고, 각자의 기여를 존중하는 공동체적 정체성을 만들어야 한다.
- 학습공동체 구성원들이 함께 만나서 변혁적 학습활동에 참여하고 몰입할 수 있는 심리적, 물리적, 제도적 환경을 제공해야 한다.
- 공동체에서 벌어지는 삶에 깊이 몰입할 수 있는 지원/촉진적 환경을 조성해야 한다.
- 공동체 구성원의 사회적, 학문적 경험이 긴밀하게 통합하는 학생경험을 만들어 나가야 한다.
- 학생들이 다양한 학문에서 나오는 지식을 연결하도록 지원해야 한다.
- 확산적이고 유연하며 비판적인 사고를 포함하는 복합적 사고 역량, 시민의식, 전문성, 윤리적 책무성, 창의성, 메타인지 등을 계발할 수 있는 학습맥락을 제공해야 한다.
- 학습공동체의 과정과 성과를 지속적으로 진단, 평가하고, 이를 기반으로 학습자 중심으로 혁신해 나가야 한다.

이와 관련하여 미국의 많은 대학에서는 전공학습공동체, 심화학습공동체, 기숙대학(RC), 테마하우스 등이 운영되고 있다. 특히, RC는 생활+학습이 통합되는 학습공동체의 의미에서 출발하였다. 실제로 미국대학에서 운용되는 코호트 기반 학습공동체, 주제기반 학습공동체 등은 교수의 효과성을 개선하는 데 도움이 되었다. 결론적으로 대학의 학습공동체는 학생성공, 즉 학문적 성과의 향상, 학문적-인간적 경험의 통합, 대학환경에 대한 긍정적인 인식, 자기보고 성과 등의 가능성을 높이는 성과를 창출한다.

모바일 테크놀로지를 활용하여 학습하기

전통적으로 서로 가까운 곳에 모여서 공부를 한다는 인식은 인터넷과 모바일이라고 하는 첨단과학기술에 의하여 만들어진 네트워크와 디바이스에 의하여 여지없이 무너지고 있다. 스트레인지와 배닝은 이를 디지털 침략(digital invasion)으로 표현하고 있으며, 디지털 교란으로 이해하는 경우도 있다. 이로 인해 강의실에서 교수가 주도하는 학습장면이 비대면/온라인 혹은 블렌디드 방식으로 급격하게 전환하고 있다. 모바일 학습, 원격학습, 비대면 학습, 실시간 온라인 학습 등 학습장면의 다면화와 다원화가 급속도로 이루어지고 있는 상황에서 학생성공의 핵심인 학업수행 방식에 대한 패러다임 전환을 무시할 수 없는 상황이다. 디지털 생태계와 학습생태계가 혼화되고, 학습의 본질에 대한 전환이 불가피한 상황이다. 디지털 침략 혹은 교란은 교수는 물론 학생의 학습양식 변화에도 영향을 미친다. 대학기관에서도 이에 상응하는 학습지원 전략 수정이 발빠르게 이루어지고 있다. 많은 대학에서 강의실, 교수자, 수업내용 중심의 지원공간으로서의 교수-학습센터가 첨단기술과의 연대를 통한 과학기술 기반의 광역화된 학습시스템으로 변모되고 있다. 대학은 디지털 기술을 사용함으로써 학생들을 대학공동체로 이끌고 있으며, 모바일 소셜 네트워크가 대학 공동체의 새로운 풍경으로 자리잡고 있다. 이러한 변화의 트렌드 속에서 전통적인 학습방식과 디지털 기반의 혁신적 학습방식(디지털 기반 교수법)의 교수학적 적합성에 대한 논란이 대학사회의 논란거리로 등장하고 있다. 교육철학의 관점에서 볼 때, 지식중심의 항존

주의와 경험중심의 진보주의가 대(大)충돌을 하는 긴박한 양상이 벌어지고 있다. 이러한 상황에서 인공지능이 교수와 수업을 대체하고, 교실이 없는 교육을 예견하게 만들고 있다. 많은 교육학자들은 교수학 혹은 교육학의 패러다임 전환이라는 이름으로 분주하게 대안을 제시하고 있다. 여기서 간과해서 안 되는 핵심이슈는 학습의 본질에 대한 성찰이다. 학습행동은 단순한 지식의 축적과 회상을 통한 평가활동이 아니라, 학습경험을 통한 지적, 정의적, 기술적 성장을 지지하는 일종의 내러티브가 되어야 한다. 대학에서 많은 것을 배웠다는 것은 단순히 좋은 점수를 얻었다는 것이 아니라, 내가 배운 것을 바탕으로 지적, 정의적, 기술적으로 성장했다는 고백이 되어야 한다. 학습의 방식이 인습적이든 혁신적이든 객관적인 학업성과가 아니라 학생의 주관적이고 자기서사가 학습경험의 본질이 되어야 한다. 앞으로 고등교육 생태계에서 학생성공에 대한 담론은 모든 학생들에 의하여 생성된 자기내러티브에 대한 교육인간학적 이해와 적용으로 향할 필요가 있다.

스트레인지와 배닝은 학생성공을 위한 대학의 생태계 구축 전략에 대하여 탁월한 견해를 제공하였다. 물론 2020년대에 이루어지는 인공지능(AI)의 가공할 만한 습격에 대한 관찰과 경험이 이러한 견해에 반영되지 못했던 시간적 한계는 분명히 발생한다. 그럼에도 불구하고 대학에서의 학생성공을 위한 지속 가능한 가이드라인(지침과 방법)을 제공했다는 점에서 교육학적 공헌을 충분히 인정할 수 있다. 그들은 대학기관, 캠퍼스 환경, 구성원들 간에 상호 영향을 주고 받는다는 전체성(holism)의 개념으로 대학에서의 학생성공 생태계를 이해하였고, 이를 지지하기 위한 정책, 제도, 운용, 평가, 환류 등이 반드시 필요하다는 중요한 메시지를 던져 주었다. 메시지의 핵심은 학생이다. 학생의 성장과 성숙을 지지하는 심리적, 물리적, 환경적, 제도적 변인들에 대한 성찰, 학생성공 생태계 구축을 위한 캠퍼스 디자인, 급변하는 모바일 학습 환경에 능동적으로 대처하기 등 대학기관의 할 일들이 많아지게 되었다. 이러한 변화와 과제수행의 성공요인은 전문성의 확보와 기능적 운용이다. 혁신의 이니셔티브와 리더십을 발휘하는 전문가들이 대학행정의 책임자가 되어야 한다. 나아가 직원, 교수, 학생들이 서로 협업하는 운명공동체가 만들어져야 한다. 첨단화된 기숙사나 강의실, 교수-학습센터, 상담센터, 학생식당 등의 물리적 시설 확충도 중요하지만, 소속감, 안전감, 신뢰성 등을 담보하는 심리적 환경도 동시에 고려할 때, 우리 대학에서 진정한 학생성공형 대학생태계가 구축될 것이다.

CHAPTER 12

학생성공형 고등교육 생태계의 전회(轉回)

1 핵심역량과 학생성공

영미(英美)문화권에서 이미 1960~1970대에 활발하게 이루어진 교육학적 담론거리들 중에서 최근 들어 우리나라 교육생태계에서 뜬금없이 활성화된 것이 바로 '역량'개념이다. 2000년대 중반을 기점으로 우리 사회생태계는 물론 교육생태계에서 '역량'이란 용어가 무차별적으로 사용되고 있으며, 역량과 관련된 교육학적 논리를 다룬 학술적인 성과들이 현저히 많아지고 있다. 이러한 추세 속에서 단위학교는 물론 각 지역교육자치단체를 중심으로 '역량기반 교육과정개발, 교수-학습역량개발 모듈, 진로역량 개발, 대학생 핵심역량지수 개발' 등 역량개발을 교육이념화하려는 경향이 눈에 띈다. 동시에 역량이 도처에서 상품화되고 역량 자체가 교육목적이 되는 교육생태계의 착시현상도 느껴진다. 역량만능도 문제가 되지만 역량을 무시하거나 경시하는 교육생태계도 온전한 교육이 될 수는 없다. 다만 역량의 교육학적 논의와 논리는 반드시 '사람됨, 사람다움에 지향된 교육이념과 실천을 지향해야 한다'는 점만은 국민 누구나 공유해야 할 자명한 사실이다.

만약 우리 교육현장이나 교육정책형성의 주도권을 (역량에 관한 다양한 논의나 논리가 실재함에도 불구하고) 오로지 행동과학이나 행동주의 심리철학이 지배할 때 어떤 일이 벌어질까? 여지없이 '액션 플랜(action plan), 티피컬 액션(typical action), 액션 러닝(action learning), 액션 리서치(action research), 액션 코칭(action coaching)' 등과 같은 행동기반의 수행성과가 교육의 핵심개념으로 자리 잡을 것이고(고요한. 2013 : 334), 이때 사람됨을 위한 교육적 환경과 정책은 살벌한 교육생태계에서 소외의 나락으로 떨어질 것도 자명한 사실이다. 그렇다고 역량을 중시하는 교육생태계가 지닌 장단점이나 잘못을 논의하는 것은 의미가 없다. 다만 역량중심의 교육생태계에 대한 우리 사회(학계)의 걱정 어린 목소리들을 예의 살펴봄으로써 역량중심 교육현상이 내포하고 있는 문제점들을 분석할 필요가 있다.

> "양계장에서는 달걀을 많이 낳는 닭이 우수한 인재다. 만약 우수한 닭을 한 곳에 모아 키우면 어떤 일이 발생할까? 일반적으로 달걀 생산량은 크게 떨어진다. 양계장에 모인 닭들은 누가 강한지 서로 겨루고 서열을 정한다. 서열 다툼에 막대한 에너지가 소모된다. 달걀 생산에는 소홀할 수밖에 없다. 인간도 마찬가지다. 우수한 인재가 너무 많이 모인 집단에서는 오히려 수행성과가 낮아진다"(D, 2014. 8. 7일 자).

이 글이 던져주는 핵심적인 메시지는 무엇인가? 물론 역량분산의 효율성이라는 시스템적 아이디어도 중요하지만 모든 학생들로 하여금 핵심역량을 갖춘 인재를 만들기 위한 교육생태계의 엔트로피 증가를 우회적으로 비판하는 메시지가 담겨 있다. 모든 학생을 표준화된 역량을 갖춘 인재로 만드는 것은 현실적으로 불가능하며 동시에 인간교육학적으로도 의미가 없다. 역량만능의 교육은 반드시 명암이 있기 마련이다. 역량 관련 교육학적 논의와 논리 수립에서 명(明)을 넓히고 암(暗)을 고치는 슬기가 무엇보다 필요하다.

20세기 초부터 후반까지 (글로벌 환경의) 기업들이 (핵심)인재를 평가할 때 가장 중시했던 자질은 IQ, 학력, 성취도 등이었다. 많은 업무들이 표준화되어 있고 전문화되어 있는데다 기업의 기존업무 관행이 비슷하게 유지되었기 때문에 과거 실적을 참조체계(reference system)로 삼아 채용하면 되었다. 그러나 1980년대 들어서면서 바람직한 인재상에 변화가 생겼다. 기술진화와 산업 간 융합으로 업무가 갈수록 복잡해지면서 이전 직무에서의 경험과 실적이 무의미해졌기 때문이다. 인재평가의 무게중심은 지능에서 (수행)역량으로 옮겨갔다. IQ보다 EQ가 풍부한 리더십이 각광을 받기 시작한 것도 이즈음이다. 그렇다면 (다변화, 다양화된) 21세기 (사회생태계)에도 역량기반 평가방식이 과연 여전히 유효할까? 현재의 특정역할이나 능력이 미래에도 반드시 그럴 것이라는 보장은 없다. 이제는 현재의 수행역량이 아니라 새로운 기량을 배울 만한 잠재력이 중요해지게 되었다. 잠재력을 평가한다는 것은 그리 쉽지 않다. 잠재력을 평가하기 위한 중요한 지표는 올바른 동기(사심 없는 목표, 강렬한 의지 등)와 호기심과 통찰, 관계맺음과 결단력 등이다…… 최고의 인재들이 스스로 편안해하는 영역을 벗어나도록 (역량개발이 아니라) 자기계발의 기회를 제공하는 것이야말로 그가 갖고 있던 본래의 잠재력을 발휘하게 만드는 좋은 방법이다(동아일보, 2014. 6. 26일 자).

이를 미루어 볼 때 성적(성취)보다 성품(성향)이, 수행력보다 잠재력이, 검색(모색)보다 사색이 중시되는 사회 혹은 교육생태계가 조성될 때에야 비로소 인간교육이 추구하는 사람됨, 사람다움을 위한 사회풍토나 교육적 분위기가 온전하게 가능해질 것이라는 점을 깨닫게 된다. 그렇다면 역량기반 교육의 장점은 그대로 간취하고 동시에 보다 온전한 사람됨의 교육을 추구하기 위한 전략(방법)은 무엇인가? 전통적으로 행위자로 하여금 성과를 창출하고 수행역량을 고양시키기 위한 행동경제학적 전략의 핵심은 '당근과 채찍'이었다(I. Ayres. 2011). 여기서 간과해서 안 되는 사실은 당근과 채찍의 유인가(誘引價)에 '약속의 수행'이라는 현시(顯示)현상이 반드시 동반되어야 한다는 점이다. 이 점은 현재는 물론 향후 역량기반 교육의 설계와 실천이 성공을 거두는 데 도움이 되는 중요한 메시지를 주고 있다. '신뢰'의 가치야말로 교육생태계는 물론 삶의 전 차원에서 가장 중시해야 할 역량인 셈이다. 역량개발의 출발은 개인이 지닌 스트렝스(강점)를 발견하고 이를 바탕으로 최고성과를 이끌어내도록 만드는 환경조성에 있어야 한다고 주장하는 학자들도 있다(M. Buckingham & D. O. Clifton, 2013). 그들은 역량형성의 조건과 환경이 역량 발휘보다 오히려 더 중요하다는 점을 지적하고 있다. 마커스 버킹햄과 도널드 클립톤(M. Buckingham & D. O. Clifton)이 제시한 강점재능 목록들 중에서 공감, 공평, 매력, 미래지향, 신념, 신중함, 연결성, 소통, 자기 확신, 적응, 조화, 질서, 착상, 책임, 초점, 탐구심, 포괄성, 행동주의자, 성취자, 학습자 등은 역량관련 교육학적 논의와 논리수립에 도움이 될 만한 개념들이다.

근대화, 산업화 시절에는 지능이 곧 재능이었다. 그러나 역량이 지배하는 탈산업화 사회생태계에서는 재능이 곧 지능이 되어버렸다. 아무리 재능 만능일지라도 정태(靜態)적인 재능만으로 삶의 성공을 담보할 수 없다는 사실을 일깨워 준 학자가 있다. 존 맥스웰(J.Maxwell)은 재능에 역량의 가치를 더해주게 만드는 13가지 선택들을 제시하고 있다. 이는 재능을 이끌어내는 믿음, 재능에 에너지를 불어주는 열정, 재능을 활성화하는 실행력, 재능에 방향을 제시하는 집중력, 재능을 가장 좋은 자리에 머물게 하는 준비, 재능을 갈고 닦는 최고의 방법인 연습, 재능을 간직하게 하는 인내, 재능을 시험하는 용기, 재능을 확장하기 위한 배우는 태도, 재능을 보호하는 인격, 재능에 영향을 미치는 관계, 재능을 강화하는 책임감, 재능을 배가시키는 팀워크 등이다(J. Maxwell. 2014). 이 점은 교육목적으로서의 역량이 아니라 그러한 역량을 가능하게 만드는 제반 조건들에 교육의 초점을 맞추어야 한다는 메시지를 던져 주고 있다.

『The Economics of Enough』라는 흥미로운 책을 통해 경제학자인 다이앤 코일(D. Coyle)은 미래의 정치경제학적 사회이미지를 조망하고 있는데, 이는 행동과학, 행동경제학이 지배하는 작금의 교육생태계를 온전히 치유해 줄 진정한 목소리로 들려온다. 그녀는 기존의 측정평가, 가치체계, 기관과 제도 등이 지닌 정치경제학적 유용성이 앞으로는 오히려 사람됨의 삶을 방해하는 요소로 등장할 것으로 진단하고 있다. 반면에 행복감, 자연환경 보존, 후손에 대한 배려, 공정함, 신뢰 등에 대한 강렬한 도전을 통하여 사회전체가 경제적 풍요를 뛰어넘는 심리적 만족을 추구할 수 있다고 역설하고 있다. 이는 기존의 역량, 성과 기반의 정치경제학적 논리가 지배하는 오늘날의 대학 생태계를 치유해 줄 또 다른 메시지로 의의가 있다(D. Coyle. 2011). 메시지의 핵심은 다음과 같다.

첫째, 오로지 (정치경제학적 뉘앙스를 담지(擔持)한) 역량만이 판치거나 상대적으로 지배력을 지닌 획일적인 교육생태계는 인간교육의 실천을 불가능하게 만들고 실제로 모든 사람들의 정신건강에 해롭다. 교육의 본질은 반드시 방법론적 복수주의에 있어야 한다. 왜냐하면 인간교육의 최대의 적(敵)은 획일주의이기 때문이다.

둘째, 역량은 반드시 경쟁 장면이나 상황을 전제로 하게 마련이다. 그럼에도 불구하고 개인 간 성취나 지위다툼의 경쟁이 아니라 인간적인 경쟁(원효대사가 말하는 원융화쟁(圓融和爭)이나 최근 경제학계에서 논의가 활성화된 협력형 경쟁(coopetition)으로 경쟁이데올로기가 전환되지 않는 한 역량이 지배하는 교육생태계의 문제점을 벗어나기 힘들 것이다. 경쟁이 수단이 아니라 목적으로 기능하는 한 사람됨을 위한 교육의 실천은 불가능하다. 경쟁이 수단으로 기능할 때만이 행위자들에게 경쟁의 노예에서 벗어나 경쟁을 즐기는 지혜를 기대할 수 있다. 향후 건전하고 건강한 교육생태계 구축을 통해 개인이나 집단 간 비교우위경쟁(역량경쟁)이 아니라 내 안에 있는 스트렝스들을 합리적으로 조정하고, 건전하게 경쟁시키는 자기(자아정치)역량이 개인의 경쟁력이 되어야 할 것이다.

셋째, 내러티브, 역량의 보편화와 더불어 컨버전스(융합)개념이 우리 사회 및 교육생태계에서 급격하게 등장하고 있다. 따라서 이를 역량교육과 관련지어 고려할 필요가 있다. 단일(개별)역량의 시대는 분명히 지날 것이다. 융합역량(다면역량)의 시대가 도래함은 물론 일정 부분 필요할 것으로 예견되기도 한다. 물론 역량과 마찬가지로 융합이 지배하는 획일적인 교육생태계도 우려의 대상이 될 수 있다. 향후 역량인재가 아니라 융합인재의 시대가 올 것이다. 그것은 지식융합, 창조융합, 감성융합, 영혼융합 등을 넘어 환경융합, 시간의 융합, 관계융합 등 다양한 의식과 삶의 차원에서 이루어질 것이다. 이제 우리는 내러티브, 역량, 융합이라는 버거운 주제들의 홍수 속에서 우리가 살고 있는 것은 아닌지 진지하게 성찰해야 한다.

역량교육과 관련하여 '교육부'의 안내에 따라 모든 대학들이 정합적으로 반응하는 것은 어쩌면 생존을 위한 몸부림일지 모른다. 아래의 안내에 따르면 마치 대학의 자율성, 특수성, 정체성 등을 고려하여 대학별 핵심역량 체계를 설정하고 이를 기반으로 역량기반 교육과정을 설정하도록 되어 있는 듯하다.

■ **핵심역량의 설정**

- 핵심역량 설정의 절차와 방법

※ 대학의 인재상, 산업 수요, 사회적 흐름 등 대내·외적 여건 분석, 학생 요구 분석 등을 고려한 발전 계획과의 연계성 포함

- 핵심역량의 구체적 내용

※ 대학의 특성화 방향 등을 고려하여 설정된 기초학문을 통한 인간, 사회, 자연을 종합적으로 이해하는 능력 등도 포함하여 기술 가능함

■ **핵심역량 제고를 위한 교양교육과정 편성·운영**

- 교양 교과목 편성·운영의 절차와 방법(관련 조직의 구성 및 운영 내용 포함)
- 교양 교육과정 개선을 위한 교육과정 분석, 개선 방안 마련 및 시행, 결과에 대한 주기적 환류·보완 등의 구체적 내용

그러나 핵심역량 설정의 대학별 내용을 보면 천편일률적이다. '소통, 창의, 문제해결, 글로벌, 리더십' 등은 거의 빠지지 않고 등장한다. 여기서 의문점이 든다. 대학마다 앞다투어 제시하는 핵심역량은 누가 만들었으며, 누구를 위한 것인가?라는 점이다. 대부분의 대학에서 역량체계는 대학본부의 주도하에 소수의 교수나 직원들이 투입되어 그들의 관점에서 만들고, 이를 기반으로 교양교육과정과 수리적으로 연계하는 작업이 이루어졌다. 과연 역량체계와 역량기반 교육과정 설계의 본질은 무엇인가? 왜 만들어야 하는가? 어떻게 구성해야 하는가? 어떻게 활용할 것인가? 등에 대한 진지한 고민없이 상명하달식으로 이루어지는 역량 관련 작업에 대한 교육학적 의문이 부단히 떠오른다.

그럼에도 불구하고 역량체계를 수립하고 이를 기반으로 역량기반 교육과정을 구안하는 것은 교육의 책무성과 수월성을 지향하는 일종의 노력임에는 틀림없다. 역량은 마치 생물과 같다. 시대적 특성, 학교의 정체성, 기업체의 인력수요 변화, 재학생의 특성 등 다양한 변인들을 고려하여 교육적으로 의미있는 역량체계와 구성요소를 만들어내는 노력들이 지속적으로 경주될 때, 핵심역량 체계와 이를 기반으로 운용되는 교육과정이 학생중심, 학생성공을 지향하는 의미를 담지할 것이다.

교육의 본질은 마치 살아 움직이는 생물과 같다. 교육이 백년지대계라는 말은 이제 옛말이 되었다. 교육은 시대의 흐름을 읽어내야 하고, 시대를 앞서나가 미래를 개척하는 막중한 과업이다. 핵심역량은 언제든지 대체되거나 변화될 수 있는 가변성이 있다. 향후 대학이 역량과 관련된 사업을 추진할 때 반드시 고려해야 점은 다음과 같다. 첫째, 대학의 정체성과 고유성을 반영한 지속가능 가치 기반의 역량요소들을 발굴할 필요가 있다. 둘째, 학생들의 심리적, 사회적, 문화적 특성들을 충분히 고려한 학생계 관점의 역량요소들의 발굴이 필요하다. 셋째, 역량요소와 교육과정을 연결하는 작업은 단순히 수리모형의 방식으로 설계할 것이 아니라 다소 비논리적인 방식이 현재보다 더 교육적인 의미를 담보할 것이다. 넷째, '핵심'에 대한 다양한 구성원의 이해와 경험을 투영한 의미 이해가 무엇보다 선행되어야 할 것이다.

대학생들의 학생성공에 대한 인식은 계속 변화할 수 있으며, 학교 내외에서 다양한 영향을 받을 것이다. 앞서 논의한 바와 같이 학생들이 원하는 성공적인 대학생활이 이루어지기 위한 조건은 학생들의 요구, 관심, 능력, 경험 등에 기반을 둔 혁신형 학사제도 및 교육과정을 제공하는 것이다. 즉, 학생들로부터 생성되거나 도출된 근거를 기반으로 학사지도가 이루어질 필요와 가능성을 고려해야 한다. 이제 대학기관이나 교수가 성공하는 것이 아니라, 소중한 인격체로서 대학에 입학한 신입생들의 성공을 가능하게 만드는 학사제도나 정책, 수업방법 혁신 등이 이루어져야 한다. 대학입학은 성공의 마침표가 아니라 모든 학생들로 하여금 자신이 원하는 바를 달성하는, 즉 자아실현을 가능하게 만드는 '성공의 사다리'가 되어야 한다.

학생성공을 지지하는 대학 고유의 교육모형 및 수업방법의 개발은 전통적인 방식을 참조하되 4차 산업혁명으로 대표되는 급격한 사회환경 변화 및 기업의 인재상 변화에 능동적으로 대응하는 방식으로 이루어져야 한다.

첫째, 배경지식 중심(subject matter) 커리큘럼을 개발한다. 인류문명의 축적된 지식을 체계적으로 이해하고, 이를 기반으로 새로운 지식을 창출하는 역량을 기르는데 도움이 되는 지식체(core knowledge)를 합리적으로 선정하고, 배열하는 원칙에 대한 구성원 합의를 고려해야 한다.

둘째, 실용주제 중심(topic/issues based) 커리큘럼을 개발한다. 지식중심 커리큘럼이 지닌 약점을 보완하여 단순하게 이루어지는 객관적인 지식의 전이가 아니라, 지식의 통합성을 추구하며 학생계 관점의 다양한 학습주제나 토픽을 발굴, 교육과정과 수업운용에 포함시키는 방안을 고려해야 한다.

셋째, 경험/활동 중심(experience oriented) 커리큘럼을 개발한다. 지식이나 주제를 실제 경험을 통하여 검증하고 자기주도적인 체험을 통하여 지식을 내면화하는 커리큘럼을 적극적으로 고려해야 하는데, 이는 교과과정과 비교과프로그램을 통합하는 교육과정 개발을 통하여 가능하다.

넷째, 문제/상황 중심(problem solving) 커리큘럼을 개발한다. 학생들이 경험하는 다양한 문제들을 제기하고 이를 해결하기 위한 지적, 정의적, 실천적 경험을 제공하는 실용적인 커리큘럼을 고려해야 한다. 4차 산업혁명 사회생태계에 능동적으로 적응하는 역량을 갖춘 인재양성을 위하여 기존의 지식중심을 문제/상황 중심으로 전환시키는 방법에 대한 체계적인 연구가 뒷받침되어야 한다.

2 교양교육과 학생성공

2016년 12월에 발표된 교육부의 (창의혁신인재 양성을 위한) '대학 학사제도 개선방안'에 따르면 대학의 자율적 발전과 운용을 위하여 다양한 변화를 지향하고 있다. 여기서는 이와 관련하여 교양교육과정 개발에 한정하여 필요한 부분을 논의한다. 4차 산업혁명사회생태계, 고등교육 학령인구 급감, 정부의 고등교육 구조조정 등 대학교육생태계 변화를 자극하는 외적 변인들이 팽창하고 있다. 특히, 교양교육시스템 전반에 걸친 혁신을 요구하는 압력이 비등하고 있으며, 그 핵심은 **학생중심 교육과정 구안 및 적용**이다. 대학마다 학생의 학습권 확대, 자기주도적 생애개발 학습역량 강화, 유연한(개방형) 학사구조 개선 등 자율선택형 교양교육과정 개발 필요성에 상응하는 대학 특성기반의 개발전략('교육부'의 가이드라인에 대한 정합성을 제고하고, 국내외 각 대학들의 교양교육과정 혁신에 대한 트렌드를 체계적으로 분석하면서)을 모색할 필요가 있다.

우리나라 대학의 교양교육이 당면한 문제점 중의 하나는 교양교육의 가치선언 부재다. 정부의 고등교육 정책에 이리저리 눈치 보느라 획기적인 교양교육이념, 목적, 목표 등의 설정을 회피한다. 교양교육 목적과 목표는 국가수준에서 설정한 내용을 단위대학에서 베껴 쓰거나 크게 벗어나지 못하고 있다. 교양교육에 대한 가치선언은 근본적으로 교양교육의 목적을 어디에 두느냐?로부터 출발한다. 이를테면 경험 기반 인간성에 둘 것인가? 지식 기반 학문성에 둘 것인가? 아니면 이 둘 간의 적절한 통합에 둘 것인가? 등 목적의 선택으로부터 출발한다. 이러한 목적의 선택은 전공 교육과정과 어떠한 유기적, 상보적 관계설정을 하느냐?에 대한 분명한 입장선언이 선행되어야 한다. 교양과정이 경시된 저변에는 '교양'이라는 용어 자체가 '저급, 기초, 예비'라는 측면을 함축하고 있다는 왜곡된 믿음 때문이다. 사전적으로 교양은 '일정한 문화이상을 터득해서 그것에 준하여 모든 개인적 정신능력의 통일적, 창조적 발달을 몸에 배도록 하는 것'이라 정의된다.

대학에서 이루어지는 교양교육은 까다롭고 어려운 작업이다. 전문가로서의 자질을 구유하는 것을 대학졸업의 의미로 생각하는 지식전문주의의 팽배는 교양교육을 더욱 어려운 지경으로 내몰았다. 전통적인 자유 학문적 인문교육이 교양교육으로 변모한 것은 많은 의미를 내포한다. 이것은 소수주의 교육으로부터 대중주의 교육으로, 합리주의적 인문교육으로부터 실용주의적 교양교육으로의 전환을 의미한다. 그리하여 general을 일반이라 보지 않고 교양으로 표현하는 것이다. 교양교육에서 '교양'이라는 용어의 또 다른 본질적인 의미는 '통합'에 있다. 다니엘 벨(D. Bell)은 교양교육의 목적 중의 하나는 간학문적 코스를 통하여 지적인 파쇄에 대처하는 것이라고 하였다. 이는 전공교육이 지나치게 심화되고 분화되어 이들이 상호 의사소통을 하고 접근하기 위해서는 한 개인의 통합적 사고능력을 제고해야겠다는 필연적인 이유에서 나온 발상이다. 따라서 교양교육과정을 개편할 때 통합교과 내지는 간학문적 교과의 개설을 염두에 두거나 실제로 개설하는 이유가 바로 여기에 있다. 따라서 교양교육은 '일반교육, 통합교육, 간학문적 교육, 의사소통적 교육'이라는 표현과 대등한 셈이다.

우리나라 대학 교양교육과정의 특징 중 하나는 획일성이다. 대부분 커리큘럼이 정형화되어 있고 기왕의 학문분류표에서 크게 벗어나지 않는다. 교양과정에 있어 이종교배나 신종육성보다는 동종교배 내지는 아류번식이 주류를 이루고 있다. 계절제 교양강좌에서조차 일반학기 강좌를 다시 개설하는 경우가 많다. 계절적 특성과 수강생의 특성을 반영하는 커리큘럼의 개설은 아마도 고려대상이 아니었던 모양이다. 특성적 교양교육과정, 예를 들어, '국제매너, 사이버네틱스, 온라인게임 연구, 성소수와 생활' 등과 같은 간학문적 교양교과의 개발은 어쩌면 모험이요, 위험한 상상으로 간주되는 게 엄연한 현실이다. 교양교육이 실패한 또 다른 이유는 교양교육 강좌담당자의 특성에 기인한다. 대단위, 강의식, 외래강사 중심, 형식적 수업이 교양교육의 질적 저하를 촉진한다. 물론 강사에 의한 대단위 강의식수업이 나쁘다는 것은 아니다. 교양교육의 일반적, 통합적 특성에 맞게 연구경력과 학문적 지평이 넓은 교수진이 담당하는 것이 교양교육의 특성에 부합할는지 모른다. 특히 교양교과에 있어서의 교수법 개발은 늘 한계에 부닥친다. 학내의 최적, 최고, 최상의 시설은 대부분 전공교과가 선점하게 되고, 사소한 학습기자재에 대한 지원조차 소홀한 점도 교양교육의 질적 저하를 부채질한다.

교양과정 커리큘럼개발의 지도성은 누가 갖는가?의 문제도 교양교육에 대한 문제해결의 단초가 될 수 있다. 대부분의 대학에서 교양과정은 '교무처, 교양교육위원회, 교양과정부' 등의 기구를 통하여 개발되거나 운영된다. 외적으로는 민주적인 것 같지만 사실 이 기구들의 교양과정 커리큘럼 개발의 지도성과 개발 능력은 의문이다. 대부분 각 학과나 학부에서 담당가능한 교과목을 수합하여 편의적으로 개설하는 형태로 운영되기 때문에 그 기구들이 갖는 독자적인 교양과정 개발은 어렵다. 외형상 이러한 운영형태가 학교 내 각 학과의 특성을 최대한 배려해 주고, 지극히 공평하게 분산적인 관리체제로 인식되기 쉬우나 효율성, 교육수요자의 요구, 시대변화의 부응 등의 측면에서 약점이 노출되기 마련이다. 오늘날과 같이 수요자(소비자)중심의 교육이라는 대세 속에서 대학생들의 교양교육에 대한 이해와 다양한 요구들을 사정하는 작업이 우선될 필요가 있다. 따라서 전문적인 교양교육 커리큘럼을 개발, 운영하는 전담 부서를 설치하여 그곳에 실질적인 지도성과 책무성을 부여하는 방안이 적극적으로 요구된다. 더욱이 다른 대학을 눈치 보지 않는 독자적, 자율적, 창의적 커리큘럼 개발의 노력과 풍토가 조성되어야 한다.

제도적으로 교양교육과정에 대한 법률적 구속과 규제들에 대한 최소수준으로의 정비는 더욱 교양교육 수준의 질적 상승을 자극할 수 있을 것이다. 이제 대학원중심으로 고등교육체제가 재편되면 학부수준은 교양교육을 담당하는 거대세력이 될 것이다. 준비가 되지 않은 채 닥쳐서 헤매기보다 발 빠르게 준비하는 명민성이 요구된다. 그렇다면 현행 교양교육과정의 개선을 위한 시안적 모델 제시는 가능한가? 기본적으로 교양교육과정은 단위학교의 인적, 물적 자원 활용의 극대화라는 측면을 적절히 인지하면서도 '탈학교, 교외인사 초빙, 대학 간 수평적 연계프로그램, 사회교육 연계프로그램' 등 다양한 강좌개설과 운영을 고려해야 한다.

대학이 어떤 교육과정을 개발하거나 자율적으로 생성하기 위해서는 무엇보다 교육과정 개발관련 집단이나 학교구성원들의 자발적인 참여와 협동이 우선되어야 한다. 교양교육과정의 개혁은 '전통적인 커리큘럼을 대폭 수정하는 방안, 골격을 유지하면서 보수하는 방안, 기왕의 교과를 완전히 새로운 것으로 교체하는 방안' 등이 다양하게 이루어질 수 있다. 여기서 유의해야 할 점은 공여자의 입장이 아니라 수요자의 입장에서, 전횡적 절차가 아니라 민주적인 절차에 의하여 이루어져야 한다는 점이다. 각 학과나 학부집단이 이익집단세력이 되어 교양교육과정 개발에 걸림돌이 되어서는 안 된다. 또한 교양과정 개발 시 patch-work식의 작업으로 이루어져서는 안 된다. 개설된 교과목의 수가 교양교육의 수월성을 보장하는 것은 아니다. 교양교육과정 개발은 기획, 요구사정, 내용의 선정조직, 운영, 반성적 평가, 피드백 등의 일련의 순환적 과정을 거치면서 더욱 정교해질 것이다.

교양교육과정 개혁을 위한 몇 가지 모형을 예시해 보면 다음과 같다. 대부분의 대학에서 전공교과와 마찬가지로 교양교과는 필수와 선택제로 구분, 운영된다. 전체 필수 이수제와 완전 자유 선택제는 극단적인 경우로서 대부분 실행에 어려움이 있다. 따라서 선택과 필수를 조화롭게 배분하여 운영하는 이원체제로 운영하게 되는데, 이때 필수과목의 선택, 지정은 '시대상황, 학교 특수성, 수요자 집단 특성, 지역적 특성' 등 다양한 변인에 의하여 영향을 받게 된다. 단위학교의 교양교육과정 개발 시 강좌선택 및 개설과 같은 H/W적 측면도 중요하지만 강좌의 운용과 수업과 같은 S/W적 측면도 함께 고려해야 한다. 예를 들어, '수업시간의 탄력적 운용, 광범위한 팀/그룹티칭, 교과서 탈피 수업, AI와 협업하는 혁신교수법 적용, 실험적 평가제 도입, 교양과목 수업의 파일(file)화' 등을 생각해 볼 수 있다.

각 대학들은 '교육부'의 정책에 반발하거나 비난할 것이 아니라, 대학들이 먼저 공격적인 학사제도 개선을 추진할 필요가 있다. 학령인구 급감과 4차 산업혁명사회 생태계 등에 능동적으로 대응하는 학사제도 개선을 통하여 대학의 생존이 담보될 수 있다. 이유야 어쨌든 대학의 학사제도 변화는 거스를 수 없는 상황이 되었다. 학생의 요구, 학생의 호기심, 학생의 능력, 학생의 경험이 교수의 그것들보다 선행되는 학습경험이 이루어져야 한다. 학교는 학생성공을 지원하기 위한 무한대의 노력을 기울여야 한다. 이를 위하여 대학의 자발적인 노력이든 '교육부'의 강요에 의한 것이든 유연한 학사제도와 학습주권을 회복하는 수업생태계를 구축하는 노력들이 모든 대학에서 벌어져야 한다. 형식적인 학사제도 개선이 아니라 진정으로 학생성공에 대한 가치를 공감하고 이를 구체적으로 구현하기 위한 다양한 학사제도 개선이 이루어져야 할 것이다.

3 전인교육과 학생성공

문화보편적으로 교육의 이데아는 자아실현과 전인교육이었다. 대학도 예외는 아니다. 과연 우리교육이 이러한 이데아를 진지하게 고려하는 교육생태계 구축을 위하여 노력했는가? 파편화된 지식과 학사제도는 전인교육의 장애가 되었고, 정부나 대학은 이 점에 대한 문제의식을 개진하거나 개선을 위한 노력을 기울였는가? 이제 학생성공을 위한 논의에서 전인교육으로서 홀리스틱의 의미와 내용에 대한 진지한 성찰이 필요한 때다.

holistic, holism이란 단어의 어원은 희랍어 olos로서 이는 '전체, 건강, 낫다, 신성한' 등을 의미한다. 이 용어는 얀 스머츠(J. C. Smuts)가 『홀리즘과 진화(Holism and Evolution)』라는 저서를 통하여 처음 사용하였는데, 여기서 그는 '전체란 부분으로 분할할 수 없으며, 만일 분할한다 하더라도 모종의 것(전체를 전체로 만드는 그 무엇)을 상실하게 된다'고 설명한다. 카프라(F. Capra)의 지적처럼 홀리즘은 전통적인 기계론적 사고방식을 철저히 거부하고 있다. 이러한 홀리즘적 사고방식은 오늘날 의학, 생활, 교육, 기업 등에서 마음과 몸의 관계에 대한 생명의 전체성이라는 의미로 사용되고 있다. 옥스퍼드사전에 의하면 holistic은 '단위를 질서있게 무리지음으로써 전체를 만들어 내는 자연의 성향'이다. 그레고리 베이트슨과 메리 베이트슨(G. Bateson & M. C. Bateson)에 의하면 이 단어를 신체의 내적 생태계에서 일어나는 일종의 부조화나 불일치, 막힘이나 달아남으로 신체의 병리를 파악하려는 사상에 적용하기도 한다. 그들에 의하면 오늘날 이 말은 순환적이고 자기수정적인 체계의 특성, 그와 같은 체계들과 정보처리과정의 결합, 생물의 에너지 저장능력 등의 요목(要目)들을 총칭하는 것으로 의미상 비교적 엄밀해졌다.

온전한 전체성

전인에서 전(全)은 당연히 온전함을 의미한다. 그러나 온전함은 다양한 뉘앙스를 지닌다. 무릇 온전함이란 본바탕 그대로 고스란함을 뜻한다. 또한, 온전함은 '갖출 것은 다 갖추다'는 것으로 여기서 '다'는 '두루'의 의미와 같다. 그러므로 온전성은 편향됨이 없는 조화로운 상태를 의미한다. 『주역』에서 전일(全一)은 정(貞)의 개념으로 사용되고 있다(『근사록』, 논학). 또한, 정(貞)은 길(吉)하고 혼돈이 없음을 이른다. 『마태복음』에 이르기를 '아버지의 온전하심과 같이 너희도 온전하라'(마태복음, 5:48)에서 온전은 '완전, 완성, 완벽, 조화'등의 의미로 해석되고 있다. 또한 장자크 루소(J. J. Rousseau)의 소극적 교육론(negative education)에서 온전한 교육은 인간의 태생에서 비롯된 성장력을 잘 보전하면서 동시에 지나치게 인위적으로 본바탕을 일그러뜨리지 않는 교육을 말한다. 결국 전인교육은 인위성이 최소화된 조건 속에서 인간의 본바탕 그대로 고스란히 그리고 온전히 교육함을 이른다(윤팔중, 1995: 126-128). 또한, 전인교육은 문화의 여러 기초를 삶으로 다지고, 문화와 삶의 발전을 기하는 온전한 문화 인격교육이다(김정환, 1997: 37). 한편, 심리학적으로 온전한 인간은 **통합된 전체성**(integrated whole)을 발달시킨다. 이는 자기 행동에 대한 타인의 반응을 지각함으로써 일관성 있는 자아상, 즉 실존적 자아와 이상적 자아 간 부조화 가능성을 최소화하는 힘이다(D. Schultz, 1996: 51). 듀언 슐츠의 분석대로 온전한 사람은 건강한 사람, 성숙한 사람, 충분히 기능하는 사람, 생산적인 사람, 자아실현의 사람, 존재의 개별화를 이룬 사람, 실존적인 사람 등을 통합한 사람을 말한다(D. Schultz, 1996). 이는 오토 볼르노우(O.F. Bollnow, 1958)의 표현대로 체험 내에서의 통일적 형성을 통하여 자기 자신이면서 동시에 자신을 여러 가지로 형성해 나감으로써 다른 인간이 됨을 의미한다.

전체성 개념은 19C 말 유럽에서 대두된 개혁교육학운동의 학문적 모토였다. 그것은 실증주의적으로 발전해 가는 개별 학문과 삶의 의미체계 사이에서 발생한 분열과 관련해 전체적으로 가르치고 배우는 것을 추구했다. 학자들은 부분들의 누적에서가 아니라 포괄적인 전체에서만 이해되는 지배적인 연관성이나 질서를 전체성 혹은 Gestalt라 이름지었다. 여기서 각 부분의 임무와 작용은 전체를 위하여 기여하고 전체에서 부분들이 비로소 얻어진다. 전체성이라는 특질은 감각적 인지나 감정의 반응에서도 경험적으로 조사되었다. 이에 따라 초기 개혁교육학자들은 전체적 수업프로그램을 발전시켰다. 그렇다면 교육에 있어 무엇이 전일적 혹은 전체적으로 고스란히 통합되고 온전(완전)해진다는 말인가? 즉, 그 대상은 무엇인가? 두루 온전히 갖추어야 할 것은 무엇인가? 그것은 대개 지적 측면, 정의적 측면, 의지적 측면, 신체적 측면, 심미적 측면 등을 두루 망라한다(윤팔중, 1995: 129). 그것들은 교육을 통한 적극적인 추구의 대상이다. 결국 전인은 단순히 던져진 존재가 아니라 치밀하게 **교육된 존재**다. 그리하여 엘리어트(J. Elyot)에 의하면 전인교육은 지적, 도덕적, 심미적, 육체적인 것들의 통합을 적극적으로 지향한다(J. M. Rich, 1986: 231).

한편, 오바라(小原)에 의하면 교육의 내용에는 인간문화의 전부가 포함되어야 한다. 그러므로 교육은 전인적이어야 한다. 전인은 완전한 인격, 즉 조화된 인격을 의미한다. 이러한 인간문화가 없으면 인간은 불완전해진다. 그는 전인교육의 조건으로 학문, 도덕, 예술, 종교, 신체, 생활 등을 들고 있다. 전인교육에서 몸은 교육의 대상이며 수단이다. 따라서, 노동을 통하여 몸을 올바로 부림으로써 전인적 발달을 도모한다(김정환, 1996: 122). 존 리치에 의하면 전인에 대한 이해는 삶에 대한 긍정적 태도를 전제로 한다. 창조적 사고, 자기표현, 다양한 삶의 영위, 타인의 권리에 대한 인정 등은 삶을 긍정하는 태도들이다. 삶을 긍정으로 보는 정신은 인간을 전인으로 만드는 추동력 혹은 용기다(J. M. Rich, 1986: 73). 또한, 전인은 개인적인 측면에 있어서 수월성과 창의성을 구유, 발현한 사람이다(J. M. Rich, 1986: 5). 셸러에 의하면 인간의 지극한 이상은 전인(allmensch)이다. 여기에서 전인은 대중이나 민주주의에 거리를 두고 생각된 초인(超人)의 의미는 아니다(M. Scheler, 1988: 156).

전인교육 담론의 핵심은 전체성이다. 전체성은 인간존재의 본질에 대한 진지한 사유로부터 출발한다. 예를 들어, 인생의 진실하고 고상한 목적은 무엇인가? 의미 있고 충만한 문화는 무엇이 만드는가? 이러한 질문들은 교육의 과정과 형식을 구성하는 질문들이다. 교육은 성장 세대에 가해지는 일종의 작용이다. 그것은 항상 목적과 과정을 내포하는 개념이며 핵심은 관계성이다. 이처럼 홀리스틱적 사유의 특성은 총체적, 전연관적, 전일적, 관계적, 통합적이다. 여기서 기왕의 기계론적, 목적론적, 환원적 패러다임은 전면 부정된다. 인간은 본질적으로 홀리스틱적 존재양식을 내재한다. 기계론적 인간관과 교육관은 인간의 존재양식들을 해체하여 다루고, 각각의 영역을 전체로 환원시켜 버리는 총합주의적 존재양식을 교묘하게 구사해 왔다. 반면에 홀리스틱 사유는 삶의 관계성, 통일성, 전일성, 생명성, 개방성, 완전성 등을 바탕으로 유기적, 관계적, 전체적으로 각 존재양식들을 통합한다. 홀리스틱 존재양식이란 무엇인가? 그것은 본래성, 진실성, 자기일치, 자아(ego)가 아닌 자기(self), 통합성, 자기수용성, 내적인 정적, 침묵, 인식, 명상성, 임재성, 긍정적 관심, 보살핌, 경청, 자비, 사랑, 희열, 유머, 유희 등이다. 이는 기독교인간학적 존재양식과 많은 부분 일치하고 있음을 알 수 있다. 그렇다면 삶의 전체성이란 무엇인가? 그것은 개인 내 수준, 대인관계 수준, 개인 외 수준, 초개인적 수준 등에서 다양하게 펼쳐지며 이들이 또한 개인으로 통합되는 것을 이른다.

영성: 메타 인간학

홀리스틱교육의 핵심은 전체성이며 그것은 곧 관계성과 동(同)의미적이다. 이는 단순히 지 · 정 · 의가 통합된 전인이 아니라 스스로를 깨닫고, 마음을 다스리게 하고, 나아가 이웃과 자연과 더불어 상생하는 교육을 의미한다. 이러한 여정에 영성의 교육은 모든 것을 망라하는 원칙이 되어야 한다. 영성이란 내면의 자아를 일깨워서 삶을 전체적으로 올바르게 이해하고 살아가는 것이다. 그것은 이성도 아니고 감성도 아니고, 지성이나 본능도 아니다. 이 모든 것을 통합한 것으로서 인간의 메타적 성격의 개념이다. 동양의 문화와 사유는 본래 영성을 바탕으로 했다. 영혼의 대화 혹은 영혼의 메아리를 교육의 근기(根基)로 삼았다. 영혼은 육체와 정신과의 유기적 구조 안에서 전인적 성장을 촉구하는 메타(meta) 인간학의 중심 주제였다. 노장사상은 물론이려니와 유가의 몸 철학도 사실은 인간의 영혼에 대한 교육으로 귀결되었다. 그렇다면 교육적 담론에서 영성이란 무엇인가?

국제보건기구(WHO)는 '온전한 건강은 육체적, 정신적, 사회적, 영적으로 건강한 상태'라고 정의하였다. 이전에는 없던 영적 건강이 추가되었으며, 영성지수(SQ)가 심리학자, 두뇌과학자들에 의해서 심도 있게 논의되고 있다. 영성에서의 영(靈)이란 존재의 가장 궁극적인 차원, 존재의 핵, 혹은 존재의 원리와 원천적인 힘이다. 영성이란 영의 됨됨이를 말하는데 궁극성과 전체성, 내재성과 초월성, 통일성과 다양성, 조화성과 창의성 등을 그 특징으로 한다. 모든 사람은 인간의 형태를 갖고 있는 성스러운(holy) 존재이며, 그 개성을 천부 재능이나 능력, 직관이나 지성을 통해 표현하고 있다. 이같이 신성한 영성은 육체나 감정이나 지성이 성장하는 것과 같이 자라간다. 영혼이 자람에 따라 인간은 자기 자신과 또 타인과 깊이 만나게 되며, 일상의 생활에서 의미와 목적을 느끼게 된다. 인간의 가장 중요하고 가치 있는 부분을 각자의 깊은 내부에 부여된 생명－참된 자기, 즉 혼이라고 부르는 것이다.

영성이란 인간행위를 유발하는 그 어떤 태도나 정신으로서 구체화된 종교적 또는 윤리적 가치를 총칭한다. 영성에 대한 이러한 개념은 특정 종교에 국한하는 개념이 아니다. 이것은 초월적인 것들에 대한 믿음에 적용되며 다양한 형태로 드러나고 있다. 카모디(J. Carmody)는 영성의 의미를 전인적(총체적)으로 정의했는데, 종교적 영성과 직접 연결된 기도나 명상뿐만 아니라 자연, 사회, 각 인간의 자아와 연계된 모든 영역에서의 균형을 강조하고 있다. 예를 들면, 생태계, 정치, 경제, 성, 건강 등의 문제까지 포괄적으로 함축하는 것이다. 결국, 영성은 전인성과 궁극적으로 통합된다고 볼 수 있다. 개인적으로 영적 성장은 전인적 삶을 지향하며, 그러한 목표는 타자와의 관계 속에서 자아의 육체와 영혼의 상호작용을 포함한다. 본질적으로 교육과 관련지어 볼 때, 영성은 전인성, 관계성, 공동체성, 전인격성 등을 포함한다. 다시 말해서 개인적 통합 차원의 영성과 관계적 통합 차원의 영성으로 구분할 수 있다.

서구의 전통적인 지적 방법론과 의학은 철저히 요소환원주의·기계론적 인식론에 입각하여 객관성, 합리성, 과학성 등을 추구하였고 교육도 예외가 아니었다. 여기서 인간은 철저히 분할되거나 객체화되었다. 한 개인을 극한 경쟁과 **조각난 지식들의 정글** 속에서 마치 생존 경쟁하듯 다투게 만들었고, 이것을 교육의 수월성으로 삼았다. 여기서 교육은 생산성, 경쟁력, 효율성 등을 수월성의 준거로 삼게 되었고, 개인은 철저히 집단속에서 매몰되어 갔다. 교육은 사람을 만드는 일이 아니라 기계나 로봇을 만드는 메커니즘으로 전락하였고, 이에 대한 교육인간학적 반성과 회의가 홀리스틱교육을 자극하게 되었다. 영성은 모든 개체가 보이지 않게 서로 연결되어 있으며, 궁극적으로는 시간과 공간을 초월하여 서로를 위하여 존재하는 하나의 유기체라는 것을 의미한다. 그러므로 각 개인의 삶은 아주 중요하고 인간의 존엄성은 어떤 상황에서도 침범되어서는 안 된다. 한 몸의 각 부분은 유기적인 관계 속에서 더 높은 의식의 차원으로 진화, 상승해 나간다. 각 개인은 관계성을 맺으며 더 높은 인간으로 상승해 나간다. 영성과 우리의 삶은 곧 하나로 삶과 교육은 하나다. 결국 영성과 교육은 하나다. 인간과 세계의 이해는 이미 동양의 전통적인 기(氣)일원론적 사고틀에 의하여 생활 속에서 실천되고 있었다. 산업화와 기계론적 패러다임으로부터 유기주의와 인간주의로의 가능성을 홀리스틱이론에서 찾게 되었다. 결국 그 가능성과 희망 속에서 홀리스틱교육을 논의하고 실천하게 되었던 것이다.

홀리스틱교육은 근본적으로 통합된 영성에 가치를 둔다. 영성통합이란 모든 삶의 관계성, 통일성 안의 다양성을 인정하는 능력이다. 그것은 존재, 소속, 보호, 감성, 온정, 환희, 희망 등의 경험이다. 나아가 내적 삶과 외적 삶 사이의 통합적 조화다. 또한 우주의 신비에 대한 경외심이며 삶의 목적에 대한 감정이다. 기본적으로 인간의 정신이 최고의 경지에 다다르도록 향하는 움직임이다. 2001년 토론토대학에서 홀리스틱 교육에 대한 국제회의가 개최되었는데, 주제는 '교육에 있어서의 영성과 협력의 탐구'였다. 여기서 존 밀러(J. Miller)는 영혼의 개념과 그것이 학교와 교실에서 어떻게 성장, 촉진될 수 있는지를 발제하였다. 특히 그는 교사의 영성에 대해 배려하는 방안에 대한 논의도 빠뜨리지 않았다. 결국, 영성은 하나의 객관적 개념이면서 동시에 유기적 현상이다. 그것은 객관주의나 실증주의가 아니라 유기주의나 자연주의에 의하여 설명되거나 이해되는 현상이다. 이것은 기왕의 서양의 지적 탐구의 패러다임과 다르며 동양의 전통적인 기(氣)일원론·전체성의 이데아(paradigm)와 다를 바 없다.

온전한 학습의 탄생

일본홀리스틱교육연구회는 '오늘날의 교육이 과연 아이들을 전인으로 파악하고 있는가?'라는 물음에서 출발하여 지성, 정서, 신체 등의 조화로운 발달을 도모하기 위한 다양한 연구를 수행하고 있다. 홀리스틱 교육이론의 핵심은 교육대상으로서 인간을 전체적으로 파악하려는 사고방식이다(송민영·김현재(역), 2000: 20).

이 사고방식에 의하면 모든 학생은 감정, 마음, 지성, 신체, 영혼 등을 지니는 통합된 인격체다. 홀리스틱적 사고방식은 시간적으로 과거, 현재, 미래 등을, 공간적으로는 나와 타자 간의 관계를 전체적으로 보는 것이다. 또한, 이론과 실천에 있어 상대주의적이다. 홀리스틱교육은 개인이 삶의 다양한 영역에 접근해 가고, 그 체험을 통하여 개인의 삶이 충실하게 형성되어 나가는 것을 다룬다. 그때 그 개인이 전체로서, 즉 전인으로 관련된다는 점이 매우 중요하다. 여기서 전인은 4개의 중추를 중심으로 다층적으로 구조화되는데, 그것은 '신체+감정+사고+정신' 등이다. 기왕의 인간 이해에 있어 물질, 생명, 마음, 정신 등이 단편적으로 취급된 반면 이것들은 상호 분절적이지 않고 전체로서 불가분적으로 기능한다.

역사적으로 전인교육은 기독교인문주의와 민주주의적 가치를 지향하는 학교의 과제에서 큰 중요성을 지닌다. 여기서 학생은 전인적 존재로 파악된다. 볼프강 클라프키(W. Klafki)가 이미 지적했듯 학교는 학생의 삶을 그의 지적·성찰적, 감정적, 육체적·생리적, 사회적, 실천적 가능성 안에서 촉진시키는 것이어야 한다(송순재, 2000: 236). 또한, 학생들의 삶을 미래 문제와 관련짓는 것은 전인교육에서 중요하다. 이는 구체적으로 평화와 환경 등과 같은 교육인간학적 문제 등을 들 수 있다. 이때 방법론적으로 페스탈로치의 명제에 입각하여 머리와 가슴과 손으로 함께 배우는 방식이 적극적으로 도입되며, 각각은 동일한 가치를 갖는다. 학교는 온전한 인간으로서의 인간성이 실현되는 장소다. 그러므로 온전한 인간성에 부합하는 학습기회를 제공해야 한다. 여기서 **온전한 학습**(holistic learning)이란 역동성, 공공성, 자유시간 증가 등을 경험하는 학습을 의미한다(정유성, 1997: 140). 구체적으로 그 경험들은 타자와의 교류, 사물과의 교류, 자기 몸과의 교류, 기존 생각들과의 교류 등 다양한 영역을 포괄한다.

전인교육은 그 대상들을 통합적으로 달성하기 위해 의도된 프로그램이다. 이 같은 전인교육은 인간주의교육, 교육인간학으로 명명하기도 한다(Goodman, 1964; Bollnow, 1965; Kozol, 1967; Holt, 1970; Silberman, 1971; Rich, 1971; Patterson, 1973). 특히, 찰스 패터슨(C. Patterson)의 『인간주의 교육론』과 볼르노우의 『교육인간학에 있어 인간학적 고찰방식』은 전인교육을 전체적으로 조망하는 대표적

저서다. 인간주의교육 혹은 교육인간학은 지적 측면 못지 않게 정의적, 심미적, 예술적, 신체적, 사회적·관계적 체험은 물론 학습환경의 분위기, 대인관계 등도 주목한다(Weinstein & Fantini, 1970; Mosher & Spintha, 1970; Brown, 1971). 여기서 학습은 전체로서의 학습자와 전체로서의 환경 간 역동적인 상호작용으로 정의되며, 교육적 성취란 지·덕·체는 물론 아직 개념화되지 않거나 예상치도 않았던 인간성 측면에 부합하도록 총체적으로 평가된다(장상호, 1992: 138). 김정환(1996)에 의하면 전인교육의 역사성은 계몽주의자 루소로부터 비롯되는데, 그는 인위성을 철저히 배제하는 온전한 인간의 육성을 주장하였다. 페스탈로치에 의하면 하나님에게 부여받은 근본적인 세 가지 인간의 능력(지적 능력, 도덕적 능력, 신체적·기술적 능력 등)을 고스란히 발전시킴으로써 비로소 개인은 전인적 인간이 될 수 있다. 페스탈로치의 삼육론을 더욱 정치(精緻)시킨 케르센슈타이너의 노작교육 이념은 교육을 통하여 정신활동과 육체적 활동 간 조화로운 통일성을 구체적으로 지향한다.

한편, 볼르노우는 인간 각자의 주체성 확립을 위한 자기각성의 교육을 통하여 실존철학적 전인의 이념을 수립하였다. 프랑크프루트학파의 소외극복 교육이론, 허친스의 위대한 교육고전 프로그램, 프레이리 등으로 대표되는 의식화교육론도 전인교육의 계보에 포함된다(김정환, 1996; 118-121). 제도교육론자들이 전인교육을 한 인간의 수월성을 최대한 발현하는 개인적 차원으로 이해하고 있는 반면, 대안교육론자들은 개인과 타자·환경의 조화·공존이라는 관계적 차원에서 이해하고 있다(정유성, 1997; 대안교육을 생각하는 모임, 1995; 서울평화교육센터, 1996). 그러나 전인교육은 이 둘을 모두 지향함으로써 개인적 차원에서 몸과 마음이 전일적으로 통(統), 종(綜), 합(合), 일(一)되는 교육을, 관계적 차원에서 자신과 타자간의 바람직한 관계(전인격적, 몸 대 몸의)의 성립을 추구한다. 『교육학용어사전』에 의하면 '전인교육은 지·정·의가 완전히 조화된 인격자를 목적으로…… 학교뿐만 아니라 가정, 교회, 지역사회 등의 유기적인 조화를 통해서만 가능하다.' 이것은 이미 로크의 교육사상과 페스탈로치의 삼육론에서 이미 개진된 바 있다. 오늘날 전인교육은 지·덕·체는 물론 예능, 기능, 예절, 직업, 환경,

노작, 평화 등이 두루 인간의 몸 안에서 체현되는 경험 일체를 의미한다. 이러한 전인교육은 인간교육, 인격교육, 교양교육 등과 의미상의 차이를 내포한다(김정환, 1994; 37-39).

홀리스틱 교육실천

홀리스틱 교육실천에서는 무엇보다 지성을 넘어서는 영성을 계발하여 인성의 조화로운 발달을 꾀하려고 한다. 영성을 계발하는 것이란 인간이 감각적이고 인지적인 경험을 넘어서서 존재하는 영과 우주와의 일체감, 모든 사물과의 깊은 관련성, 생명에 대한 외경심이 인간의 품성으로 드러나도록 하는 것이다. 영성의 차원을 잃어버리면 스스로 자신을 파멸로 이끄는 행동이 일어난다. 마약이나 알코올 중독, 문란한 성행위, 범죄, 가정파괴는 타인과의 관계나 생명의 신비, 삶의 의미를 상실한 결과이다. 참된 충실감을 제공해 주는 원천을 잃어버리면 인간은 그 아픔으로부터 벗어나려 하는 것이다. 교육을 통하여 생명과 정신은 건강하게 연계되어야 하며, 결코 냉혹한 점수 평가나 경쟁으로 난폭하게 상처입어서는 안된다. 교육의 중요한 역할의 하나는 생명 속에서 모든 것이 서로 관계를 맺고 있다는 것을 자각하게 하는 것이다. 홀리스틱교육은 주위의 사람들 그리고 지구와 자신이 어떤 경우에도 관계를 맺고 있다는 실감을 기르고, 또 그 실감에 의해 자신과 타인 및 지구에 대한 책임감을 기르는 교육이다. 이 책임감이라는 것은 밖으로부터 짊어지게 된 무거운 짐과 같은 것이 아니라, 자기 자신이 그 관계 속에 있다고 느끼는 것에 힘을 얻어 거기에서 자연스럽게 용솟음치는 것이다.

홀리스틱 교육실천의 핵심은 인간의 의미와 이해에 대한 탐구다. 그것은 개인으로 하여금 전인적이고 건강하며 더불어 호기심 많은 인간으로 교육시키는 것을 목적으로 한다. 그것은 학생들을 지구, 지구상의 삶, 미래사회 등에 대한 홀리스틱적 관점으로 인도함으로써 삶에 의미를 주는 다양한 관계를 인지하고 이해하도록 촉진한다. 홀리스틱 교육은 모든 학생의 지적, 창의적, 체계적인 사고의 선천적 가능성을 재인식하도록 한다. 이것은 오직 선형적(linear), 계열적(sequential) 과정만을 강조하는 환원주의 패러다임 안에서 학습에 심각한 어려움을 겪고 있는 교육위기(students-at-risk)를 직시한다. 홀리스틱교육은 모든 지식이 문화적 관계성 안에서 창조되고 다양하게 분화된 지식영역을 넘나드는 학습의 전이를 촉진한다.

홀리스틱교육은 학습자로 하여금 그들의 삶과 관련되는 문화적, 도덕적, 정치적 관계에 비판적으로 접근하도록 촉진한다. 오늘날 우리의 학교에 가해지는 사회적, 정치적 압력을 생각해 볼 때, 현대문화는 인간을 다양성을 지닌 존재로 규정하고 있다. 우리의 문화는 인간을 경쟁적이며 물질적 풍요와 안락을 부단히 제고함으로써 쾌락을 추구하는 존재로 간주한다. 동시에 자신의 이익을 도모하고 번영을 확충하기 위하여 환경을 조정할 수 있는 능력과 명민함을 지닌 존재로도 인식한다. 이러한 신념하에서 사회의 리더들은 학교가 이러한 가치들을 강화하거나 지원해야 함을 요구한다. 현대 교육은 등급과 점수, 유용한 지식, 규칙적인 경쟁 등에 골몰하고 있다. 그러나 이것은 분명 전체성을 위한 교육이 아니다.

전통적으로 정치 논리에는 자유 우선의 보수성향과 평등 지향의 진보성향이라는 비교적 명료한 이항 모형이 작동한다. 마찬가지로 교육현상이 아무리 복잡한 생태계라 할지라도 역사적으로 교육이데아는 **관념과 실재라는 이항 논리**가 지배해 왔다. 이는 마치 맹자(孟子)가 말하는 항산(恒産)과 항심(恒心)의 설명 체계와 유사하다. 이로 인해 교육현상은 경제학과 윤리학의 틈바구니에서 맴돌았다. 그럼에도 불구하고 교육은 인간이라는 단일 지표를 담지하고 있다. 왜냐하면 교육은 인간의 유일한 종(種) 특성이고(homo eruditio), 이러한 교육현상은 인간을 다른 존재와 구별짓는 가장 탁월한 현상이며 시스템이기 때문이다. 역사적으로 교육담론의 핵심은 인간교육과 반(反)인간교육의 대결이었다. 즉, '사람됨의 철학'으로서 교육학은 인간의 존재론적 특성을 교육적 존재로 규정하고, 이를 근거로 교육과 반(反)교육을 가르는 철학들이 난무하였다. 앞서 언급한 대로 교육학은 방법론적 복수주의, 패러다임 공존의 논리에 따라 역사의 흐름에서 생성된 수많은 교육 이데아로 무질서하게 보이지만 인간교육의 본질에 집중하였다.

급격한 산업화 및 근대화의 여정에서 비롯된 **압축성장의 그늘인 입시·수험 위주 교육시스템**에서 이러한 '인간교육'의 본질이 심각하게 왜곡되었음은 주지의 사실이다. 교사와 학생은 물론 교육소비자조차 학력(學歷)위주의 경쟁과 전문직을 꿈꾸는 교육풍토에 젖어 인간의 전인적 성장을 저버렸다. 인간은 교육을 필요로 하는 유일한 동물이라는 칸트의 명제를 상고(詳考)할 때, 상실된 인간교육의 이념과 실천에 대한 진지한 고민이 필요하게 되었다. 더욱이 인공지능이 인간지능을 능가하는 문명사적 대전환(mega transformation)의 시기에 교육의 본질이 사람됨의 철학에 적절히 부응하고, 존엄과 탁월의 존재로서 인간을 교육현상과 제도의 중심에 다시 세우려는 노력이 절실히 요구되고 있다. 산업화, 근대화, 선진화 등의 경제와 실증의 논리에 포섭되어 '잃어버린' 대학교육을 회복하고, 사람됨의 철학을 지향하는 노력이 바로 홀리스틱교육이다. 대학생태계에서 이루어지는 학생성공 교육에 대한 담론은 이 점을 진지하게 고민할 때가 되었다.

CHAPTER 13

자기-내러티브 자본으로서 학생성공

대학을 졸업한 학생들에게 대학생활은 학업성취, 자기성장, 취업성과 등을 매개로 이루어진 일종의 경험적 자기서사(self narratives)를 선물한다. 지식을 매개로 하여 교수자와 학습자가 수업장면에서 만나는 소통의 서사, 다양한 프로그램을 통해 친구나 교수와 만나는 영향의 서사, 취업과 관련된 진로 커리어를 주도적으로 탐색하는 개발의 서사 등 다양한 내러티브들이 학창시절을 통해 생성된다. 이러한 자기서사는 모든 졸업생이 살아가면서 활용하게 될 무형의 경험자본, 문화자본, 자기자본 등이 된다. 왜냐하면 자본주의에서 내러티브는 일종의 자본이 될 수 있기 때문이다. 학생성공을 이러한 관점에서 생각하는 것은 학생성공의 현상학-해석학적 탐구를 위한 좋은 오브제가 될 수 있을 것이다. 본 장에서는 이에 대하여 서설(序說)의 차원에서 논의한다.

내러티브라는 용어가 우리 학술담론체에 관심대상으로 등장한 것은 2000년대 들어서면서 기왕의 서사(敍事), 스토리, 담론 등을 포괄하는 개념으로 사용되면서부터다. 교육학과 심리학적 사유를 명석하게 통섭한 제롬 브루너(J. Bruner)의 저작들이 교육학 분야를 중심으로 활발하게 번역, 소개되었고, 특히, 교육과학계열 분야에서 내러티브 탐구와 이해의 지평을 넓혔다. 2012년에 「한국내러티브교육학회」가 창립되어 현재까지 우리나라 내러티브 관련 연구를 선도하고 나아가 내러티브 기반 융합연구 생태계를 만들어 가고 있다. 이를 통해 현상학-해석학 기반의 내러티브 탐구방법, 각급 학교 내러티브 교육과정 탐구, 내러티브 사고 탐구 등과 관련된 교육이론과 실천의 전문성을 제고하고 있다. 또한, 교육과학계열을 중심으로 다양한 학문분야와의 연합과 융합을 도모하면서 내러티브 탐구의 외연적 확장이 지속적으로 이루어지고 있다. 여기서 새로운 교육이론으로서 **내러티브자본 탐구**에 대한 모티프가 생성되었다.

자본주의의 기의(signifié)는 이익이고, 기표(signifiant)는 금전(돈)이다. 인간은 경제적 동물이라는 종(種) 특성과 맹자가 말하는 **항산항심**(恒産恒心)론을 굳이 거론하지 않더라도 시공을 초월해서 경제적 실익은 모든 개인이나 사회의 생존조건이다. 누구나 이러한 생존조건의 확보와 확장을 도모하며 매 순간 이익 획득을 위한 선택을 한다. 생존조건으로서 자본은 역사성을 지닌다. 학술적으로 이를 1, 2, 3, 4차라는 시계열을 바탕으로 산업의 형태로 변환하여 설명한다. 산업과 노동의 관계를 탐구하는 학술과 학문(경제학 등)이 탄생하였고, 인간이해의 강력한 도구로 작동하고 있다. 자본이란 무엇인가? 경제학 분야에서 자본(capital)*은 다의적으로 쓰이는 개념이다. 일반적으로 자본은 축적된 부(富)나 재(財), 즉 많은 양의 화폐 혹은 토지·공장과 같이 생산의 밑거름이 되는 수단을 말한다. 또한 자본은 금전(자본주의의 기표)을 획득(자본주의의 기의)할 때 사용되는 재산을 말한다. 전통적으로 우리에게 가장 익숙한 것이 화폐자본인데, 이는 동일한 자본이 그 순환과정 속에서 기능하는 형태 중의 하나로 그 자체가 독립된 자본은 아니다. 자본은 생산 과정 이전에 유통 과정에서 화폐로 존재하고, 그것으로 생산수단이나 노동력이 구입되어야만 한다. 이처럼 화폐로서 존재하는 것이 화폐자본이며, 이것이 생산요소인 생산자본으로 전화(轉化)되어 생산과정을 거쳐 상품자본이 된 뒤에 다시 유통과정에서 이전보다 큰 화폐자본으로서 회수된다.

현대사회에서 생산은 대개 분업 형태로 이루어지고 생산물은 상품이라는 형태를 취한다. 상품은 인간에게 다양한 유익함 혹은 이익을 제공하기 때문에 언제든지 생산, 유통, 판매되며, 이러한 상품에는 합리적인 매매가격이 매겨진다. 그 가격은 대체로 당해 상품을 생산할 때 투입된 인간의 노동시간에 따라 결정된다. 화폐도 원래는 상품이지만 일반적으로 통용되고 누구나 구하는 상품으로서 매개 역할을 한다. 그러므로 상품이 화폐를 매개로 교환된다는 것은 바꾸어 말하면 노동이 교환되는 것을 의미한다.

* 자본: 기업이나 개인이 보유한 재산이나 자산을 의미한다. 일반적으로 자본은 다음과 형태로 구분된다. 첫째, 재정자본/재화자본/금융자본(financial capital)으로 이는 주식, 채권, 현금/예금, 유가증권 등을 말하며, 기업이나 개인이 투자하거나 보유하는 재화를 의미한다. 이러한 자본은 개인이나 기업의 경우 투자나 운영에 사용되고, 특히, 기업의 경우 재무 건전성을 유지하는 데 사용된다. 둘째, 물적자본/생산자본(productive capital)으로 이는 공장, 건물, 기계, 장비/설비, 원재료 등의 직접적인 생산수단을 말하며, 기업이 제품이나 서비스를 생산하는 데 필요한 생산적 자원을 의미한다. 이러한 자본은 생산량을 늘리거나 생산성을 향상시키는 데 사용된다. 셋째, 인간자본/인적 자본(human capital)으로 이는 기업이나 개인이 지닌 능력과 지식을 의미하며, 교육경력, 차별적 경험, 전문기술, 전문지식 등이 이에 속한다. 이러한 자본은 기업의 경우 생산성, 효과성, 효율성 등을 개선하고 혁신을 촉진하는 데 매우 중요한 역할을 한다.

거대담론으로 볼 때, 정치경제적 인간은 본질적으로 내러티브로 존재한다. 사람은 누구나 태어나 살다가 죽어가는 현현(顯現)의 삶을 살지라도 마침내 역사적 존재, 즉 하나의 스토리로만 남게 된다. 한마디로 삶은 스토리일 뿐 그 이상도 이하도 아니다. 물리적 신체는 한 줌의 흙으로 환원되어 거대 자연계에서 흔적조차 없이 사라진다. 망자(亡者)의 존재 흔적은 살아있는 몇몇 사람들에게 의미 있는 그에 관한(story on one) 이야기로 실재한다. 결국 개체로서 인간의 현존은 개별적인 이야기(a story)일 뿐이며, 이러한 이야기들의 모음이 바로 역사가 되는 셈이다. 일반적으로 내러티브와 스토리는 우연적으로 발생한 일련의 사건들과 관련된 기술(account)이라는 의미에서 동의어(synonyms)로 사용된다. 그러나 이러한 단순하고 상식적 차원의 개념 정의는 논쟁거리가 될 수 있다. 몇몇 사람들은 주인공, 플롯, 해결 등을 위한 전환 국면 등을 포함하는 잘 만들어진 이야기라는 협의로 스토리를 규정하는 반면, 내러티브는 광의의 의미로 더 나은 선택들에 의하여 만들어지는 것이라고 주장한다. 또 다른 사람들은 이와 반대로 스토리가 광의의 의미로 사용되어야 하는 반면, 내러티브는 화자(narrator)에 의하여 말해지는 이야기라는 협의로 제한해야 한다고 주장한다(S. Denning. 2011: 13). 내러티브 혹은 스토리를 만들어 가는 인간은 누구나 살아 있는 동안 '자본'에 포섭된 채 삶을 영위한다. 여기서 인간학·윤리학과 경제학의 접점이 나타난다. 사람은 사는 동안 누구나 다양한 자본을 간취(看取)하기 위한 노력과 실력을 갖춘다. 물론 그러한 노력이나 실력과 얻어진 재력이 개인적 차원에서 항상 비례하지 않는다. 다양한 편파, 편기, 부당, 불공정 등의 왜곡된 생태계가 가시적, 비가시적으로 작동하여 자본의 편재(偏在)가 이루어지기 마련이다.

우리의 삶은 내러티브와 부단히 얽혀 있다. 혹자는 삶이 곧 내러티브요, 삶의 모둠인 역사도 역시 내러티브라고 역설하기도 한다. 우리는 서로 이야기를 들려주기도 하고 듣기도 하며, 이야기를 꿈꾸거나 상상하고, 이야기를 소망하며 만들기도 한다. 또한 모든 이야기들은 실제 삶의 이야기 속에서 재구성된다. 결국 우리는 내러티브의 실재와 판타지 속에 묻혀 산다. 그 속에서 과거 행동의 의미를 설명하고, 재평가하며, 미래 계획의 결과를 기대하고, 아직 완성되지 않은 몇몇 이야기들의 엇갈림에 우리 자신을 세워 놓기도 한다.

내러티브의 충동은 아주 오랜 문학만큼이나 역사성이 있다(박혜란(역), 2012: 23). 오늘날 이러한 내러티브는 마침내 유·무형의 자본 수단으로 진화하였다. 마침내 현대사회에서 내러티브는 소통, 생산, 자본 등을 모두 망라하는 전일적 개념으로 전환되었다. 이는 making, telling/talking, thinking 등의 형태로도 설명이 가능하다. 내러티브 학술담론체에서 정의한 내러티브는 다음과 같은 층위를 갖고 있다.

표 52 | **형태별 내러티브 층위**

구 분	구조적 특성
a story/text	• 세간에 알려진 모든 잡다한 이야기나 구상적 서사물 일체 • 문학작품(시, 소설, 희곡 등의 창작물)이 가장 대표적이지만 영화나 드라마의 이야기(창작이든 다큐물이든), 예술(음악, 미술, 체육 등)작품 등 모든 장르에서 표현된 언어텍스트들을 망라함 • 도표, 그래프 차트, 만화, 사진, 동영상 등의 이미지 텍스트 • 일기, 자서전, 평전, 전기 등 개인 차원의 경험적 서사물 일체
interpersonal discourse	• 구조적/비구조적 대화나 소통장면에서 이루어지는 서사적 담론 • 대표적인 복합적 서사로서 담소, 조언, 논쟁, 토론, 문답, 충고, 상담, 설명, 대담, 방담, 간담, 좌담, 협상, 잡담, 담판 등 다양한 형태로 이루어지는 담화를 망라함

구 분	구조적 특성
	• 웅변, 뉴스방송, 상업광고문 등과 같은 정보적 서사
thinking	• 패러다임 사고와 대립하는 내러티브/구성주의 사고양식 • 객관적인 지식을 반복적으로 암기하거나 구조화하는 것이 아니라, 자기주도적이고 능동적인 삶의 다양한 경험들을 통하여 자아실현을 도모하는 모든 자아구성체 • 주로 올바른 생각의 형태로 이루어지며, 이는 공동체 가치를 구현하기 위한 정의로운 행동으로 이어짐 • 내러티브 사고는 자아를 발견하게 해준다. • 내러티브 사고는 기억과 창의를 증진시켜 준다. • 내러티브 사고는 상상력을 자극하거나 고양시켜 준다. • 내러티브 사고는 인지작용 과정에서 의미 형성에 도움을 준다. • 내러티브 사고는 삶을 지속적으로 채워주는 사건과 실재들을 의미 있게 만든다. • 내러티브 사고는 공동체를 만들어 줄 수 있다. • 내러티브 사고는 해석이나 이해를 목표로 한다.

표 53 | **오브제별 내러티브 층위**

구 분		주요 실재
경험적 오브제	텍스트 서사	일기, 편지, 자서전, 유언장, 이력서, 생애사
	이미지 서사	사진, 동영상, 퍼포먼스
	복합적 서사	모든 대화 장면
구상적 오브제	텍스트 서사	설화, 시, 소설, 희곡, 가요가사, 연설원고
	이미지 서사	사진, 동영상
	복합적 서사	영화, 만화, 동영상, PPT

일상적 대화 속에서 내러티브라는 용어는 다의(多義)적이고 모호하다. 내러티브에 대한 가장 포괄적인 의미는 구어 혹은 문어적 표현에 관한 것이다. 예를 들어, 질문지에서 내러티브는 한 단어나 짧은 문장으로 된 질문이 아니라 문장이나 문단 속에서 주어지는 것들을 의미한다. 보고서에서 내러티브 부분은 차트,

그래프, 표 등과 구분되는 것으로 에세이 형식으로 표현된 것들이다. 그런 이야기 형식으로 표현된 일종의 조직적인 도식이라는 표현이 내러티브의 본질을 가장 잘 대변할 것이다. 그러나 내러티브의 의미를 이렇게 제한하더라도 모든 애매함이나 모호성을 제거하거나 줄이지는 못한다. 내러티브는 텍스트, 컨텍스트, 행위 등 복합적인 의미를 지닌다. 즉, 이야기를 만드는 과정, 이야기의 인지적 도식 및 그 결과, 이야기, 설화, 역사 등을 가리킬 수도 있다. 따라서 내러티브라는 용어를 사용할 때마다 그 맥락이 어떠한 의미를 의도하는지 분명히 할 필요가 있다. 이야기와 내러티브의 동일성과 차이성에 대한 논란은 무의미하다(강현석 외(역), 2010: 44). 내러티브 도식 혹은 구성의 산물들은 우리의 삶 도처에 있다. 그것들이 우리의 사회문화적 환경을 이루고, 개인적 차원에서도 개입되어 있음을 볼 때, 결국, 이 세계는 내러티브 천지다. 이는 내러티브의 포괄성을 잘 설명해주고 있다. 결국 개인이나 사회나 모두 내러티브의 산물이요, 동시에 생산자가 되는 환원적 성격으로 존재한다.

일반적으로 내러티브란 서사체를 말하며 하나의 이야기, 즉 시간적 연쇄로 구성된 일련의 사건들(events)을 의미한다. 대개 이야기는 사건들로 구성되고, 그 사건들은 특정의 계열(순서)을 이루며 배열된다. 그러므로 내러티브는 사건들의 계열과 사건들이 만들어 내는 이야기로 구성된다. 우리는 그러한 이야기를 굳이 설명하지 않고 다만 그 이야기에 대하여 자의적이든 공감을 기반으로 하든 다양한 해석을 할 수 있다. 과학적 이론이나 원리는 검증됨으로써 판단되는 반면, 이야기는 있음직한 가능성에 의해 그 적절성이 판단된다. 이러한 이야기는 물리적 세계보다는 인간 혹은 그의 행위에 관한 것으로 인간의 의도적 행위에 초점을 둔다. 따라서, 내러티브는 이야기로, 내러티브적 사고는 이야기를 구성하는 마음의 작용으로 구분할 수 있다. 인간이 다른 동물과 구별되는 종(種) 특성으로 언급되는 호모나랜스(homo narrans: 이야기를 만들어 내고, 이야기로 소통하고, 이야기를 공유할 수 있는 인간의 특성)라는 표현은 바로 인간에게 이러한 이야기의 창조와 공유 능력이 있기 때문이다.

내러티브란 '하나 혹은 일련의 사건을 글이나 말의 형태로 전달하는 것 또는 그러한 글이나 말’을 의미한다. 내러티브는 본질적으로 허구적 사고다. 그러나 내러티브는 인간의 삶을 다루고 이야기 구조를 띠고 있어 교육학이나 심리학 분야에서 의미 있는 용어로 사용되고 있다. 인간의 삶이 하나의 이야기가 될 수 있는 것처럼 내러티브는 그러한 삶의 연속적인 이야기다. 내러티브는 사람과 그들의 행위, 행위 의도, 목적, 주관적 경험에 초점을 맞추고 있어 상황마다 맥락마다 달리 나타난다. 이러한 내러티브는 그동안 학문영역의 차이와 무관하게 이야기를 구성하는데 필요한 구조, 지식, 기능 등을 망라하는 개념으로 사용되다가 오늘날 다양한 학문적 접근과정을 통하여 그 의미영역이 확대되었다. 내러티브는 이미 인간학 그 자체로 볼 수 있다. 비록 현대사회에서 비합리적인 **인식틀**로 외면되고 있지만 전통적으로 우리문화에서 뭇인간을 판단하는 네 가지 준거로 신언서판(身言書判)을 활용하였는데, 이는 전일적 인간이해 그 자체의 특성을 지닌다.

표 54 | **인간학적 차원의 내러티브 층위**

<table>
<tr><th>내러티브 층위</th><th>인간이해</th><th>내러티브 활용</th><th>구성체</th></tr>
<tr><td>a story/text</td><td>서문(書問)</td><td>maker, producer, writer</td><td rowspan="4">구상적 서사
경험적 서사
발견적 서사
거래적 서사</td></tr>
<tr><td>interpersonal discourse</td><td>언어(言語)</td><td>speaker, teller, talker, counseller</td></tr>
<tr><td>thinking</td><td>판단(判斷)</td><td>scholar, researcher, thinker, creator</td></tr>
<tr><td>body</td><td>신체(身體)</td><td>bilder, player, image make up</td></tr>
</table>

위에서 구성체는 상품, 내러티브 활용은 노동과 연관되어 인간학과 경제학이 융합된다. 오늘날 자본은 전통적인 금융자본, 인간자본과 더불어 문화자본, 사회간접자본, 경험자본, 매력자본, 심리자본 등으로 다변화되었고, 이러한 경향 속에서 내러티브 자본의 당위성에 대한 조직적이고 체계적인 탐구의 필요성이 강력하게 제기되었다. 미래사회에서는 우리 대학생들이 목숨 걸고 추구하는 빵빵한 스펙이 아니라 다양하고 풍부한 스토리가 자신의 무한 경쟁력이 될 것이다. 나만의 차별적인 애깃거리는 누구든 자신의 행복과 성공을 보장하는 든든한 자본이 될 것이다.

그림 14 | **내러티브 자본의 예시**

위의 영상 콘텐츠는 내러티브 · 스토리 · 말이 어떻게 금융자본으로 극적으로 전환되는지를 웅변하는 간결하지만 깊은 의미가 담긴 에피소드다. 일반적으로 스토리는 사실을 사실적으로 기술하는 것이다(나는 앞이 보이지 않습니다. 제발 불쌍한 저를 도와주세요!). 그러나 사실을 정서적으로 묘사하는 경우(여러분! 날씨가 너무 좋군요. 그러나 나는 이렇게 아름다운 날씨를 볼 수도 즐길 수도 없습니다). 변화된 스토리는 당사자의 자본획득 가능성을 무한대로 확장시킨다. 동일한 상황을 상이한 언어로 바꾸어 표현했을 뿐이다. 이처럼 단순한 스토리에 사용된 언어를 바꾸면 개인도 바뀌고, 세상도 바뀌게 된다. 위의 경우 단순히 바뀌는 것을 넘어 당해자에게는 큰 경제적 이익을 가져온다. 이것이 바로 **내러티브+자본 통합**의 전형적인 예시다. 현대사회에서 내러티브+자본의 통합사례는 다양한 차원, 상황, 목적, 내용 등 얼핏 보면 무질서한 모습으로 확장되고 있다. 특히, 디지털 전환(DX)시대의 어두운 얼굴인 악성댓글, 유튜브의 악용이나 왜곡, 인공지능(AI)을 이용한 글쓰기 등도 당연히 이에 포함된다.

우리 사회에서 '내러티브가 곧 자본'이라는 사실을 증명하는 가장 놀라운 변화는 **저작권료** 개념의 등장이다. 저작권은 개인적 차원의 이데아를 사회적 차원의 공공재로 전환시킨 자본주의의 산물이다. 또한, 우리 사회에서 내러티브+자본 통합의 정언(定言)적 명제로 각인된 '말 한마디로 천 냥 빚을 갚는다'는 진부한 속담을 굳이 끌어들이지 않아도 현대사회에서 수의적이든 비수의적이든 내뱉은 한마디가 예측하지 못한 재화를 안겨 준 경우는 허다하다. 또한, 김창옥 씨나 김미경 씨 등과 같은 대중이 환호하고 열광하는 명연사들이 탄생한 배경에는 그들의 학력, 외모의 매력은 물론 탁월한 스토리 메이킹 & 텔링을 기반으로 하는 레토릭 기술이라는 매력자본이 더 큰 영향을 미쳤다.

표 55 | **내러티브자본의 층위**

유 형	주요내용 및 구체적인 사례
생명자본	• 월드클래스 명작 『아라비안 나이트』의 주인공 세헤라자드는 매력적인 이야기를 스스로 부단히 만들어내고 막강한 권좌 앞에서 담대하게 스토리텔링하면서 아슬아슬했던 자신의 목숨을 극적으로 연장함 • A피고인은 자신에게 부과된 최종진술 기회를 얻어 진술하고 호소력 있는 주장을 통하여 재판부로 하여금 형량을 낮추게 만들었음 • B환자는 담당주치의와의 대면진료에서 자신의 발병 상황과 건강 특성을 상세하고 정직하게 표현함으로써 의사가 간과한 치명적 병증을 발견하여 나행히 목숨을 건지게 됨
금융/화폐 자본	• 전기수(傳奇叟)는 조선후기에 시장같이 사람들이 많이 모인 곳에서 직업적으로 소설을 읽어주는 사람이었음. 이야기의 중요한 장면에서 말을 끊고 기다리다 돈이 모이면 다시 시작하는 방식이었음. • 변사(辯士)는 무성영화 시대에 관객들 앞에서 등장인물들의 심리나 행동을 해 주는 사람 혹은 그러한 직업이었음 • 세계적으로 대중들이 열광하는 오프라 윈프리, 우리나라의 경우 특강연사 C,D들은 자신의 슬픈 경험을 대중이 공감하는 스토리로 재구성하여 공유하면서 엄청난 경제적 실익을 획득함
매력자본	• 로마의 정치가 키케로가 정치적으로 출세한 원동력은 탁월한 웅변술이었음 • 영국의 위대한 수상 처칠은 KISS(keep in the simple & stupid)라는 탁월한 레토릭 기술을 바탕으로 대중의 열광과 지지를 얻어 정치적 출세를 얻음 • 김대중 전 대통령은 특유의 사투리와 어법(語法)을 바탕으로 대중의 열광과 지지를 얻어 정치적 출세를 얻음 • 유명정치인, 연예인이나 인플루언서의 공통적인 특성은 탁월한 내러티

유 형	주요내용 및 구체적인 사례
	브 리더십을 갖추고 있으며, 이를 기반으로 상당한 정치적, 경제적, 문화적 이익을 획득하고 있음(루터 킹, 스티브 잡스, 오바마, 오프라 윈프리, 데일 카네기 등)
역사/생애 자본	• '안네의 일기', '난중일기', '백범일지' 등은 자신의 일상을 기록한 단순한 언어문집이 아니라, 문화보편적인 인류문화 유산으로서 역사성을 지닌 내러티브 자본이 됨 • 통신사(제술사) 기록, 명문가문 족보, 왕조실록 및 승정원 일기, 유명인의 자서전이나 전기 등은 개인적 혹은 기관 차원을 넘어 인류문화 유산으로서 문학성과 역사성을 함께 지닌 내러티브 자본이 됨
영향/인적 자본	• 열패자의 삶을 살면서 교도소에 수감중이던 E는 교화(敎化)를 목적으로 방문한 G목사의 영향으로 갱생의 삶을 살고 있음 • 학교에서 문제아로 낙인찍혀 소외된 학교생활을 하던 K는 H교사의 헌신적인 보살핌과 모본(模本)의 가르침으로 유명한 성악가가 되었음 • 영향자본은 가시적인 금융/화폐자본과 달리 비가시적, 비예측적, 비경제적 특성이 강함
문화자본	• 기업체에서 사용하는 브랜드명(상품명), 카피라이팅 등은 단순한 명칭이 아니라 제품특성, 회사특성, 사회 트렌드 등이 다양하게 반영된 내러티브 자본의 성격이 강함(예를 들어 HITE가 대표적임. K-컬쳐를 이끄는 유명그룹이나 개인의 독창적인 작명) • 유명 가요작사가 김이나 씨, 유명 드라마작가 김수현 씨 등은 대중의 정서와 공감하는 독보적인 언어 구사를 통하여 탁월한 작품을 만들어 개인의 금융자본 창출을 뛰어넘어 K-컬처를 이끌거나 문화적 아카이브 축적에 기여함 • '브런치'와 같은 오픈형 글쓰기 플랫폼을 통하여 숨겨진 고수들이 유명 작가로 거듭나는 만드는 경우가 많음 • 남산의 담벼락에 걸려있는 사랑의 자물쇠는 단순한 물건이 아니라 이 시대 우리나라 청춘들의 러브스토리를 담지한 문화특수적 자본으로 여길 필요가 있음
학술자본	• 각급 학교의 교과서는 이미 그 자체로 보편적 내러티브 자본의 성격을 지님 • 출판사에서 제작, 활용하는 각급 학교 참고서, 문제집 등도 금융자본의 성격을 지니는 동시에 당대의 학술문화에 대한 정체성을 확인하기 위한 귀중한 학술자본이 될 수 있음 • 국내외의 다양한 학술담론체에서 쉼 없이 생성, 발표, 공유되는 연구성과물도 특수목적형 내러티브 자본의 성격을 강하게 지니고 있음

내러티브는 어떤 형태, 어떤 상황, 어떤 목적에 놓여 있더라도 자본이 될 수 있다. 여기서 말하는 자본이란 전통적인 경제학의 차원을 뛰어넘어, 소비자행동학, 역사학, 문화인류학, 교육학, 인간학, 심리학, 정치학, 컴퓨터사이언스 등의 너른 영역까지 포월(包越)하는 광의의 개념으로 이해해야 한다. 앞으로 대학에서의 학생성공 담론은 이를 충분히 고려하는 방향으로 전회되어야 한다.

이처럼 내러티브란 세상에 의미를 부여하고 그것이 자신의 삶에 어떤 의미를 갖는지 해석해 나가는 과정을 강조하는 것이다. 내러티브자본이란 비록 보이지 않지만 강력한 자본의 역할을 수행한다는 것을 의미하는 키워드다. 내러티브는 단순한 이야기의 모음이 아니라, 세상을 바라보는 방식이자 관념 및 의사결정에 영향을 미친다. 학생들은 자신의 삶과 배움을 통해 내러티브를 생산하고 이를 통한 자기만의 브랜드와 자본을 만들어 나가야 한다.

참고문헌

강규형(2008). 성공을 바인딩하라(대학생 편). 서울: 지식의 날개.

강인애(2001). 왜 구성주의인가? 정보화시대와 학습자중심의 교육환경. 서울: 도서출판 문음사.

강현석(2012). “내러티브에 기반한 교육과정 설계 원리 탐구”. 교육철학. 48. 183-215.

강현석(2013). “듀이와 브루너의 교육이론에서 내러티브의 가치 탐구: 통합의 관점에서”. 교육철학. 50. 141-171.

강현석(2016). 인문·사회과학의 새로운 연구방법론: 내러티브학 탐구. 서울: 한국문화사.

고요한(2003). 교육과정과 평가. 대전: 문경출판사.

고요한(2013). 가르침의 교육현상학적 이해. 서울: 학지사.

고요한(2015). “인성의 개별성과 인성교육의 공공성 간 충돌”. 한독교육학회 2015춘계 학술대회발표자료집. 25-47.

고요한(2018). “내러티브, 인성, 교육의 인간학적 전일성 연구”. 내러티브와 교육연구. 6(1). 31-61.

고요한(2018). 인간현상과 인성교육의 현상학. 서울: 박영사.

고요한(2019). “NBI(Narrative Based Instruction) 모형개발 연구”. 내러티브와 교육연구. 7(1). 83-121.

고요한(2020). 내러티브기반 대학생 인성교육 담론. 서울: 박영사.

고요한(2021). 대학에서의 학생성공 탐구: 인식요인 추출 및 검사도구 개발. 서울: 박영사.

권석만(2010). 인생의 2막 대학생활: 서울대 심리학과 권석만 교수가 들려주는 대학생활 이야기. 서울: 학지사.

권창미(2016). 대학생활과 진로탐색(대학생의 자기계발을 위한). 서울: 학지사.

김동식(2018). 성공한 인생. 서울: 요다.

김동일, 송영숙, 오헌석(2010). 대학생 핵심역량 탐색: 서울대학교 사례를 중심으로-역량기반교육: 새로운 교육학을 위한 서설. 서울: 교육과학사.

김민호(2010). 발상의 전환에서 성공은 시작된다: 성공 키워드 긍정. 파주: 르상스.

김선순(2014). “청소년 기업가정신 함양 및 창업역량 강화방안: 초등학교”. 한국청소년정책연구원. 14-39.

김영채, 정세영, 정혜인(2021). CPS 창의적 문제해결: 창의력 교육의 길을 찾다. 서울: 박영사.

김옥림(2010). 탈무드형 성공습관. 서울: 문이당.

김종문, 강인애, 권성기, 남승인(1998). 구성주의교육학. 서울: 교육과학사.

김지현 · 신의항(2017). 대학의 학부교육: 세계대학의 우수사례. 파주: 교육과학사.

김 진(2021). 진로를 디자인하라. 파주: 다산에듀.

김형재, 김형숙, 엄세진, 윤정진, 이순애, 현혜정(2017). 대학생을 위한 인성교육의 이해와 실제. 서울: 창지사.

노승현(2014). “역량기반교육과정 비판적 분석: 2012 경기도 교육과정을 중심으로”. 인격교육. 8(1). 24-41.

다니엘 박(2004). 성공의 8단계. 서울: 아름다운 사회.

류소형, 탁진국(2021). “대학생이 인식하는 학생성공 개념에 관한 탐색적 연구: CQR-M 분석을 중심으로”. 한국심리학회지: 코칭. 5(1). 33-65.

류영주(2016). 성공적인 대학생활. 서울: 홍릉과학출판사.

마은종(2022). “바이택트 수업환경의 경험적 서사 기반의 필요와 피로 현상 분석”. 2022년 한국내러티브교육학회 연차학술대회발표자료집. 69-86.

목학수(2015). 미국대학의 힘. 부산: 산지니.

문영진(2019). “초등진로교육을 위한 디자인 씽킹 기반의 앙트러프러너십 교육모형 개발”. 부산대학교 대학원 박사학위논문.

민혜리, 서윤경, 윤희정, 이상훈, 김경이(2020). 온라인 수업 · 강의 A2Z. 서울: 학이시습.

박길자, 정보배, 심은희, 김재우, 송혜진(2024). 생성형 AI기반 CBL 수업의 이해와 실제. 서울: 학지사.

박보영(2006). “역량기반 치의학교육(competency-based dental education) 실현을 위한 서울대학교 치의학대학원의 모색”. 한국치의학교육학회 제2회 학술대회 자료집. 79-91.

박수홍, 조영재, 문영진, 김미호, 김효정, 배진호, 오동주, 배유나(2019). 앙트러프러너십 YES 기업가정신 NO. 서울: 학지사.

박수홍, 안영식, 정주영(2010). 체계적 액션러닝. 서울: 학지사.
박영신, 안현아, 장미숙, 양길석, 김경이(2017). “대학생 핵심역량 자가진단 평가도구 개발 및 타당화 연구”. 교육방법연구. 29(4). 567~595.
박영준 외(2009). 진화하는 테크놀로지. 서울: 생각의 나무.
박영춘(2007). 성공과 꿈을 이루는 신념의 힘. 서울: 가산북스.
배상훈(2016). “학부교육 교수-학습 질 관리 및 제고방안 연구”. 한국대학교육협의회.
배상훈, 조성범, 한송이, 곽은주(2020). “성공적인 대학 생활에 대한 학생 인식: 학생성공(student success)의 실천적 개념과 관점”. 열린교육연구. 28(5). 319-346.
배영임, 신혜리(2019). “지역혁신 활성화를 위한 리빙랩 활용방안”. 경기연구원정책연구 2019-64. 1-125.
배종태, 차민석(2009). “기업가정신의 확장과 활성화”. 중소기업연구. 31(1). 109-128.
서울대학교 교육학과 BK21역량기반 교육혁신연구사업단(2012). 새로운 교육학을 위한 서설- 역량기반교육. 서울: 교육과학사.
성은혜(2018). “내러티브기반 문학 교수-학습 모형 개발 연구”. 내러티브와 교육연구, 6(1). 91-112.
성정민(2019). “교육과정과 수업의 미학적 해석: Dewey의 하나의 경험을 중심으로”. 교육과정연구. 37(4). 1-24.
소경희(2006). “학교교육에서 competency의 의미와 교육과정적 시사”. 한국교육학회 2006년 추계학술대회발표자료집. 127-139.
손민호(2006). “실천적 지식의 일상적 속성에 비추어 본 역량(competence)의 의미: 지식기반사회? 사회기반지식!”. 교육과정연구. 24(4). 1-25.
송숙희(2019). 150년 하버드 글쓰기 비법. 서울: 유노북스.
신붕섭(2024). 공부주도성의 힘: 인공지능시대의 공부법. 서울: 학지사.
신현석, 전재은, 유은지, 최지혜, 감민수, 김어진(2015). “미국 대학기관연구(institutional research) 사례 분석 및 시사점: 연구중심대학을 중심으로”. 교육문제연구. 28(2). 201-229.
심재욱(2020). “리빙랩(Living Lab)을 활용한 대학 글쓰기 교육 방안 연구”. 교양학연구. 12. 59-90.
심준영, 백민경(2021). “디자인씽킹을 활용한 다문화학생 리빙랩프로그램 적용 사례 연구”. 실과교육연구. 27(2). 45-64.

안만순(2016). 인성교육을 위한 철학적 기초 놓기. 서울: 도서출판중원.
오연경(2020). 포스트 휴먼시대 교양교육의 위상과 방향. 고려대학교 교양교육원.
우대식(2021). “대학 교양교육에서의 사회적 실천에 관한 사례연구－K대 사회혁신 리빙랩 프로젝트를 중심으로”. 교양교육연구. 15(3). 117－131.
유기연(2013). 대학생이 갖추어야 할 바른 인성. 고양: 한맥.
유민임(2016). 대학생을 위한 인성예절교육. 서울: 창지사.
윤정일 외(2007). “인간능력으로서의 역량에 대한 고찰: 역량의 특성과 차원”. 교육학연구. 45(3). 233－259.
윤형렬, 김홍석, 김종서, 김정현, 박근수(2010). 성공적인 대학생활. 배재대출판부.
이광렬(2008). 성공한 리더의 힘 유머. 서울: 도서출판 동지.
이병임, 고요한, 마은종, 김영미, 임환미, 정유진(2022). “바이택트(bitact) 교육생태계의 필요와 피로 현상에 대한 내러티브 연구”. 내러티브와 교육연구. 10(2). 53－76.
이병임, 고보라, 김영미, 마은종, 임환미, 정유진, 고요한(2024). “학생들의 바이택트 수업경험의 필요와 피로 요인”. 인격교육. 18(1). 323－344.
이승희, 최금진, 박은실(2005). 교육기관평가. 서울: 학지사.
이용익(2016). 새내기를 위한 대학생활 팁. 서울: atom.
이우각(2015). 하버드공부벌레들의 명문 30훈. 고양: NC미디어.
이재준(2015). 천 개의 성공을 이끈 작은 관찰의 힘. 고양: 리더북스.
이지은(2010). 대학생활 매뉴얼 A＋. 서울: 한겨레에듀.
이태현(2018). 성공할 수 밖에 없는 대학생활과 진로설계. 서울: 양서원.
이행우(2010). 대학생을 위한 5분 인성교육. 서울: 내하출판사.
임철일(1999). “문제해결 시나리오 교수학습 환경 설계 모형에 관한 형성적 연구”. 교육공학연구. 14(2). 137－165.
임학순(2008). 자기관리. 서울: 쿰란출판사.
임해규(2011). 교육에서 학습으로(학습권과 그 보장원리). 파주: 교육과학사.
입시전략연구소(2015). 명문대 진학, 인성으로 디자인하라－ 17명의 대학생이 밝히는 입학사정관 전형의 비밀!. 서울: 입시코리아메거진.
장경원, 고수일(2013). 액션러닝으로 수업하기. 서울: 학지사.
장덕호(2015). “미국 대학기관연구(institutional research)의 발전과 대학조직 관리에의 시사점”. 비교교육연구. 25(3). 255－284.

장미정(2005). 하버드 vs. 서울대. 서울: 도서출판 답게.

전숙경(2017). 미디어는 교육을 어떻게 바꾸었나. 서울: 커뮤니케이션북스.

정기오(2006). 대학이란 무엇인가. 서울: 한국학술정보.

정소영(2022). “학생성공을 지원하는 학습분석 기반 교육지원서비스 아키텍처 설계”. 정보화연구. 19(1). 51－58.

정영근(2013). “역량개발시대 학업성취의 교육학적 의미”. 교육의 이론과 실천. 18(3). 1－17.

정창성, 곽은주, 조성범(2023). “대학 학생성공 해외 연구동향 분석”. 교육학연구. 61(6). 27－51.

정창우(2019). 21세기 인성교육 프레임－사람다움과 시민다움을 지향하는 인성교육. 파주: 교육과학사.

정효진(2020). “대학 리빙랩을 통한 도시공원의 ‘스피커스 코너’ 운영에 관한 연구”. 문화와융합. 42(4). 447－473.

조웅민 · 노진규(2024). “생성형 인공지능과 내러티브의 조화: 인간중심 교육을 위한 융합적 탐색”. 내러티브와 교육연구. 12(3). 223－254.

주용기, 박선아, 최화숙, 김제영, 김세정(2016). 행복한 대학생활의 시작. 서울: 동문사.

최금진, 김혜경(2015). 셀프마케팅을 위한 학생포트폴리오 작성하기. 서울: 학지사.

최정임, 장경원(2017). PBL로 수업하기. 서울: 학지사.

최화숙(2018). 대학생활설계(행복한 대학생활과 융합형 인재를 위한). 서울: 동문사

한국리더십센터(2016). 성공하는 대학생들의 7가지 습관. (주)한국리더십센터.

한선관, 류미영, 김태령, 고병철, 서정원(2021). 놀랍게 쉬운 인공지능의 이해와 실습. 서울: 성안당.

한송이, 조성범, 곽은주(2022). “대학생이 인식하는 학생성공(student success)의 개념: 지방소재 A대학 사례를 중심으로”. 열린교육연구. 30(5). 143－162.

홍영기, 강호주(2008). 대학 2.0시대 성공DNA를 주입하라. 서울: 지식의 날개.

홍원표, 곽은희(2014). “역량기반 교육과정의 국내사례 분석: 두 교사의 수업변화를 중심으로”. 교육과정연구. 32(2). 164－186.

홍은선, 조성범, 조문석(2021). “한국 대학생 학생성공 측정도구 타당화: 서울 소재 4년제 H 대학 사례를 중심으로”. 교육과학연구. 52(1). 91－118.

황정규(1984). 인간의 지능. 서울: 민음사.

가토 다이조(2004). 대학생활 어떻게 할까. 서울: 디자인하우스.
마츠모토(저). 최달식(역)(2005). 성공하는 사람들의 선택. 서울: 아이템북스.
劉梨娜(저). 이에스더(역)(2019). 하버드 100년 전통 말하기 수업. 일산: 리드리드출판.
福原正大(저). 김정환(역)(2015). 하버드의 생각수업. 서울: 엔트리.
斯 衛(저). 김정자(역)(2019). 인생은 지름길이 없다: 하버드대 인생학 명강의. 서울: 정민미디어.
徐笑江(저). 하정희(역)(2019). 하버드 첫 강의 시간관리 수업. 일산: 리드리드출판.
宋本順(저). 최달식(역)(2005). 성공하는 사람들의 선택. 서울: 아이템북스.
茱 林(저). 원년경(역)(2015). 하버드대 인생학 명강의: 어떻게 인생을 살 것인가. 파주: 다연.
韦秀英(저). 이정은(역)(2015). 하버드 새벽 4시 반. 서울: 라이스메이커.
齊藤康毅(저). 개앞맵시(역)(2018). 밑바닥부터 시작하는 딥러닝. 서울: 한빛미디어.
榖 任(저). 송은진(역)(2020). 성공하려면 하버드처럼. 고양: 레몬북.
侯書生(저). 정광훈(역)(2007). 하버드에서 배우는 인생철학. 서울: 일빛.

Albrecht, K.(저). 조자현(역)(2009). 실용지능이 성공의 기회를 만든다. 서울: 흐름출판.
Allen, M.(저). 신혜경(역)(2009). 위기극복형 인간. 서울: 마음의 숲.
Altbach, P.G., & Salmi, J.(2011). The road to academic excellence: The making of world-class research universities. Washington. DC: The World Bank.
Asgodom, S.(저). 송경은(역)(2004). Be You! 성공을 부르는 자기 PR. 서울: 바움.
Atkinson, W.W.(저). 양혜윤(역)(2010). 시크릿 오브 석세스. 서울: 세시.
Barker, E.(저). 조성숙(역)(2018). 세상에서 가장 발칙한 성공법칙. 서울: 갤리온.
Baumeister, R.F. & Tierney, J.(2011). Willpower. London: Penguin Books, Ltd..
Birks, M. & Mills, J.(저). 공은숙(역)(2015). 근거이론의 실천. 서울: 청담미디어.
Birks, M. · Mills, J(저). 공은숙 · 이정덕(역)(2019). 근거이론의 실천. 서울: 학지사메디컬.
Bordrova, E. & Leong, D.J.(저). 김억환 · 박은혜(역)(1998). 정신의 도구:비고츠키 유아교육. 이화여자대학교 출판부.
Boshyk, Y., Dilworth, R.(저). 김혜정 외(역)(2019). 액션러닝:역사와 진화. 서울: 학지사.
Braxton, J.M.(2008). Toward a theory of faculty professional choices that foster college student success. In John C. Smart(Ed.). Higher education: A handbook of

theory and research (Vol. 23, 181–207). Dordrecht, The Netherlands: Springer.

Bruner, J.(1996). The culture of education. Harvard University Press.

Bruner, J.(저). 강현석 외(역)(2010). 이야기 만들기. 파주: 교육과학사.

Bruner, J.(저), 강현석 외(역)(2011). 인간과학의 혁명: 마음, 문화 그리고 교육. 서울: 아카데미프레스.

Bruner, J.(저). 강현석 외(역)(2011). 교육의 새로운 지평–마음과 세계를 융합하기. 파주: 교육과학사.

Bruner, J.(저). 강현석·이자현(역)(2014). 교육의 문화. 파주: 교육과학사.

Buckingham, M., Clifton, D.O.(저). 박정숙(역)(2013). 위대한 나의 발견. 강점혁명. 서울: 청림출판.

Burchard, B.(2017). High performance habits. New York: Hay House, Inc..

Burke, T., Genn–Bash, A., & Haines, B.(1991). Competition in Theory and Practice. New York: Routledge.

Carnegie, D.(저). 김병민(역)(2012). 성공하는 사람들의 행동습관. 서울: 해피 & 북스.

Carnegie, D.(저). 문경은(역)(2004). 성공을 위한 최고의 협상과 설득의 기술. 서울: 아이템북스.

Carnegie, D.(저). 이재준(역)(2015). 성공대화론과 행복론. 고양: 리더북스.

Carnegie, D.(저). 김병민(역)(2012). 성공하는 사람들의 행동습관. 서울: 해피 & 북스.

Carney, C.S., Benning, J.H.(저). 배상훈 외(역)(2019). 캠퍼스 디자인: 학생이 성공하는 대학 만들기. 서울: 학지사.

Charmaz, K.(저). 박현선·이상균·이채원(역)(2019). 근거이론의 구성: 질적 분석의 실천지침. 서울: 학지사.

Charmaz, K.(저). 박현선(역)(2013). 근거이론의 구성. 서울: 학지사.

Christodoulou, C.(저). 김승호(역)(2018). 아무도 의심하지 않는 일곱 가지 교육 미신. 서울: 페이퍼 로드.

Clandinin, D.J.(2007). Handbook of narrative inquiry, Mapping a methodology. Thousand Oaks: Sage.

Clandinin, D.J.(저). 강현석 외(역)(2012). 내러티브 탐구를 위한 연구방법론. 파주: 교육과학사.

Clandinin, D.J.·Connelly, F.M(2004). Narrative inquiry: experience and story in qualitative research. San Francisco: Jossey－Bass Publishers.

Clandinin, D.J.·Connelly, F.M.(저). 소경희 외(역)(2011). 내러티브 탐구. 파주: 교육과학사.

Cohen, L., Manion, L., & Morrison, K.(2000). Research Methods in Education. London: Routledge Falmer.

Collins, J.(저). 장진영(역)(2019). 목표를 성공으로 이끄는 법. 서울: 유엑스리뷰.

Corbin, J., Strauss, A.(저). 김미영 외 7(역)(2019). 근거이론. 서울: 현문사.

Couch, J. & Towne, J.(저). 김영선(역)(2020). 교실이 없는 시대가 온다. 서울: 어크로스.

Covey, S(저). 한국리더십센터(역)(2015). 성공하는 대학생들의 7가지 습관. 서울: 한국리더십센터.

Covey, S.(저), 김경섭(역)(2006). 성공하는 사람들의 8번째 습관. 서울: 김영사.

Covey, S.(저). 김경섭,김원섭(역)(1996). 성공하는 사람들의 7가지 습관. 서울: 김영사.

Covey, S.(저). 김경섭,유광태(역)(1999). 성공하는 10대들의 7가지 습관. 서울: 김영사.

Covey, S.(저). 김경섭(역)(1998). 성공하는 가족들의 7가지 습관. 서울: 김영사.

D.K.(저). 김동사(역)(2010). 성공으로 가는 리더십. 고양: 새벽이슬.

Der Bundesminister fur Wirtschaft(1992). Zukunftskonzept Informationstechnik. Bonn: Unveranderte Auflage.

Dowd, K.O., Taguchi, S.G.(저). 최종옥(역)(2009). 커리어비전. 서울: 시아.

Duckworth, A.(2017). Grit: Why passion and resilience are the secrets to success. London: Penguin Random House.

Duckworth, A.(저). 김미정(역)(2017). 그릿. 서울: 비즈니스 북스.

Duhigg, C.(2013). The power of habit. London: Random House Books.

Eileen Tracy(저). 신종호(역)(2004). 성공적인 대학생활. 서울: 시그마프레스.

Emerson, M. & Staples, G.(저). 박대영(역)(2013). 성공스타일(success style). 서울: 해피 & 북스.

Gasset, O.(저). 정영도(역)(1989). 인간과 기술. 대구: 이문출판사.

Gates, B.(저). 나침반출판사(역)(2005). 당신을 성공체질로 바꿔주는 11가지 생활법칙. 서울: 나침반.

George. D.(2012). Student Success in College. New York: John Wiley & Sons Inc..

Giblin, L.(저). 김호진(역)(2011). 성공으로 가는 길 대화법. 고양: 새벽이슬.

Glaser, B,G.(저). 김인숙 · 장혜경(역)(2020). 근거이론 분석의 기초: 글레이저의 방법. 서울: 학지사.

Glaser, B.G · Strauss, A.L.(저). 이병식 · 박상욱 · 김사훈(역)(2017). 근거이론의 발견: 질적 연구 전략. 서울: 학지사.

Glaser, B.G. & Strauss, A.L.(저). 이병식(역)(2011). 근거이론의 발견. 서울: 학지사.

Glaser, B.G.(저). 김인숙(역)(2014). 근거이론 분석의 기초. 서울: 학지사.

Glasersfeld, E.(저). 김판수 외(역)(1999). 급진적 구성주의. 서울: 원미사.

Grant, A.(저). 홍지수(역)(2017). 오리지널스. 서울: 한국경제신문.

Green, K.(저). 정신아(역)(2006). 아이비리그 천재들의 공부법. 서울: 황금가지.

Hallowell, E.(저). 박선령(역)(2018). 하버드 집중력 혁명. 서울: 토네이도미디어그룹(주).

Heidegger, M.(저). 이기상(역)(1993). 기술과 전향. 서울: 서광사.

Howard, C.(저). 김원호(역)(2008). 비저닝(visioning). 서울: 생각의 나무.

Husen, T, Postlethwaite, T.N.(ed.)(1985). The International Encyclopedia of Education. Pergamon Press: New York.

Jacoby, B.(저). 이현우 외(역)(2018). 서비스-러닝의 본질: 질문, 답 그리고 깨달음. 서울: 박영사.

Johson-Laird, P.(저). 이정모 · 조혜자(역)(1992). 컴퓨터와 마음: 인지과학이란 무엇인가. 서울: 민음사.

Keller, J.(저). 황현경(역)(2000). 모든 것은 자세에 달려 있다. 서울: 신성상사.

Kinzie, J.(2012). Introduction: A new vision of student success. In L.A., Schreiner, M.C., Louis, & D.D. Nelson(Eds.). Thriving in transitions: A research-based approach to college student success(pp.1-18). Columbia, SC: University of South Carolina, National Resource Center for the First-Year Experience and Students in Transition.

Kinzie, J., & Kuh, G.(2017). Reframing student success in college: Advancing know-what and know-how. Change: The Magazine of Higher Learning. 49(3). 19-27.

Koyata Washida(저). 김혜숙(역)(2003). 대학에서 배워야 할 것, 배우지 말아야 할 것. 서울: 눈과마음.

Kuh, G., Kinzie, J.L., Buckley, J.A., Bridges, B.K., & Hayek, J.C.(2006). What matters to student success: A review of the literature(Vol. 8). Washington, DC: National Postsecondary Education Cooperative.

Kuh, G.D., Kinzie, J.L, Buckley, J.A., Bridges, B.K., & Hayek, J.C.(2007). Piecing together the student success puzzle: Research, propositions, and recommendations. ASHE Higher Education Report. 32(5). 1-182.

Laird, P.J.(저). 이정모 · 조혜자(역)(1992). 컴퓨터와 마음: 인지과학이란 무엇인가. 서울: 민음사.

Lauritzen, C. · Jaeger, M.(저). 강현석 외(역)(2007). 내러티브 교육과정의 이론과 실제. 서울: 학이당.

Lee, D.(2014). 하버드공부법 미덕의 교과서. 서울: 스타북스.

Lennick, D. & Kiel, F.(저). 정준희(역)(2006). 성공하는 사람들의 도덕지능. 서울: 북넷.

Light, R.J.(저). 장선하(역)(2019). 하버드 1교시. 서울: 힘찬북스.

Maltz, M.(저). 공병호(역)(2003). 맥스웰 몰츠 성공의 법칙. 서울: 비즈니스북스.

Maxwell, J.C.(저). 정성묵(역)(2014). 재능만으로 충분하지 않다: 재능을 삶의 성공으로 완성하는 13가지 핵심역량. 서울: 디모데.

Mayer, R.E.(저). 김동식 외(역)(2012). 멀티미디어 학습이론기반의 콘텐츠 설계원리. 파주: 아카데미프레스.

McGee, P.(저). 정지현(역)(2013). 사람과 함께 사람으로 성공하라. 서울: 씽크뱅크.

Merriam, S.B., Caffarella, R.S. & Baumgartner, L.M.(2007). Learning in Adulthood: A comprehensive guide. San Francisco: Jossey-Bass.

Moore, S., & Murphy, M.(저). 김병순(역)(2012). 통통통 대학생활 100; 대학에서의 학습, 탐구, 생존을 위한 100가지 키워드. 서울: 갑우문화사.

Newport, K.(저). 이영선(역)(2011). 성공하는 사람들의 대학생활 백서. 서울: 한언

Nist, S.L. & Holschuh, J.P.(2003). College success strategies. New York: Longman Publishers.

Pastreich, E.(2015). 한국인만 모르는 다른 대한민국: 하버드대 박사가 본 한국의 가능성. 파주: 21세기 북스.

Pinker, S. 외(저). 이창신(역)(2019). 하버드 교양강의. 파주: 김영사.

Postle, D.(저). 이상춘(역)(2011). 마음의 진화. 서울: 한문화.

Richey, R.C., Klein, J.D.(저). 정현미 외(역)(2012). 교육공학연구를 위한 설계 · 개발연

구. 서울: 학지사.

Rima, S.D.(저). 황을호(역)(2003). 셀프 리더십, 서울: 생명의 말씀사.

Rock, D.(저). 김우열(역)(2010). 고요한 리더십. 서울: 랜덤하우스코리아.

Rosenberg, M.J.(저). 유영만,김영순(역)(2007). Beyond E-Learning:지식경영의 핵심 전략. 서울: (주)크레듀.

Rotzer, F.(저). 박진희(역)(2000). 거대기계지식. 서울: 생각의 나무.

Schindler, Q.(저). 김영선(역)(2011). 시간관리 이렇게 하면 성공한다. 서울: 책공방.

Schmit, G.J.(저). 박여성(역)(1995). 구성주의. 서울: 까치.

Shandler, D(저). 이영석,오인수(역)(2002). 핵심역량과 학습조직: 성공적 역량기반 학습프로그램 구축전략. 서울: 시그마프레스.

Shindler, Q(저). 김영선(역)(2011). 시간관리 이렇게 하면 성공한다. 서울: 책공방.

Short, E.C.(1991). Forms of Curriculum inquiry. State University of New York Press.

Shreiber 외(저). 신경림 외(역)(2003). 근거이론 연구방법론. 서울: 현문사.

Smiles, S.(저). 이재준(역)(2016). 1만 시간 태도의 법칙. 고양: 리더북스.

Sommer, B. & Falstein, M.(저). 정혜정(역)(1994). 사이코 사이버네틱스. 서울: 도서출판 다은.

Spengler, G.(저). 양우석(역)(1998). 인간과 기술. 서울: 서광사.

Steffe, L.P. & Gale, J(저). 조연주 외(역)(1998). 구성주의와 교육. 서울: 학지사.

Sternberg, R.J.(저). 이종인(역)(1997). 성공지능(SQ). 서울: 영림카디널.

Sternberg, R.J.(저). 박성옥 외(역)(2013). 성공지능 가르치기. 파주: 교육과학사.

Strauss, A.L.(저). 김수지(역)(1996). 근거이론의 이해. 서울: 한울.

Stringer, H., Rueff, R.(저). 이수옥(역)(2006). 인재혁명. 서울: 예솜출판.

Stuart-Kotze, R.(저). 김원호(역)(2008). 행동의 성과를 만든다. 서울: 비즈니스맵.

SuChunLi(저). 나침반출판사편집팀(역)(2005). 빌 게이츠의 성공 속에 숨겨진 당신을 성공체질로 바꿔주는 11가지 생활법칙. 서울: 나침반.

Tough, P.(2012). How children succeed: Grit, Curiosity and the Hidden power of Character. London: Random House Books.

Tracy, E.(저). 신종호(역)(2004). 성공적인 대학생활: 학습과 시험전략. 서울: 시그마프레스.

Trilling, B., Fadel, C.(저). 한국교육개발원(역)(2012). 21세기 핵심역량-이 시대가 요

구하는 핵심스킬. 서울: 학지사.

Vaughn, M.(저). 김영민 외(역)(2024). 학생주도성. 서울: 학지사.

Webster, L., Mertova, P.(저). 박순용(역)(2017). 연구방법으로서의 내러티브 탐구. 서울: 학지사.

Whitby, B.(저). 변경옥(역)(2007). 인공지능. 서울: 유토피아.

저자소개

고요한(高耀翰)

johnhoch@yonsei.ac.kr

연세대학교 교육학과 졸업(문학사, 교육학석사, 교육학박사(Ph.D.)) 연세대학교, 배재대학교, 서원대학교, 대전대학교, 공주교육대학교, 상명대학교 시간강사. 연세대학교 교육혁신센터장, 원주역사박물관 운영위원, 횡성발전정책자문교수, 강원고교평준화추진공동대표, 강원도의회 교육위원회 정책자문교수, 대한민국 교육부 글로벌교육지원사업(우간다) PM, 한국교육학회 상임이사(학회지편집위원장), 한국교육철학학회 이사, 한국사상문화학회 이사, 한국청소년효문화학회 이사, 한국인격교육학회 이사 역임

현재 연세대학교 RC융합대학 교수, 미래융합교육혁신원장, KOICA국제개발협력사업 교육전문가, KOFIH동남아의료인력양성사업 책임교수, 한국교육철학학회 학회지 편집위원, 한국내러티브교육학회 학회장, 한국국제바칼로레아(IB)교육학회 이사(연구윤리위원장), 대교협 대학기관평가인증 평가위원

저서

교육의 수월성과 평등(1989), 교육이해의 구조적 탐구(공저, 2001), 교육이해의 다양성 탐구(공저, 2003), 교육의 역사와 사상(2004), 교육과학입문(공역, 2004), 비교교육철학(2005), 교육학연구의 논리(공저, 2006), 교육의 철학-소유에서 존재로(2007), 포스트모던 문화교양과 여가교육(공저, 2007), 몸과 배움의 철학(2008), 교육정책형성의 철학적 기초(2010), 인간교육의 심리철학적 이해(2011), 용례로 배우는 교양심리학(2011), 가르침의 교육현상학적 이해(2013), 인간현상과 인성교육의 현상학(2016), 내러티브기반 대학생 인성교육 담론(2020), 대학에서의 학생성공 탐구(2021) 등이 있고, 논문은 "선초 정치변혁과 정교이데올로기에 대한 연구" 외 다수

수상

2008, 2010, 2011, 2012, 2017, 2018, 2019, 2020, 2023년 연세대학교 강의우수교수상, 2011년 연세대학교 우수업적교수상(교육부문), 2009년 대한민국학술원 기초학문우수도서(포스트모던 문화교양과 여가교육), 2009년 대한민국학술원 기초학문우수도서(교육의 철학-소유에서 존재로), 2016년 대한민국학술원 기초학문우수도서(인간현상과 인성교육의 현상학), 2011년 한국연구재단 기초학문우수저서(교육정책형성의 철학적 기초)

대학생의 학생성공 인식 국제비교와 학생성공형 대학생태계 구축

초판발행 2025년 12월 20일

지은이 고요한
펴낸이 노 현

편 집 전채린
기획/마케팅 허승훈
표지디자인 이은지
제 작 고철민·김원표

펴낸곳 ㈜ 피와이메이트
서울특별시 금천구 가산디지털2로 53, 210호(가산동, 한라시그마밸리)
등록 2014. 2. 12. 제2018-000080호
전 화 02)733-6771
f a x 02)736-4818
e-mail pys@pybook.co.kr
homepage www.pybook.co.kr
ISBN 979-11-7279-199-5 93370

정 가 28,000원

본 저서는 2021년 대한민국 교육부와 한국연구재단(KRF)의 지원을 받아 수행된 연구임
(NRF-2021S1A5A2A01065367)